Bertolt Brecht
Notizbücher

Herausgegeben von
Martin Kölbel und Peter Villwock

im Auftrag des
Instituts für Textkritik (Heidelberg)
und der
Akademie der Künste (Berlin)

Band 6

Bertolt Brecht
Notizbücher 21–23

(1927–1929)

Suhrkamp Verlag Berlin

Gefördert durch die Otto Wolff Stiftung

Elektronische Edition (*EE*):
http://www.brecht-notizbuecher.de

Klimaneutral
Druckprodukt
ClimatePartner.com/14438-2110-1001

Erste Auflage 2023

Fotografien: Karl Grob (Zürich)
Satz: Martin Kölbel, Peter Villwock (Berlin)
Druck: Memminger MedienCentrum AG, Memmingen
Printed in Germany

ISBN: 978-3-518-43102-3

Inhalt

Die archivische Zählung der *Notizbücher 21-23* entspricht nicht der zeitlichen Folge ihrer Nutzung; chronologische Ordnung:

Juli bis August 1927 *NB 21* (bis 31^r)

September 1927 *NB 23*

Oktober bis Dezember 1928 *NB 22*

Dezember 1928 bis März 1929 *NB 21* (ab 31^v)

Notizbuch 21

4

⟨Umschlag; Rotstift⟩

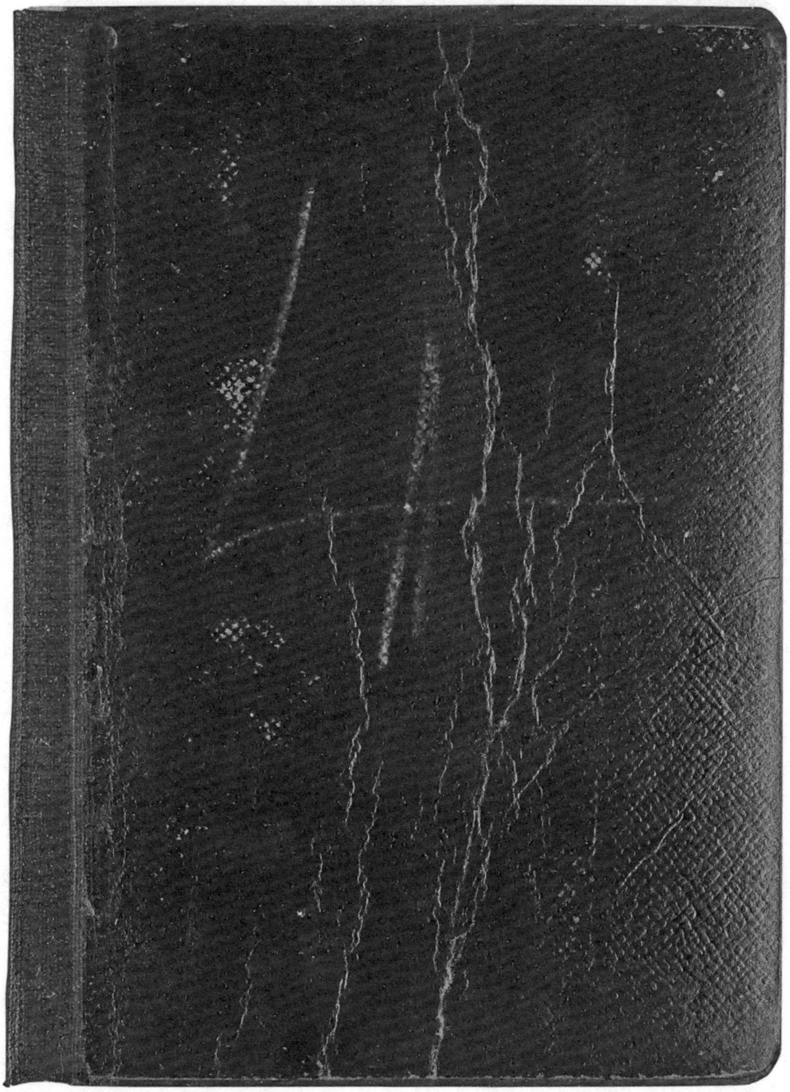

NB 21, 1r

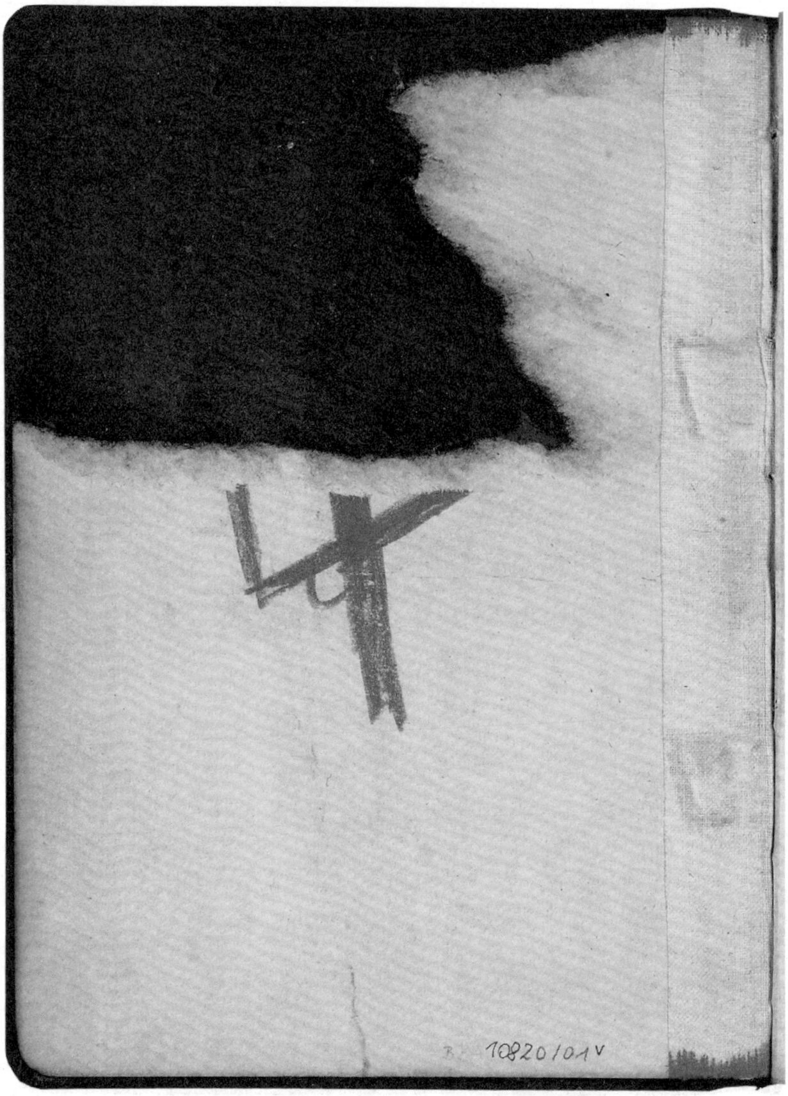

NB 21, 1v

[2]*4*

⟨auf Umschlag aufgeklebtes, teilweise herausgerissenes Blatt; am Bundsteg Bindungsverstärkung mit Klebstreifen angeklebt; Rotstift; Bl. 2 unbeschrieben⟩

Ratschläge einer älteren Hure an eine

jüngere.

7

sag ihm es mache dich geiler wenn
der herr
dein ohr leckt. [Tut]*Leck*t ers, s[ch]*tö*hn:
~~jetzt~~ „[b]*i*ch bin so scharf."
und glaubt ers, stöhn: „ich bitt daß
ich mich strecken darf"
und dann: [ver]*en*tschuldigen Sie, ich bin so
⟨→ 4r.1⟩ naß parterre!

⟨Bl. 2 unbeschrieben⟩

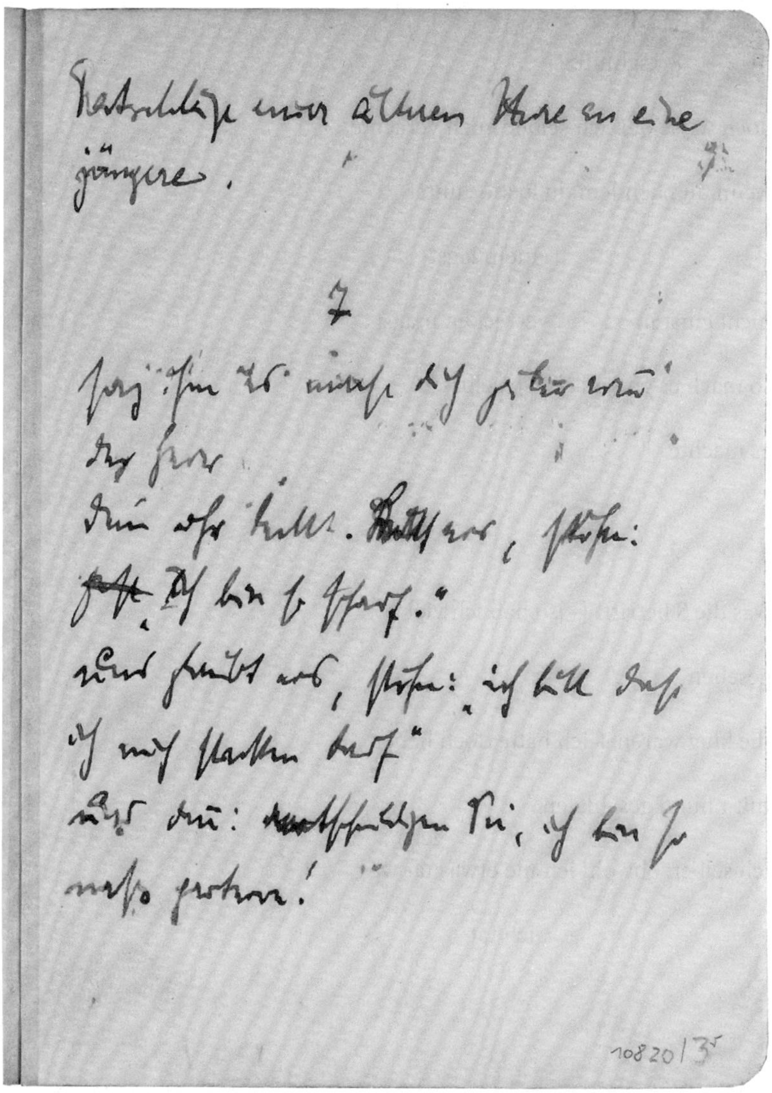

⟨3r.11←⟩ 8 <schluß>

doch wisse daß ich selber mich verachte
wenn du nachdem du lustlos unter
einem lagst
nicht einst im verrecken magst
so mach es anders als ich selbst
es machte.

7

was die S betrifft [–]*so* hab ich viel
gesehen
die klug waren + ich hätte doch lieber
⟨einem⟩ mit 1 hund geschlafen
ich selber, obwohl ich nie etwas gern tat was
⟨→5r.1⟩ ich tat

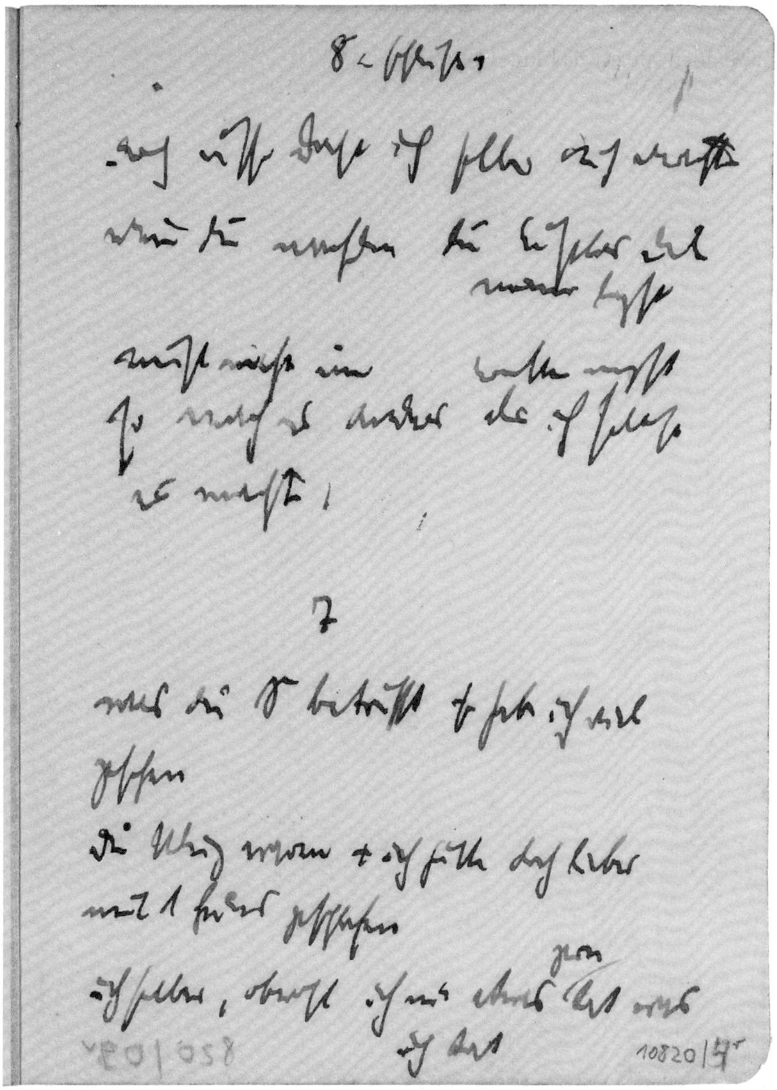

NB 21, 4r

⟨4r.15←⟩ habe doch nie etwas kluges gemacht

⟨Bl. 6–7 unbeschrieben⟩

NB 21, 5r

⟨Fatzer⟩ F

denn mir ist übel, glaubt
mir: mir ist übel.
ich kann nicht tun mehr
was gut mir + vorbestimmt
und da[ß]*s* was euch nichts
ausmacht: daß der regen
von oben nach unten fällt,
das ist mir
ganz unerträglich. daß im
⟨→ 9r.1⟩ alfabet

⟨Bl. 6-7 unbeschrieben⟩

1 F] ⟨danach Durchschlag der Tinte von 9r.1⟩
2 glaubt] ⟨andere Lesart:⟩ glaubts
5 gut] ⟨verdeutlicht⟩
10 im] ⟨mit leerer Feder⟩

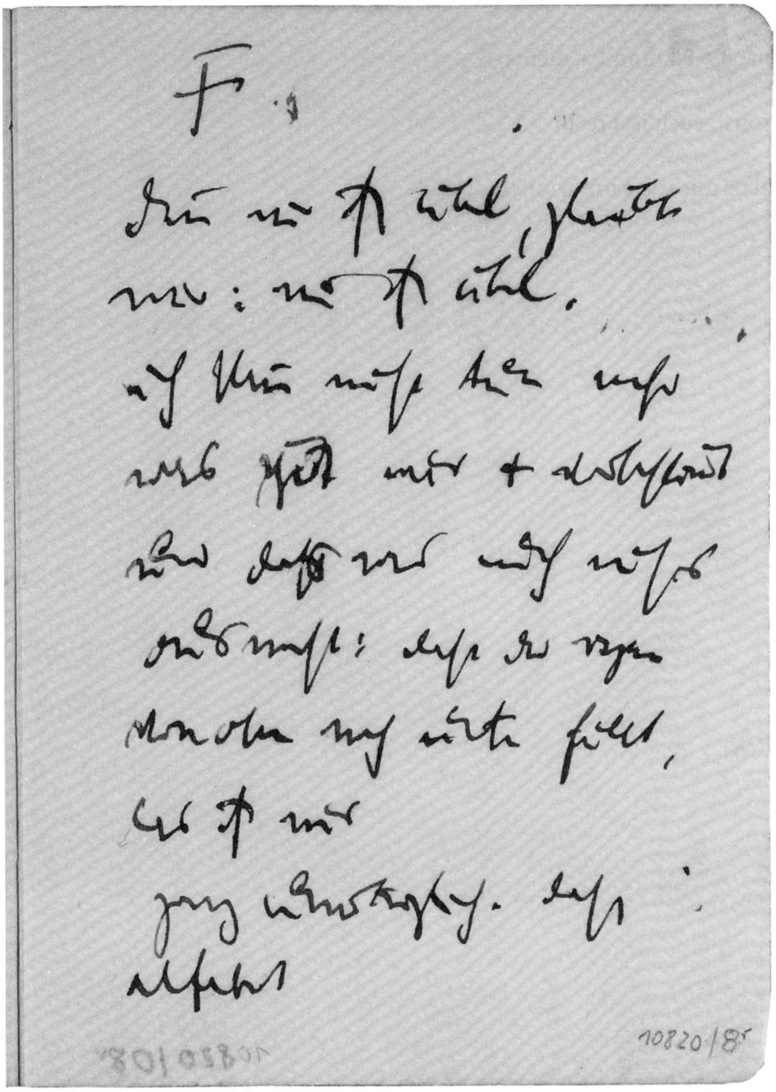

NB 21, 8r

⟨8r.11 ←⟩ nach A B kommt + nichts

sonst, euch ists recht

aber mir ists ganz ärmlich.

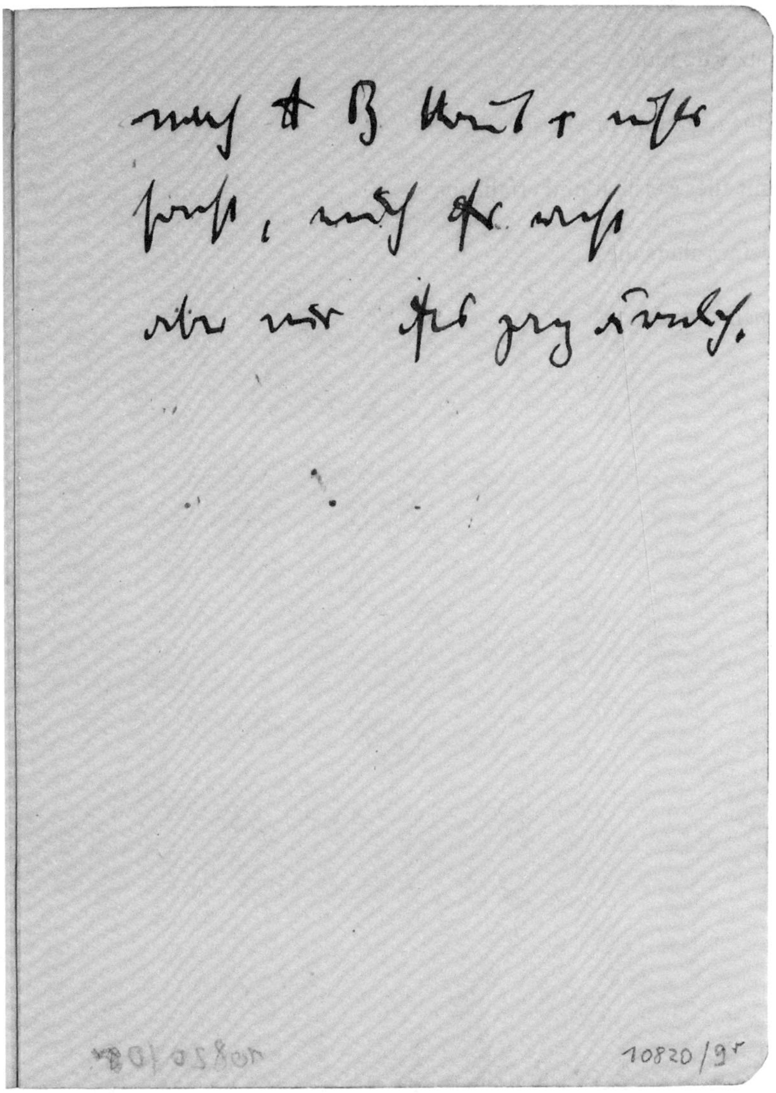

NB 21, 9r

fatzer du mußt
eine rechnung machen
mit aller weisheit und erfahrung
deines alters die
nicht aufgeht. /

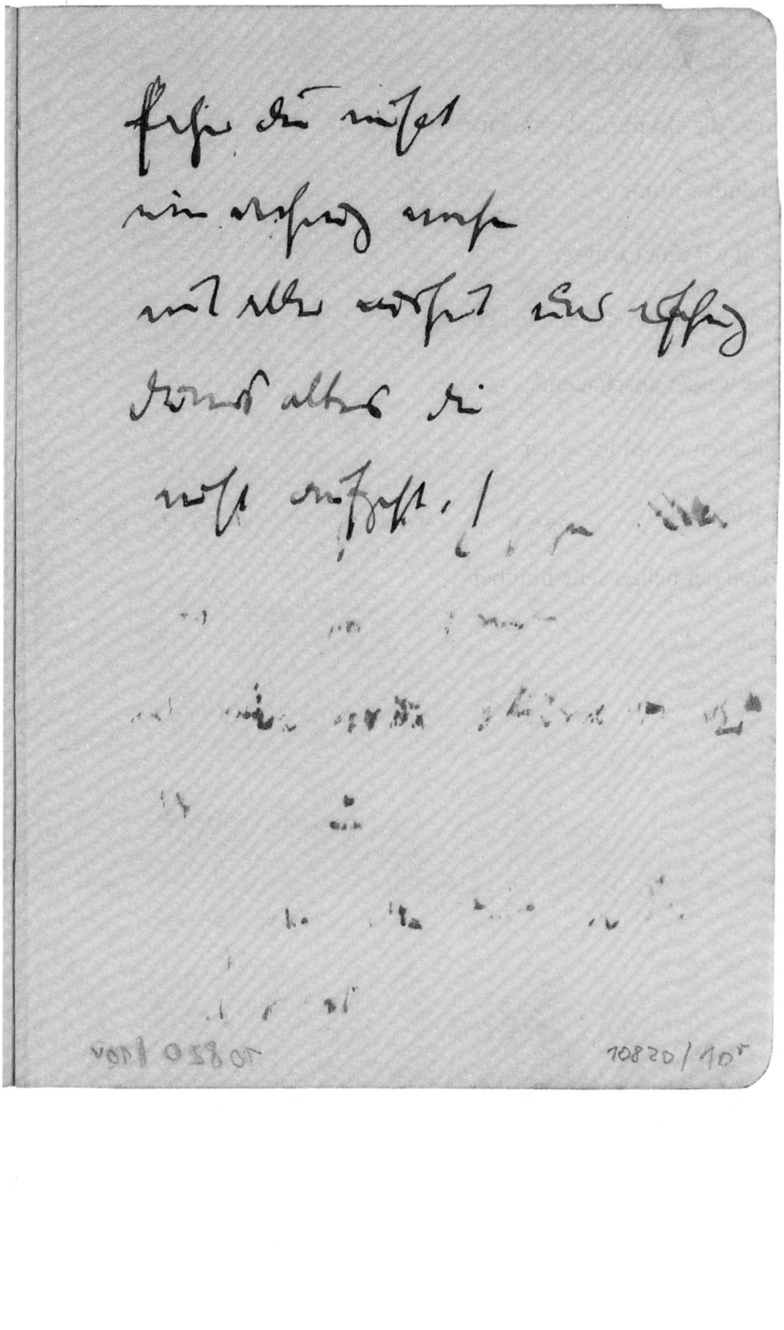

NB 21, 10r

neulich wie wir
über die eisenbrücke gingen
abends 7 uhr +
weil wir nicht wußten
was anfangen, stehen blieben
das wasser anschauend
blickten wir Muck + der
Mellermann
nach der hellen seite hinüber
⟨→ 12r.1⟩ während er

2 gingen] ⟨verdeutlicht⟩
4 wußten] ten ⟨mit leerer Feder⟩
8 Mellermann] M ⟨verdeutlicht⟩

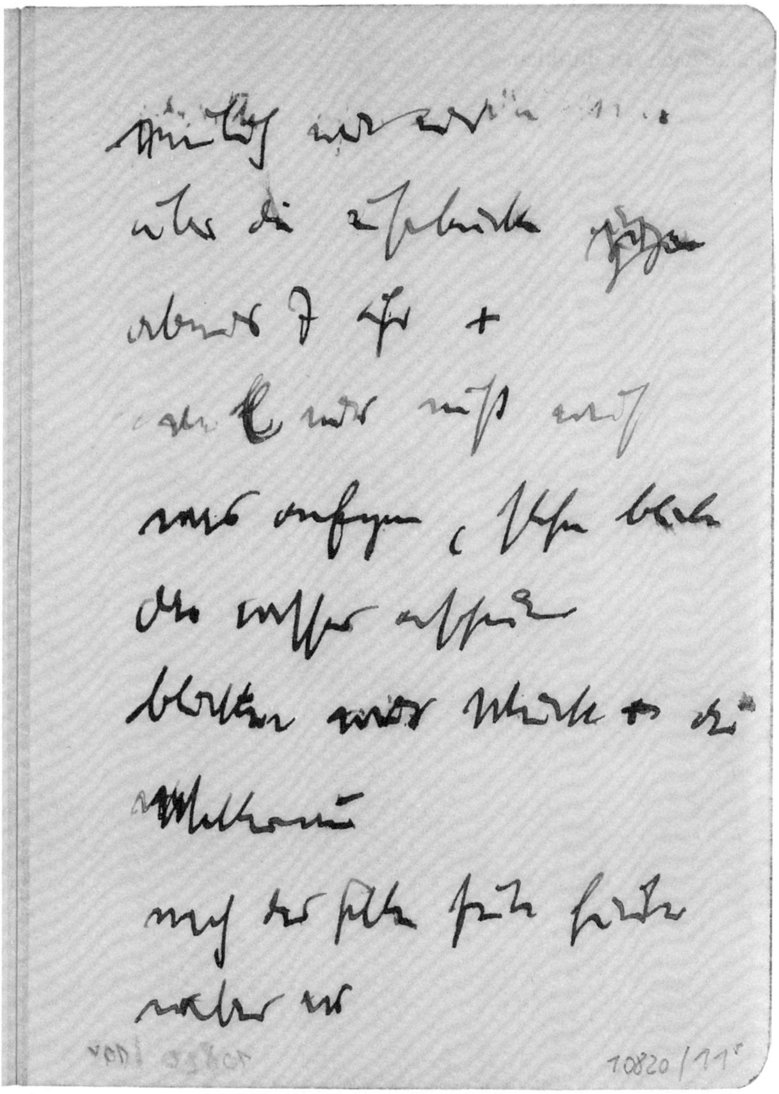

NB 21, 11r

⟨11r.10←⟩ blickte nach der dunklen.

10820/12r

⟨Brecht⟩ b dementiert die nachrichten
ausländischer zeitungen daß er
⟨Wilhelm⟩ gegen die mitarbeit w. herzogs
⟨Aufführung⟩ bei der aufführ. eines seiner
stücke als souffleur protestiert habe.

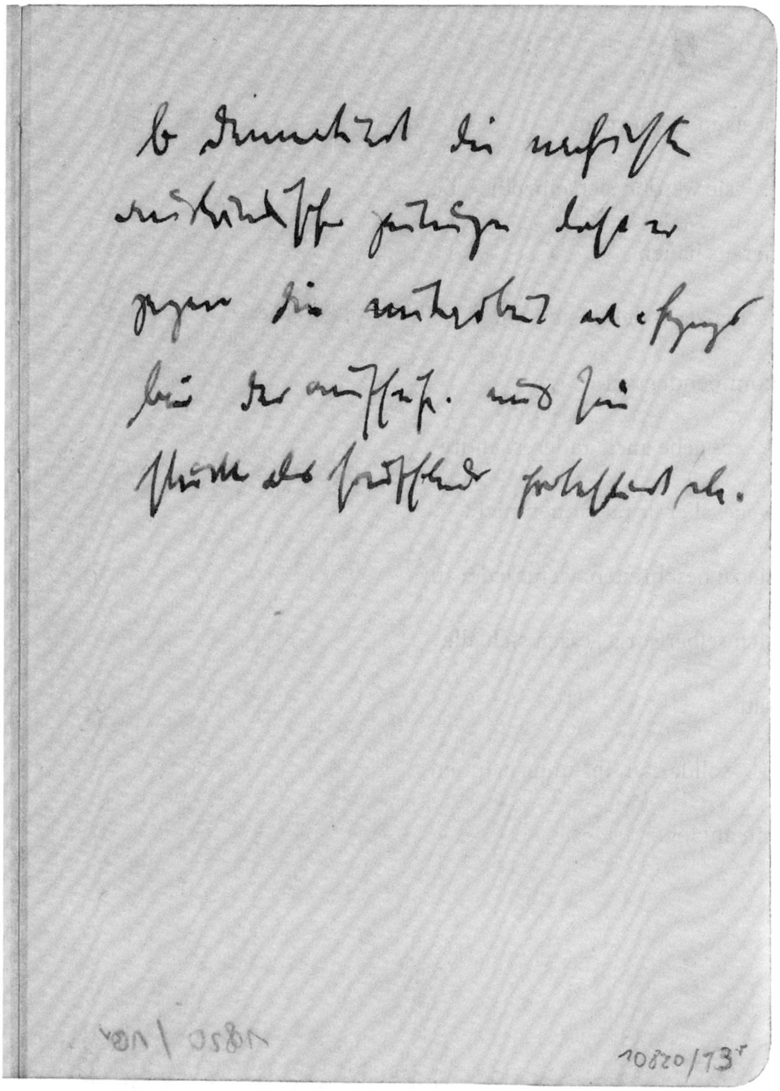

NB 21, 13r

3

brotsuppe. morgen.
sie werden sich einzeln selber
heraus hauen.
fatzer redet finster von
kommender zeit.
es gebe auch anderes, andre
wege. aber er rate ihnen nicht
sie zu beschreiten. wenn jeder für
sich selber sorge, essen sich alle
satt.
solidarität. ihr unternehmen
⟨→ 15^{r}.1⟩ ein anfang.

⟨14^{r}–17^{r} Bleistift⟩

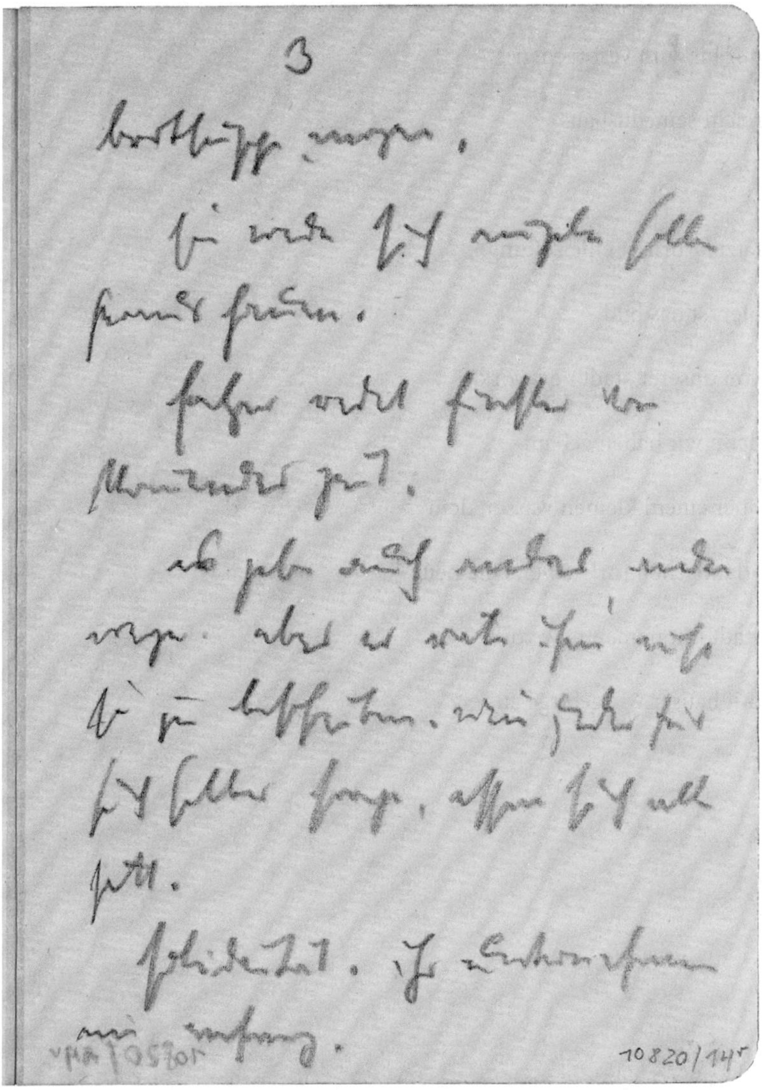

NB 21, 14r

⟨14r.13 ←⟩ nur bis zum verbrechen
reicht seine lust aus

×

fatzer <bringt eine zeitung>
hier ist das bild
von unserer stadt new york
denn wir haben gebaut
über einem kleinen wasser, dem
atlantischen [m]*weih*er, eine neue
stadt mit namen new york
⟨→ 16r.1⟩ ~~mit~~ häuser wie gebirge aus erz

⟨14r–17r Bleistift⟩

9 [m]*weih*er] ⟨1.⟩ meer ⟨2.⟩ weiher ⟨, dabei⟩ m ⟨zu⟩ w ⟨umgedeutet⟩

10 stadt] ad ⟨verdeutlicht, vielleicht Änderungsvorgang⟩

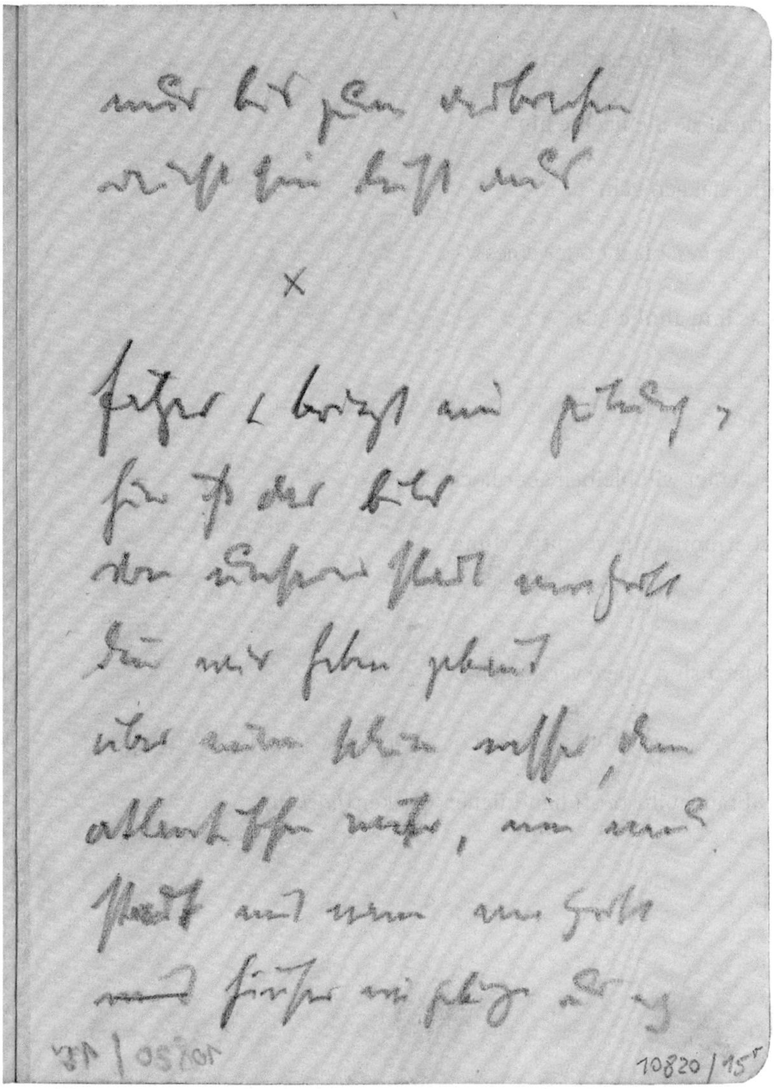

10820 / 15r

⟨15^{r}.11 ←⟩ und die goldene elektrizität
erhellt sie die nächte hin
dies hat gemacht
unser geschlecht oder eines
das ihm ähnlich ist.

3

keiner will bleiben aber koch
übernimmt die verantwortung.
beginn:
jetzt sind 5 tage vergangen.....
die frau <3 ×>
⟨→ 17^{r}.1⟩ braucht ihr brot? handtücher? [Laken]*Lacken*?

⟨14^{r}–17^{r} Bleistift⟩
13 [Laken]*Lacken*] ⟨andere Lesart:⟩ [Betten]*Lacken*

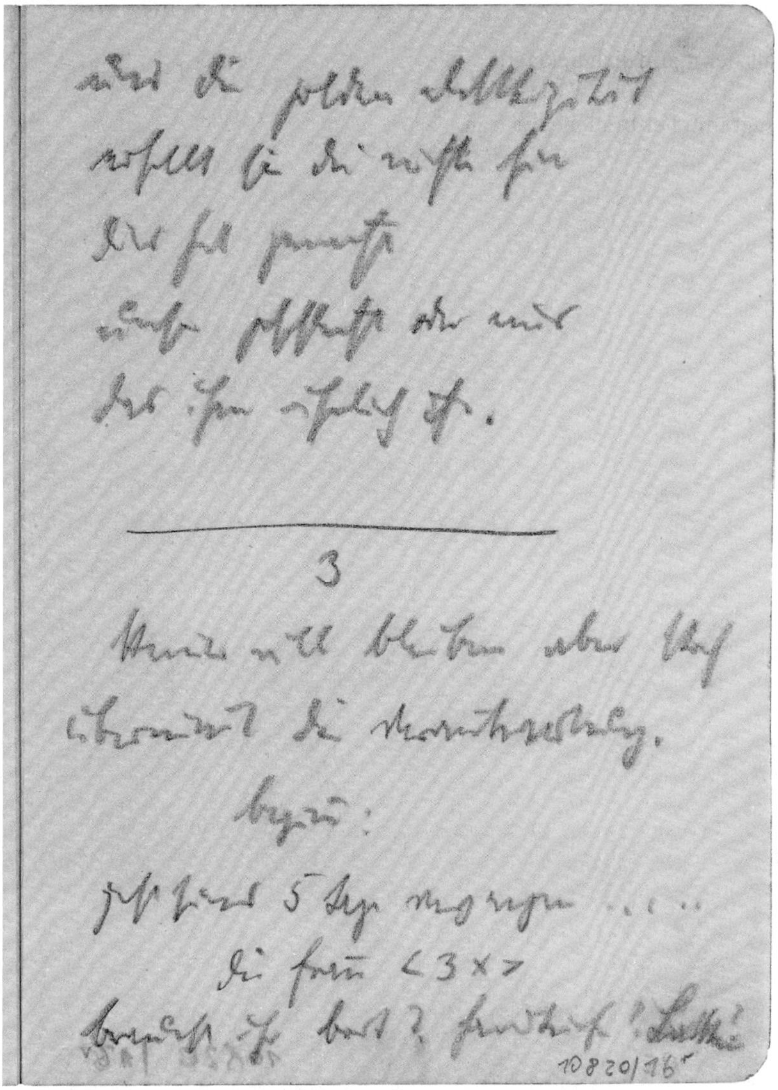

NB 21, 16r

⟨16r.13←⟩ als der mann sich beklagt,

⟨Fatzer⟩ sagt ihm f er brauche die frau.

×

⟨14r–17r Bleistift⟩

NB 21, 17r

ich sitze nicht bequem auf
meinem hintern: er ist zu
mager!
das schlimmste ist: ich verachte
die unglücklichen zu stark.
ich mißtraue den mißtrau-
ischen, habe etwas gegen die
denen es nicht gelingt zu
schlafen.....
mein appetitt ist zu schwach –
ich bin gleich satt!! die wollust
⟨→ 19r.1⟩ wäre das einzige, aber die

1 ich] h ⟨verdeutlicht⟩
11 ich] ⟨Strich darunter nicht signifikant⟩

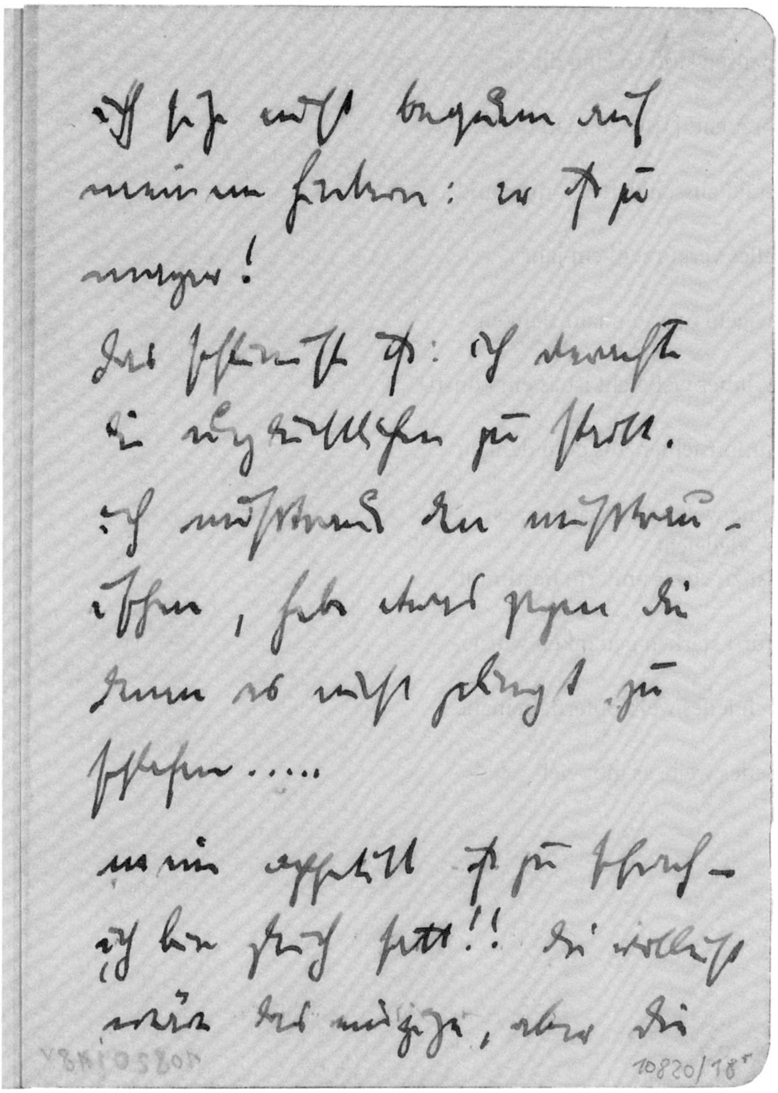

NB 21, 18r

⟨18r.12←⟩ pausen sind so lang die sie
braucht! [¿]*w*enn man den ex-
trakt ausschlürfen könnte und
alles verkürzen! ein jahr
vögeln oder ein jahr denken!
[¿]*a*ber vielleicht ist es ein konsti-
tutionsfehler, aus dem denken
eine wollust zu machen; es
vielleicht
ist zu etwas anderm bestimmt!
⟨einen⟩ für 1 starken gedanken würde
ich jedes weib opfern, beinahe
⟨→20r.1⟩ jedes weib. es gibt viel

12 beinahe] he ⟨verdeutlicht; andere Lesart:⟩ beina[h]*he*

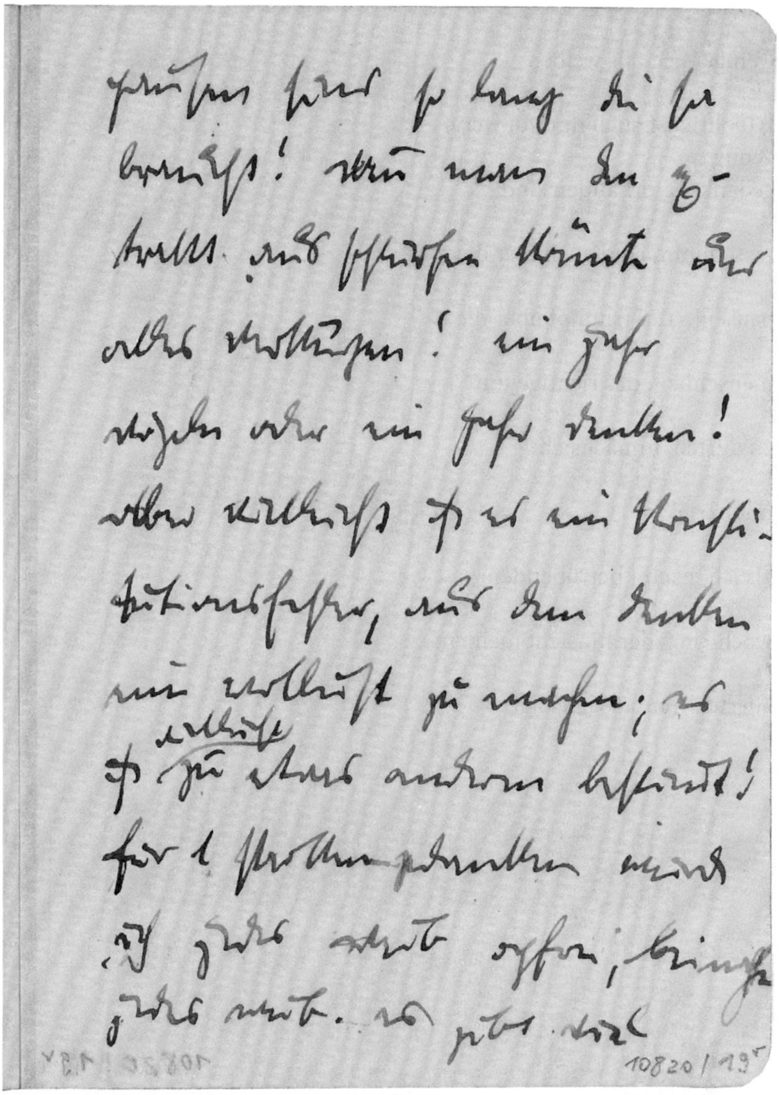

NB 21, 19r

⟨19r.13 ←⟩ ⟨Gedanken⟩ weniger ged. als weiber.

[¿]*p*olitik ist auch nur gut wenn
genug
gedanken vorhanden sind <

~~wi~~ schlimm sind auch hier die

pausen!> der triumpf über die

menschheit: das richtige tun

zu dürfen, unnachsichtig,

mit härte!

⟨einer⟩ als ich, nach 1 betrübenden

woche in jeder hinsicht meinem

⟨→ 21r.1⟩ ältesten freund sagte: ich

5 ~~wi~~] ⟨andere Lesart:⟩ wie ⟨verdeutlicht⟩
12 ich] ⟨danach Durchschlag der Tinte von 19r.12⟩

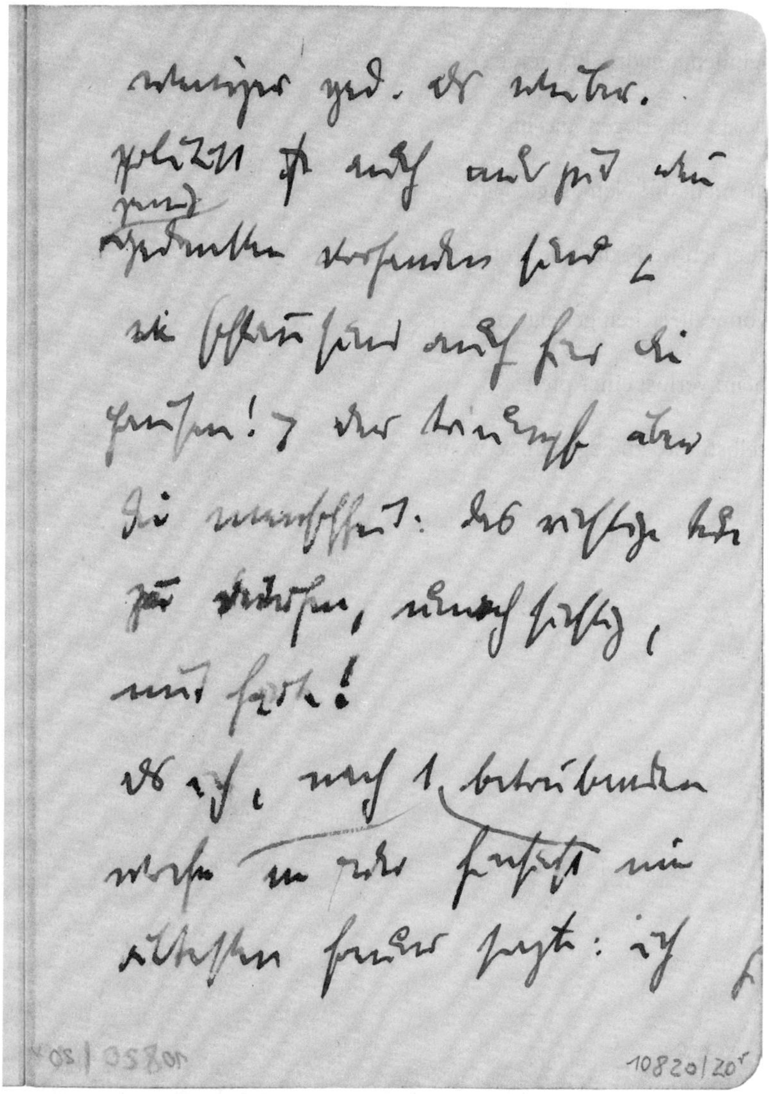

NB 21, 20r

⟨20r.12←⟩ sei nieder gedrückt, lachte er
+ sagte überlegen: das bist
du nicht oft! Nein, sagte ich.
aber ich weiß, daß die eroberer
von weltreichen geneigt sind
beim verlust einer pfeife
selbstmord zu begehen. so wenig
hält sie.

sie wieder gedrechselt, lachte er.
+ sagte überlegen: das hast
du nicht ich! Nein, sagte ich.
aber ich weiß, daß du vorher
von Weltweisen gesagt hast
kein [illegible] unter [illegible]
selbständig zu sagen. So [illegible]
fiel [illegible].

die erde ist nur mehr ein krüp-

pel.

—

1 geschlecht verschwand im boden

—

selbst wenn er morden könnte,

hebt keiner mehr die hand.

—

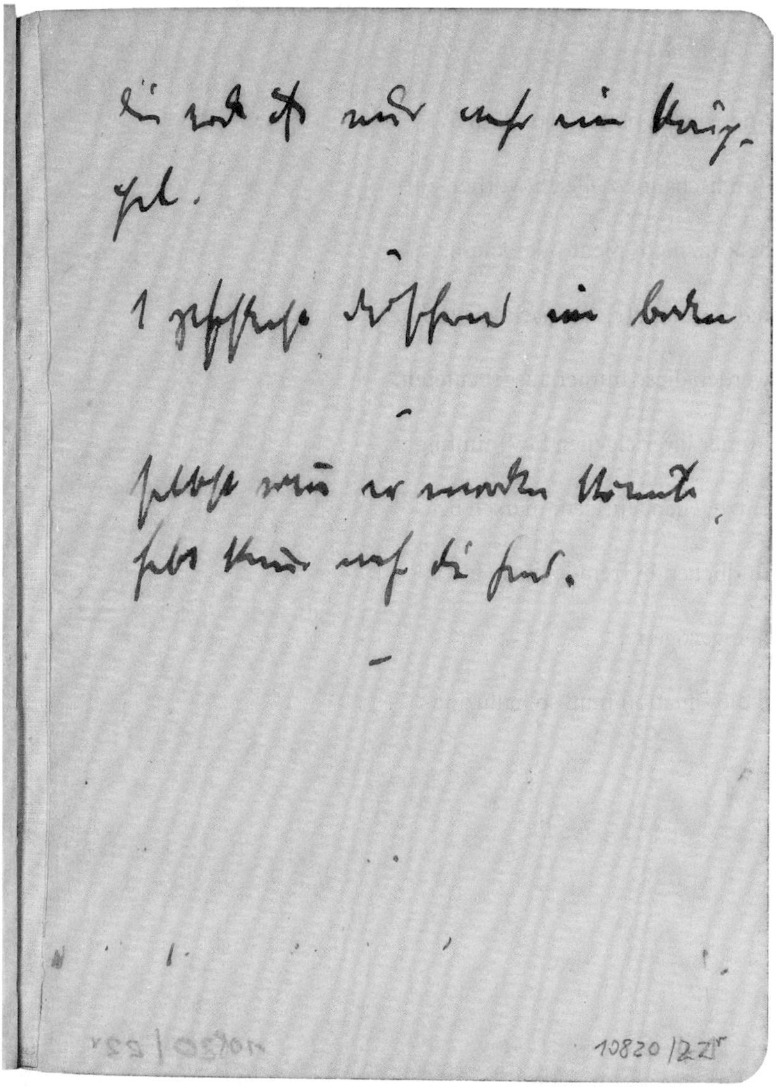

NB 21, 22r

⟨Fatzer⟩ F

und wieder, obwohl von ihm F
durchschaut <vielleicht vorher, zu
beginn, nicht mehr oder kaum
mehr wenn e[r]*s* [wi]*sic*h wiederholt>
werden diese immer ausgebeuteten,
immer ihrer eigenen bestimmung
entzogenen, auf dem marsch befindlichen in fremde dinge hineingezogen ……

⟨→ 24r.1⟩ || die situation muß so halluzina-

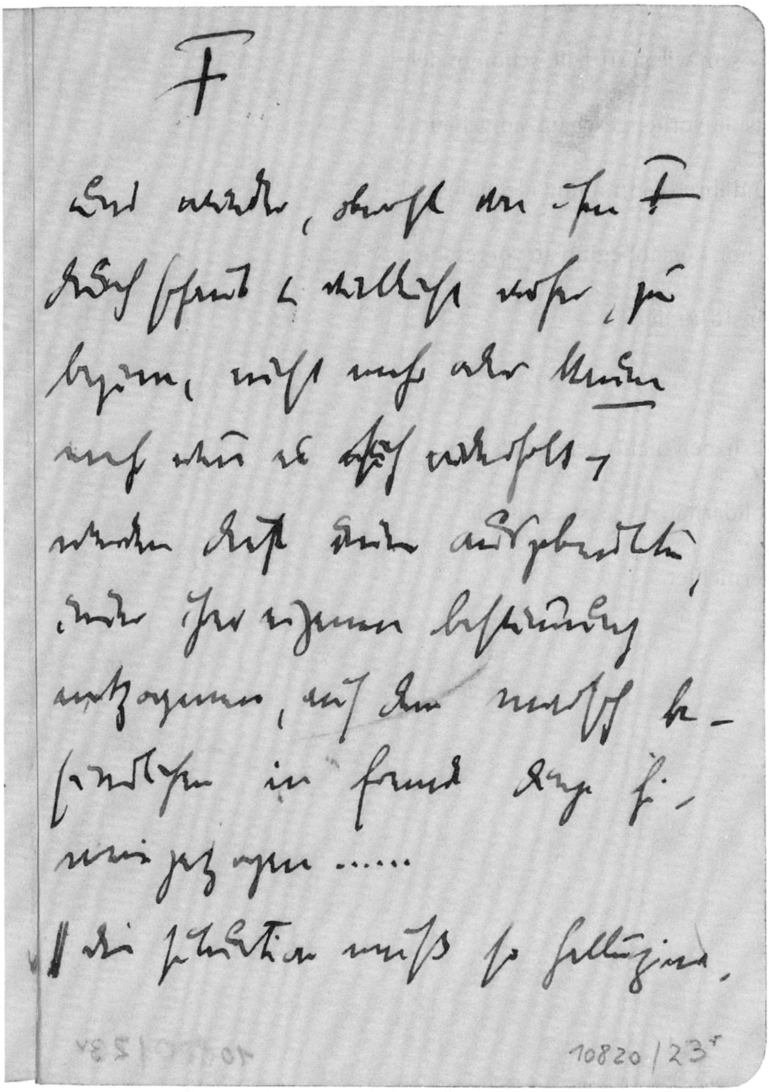

NB 21, 23r

⟨23r.11 ←⟩ tiv sein wie gest[l]*e*llt, schon in der
vision vorher geschaut, aufgebaut
und ihre zustimmung mechanisch,
schon von anbeginn ab vorgesehen,
eins[u]*t*udiert!

---

sie haben nichts gelernt als ihre
solidarität, diese ist es, die sie
vernichtet.

⟨Bl. 25 unbeschrieben⟩

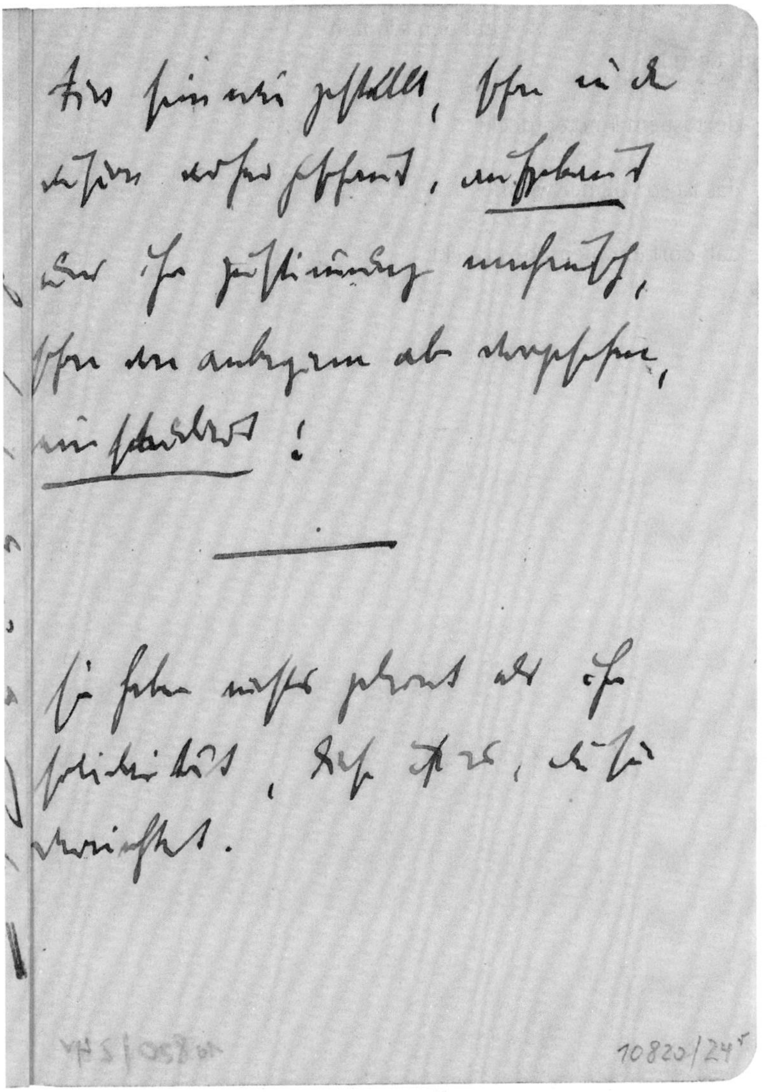

NB 21, 24r

auf den schiffen

⟨Mahagonne / Mahagonny⟩ auf nach M

dort ist ein land entdeckt
das ist so voll der wonne
daß dort ein mensch verreckt.

⟨Bl. 25, 27–28 unbeschrieben⟩

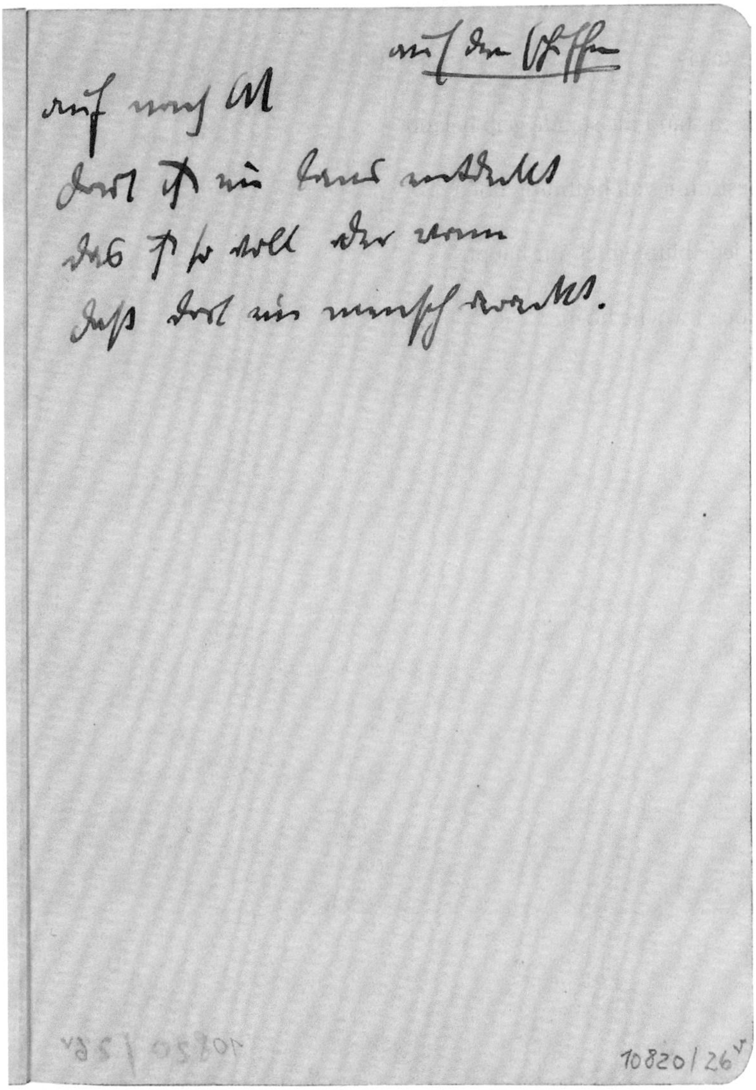

NB 21, 26r

Rosa

noch stand die staude gelb belaubt
bestimmt voll hoffnung noch
+ jede blume hielt ihr haupt
noch 1 woche hoch.

⟨Bl. 27–28 unbeschrieben; 29r–31r Bleistift⟩

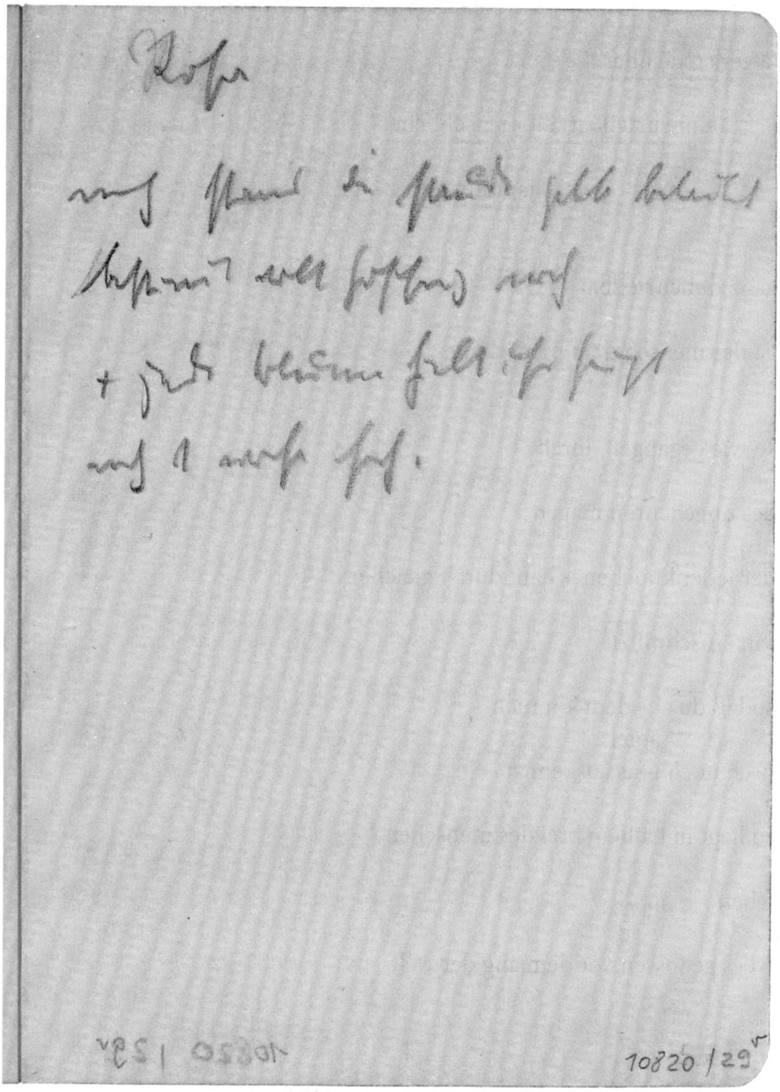

NB 21, 29r

fatzers rede über die

unbeurteilbarkeit menschlicher

handlungen

ganz unbeurteilbar

ist der mensch dem menschen.

so wie gegangen durch

~~des~~ ungeheuren magen

der feder knochen + haut durch ~~gleichen~~

saft einschmilzt

sodaß du aus dem kot nicht

apfel

fisch noch ~~gras~~ auskennst

so liegt in trübem brei des menschen

leben

⟨→ 31r.2⟩ ist es genossen vor dem aug der welt.

⟨29r–31r Bleistift⟩

1-3 fatzers *[…]* handlungen] ⟨erst mit Bleistift, später mit Rotstift unterstrichen⟩

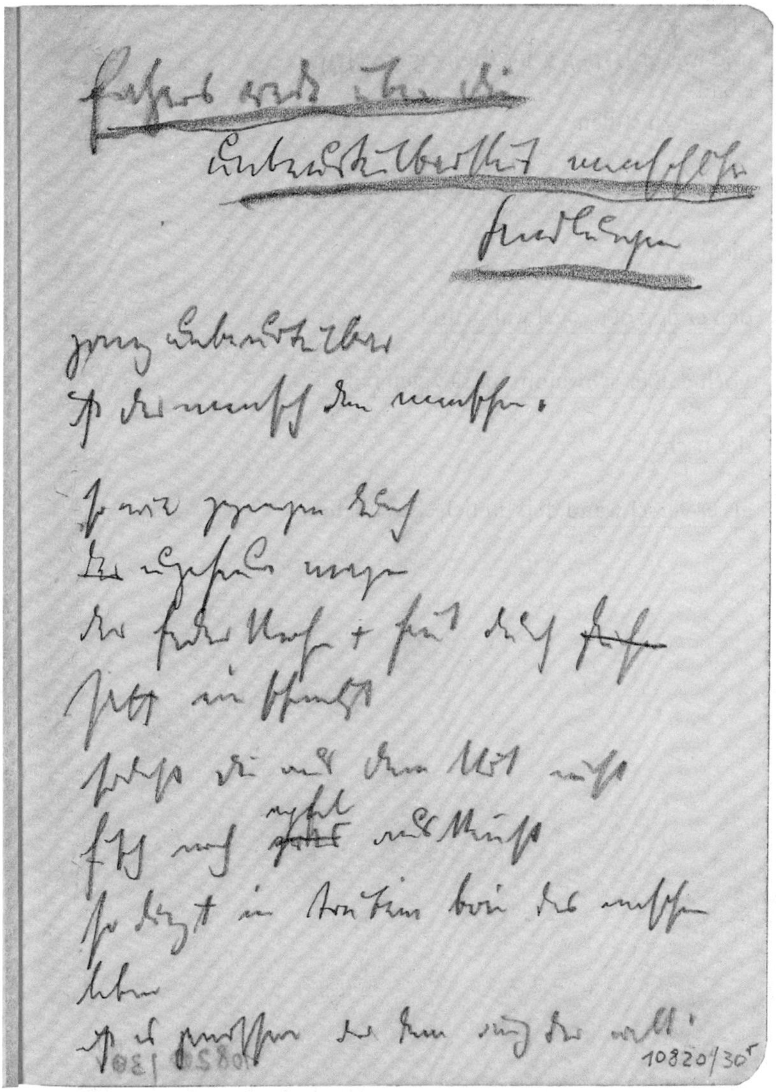

NB 21, 30r

nach
⟨30r.15←⟩ ~~und~~ was er [¿¿]*~~faß~~* griff d[ie]*er* gierige[rn]*n*
elend
~~hunger~~ zu stillen

gezogen ists aus luft + wasser und

nicht

daß er flog der vogel war grund

noch daß er schwamm im salzigen naß

der fisch

als er verschwand de[s]*m* fleische zuliebe.

⟨29r–31r Bleistift⟩

2–4 d[ie]*er [...]* ~~hunger~~] ⟨Eintragungsfolge: 1.⟩ die gierigern ⟨2.⟩ der gierigen hunger ⟨3.⟩ der gierigen elend

7–10 daß *[...]* verschwand] ⟨mit Rotstift unterstrichen⟩

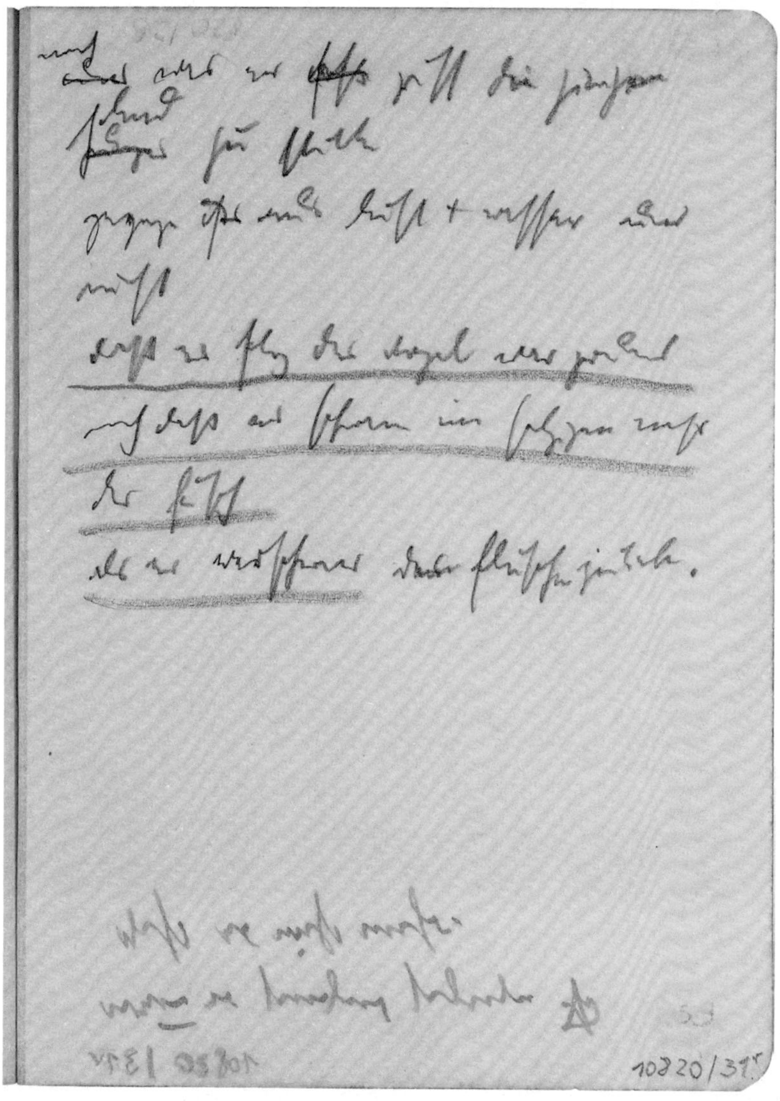

NB 21, 31r

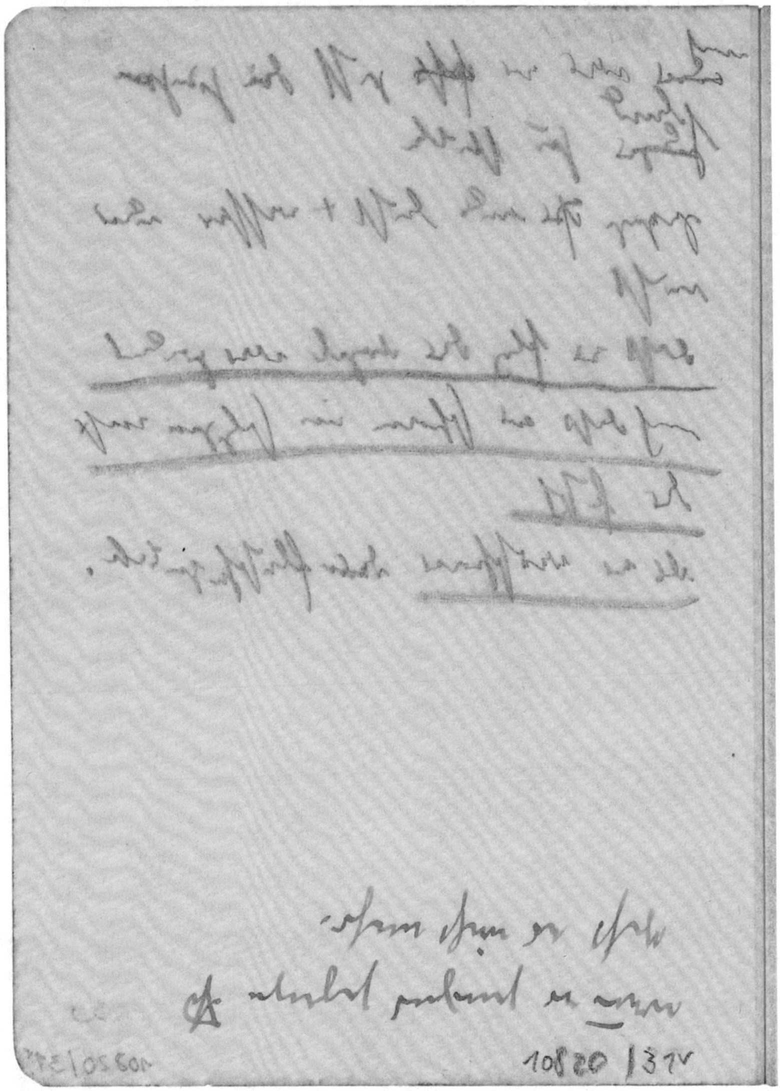

NB 21, 31v

⟨→ 32v.1⟩ wenn er genügend gegangen ist

geht er nicht mehr.

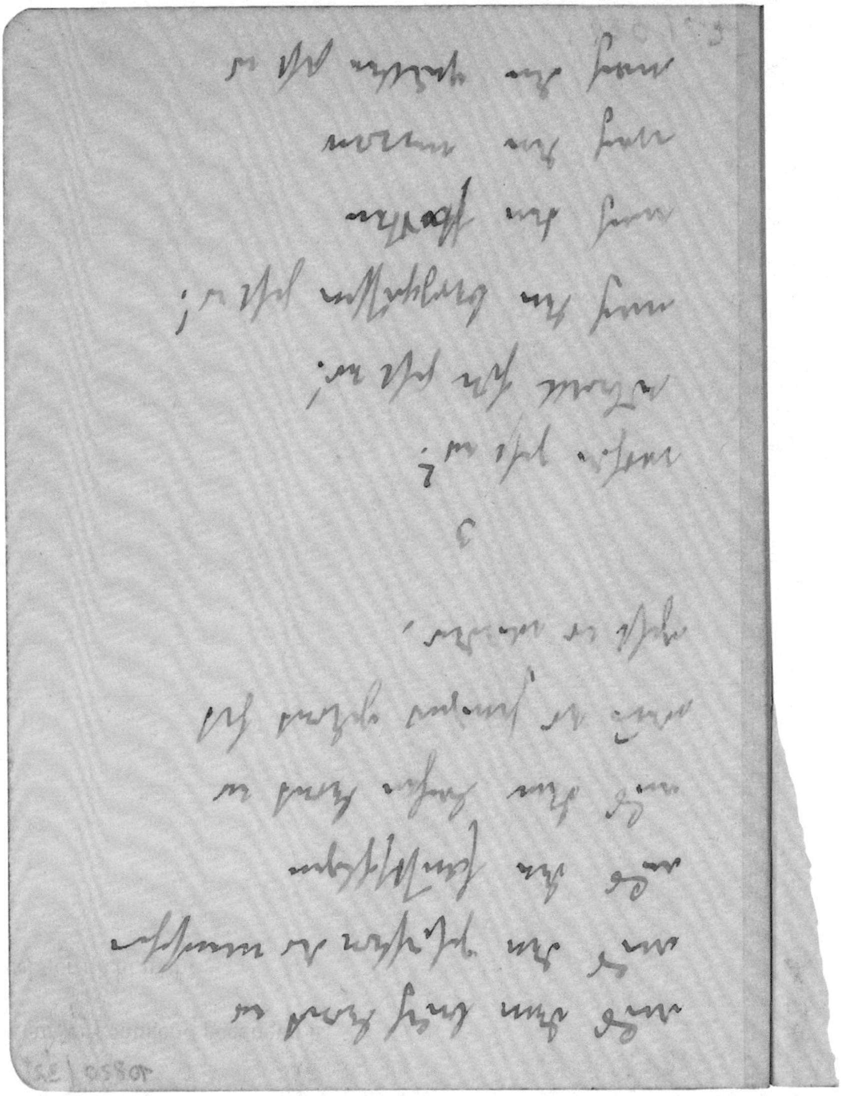

NB 21, 32v

⟨→ 33v.1⟩ aus dem buch lernt er
aus den gesichtern der menschen
aus den faustschlägen
aus dem lachen lernt er
wenn er genügend gelernt hat
geht er wieder.

3

wohin geht er?
überall hin geht er!
nach den bergpässen geht er!
nach den städten
nach den meeren
⟨31v.2 ←⟩ nach den quellen geht er

⟨ursprünglich nachfolgendes Blatt herausgerissen, auf Blattrest Eintragung mit Bleistift von fremder Hand, wohl archivischer Vermerk⟩
3 städten] ä ⟨verdeutlicht⟩

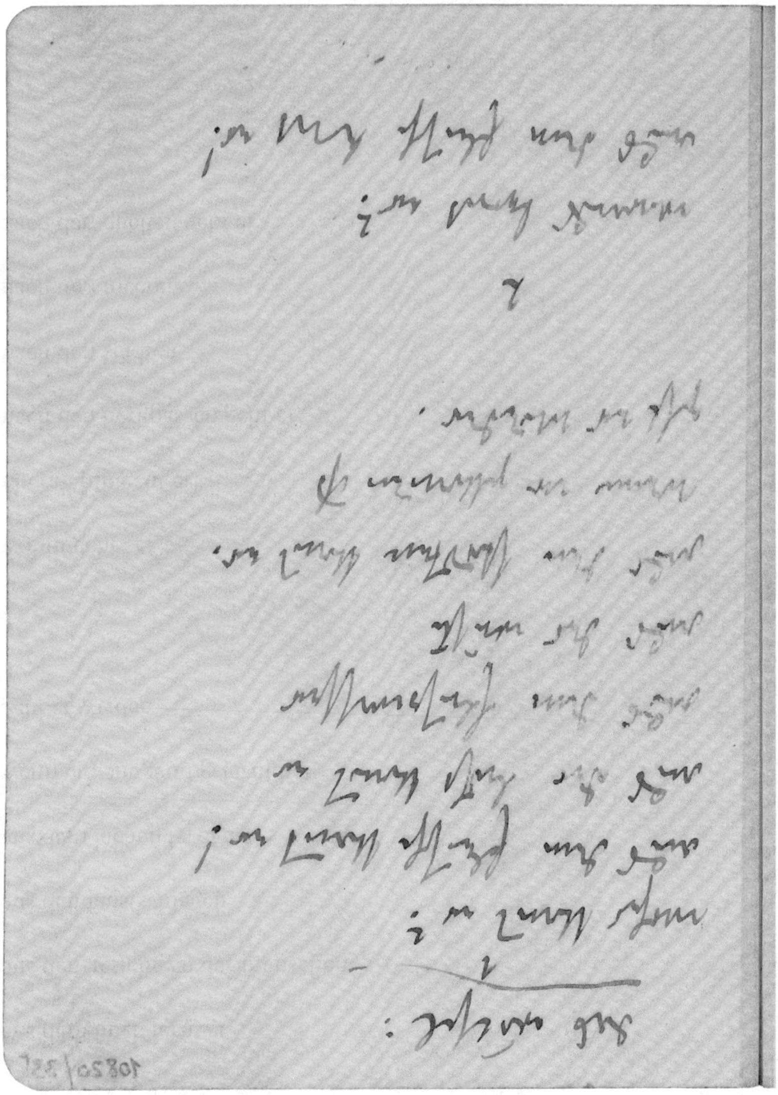

NB 21, 33v

das rätsel:

1

woher kommt er?
aus dem fleische kommt er!
aus der luft kommt er
aus dem flußwasser
aus der wüste
aus den städten kommt er.
wenn er gekommen ist,
geht er wieder.

2

woraus lernt er?
aus dem flusse lernt er! ⟨32ᵛ.13←⟩

⟨ursprünglich vorangehendes Blatt herausgerissen; Z. 12⟩ 1 ⟨und Z. 13⟩ das rätsel: ⟨vielleicht nachgetragen; Bl. 34 unbeschrieben, ihm ursprünglich nachfolgendes Blatt herausgerissen⟩

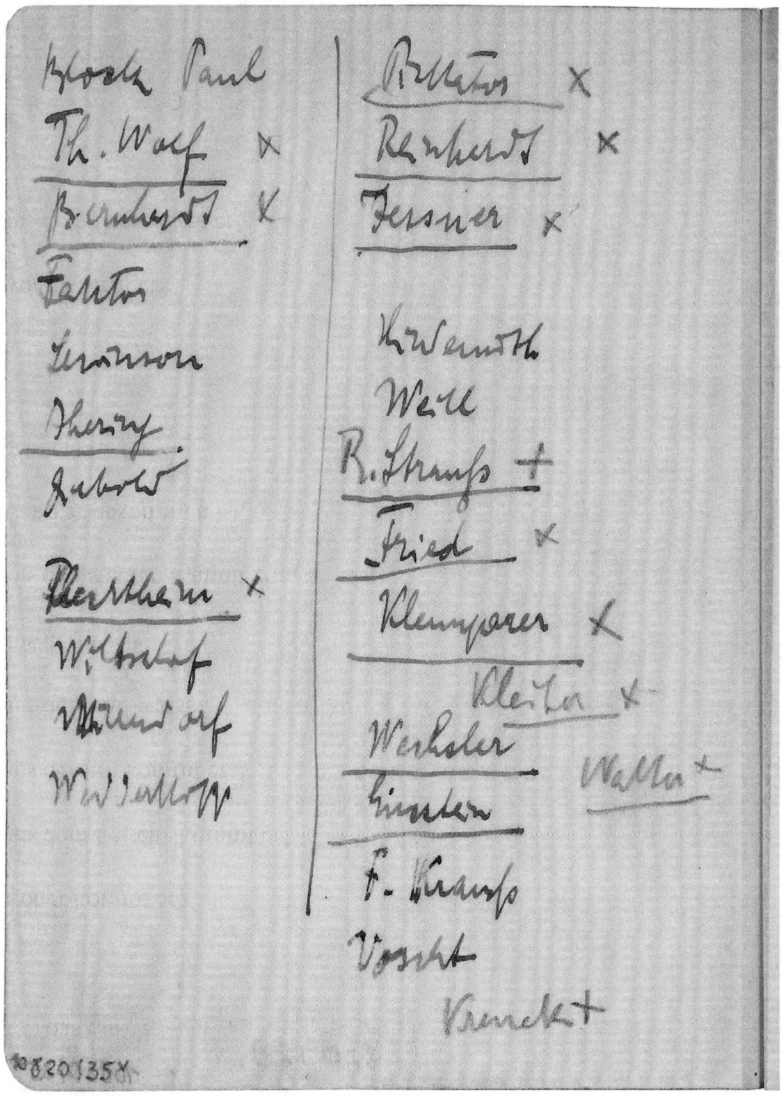

NB 21, 35v

Block Paul	Bassler x
Th. Wolf x	Reinhardt x
Bernhardt x	Jessner x
Fakter	
Sensonson	K. Wernike
Shering	Weill
Jakobi	R. Strauss †
	Fried x
Pherthem x	Klemperer x
Wittichof	Kleiber x
Sturndorf	Wechsler Walter †
W. Wollopp	Einstein
	F. Kraus
	Vogt
	Krenek †

Block Paul	Piskator ×	⟨Erwin Piscator⟩
Th. Wolf ×	Reinhardt ×	⟨Theodor Wolff, Max Reinhardt⟩
Bernhardt ×	Jessner ×	⟨Georg Bernhard, Leopold Jessner⟩
Faktor		⟨Emil Faktor⟩
Levinson	Hindemith	⟨Richard Levinson, Paul Hindemith⟩
Ihering	Weill	⟨Herbert Ihering, Kurt Weill⟩
Diebold	R. Strauss ×	⟨Bernhard Diebold, Richard Strauss⟩
	Fried ×	⟨Oskar Fried⟩
[f]Flechtheim ×	Klemperer ×	⟨Alfred Flechtheim, Otto Klemperer⟩
Wil¿¿¿¿¿f	Kleiber ×	⟨Erich Kleiber⟩
Möllendorf	Wechsler	
	Walter ×	⟨Bruno Walter⟩
Wedderkopp	Einstein	⟨Hermann v. Wedderkop⟩
	F. Krauß	⟨Fritz Krauß⟩
	¿¿scht	
	Krenek ×	⟨Ernst Krenek⟩

⟨ursprünglich vorangehendes Blatt herausgerissen; Unterstreichung von Z. 1⟩ Piskator ⟨, Einfügung von Z. 7⟩ R. ⟨, Z. 10⟩ Kleiber ⟨, Z. 12⟩ Walter ⟨, Z. 16⟩ Krenek ⟨sowie alle⟩ × ⟨mit Bleistift⟩

11 Möllendorf] M ⟨verdeutlicht⟩

Hirschfeld Magnus

⟨Joseph Wirth⟩ Wirth

⟨ganze Seite Bleistift, Eintragungen weichen dem Durchschlag der Tinte von 36v.1-4 aus⟩

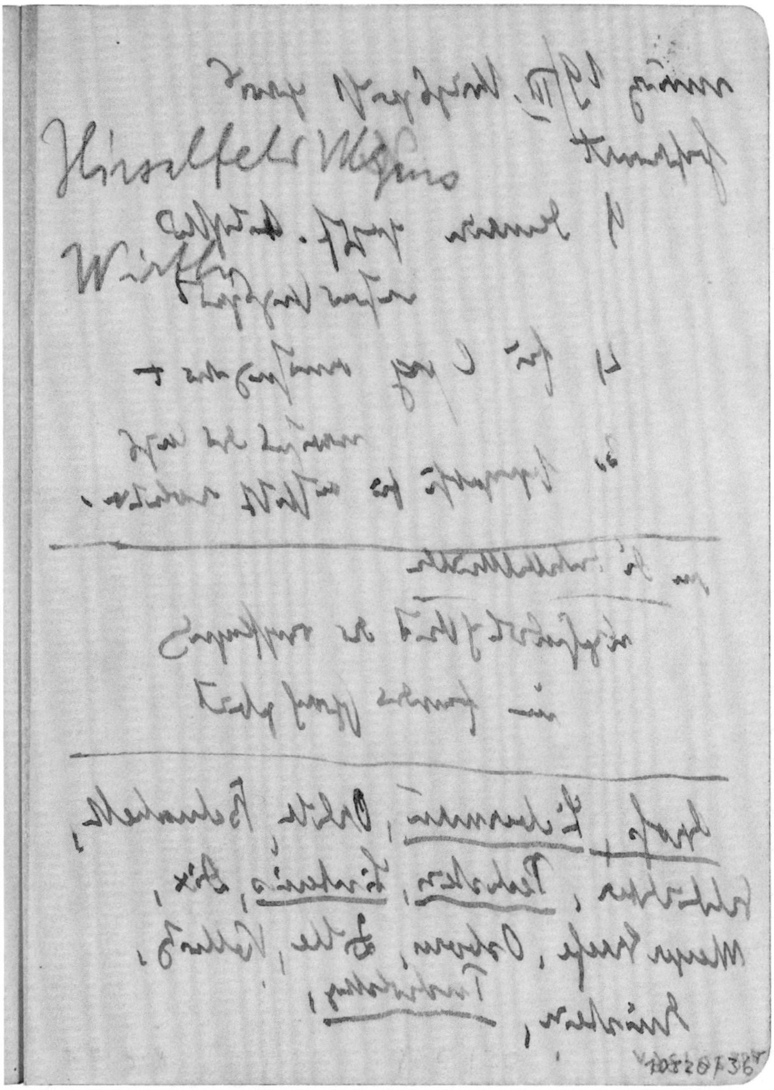

NB 21, 36r

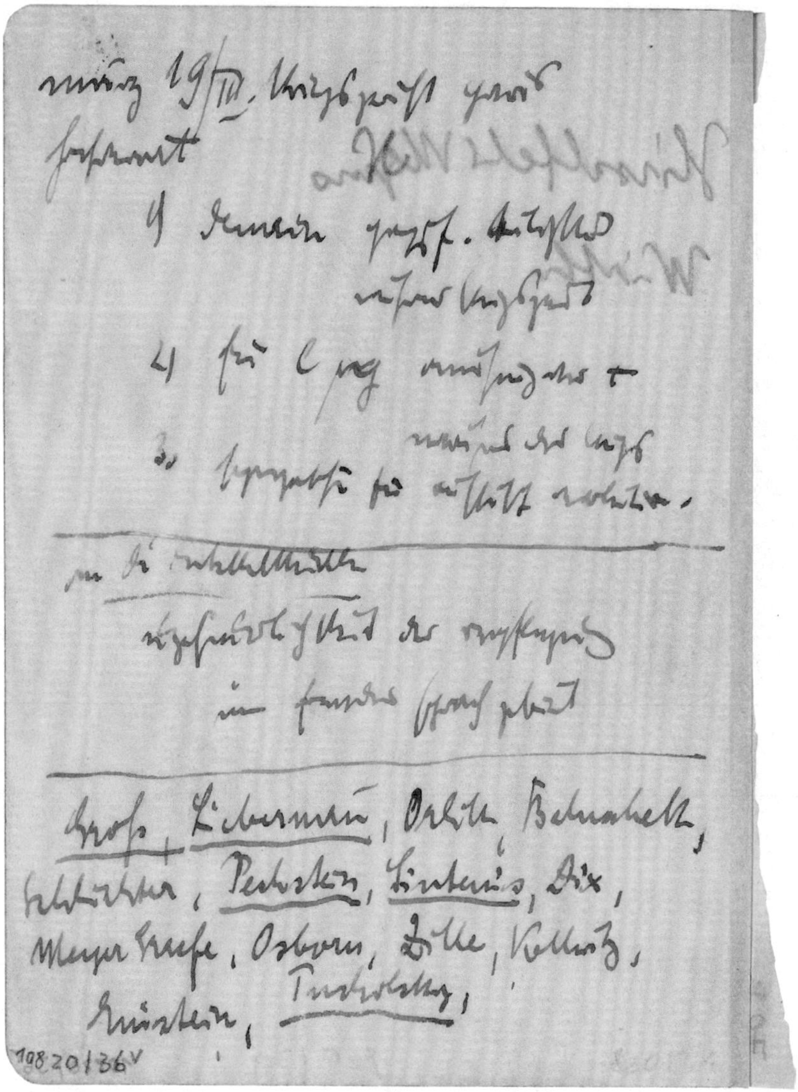

NB 21, 36^{v}

märz 19 /*III.* kriegsgericht paris

hochverrat ¿

1) demain pazif. tätigkeit (pazifistische)

während kriegszeit

2) für l ¿¿g annäherung vor +

während des kriegs

3) sympathie für russische arbeiter.

---

an die intellektuellen

ungeheuerlichkeit der verpflanzung

in fremdes sprachgebiet

Groß, Liebermann, Orlik, Baluschek,

Schlichter, Pechstein, Sintenis, Dix,

Meyer Graefe, Osborn, Zille, Kollwitz,

Einstein, Tucholsky,

(George Grosz, Max Liebermann, Emil Orlik, Hans Baluschek, Rudolf Schlichter, Max Pechstein, Renée Sintenis, Otto Dix, Julius Meier-Graefe, Max Osborn, Heinrich Zille, Käthe Kollwitz, Kurt Tucholsky)

(ursprünglich nachfolgendes Blatt herausgerissen; Z. 8 Trennstrich oder Z. 9) an die intellektuellen (nachgetragen)

1 / III.] (nachgetragen)

2 ¿] (mit Bleistift nachgetragen; mögliche Lesart:) H (als Ansatz zu 36r.1) Hirschfeld

5 l ¿¿g] (mögliche Lesart:) la*ng*(same)

⟨Gustav Kiepenheuer, Samuel Fischer	Kiepenheuer ×		S. Fischer ×
Alfred Kubin, Alfred Kerr, Lion Feuchtwanger	Kubin	Kerr	Feuchtwanger
Hellmut v. Gerlach			Hellmuth v. Gerlach
Magnus Hirschfeld	M. × Hirschfeld	Thomas Mann	
Robert René Kuczynski			szynski Ku~~schinsky~~
Alfons Paquet, Fritz von Unruh	Paquet	Unruh	
Ernst Rowohlt	Rowohlt ×		
Ernst Toller, Emil Gumbel		Toller	Gumbel ×
René Schickele			Schickele
Alfred Weber, Stefan Zweig	Weber ×	Zweig	
Franz Oppenheimer			Oppenheimer
Gustav Radbruch	Radbruch ×		
Emil Ludwig, Paul Löbe		Ludwig	Löbe ×
Gerhart Hauptmann	Hauptmann		
			Harry Kessler ×
			Tony Sender ×
Carl Sternheim, Alfred Döblin, Ludwig Bäumer	Sternheim	Döblin	Bäumer ×
Georg Kaiser	G. Kaiser		
Theodor Däubler, Johannes R. Becher, Ludwig Quidde, Arthur Holitscher, Franz Pfemfert⟩	Quidde	Däubler Holitscher	Becher Pfemfert

⟨ursprünglich vorangehendes Blatt herausgerissen, auf Blattrest Eintragung mit Bleistift von fremder Hand, wohl archivischer Vermerk; Unterstreichung von Z. 1⟩ S. Fischer ⟨und Z. 9⟩ Grumbel × ⟨, Z. 11⟩ Weber ⟨, Z. 12⟩ Oppenheimer ⟨, Z. 13⟩ Radbruch ⟨, Z. 14⟩ Löbe ⟨, Z. 15⟩ Hauptmann ⟨, Z. 16⟩ Harry Kessler ⟨, Z. 18⟩ Tony Sender ⟨, Z. 20⟩ Bäumer ⟨sowie alle⟩ × ⟨mit Bleistift⟩

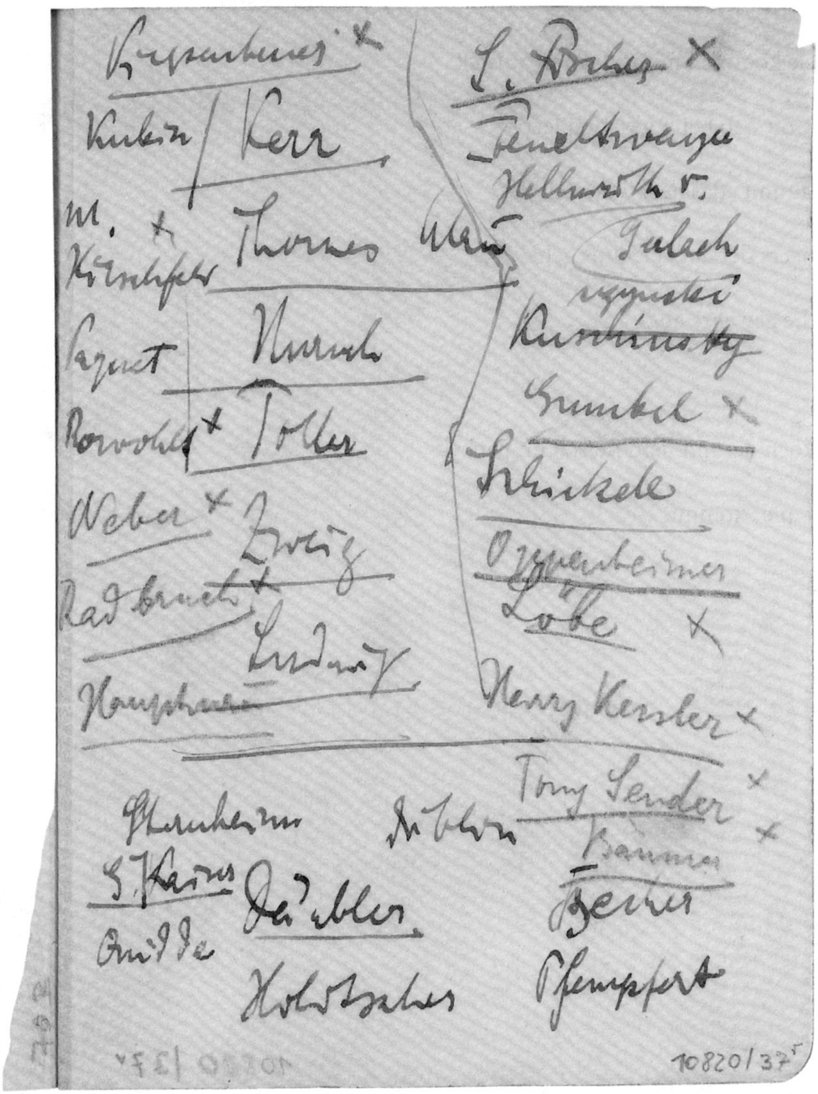

Kiepenheuer ×
Kubin
Kerr
M. ×
Thomas Mann
[illegible]
Kayser
Unruh
Rowohlt ×
Toller
Weber ×
Zweig
Radbruch ×
Ludwig
Hauptmann
S. Fischer ×
Feuchtwanger
Hellmuth v.
Falckenberg
[illegible]
Kandinsky
Gumbel ×
Schickele
Oppenheimer
Löbe ×
Harry Kessler ×
Tony Sender ×
Baumer ×
Sternheim
Döblin
S. Fischer
Däubler
Becher
[illegible]
Holitscher
Pfemfert
10820/37

NB 21, 37r

sie kommen mit gewehren zurück
+ oft - so beim geschrei leebs
nimmt „das heer - der teil des
heers der auf vernunft geht“
die gewehre auf.

koch der mit dem fleisch im packpapier kommt.

⟨Bl. 38–48 Bleistift⟩

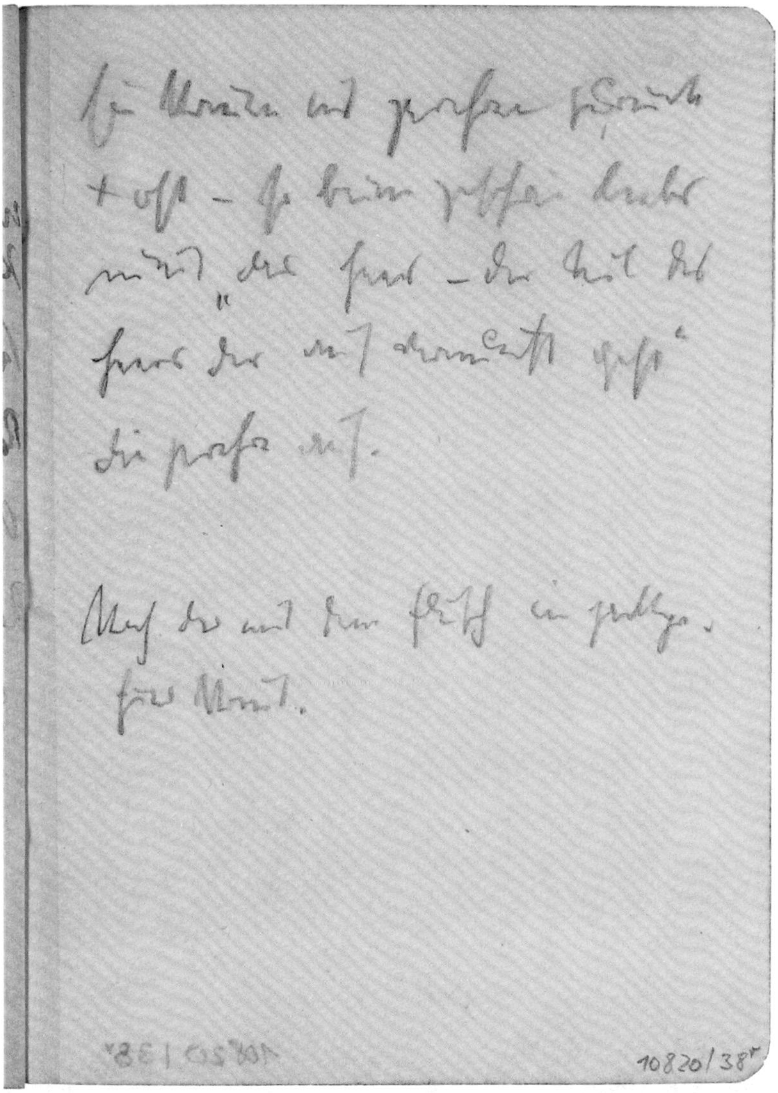

NB 21, 38r

1) bindung

⟨Bl. 38–48 Bleistift⟩

NB 21, 39r

⟨Fatzer und Therese⟩

ftz + th

ftz: wie lebst du?

th: schlecht lebe ich.

III phasen

1) eine plötzliche lange rede über
sich selbst

2) er verhört sie

3) liebesgespräch <er will sein wasser
abschlagen[>]*)*

⟨Bl. 38-48 Bleistift⟩

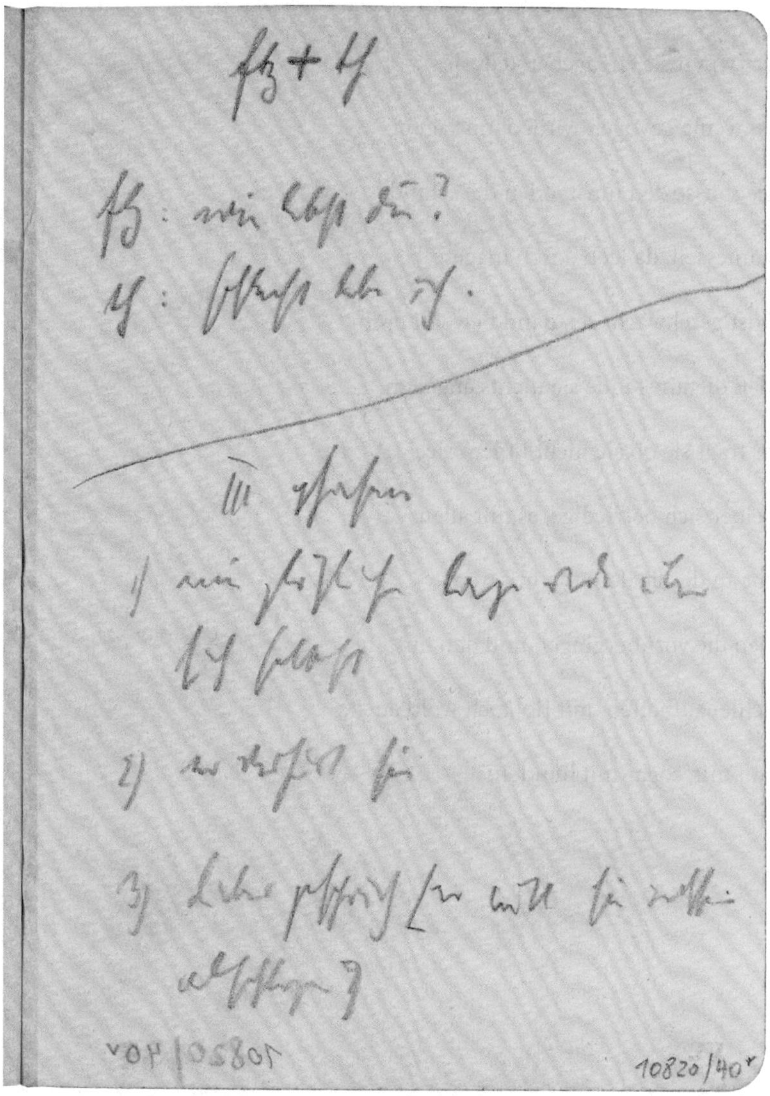

NB 21, 40r

er zwingt sie zuzugeben daß sie
zu wenig gevögelt wird. dann sagt er
sie müsse den umständen die schuld
zumessen, da leeb durch magere
kost geschwächt sei. dann beweißt er ihr
daß die umstände sie nichts angehen.
er fragt sie ob sie nicht indem sie
selber sich befriedige, es mit allen
tut an die sie denkt¿ - mit frem-
den die vorübergingen und den hut
schief aufhatten, mit [le]*ko*ch wohl auch,
⟨→ 42r.1⟩ mit mir, sogar mit hunden?

⟨Bl. 38-48 Bleistift⟩
11 aufhatten] ⟨t-Strich verrutscht⟩

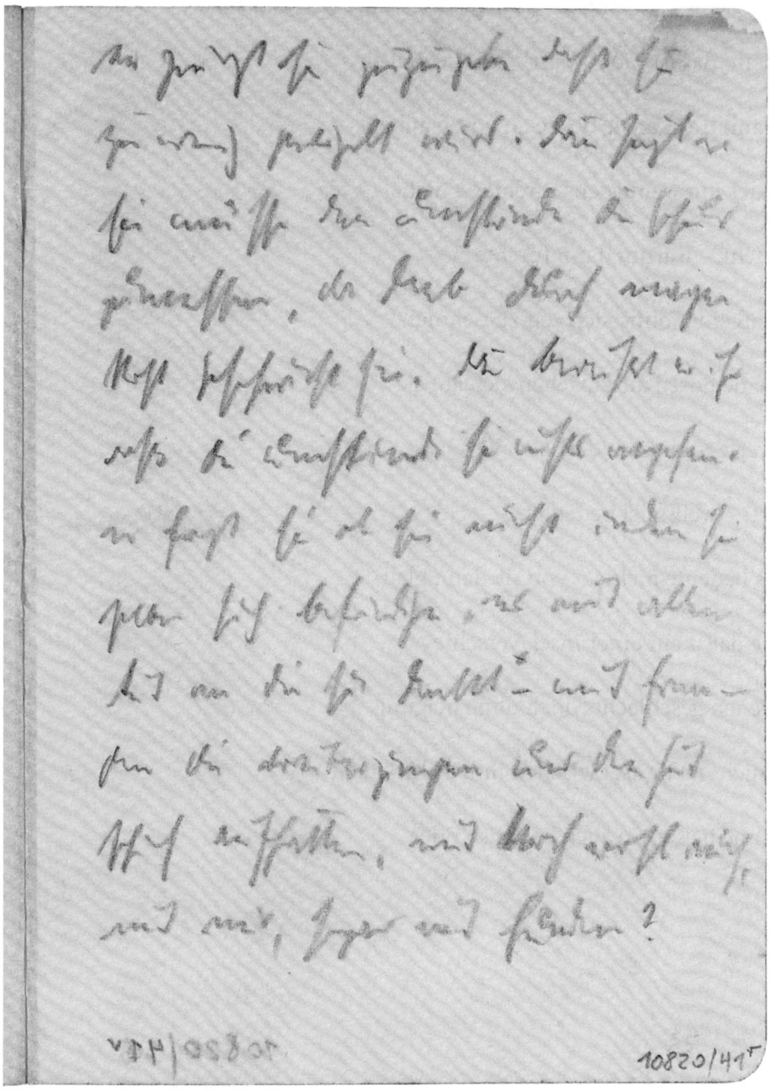

NB 21, 41r

⟨41r.12←⟩ nein! das ist nicht wahr! [sagt]*schreit* sie.
dann frage er sie ob sie an gott glaube?
oder ihn wenigstens fürchte? - nicht
mehr. - warum dann fürchte sie
daß einer ohne sich zeit zu nehmen
seine hosen auszuziehen sich auf sie
werfe ~~und~~ wisse daß sie naß
ist? - weils viel bedeutet. -
es bedeute nichts.. - ob sie denn glaube daß 2 auf einer insel, verschiedenen geschlechts doch ohne neigung
(nicht mehr als zwischen ihm + ihr> auch
⟨→43r.1⟩ ohne haß <wie auch bei uns> oder

⟨Bl. 38–48 Bleistift⟩

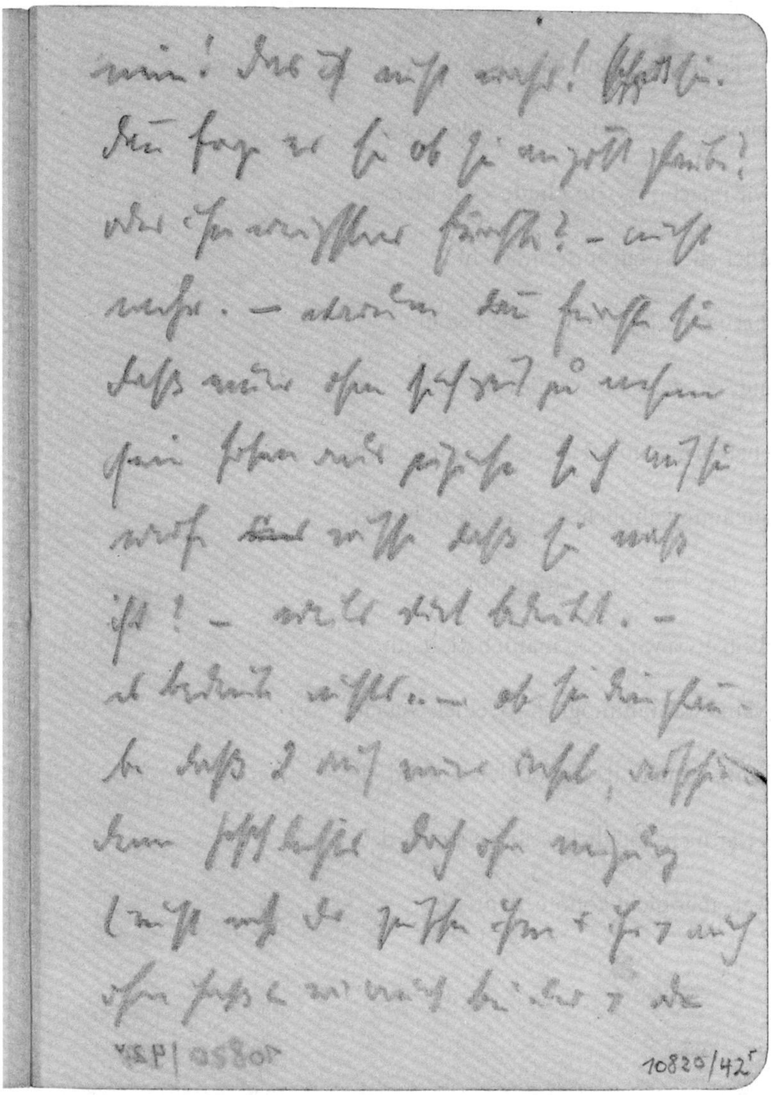

NB 21, 42^{r}

⟨42r.13←⟩ vielleicht sogar mit haß[)], jahre zu-
sammenlebend oder auch tage, sagen
⟨eine⟩ ⟨einer⟩ wir 1 nacht, [¿¿¿]*in* 1 hütte <wie hier>
sogar sich
⟨einen⟩ oder ~~auch~~ 1 tag entfernt, nicht
zusammen[¿]*le*gten? – doch wohl –
⟨→45r.13⟩ 1
gut. *[* in der natur ist dies geschäft
eben dringend.*]* der geist des menschen,
zucht und ähnliches, vermags zu hindern,
<wie bei uns> [aber]*so* wenn das
weib etwa wo einen mann hätt, dann
währs wohl unmöglich - freilich - auch
wenn er nicht dawär, obgleich, nein[-],
s wär nicht möglich, selbst wenn er da
⟨→44r.1⟩ wär, aber nicht könnte, denn dies

⟨Bl. 38-48 Bleistift⟩

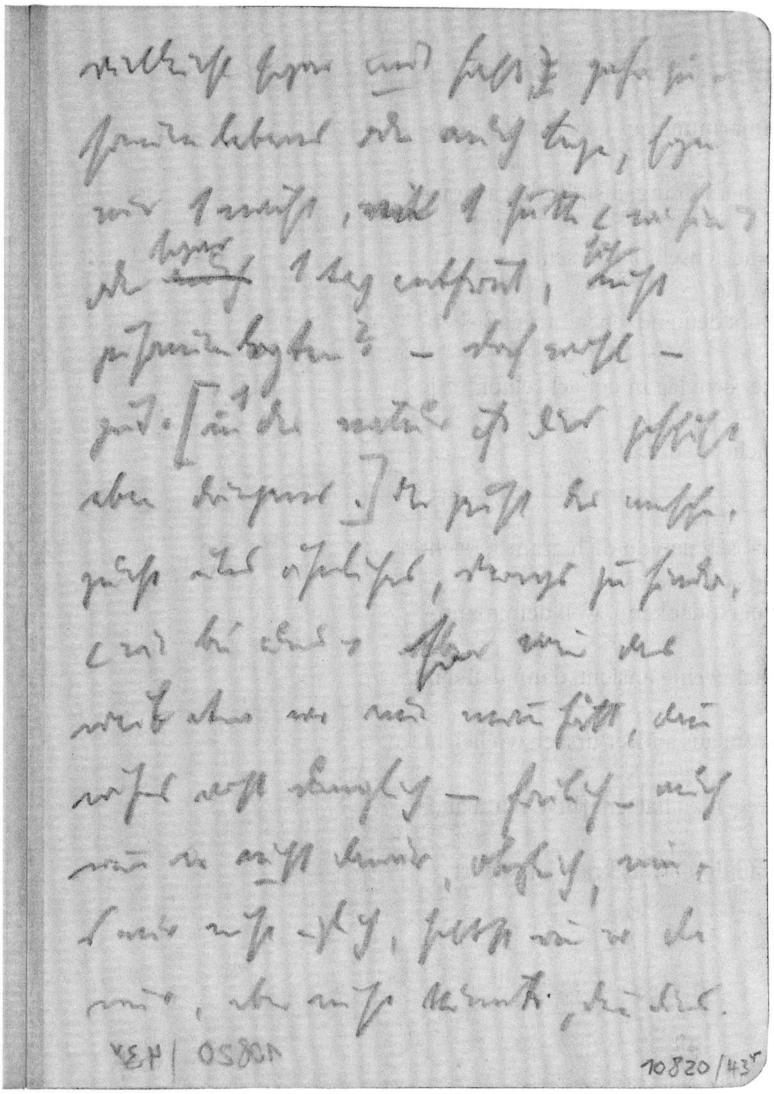

NB 21, 43r

⟨43r.16←⟩ gibts <sie lacht> freilich solche
umarmung aus gelegenheit, körper-
lichem drang, lust d[ie]*en* arm in
eine achselhöhl zu schieben, wär
wenig
~~un~~bedeutend; eben nur daß eben
der arm läg in der achselhöhl <sie
lacht wieder>.

---

ich seh daß du dich grämst, ~~dachte~~
zuerst denkend, weil dein mann~~,~~
dich wenig ansieht, dann denkend,
wohl aus andrer ursach, vielleicht
wegen zu harter arbeit, dann auch
⟨→45r.1⟩ daß du / etwas krank aussiehst

⟨Bl. 38–48 Bleistift⟩
10 dachte] ⟨andere Lesart:⟩ daß

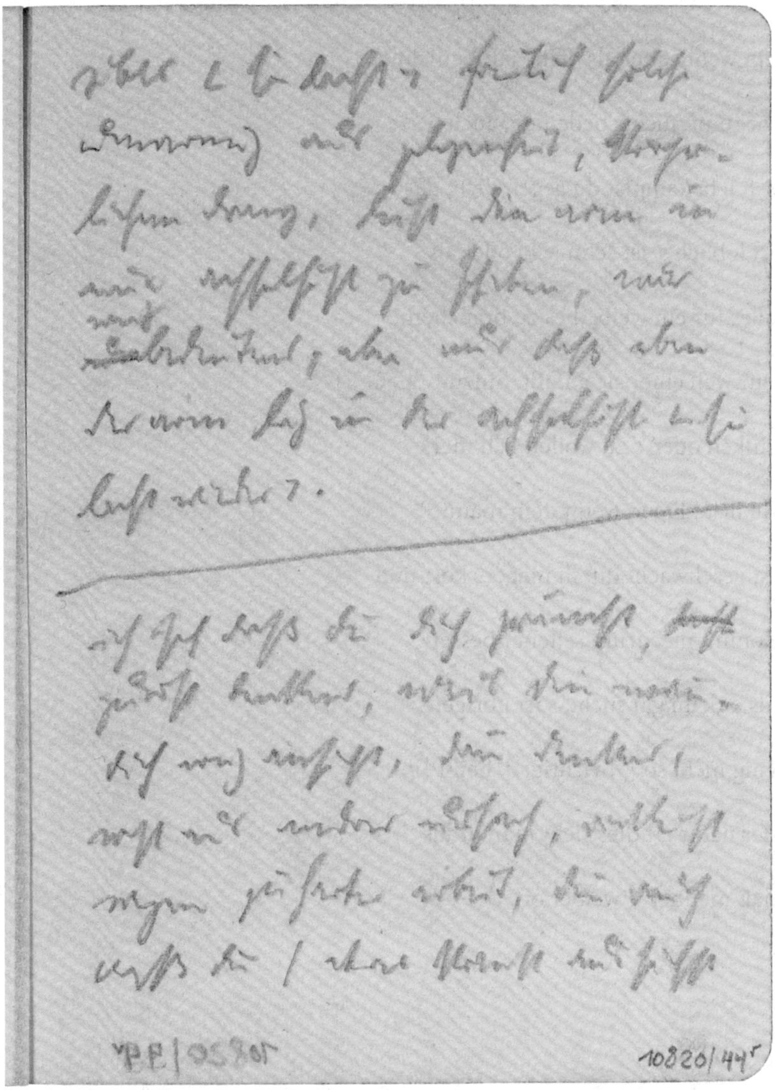

⟨44r.15 ←⟩ ein wenig älter als deine jahre, nicht
viel muß nichts bedeuten, auch
seh ich, kämpfst du gegen dich, das
ist löblich s' ist schmachvoller als
alles für ein weib, dies zu brauchen,
nur weil einer sie anfaßt, hinzu-
sinken oder 's zu wollen. ich merk
du bist klüger, weißt dein mann
ist geschwächt durch magere kost und
kommt nur drum seltener besser
als er käm gar nicht, s ist übrigens
⟨das⟩ lang nicht so [¿]*w*ichtig; d. heißt [in
⟨43r.7 ←⟩ der natur 1)] dies sieht man draus
⟨→ 46r.1⟩ daß männer + weiber oft

⟨Bl. 38–48 Bleistift⟩

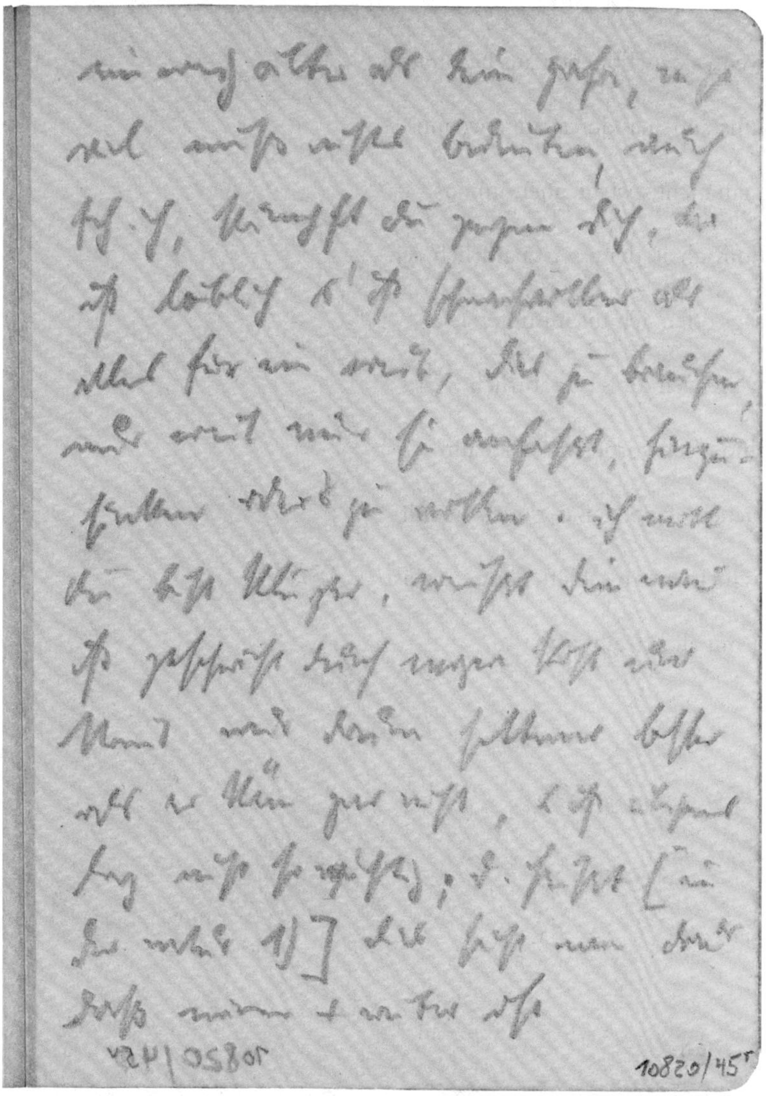

NB 21, 45r

⟨45r.14←⟩ wenn sie nicht lieben aus besondern
umständen anderes täten, wovon
man nicht spricht, aber nur aus
dummheit, denn s' ist natürlich, ich
sags offen: ich tus mitunter, ich
weiß auch du s' ist natürlich
und rasch vorbei, nur fast zum
lachen oft so, daß der oder die mit
keinem mann schläft, dann im geist
s' mit allen treibt usw.

⟨Bl. 38-48 Bleistift; Bl. 47 unbeschrieben⟩

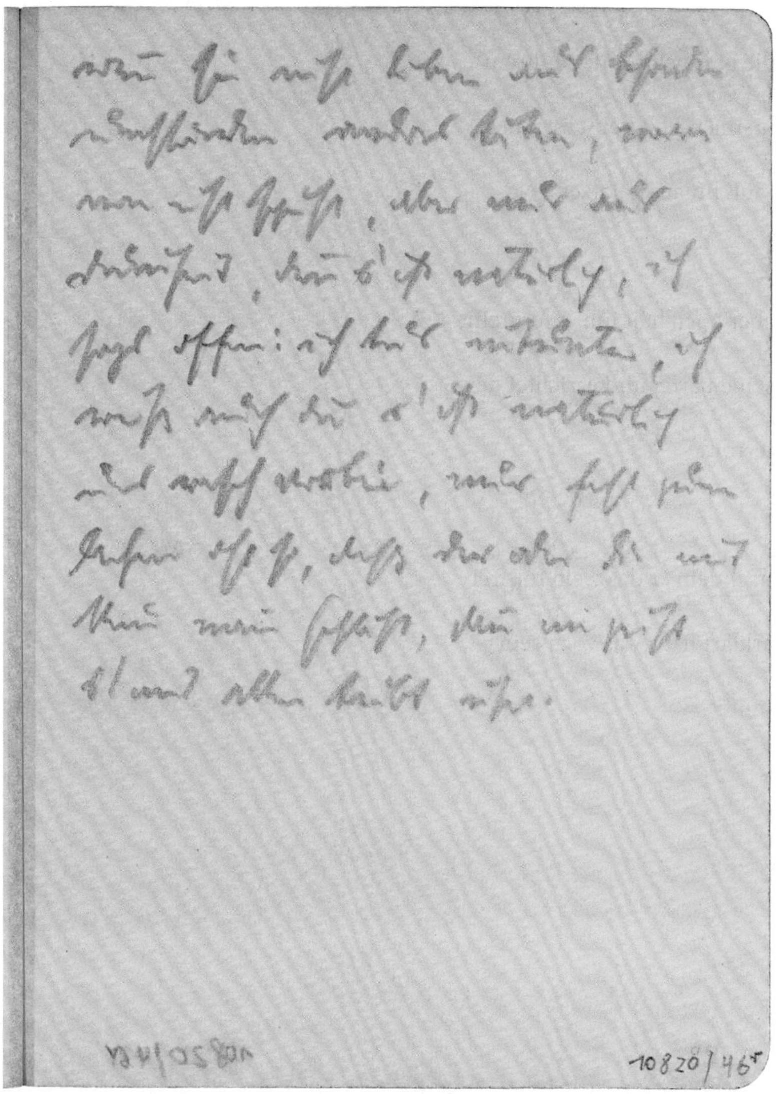

NB 21, 46r

1

die gevögelte läuft zu ihrem
mann + jetzt heißt es: „dieser
muß hinaus“ <fatzer>

2

aber koch hält ihn. er ergreift
seine partei und errichtet den
terror.

3

nachdem er das weib für frei
erklärt hat <was vor 1 sein
muß!>

⟨Bl. 38–48 Bleistift; Bl. 47, 49 unbeschrieben⟩

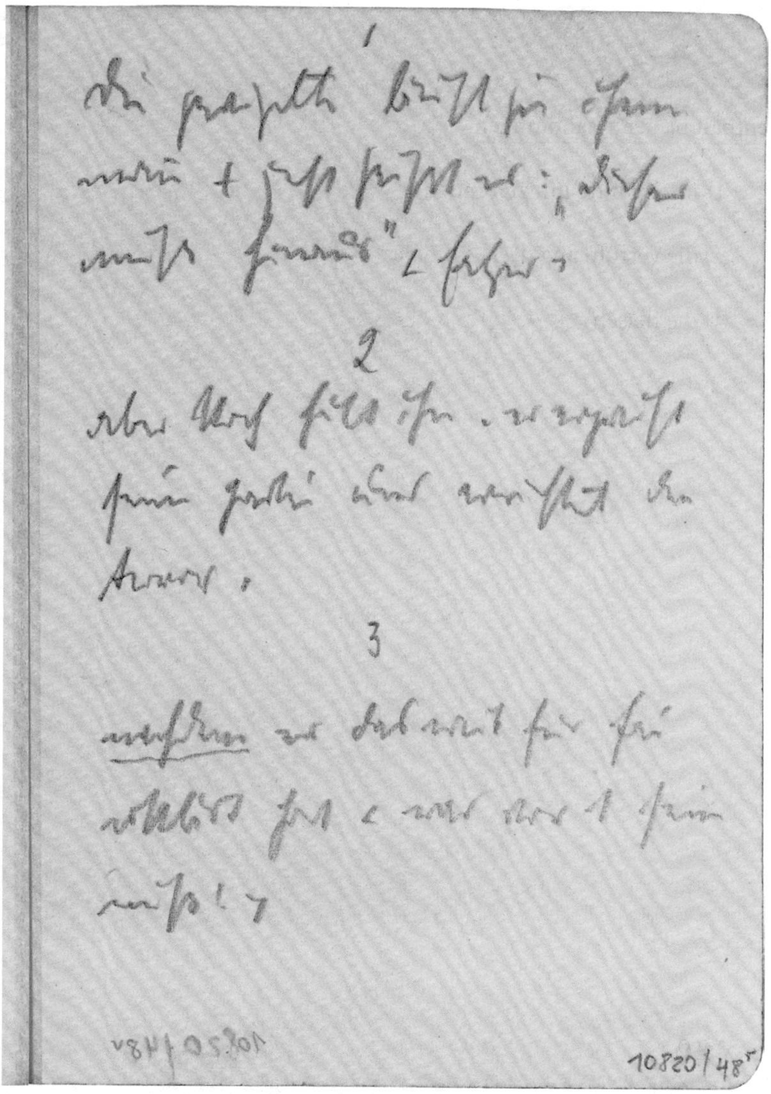
1

2

3

10820/48r

NB 21, 48r

4

<u>enthält bisher 3 handlungen</u>

1) fatzers bitte ihn zu binden

2) die verführung d[er]*es* weibes

3) die fleisch¿

⟨Bl. 49 unbeschrieben⟩

5 fleisch¿] ⟨mögliche Lesart:⟩ fleischb⟨eschaffung⟩

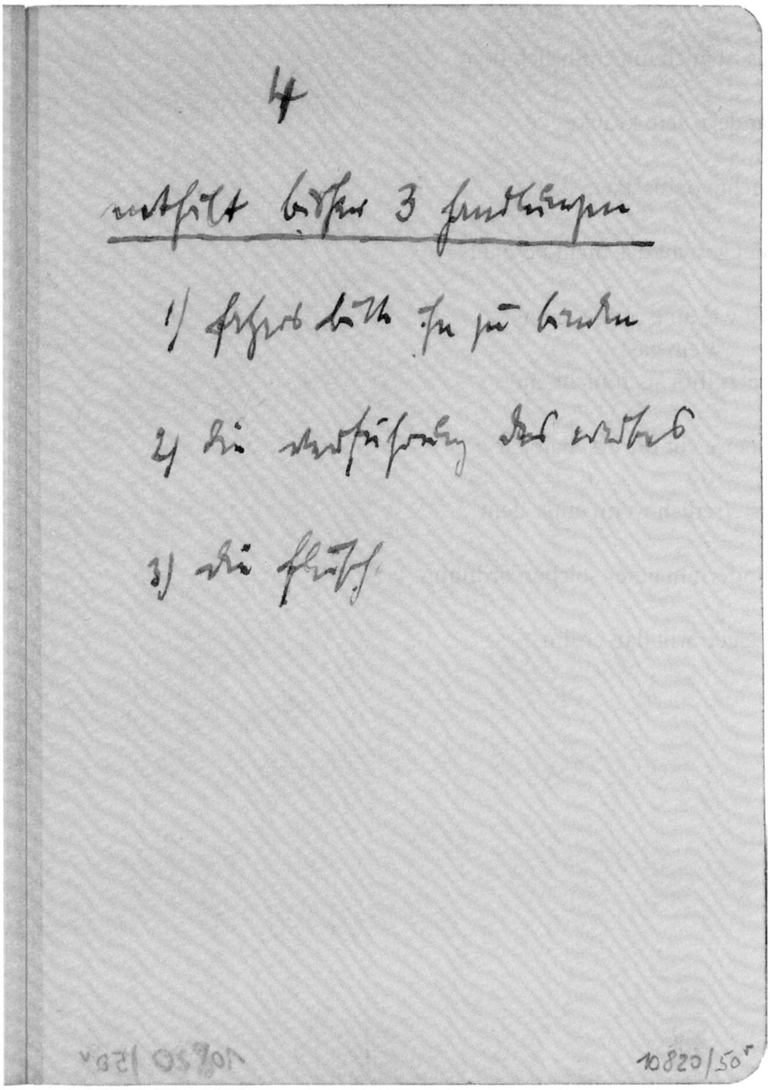
4
enthält bisher 3 Handlungen
2) die Entführung der Weiber
3) die Flucht
10820/50r

K
es ist auch ungebührlich dem

andern sein krankes ge-

⟨das heißt⟩ sicht vorzusetzen, d. h.

ein gesicht das nicht bereitet

ist wie eine speise, man
dem gast
setzt ~~ihm~~ auch nicht eine

speise vor die erst halbgar

ist. freilich wenn einer dem

andern in einer solchen ordnung

⟨→ 52r.1⟩ zeigen will daß er ihn

⟨Bl. 51-52 Bleistift⟩
1 K] ⟨mögliche Lesarten:⟩ Kommentar ⟨,⟩ Koch

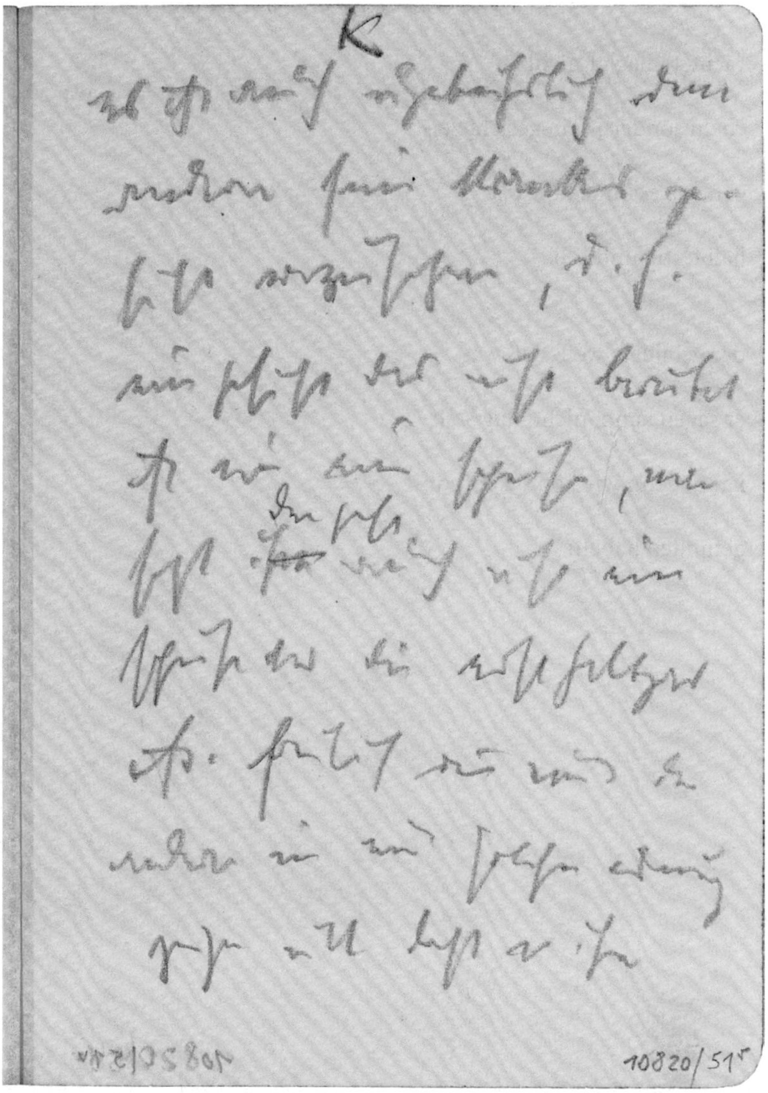

NB 21, 51r

⟨51r.12←⟩ verachtet, mag er nicht lä-
cheln sondern sein gesicht zeigen wie es ohne kunst ist
halbfertig und roh.

der gebildete weiß daß was
er sagen kann, nicht klug sein
kann, denn wie könnte ers sonst
gefunden haben?

⟨Bl. 51–52 Bleistift⟩
1 verachtet,] , ⟨verdeutlicht⟩

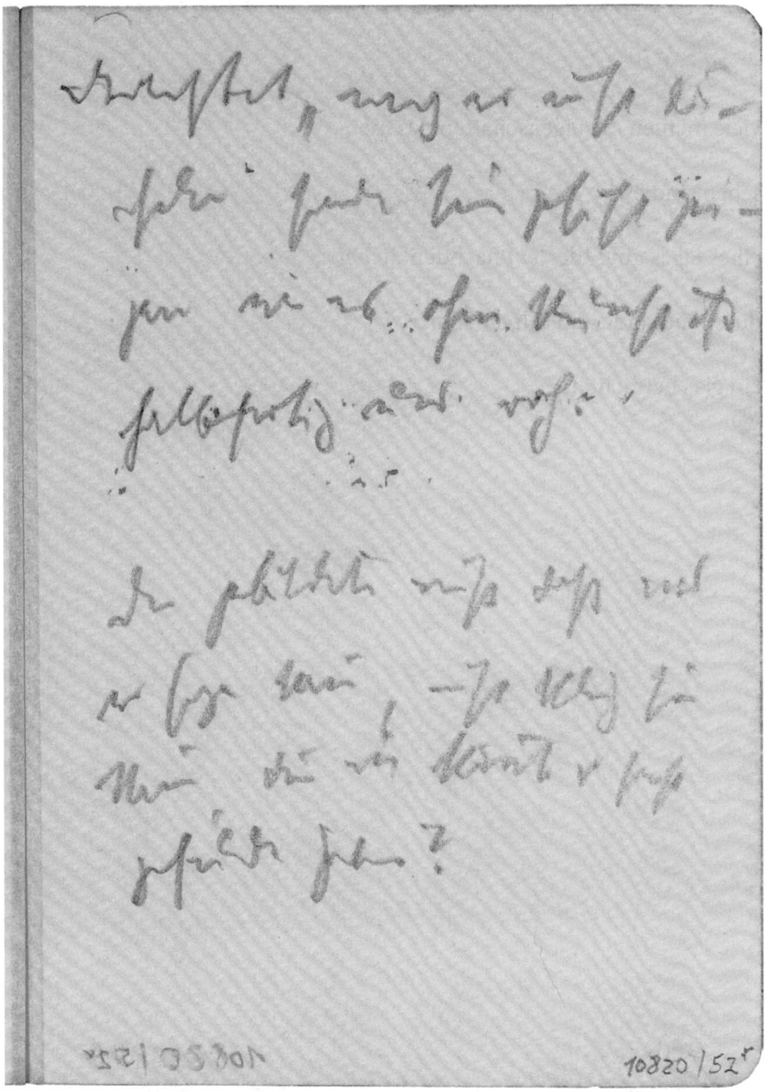

NB 21, 52r

⟨Fatzer⟩ ftz

viele meinen die eigenschaften des menschen sind ewig.
eines tages ging [der]*ein* nachdenklicher
durch die stadt und sah einen der
ein glas betrachtete.

1 ftz] ⟨Unterlänge des⟩ z ⟨fehlt⟩

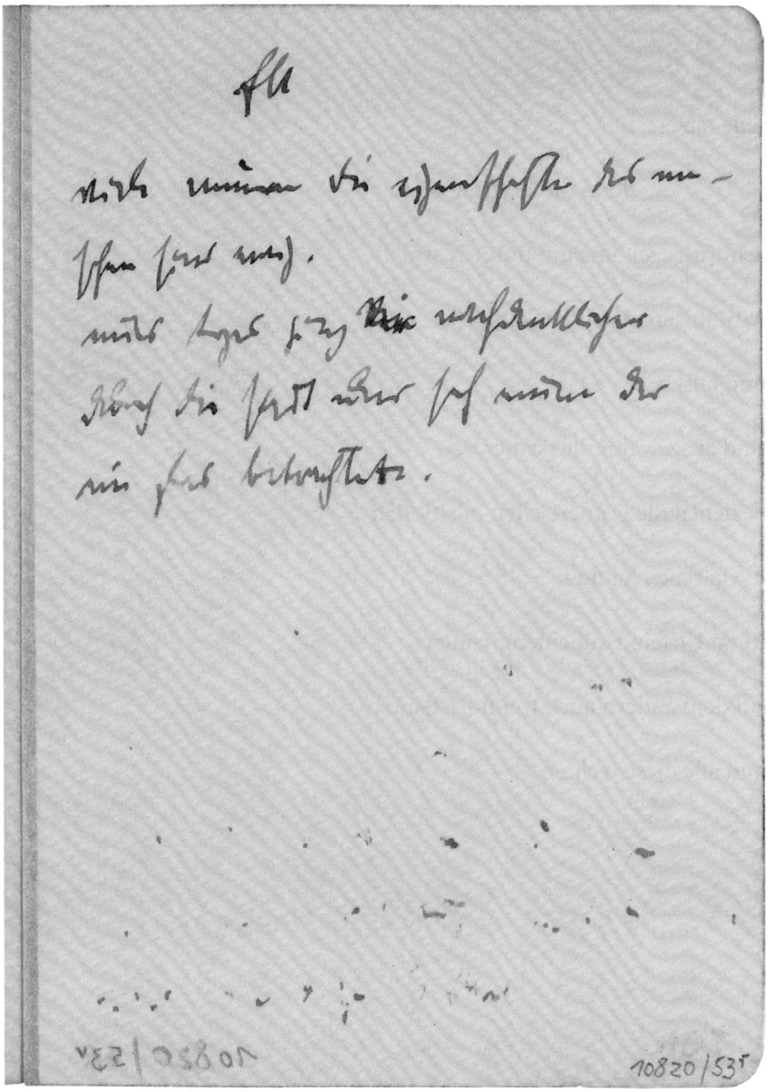
10820/53r

1)

rede fatzers:

denn dieser krieg
geht [u]gegen uns mit unserm arm
wird unsere person bekämpft.
und falsch
sind ausgewählt die gegner, es
beziehen die gegnerischen positionen
die falschen haufen.
freund + feind auf einem haufen
auf dem andern auch freund + feind.
⟨→ 55r.1⟩ und alle diese fechten

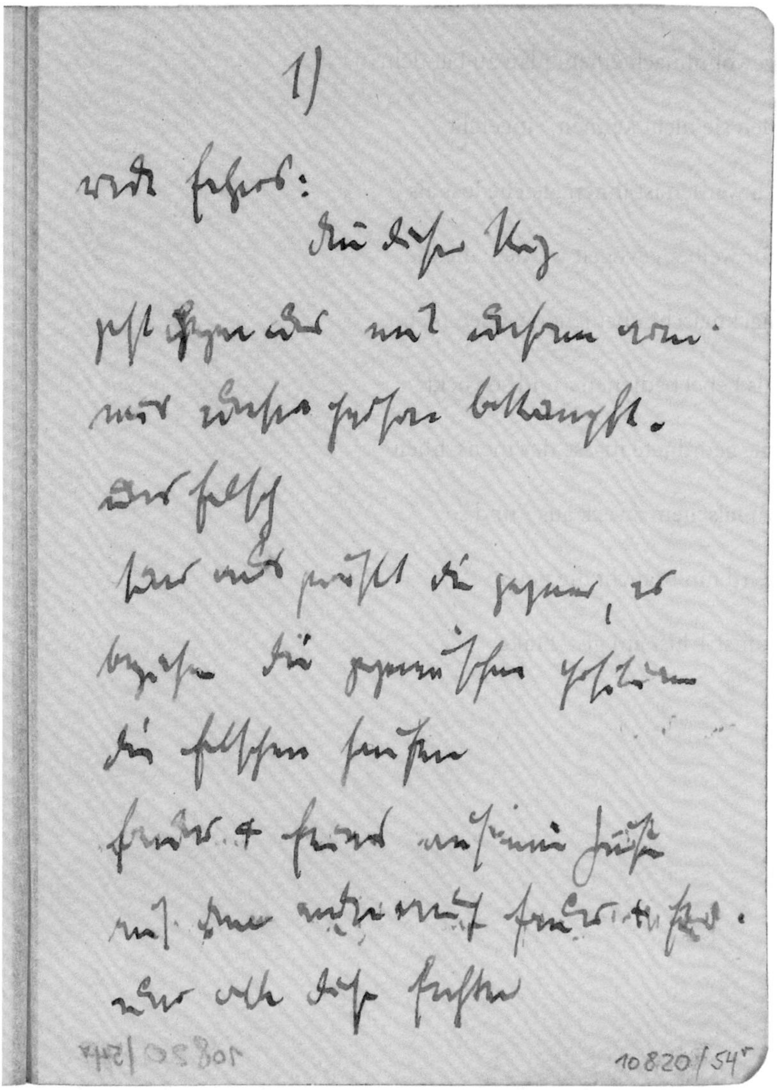
1)
10820/54r

⟨54r.12←⟩ gewohnt nach einem plan zu handeln
den sie nicht kennen, eingeteilt
zu werden ist ihnen gleiche lust als
für weiber gevögelt werden; die die
hackmaschin bedienen wollen nichts
als hebel bedienen / und so rückt
die geordnete masse der menschheit
zu falschem zweck aus / und so
wird mißbraucht die neue
kunst + lust am gleichtakt.

10 gleichtakt.] ⟨andere Lesart:⟩ gleichtakt,

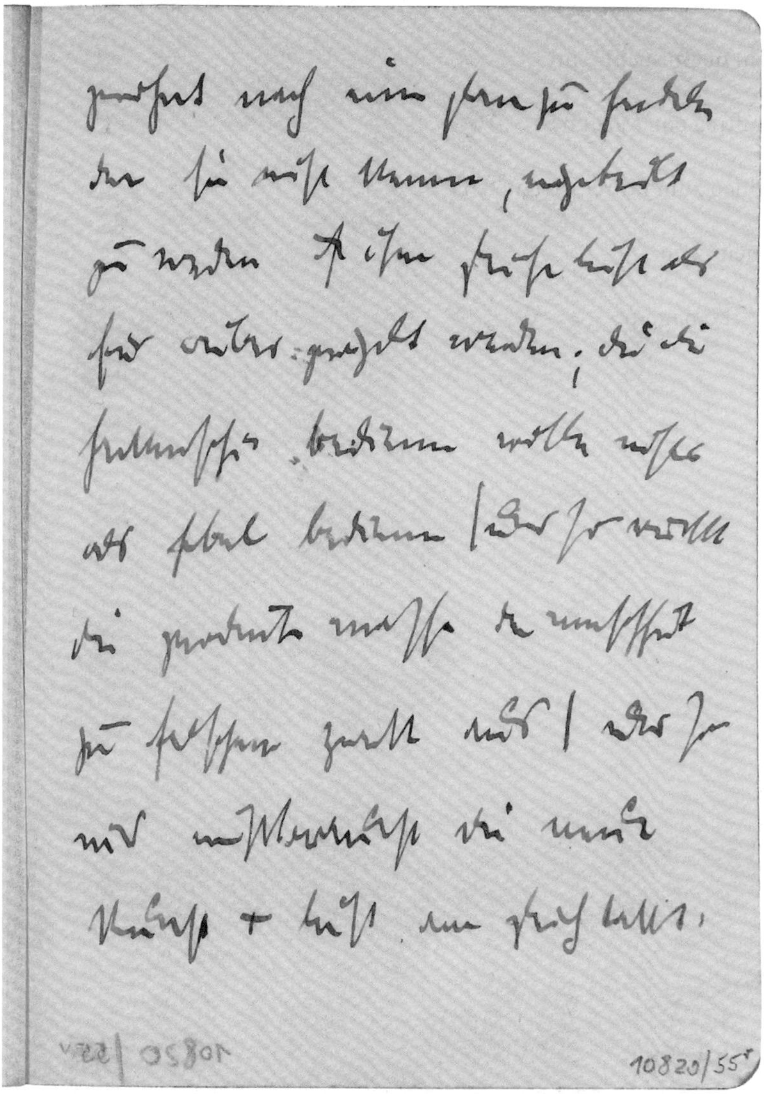

NB 21, 55r

ein mann sucht – im

auftrag einer gruppe –

einen zum führer geeigneten

menschen.

⟨Kommunistische Internationale⟩

<Komintern>

—

⟨ganze Seite Rotstift⟩

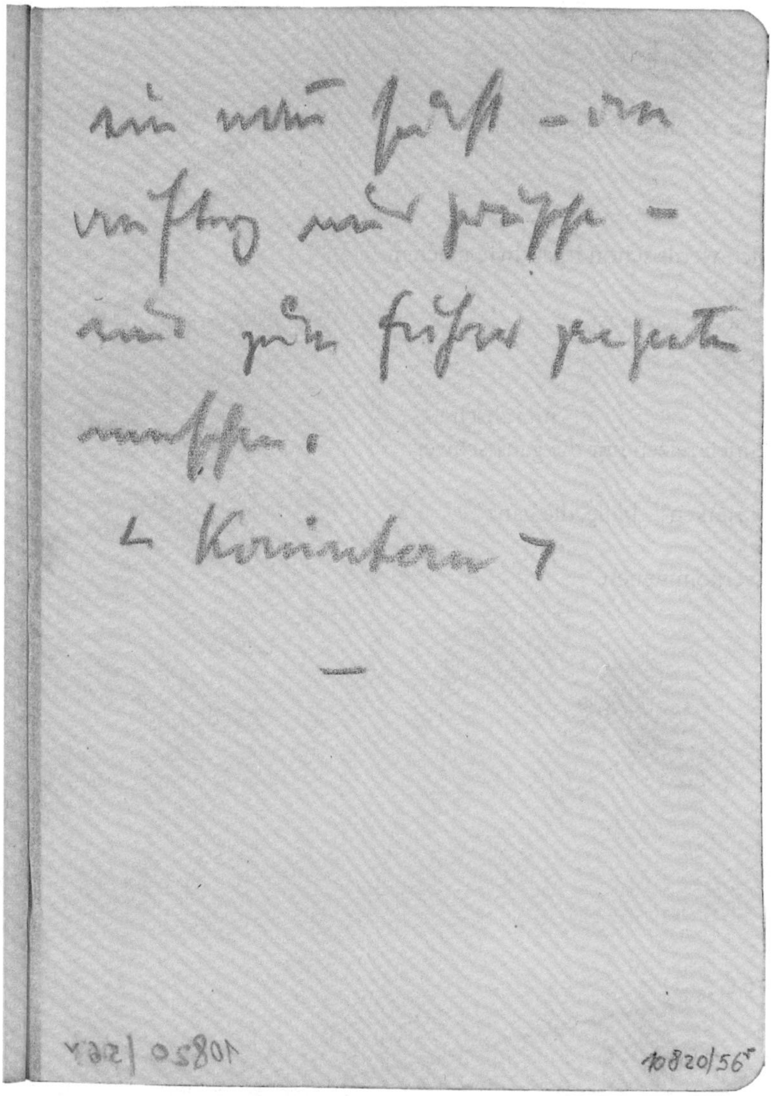

NB 21, 56r

⟨Happy End⟩ HE

„das ist ein ganz gefährlicher“

„ich werds schon irgendwie machen.
was ne harke ist“.

moralisch
„mich reizen nur die ganz schwer
~~kranken“~~[.]*f*älle, die ganz
verkommenen.“

⟨Bl. 58 unbeschrieben⟩

6 schwer] ⟨Flexionsendung bei Änderung von Z. 7 versehentlich nicht angepaßt⟩

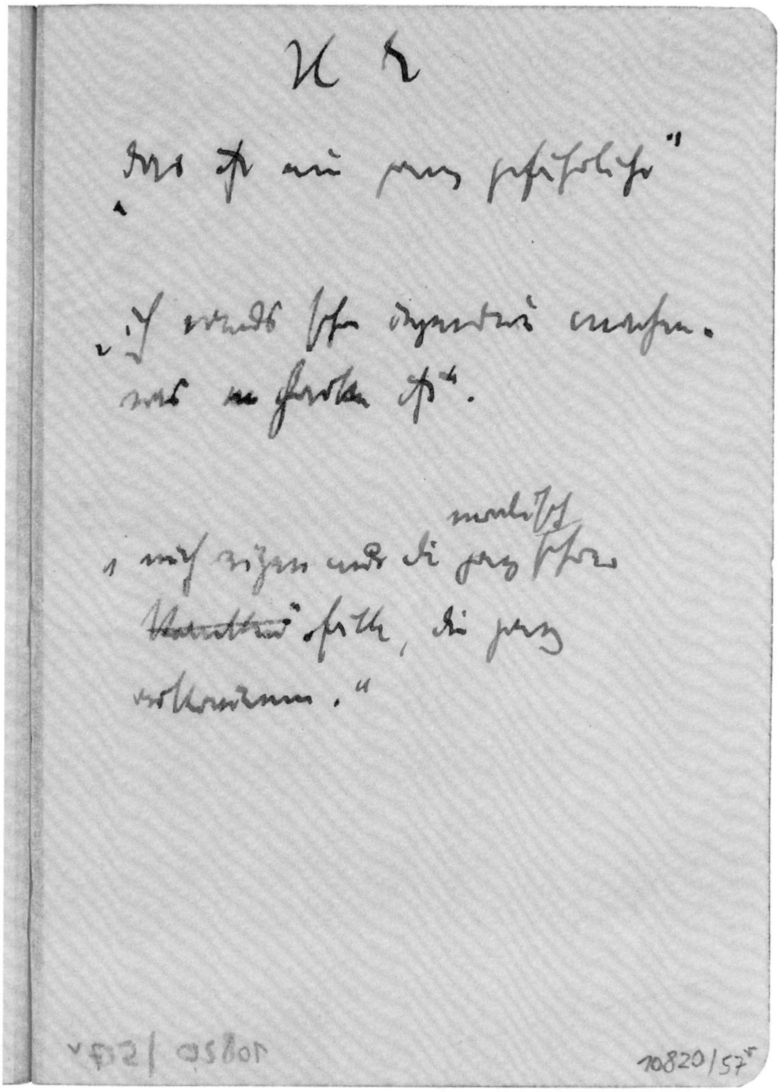

NB 21, 57r

[25]*3000* · 12 = [2]36 000 : 8

[¿¿]= [3]*4250*

4500

———

⟨Bl. 58 unbeschrieben; ursprünglich nachfolgende 19 Blätter herausgerissen: → BBA 109/52, 58, 61, 60, 56, 59, zu 60r⟩

2 [¿¿]=] ⟨andere Lesart:⟩ ~~oo~~

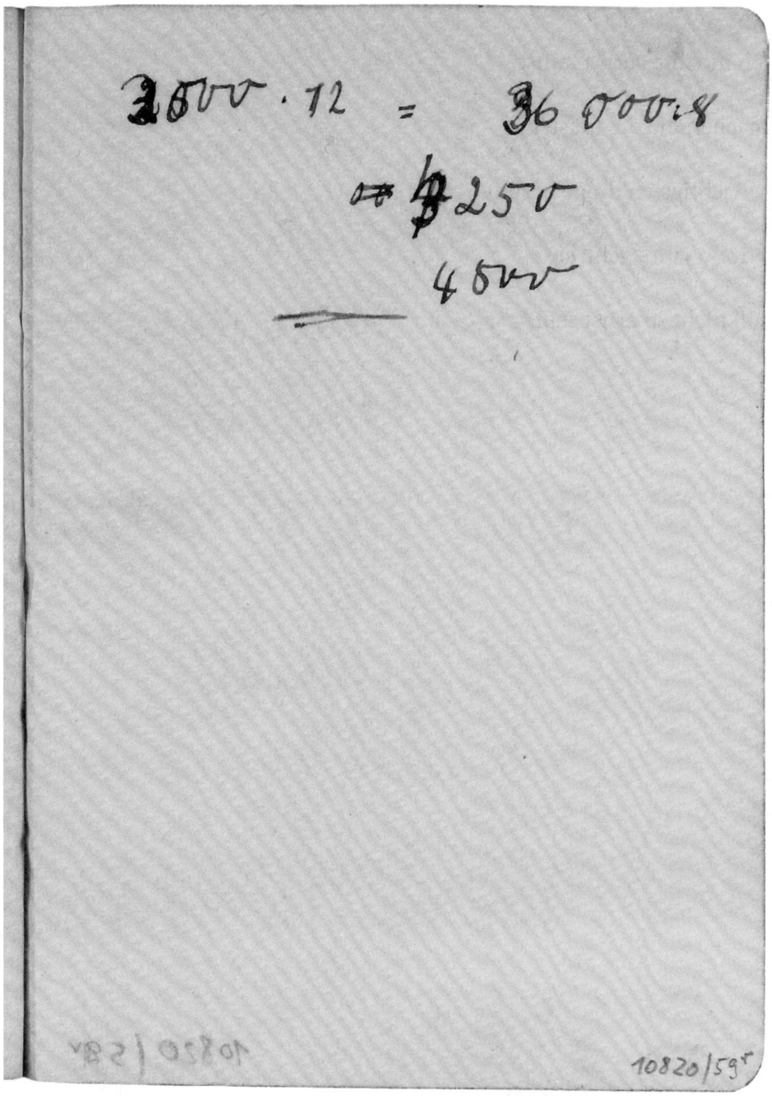
3000 · 12 = 36 000 : 8
= 4250
4800
10820/59r

NB 21, 59r

⟨eine⟩ ich möchte gern 1 kunst
machen die die tiefsten
+ wichtigsten dinge berührt
+ 1000 jahre geht: sie
soll nicht so ernst sein.

⟨ganze Seite Bleistift; unter Z. 1⟩ 1 ⟨Durchschlag der Tinte des⟩ t ⟨von BBA 109/59, Z. 2⟩ zeit ⟨; ursprünglich vorangehende 19 Blätter und ursprünglich nachfolgendes Blatt herausgerissen: → BBA 109/52, 58, 61, 60, 56, 59, zu 60^{r}⟩

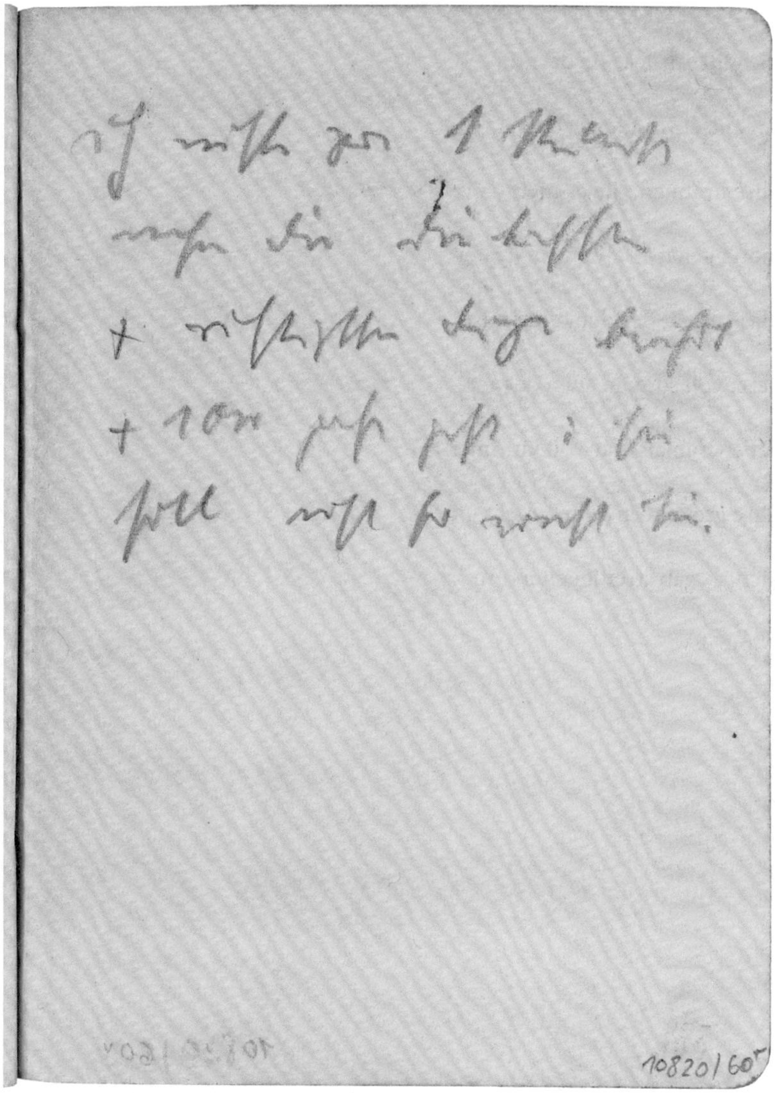

NB 21, 60r

sie glitt zurück, sie dachte
an entschwundene zeiten.
ihre urahnen, die es nicht
nötig gehabt ha[ben]*tten.* aber
das gesicht der denkenden ist
jetzt voll sorgen. auch das
leben damals war voll kummer.
ihre großeltern waren nicht glück-
lich. es gab streitigkeiten um
töpfe usw.

⟨ganze Seite Blaustift; ursprünglich vorangehendes Blatt herausgerissen⟩

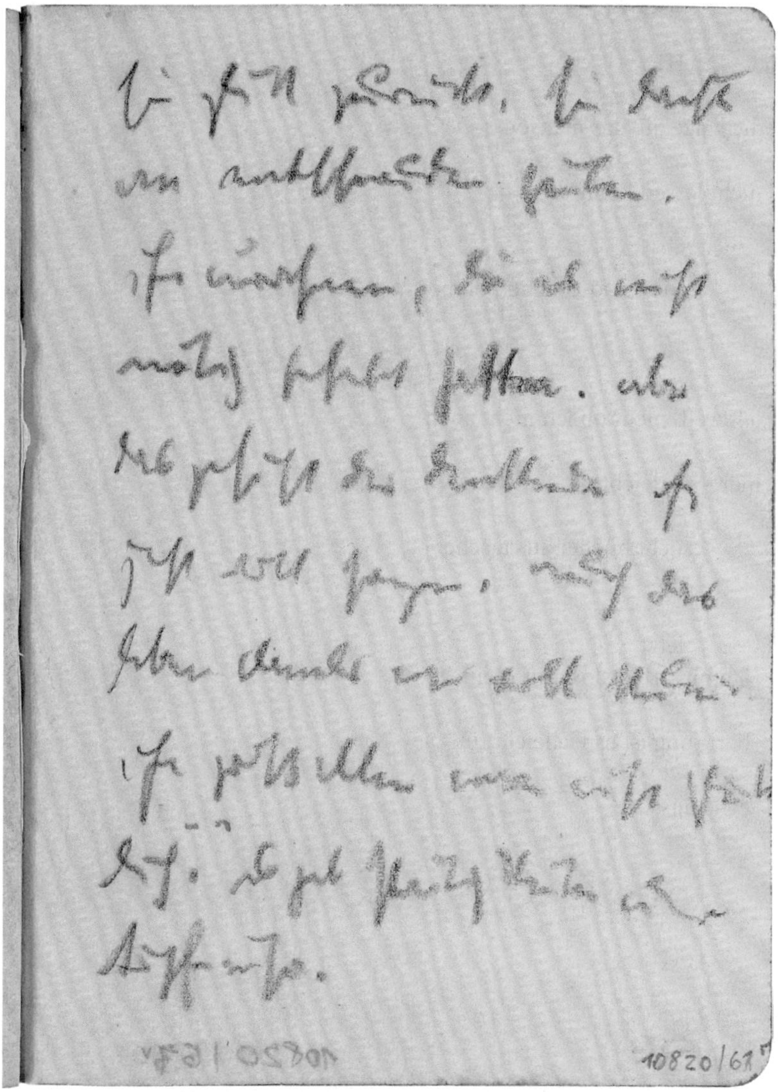

NB 21, 61r

⟨Happy End⟩

H E

„die katze die das mausen
nicht lassen kann“

Monolog-Großaufnahme

„ich weiß nicht ob ich nicht auch
hier - vielleicht -
<sucht bücher aus tasche>

---

jetzt
ich bin arbeitslos. mit meiner
berufung ist es vielleicht für
ewig aus.

5 ich] ⟨darunter wohl nicht signifikanter Strich; andere Lesart:⟩ ich

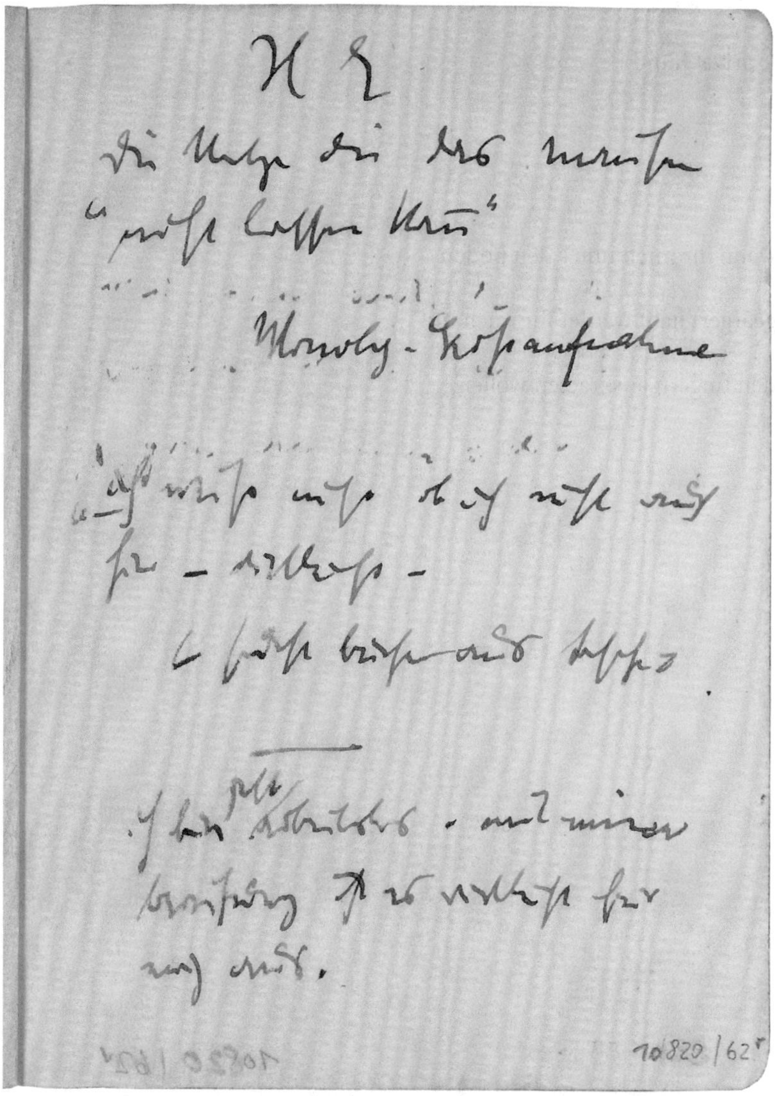
10820/62r

privat hund

wenn ihr mich unter den boden
geärgert habt werdet ihr mich mit
den fingern auskratzen wollen.

⟨ursprünglich nachfolgende 2 Blätter herausgerissen⟩
3 habt] t ⟨mit leerer Feder⟩

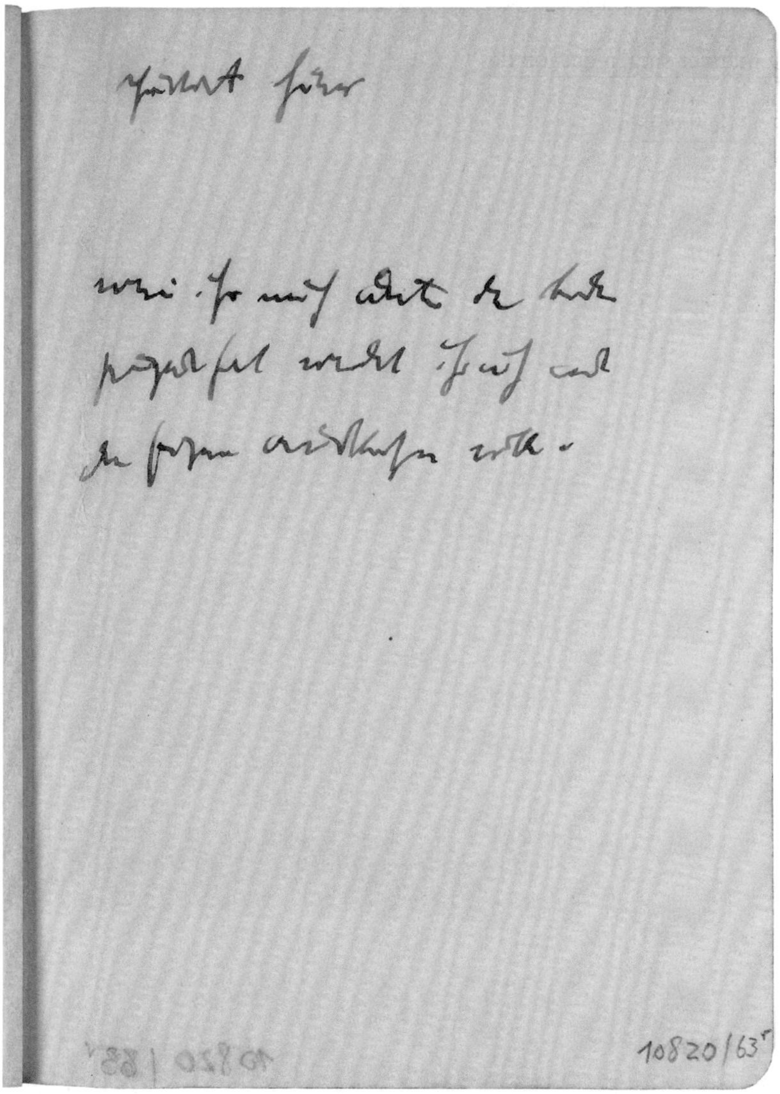

NB 21, 63r

2 männer singen das lob des

denkenden

⟨ursprünglich vorangehende 2 Blätter herausgerissen⟩

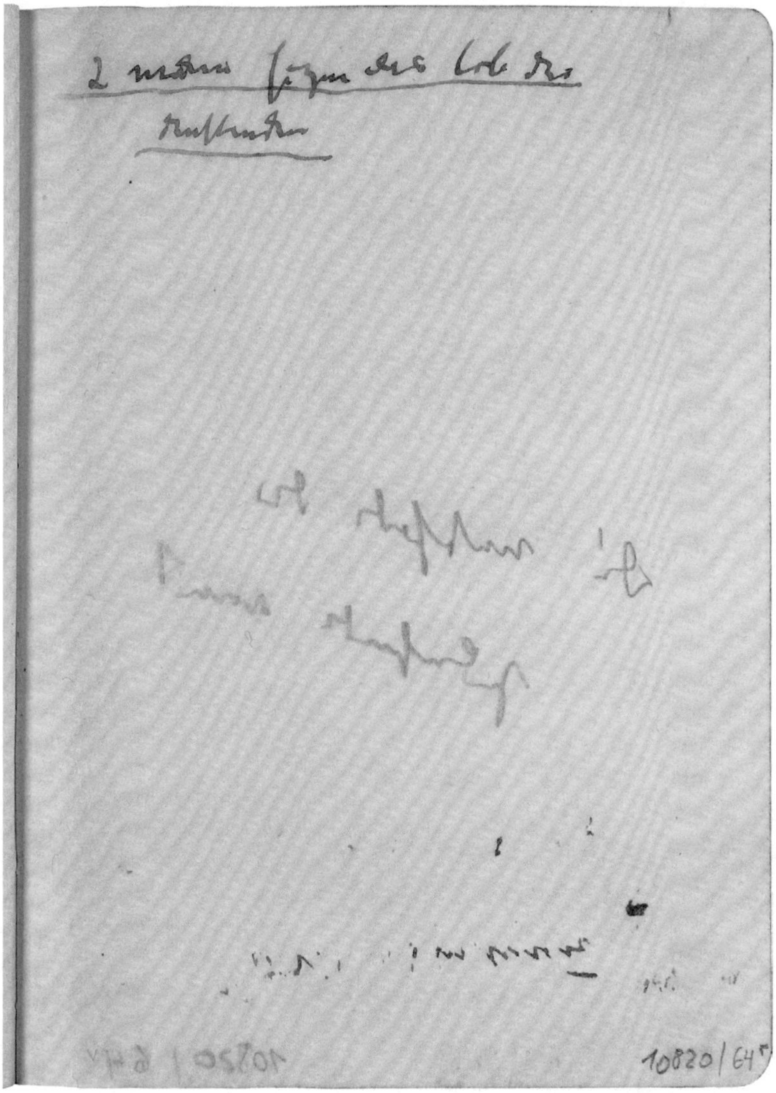

NB 21, 64r

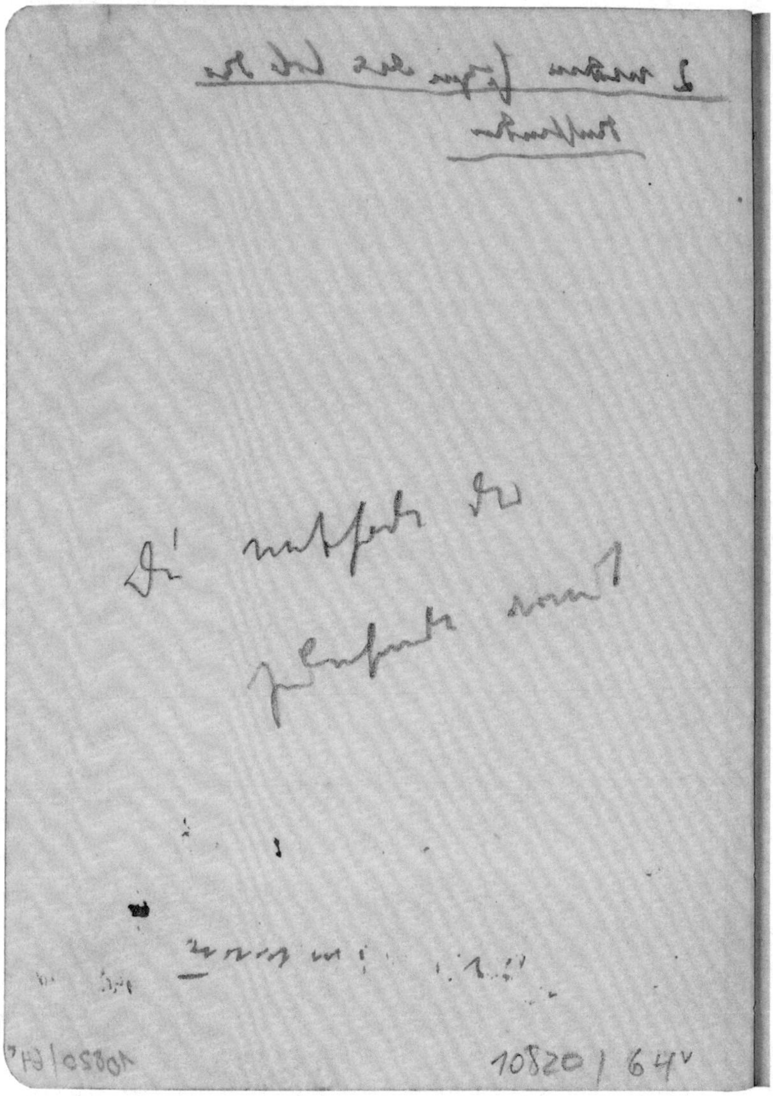

NB 21, 64v

die methode der

zunehmenden armut

⟨ganze Seite Bleistift; erst nach Bl. 65r eingetragen⟩

welcher von uns stirbt – was gibt der auf?
der gibt doch nicht nur [den]*seinen* tisch auf oder
sein bett auf! wer von uns stirbt, der
weiß auch: ich gebe auf was da vorhanden ist, mehr als ich habe [¿]*s*chenke ich weg.
wer von uns stirbt, der gibt die straße
auf die er kennt und auch die er nicht
kennt. die reichtümer, die er hat und
auch: die er nicht hat. die armut
selbst. seine eigene hand.
wie nun wird der ~~mit~~ eine[m]*n* kleinen
stein heben, der nicht geübt ist? wie
wird der einen großen stein heben?
wie wird, der das aufgeben nicht geübt hat

⟨ursprünglich nachfolgendes Blatt herausgerissen⟩
4 da] ⟨davor nicht signifikanter Strich⟩
8 kennt.] ⟨andere Lesart:⟩ kennt,

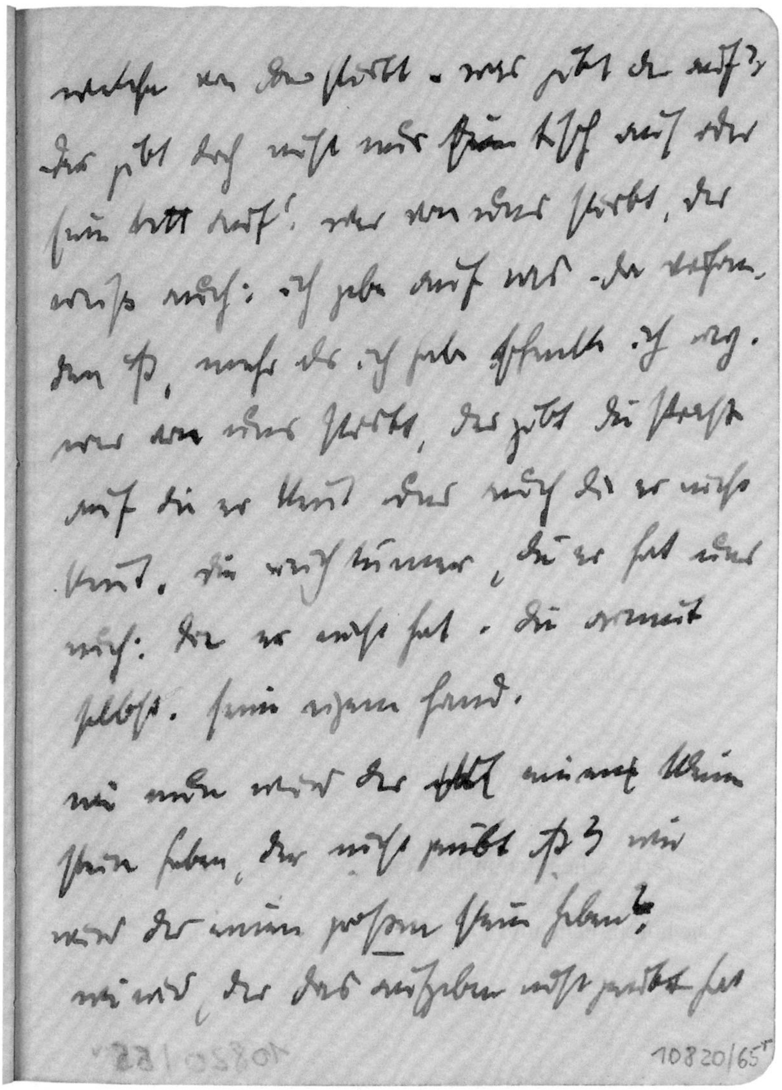

NB 21, 65r

lob der oberfläche

der wenigen

der armut

lob des rechten

+ des gesetzes

<roh + barbarisch, von einem chor>

sie zerfleischen den menschen

sie hören nicht auf

⟨ursprünglich vorangehendes Blatt und ursprünglich nachfolgende 4 Blätter herausgerissen⟩

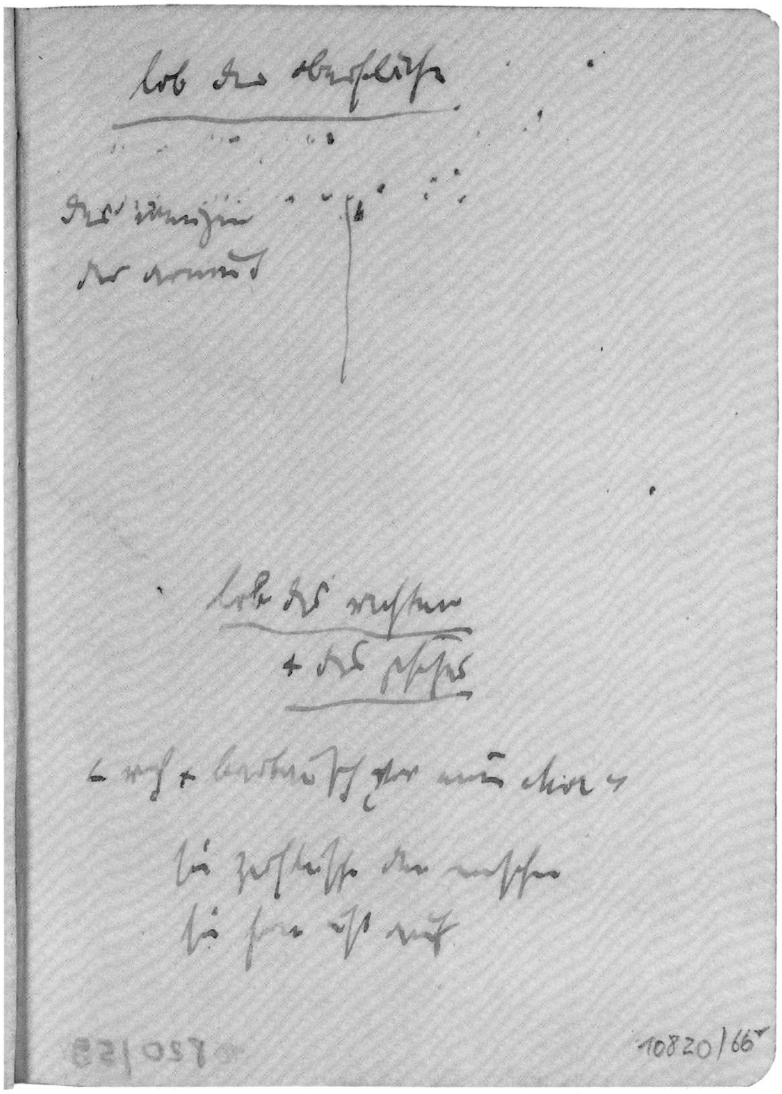

NB 21, 66r

k¿¿

¿

⟨Blatt teilweise herausgerissen; ursprünglich vorangehende 4 Blätter und nachfolgendes Blatt herausgerissen; Bleistift⟩

NB 21, 67r

⟨Blatt teilweise herausgerissen; ursprünglich vorangehendes Blatt herausgerissen; horizontale Striche Bleistift, Diagonalstrich grauvioletter Kopierstift⟩

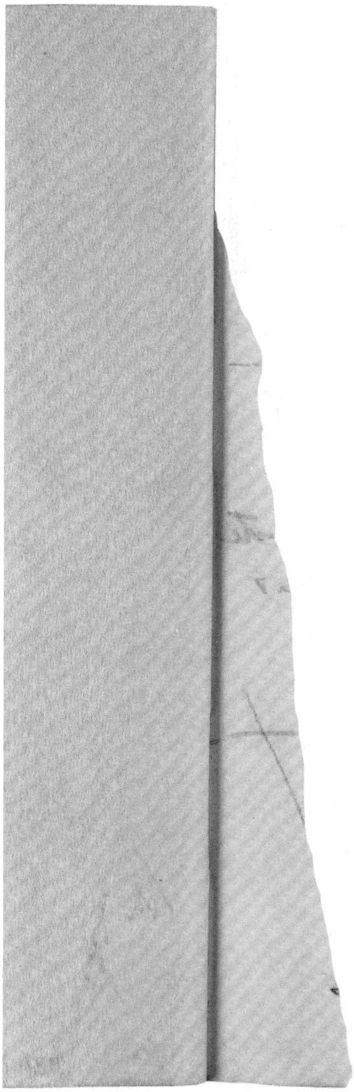

NB 21, 68r

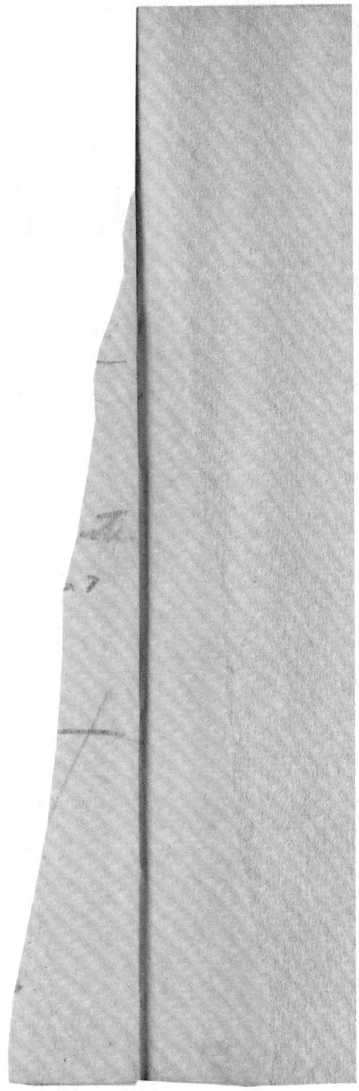

NB 21, 68v

¿te

¿>

⟨Blatt teilweise herausgerissen; ursprünglich nachfolgende 3 Blätter herausgerissen; Bleistift; Durchscheinen der Striche von 68^{r}⟩

7964

Dü¿

793

A¿

Oliva 2¿

4

⟨Zentrum⟩ Ztr 100

⟨Fritz Sternberg⟩ sternberg

¿

14.30 ¿

⟨auf Umschlag aufgeklebtes, teilweise herausgerissenes Blatt; am Bund Bindungsverstärkung; ursprünglich vorangehende 3 Blätter herausgerissen; Z. 2, 4-6, 8-10 und 12⟩ ¿ ⟨Bleistift, Z. 1, 3 schwarze Tinte, Z. 7 Rotstift, Z. 12⟩ 14.30 ⟨violetter Kopierstift⟩

11 ¿] ⟨davor Abdruck der Tinte eines nicht mehr vorhandenen Blatts⟩

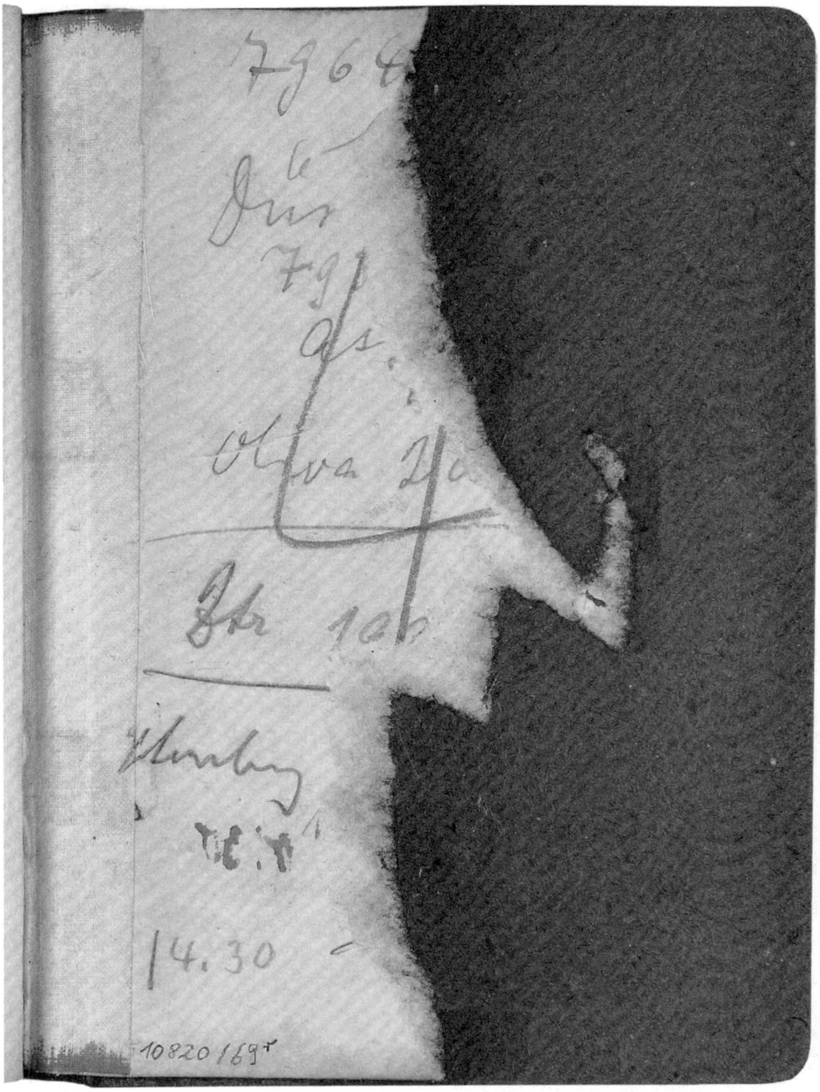

NB 21, 69r

NB 21, 69v

⟨Umschlag⟩

Notizbuch 22

5

⟨Umschlag; Rotstift⟩

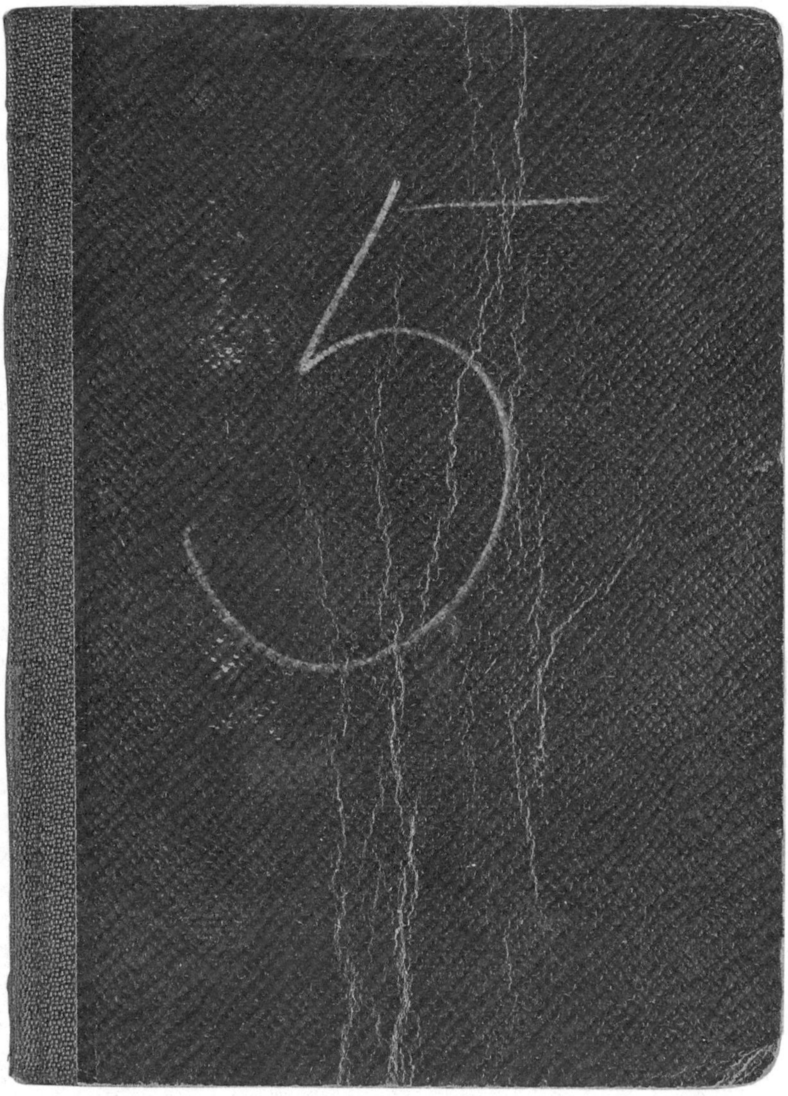

NB 22, 1r

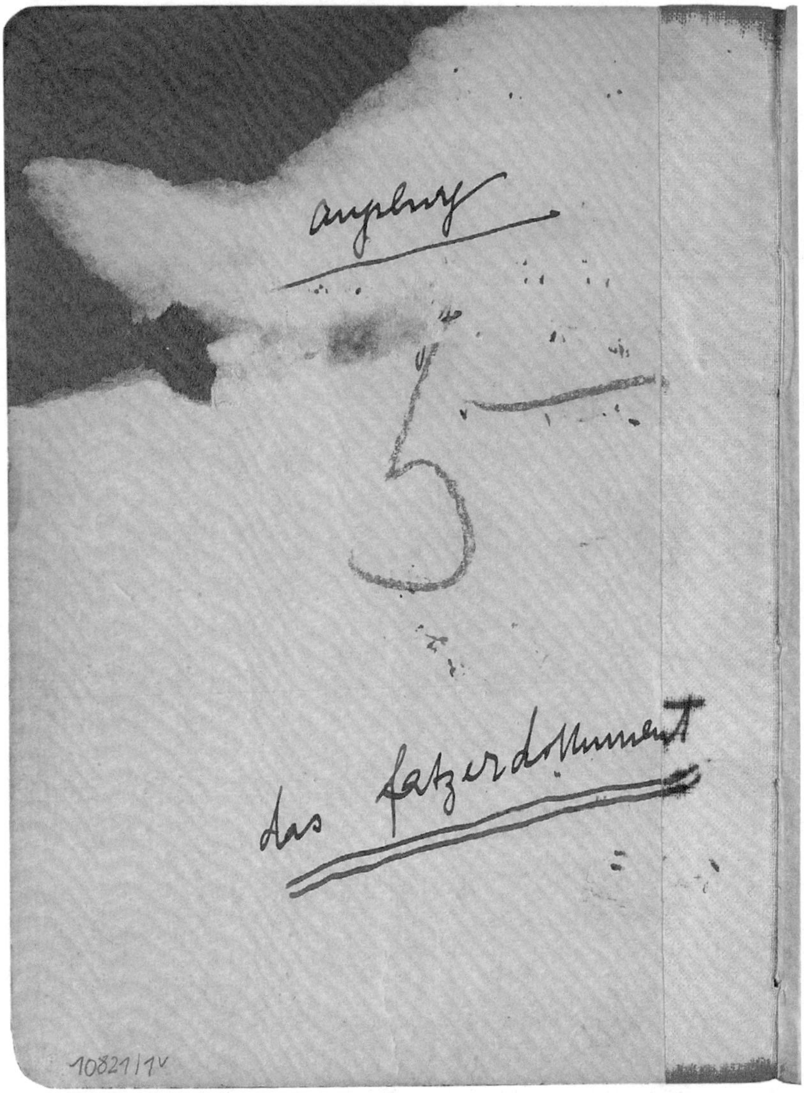
augsburg
5
das fatzerdokument
10821/1v

NB 22, 1v

Augsburg

¿¿

5

das fatzer*dokument*

⟨auf Umschlag aufgeklebtes, teilweise herausgerissenes Blatt; am Bundsteg Bindungsverstärkung mit Klebstreifen angeklebt; vermutliche Eintragungsfolge: 1. über und in Z. 1-2 Adressangabe, 2.⟩ fatzer ⟨3.⟩ *das* fatzer*dokument* ⟨4. mit Rotstift⟩ 5 die frau zu der frau

schreie!

wenn du ausgeschrien hast

ist es

wie vorher!

? therese kaumann ?

⟨ursprünglich nachfolgende 9 Doppelblätter herausgetrennt; unter Z. 6 Durchschlag der Tinte des ursprünglich nachfolgenden Blatts: → BBA 111/46⟩

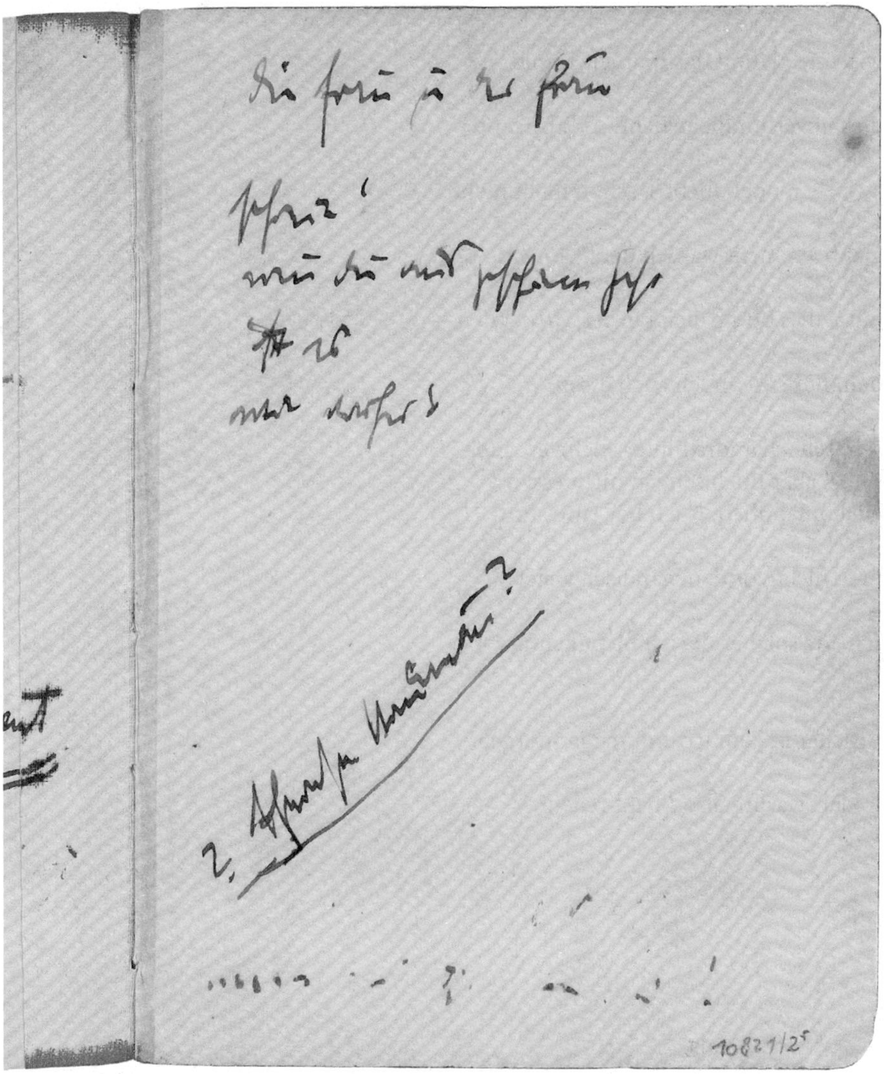

NB 22, 2r

⟨Fatzer⟩ f
~~was~~ mich lähmt das morgen[!] *u*nd
dies unverbindliche heut! so [z]*s*itzend
zwischen noch nicht + schon nicht mehr
⟨→ 3r.15⟩ ×
glaub ich nicht was ich denk[.] / was
nützt dies bootbauen bei ver[¿]*t*rocknen-
dem fluß? wenn ich euch essen
seh, seh ich andre hinter euch verdauen
aber mich seh ich nicht essen /
euch unähnlich; 1) ich hör eure stim-
men nicht vor dem geräusch vieler
⟨→ 4r.2⟩ schritte solcher die ich nicht kenn.

⟨3r.5 ←⟩ × sicher ists ein irrtum, schon morgen
klar! warum also / heut reden?

⟨am Bundsteg Bindungsverstärkung angeklebt; ursprünglich vorangehende 9 Doppelblätter herausgetrennt⟩
10 aber *[...]* essen /] ⟨Bleistift⟩

11 1)] ⟨wohl Markierung zur Einfügung eines Texts, der auf einem der ursprünglich vorangehenden Blätter stand⟩

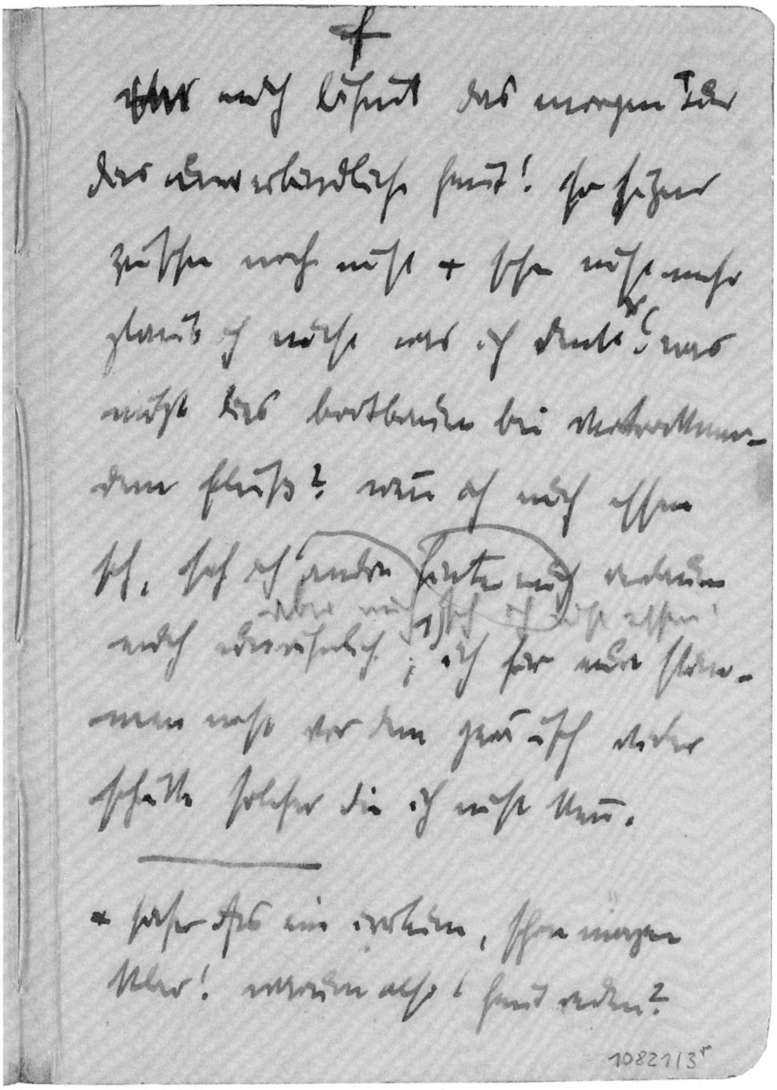

NB 22, 3r

runden ~~[dr]~~~~*viereckigen*~~

⟨3r.13 ←⟩ aus euren mäulern fallen
große
viereckige worte~~r~~, woher sind sie?

mir scheint ich bin vorläufig

aber was / läuft nach?

er versucht ~~sie~~ daß

sie ihn verstehen.

1 *runden* ~~[dr]~~~~*viereckigen*~~] ⟨Eintragungsfolge: 1.⟩ dreckigen ⟨2.⟩ viereckigen ⟨3.⟩ runden
7–8 er *[…]* verstehen.] ⟨Bleistift⟩

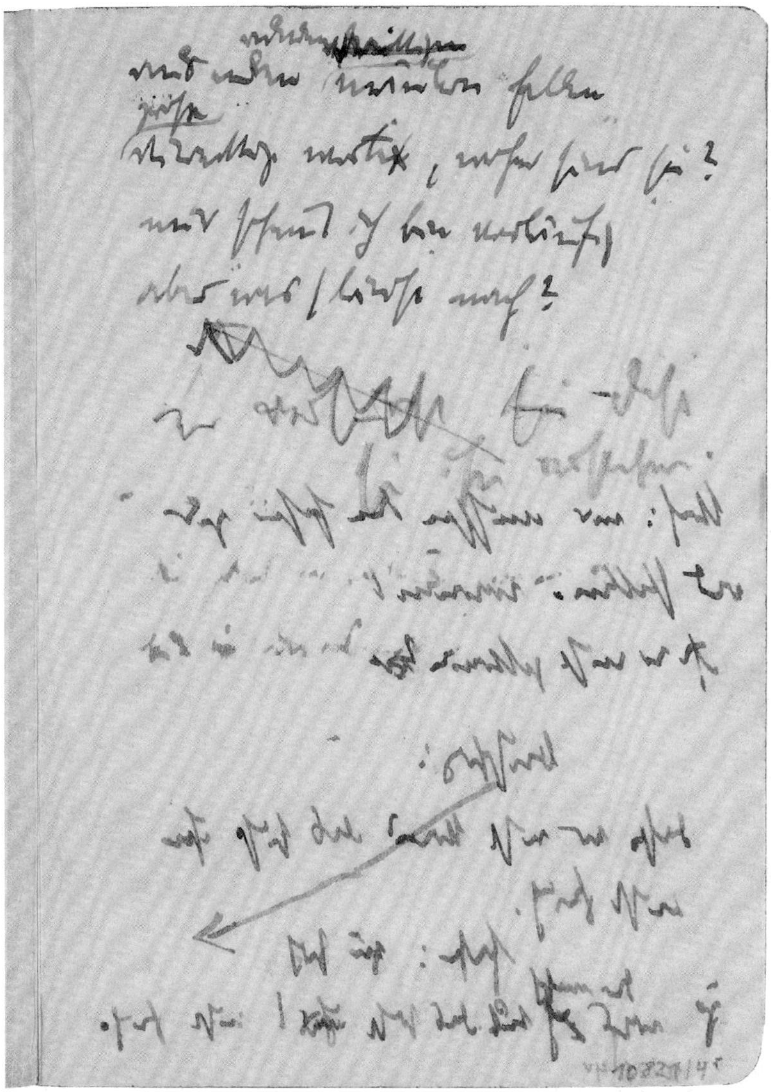

NB 22, 4r

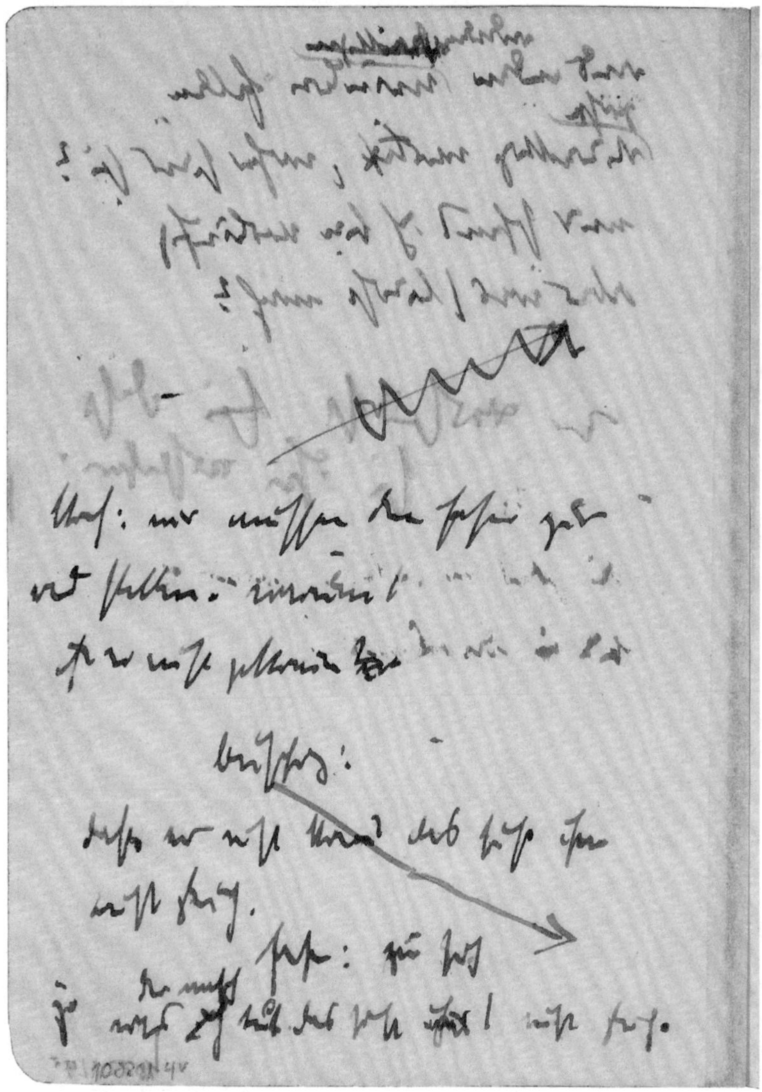

NB 22, 4v

koch: wir müssen den fatzer zur

red stellen. warum /

ist er nicht gekommen[¿¿]?

büsching:

daß er nicht kommt das sieht ihm

nicht gleich.

⟨→ 5r.11⟩

fatzer: zu sich

der mensch

ja was ~~ich~~ tu[e]*t* das sieht [mir]*ihm* / nicht gleich.

⟨erst nach den umgebenden Eintragungen notiert⟩

fatzer, [mo]*am* letzten morgen am kanal
irrend, erblickt die krane in
arbeit und hört die stimme eines
arbeiters mit seinem kran sprechen.

——

er sagt:
die sind in ordnung aber ich
bin in unordnung!

——

⟨→6r.5⟩

⟨4v.10←⟩

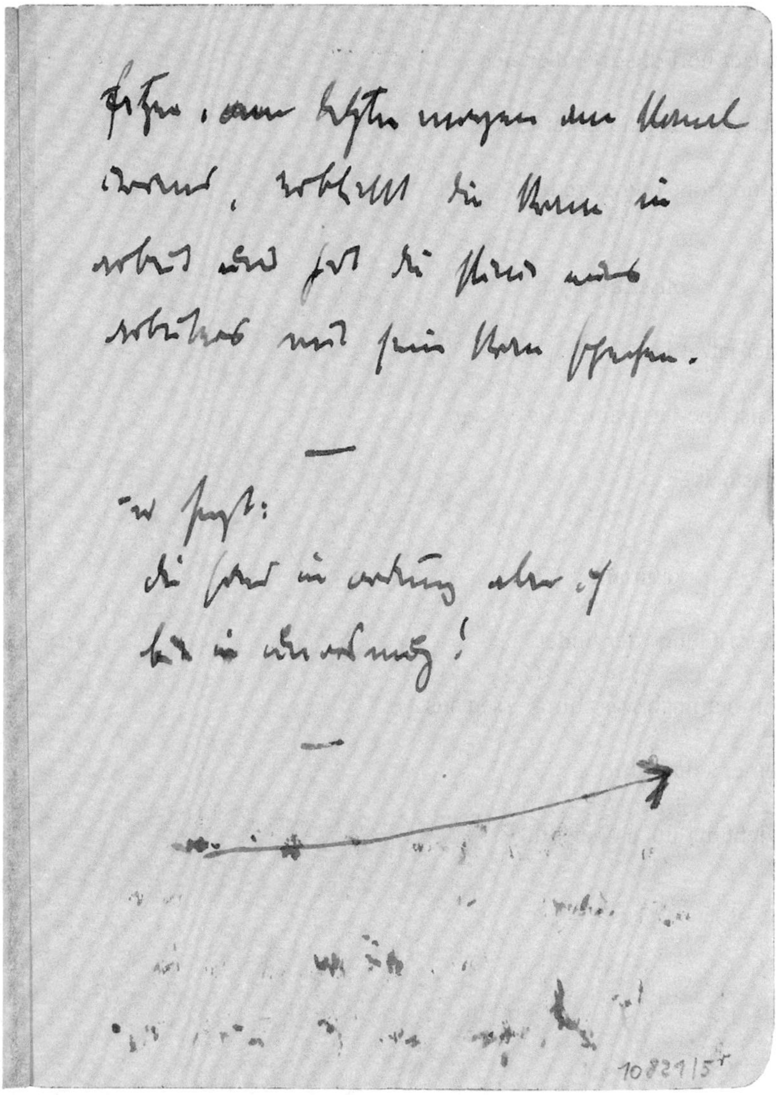

NB 22, 5r

4

fatzer hört die drei über sich
reden und sieht hinter ihnen
eine große menge reden.

⟨5r.10←⟩ büsching:

der fatzer ist
unser bester mann. was er sagt
das hält er.

kaumann:

der ist klug   der findet
immer noch was zum fressen aus
einer kanalröhre
⟨→7r.1⟩ zieht der noch eine kuh!

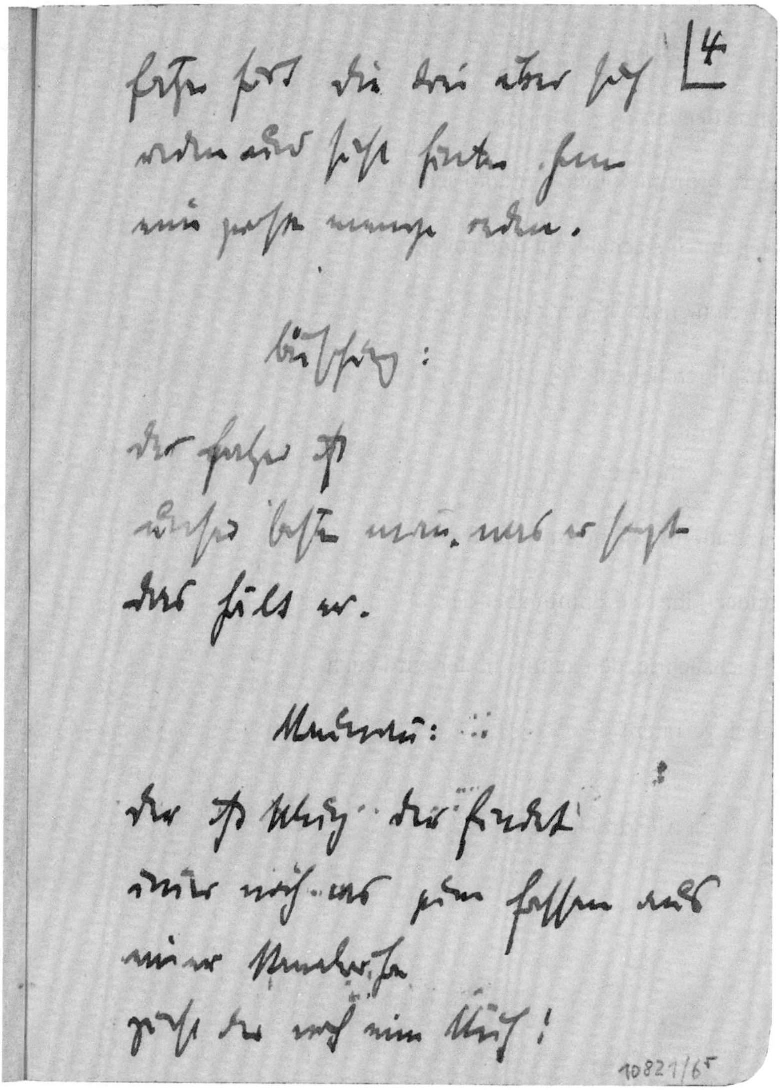
4

10821/65

NB 22, 6r

⟨6r.13←⟩ koch:

ohne den fatzer
wären wir nicht hier. der fand seinen
weg durch stacheldraht und sogar
durch menschen! der muß
uns durch helfen!

therese:

ja, traut ihm nicht! mir scheint er
anders! ihr seid dumm aber der
ist ichsüchtig, den kenn ich! der wird euch
noch verraten!

⟨→8r.1⟩ Alle drei lachen

10 der] d ⟨zu hoch angesetzt⟩

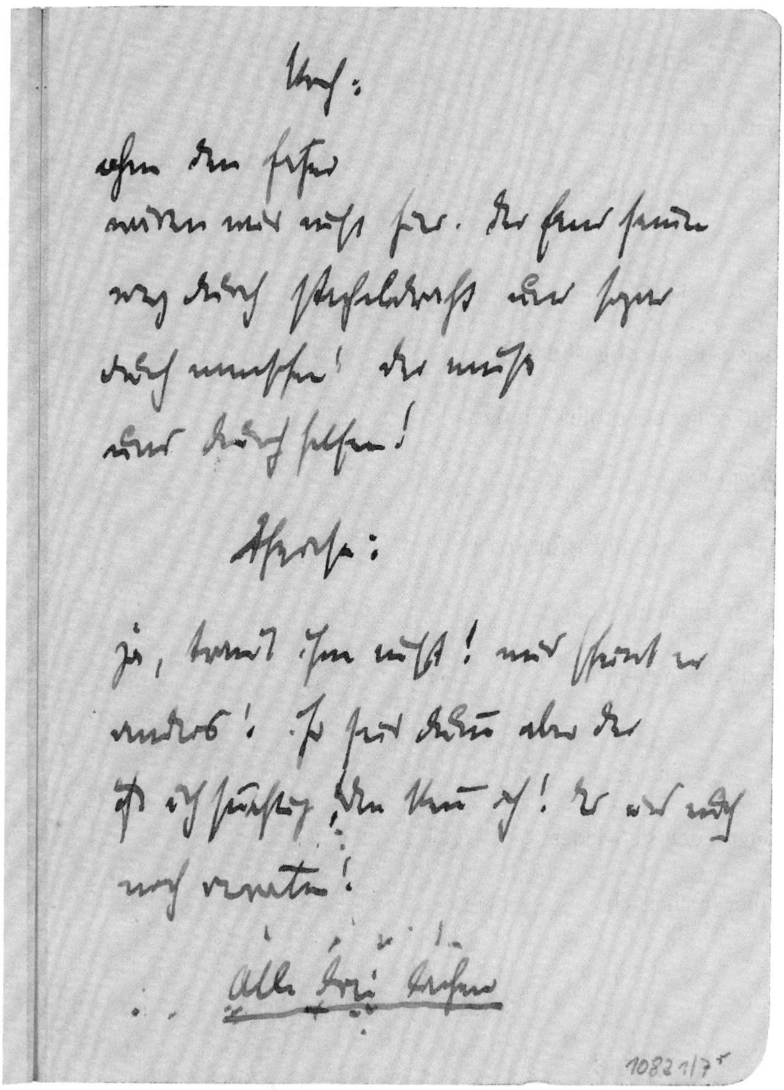

⟨7r.12←⟩ büsching:

daß der uns verrät

das ist zum lachen!

koch:

daß er ichsüchtig ist das ist

gut! er hat ein großes ich das

reicht /

für uns 4 aus und ~~¿¿~~für uns 4

ist er ichsüchtig! der
kann
~~muß~~ uns helfen!

fatzer:

jetzt reden sie wieder

⟨→9r.1⟩ über mich + ich

10-11 kann *[…]* muß] kann ⟨, Streichung von⟩ muß ⟨und nicht signifikanter Punkt unter⟩ ß ⟨Bleistift⟩

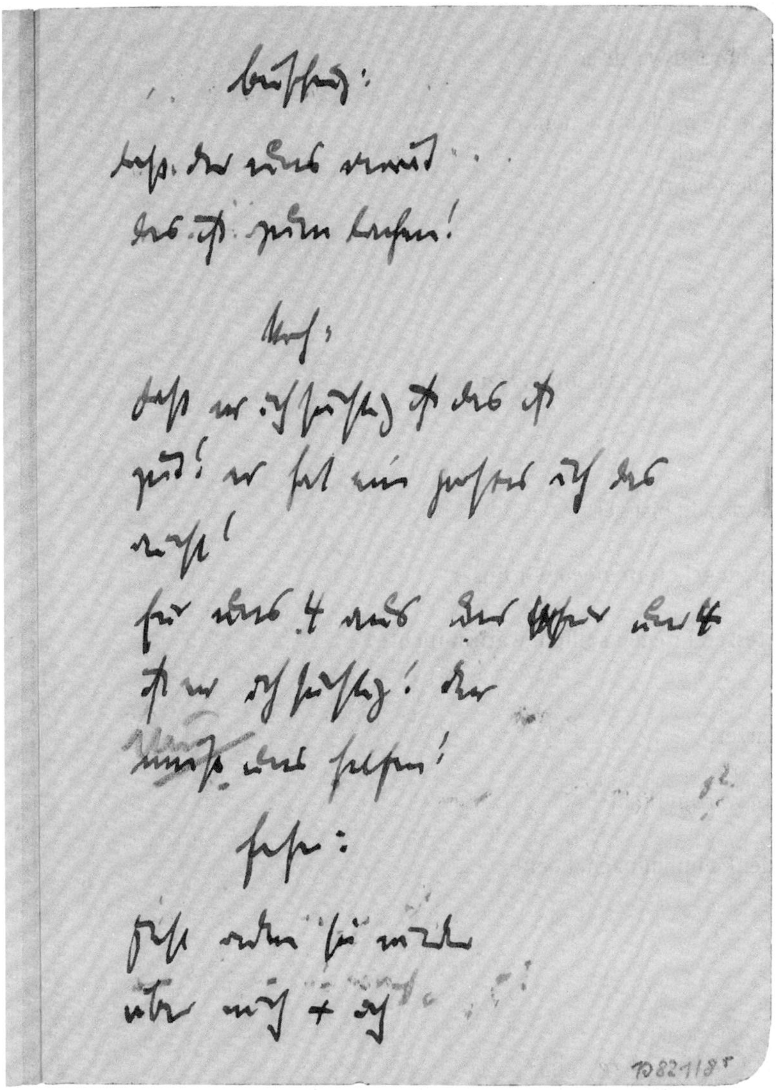

NB 22, 8r

⟨8r.14←⟩ zuhörend werde so

wie sie mich brauchen.

auch
oder nicht!

tritt
fatzer zu ihnen ~~tretend~~

koch:

fatzer, du bist gestern

nicht gekommen wo wir unser

fressen kriegen sollten. warum nicht?

fatzer:

ja, warum nicht?

⟨→11r.1⟩ denk einmal nach, koch!

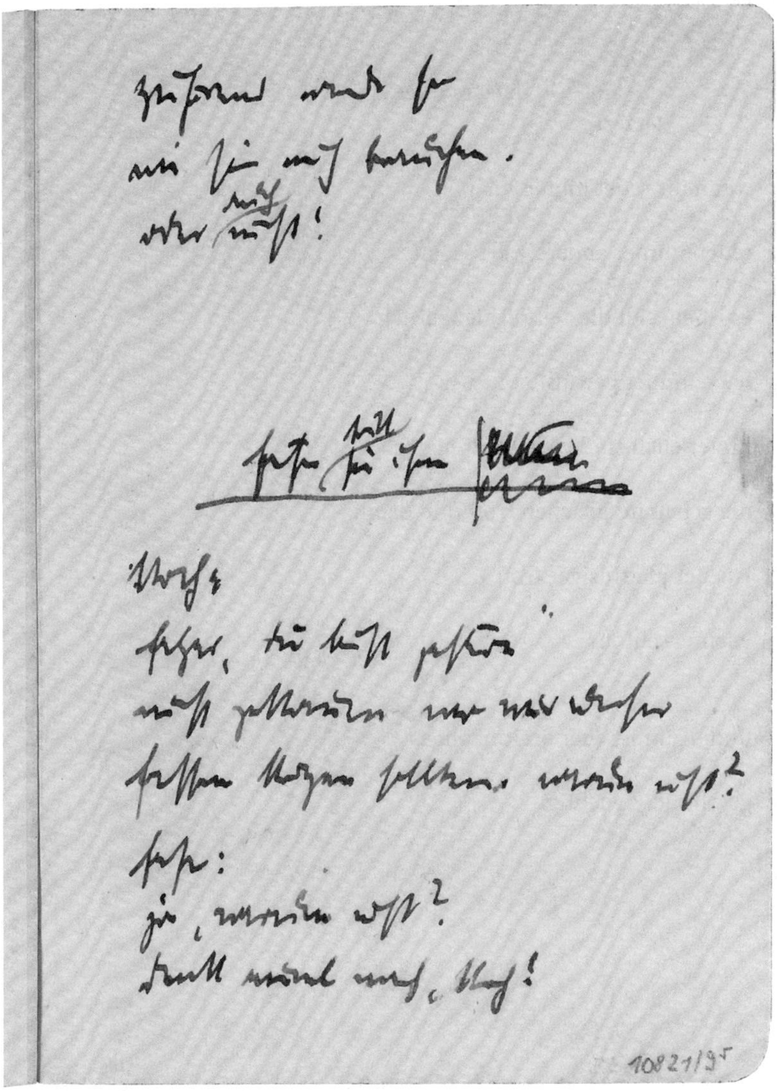

2

[fatzers 1. rede]

fatzer:

wenn ihr redet hinter euch

⟨10r.14←⟩ reden immer andere! / alle sagen

~~es ist eine alt~~ die zeit sei alt aber ich

habe immer gewußt … … usw.

hinter euch sind viele im anmarsch

die gehen im gleichen trott und drum

ist euer plattfüsiger trott

wichtig seht ihr.

⟨→ 10r.5⟩ / und drum ist euer breitmäuliges

geschwätz / wichtig.

⟨ganze Seite schon vor den umgebenden Eintragungen notiert; Z. 13 über, unter und rechts von der Pfeilspitze Durchschlag der Tinte von 11r.11–12⟩

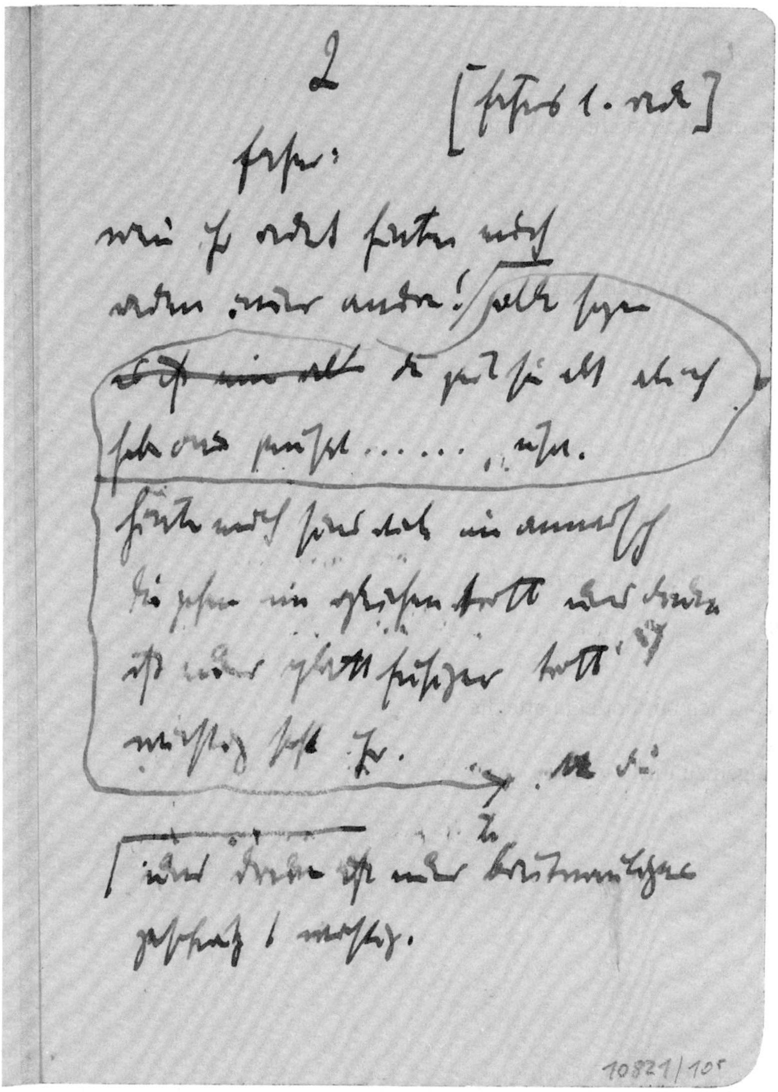

NB 22, 10r

⟨9r.13 ←⟩ warum

ist der fatzer nicht gekommen?

[bü]*ko*ch:

wir wissens nicht fatzer!

fatzer:

du
~~[ihr]~~*du*, das ist schad!

vorgestern nämlich

war ich da, wißt ihr noch, ich

lag

vor euch am boden, hatte die

⟨→ 12r.1⟩ augen zu und / wartete.

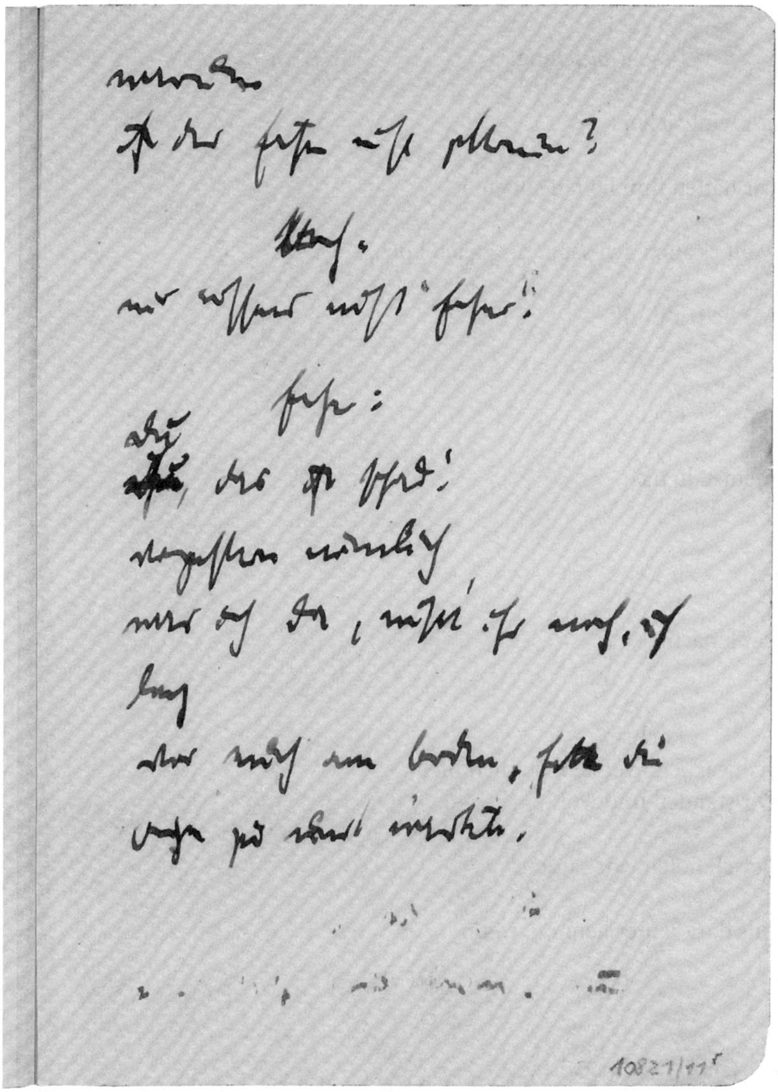

NB 22, 11r

⟨11r.12←⟩ [koch:]*büsch*ing:

er meint sicher

wir hätten ihm helfen sollen, ich

wollt es auch, ich sagte dir gleich koch,

wir helfen ihm!

koch:

meinst du das?

⟨Fatzer⟩ f:

denk nach!

koch:
[ich ver]*jetzt* versteh ich dich nicht.
wir standen und wollten

fleisch holen. wir sagten:

⟨→ 13r.1⟩ uns darf keiner kennen. wenn

11 nicht.] ⟨andere Lesart:⟩ nicht,

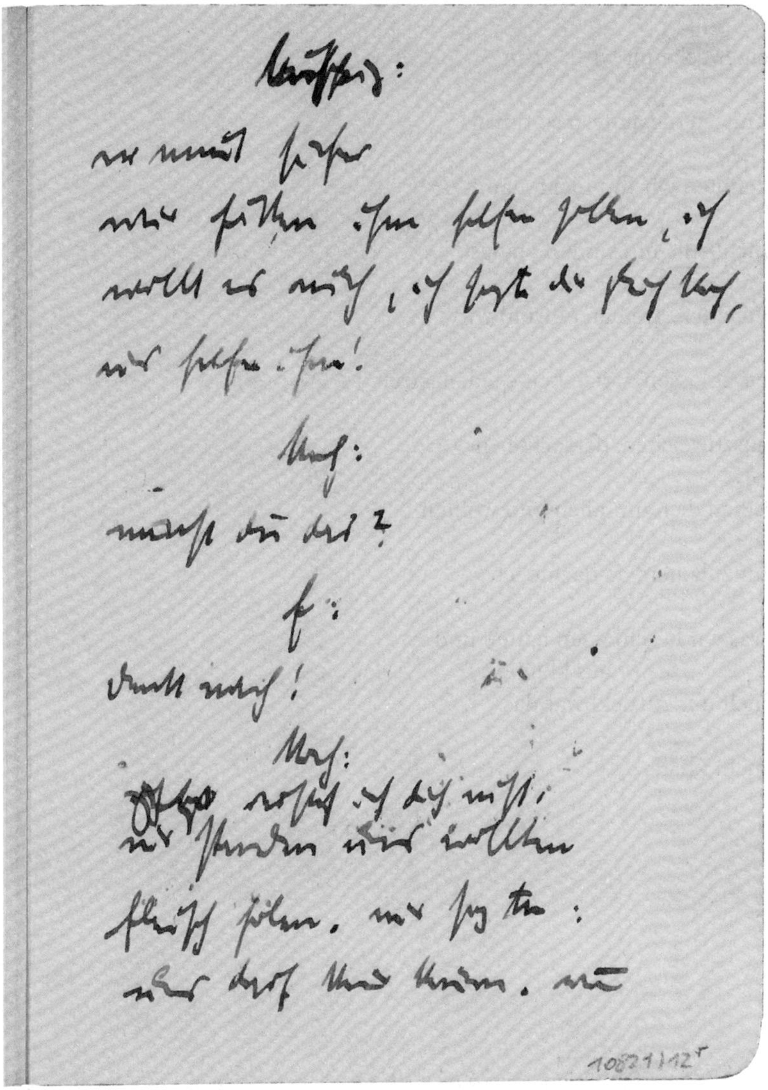

NB 22, 12r

⟨12r.14←⟩ einer gekannt wird, dann
müssen die andern so tun als
kennten wir ihn nicht, damit
nicht Alle hin sind! da fängst
du einen streit an obwohl wir
beschlossen hatten ~~keine~~ jedem streit
auszuweichen. ~~da dachte~~ wir
sahen dich umfallen und wollten
hinzulaufen, da dachte ich
was wir beschlossen hatten und
aus klugheit
hielt uns zurück! war das
⟨→ 14r.1⟩ nicht klug?

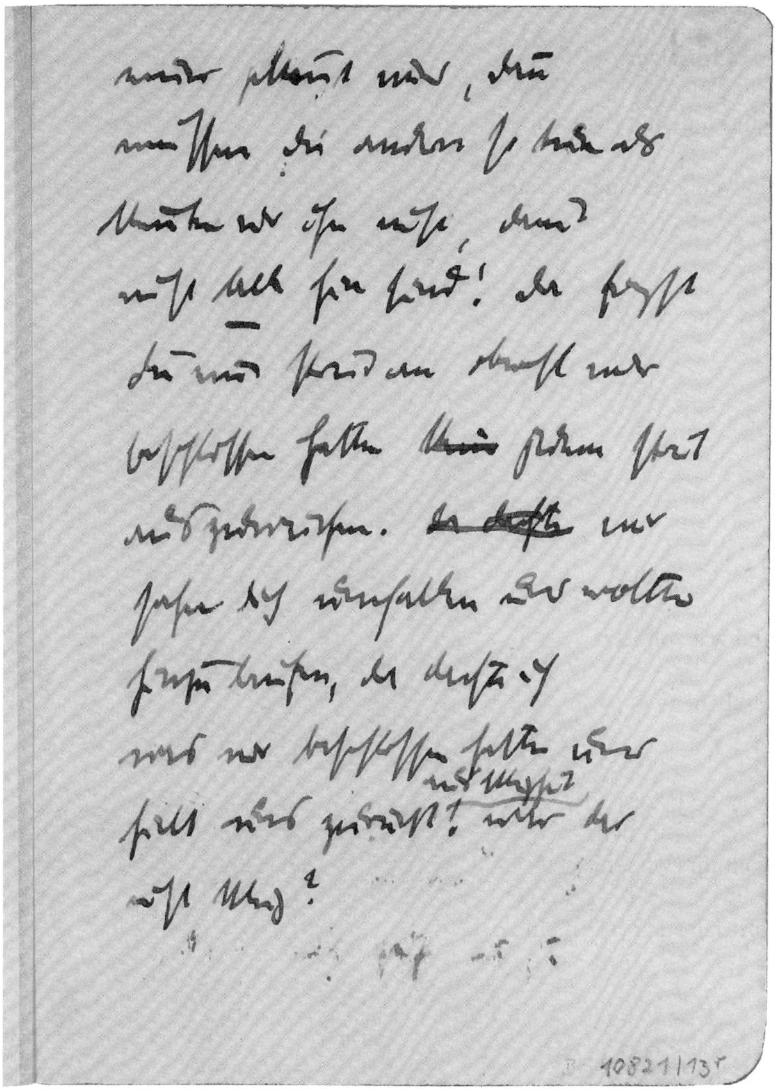

NB 22, 13r

⟨13r.13←⟩ fatzer:

sehr klug. nur vielleicht

ein wenig zu klug …… usw.

koch:

und was soll jetzt

geschehen?

fatzer:

wirklich

wollt ihrs wissen? jetzt

⟨→15r.1⟩ fordrich euch [f]*a*uf ein zu

4 koch:] k ⟨wohl verdeutlicht, vielleicht Änderungsvorgang⟩

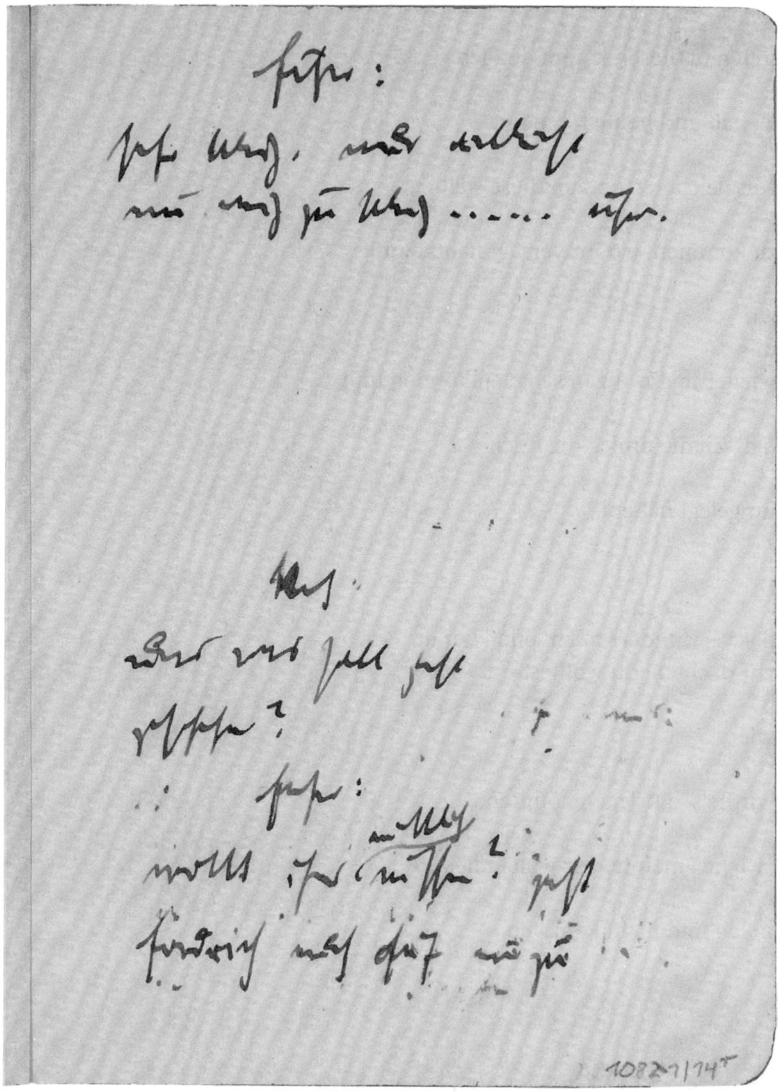

NB 22, 14r

⟨14r.10←⟩ treten in diesen kampf den ich

da hab und heute [¿]*a*bend

zur gleichen stund an diese stell

zu kommen, wo ihr versagt habt. damit

wir
uns
wieder in die augen schauen können und

daß ich die umleg die mich

umgelegt haben!

koch:
das verwundert mich. offen heraus:
wir dachten: du wolltest uns sagen

wie

wir fleisch kriegen könnten.

[wir]*ich* meinte: wir wollen fleisch

⟨→ 16r.1⟩ holen und nicht kämpfen.

8 umleg] ⟨danach Durchschlag der Tinte von 16r.7⟩

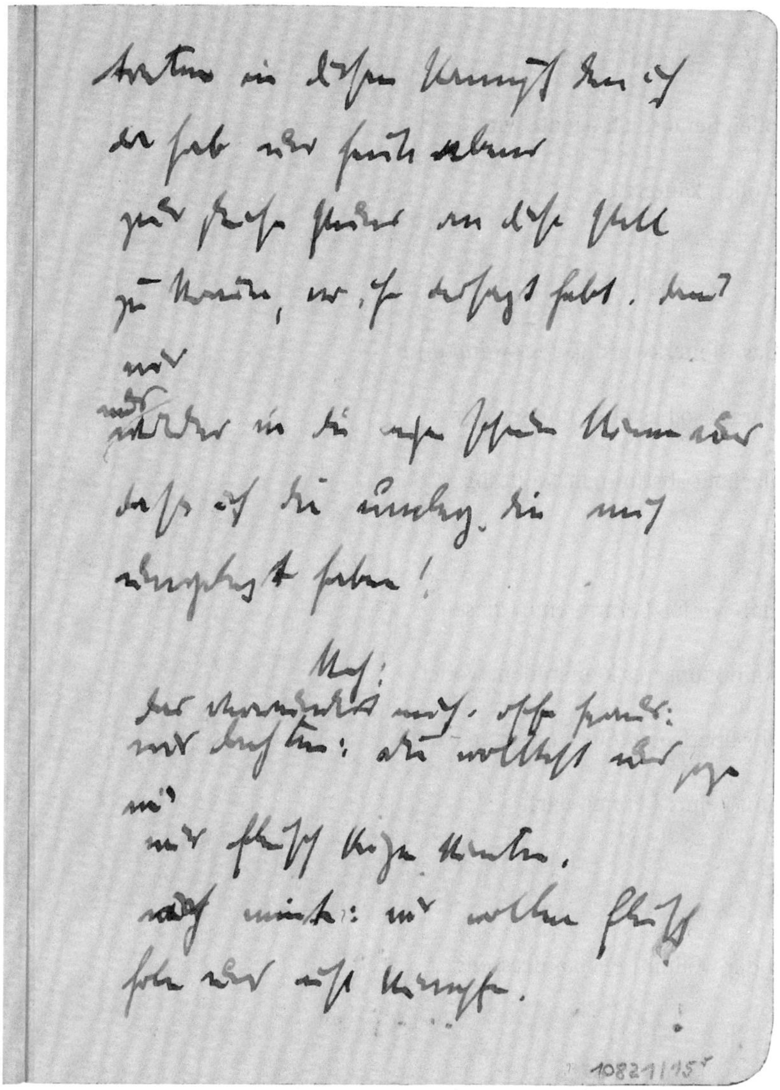
10821/15r

⟨15r.16←⟩ fatzer:

offen heraus: ich dachte wir
wollen kämpfen.

koch:

das ist merkwürdig. aber wenn du
darauf so bestehst, müssen wir
darüber abstimmen. wollt ihr
also
daß wir jetzt eintreten in diesen
kampf unseres kameraden, wobei
ihr überlegen müßt, obs klug ist, da
uns keiner kennen darf

fatzer:

⟨→ 17r.1⟩ oder wollt ihr euch anfressen?

6 bestehst] h ⟨verdeutlicht⟩

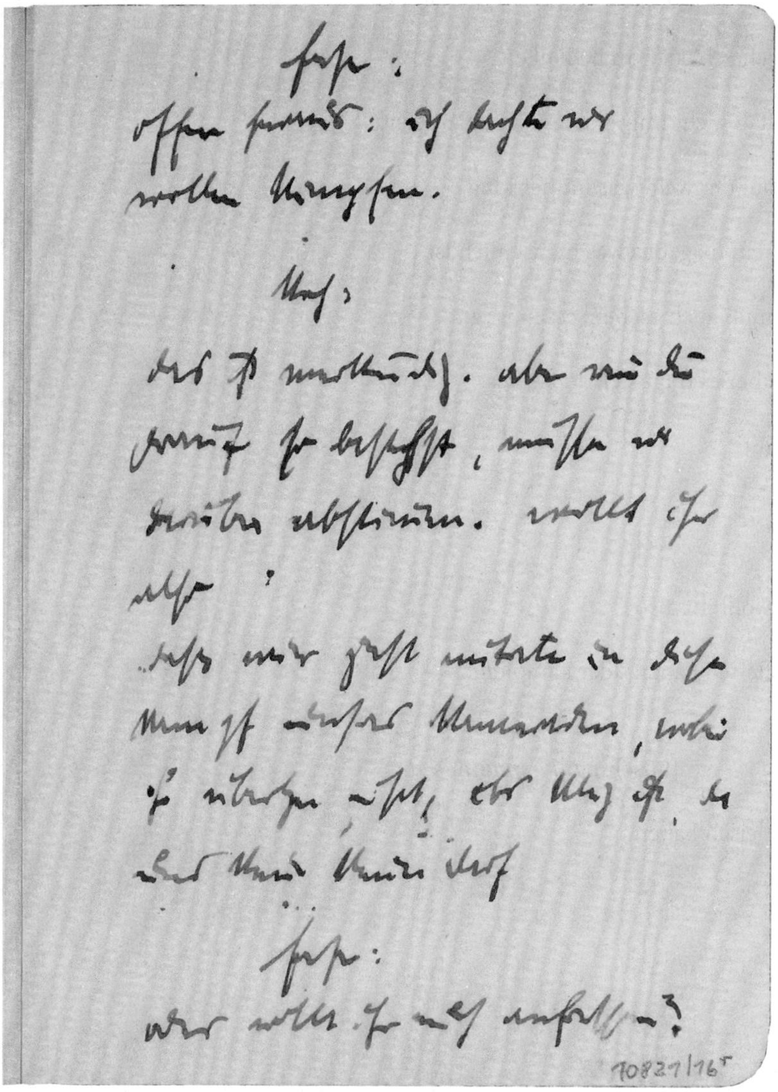

NB 22, 16r

⟨16r.14←⟩ ich geb euch zu bedenken

so

daß nicht immer alles nach plan geht

auf der welt. was immer klug

sein mag, das was menschlich ist,

muß auch eschen, essen ist gut

aber es fragt sich auch: wer

ißt?

koch:

wollt ihr also

fleisch haben oder kämpfen?

[büsching:]*kauma*nn:

⟨→ 18r.1⟩ fleisch haben.

7 es] ⟨darunter gestrichener Durchschlag der Tinte von 16r.6⟩

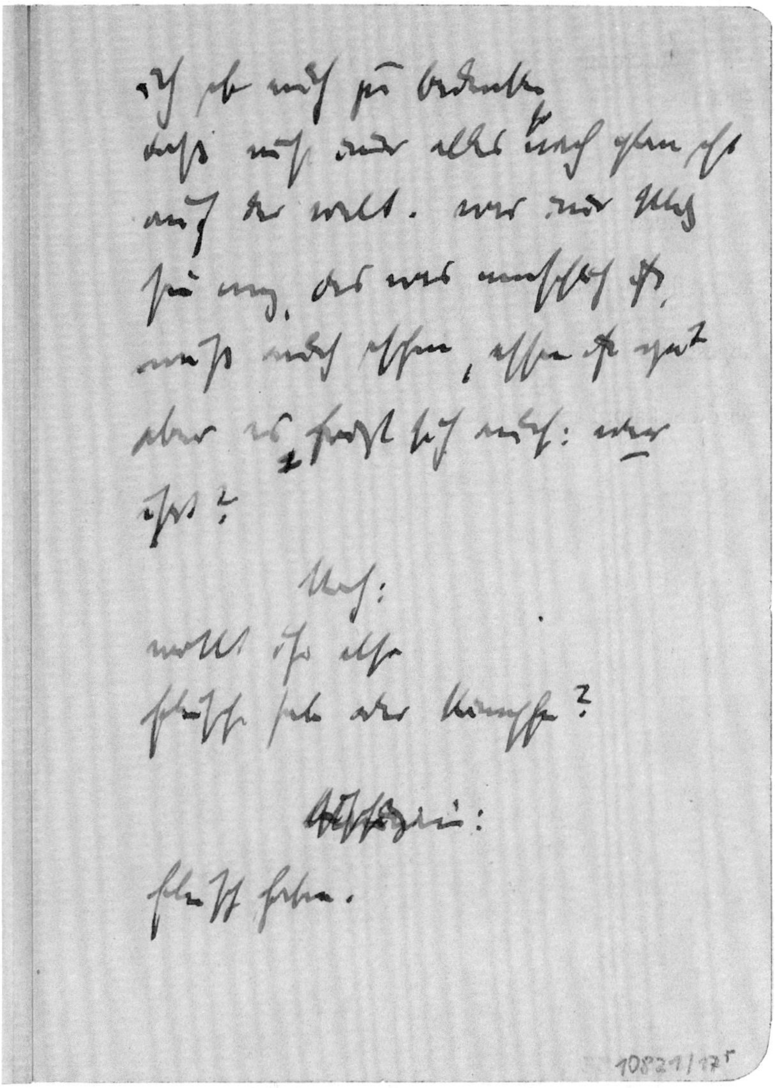
10821/17r

⟨17r.13←⟩ büsching:

~~zuerst~~
fleisch.

koch:

~~zuerst~~ fleisch also. fatzer wir haben
abgestimmt, also
wird der kampf abgebrochen.

2 zuerst] ⟨Streichung durch Unterpunktung des Einweisungsbogens aufgehoben⟩

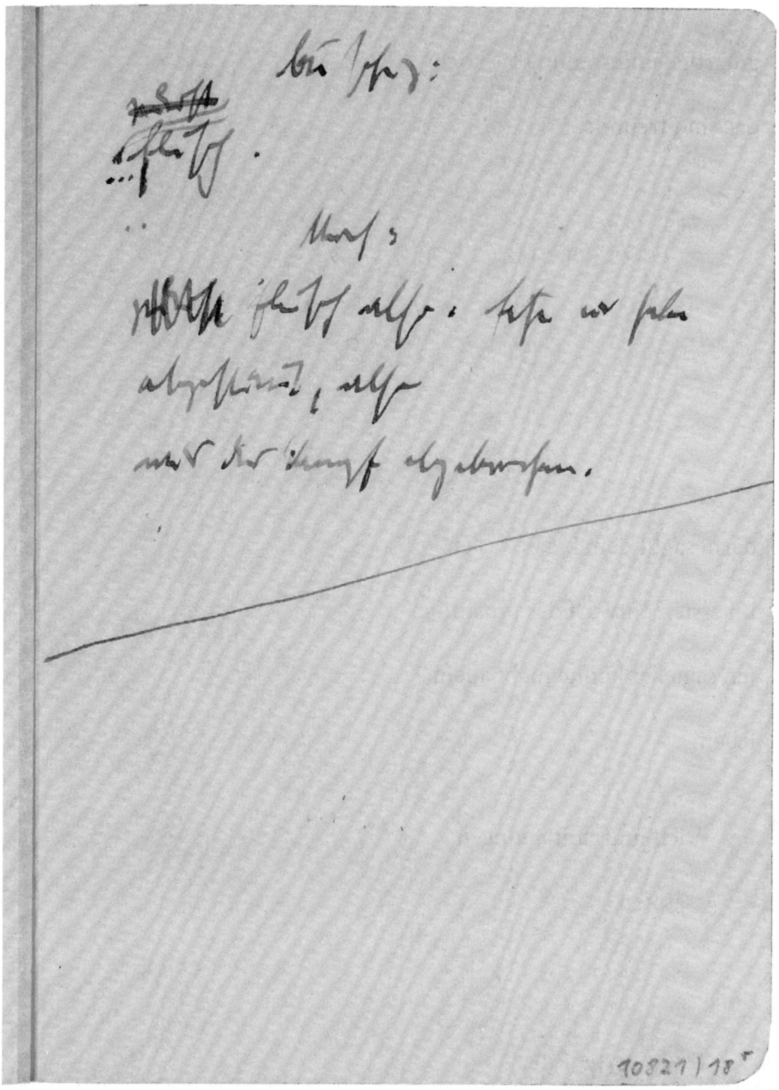

NB 22, 18r

⟨Fatzer⟩ gutartige unterredung f – koch:
das sind freunde.
<4>

⟨Koch⟩ darin sagt f dem k das was er
im ersten entwurf der prostituier-
ten sagte: er könne nicht allein
leben.

ich muß mit 4 lungen
atmen.

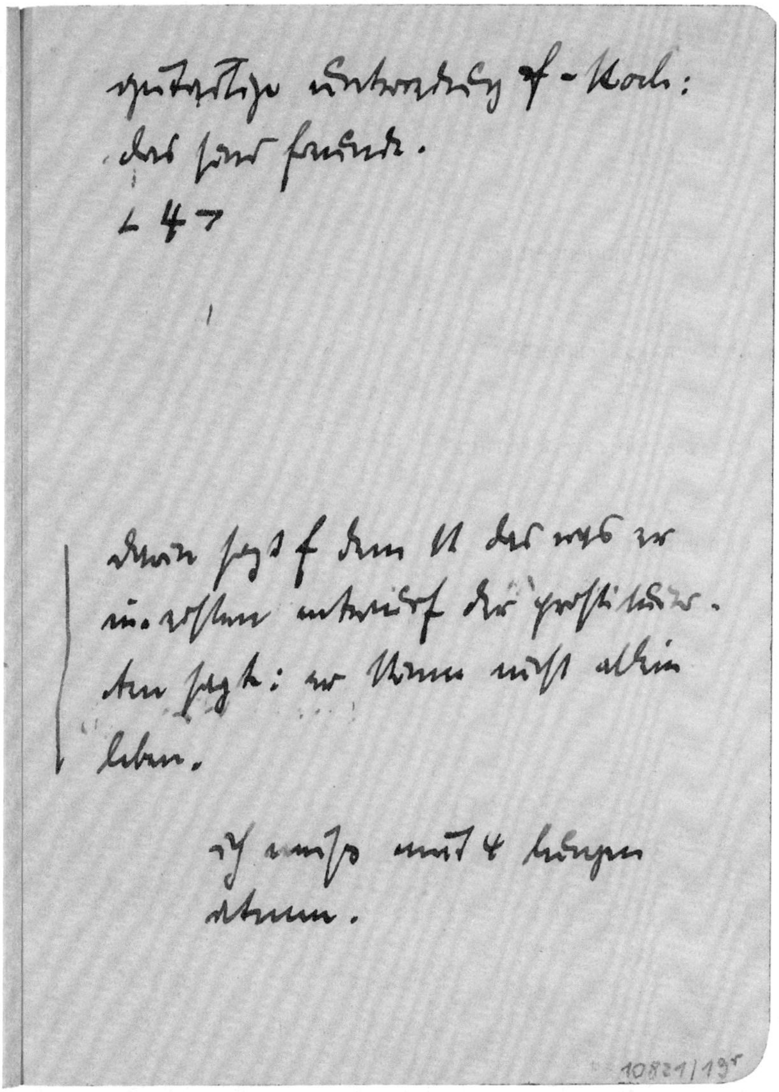

NB 22, 19r

1) liquidation des krieges

2) rückkehr

3) 1. versuch orientierung +

4) 2. versuch: heimarbeit

[3.]*5)* 3. versuch: exprobrierung

6) untergang

3 +] ⟨wohl erst zusammen mit dem vorangehenden Umstellungsbogen eingetragen⟩

5 [3.]*5)*] ⟨andere Lesart:⟩ [3]5)

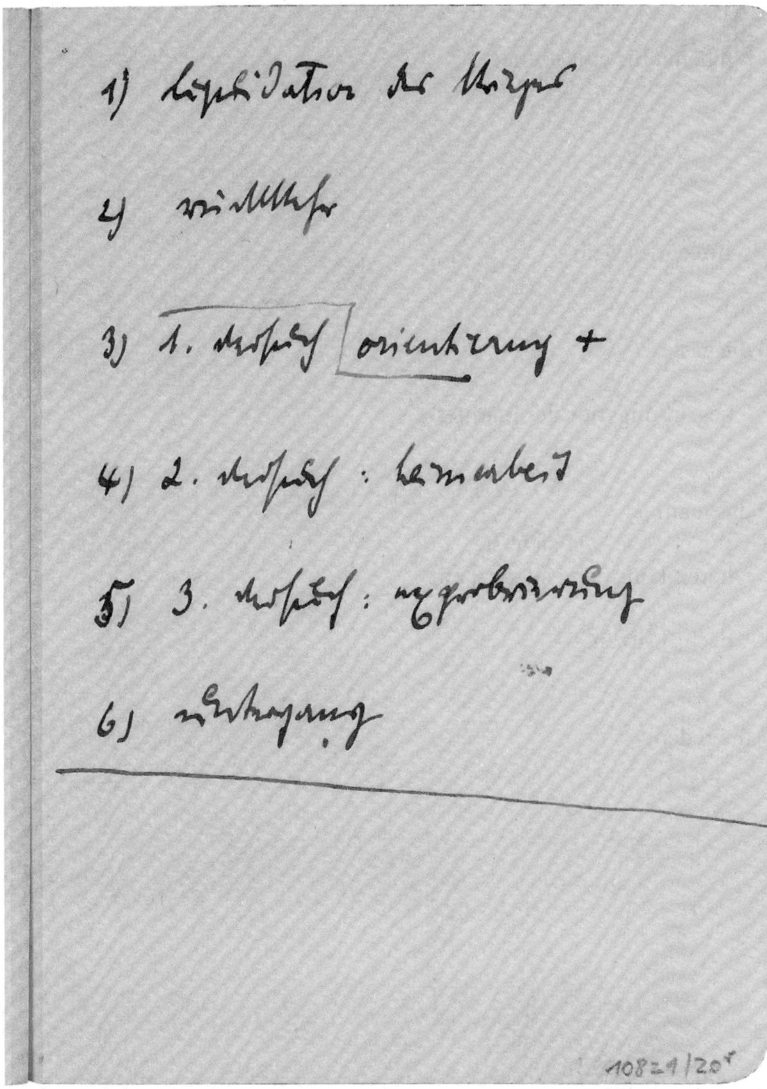
orientierung +
10821/20r

NB 22, 20r

schema für eine szene

2

1) schreiendes weib

2) die gäste

begrüßung: nur des mannes

3) das mahl

hereinkommend ~~sitzen~~ sieht sie 4 am

tisch[.] sitzen.

4) die reden

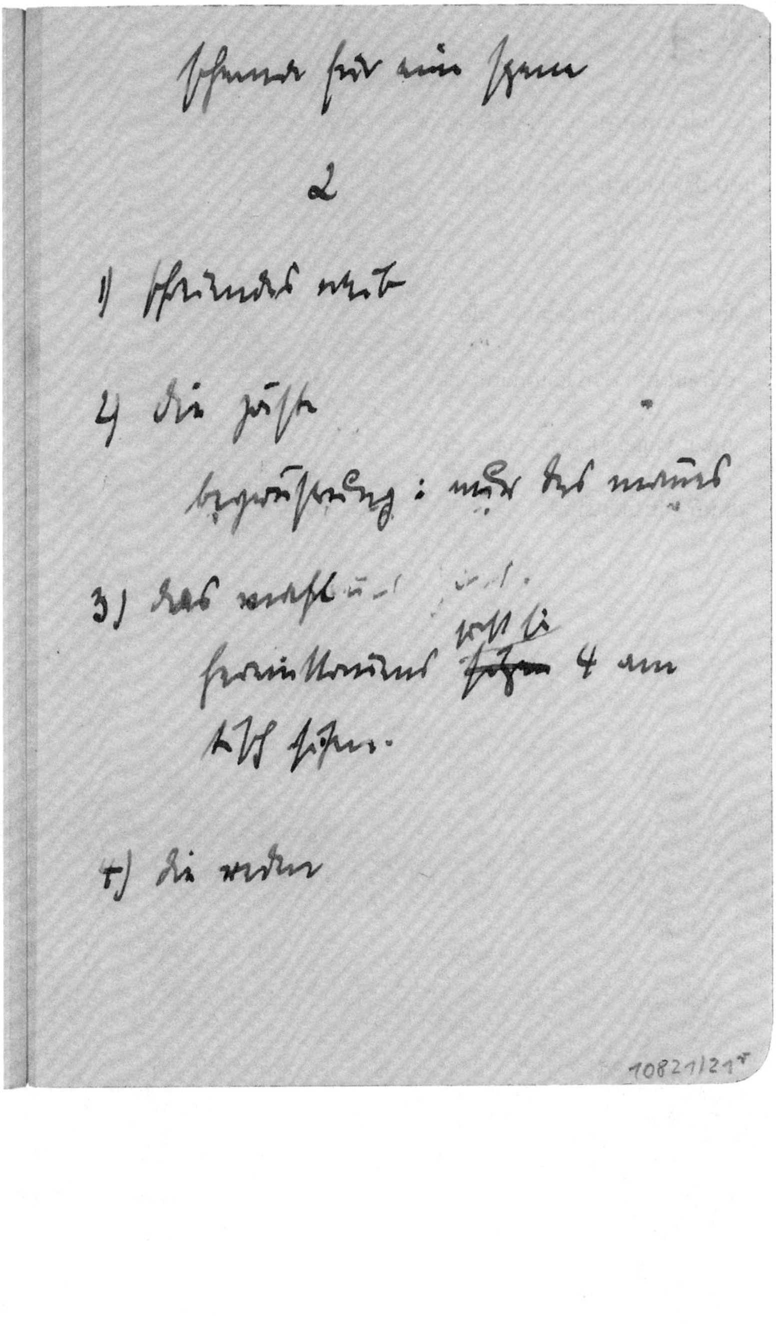

NB 22, 21r

2/3

sie holt ein brot schmalz salz

und das fleisch einer woche

---

fatzer weißt in seiner rede

→

darauf hin daß kaumann

nicht vögeln kann solang die

3 im zimmer sind.

9 sind.] ⟨unter dem Punkt Durchschlag der Tinte von 23^{r}.5⟩

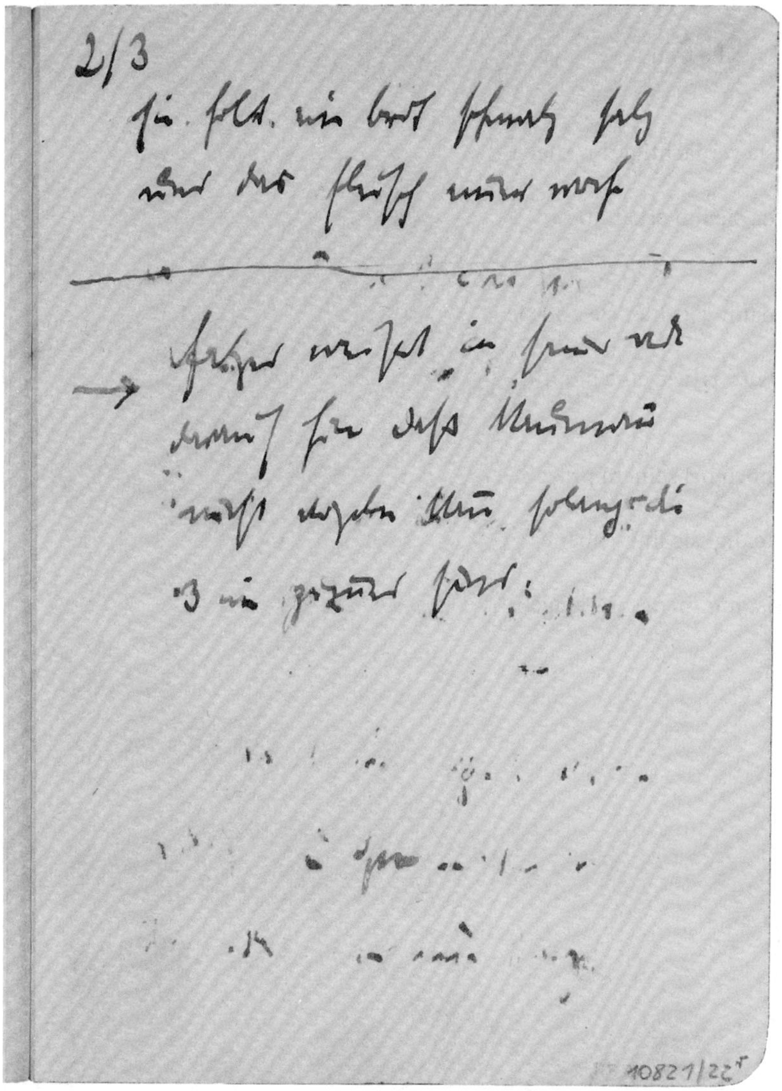

NB 22, 22r

die frau

sie verdächtigt ihn zuerst
da sie ihn erkennt.

dann vögelt er sie und sie
wird [¿]*w*ie eine hündin.

noch bei seinem prozeß verteidigt sie ihn – aber es
⟨→ 24r.1⟩ ist nur mehr eine klage

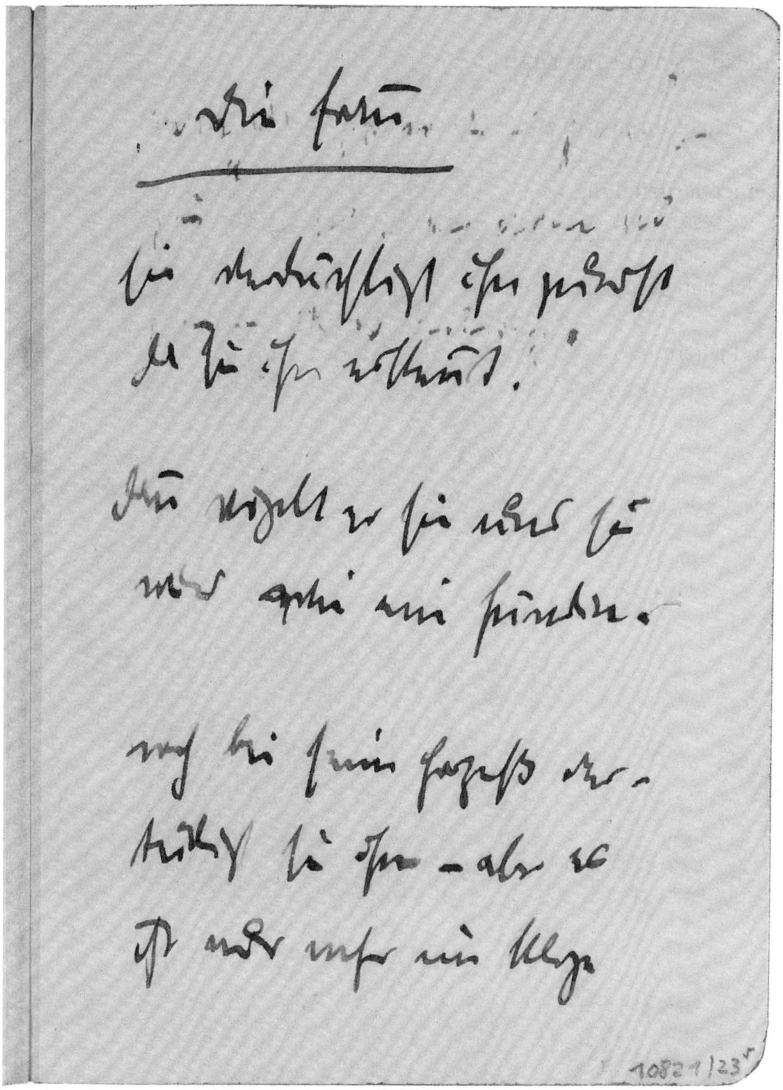

NB 22, 23^{r}

⟨23r.8←⟩ um „das schöne tier fatzer“. –
sie erhebt ihren arm zu
seiner verurteilung.

---

ich hab geschlafen mit dem
und jenem

⟨Z. 4–6 Bleistift⟩

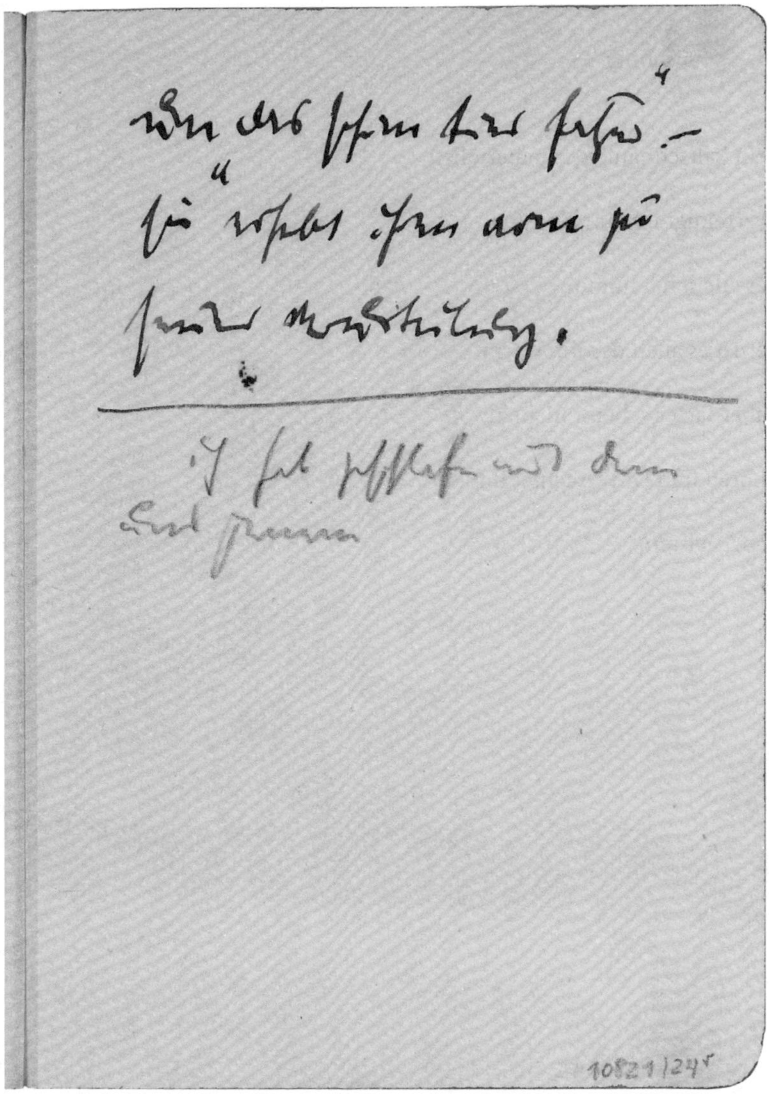

NB 22, 24r

büsching

ein kaltschnäutziger materialist
verteidigt ihn am längsten
er allein hat humor.
er ist es auch der ihn warnt
aber fatzer scheint nicht zu
hören und [m]*v*erachtet ihn
am meisten.

2 ein] ⟨verdeutlicht⟩

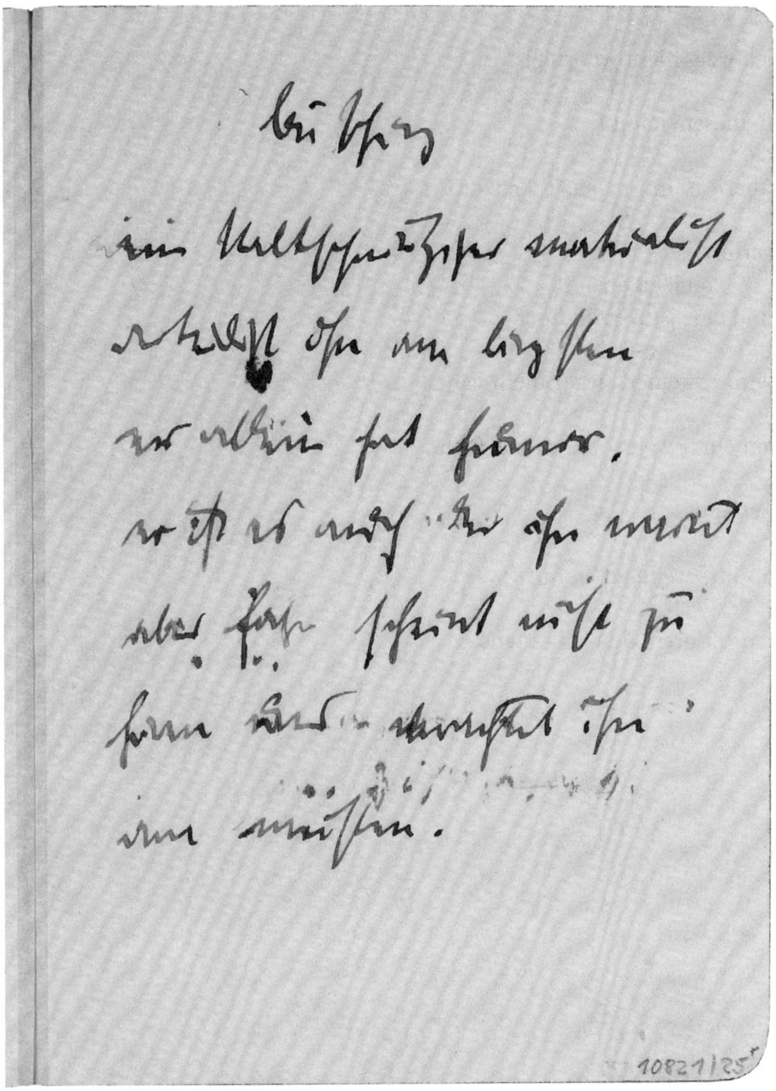

NB 22, 25r

ich weiß nicht wer siegt
in diesem kampf
aber wer immer siegt – fatzer ist
verloren.
von jetzt ab +
und eine ganze zeit über
wird es keinen sieger mehr geben
auf eurer welt sondern nur mehr
besiegte.
als ihr zweifeltet an mir / war
ich verloren. ~~den kein mensch~~

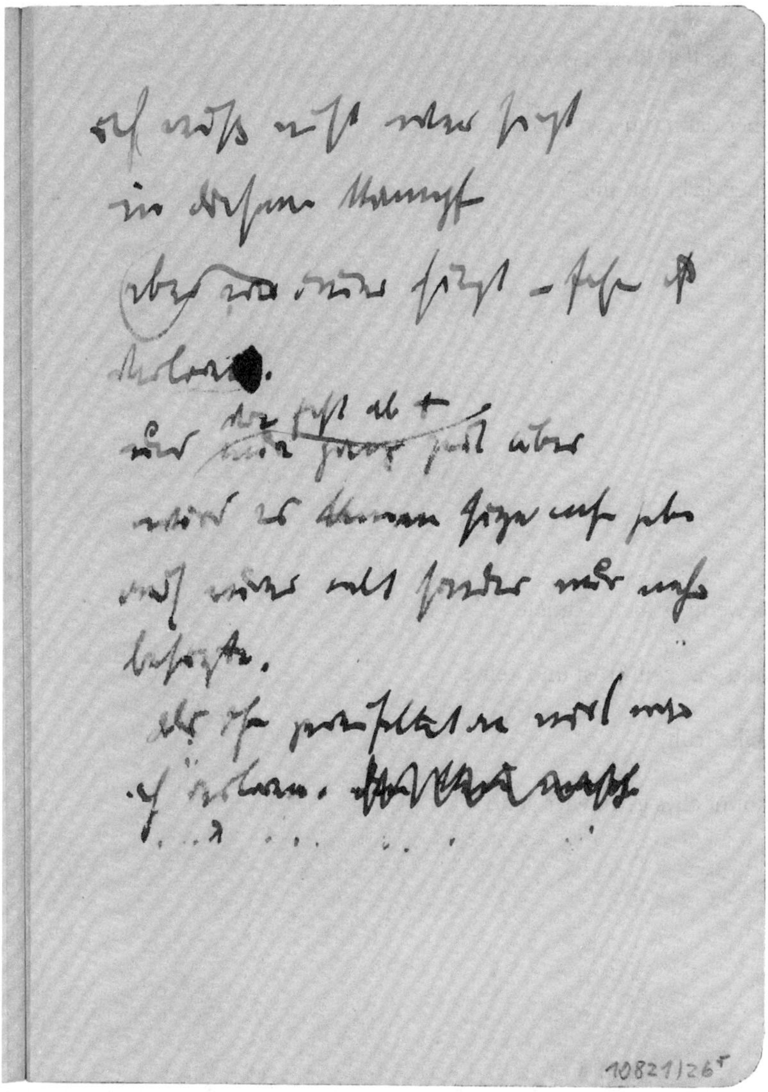
10821/26r

sie streiten über das weib

aber dann müssen sie hinaus

aber da hören sie:

regen.

ja wenn es nicht regnete

und wär kein frost und keine

kälte früh

könnt alles gehn wies geht!

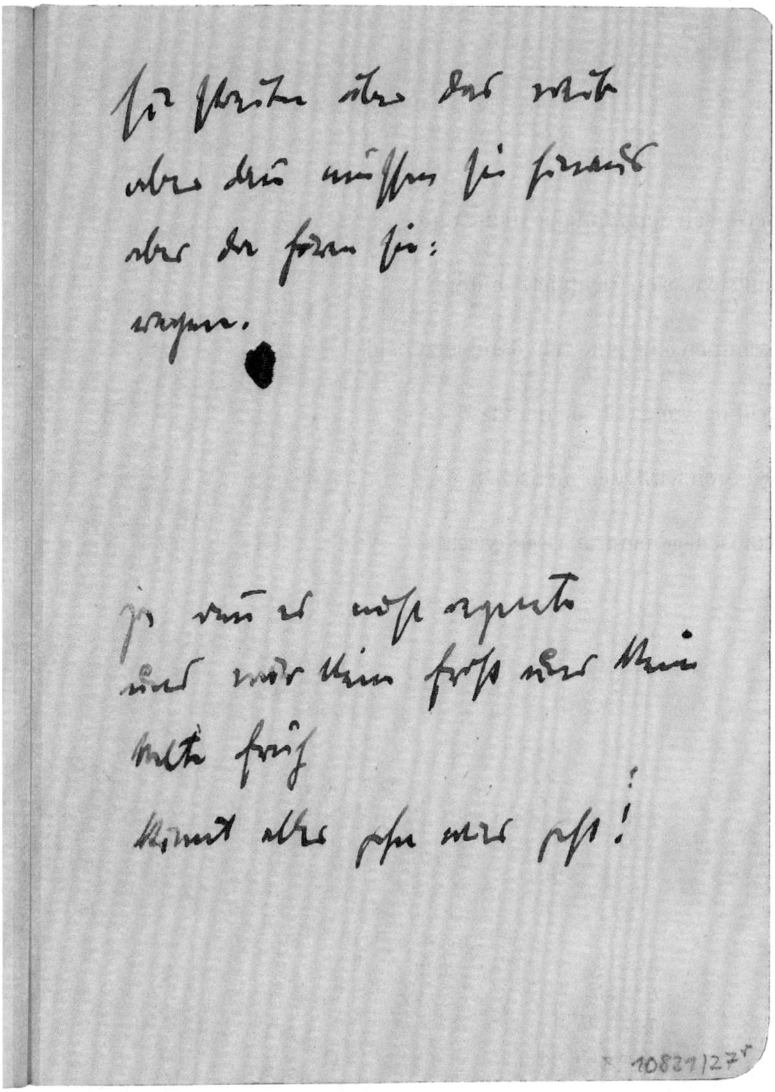

NB 22, 27r

2

wir aber wollen uns
setzen an den rand der städte und
auf sie warten. denn jetzt muß
kommen eine gute zeit; denn jetzt bald
tritt hervor das neue tier, das
geboren wird, den menschen aus-
zulösen~~, genannt massemensch.~~

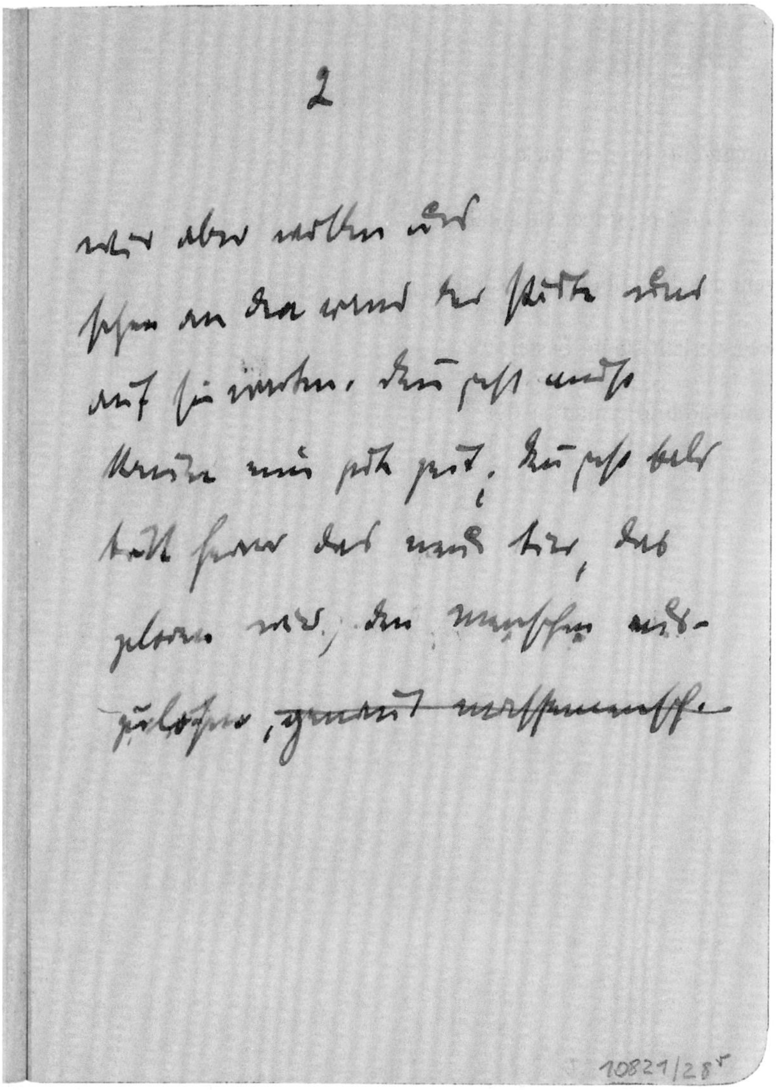

NB 22, 28ʳ

4 + 5

furchtzentrum des stücks.
während der hunger sie anfällt,
geht das dach über ihren köpfen
weg, verläßt sie ihr bester
kamerad und spaltet sie der
sexus.

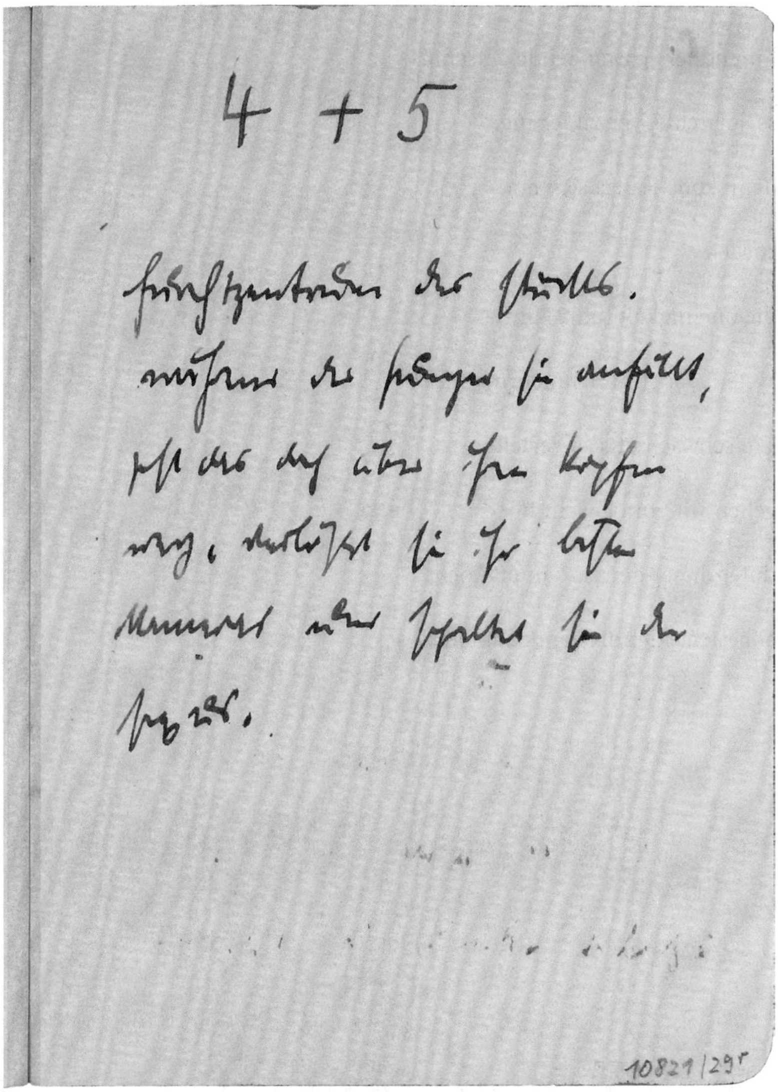

NB 22, 29r

hinundher schwankende entschlüsse. anarchie. verwilderung.
dann konstituiert sich eine art
sowjet.
die uneinigkeit führt zum
system der stimmenmehrheit.
„zu schwach uns zu verteidigen
gehen wir zum angriff über“
unter dieser dewise kämpft koch
⟨→ 31r.1⟩ angesichts des drohenden interesses

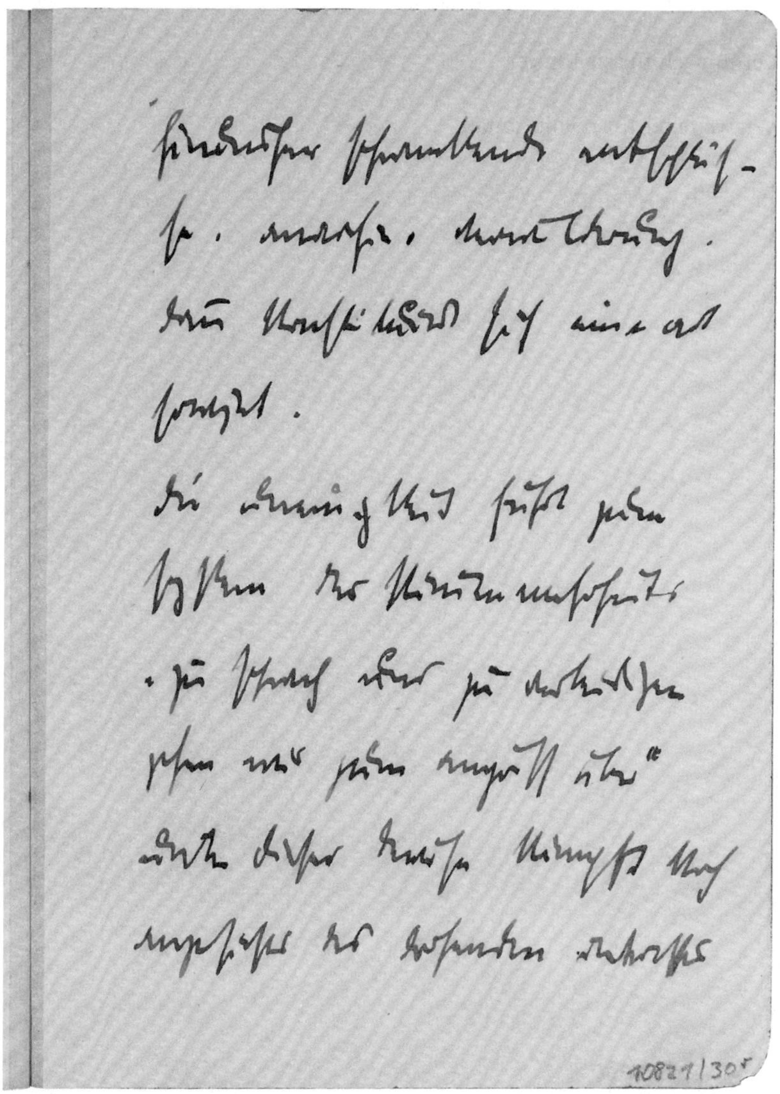
10827/30r

⟨30r.10←⟩ der umwelt für sie immer

verzweifelter für revolutionäre

tätigkeit.

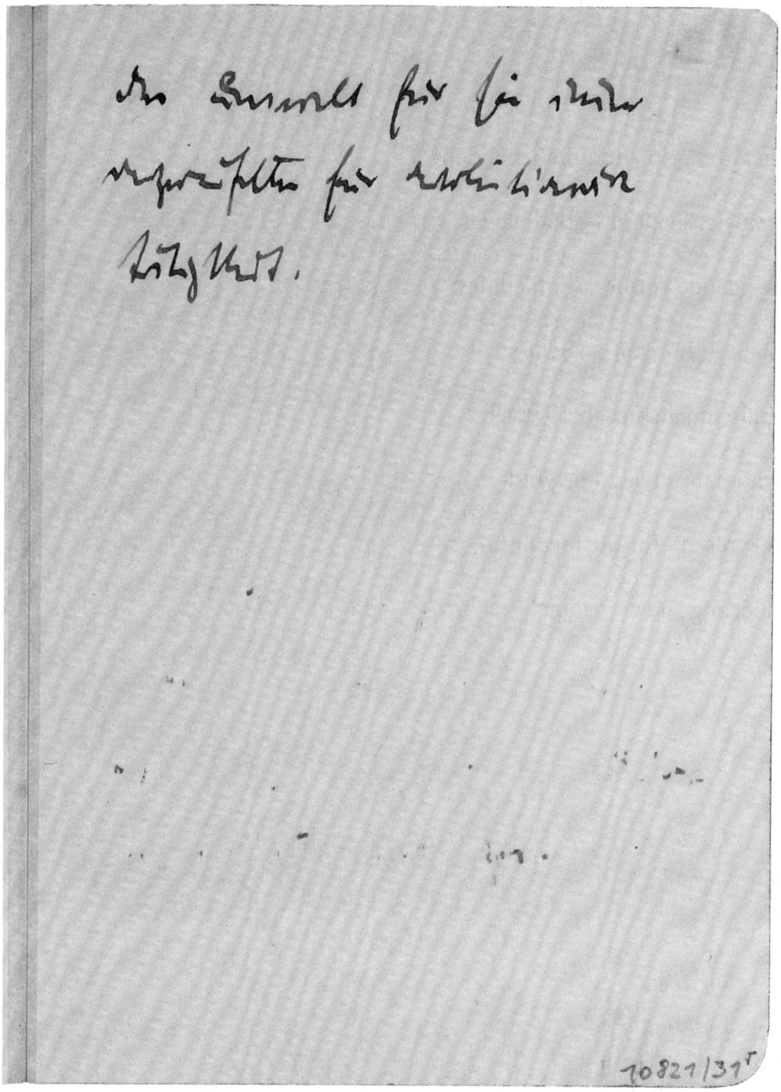

NB 22, 31r

koch

beginnt also alle auftauchenden schwierigkeiten – abfall fatzers, steigende aufmerksamkeit des hauses, hunger, sexuellen individualismus, besitztrieb kaumanns usw. – bewußt <zynisch> für die revolutionierung zu verwenden.

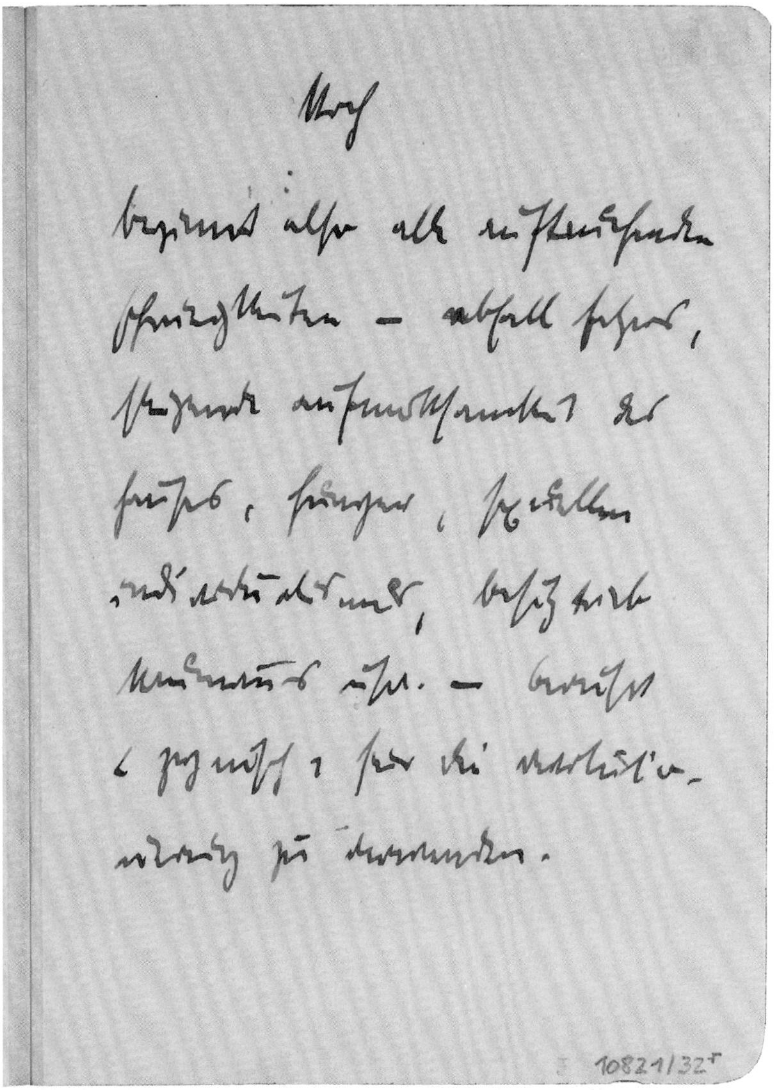

NB 22, 32r

4 schluß:

⟨Nowaja Ekonomitscheskaja Politika⟩

der NEP

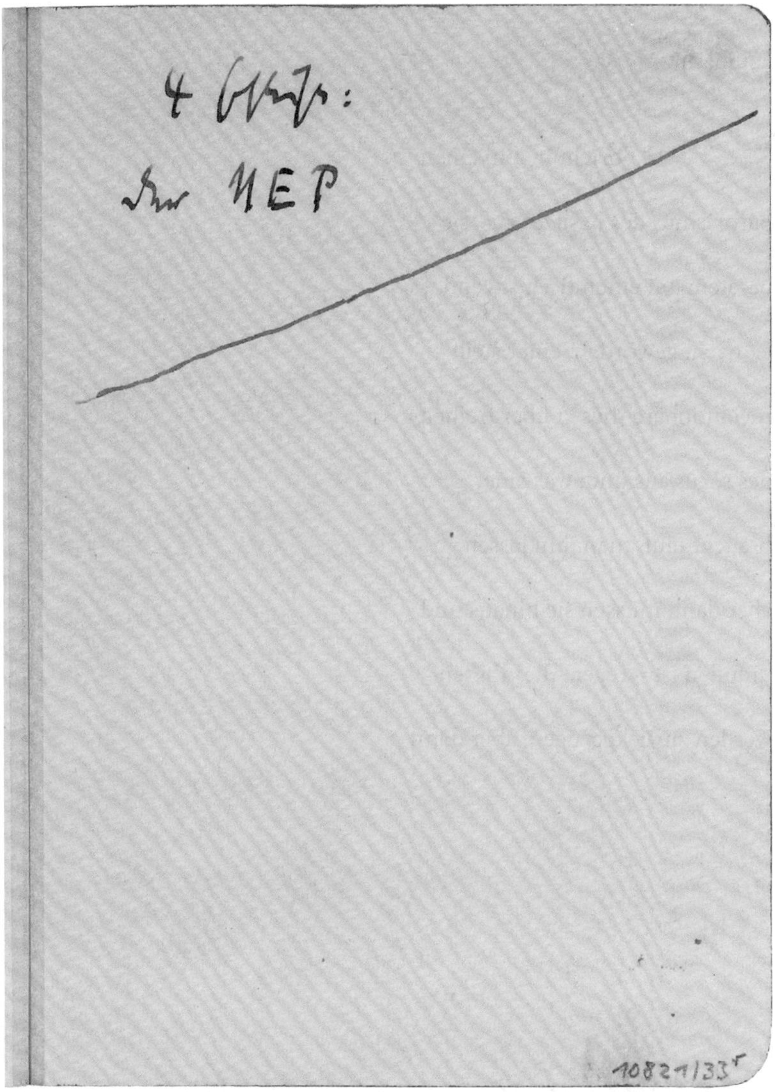

NB 22, 33r

kaumann

bricht in 4 in einen
paroxismus des besitzes aus, sie
beraten, um einen tisch sitzend, es
ist nacht geworden, einer stellt
revolutionäre thesen über freiheit
des sexus aus und: was einer
braucht muß man ihm lassen.
aber dann müssen sie hinaus und
draußen ist – regen. die¿ thesen
⟨→ 35r.1⟩ werden zurückgezogen, aber dann

2 einen] ⟨beim letzten⟩ n ⟨ein Bogen zuviel; andere Lesart:⟩ einem
9 müssen] ⟨beim zweiten⟩ s ⟨fehlt die Unterlänge⟩

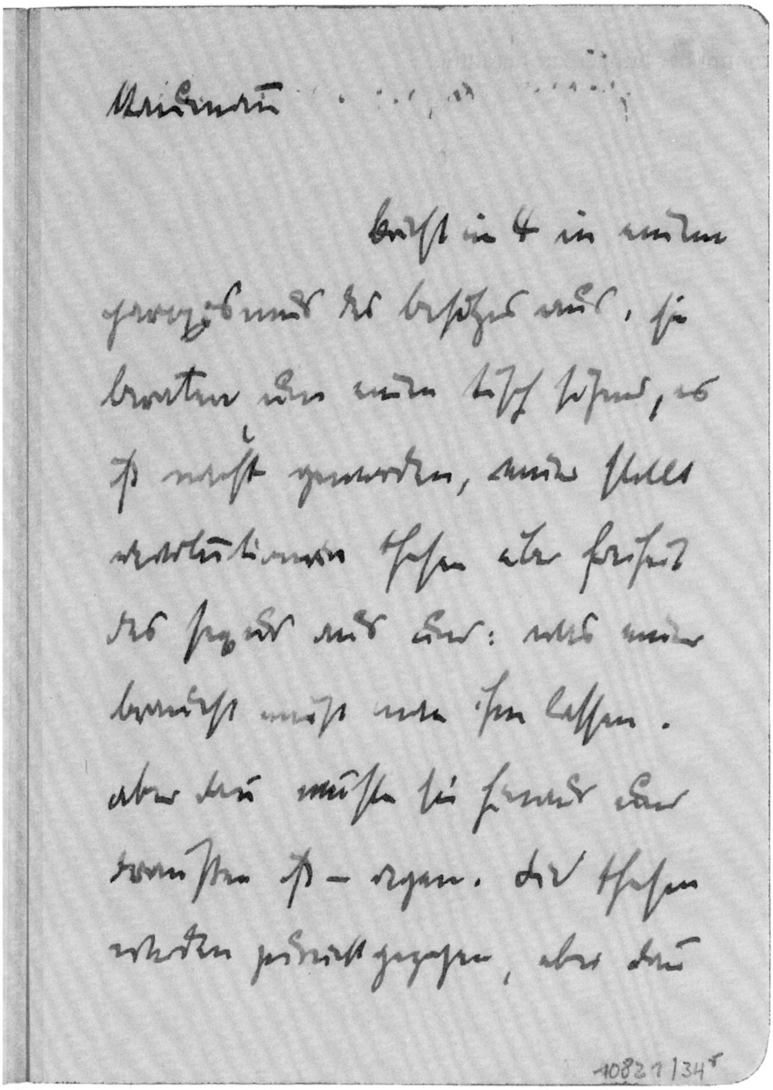

NB 22, 34r

⟨34r.11 ←⟩ kommt der hunger zur beratung.

NB 22, 35r

da koch weg ist, sind es nur mehr

3 <mit der frau, die fatzer verurteilen.

2 en

ich weiß euch hin auf diese lück/am

tisch / da unser kamerad, der wohl

besser reden könnt als ich, [j]*n*icht mehr

~~ist~~

da/jetzt wohl schon nicht mehr

unter den lebendigen ist, muß ich

jetzt weiterreden.

⟨Fatzer⟩ ftz bittet sie ihn

zu binden

7-8 ~~ist~~ \ da] ⟨andere Lesart: 1.⟩ da ⟨2.⟩ da ist ⟨3.⟩ da /
11-12 ⟨Bleistift⟩

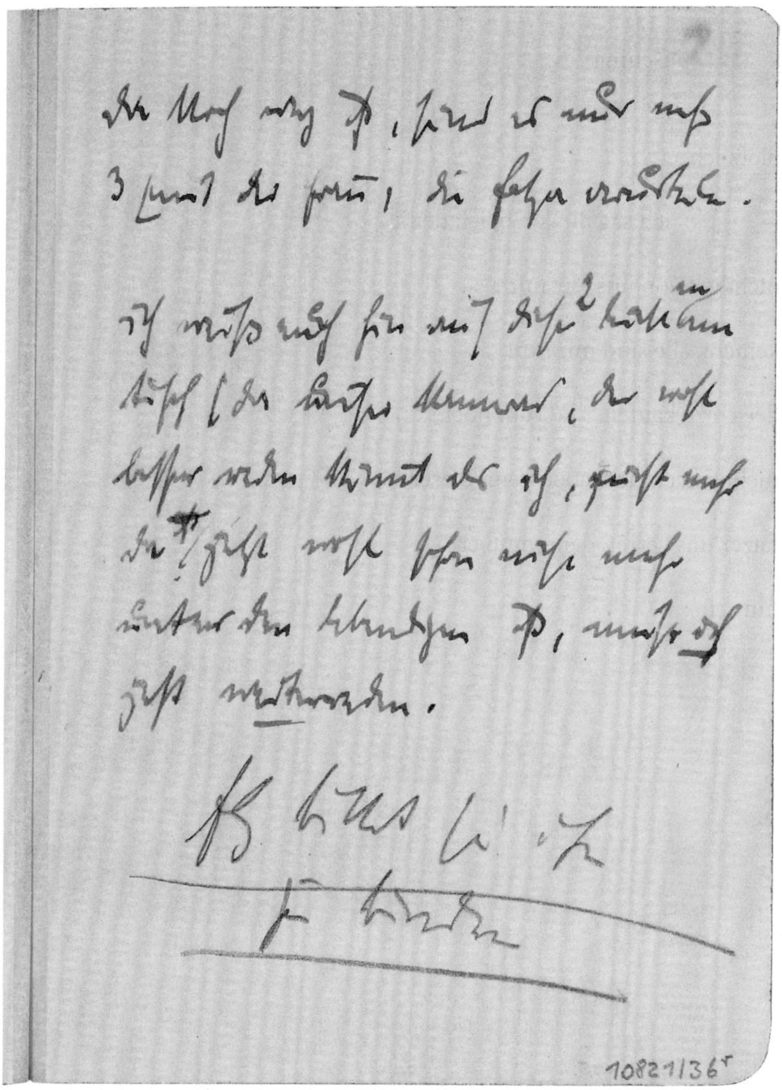

NB 22, 36r

büsching

plötzlich

ich sag dir, koch, ich denk
nicht gut von uns, dir mir +
keinem, alle sind mir / für
fleisch zu kaufen, d[a]'rum noch
nicht verächtlich, aber wenn dieser
fatzer uns verrät, dann muß er
hin sein.

5 mir] ⟨andere Lesart⟩ wir
6-9 kaufen *[…]* sein.] ⟨Bleistift;⟩ k ⟨von Z. 6⟩ kaufen ⟨zunächst mit leerer Feder⟩

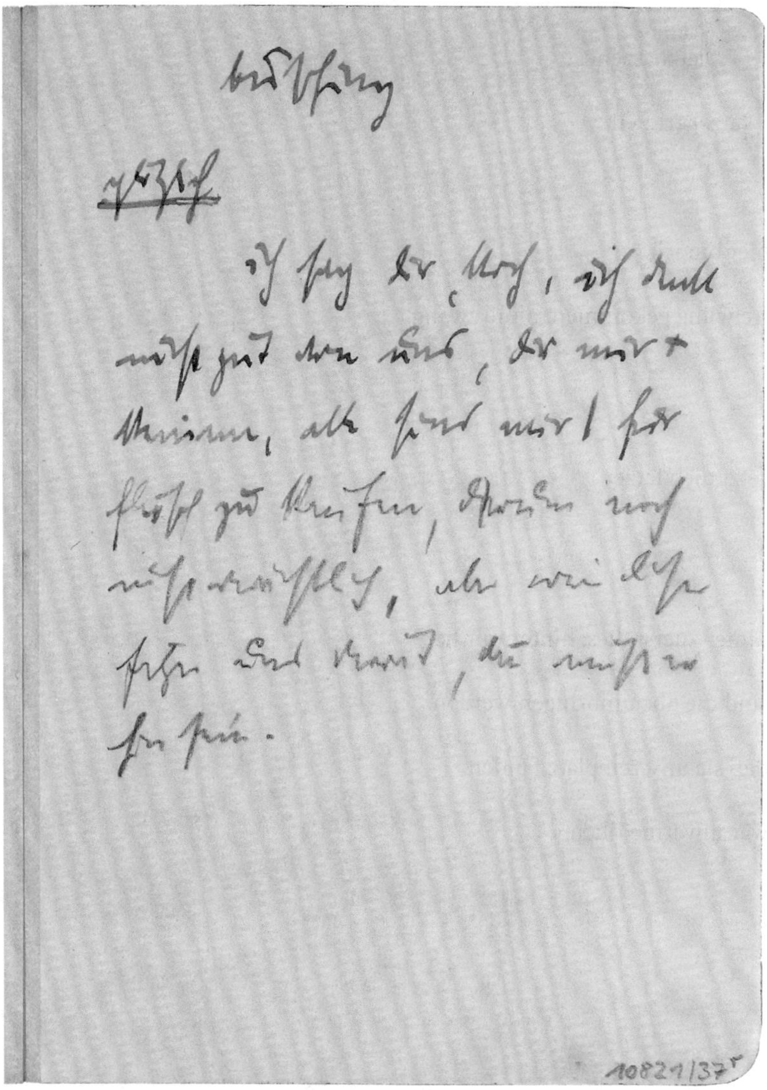

NB 22, 37r

letzte szene:

fatzer tritt ein

⟨Fatzer⟩ f

hier bin ich.
freiwillig gekommen. ohne zwang.

⟨Büsching⟩ b

setzt dich fatzer

k

~~hinter~~ zuerst dies: hinter mir her
sind die uns umbringen werden.
daß sie unseren platz fanden
⟨→ 39r.1⟩ war unvermeidlich.

⟨ganze Seite Bleistift⟩

8 k] ⟨wohl Verschreibung; gemeint wohl:⟩ fatzer

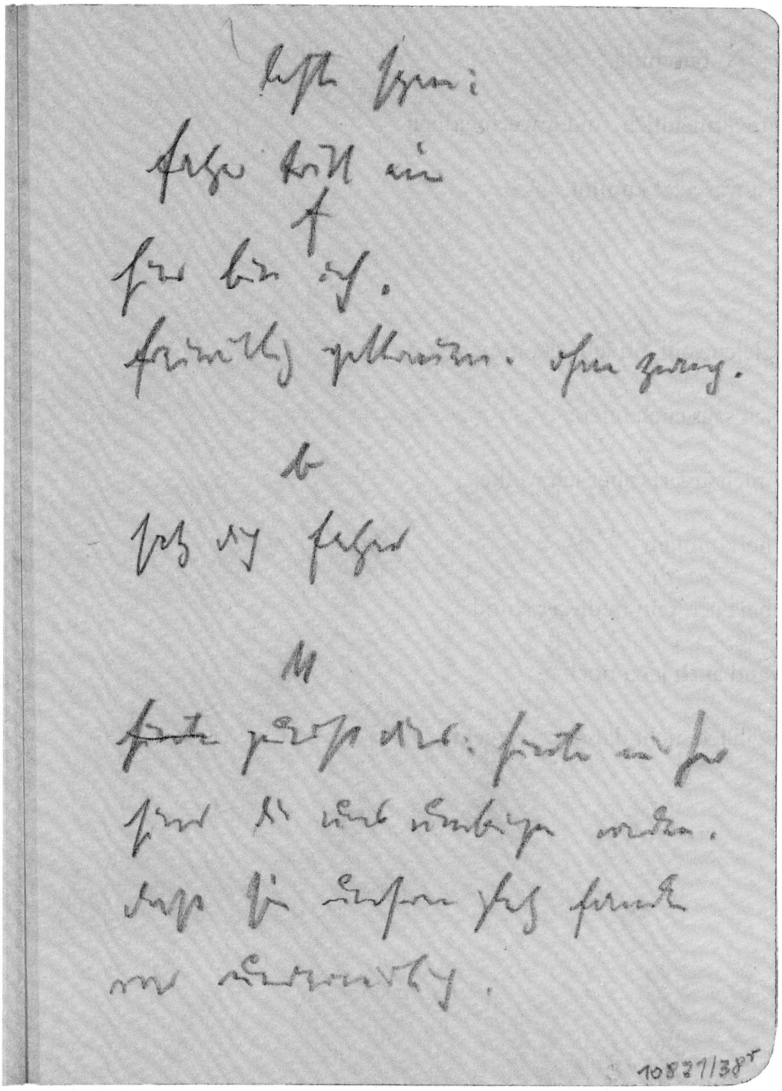

NB 22, 38r

⟨38r.12←⟩ büsching:

unvermeidlich. und unvermeidlich

ist was jetzt kommt.

⟨Fatzer⟩ f

gleichwohl bin ich gekommen und

ich sags euch offen:

mich ärgerts aber ich wollte

herkommen

zu

bei euch sein in dieser stund

und auch jetzt noch

⟨→40r.1⟩ will ich nicht daß ihr weg geht

⟨ganze Seite Bleistift⟩

2 unvermeidlich.] ⟨andere Lesart:⟩ unvermeidlich,

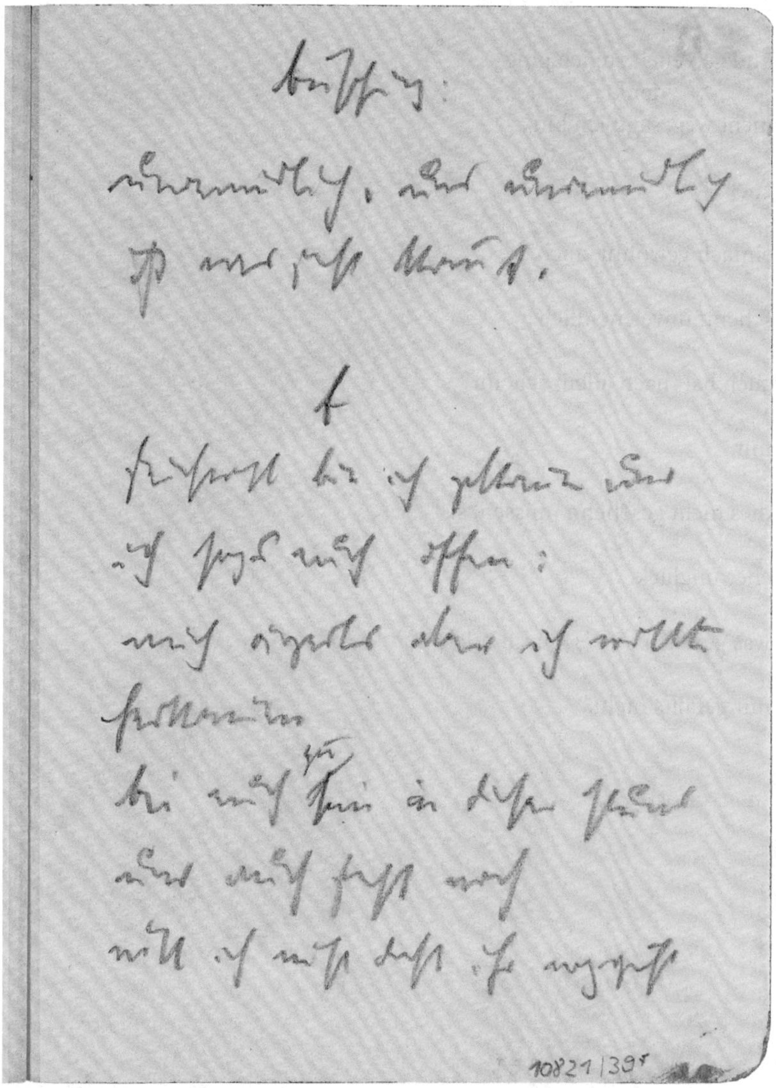

NB 22, 39r

⟨39r.12←⟩ und geb euch zu: ich ging
denkt
nicht weg, ~~sagt~~: ich bin

euch

einfach gewohnt. auch dies

scheint unvermeidlich.

auch hätt nach allem scheint

mir,

dies nicht geschehn müssen, sist

eher unglück.

was geschehn ist [¿]*d*urch mich:

⟨→41r.1⟩ mir gefällts nicht.

⟨ganze Seite Bleistift⟩

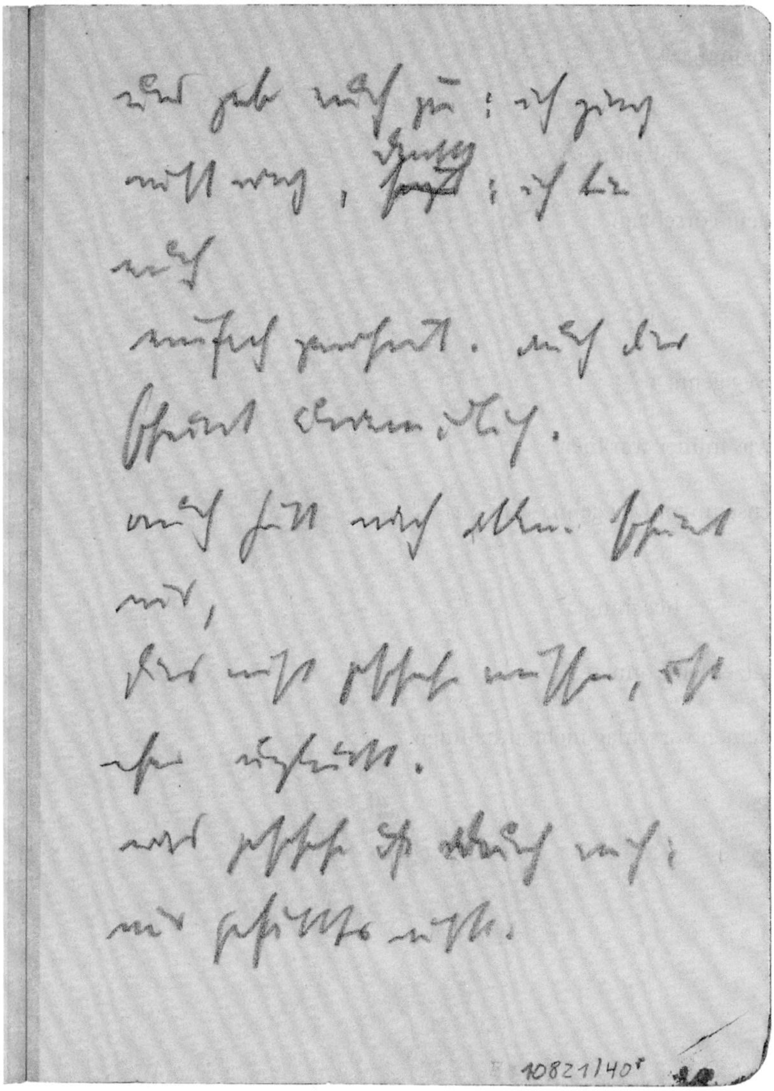

NB 22, 40r

⟨40r.12←⟩ ~~drum nach~~

büsching:

dein vorschlag?

⟨Fatzer⟩ f

weg gehn.
was immer war hier:
zusammen weg gehn.

büsching

fatzer wir können
⟨→42r.1⟩ deinen vorschlag nicht annehmen.

⟨ganze Seite Bleistift⟩

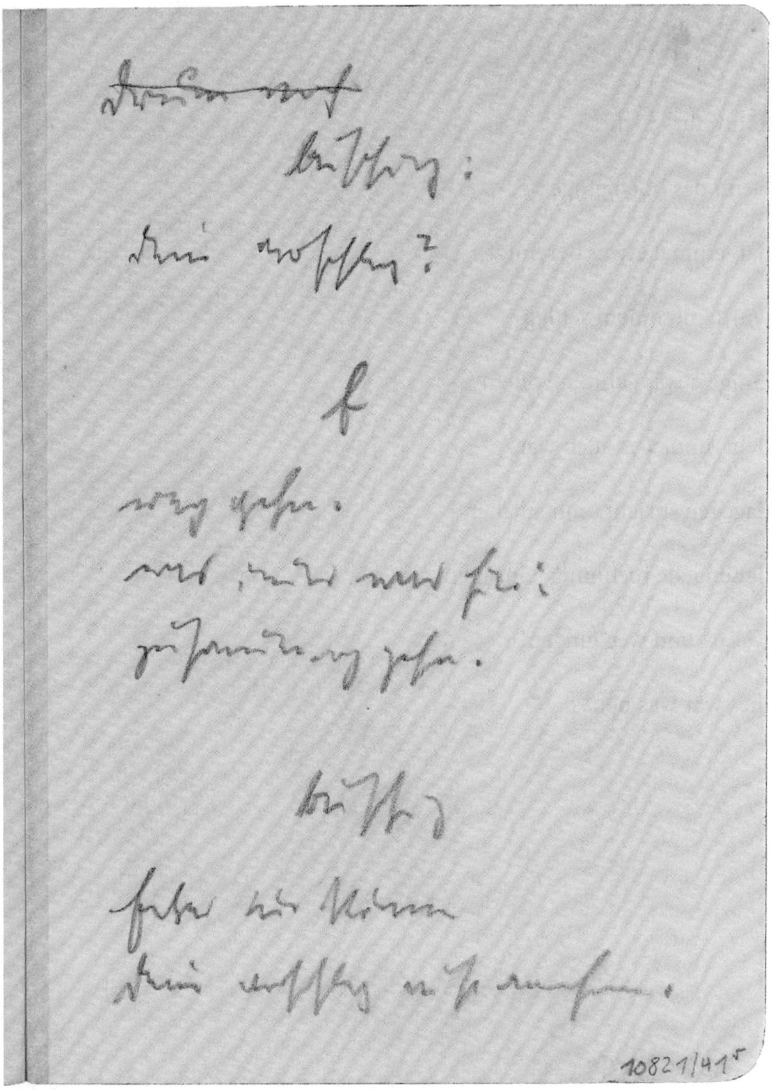

NB 22, 41r

⟨41r.10←⟩ f
⟨Fatzer⟩

könnt ihrs nicht?
wenn das doch ginge
daß einmal etwas bereinigt
würd, mit einem schlag
einige etwas sähn in vollem
licht, und, was auch war,
dagegen spricht, unbeglichen
ließen jede rechnung, einsähen
was ist und weg gingen!
⟨→43r.1⟩ dies wär was neues.

⟨ganze Seite Bleistift⟩

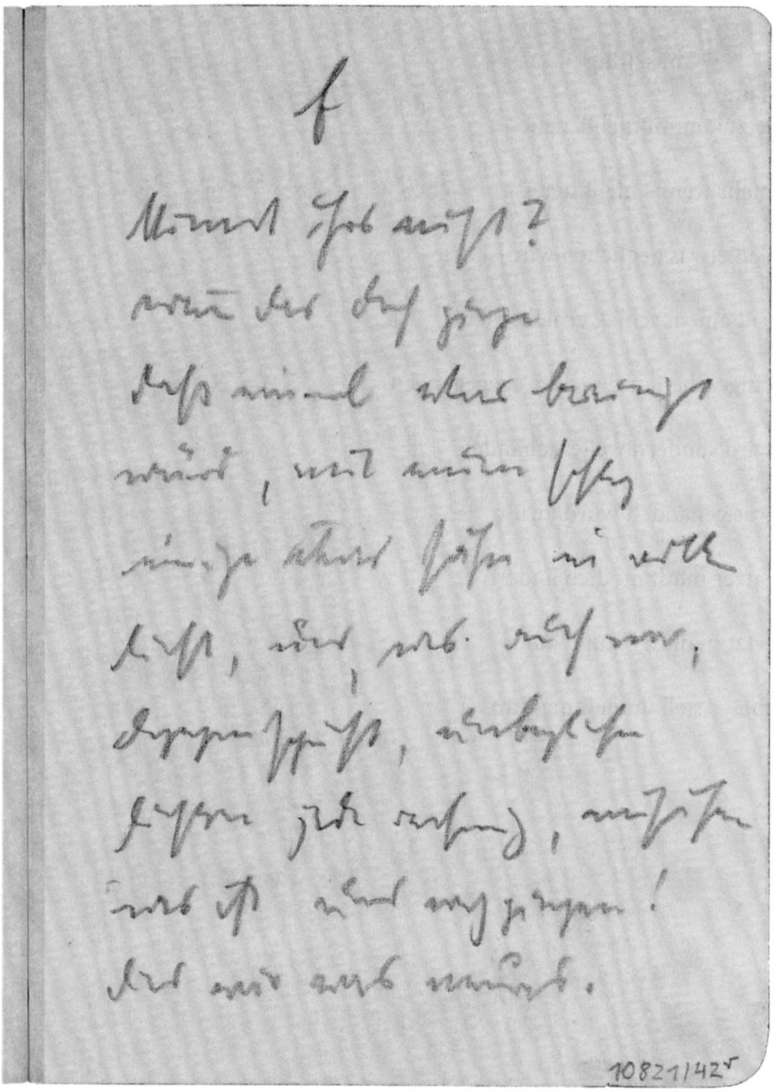

NB 22, 42r

⟨42r.11←⟩ büsching

dann
jetzt kommt nichts neues
mehr wenns nicht neu ist,
daß etwas beglichen wird[.], wie
mit einem schlag erhellt, nichts
eingesehen und nicht wegegegangen
wird sondern weitergehandelt
was gehandelt wurd. drum
fatzer mußt du dich ändern
jetzt in dieser stund auf
⟨→44r.1⟩ dieser stell und einmal tun

⟨ganze Seite Bleistift⟩
5 wird] ⟨andere Lesart:⟩ würd
8 wird] ⟨andere Lesart:⟩ würd

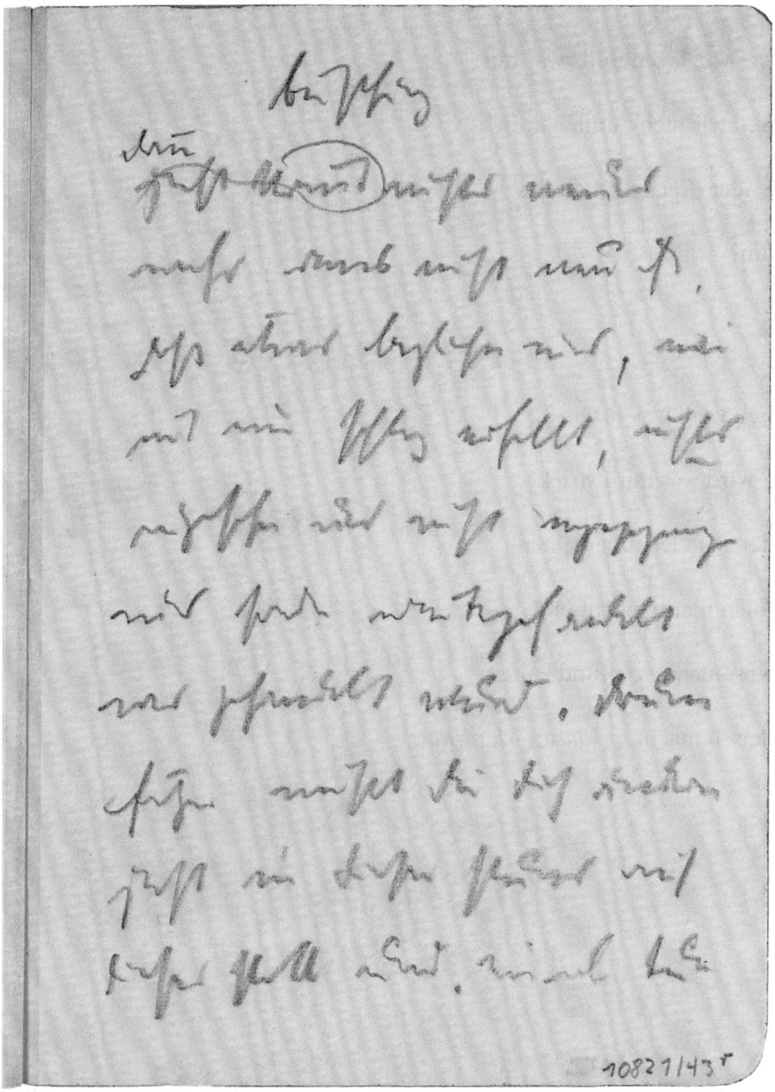

NB 22, 43r

⟨43r.12 ←⟩ was wir sagen und zwar nur:
weil wir mehr sind, nämlich
2 oder drei. willst du das
tun?

⟨Fatzer⟩ f
⟨→ 45r.8⟩
(ich weiß was es wird.)
⟨einem⟩ s' wird was mit 1 strick
der aus 1 lebenden einen
~~toten~~ mann ~~macht und~~
~~aus einem~~ 170 pfund kaltes
⟨→ 45r.1⟩ fleisch macht. [–]*das tu ich nicht.*

⟨ganze Seite Bleistift⟩
7 wird] ⟨andere Lesarten:⟩ wär ⟨,⟩ würd
8 wird] ⟨andere Lesarten:⟩ wär ⟨,⟩ würd
9 einen] ⟨wohl versehentlich nicht gestrichen⟩

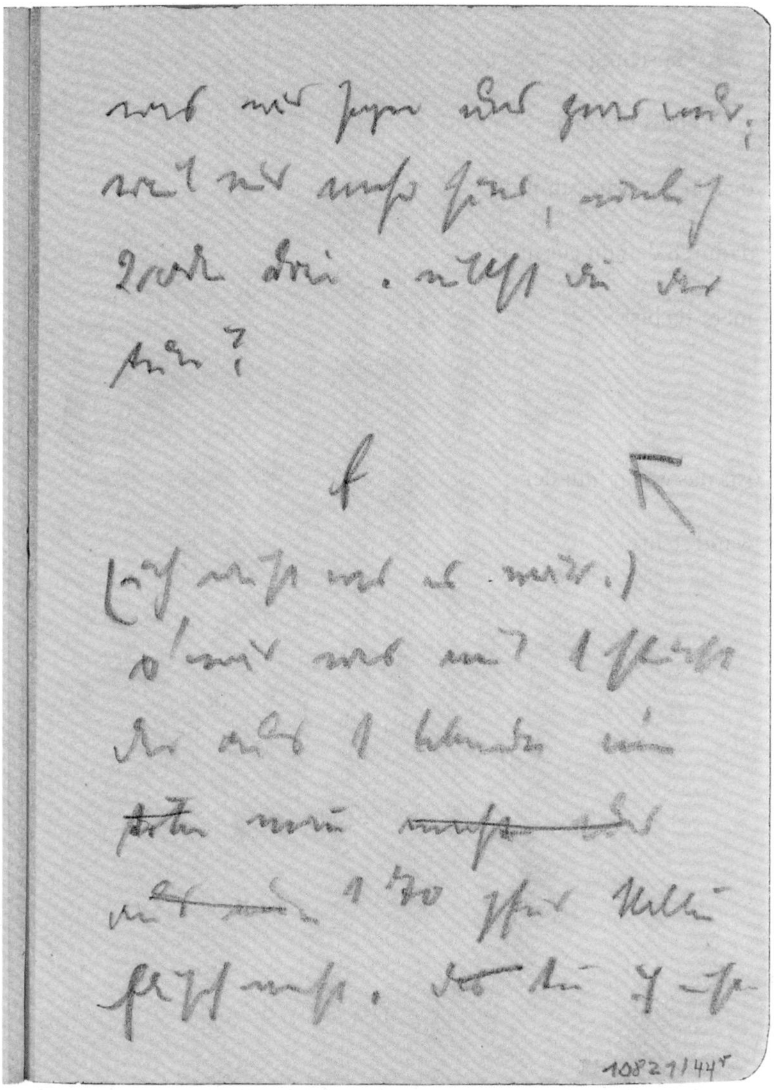

NB 22, 44r

⟨44r.12←⟩ büsching:

ja du sollst nämlich
dich ä[¿]*n*dern, zumindest
dadurch daß du gar nicht
⟨→46r.1⟩ mehr da bist.

⟨Fatzer⟩ f

ists das was [¿]*a*uf der
⟨44r.6←⟩ wand steht?

⟨ganze Seite Bleistift; Z. 6–9 schon vor Fortsetzung auf 46r mit Pfeil zu 44r.5–6 umgestellt⟩

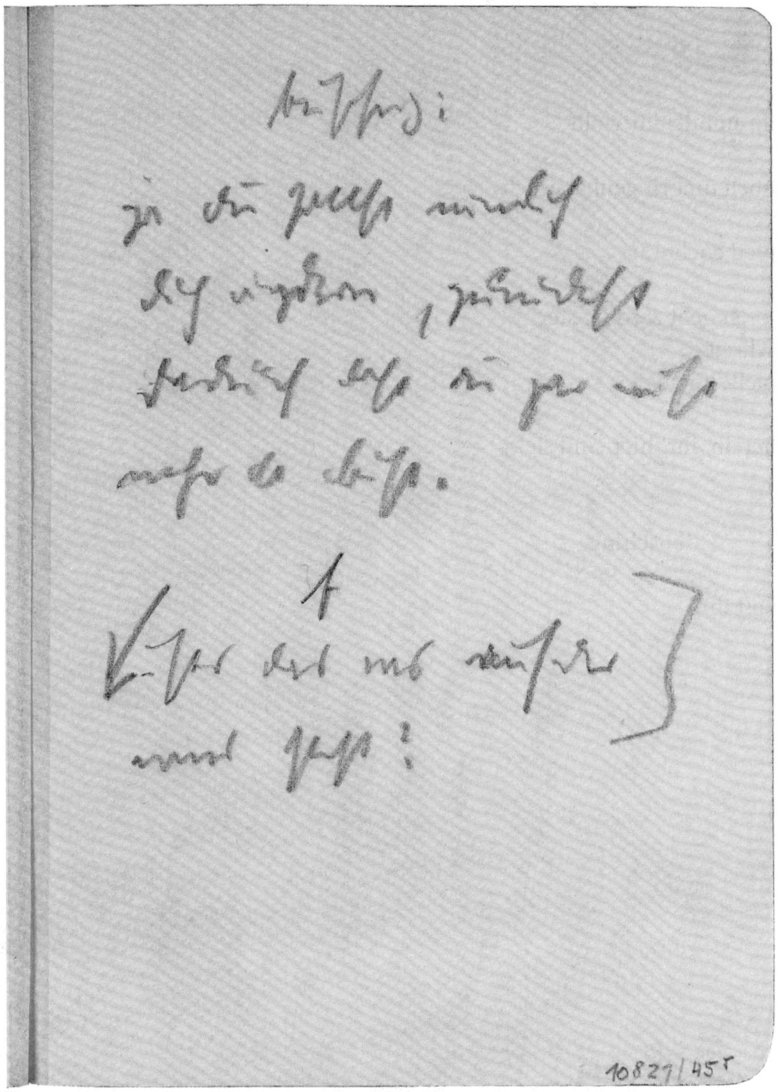
10827/45r

⟨45r.5 ←⟩ f
⟨Fatzer⟩

ihr hunde! ihr wollt

mich umbringen! aber ich

pfeif euch was!

<er geht zum fenster,
schreit
~~pfeift~~ hinaus>

herein, ihr! hier sind sie!

büsching

⟨→ 47r.1⟩ faßt ihn!

⟨ganze Seite Bleistift⟩
10 faßt] f ⟨verdeutlicht⟩

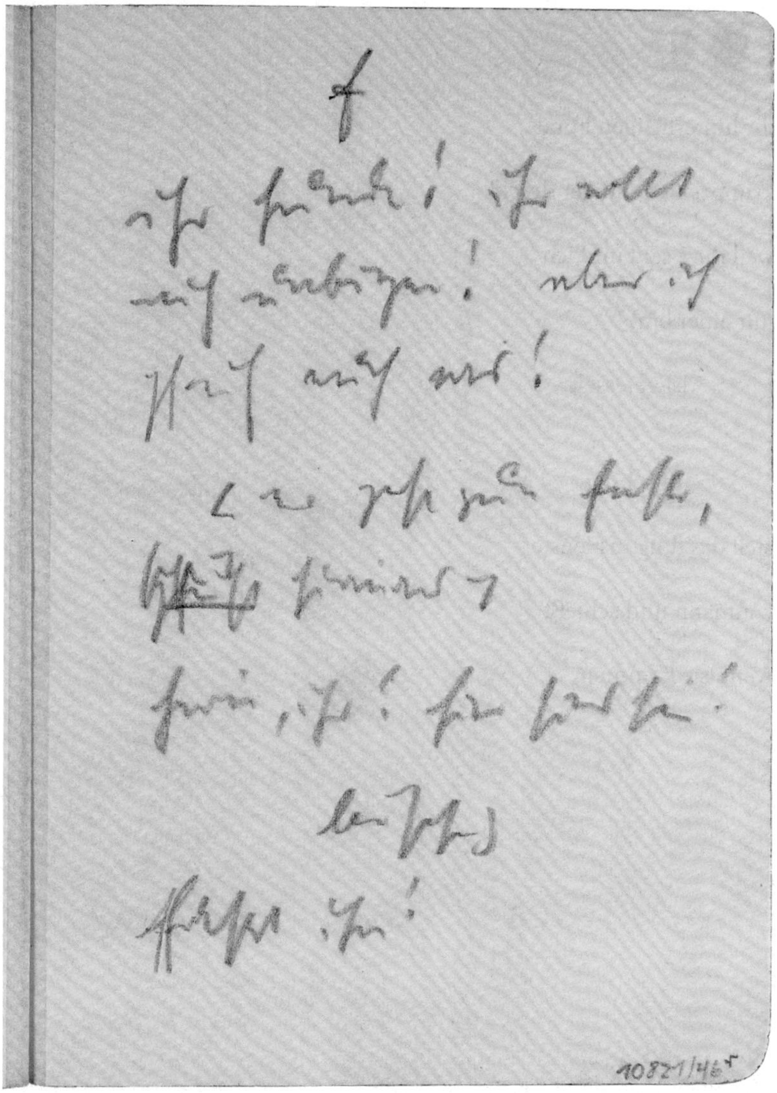

NB 22, 46r

⟨46r.10 ←⟩ f
⟨Fatzer⟩

ihr hinterlistigen hunde,
kruppzeug, reudiger dreck!
weil ihr 2 seid und ich
nur einer bin!
<ist gefesselt>

büsching
stell das ding ins fenster
kaumann und schießt
⟨→ 48r.1⟩ wenn sie kommen

⟨ganze Seite Bleistift⟩
9 schießt] t ⟨vielleicht nachgetragen⟩

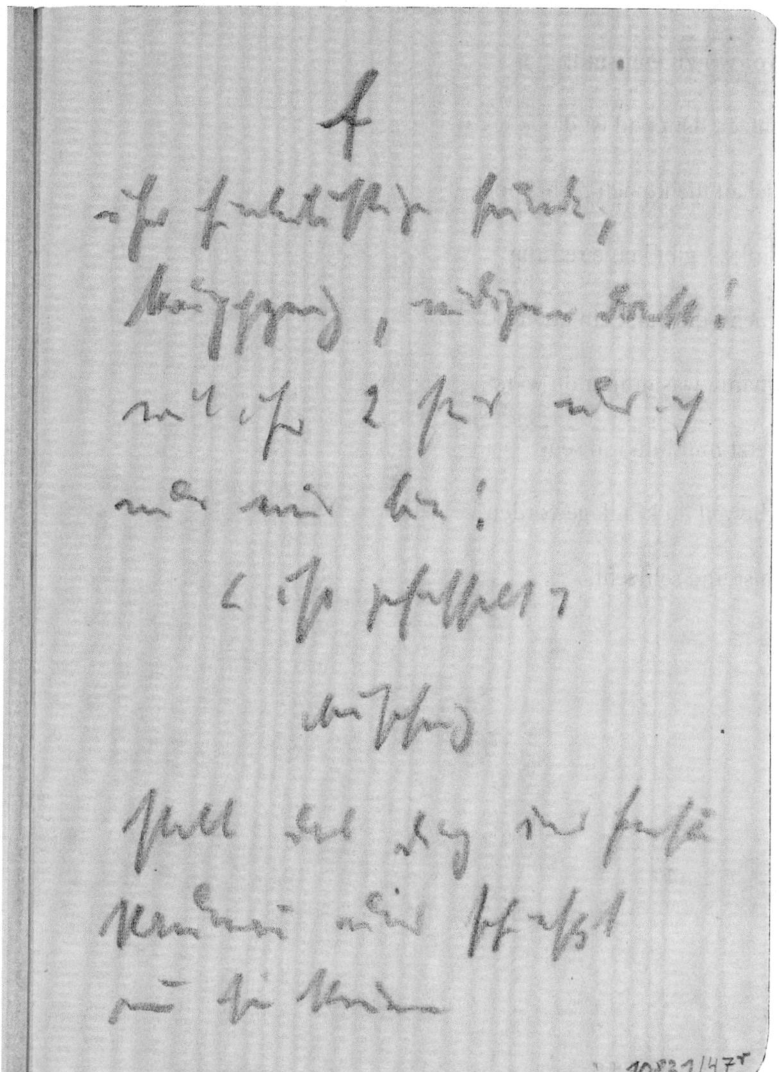

NB 22, 47r

⟨47r.10←⟩ vor wir zu end sind!
fatzer, dein end ist da.
schau nicht nach rechts noch
links, s gibt keine rettung
mehr. du warst ein guter
mann, was immer du warst,
jetzt mußt du hin sein
dieweil du krank geworden
⟨→49r.6⟩ bist und schlecht.

⟨ganze Seite Bleistift⟩

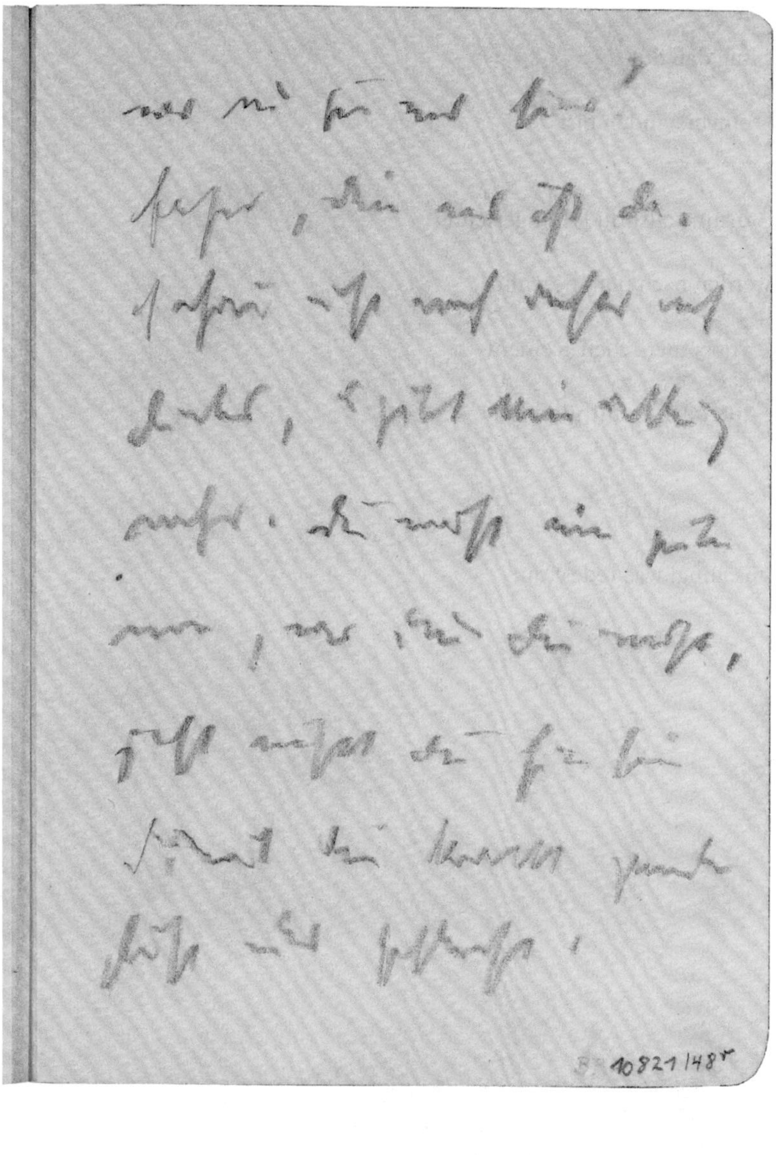

NB 22, 48r

∀
sag daß du

einverstanden bist.

∀
⟨48r.9 ←⟩ drum sollst du [¿]*hi*ngerichtet

werden nach dem beschluß

von 3 menschen + einem

toten, ohne auf[g]*s*chub!

fatzer

⟨→ 50r.1⟩ büsching! was redest du!

⟨ganze Seite Bleistift; Z. 5–8 vor Z. 2 umgestellt⟩

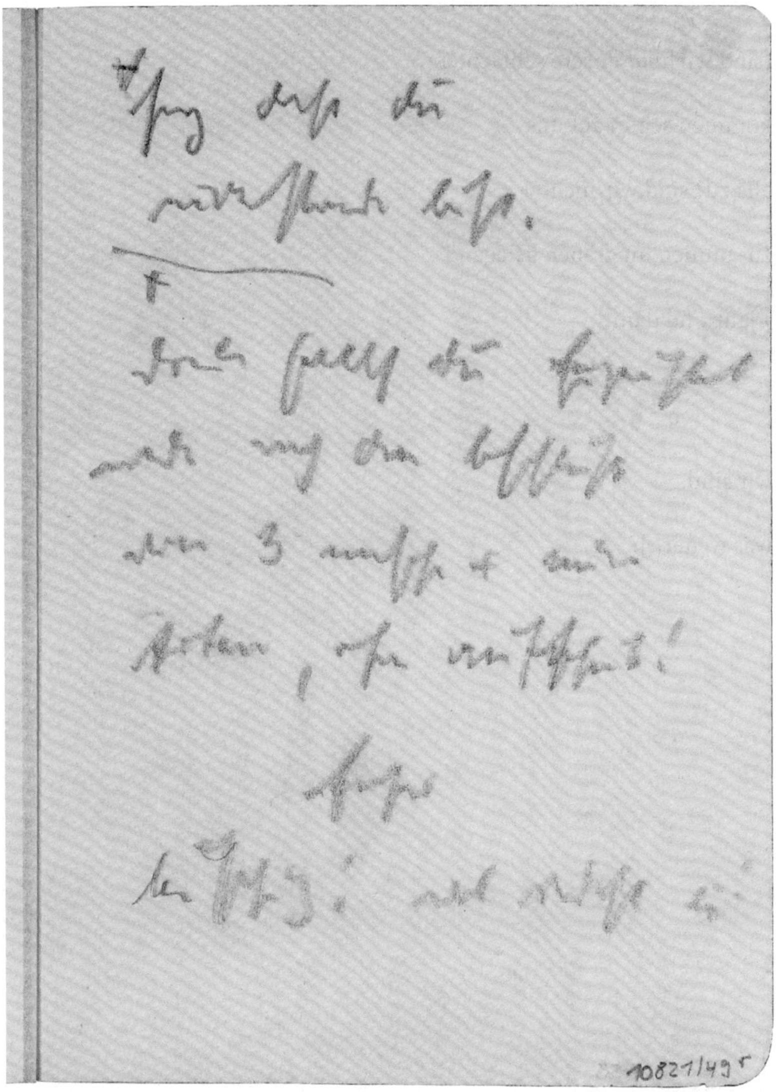

NB 22, 49r

⟨49r.10←⟩ [sind wir]*und* unsere schlächter
kommen schon auf uns
alle zu? sind wir nicht
zusammen im graben gelegen
3 jahr und dann

⟨Büsching⟩ b
wir sind.
⟨→51r.1⟩ was weiter[,]*?*

⟨ganze Seite Bleistift⟩

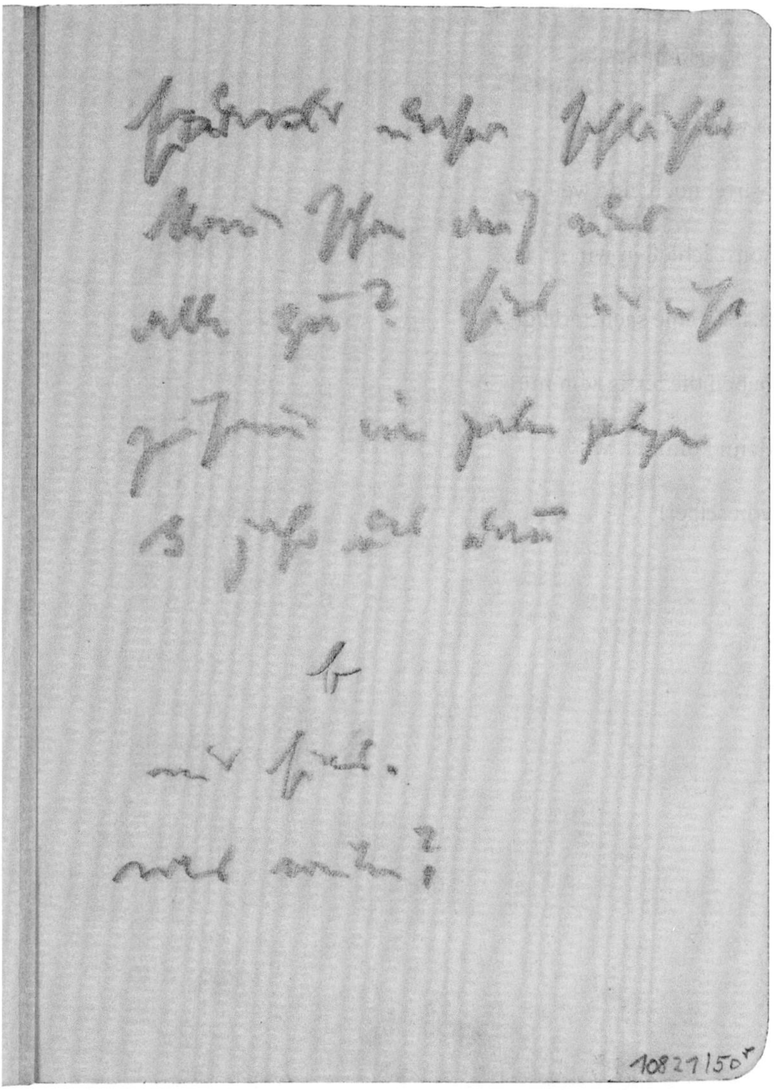

NB 22, 50r

⟨50r.8 ←⟩ <schreit hinaus>

ja wir sind hier aber
wartet noch eine weile
sonst schießen wir
bis wir eine sache erleigt
haben die fertig sein muß.
dann kommen wir
⟨→ 52r.1⟩ von selber!

⟨ganze Seite Bleistift⟩

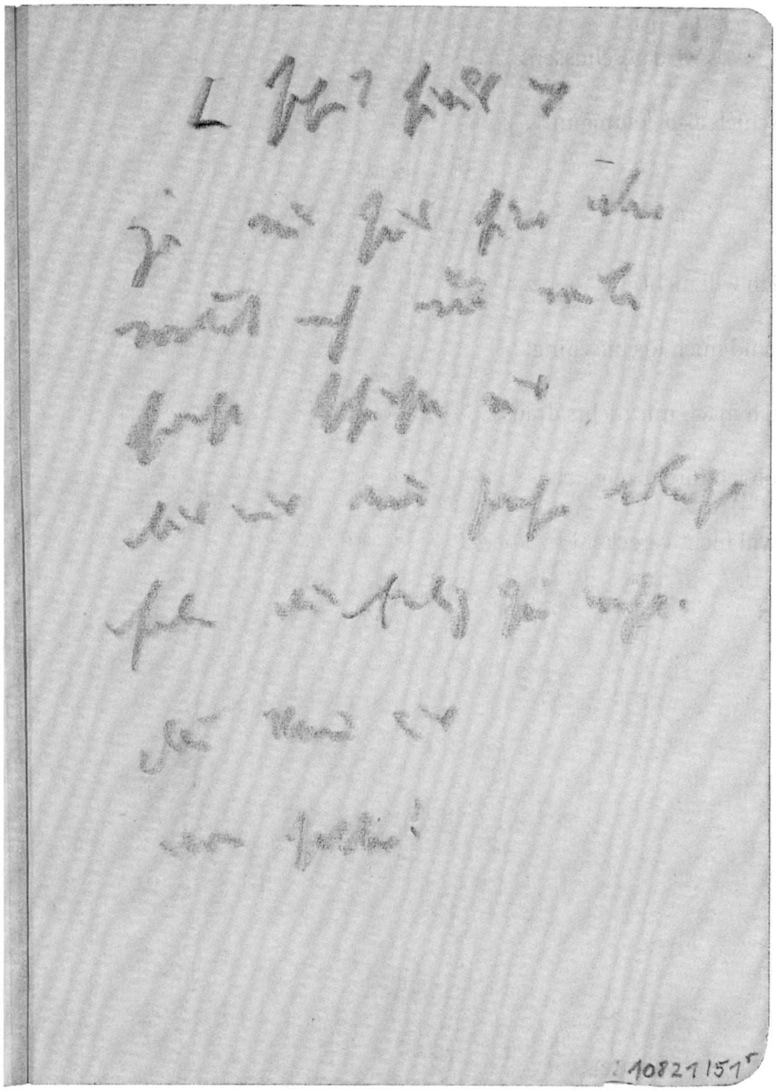

NB 22, 51r

⟨51r.8←⟩ <<es wird geschossen>

schieß also, kaumann!

⟨Fatzer⟩ f

ich will nicht!

bind mich los büsching!

ich mach mir nichts draus

ob ich furcht zeig, ich

⟨→53r.1⟩ will nicht verecken!

⟨ganze Seite Bleistift⟩

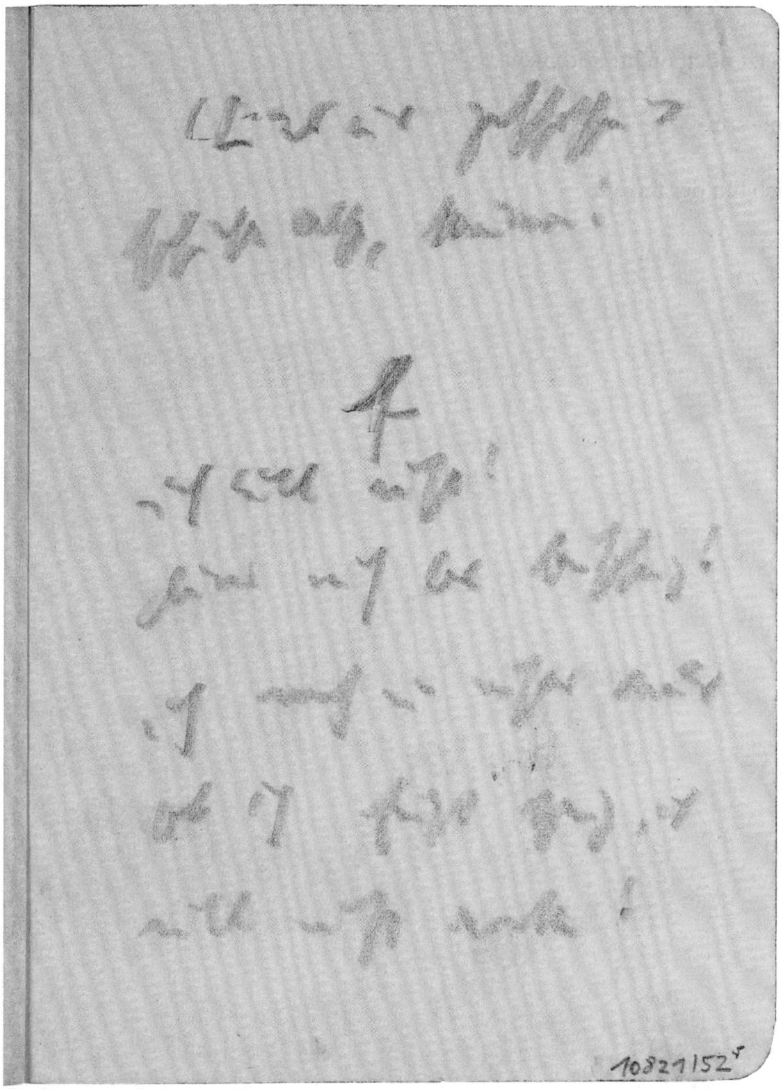

NB 22, 52r

⟨52r.8 ←⟩ jetzt noch nicht! und ~~nicht~~

nie so!

ich bin der fatzer!

usw.

⟨ganze Seite Bleistift; nachfolgende Doppelseite unbeschrieben⟩

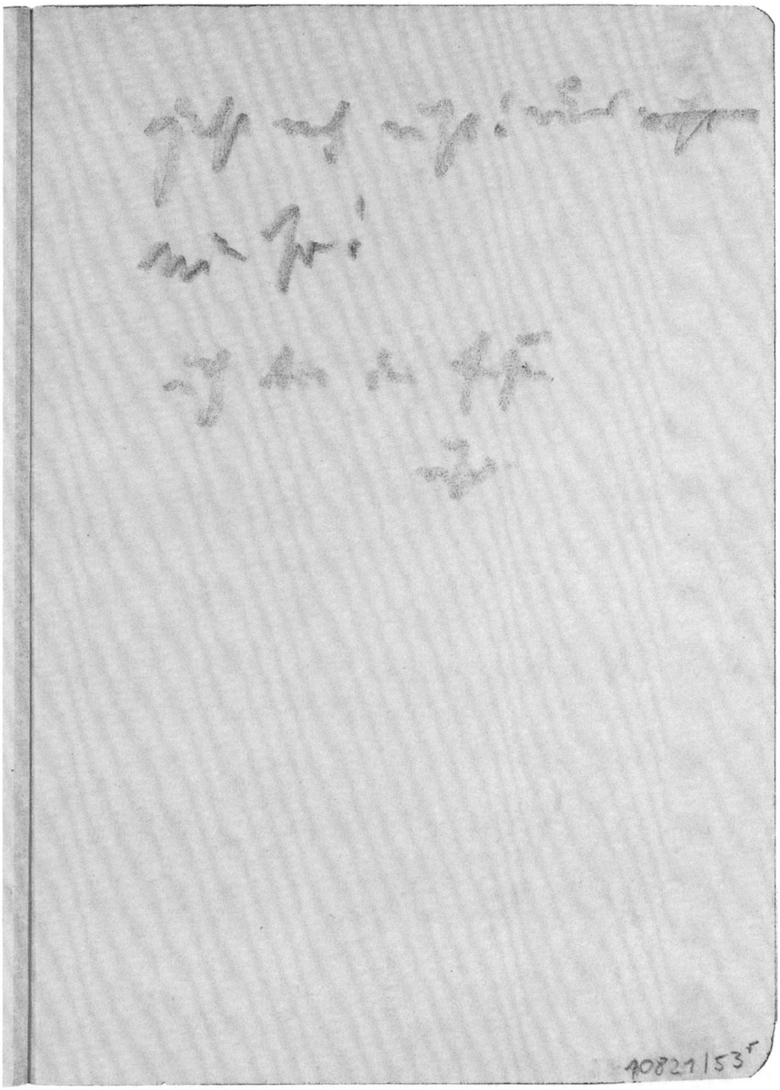

NB 22, 53r

NB 22, 54v

jetzt will ich sehn was das

für leute sind

⟨ganze Seite Bleistift; vorangehende Doppelseite unbeschrieben⟩

III

… und er lag dort 3 tage. und
das weib brachte ihm sein essen und
er fragte sie: wie lebst du? sie
sagte: schlecht lebe ich; denn ihr sitzt
herum tag und nacht, daß ich
nicht sammen liegen kann mit meim
mann   seit er zurück gekehrt ist,
hat er mich nicht berührt. und
er bat sie mit schlauen worten
daß sie ihn losbinde[¿]. sie tat so
und er schwängerte sie. da lief sie
⟨→ 56r.1⟩ zu ihrem mann und dachte jetzt

7 sammen] ⟨dünner Strich davor wohl nicht signifikant; vielleicht:⟩ zusammen

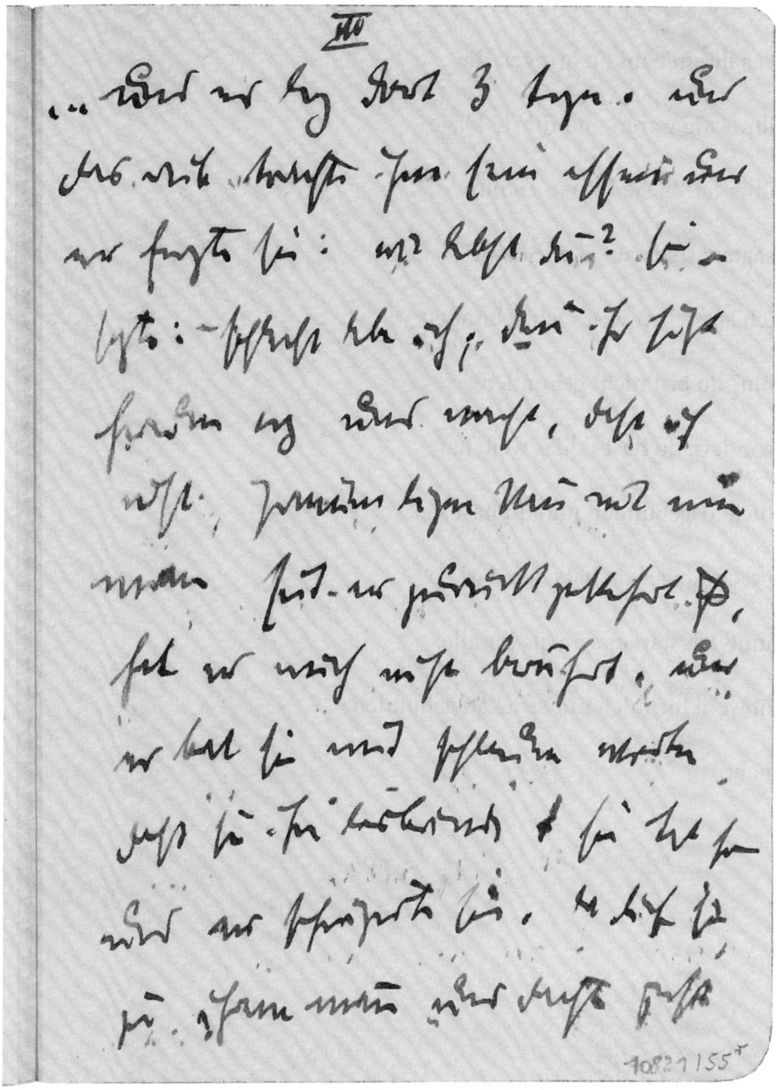

NB 22, 55r

⟨55r.13←⟩ aus ihrem haus zu bringen die
ihr lästig waren und führte klage
über fatzer. sie kamen zu ihm +
sagten: stehe auf. – wie kann
ich aufstehen wenn ich gebunden
bin? du bist nicht gebunden
sondern du ~~hast~~ [¿]*d*as weib hat
dich losgebunden und du hast sie
geschwängert. – habe ich das? so
muß ich stärker sein als ihr alle,
obwohl ihr mich mit stricken gebunden
⟨→57r.1⟩ habt.

7 sondern] ⟨Strich darunter nicht signifikant⟩

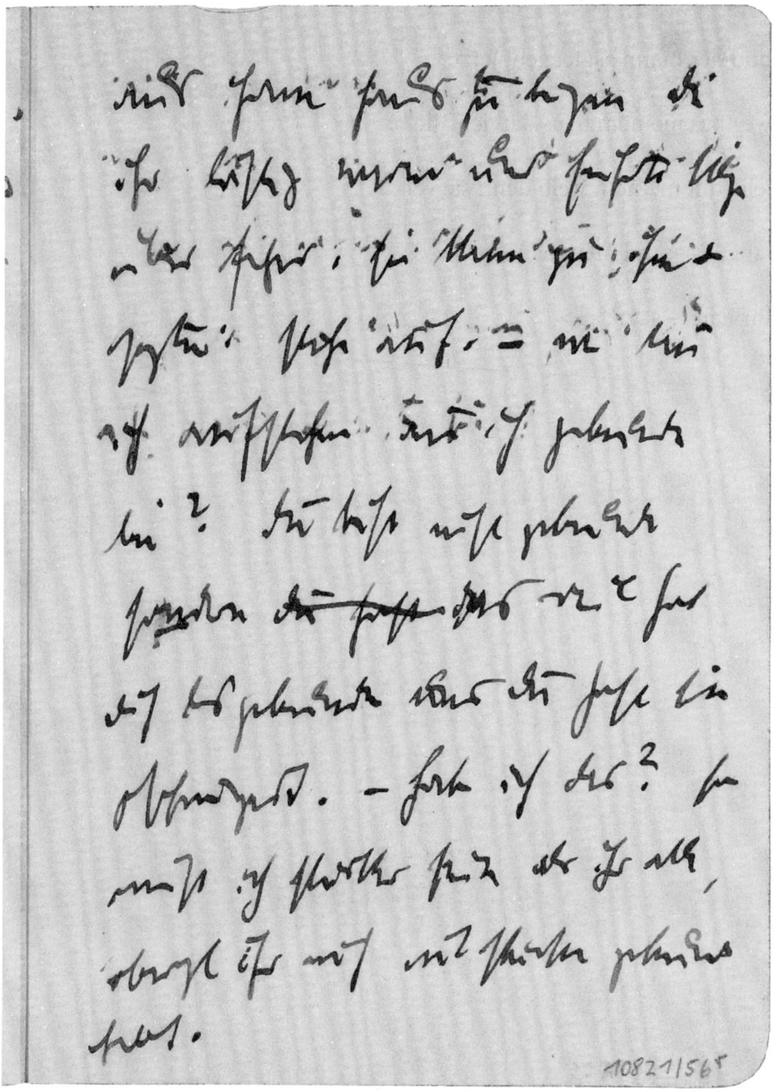

NB 22, 56^r

⟨56r.12 ←⟩ und der mann sagte: geht jetzt
weg aus meinem haus daß ich allein
lebe mit meinem weib denn sie verlangt es. <und mein haus ist
ihr haus – sagte sie>

⟨Strich unter Z. 5 Bleistift⟩

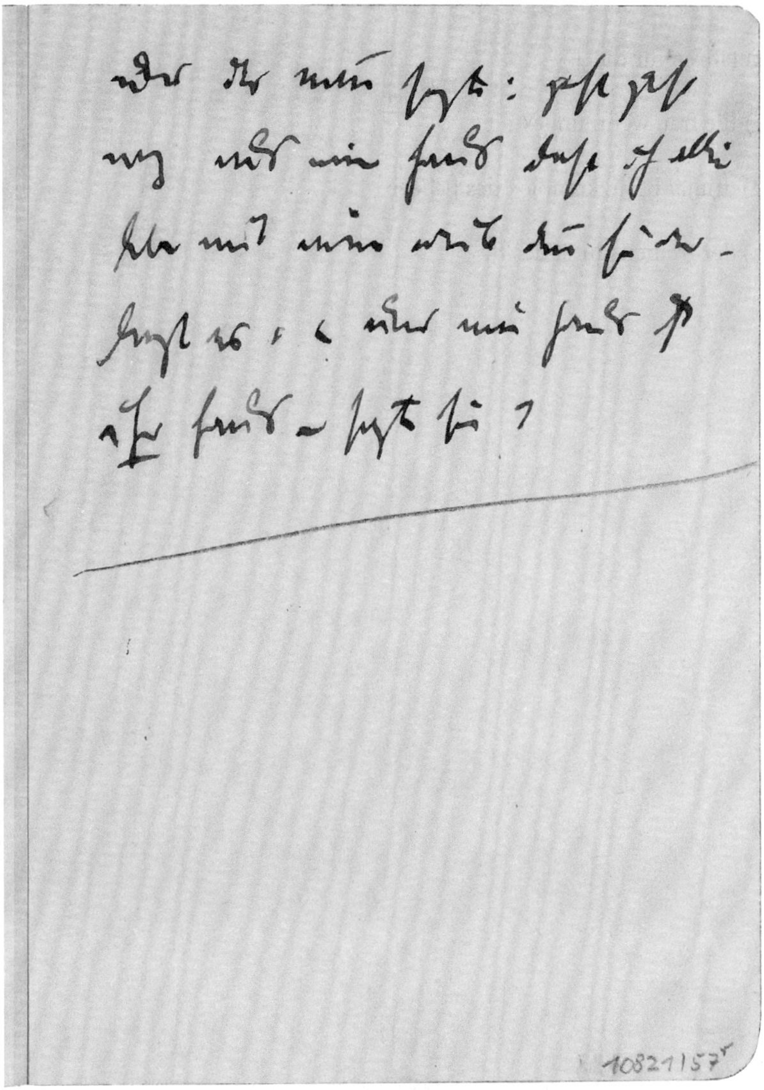
10821157r

gefahren für die 4:

1) die frau wenn ungestillt | 4

⟨Kaumann⟩ 2) d[ie]*er* besitzkomplex des [k]*l*eeb

⟨Fatzer⟩ 3) der freiheitsdurst des ftz

⟨ganze Seite Bleistift⟩

4

gefahren für die 4:

1) die frau wird eingeschaltet

2) die [illegible] der [illegible]

3) die freiheit [illegible] der [illegible]

NB 22, 58r

nach dem fleischexperiment
ersucht er sie ihn zu binden.
unglückseligerweise tun sies.

er verführt das weib <nachdem
er sie bestimmt hat die proleten
zu holen [<]– aber morgens – und
nachdem er ihnen die flachsspinnerei angeraten hat.

der lange tag beim flachsspinnen
⟨→ 62r.1⟩ leeb bittet die 3 mit ihm zu

⟨ganze Seite Bleistift⟩
8 hat] ⟨t-Strich verrutscht⟩
9 tag] ⟨t-Strich verrutscht⟩

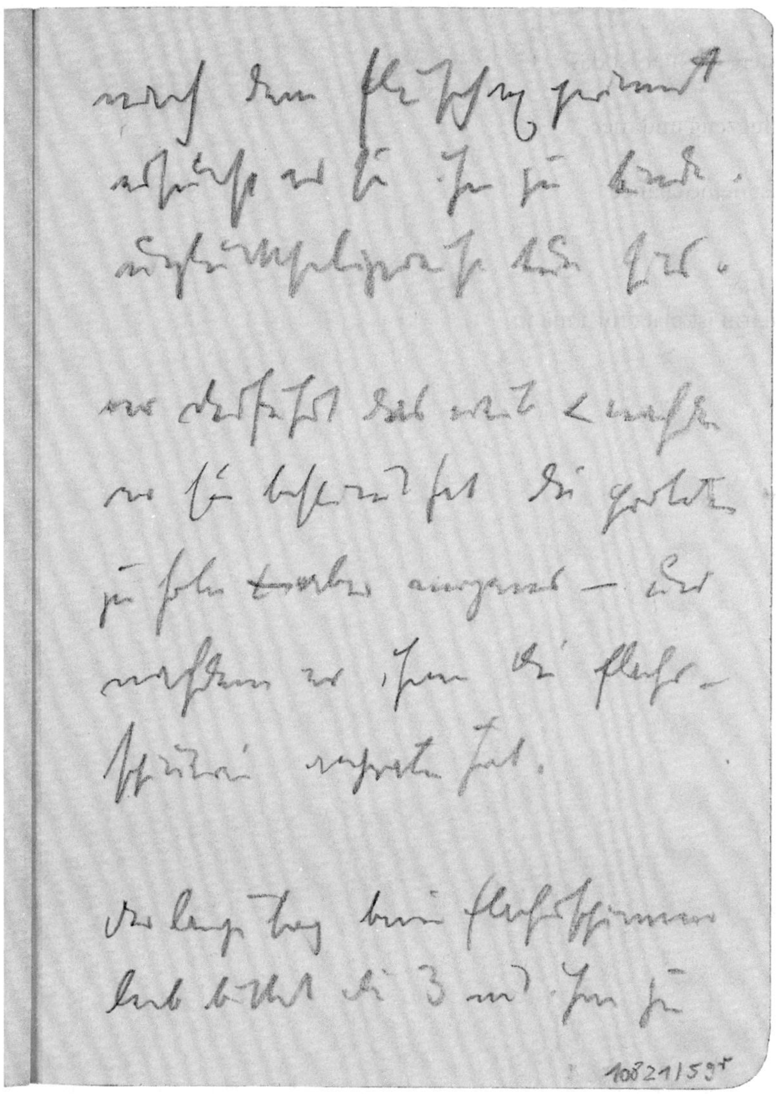

NB 22, 59r

steig ein hier ist das

flugzeug und hier

ist deine chance

hier
⟨einen⟩ ~~darin~~ ist platz für 1 mann

⟨Bl. 60^{r} und 61^{r} schwarze Tinte, schon vor den umgebenden Bleistifteintragungen notiert⟩

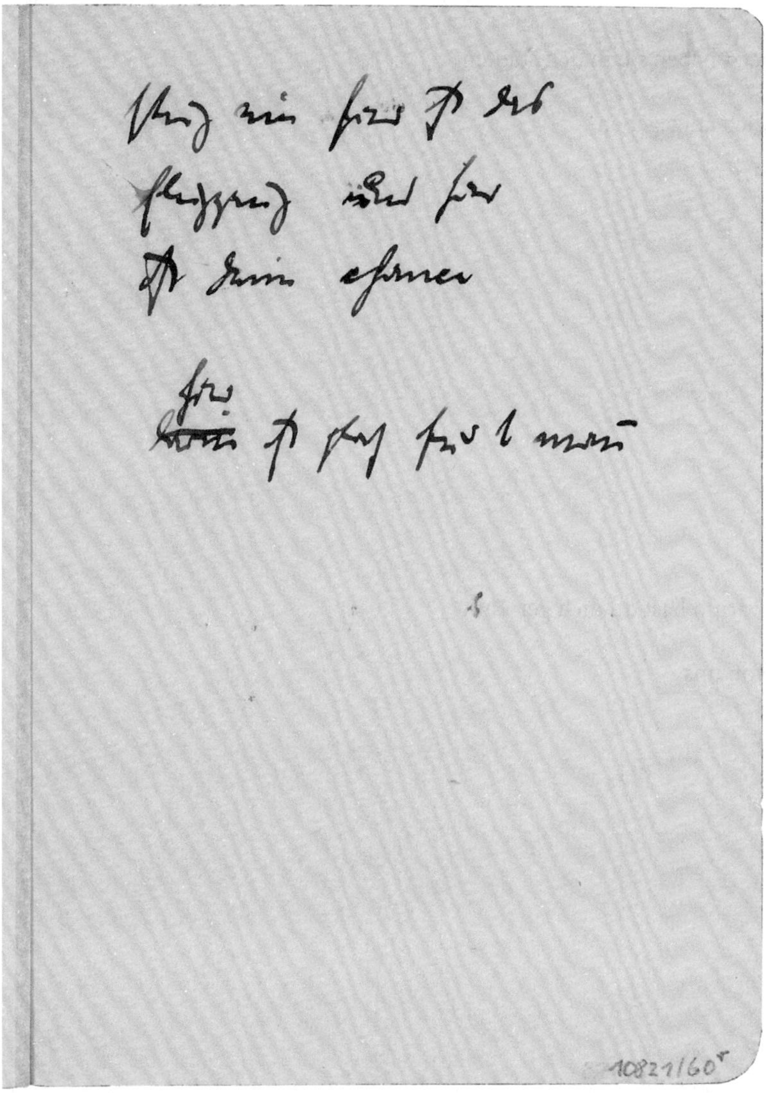

NB 22, 60^{r}

jetzt haben sie in den städten

dich aufgegeben

warum hast du dich getrennt

von uns

⟨Bl. 60r und 61r schwarze Tinte, schon vor den umgebenden Bleistifteintragungen notiert⟩

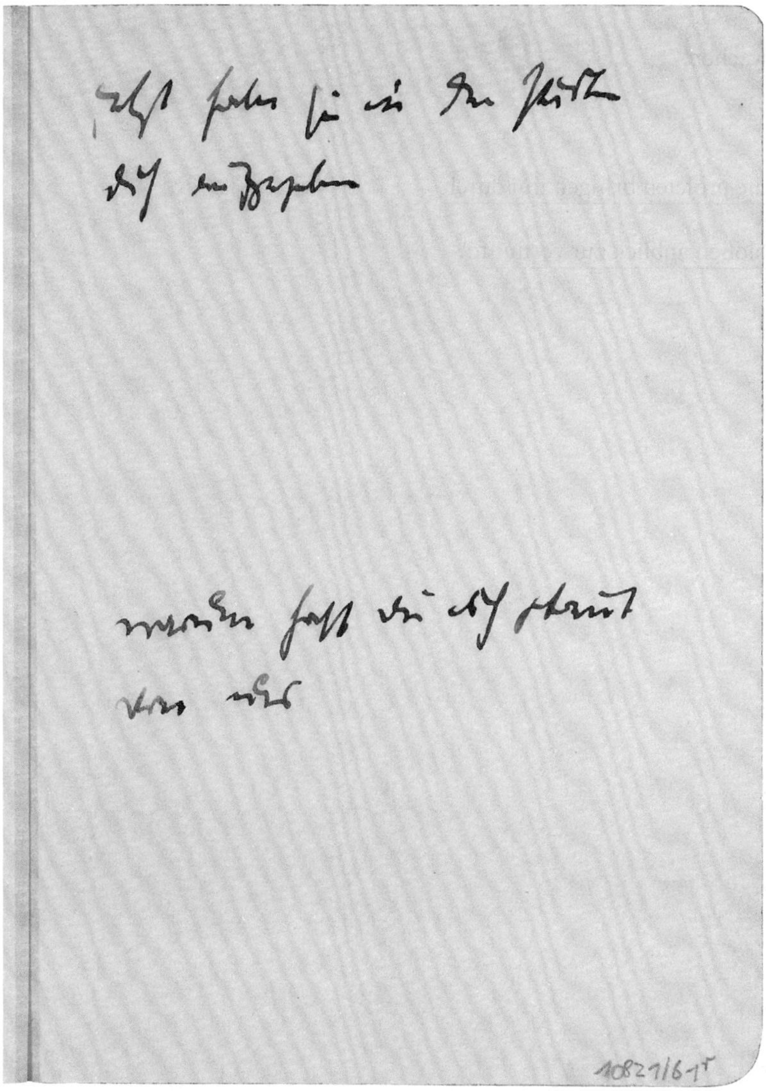

NB 22, 61r

⟨59r.10←⟩ wachen.

die proleten bringen ihn durch

bloßen anblick zur vernunft!

⟨ganze Seite Bleistift; Bl. 63 unbeschrieben⟩

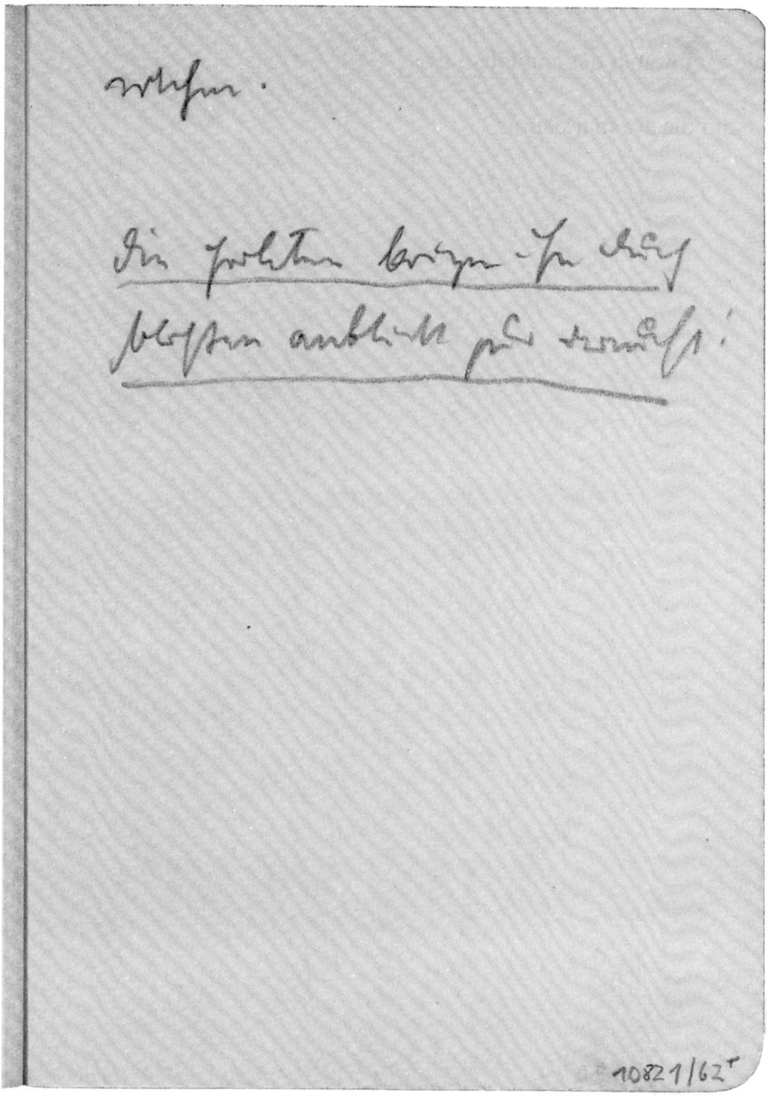

NB 22, 62r

die genußraten des kapitalismus

sind die des marxismus

⟨Bl. 63 unbeschrieben⟩

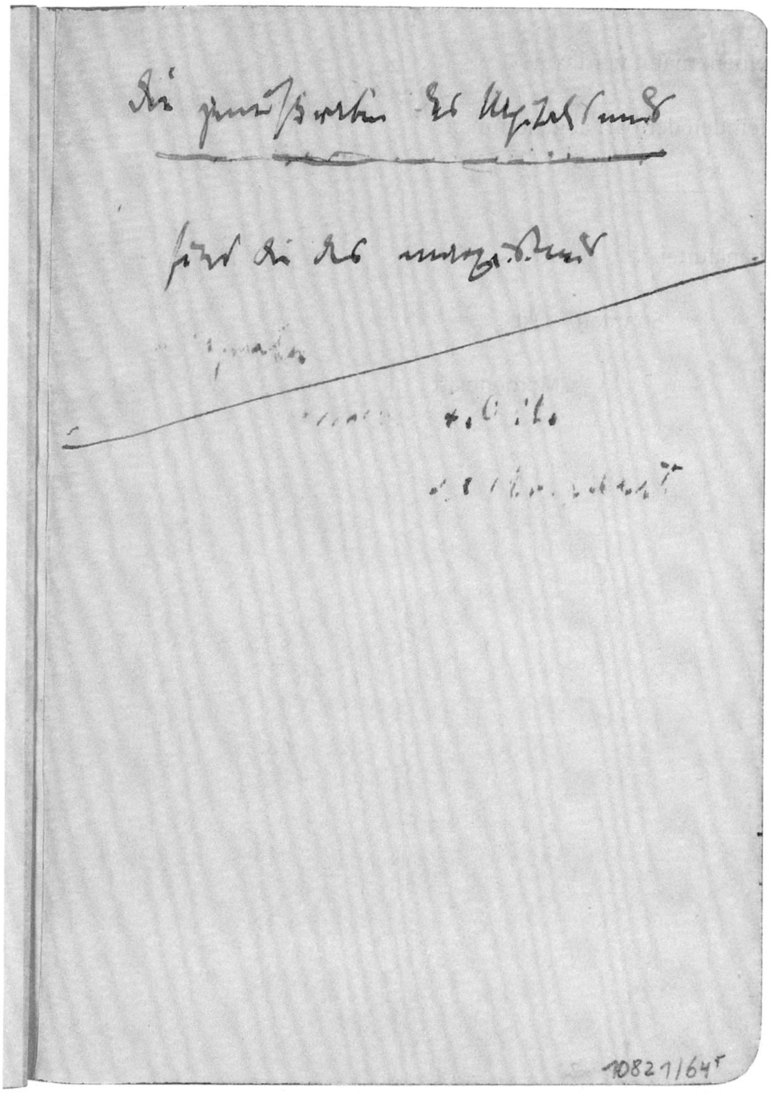

NB 22, 64r

einem mann wird von

feinden der bart abgenommen!

⟨Frankfurter Zeitung⟩ frankfurter

⟨Oktober⟩ Sonntag 7. Okt.

1. Morgenblatt

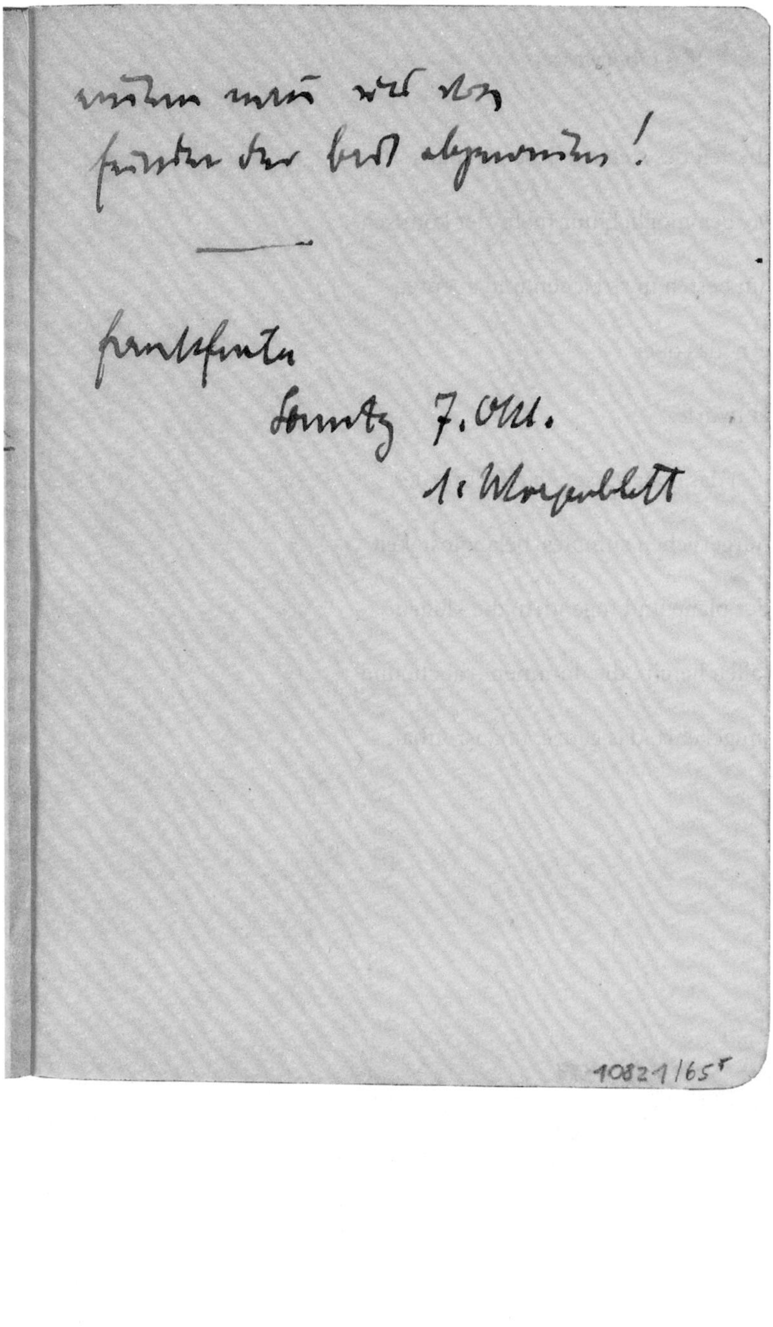
Frankfurter
Sonntag 7. Okt.
1. Morgenblatt
10821/65r

NB 22, 65r

Das Oberwasser

die zeit des stellungslosen romans
vorbei. möglich nur mehr der komische.
am besten in streichen und abenteu-
ern. ~~das ober~~
entwürfe:
1) das oberwasser. darstellung des
bürgerlichen sumpfes. belanglosigkeit
der pläne und tugenden. die klugen
fallen herein, die dummen – auch. und
⟨→ 67r.1⟩ umgekehrt. das ganze: unausrottbar.

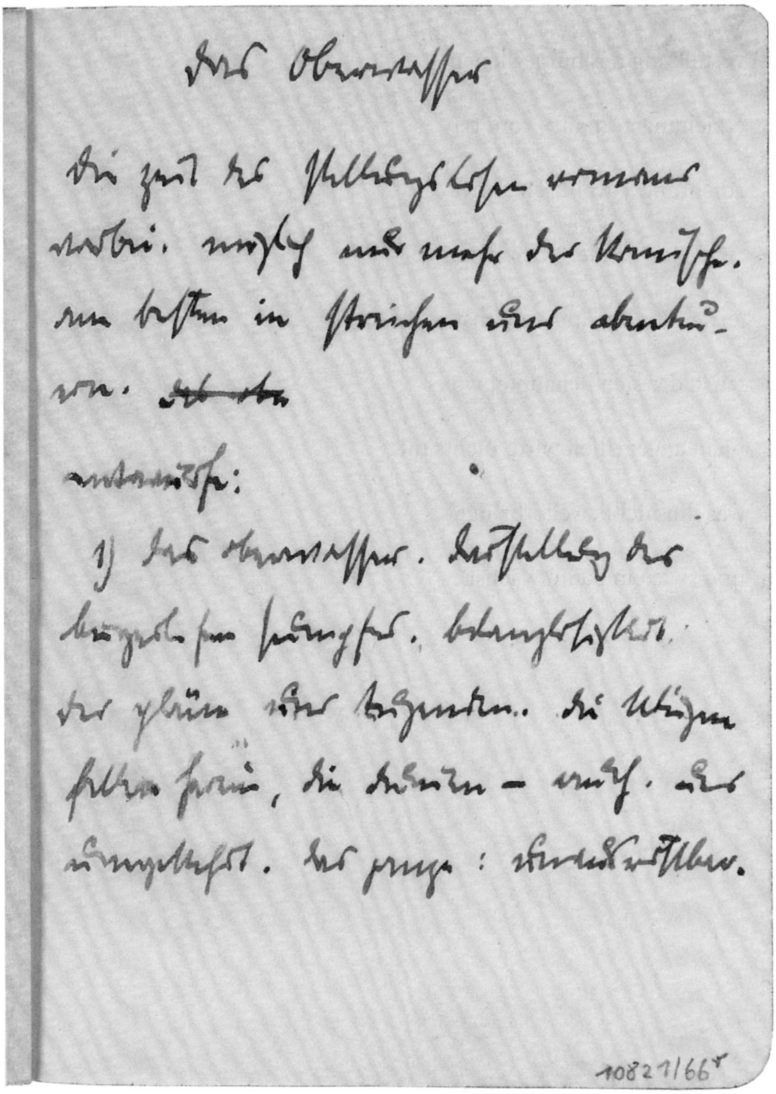

NB 22, 66r

⟨66r.11 ←⟩ 2) verullkung des bürgerlichen
erziehungsromanes vom typ
„dichtung + wahrheit“. etwa
„wilhelm schüler“. der ewige
lerner, streber, individualist,
faust. der sich behauptet wo er
nicht angegriffen wird, nichts tut
was ihn nicht „weiterbringt“
und „wie ein baum wächst“.

2 erziehungsromanes] ⟨andere Lesart:⟩ erziehungs-romans

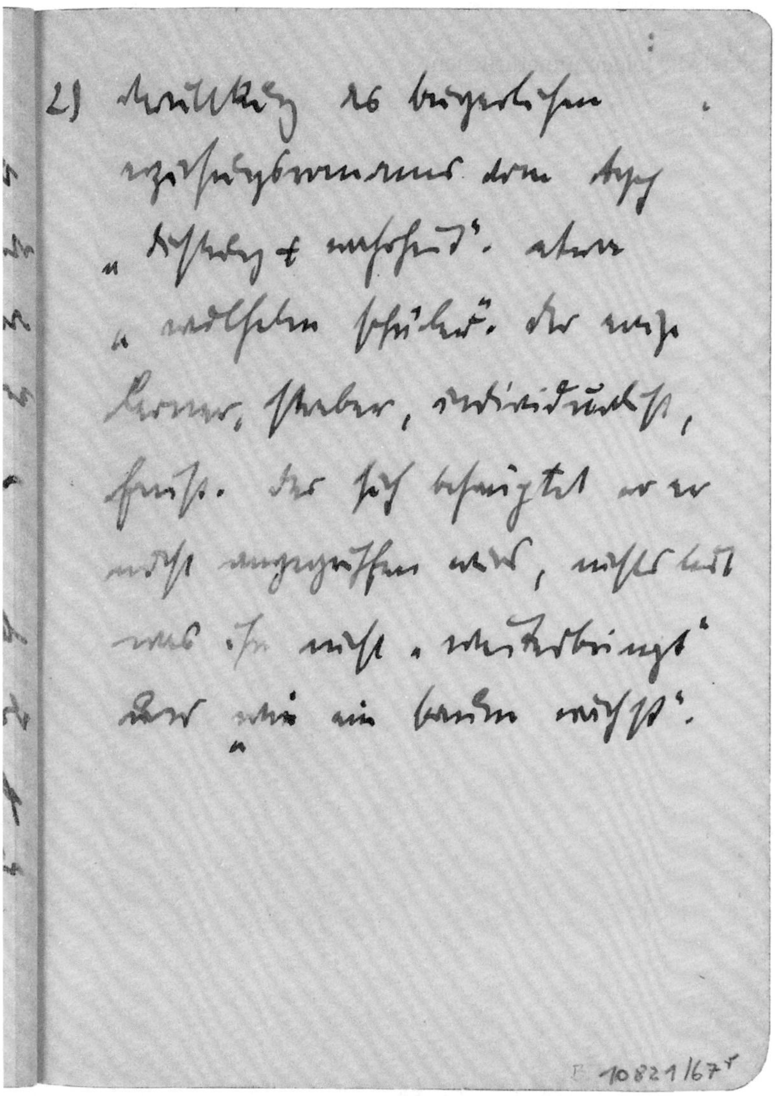

NB 22, 67r

kapitel: die folgen unnatürlichen

sprechens.

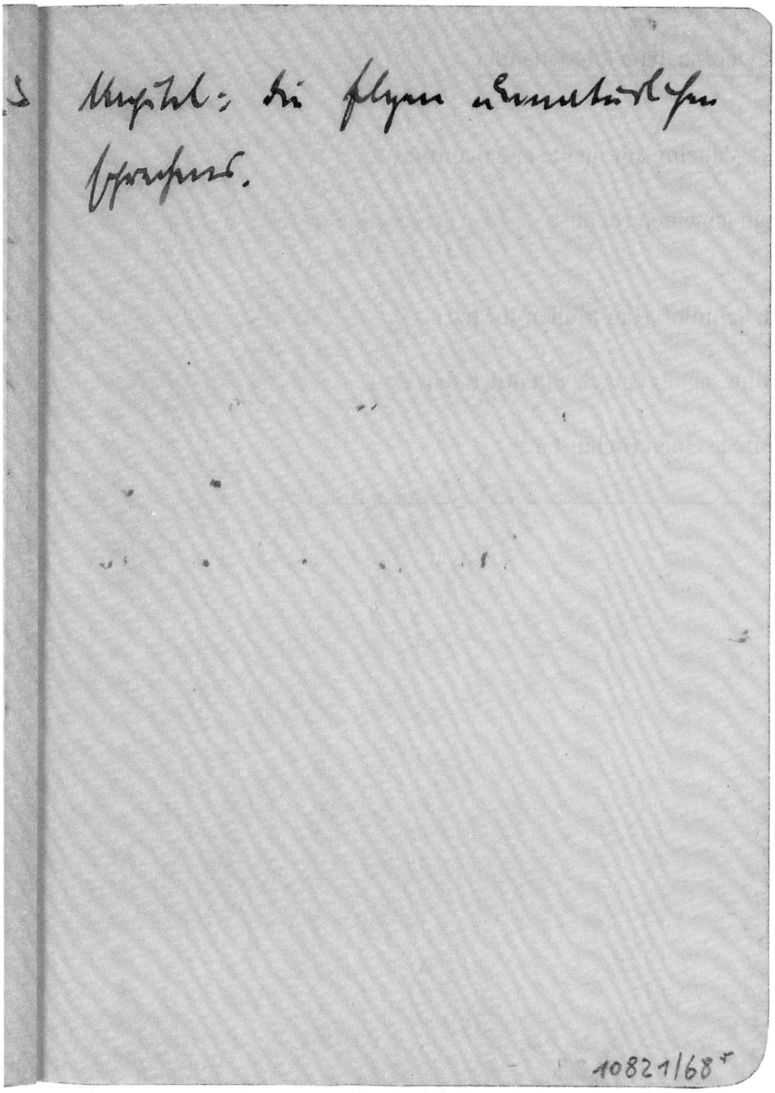
10821/68r

Der Moabiter Pferdehandel

[¿] *W*ilhelm: auf meine ~~alte~~ mamma hab ich einen rochus.

⟨Frau⟩ fr. Schmidt: frau Müller, Ihr herr sohn sagt es ja ganz öffentlich daß er auf Sie einen rochus hat!

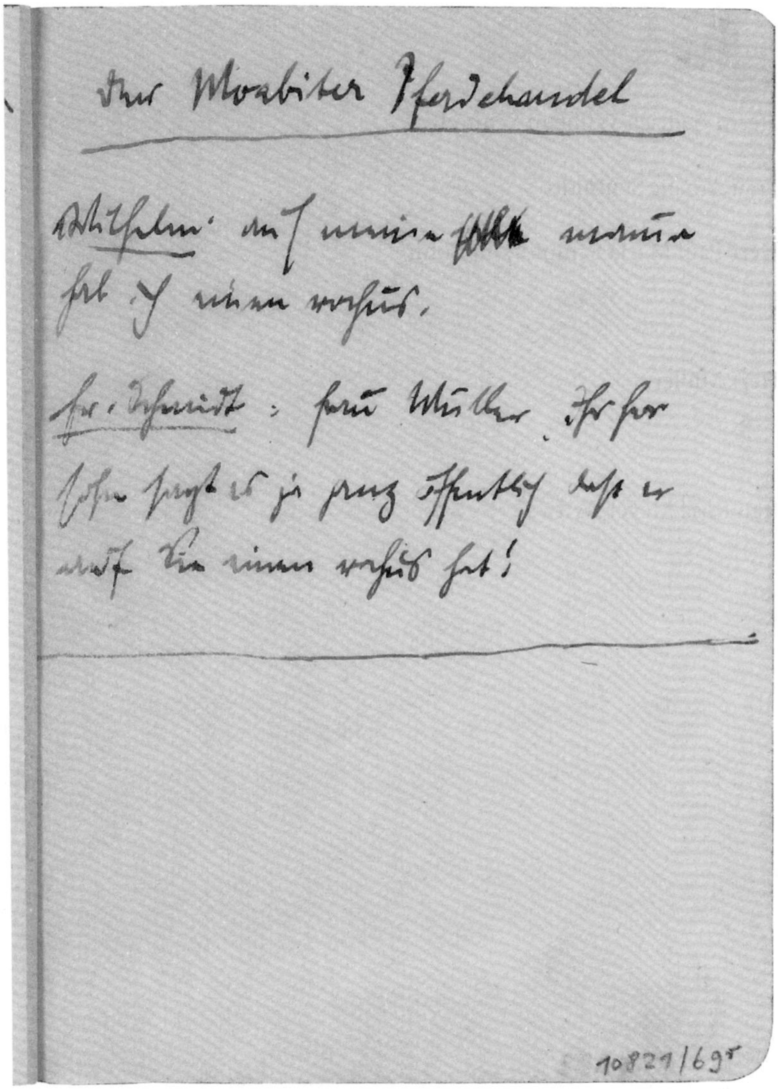
Der Moabiter Pferdehandel

Wilhelm: auf meine ~~[illegible]~~ meine hab ich einen verschiß.

Fr. Schmidt: Frau Müller, Ihr Herr Sohn sagt es ja ganz öffentlich, daß er auch Sie einen verschiß hat!

10827/69r

NB 22, 69r

Herr Friedrich Wilhelm Schmidt

Frau Amalie Schmidt

Herr Paul Maria Schmidt, ihr Sohn

Herr Müller

frau Rosa Meyer, Witwe

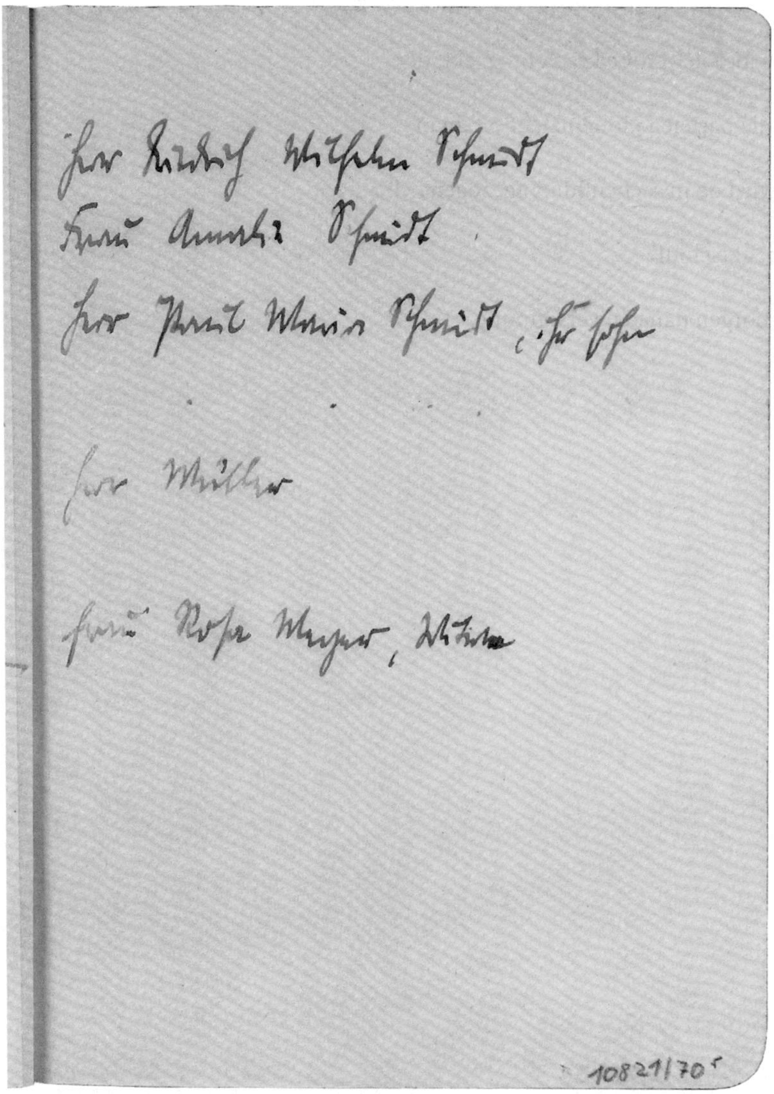
Herr Friedrich Wilhelm Schmidt
Frau Amalie Schmidt
Herr Paul Maria Schmidt, ihr Sohn

Herr Müller

Frau Rosa Meyer, Witwe

10821/70r

~~selber~~ der große krach im 2. akt, der
alle parteien „hineinzieht“. <„man
wird da in sachen hineingezogen …!“>
2. aktschluß:
morgen danach. versöhnung.

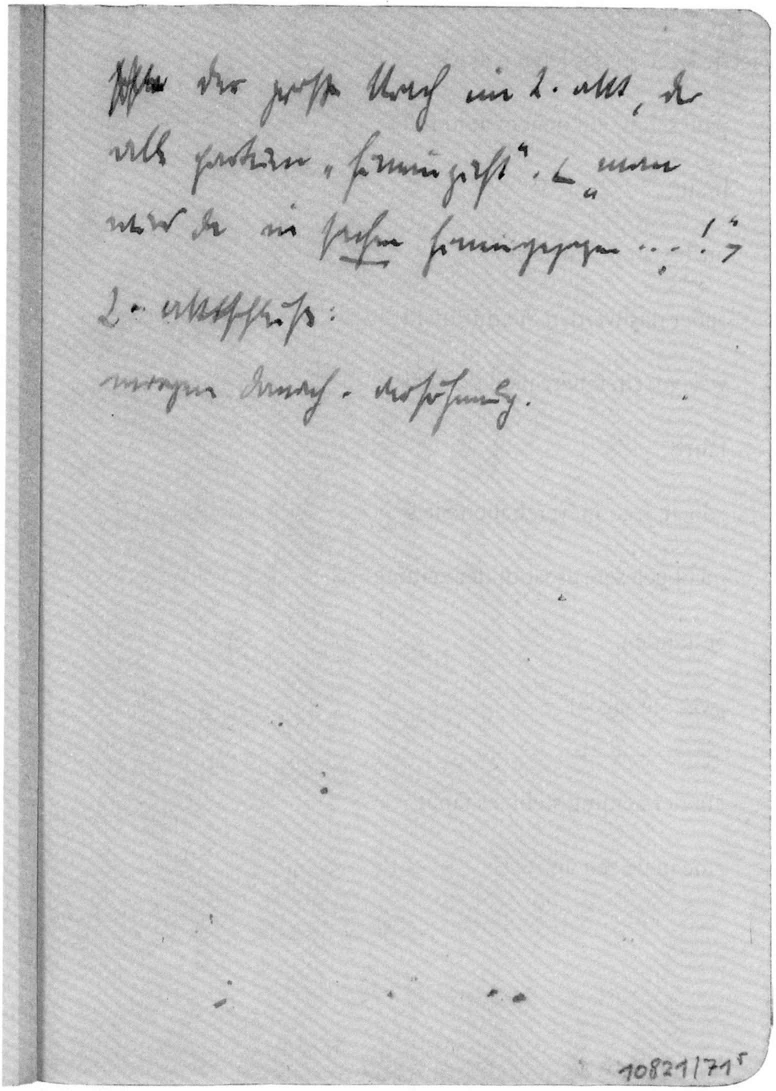

NB 22, 71r

⟨erste⟩ *1* ~~letzte~~ szene[:] *d*es letzten aktes:

⟨Schmidt⟩ paul schm. auf neuem auto mit
braut.
nachbarn in fenstern
„aber das werden Sie mir nicht
weis machen herr paul daß das
fahrt!“
„doch, frau meyer, haben Sie s
nicht gelesen, es ist in der zeitung
gestanden.“
„was <u>Sie</u> sagen!“

„in der zeitung steht, es fängt
⟨→ 73r.1⟩ eine neue zeit an.

1 1 *[...]* aktes:] ⟨Eintragungsfolge: 1.⟩ letzte szene: ⟨2.⟩ 1⟨.⟩ szene des letzten aktes:

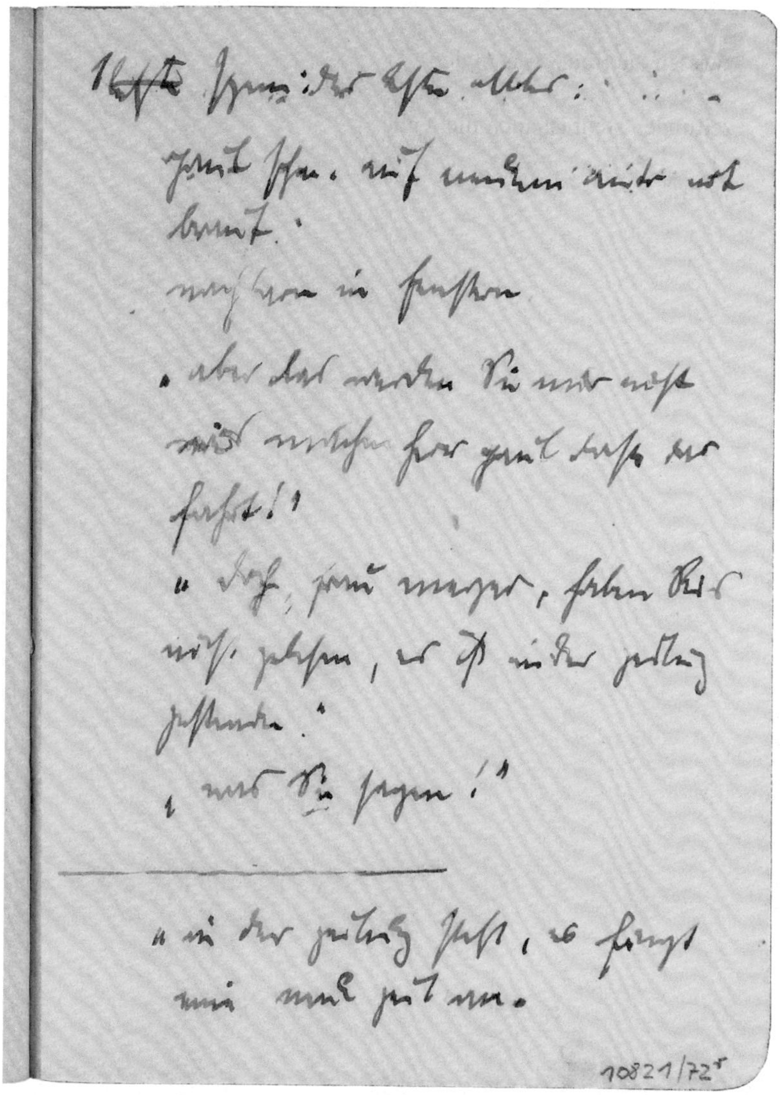

NB 22, 72r

⟨72r.14←⟩ „wissen Sie frau X was in den

zeitungen steht ist auch nicht alles

wahr!“

⟨Bl. 74 unbeschrieben⟩

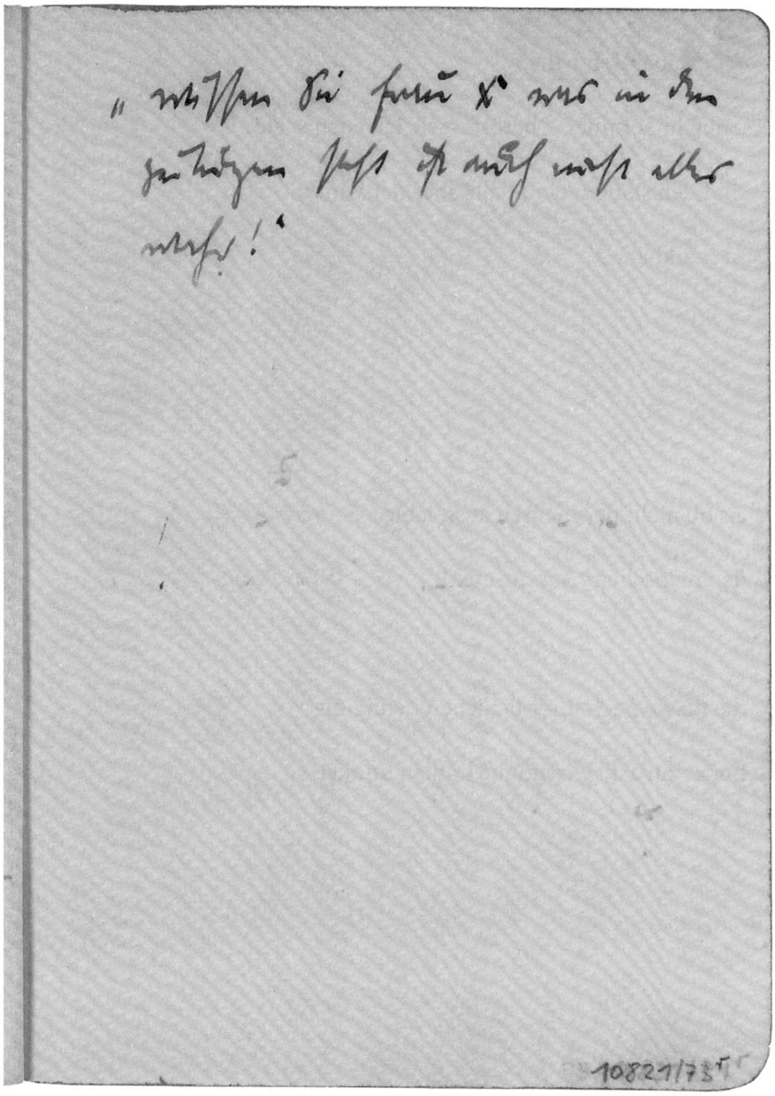

NB 22, 73r

über den winter

frühjahr sommer + herbst – wie ich euch sagte
sind den städten ein nichts aber der winter
ist merkbar.

1)

5

als ob nicht der mensch ausreichte
den menschen / auszurotten!

die masse nach ihrer täglichen peinigung
3
⟨→76r.1⟩ findet zurückkehrend die höhlen dunkel

⟨Bl. 74 unbeschrieben⟩
2 –] ⟨vielleicht nachgetragen⟩

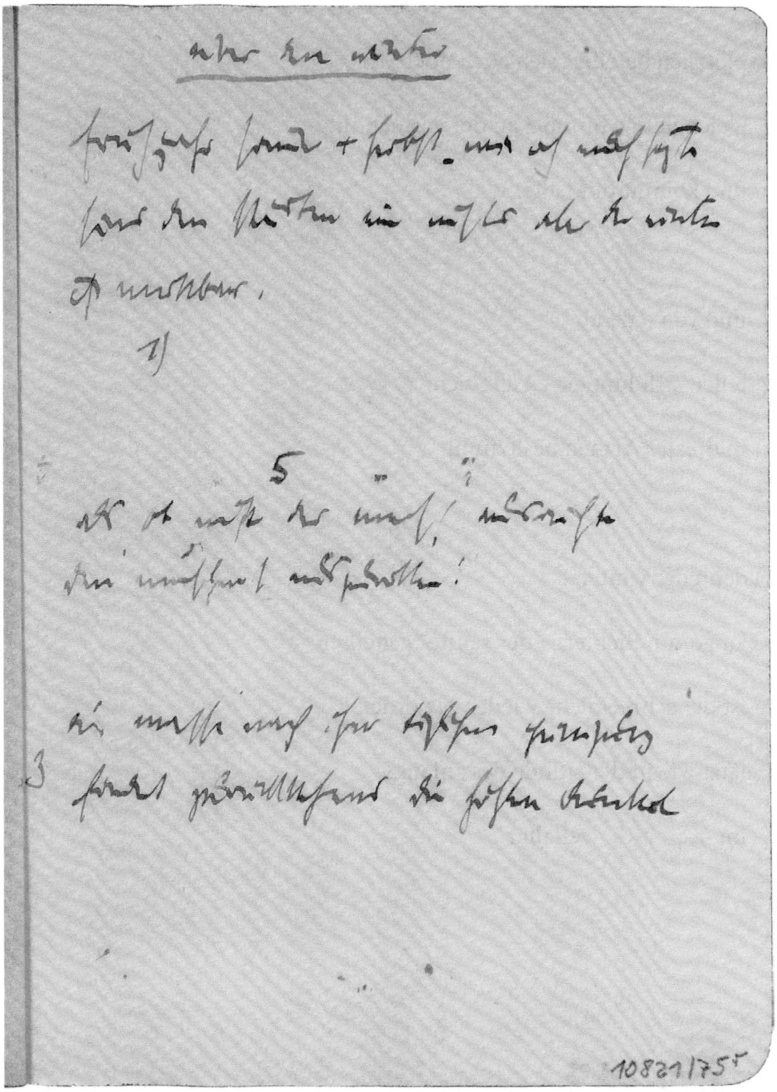

⟨75r.11 ←⟩ plötzlich beteiligt sich auch noch der
2 gleichgültige himmel an der vernichtung
und kommt mit kälte.

und von jetzt ab
4 teilen ~~sich~~ hunger + kälte sich
in d[es]*er* Armen besitztum!

1) denn der winter
lange von dichtern „der sanfte“ geheißen
ist der schreckliche wieder geworden
jetzt wie in der stunde des anfangs
⟨→ 77r.1⟩ im zeitalter

6 d[es]*er*] ⟨andere Lesarten:⟩ d[er]*es*
7 winter] ⟨t-Strich verrutscht⟩
8 sanfte] ⟨t-Strich verrutscht⟩

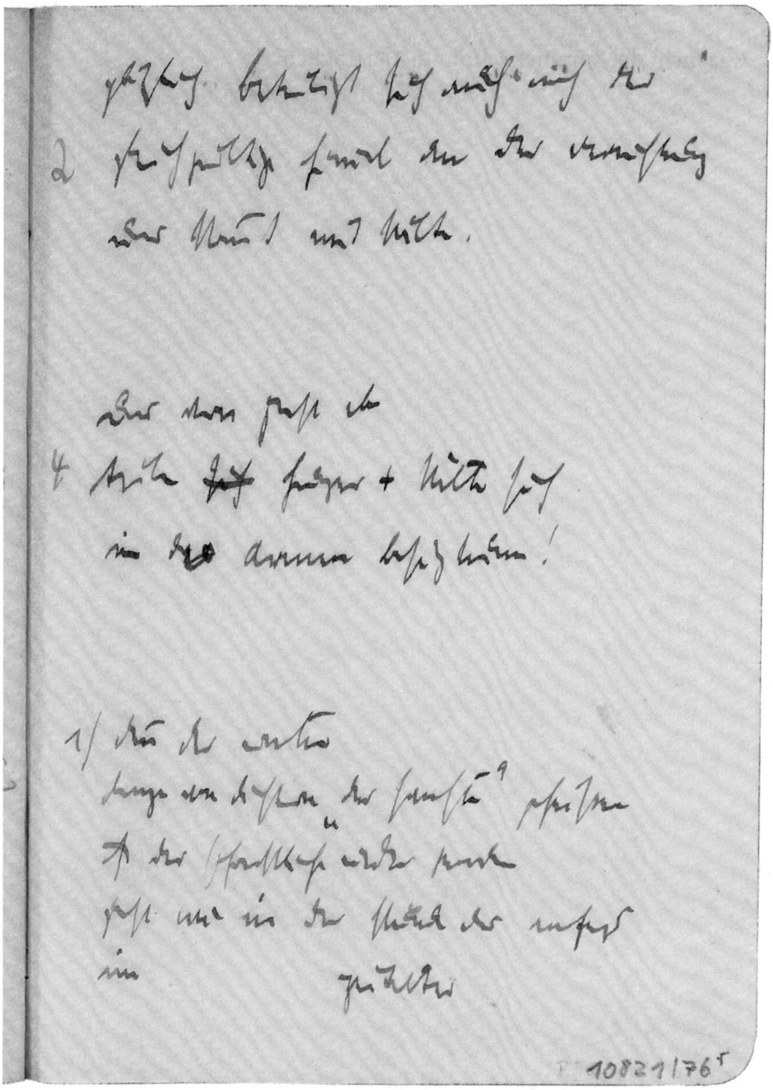

NB 22, 76r

⟨76r.11←⟩ war nicht der sommer schon un[t]*e*rträglich?

⟨Bl. 78-81 unbeschrieben⟩

1 un[t]*e*rträglich] t ⟨zu⟩ e ⟨umgedeutet⟩

wer muß der fremde Sohn [illegible]?

10821/77r

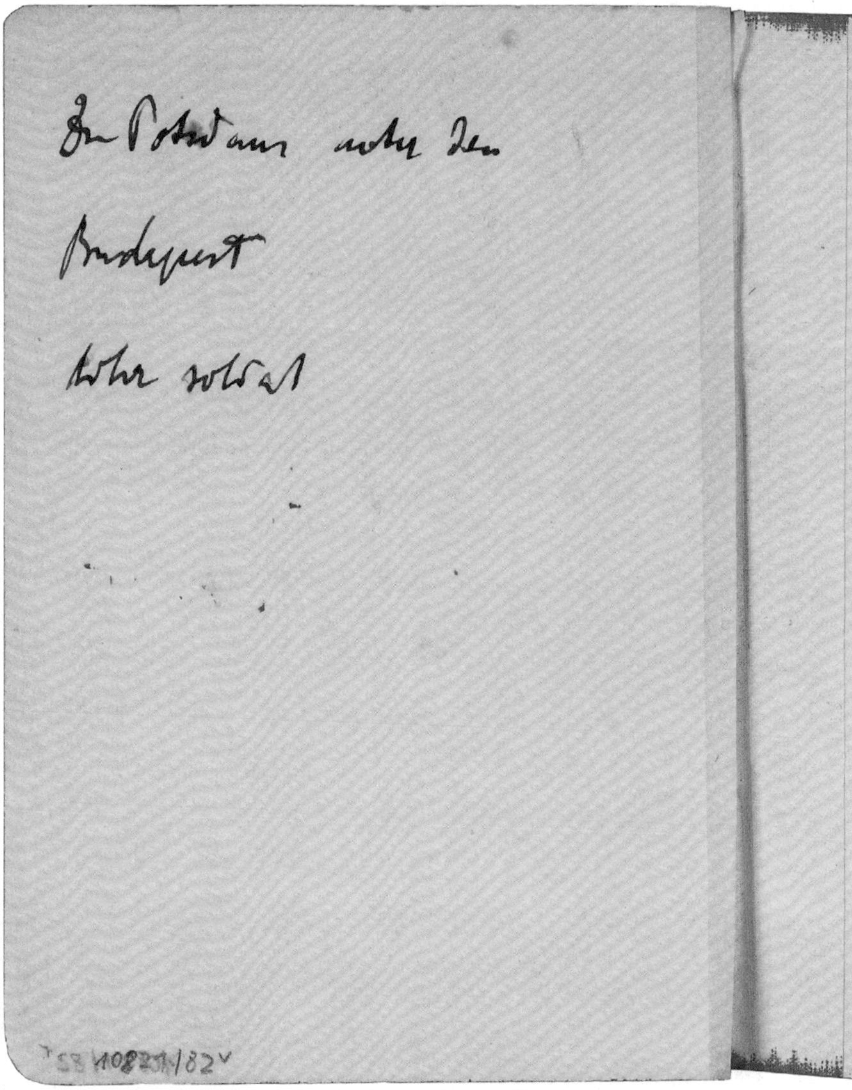

NB 22, 82v

Zu Potsdam unter den

Budapest

toter soldat

⟨Bl. 78-81 unbeschrieben; ursprünglich nachfolgendes Blatt herausgerissen⟩

5

⟨Umschlag; am Bundsteg Bindungsverstärkung mit Klebstreifen angeklebt; ursprünglich vorangehendes Blatt herausgerissen; Rotstift⟩

NB 22, 83r

NB 22, 83[v]

⟨Umschlag⟩

Notizbuch 23

7

⟨Umschlag; Rotstift⟩

NB 23, 1r

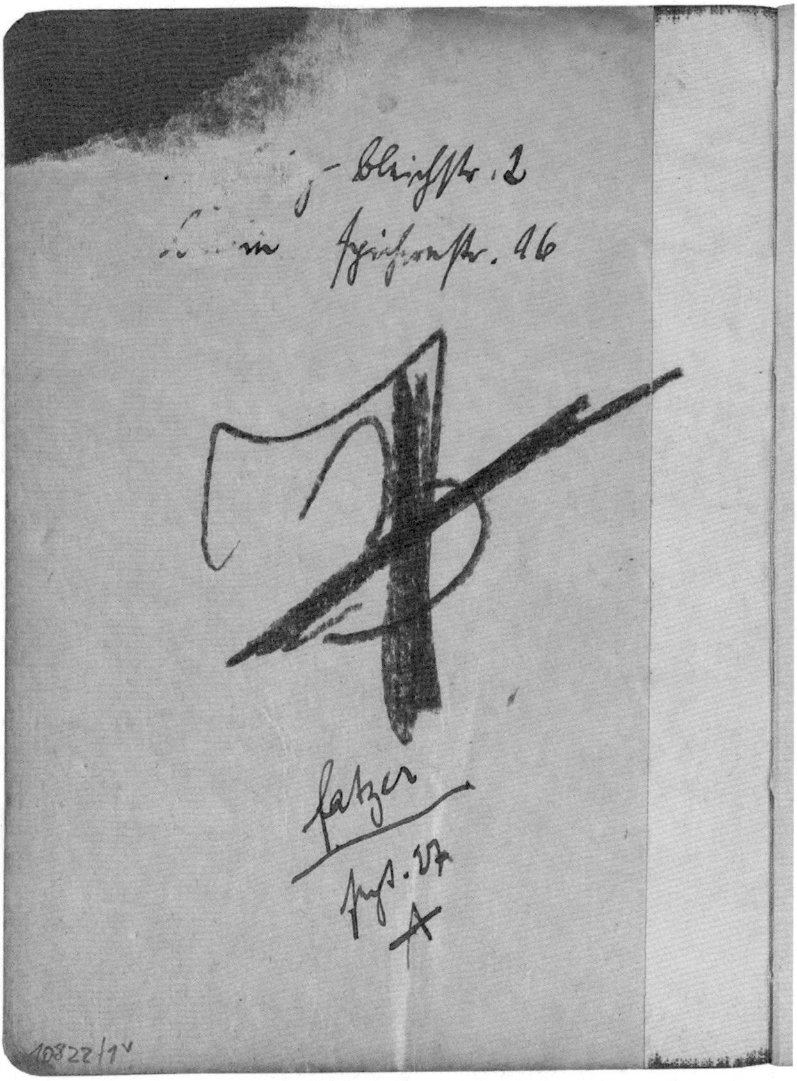

NB 23, 1v

augsburg bleichstr. 2

berlin spichernstr. 16

[3]7

fatzer

sept. 27 ⟨September 1927⟩

¿

⟨auf Umschlag aufgeklebtes, oben außen teilweise herausgerissenes Blatt; am Bundsteg Bindungsverstärkung mit Klebstreifen angeklebt; Z. 1–2, 4–5 schwarze Tinte, Z. 3 Rotstift; Bl. 2 unbeschrieben⟩

fatzer

kaumann

koch

büsching

kesselschmied
kaumann / ~~boxer~~ stumm

büsching / passiv aber gefährlich

agressiver schweyk

koch / gerecht auge

⟨ganze Seite schwarze Tinte; Bl. 2 unbeschrieben⟩
2 kaumann] ⟨danach Durchschlag der Tinte von 4r.2⟩
9 auge] ⟨andere Lesart:⟩ augen

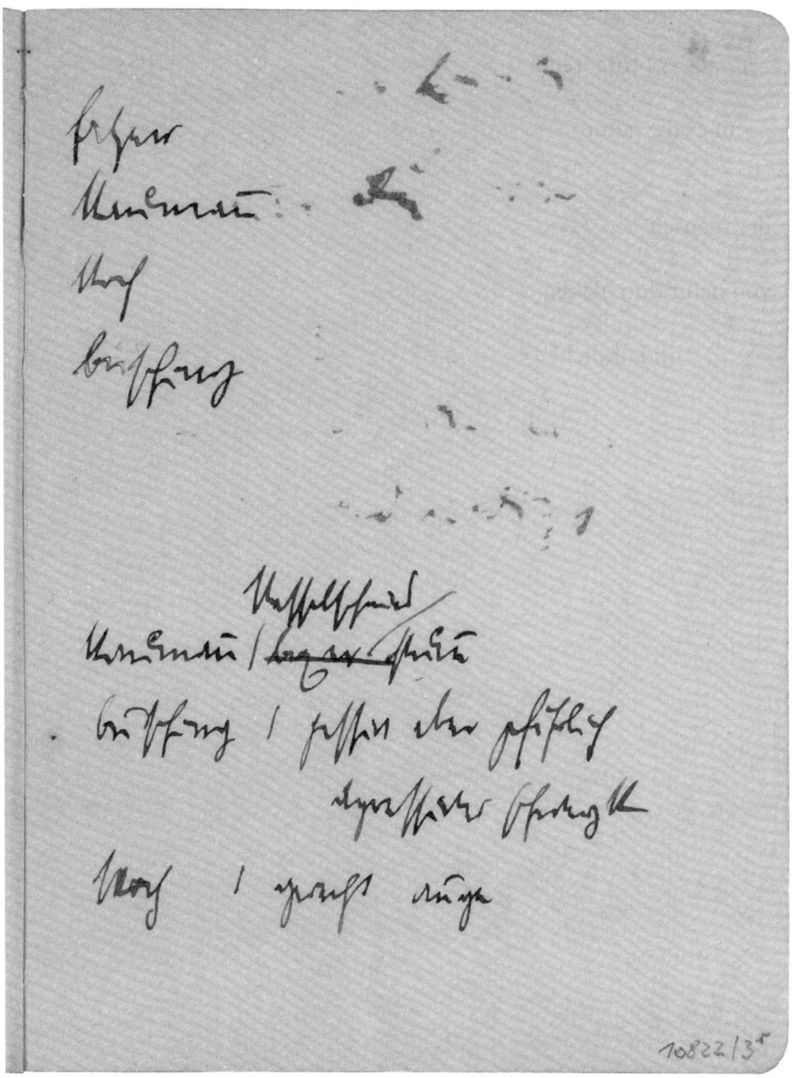

NB 23, 3r

fatzer*s* [<ü]2. rede

<über die natur>

der mensch

von natur durchlässig

und undicht

⟨ganze Seite schwarze Tinte⟩

1-2 fatzer*s [...]* natur>] ⟨mögliche Eintragungsfolgen: 1.⟩ fatzer < ⟨und Ansatz zu⟩ ü ⟨für⟩ über ⟨2.⟩ fatzers 2. rede <über die natur> ⟨oder ab 2.⟩ fatzer <rede über die natur> ⟨3.⟩ fatzers 2. rede <über die natur>

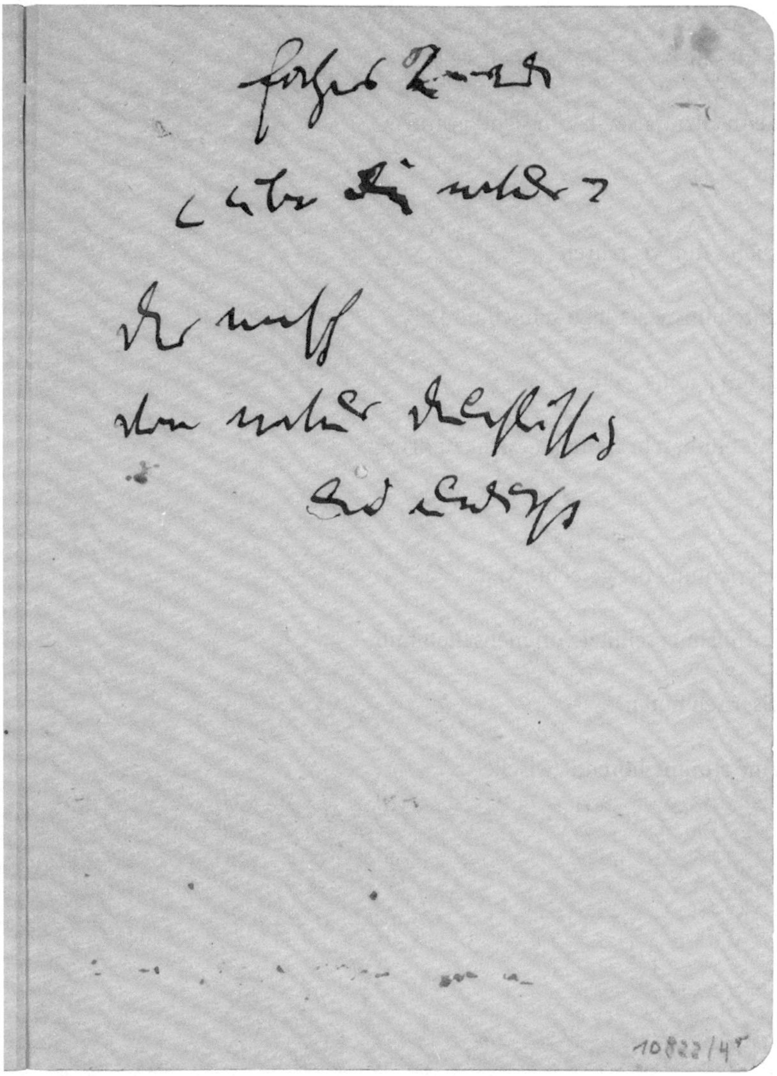

NB 23, 4r

~~auch sahen wir [und]*f* sehen sie kaum,~~

~~denn allzu rasch, kaum sichtbar mehr,~~

auch sahn wir fahren

durch unsre stadt zu schnell und

drum kaum sichtbar

mit blutbeschmiertem gesicht zu dring-

licher

verrichtung die gerechtigkeit

[zu]*al*lzu beschützt von menschen mit

eisernen hüten.

⟨→ 6r.1⟩ eine stimme hörend zwischen

⟨ganze Seite schwarze Tinte⟩

1–2 ~~auch~~ *[…]* ~~mehr,~~] ⟨Eintragungsfolge: 1.⟩ auch sahen wir und sehen sie kaum, \ denn allzu rasch, kaum sichtbar mehr, ⟨2. Streichung von⟩ sehen *[…]* mehr, ⟨und Überschreibung von⟩ und ⟨durch⟩ f ⟨für⟩ fahren ⟨3. Streichung von⟩ auch sahen wir f ⟨4. Streichung von Z. 1–2 mit Zickzacklinie und Neuansatz in Z. 3⟩

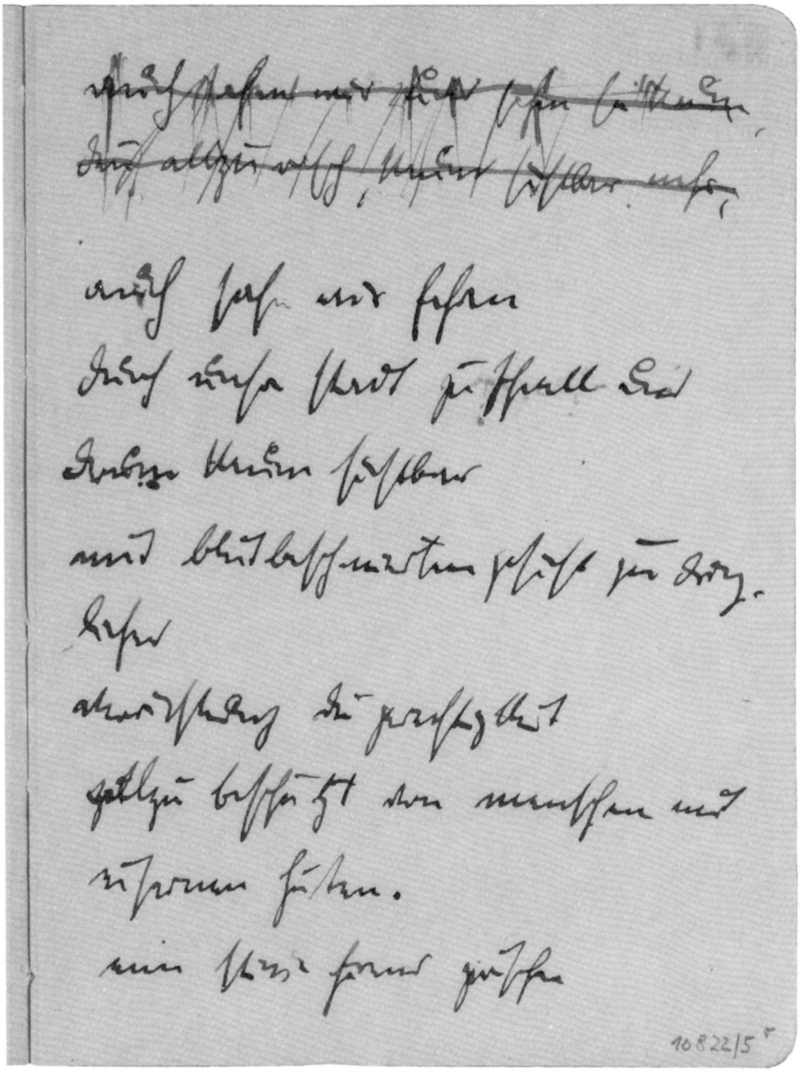

NB 23, 5r

⟨5r.11 ←⟩ kanone und wolf

erfragten wir dies sei

der gerechtigkeit stimme.

fatzerchor 1

⟨ganze Seite schwarze Tinte⟩

4 fatzerchor 1] ⟨zusammen mit 8r.9⟩ fatzerchor 7 ⟨nachgetragen⟩

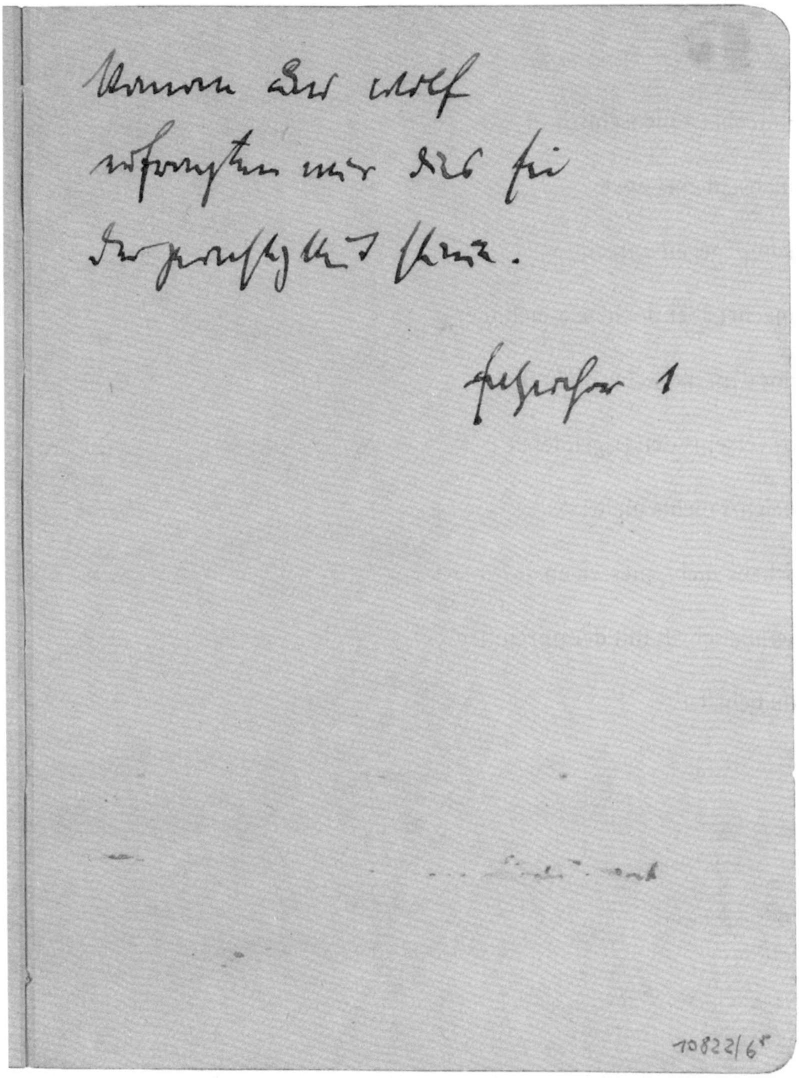

NB 23, 6r

1

unrecht ist menschlich
menschlicher aber
kampf gegen unrecht!
machet aber doch halt auch hier
vor dem menschen, laßt ihn
unversehrt den [t]getöteten
belehrt nichts mehr!
schabe nicht, messer, ab
[ei]*die* schrift mit der unreinheit
⟨→ 8r.1⟩ du behältst

⟨ganze Seite schwarze Tinte⟩

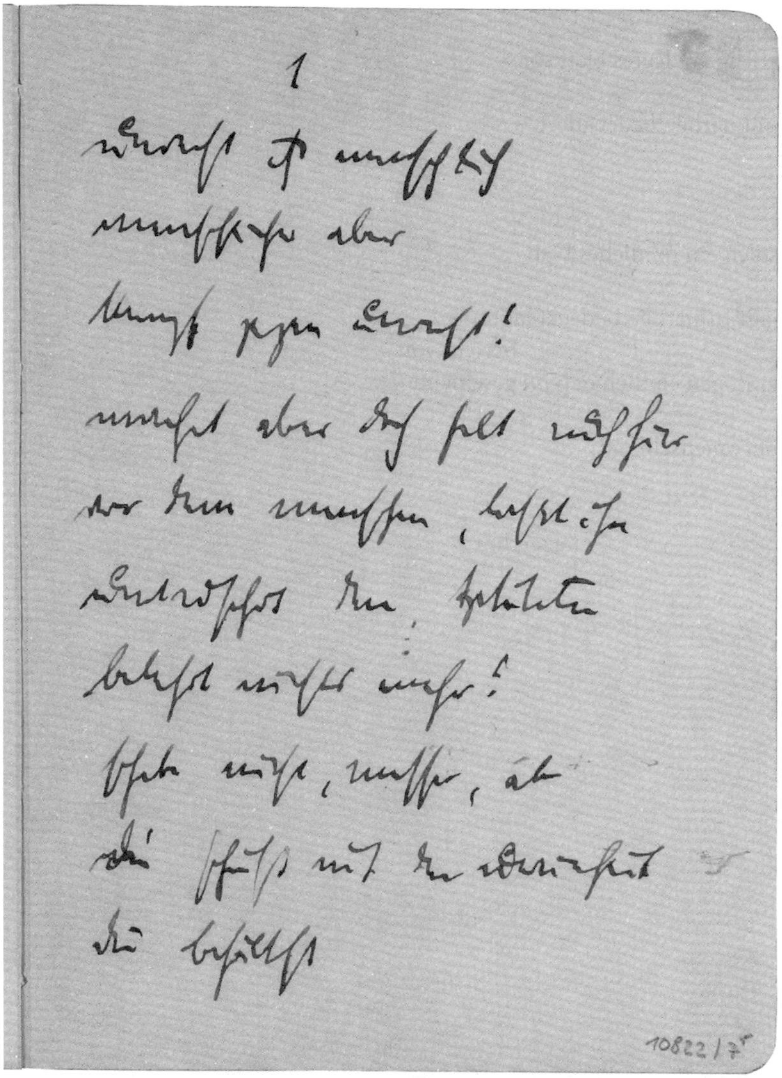

⟨7r.11←⟩ einzig ein leeres blatt sonst

mit narben bedeckt!

2

solch ein reinliches blatt

~~laßt~~ [u]*n*arben bedeckt laßt uns
bericht von
einfügen endlich de[r]*m* ~~geschichte~~

der ¿menschheit!

fatzerchor 7

⟨ganze Seite schwarze Tinte; ursprünglich nachfolgendes Blatt herausgerissen: → BBA 109/7⟩

8 ¿menschheit!] ⟨andere Lesart:⟩ [s]*m*enschheit!

9 fatzerchor 7] ⟨zusammen mit 6r.4⟩ fatzerchor 1 ⟨nachgetragen⟩

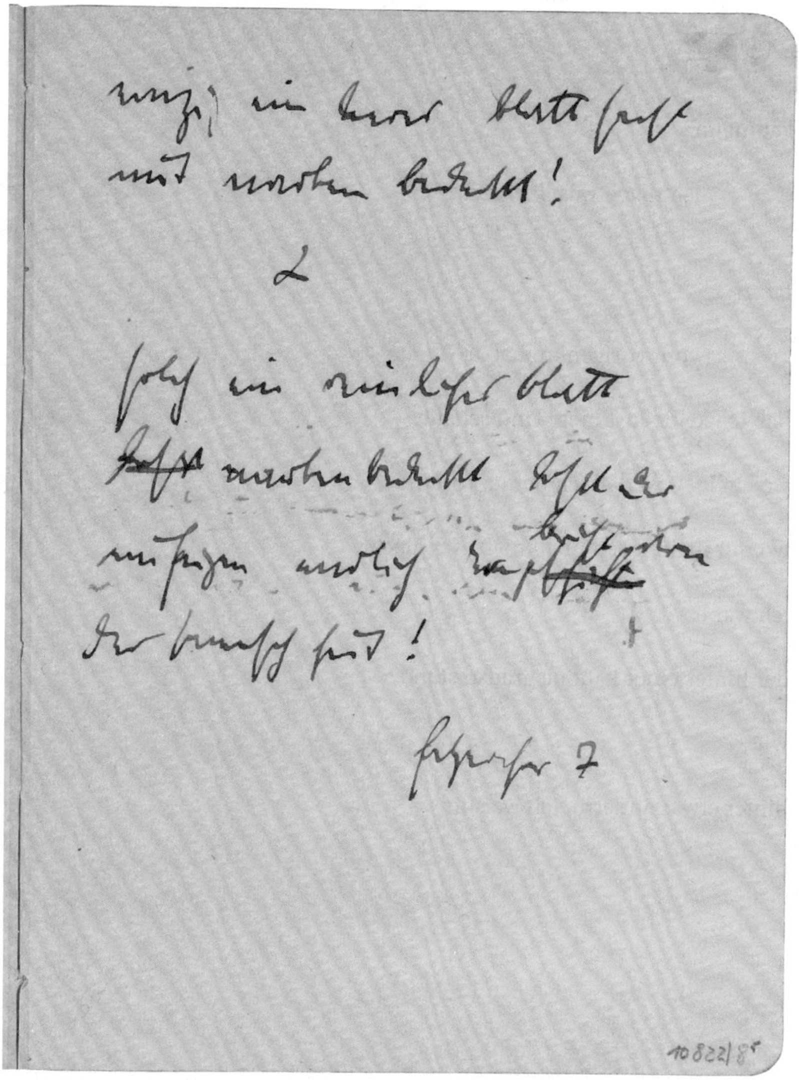

1

kaumann:

ich mach was ihr macht.

fatzer:

vom vorigen monat an /
hab ich keine lust mehr und schaue /
wo ein loch ist daß ich herauskomme /
wo mir mein essen nicht mehr schmeckt
ich war es /
der hinter einer kanone gradso stand
wie /
⟨→ 10r.1⟩ hinter etwas anderm, ich war für

⟨ganze Seite schwarze Tinte; ursprünglich vorangehendes Blatt herausgerissen: → BBA 109/7⟩

8 schmeckt] ⟨t-Strich verrutscht⟩

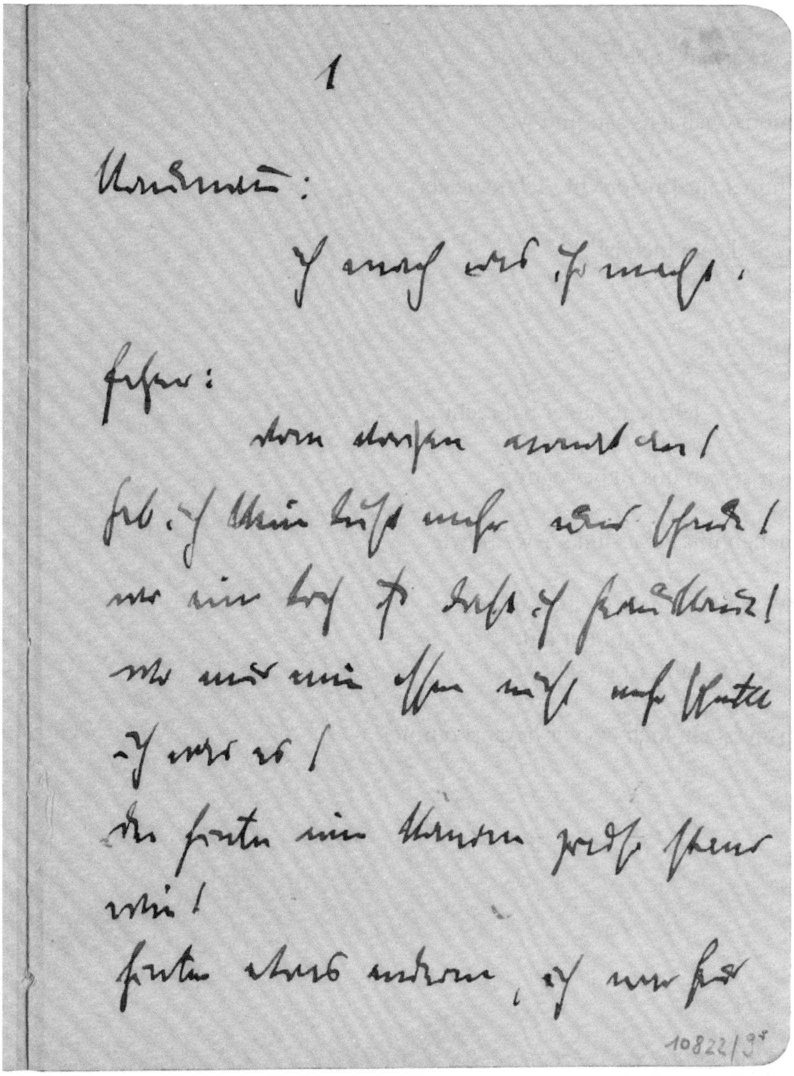

NB 23, 9r

⟨9r.12←⟩ gute arbeit / aber seit einem
monat hab ichs satt und was
immer ihr [tut]*m*acht / ich haue ab.
weil da ein loch ist!

büsching:

ich denk fatzer hat recht
wir setzen uns in bewegung
halten uns etwas links + wenn wir
wo hinkommen, bleiben wir dort.
auf der landkart
das vaterland ist gut aber da /
⟨→11r.1⟩ ist jetzt ein loch wo wir herauskommen

⟨ganze Seite schwarze Tinte⟩

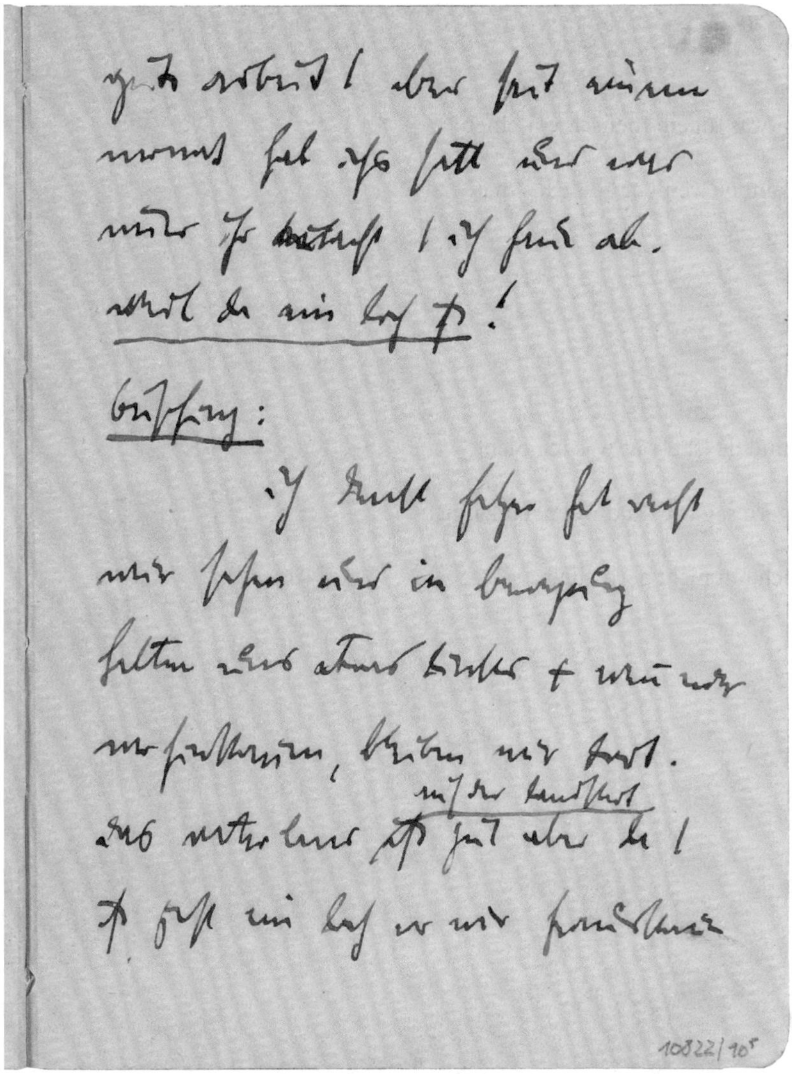

NB 23, 10r

⟨10r.12←⟩
⟨Fatzer⟩

f

hinter
was tut ein mensch ~~vor~~ einer

kanone wenn er keine lust hat

und da ist etwas was ich nicht

gern sag wie du dir denken kannst:

ich bin nicht gern allein.

⟨ganze Seite schwarze Tinte⟩

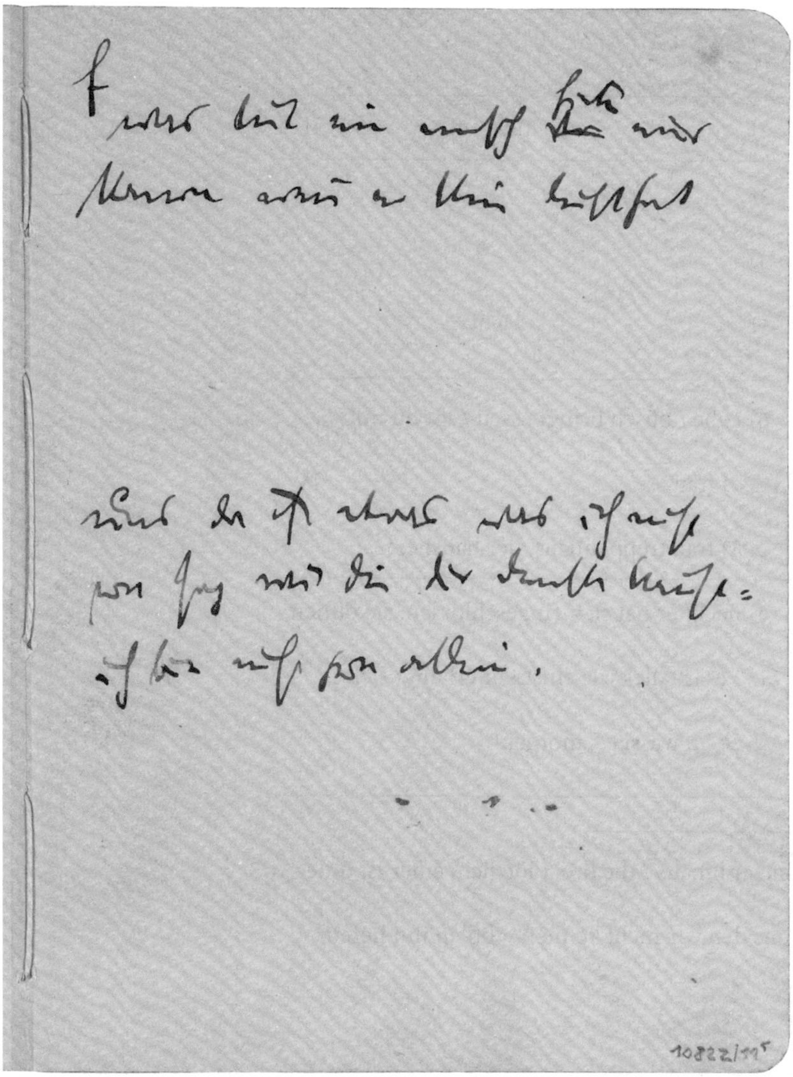

NB 23, 11r

1) I

---

2) morgen! II

---

3)

4)

III

5) lacht

⟨→ 13r.17⟩ ⊖ 5 a)

⟨Büsching⟩ 6) ruhe / büsch bringt essen / ißt du mit? ×

⟨→ 12r.21⟩

7) frau IV

8) frau treppenhaus: der hausherr

---

9) nacht er hat sich eingeschlossen. sie öffnen

<es ist alles wie einst> er erhängt sich

⟨→ 13r.1⟩ eben. wasser – morgen!

V

⟨12r.11 ←⟩ fatzer hinaus / die drei plötzlich: einer ist unter

uns den wir nicht kennen. <holen ihn herein

⟨überwiegend schwarze Tinte; Abfolge der Nachträge: 1. mit Tinte Z. 11⟩ × ⟨und Z. 20–22, 2. mit Tinte Z. 3⟩ morgen! ⟨und Z. 8⟩ lacht ⟨3. mit breiterer Feder Z. 9⟩ ⊖ 5 a) ⟨und Z. 17⟩ wasser – morgen! ⟨4. mit Bleistift Trennstriche Z. 2, 4, 10, 14, 19 und römische Ziffern; → 13r⟩

13 treppenhaus:] ⟨andere Lesart:⟩ treppenhaus.

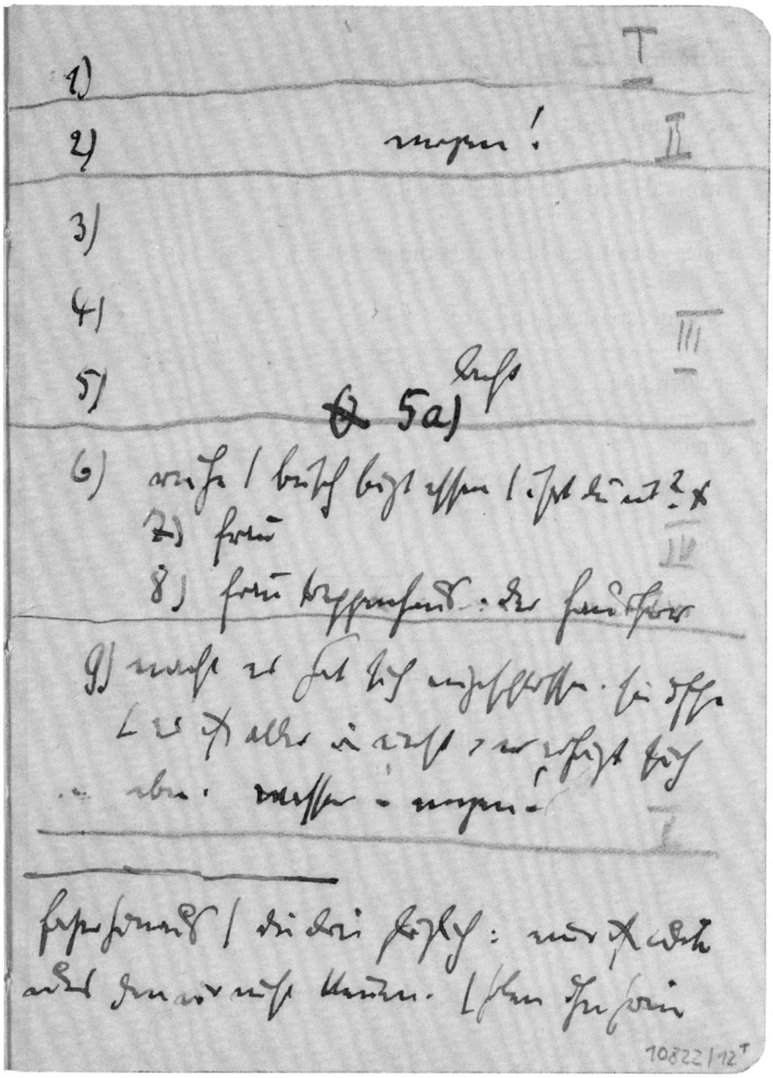

NB 23, 12r

⟨12r.17←⟩ 10) morgen: er ist fort. der mann wirft

⟨Fatzer⟩ sie hinaus. f. mit essen. sie essen.

fatzers III. rede über die freiheit.

vieles gewaltige lebt. brustbeutelge-
VI
schichte. spaziergang

---

11 spaziergang VII

---

12 urteil
glocken kanonen: revolution
VIII
13 brief „

---

14 tod „ IX

⟨12r.9←⟩ (5a) fatzer + kaumann

morgen er wäscht sich:

es gibt noch anderes.

⟨überwiegend schwarze Tinte; Abfolge der Nachträge: 1. mit Tinte Z. 11 und Z. 13, 15 Unterführungszeichen, 2. Z. 17-19 mit breiterer Feder, 3. Z. 7, 9, 14, 16 mit Bleistift Trennstriche und römische Ziffern; → 12r⟩

13, 15 „] ⟨Unterführungszeichen zu Z. 11⟩ glocken ⟨oder⟩ glocken kanonen: revolution

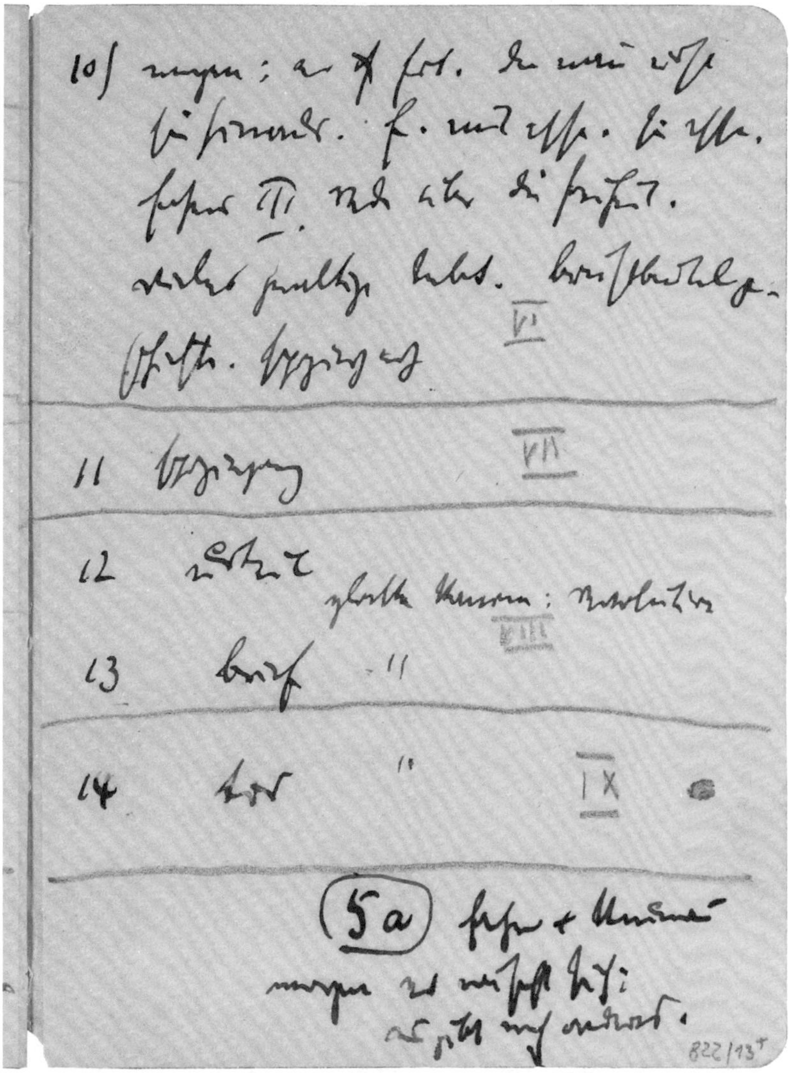

NB 23, 13r

[¿]¿
¿
¿
¿
d¿

die
¿

⟨Blatt teilweise herausgerissen; erhaltene Eintragungen schwarze Tinte⟩

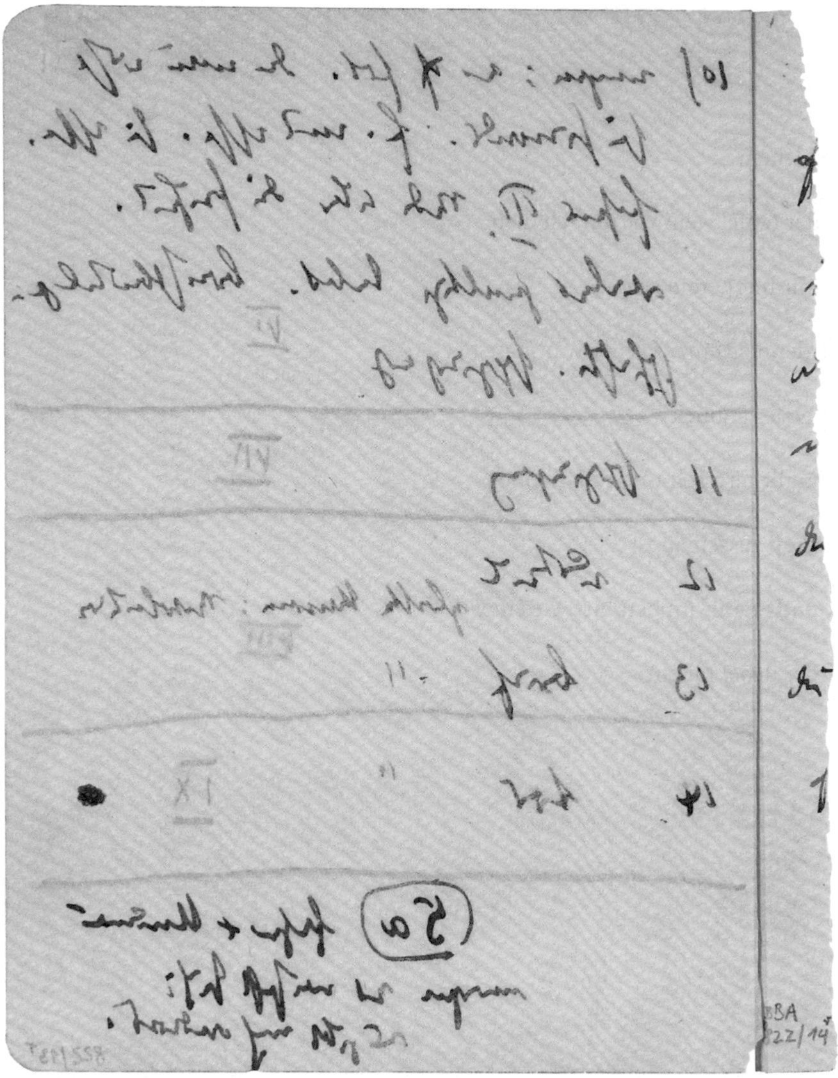

NB 23, 14r

13

mädchen:

der teufel weiß warum ich dich

mir hierherein setz

[denn]*so* einer wie du war mancher

⟨→ 16r.2⟩ letzter anblick

und's gern seh wenn du meine

supp ausschlappst

und zu mir im bett bist wie einer

⟨15r.6 ←⟩ der dabei raucht

⟨ganze Seite schwarze Tinte⟩

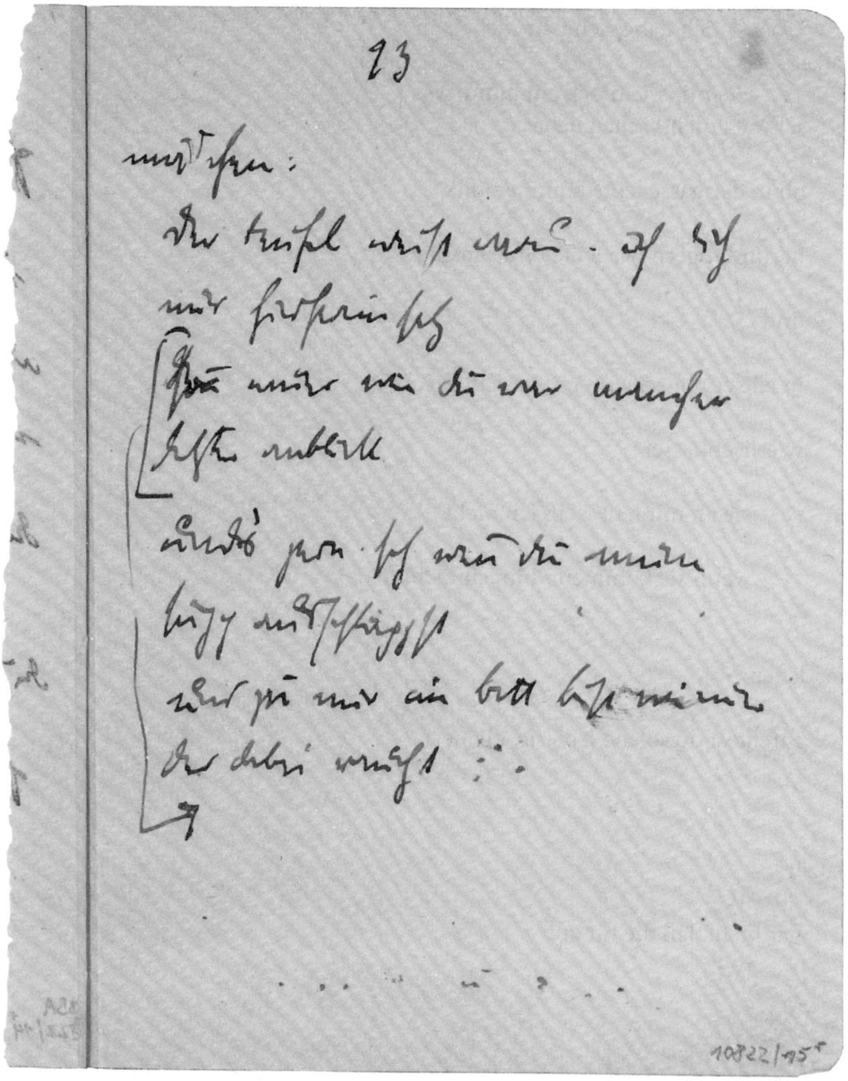

NB 23, 15r

ich hab solche die kleben an

⟨15r.7 ←⟩ fatzer:

⟨→ 16r.10⟩ mir wie dreck am hund. was
schwatz/nicht! schau lieber /

ob in der gasse leute kommen die

⟨Anstellung⟩ herumlungern wie leute ohne anstllg

und /

in alle ecken schaun, mit gesichtern

wie eisenkessel

⟨16r.3 ←⟩ sie an mir hält weiß ich nicht.

wenn sie kommen / bin ich nicht da.

mädchen:

fürchtest du ~~solche~~ [so?]*sie,* kleiner?

fatzer:

⟨→ 17r.2⟩ gar nicht. laß die tür zu!

⟨ganze Seite schwarze Tinte⟩

13 fürchtest *[…]* kleiner?] ⟨Eintragungsfolge: 1.⟩ fürchtest du solche so? ⟨2.⟩ fürchtest du sie, kleiner?

15 laß *[…]* zu!] ⟨wohl in Zusammenhang mit der Änderung 17r.1-2 nachgetragen⟩

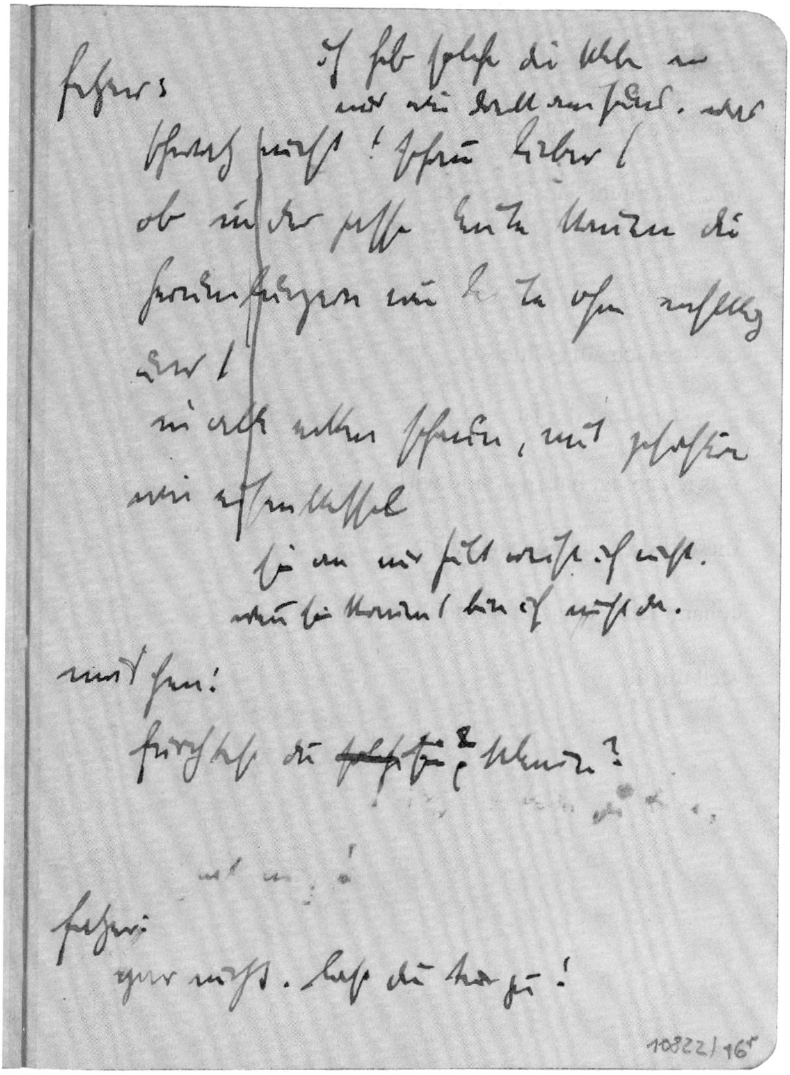

NB 23, 16r

hat
⟨16r.15←⟩ mädchen *ge*öffnet die tür:
horch das
~~was für ein lärm~~! geschieße

und [L]*l*äuten! da ist was los!

fatzer steht auf

~~das ist~~ mach auf! schießts?

~~gehts jetzt los~~? das ist

was ich gesagt hab, ~~das sind wir~~!

dies*,* d[a]*ie* schießen sind wir!

Johann fatzer / jetzt kommen sie + ich

⟨→18r.1⟩ stell mich!

⟨ganze Seite schwarze Tinte⟩

1-2 hat *[…]* tür:] ⟨Eintragungsfolge: 1.⟩ mädchen öffnet die tür: ⟨2.⟩ mädchen hat die tür geöffnet:

10 dies*, […]* wir!] ⟨Eintragungsfolge: 1.⟩ die da schießen sind wir! ⟨2.⟩ dies sind wir!, die schießen

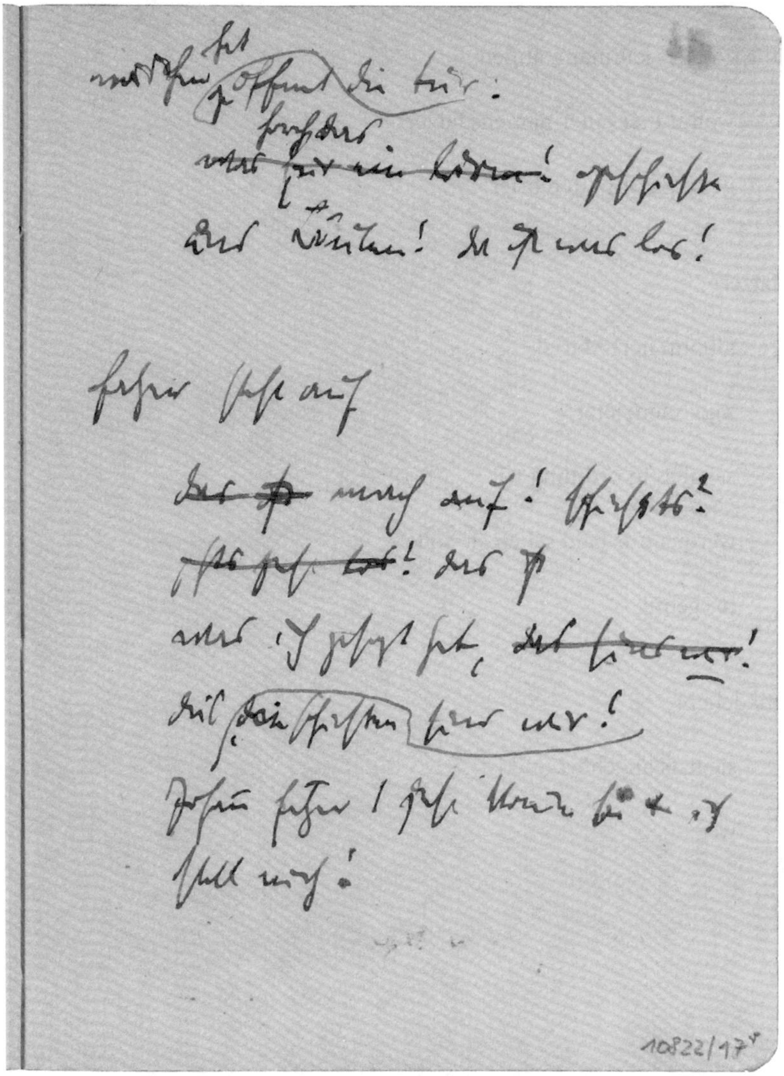

NB 23, 17r

⟨17r.12←⟩ die frau des kaumann außen:

wohnt hier einer namens fatzer?
dann gib ihm den brief!

fatzer:

gib ihn her! Marie!
sag ihnen, jetzt
sei alles in ordnung wir
werden uns bald sehen sie sollen
los gehn!

mädchen:

sie hats angehört und ist
⟨→ 19r.1⟩ weg.

⟨ganze Seite schwarze Tinte⟩
7 alles] a ⟨mit leerer Feder⟩
9 los gehn!] l ⟨wohl verdeutlicht, vielleicht Änderungsvorgang; Striche unter⟩ ge ⟨nicht signifikant⟩

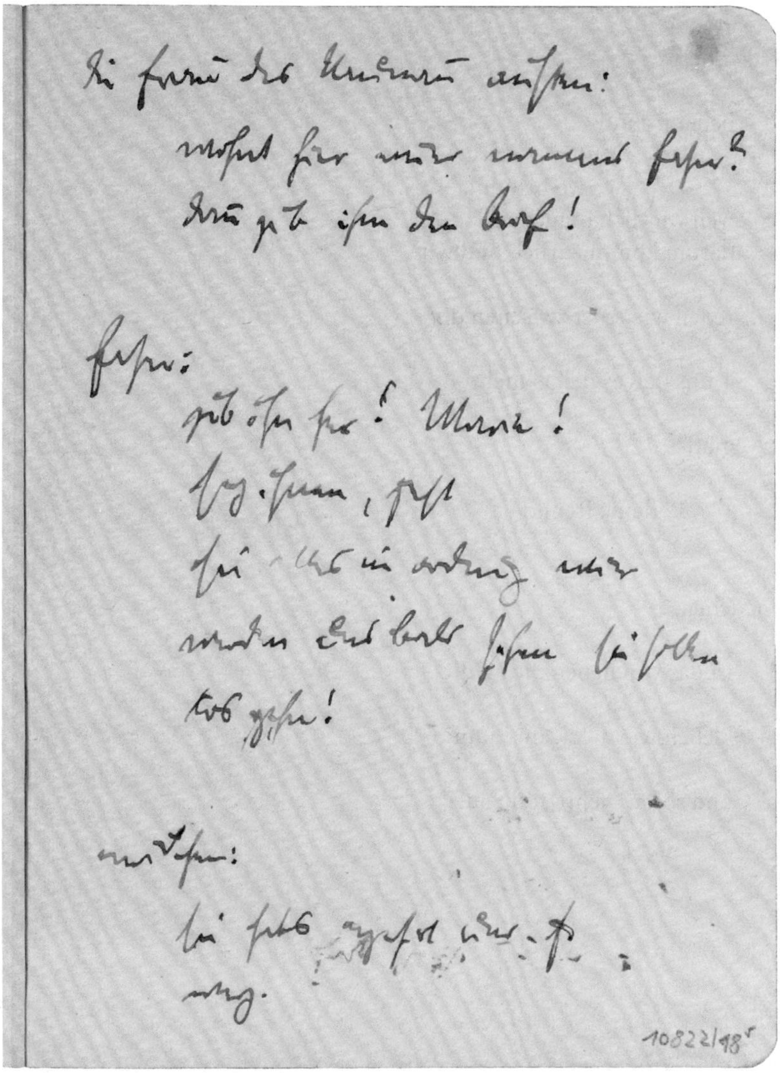

NB 23, 18r

⟨18r.12←⟩ fatzer liest

lieber freund,

wo bist du?
weil wir dich brauchen.
darum komm zurück und wir

reden wie es ist zwischen dir

+ uns daß es nichts mehr

gibt!

deine freunde

mädchen:

ist das von denen die an dir

kleben wie dreck am saum?

⟨→20r.1⟩ und sofort steh[t]st du auf?

⟨ganze Seite schwarze Tinte⟩
11 dir] ⟨darüber Durchschlag der Tinte von 20r.10⟩

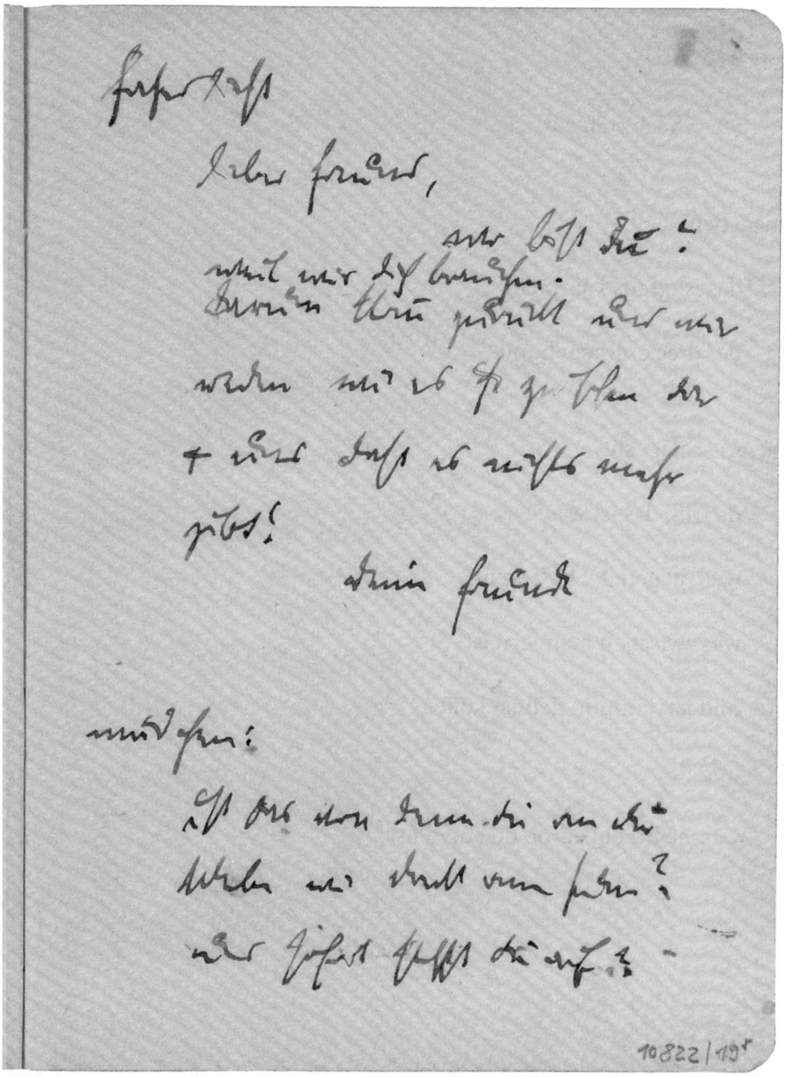
Lieber freund,

Dein freund

10822/19r

⟨19r.13←⟩ fatzer:

ich seh ich steh auf.

mädchen:

das ist gradso als pfeift
der dreck seinem hund!

fatzer: schlägt sie

da friß, das ist was
weil du geredet hast wenn
was zwischen männern ist
und jetzt: nimm deinen koffer
und tu
⟨→21r.1⟩ wäsche hinein als ob du ausziehst

⟨ganze Seite schwarze Tinte⟩
10 deinen] ⟨andere Lesart:⟩ deine

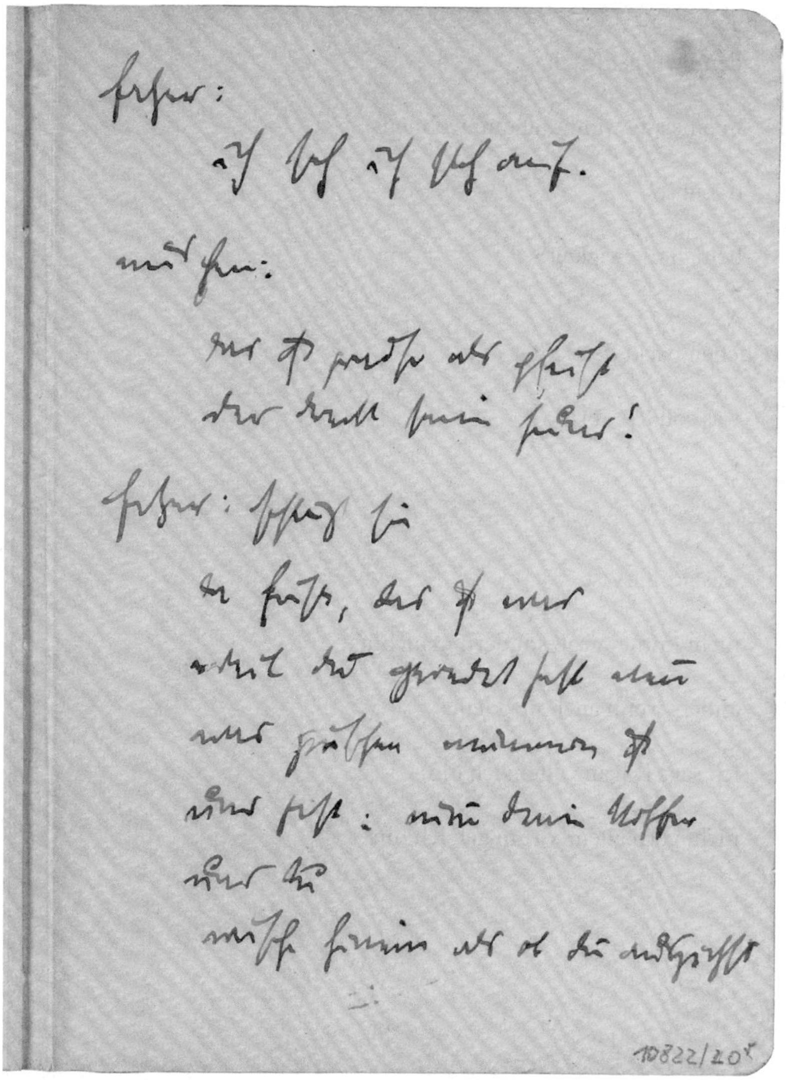

NB 23, 20r

⟨20r.12←⟩ denn wir geh[n]*en*
in eine alte wohnung und wohnen
daselbst
beinah in ewigkeit!

mädchen packt den koffer
was soll ich dort?

fatzer
was groß ist ist
nicht immer groß sondern manchmal
anders wenn auch nie klein.
ich sags [k]ganz offen: ich bin
⟨→22r.1⟩ nicht gern allein. drum geh ich hin

⟨ganze Seite schwarze Tinte⟩

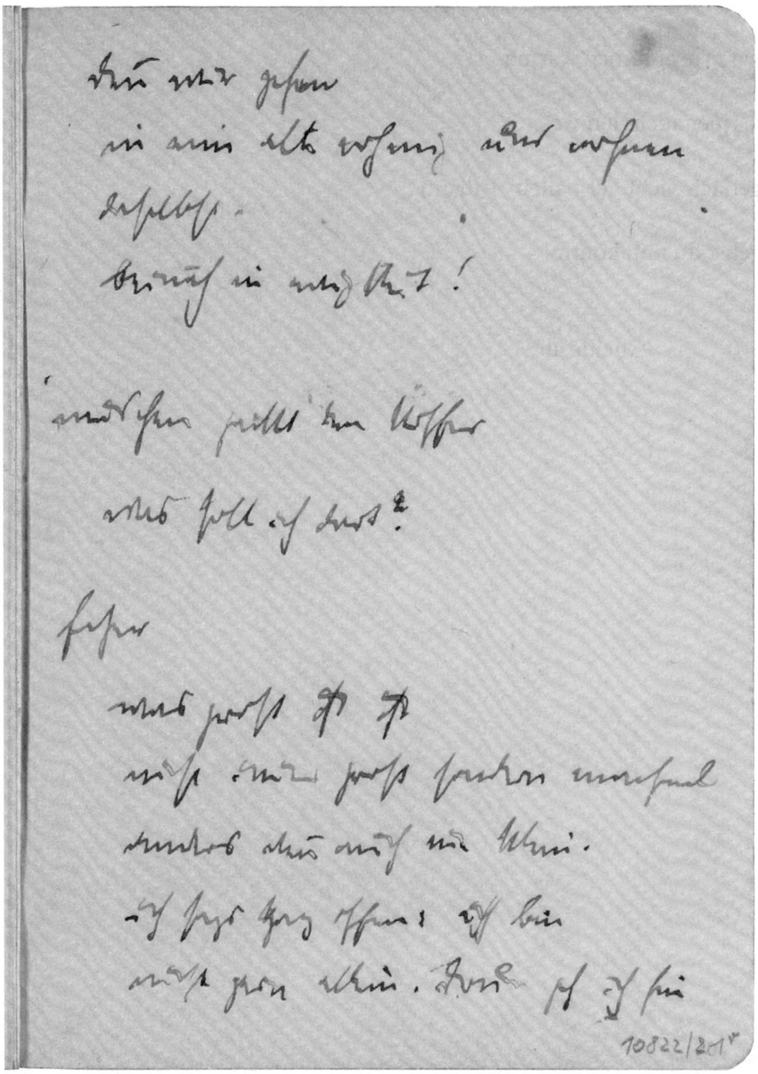

NB 23, 21ʳ

⟨21r.12←⟩ wo / sie auf mich warten
a[¿]*b*er auch den weg
geh ich nicht gern allein + drum
gehst du mit. komm!

<beide ab>

⟨ganze Seite schwarze Tinte⟩

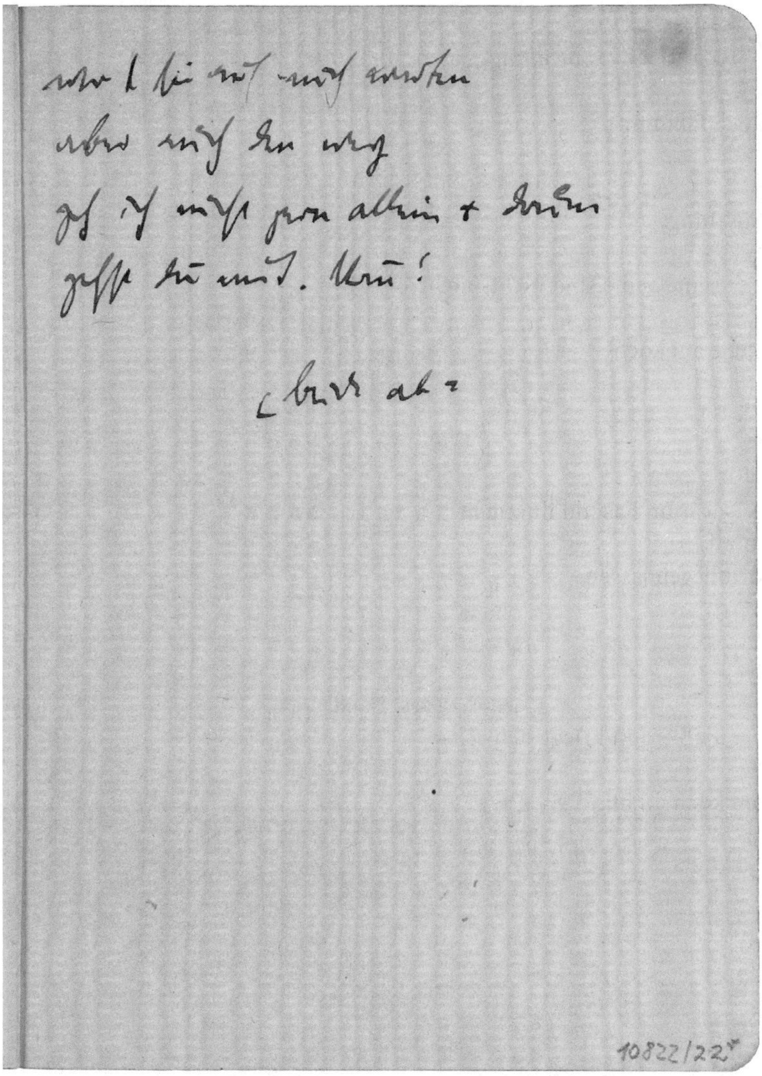

NB 23, 22r

1 vormittag

koch fällt um

büsching:

seine beine sind nichts mehr.

stehe auf koch

⟨Fatzer⟩ f

warum hast du ihn nicht

drinliegen lassen

⟨Büsching⟩ b

1 Mensch ist kein Hund

daß er luft kriegt steh

⟨→ 24r.1⟩ auf koch du hund!

⟨ganze Seite überwiegend schwarze Tinte⟩

1 vormittag] ⟨mit Bleistift nachgetragen⟩

7 hast] ast ⟨mit leerer Feder; über⟩ a ⟨Durchschlag der Tinte von 24r.7⟩

8 drinliegen] en ⟨mit leerer Feder⟩

10-12 1 Mensch *[...]* hund!] ⟨Eintragungsfolge: 1.⟩ daß *[...]* steh auf koch du hund! ⟨2. als Variante dazu:⟩ daß *[...]* 1 Mensch ist kein Hund ⟨3. Unterstreichung von⟩ steh auf koch du hund! ⟨mit Rotstift⟩

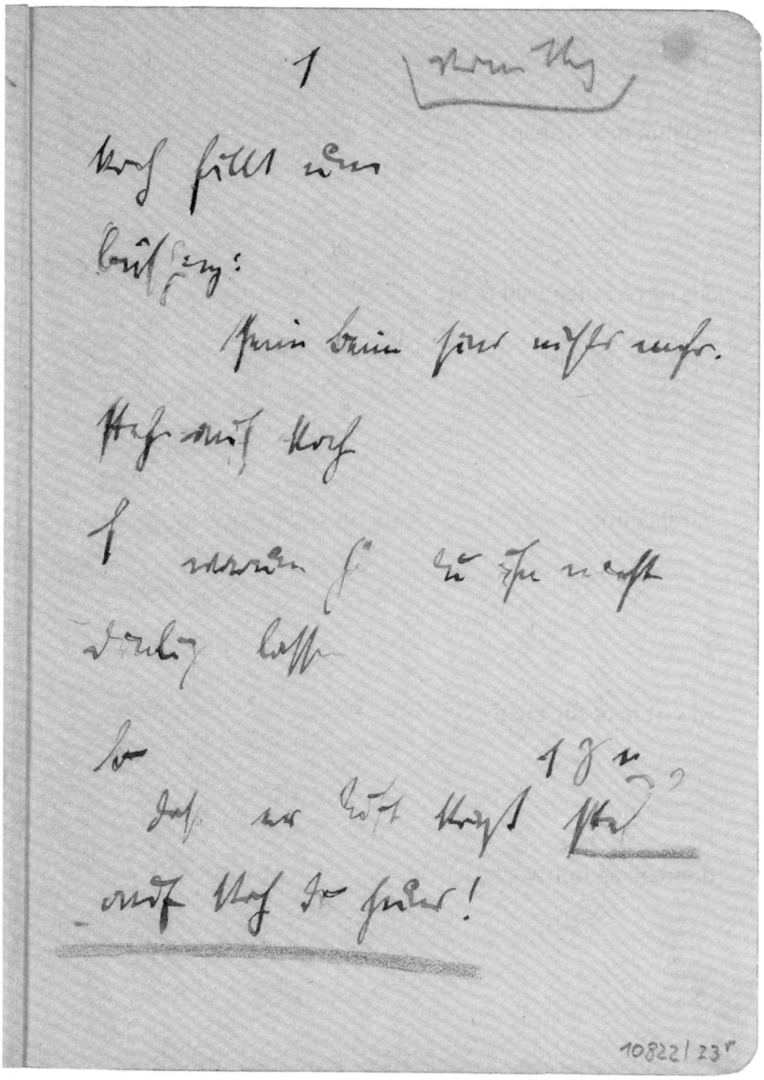

NB 23, 23r

⟨23r.12←⟩ f
⟨Fatzer⟩

gib ihm den schnaps

⟨Büsching⟩ b

das ist verboten weil es die
eiserne ration ist

f

gib sie ihm!

———

f

was ist heut für 1 tag?

k

⟨→25r.1⟩ ~~donnerstag~~ mittwoch

⟨ganze Seite schwarze Tinte⟩

10 für 1 tag?] ⟨darüber Durchscheinen der Eintragungen von 24v⟩

11 k] ⟨wohl Koch, vielleicht Kaumann⟩

12 ~~donnerstag~~ mittwoch] ⟨danach Papierfehler; vermutliche Eintragungsfolge: 1.⟩ donnerstag ⟨2. mehrfache Streichung mit teilweise leerer Feder und Kritzelei als Federprobe, 3. Überschreibung der Kritzelei durch⟩ mittwoch

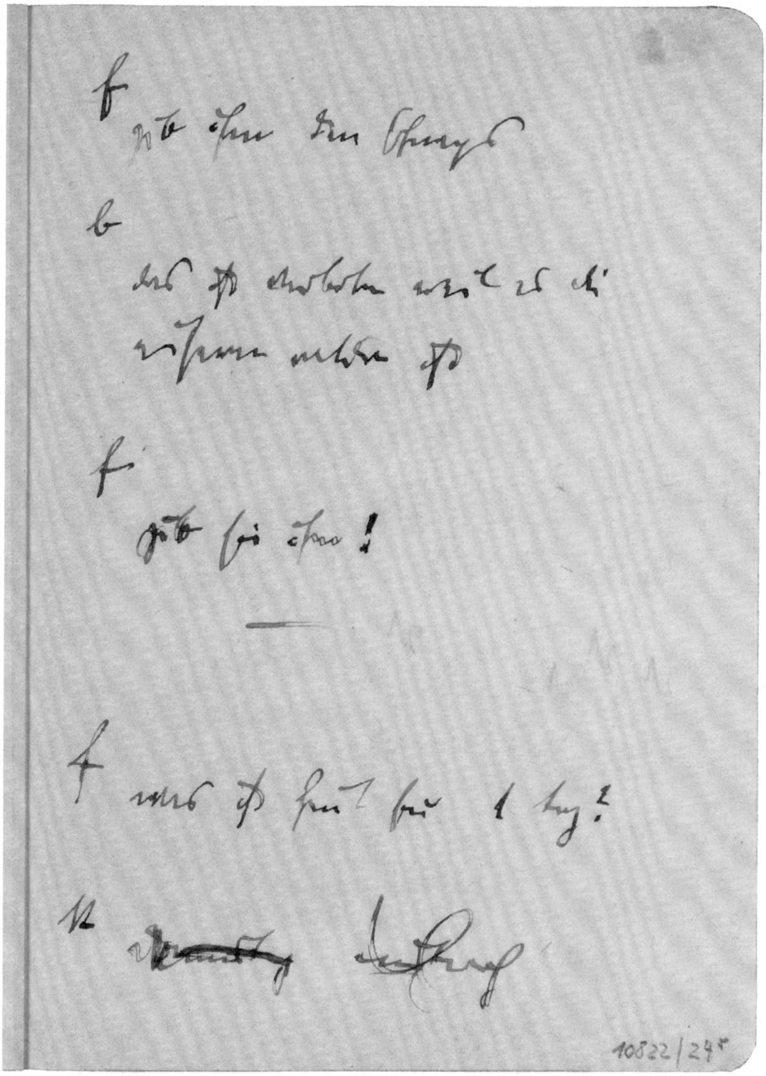

NB 23, 24r

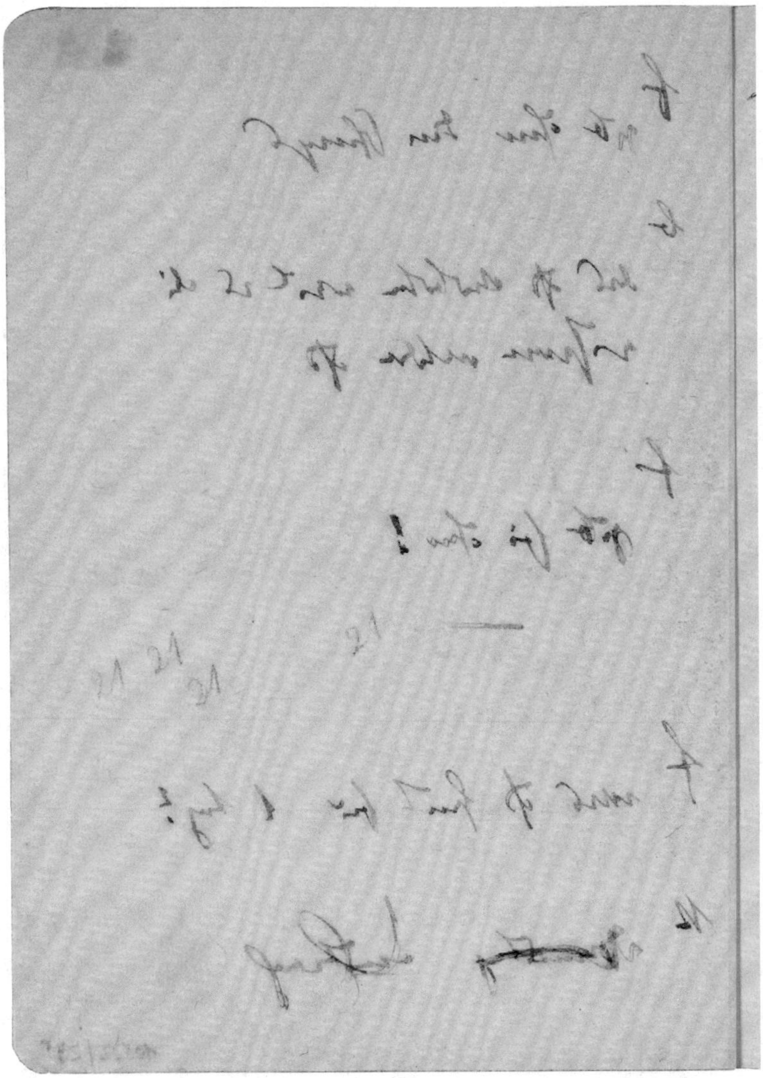

NB 23, 24v

21 21

21 21

⟨24r.12←⟩ fatzer:

so dann ist es 1 mittwoch an

dem wir genug haben.

⟨Büsching⟩ b

z. b.

meiner hatte schon am montag

genug von all dem was es

hier gibt

⟨Fatzer⟩ f

erst

aber am mittwoch war es, daß

wir abhauten, büsching[.], am

⟨→26r.1⟩ mittwoch. denn jetzt nehmt eure

2–3 so *[…]* haben.] ⟨Unterstreichung mit Rotstift⟩
7 meiner] ⟨andere Lesart:⟩ meier

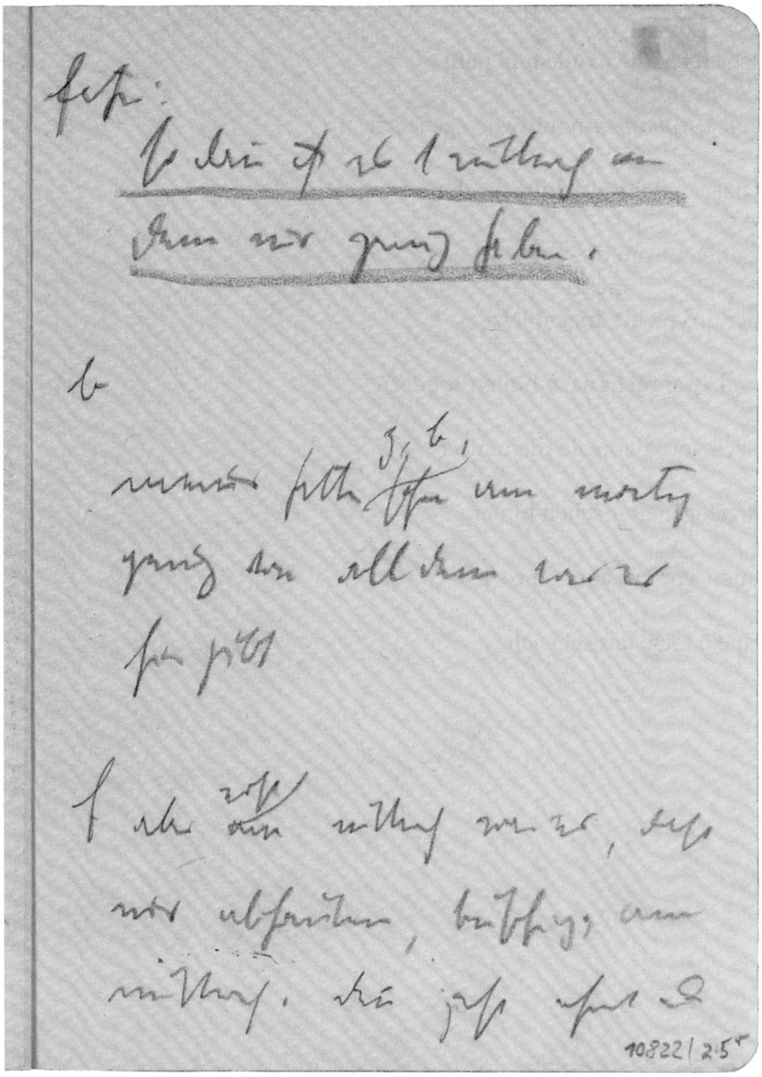

⟨25r.13←⟩ schädel in die hände und paßt
heute
auf, a[n]*m* ~~diesem~~ mittwoch gehe ich

fatzer und ihr büsching, koch und

kaumann von diesem krieg weg,
mehr
der uns nichts angeht jetzt

und zwar nicht nach hinten sondern

nach vorn denn sie ¿llen unsere

dreckigen äser sehen hinter

uns + vor uns aber da vorn

⟨→27r.1⟩ ist ein loch, das sehe ich.

2-3 heute *[...]* mittwoch] ⟨Eintragungsfolge: 1.⟩ an diesem mittwoch ⟨2.⟩ heute am mittwoch
3 gehe] ⟨andere Lesart:⟩ gehen
9 ¿llen] ⟨gemeint wohl:⟩ wollen

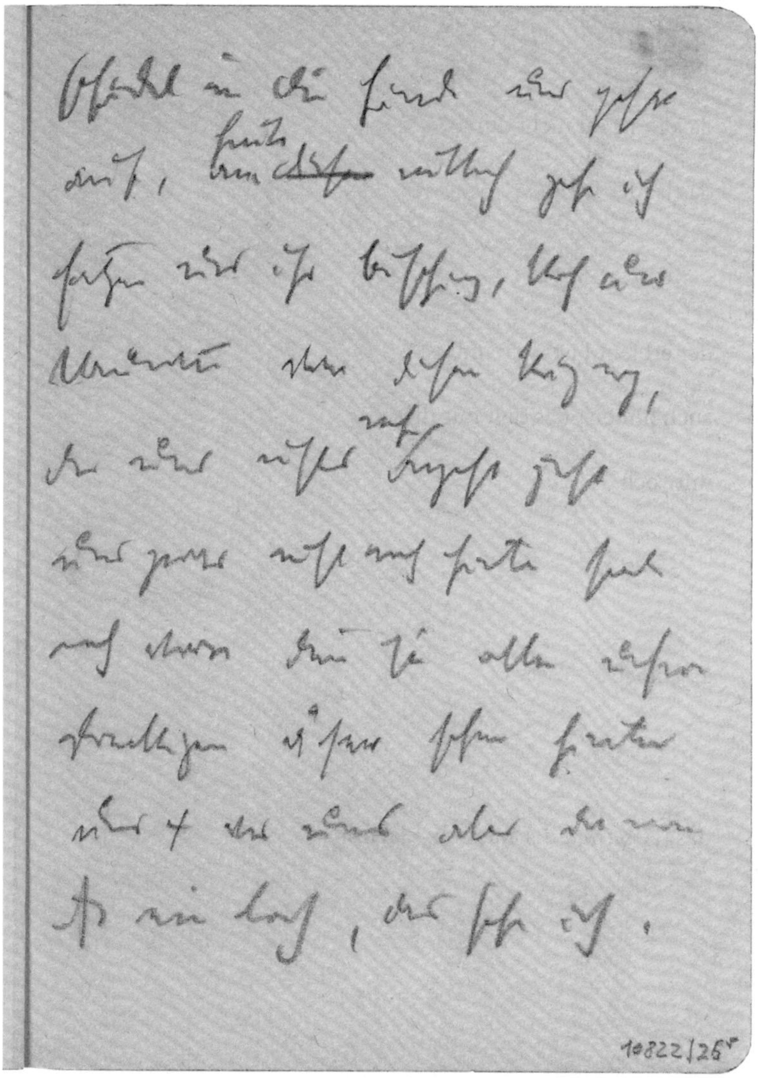

NB 23, 26r

⟨26r.12←⟩ büsching:

da kannst du nicht durch!
erb
das ist der feind

⟨Fatzer⟩ f

der erbfeind ist vorn und ist

auch hinten das sagt mir dieser

mitwoch.

⟨Büsching⟩ b

arschloch

f

⟨→28r.1⟩ das [[¿]sei]*hat* der mensch. <lacht>

13 [[¿]sei]*hat*] s ⟨zu:⟩ h ⟨umgedeutet⟩

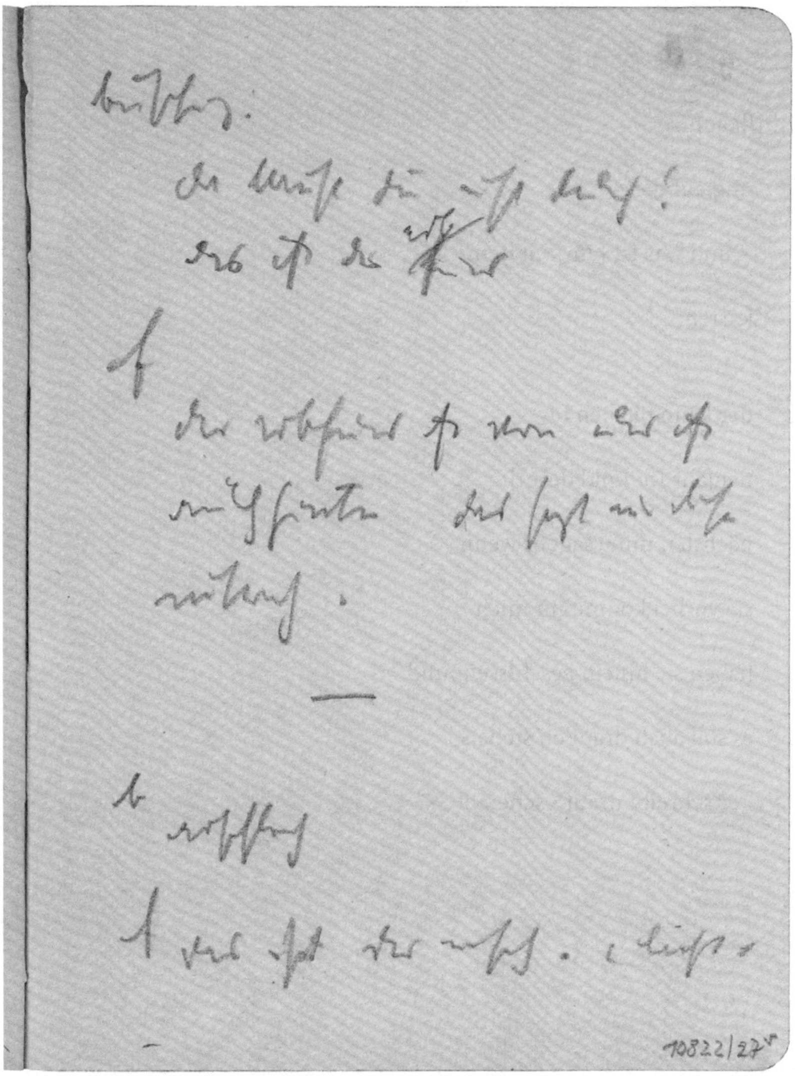
10822/27r

⟨27r.13←⟩ ——

⟨Büsching⟩ ⟨Fatzer⟩ ⟨Kaumann⟩ [[b]*f*]*k*aum:

~~und auf diese~~

und was ist [am]*m*it dem
karren?

f der kann bleiben bis
neujahr [de]*u*nd de[m]*r*
nächsten mine sagt er wenn
sie vorbei kommt: in mich
haben sie hinein geschissen! und
es soll auch draußen stehen
⟨→29r.1⟩ <er schreibt drauf> scheiße!

2-3 [[b]*f*]*k*aum: *[…]* ~~diese~~] ⟨Eintragungsfolge: 1.⟩ b ⟨2.⟩ f \ und auf diese ⟨3.⟩ kaum: \ ~~und auf diese~~
6-7 der *[…]* neujahr.] ⟨Unterstreichung mit Rotstift⟩
8 wenn] ⟨andere Lesart:⟩ wie

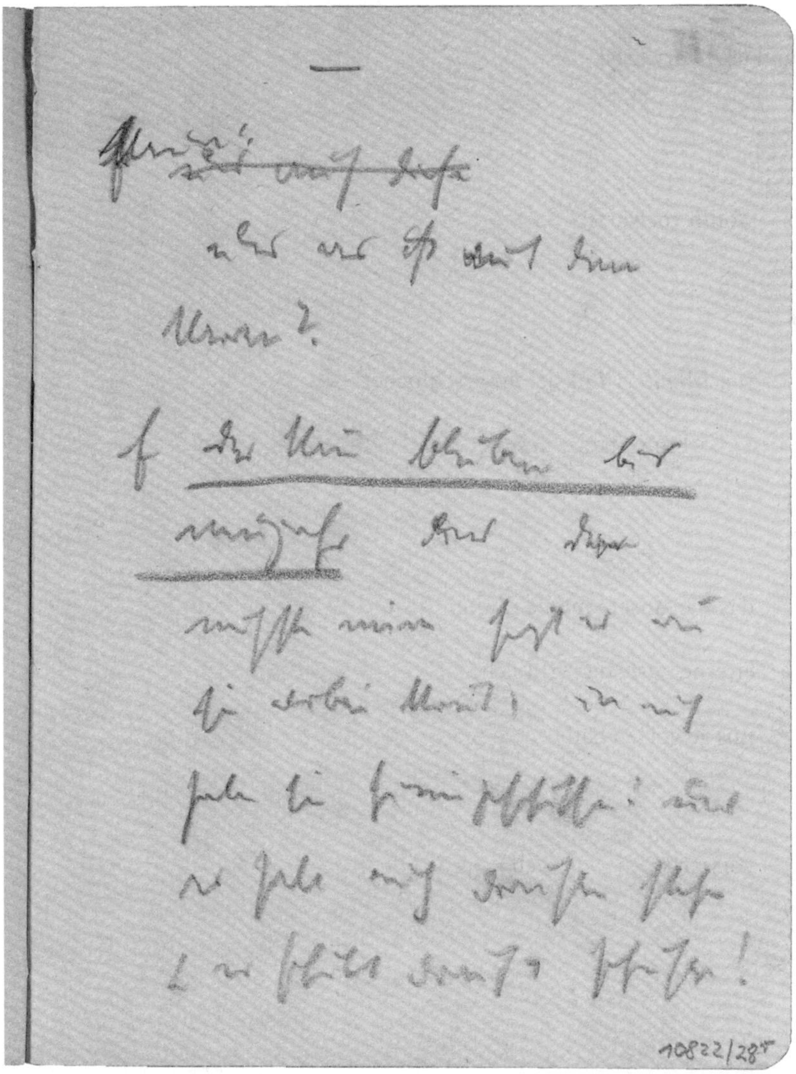

NB 23, 28r

⟨28r.12←⟩ und jetzt vorwärts!

koch

wohin vorwärts!

⟨Fatzer⟩ f

[nach]*halb* [¿]*l*inks[!] *i*hr arschlöcher!

hinter fatzer drein!

⟨Büsching⟩ b

das war unsere mama d[a]*ie*

eiserne guste da [di]*we*lche

uns geworfen hat!

f

⟨→30r.1⟩ vorwärts! <ab>

5–6 [nach]*halb [...]* drein!] ⟨Eintragungsfolge: 1.⟩ nach [¿]*l*inks! ihr arschlöcher! ⟨2.⟩ halb links hinter fatzer drein! ihr arschlöcher!

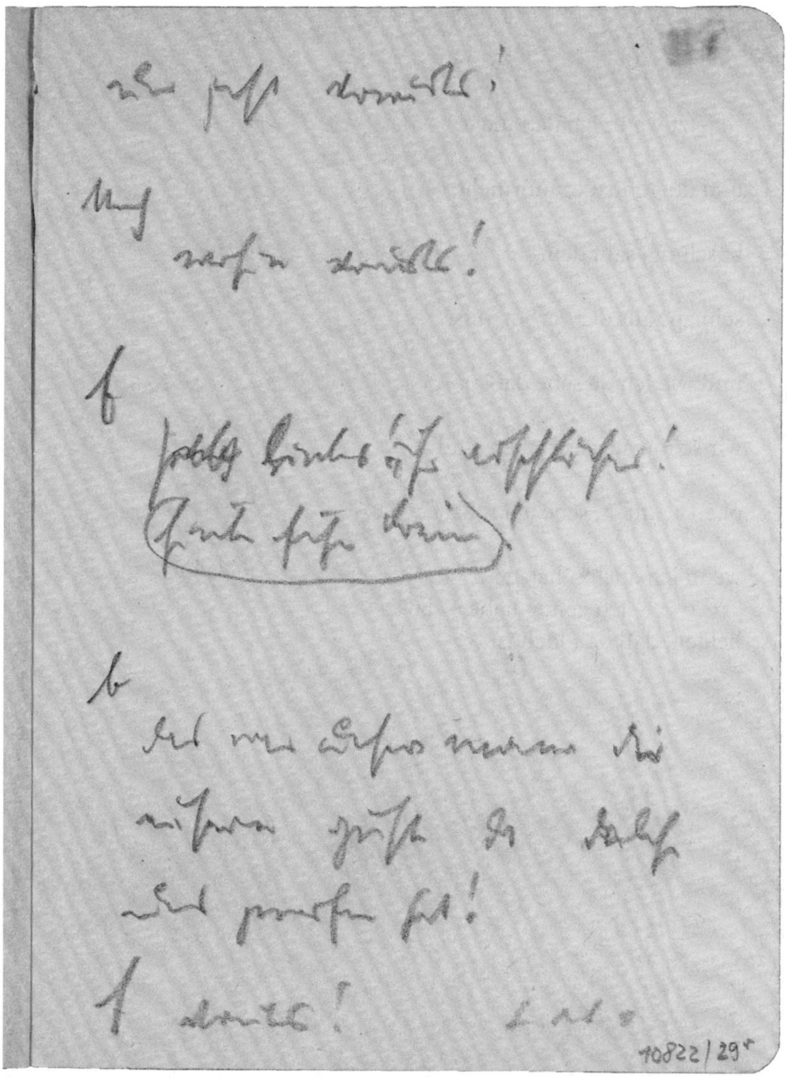

NB 23, 29r

⟨29r.12←⟩
⟨Fatzer⟩

f

so jetzt wenn ich da rauche
und du gönnst es mir nicht,
büsching, sauf dein
schnaps aus der verboten ist,
und wie ich da sehe daß
wir schon ausgestrichen sind
oben + unten, sehe ich scharf,
wenn ich auch schätze ihr
ich genug habe + daß
helden, daß da 1 loch ist.

⟨→31r.1⟩

¿¿

8 sehe] ⟨über erstem⟩ e ⟨Punkt mit schwarzer Tinte, nicht signifikant⟩

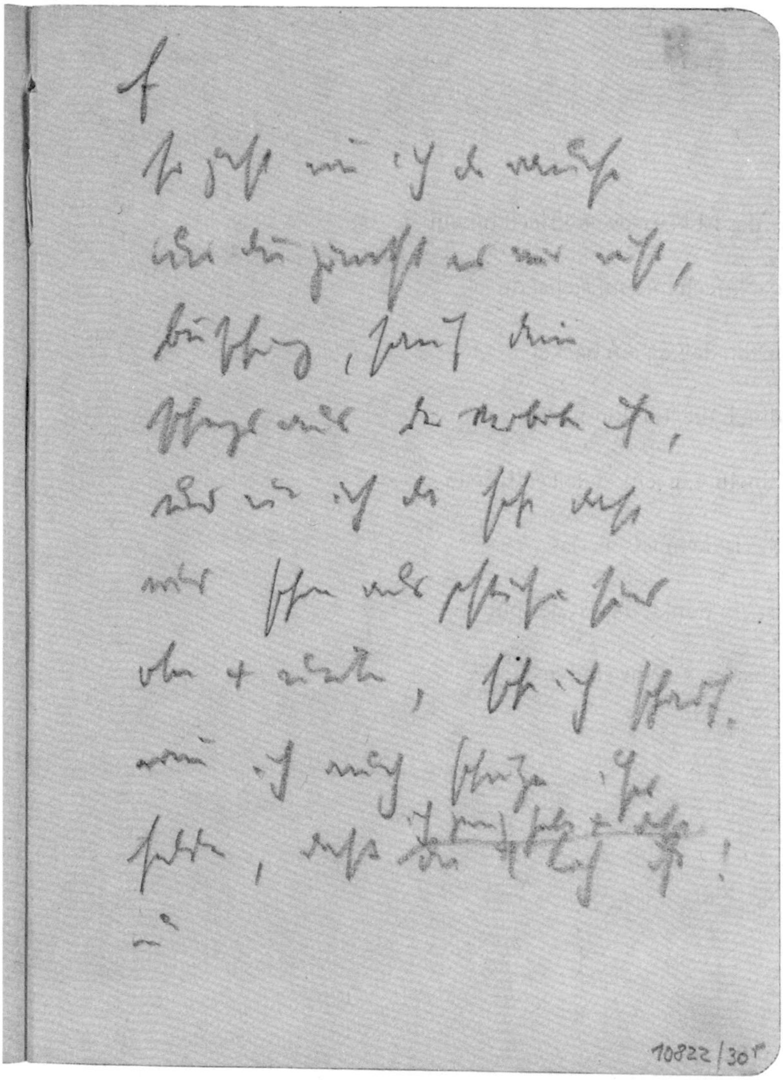

NB 23, 30r

⟨30r.11 ←⟩ ⟨Büsching⟩ b reiner
das ist ein felsen

⟨Fatzer⟩ f

~~das ist kein felsen~~ kriech hinein[!],
da, kriech hinein! siehst du
nicht, daß da ein packet
durch die luft kommt? kriech
hinein, sag ich! <lacht> d[u]*e*nn
das ist kein felsen, das
ist ein punkt. das ist der punkt
⟨→ 32r.1⟩ <karte> 7 11 ihr rindviecher!

⟨Z. 1 am äußeren Rand Durchschlag der Tinte von 32r.1⟩
4 hinein[!],] ⟨andere Lesart:⟩ hinein[,]*!*

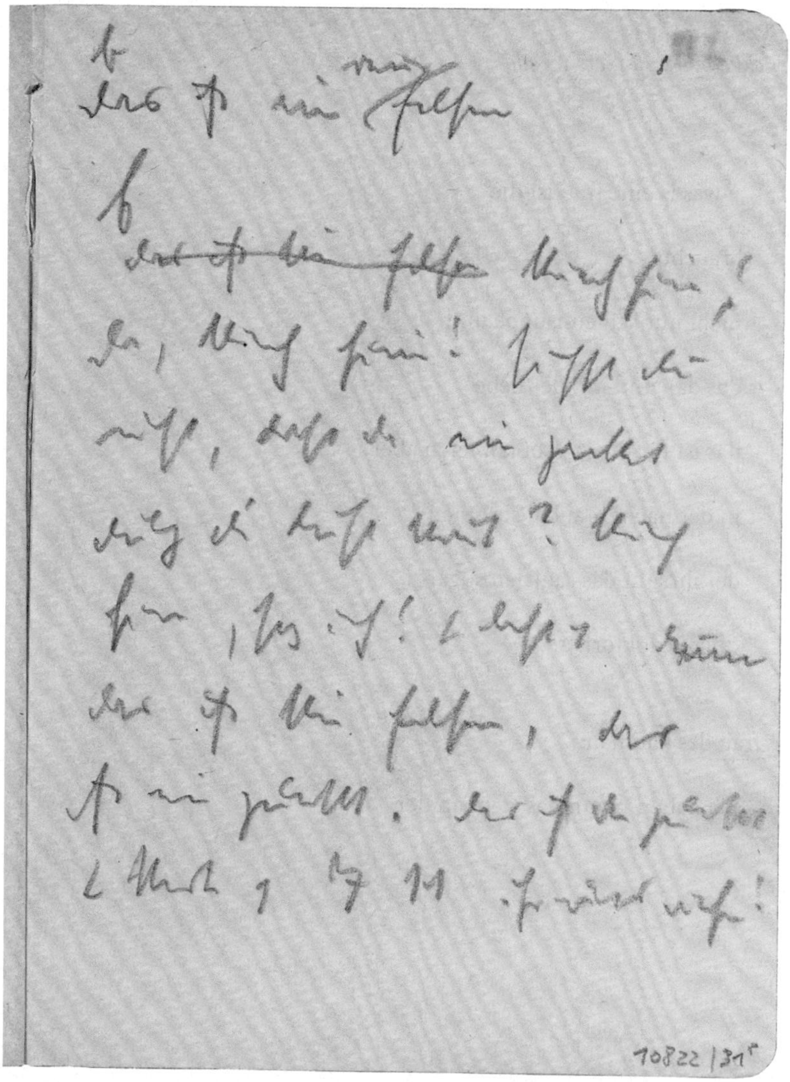

NB 23, 31r

⟨31r.11 ←⟩ *rückkehr.* 2 *fatzers 1. rede.*

frau:

was ~~is~~ eine frau ist die
braucht
nicht nur schleimsuppe und
das da und mit der liebe
das ist für die [¿]großkopfeten aber
in der nacht braucht sie einen
der ihrs tut das sag[t]*en* sogar
d[er]*ie* doktor[.]*s!*

frau des kauman:

⟨→ 33r.1⟩ ⟨einen⟩ ich habe 1 mann das steht an der

⟨Z. 1⟩ rückkehr. ⟨,⟩ fatzers 1. rede. ⟨und i-Punkt von Z. 6⟩ liebe ⟨zusammen mit den Tinteneintragungen 49r.1, 57r.1 und 64r.1 mit schwarzer Tinte nachgetragen⟩
9-10 sag[t]*en […]* doktor[.]*s!*] ⟨Eintragungsfolge: 1.⟩ sagt sogar der doktor. ⟨2.⟩ sagen sogar die doktors!

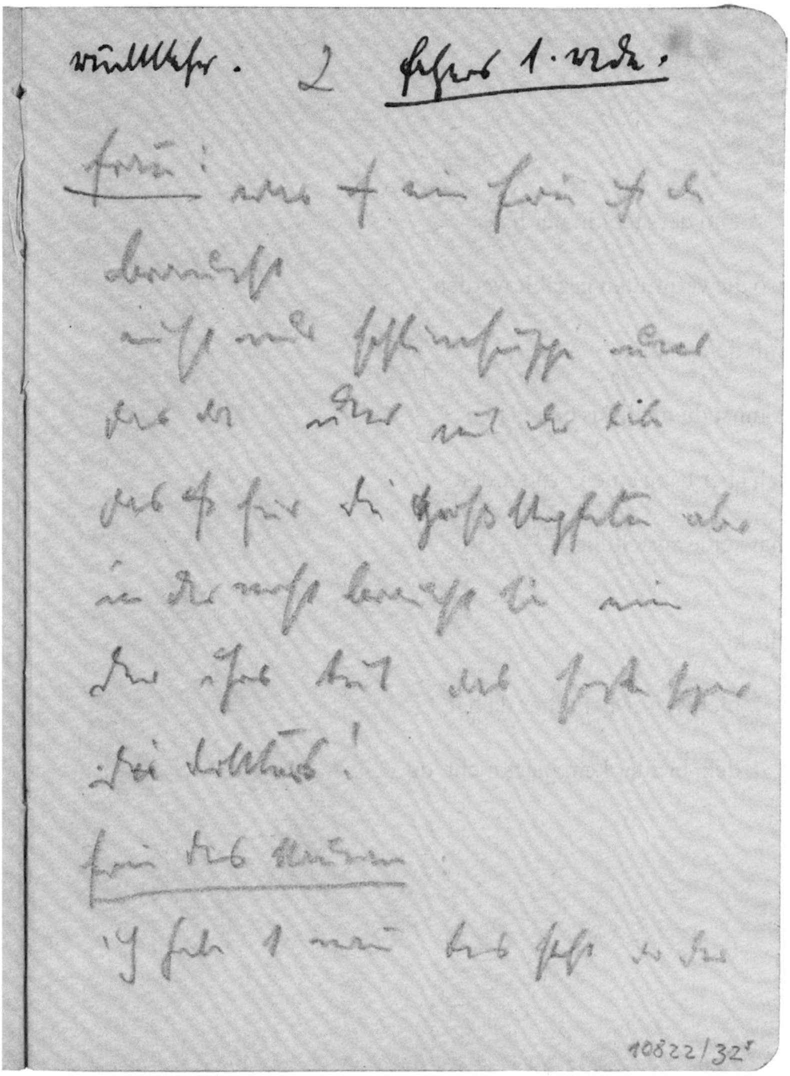

NB 23, 32r

⟨32r.12←⟩ tür mit dem namen.

frau

und der steht in der liste
wo die vermißten gezählt werden.
mit dem namen
kannst du nicht ins bett gehen.
ich aber habe einen bruder der
hat keine anstellung.

⟨Kaumann⟩ die k.

hier ist nur 1 zimmer da hat
⟨→34r.1⟩ dein bruder kein platz nicht. du

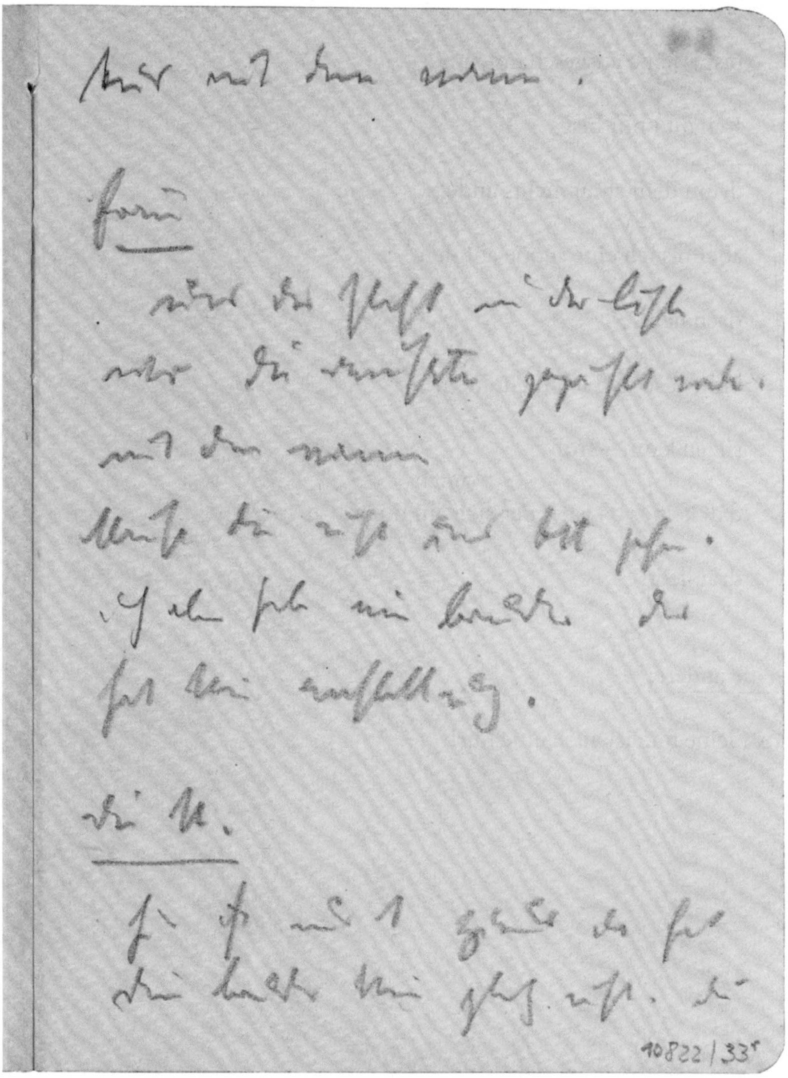

⟨33r.11 ←⟩ bist [¿]*e*ine ausgeschämte und

⟨eine⟩ weil du 1 hur bist

⟨→ 34r.12⟩

drum denkst du nicht*s* anders

aber bis ich eine suppe auf dem

tisch hab

bin ich so daß ich nicht mehr

sitzen kann + froh

daß keiner da ist[!] *d*er sich noch auf mich

⟨→ 35r.1⟩ drauflegt!

die andere:

⟨34r.3 ←⟩

deine fotz ist auch eine hur!

1 und] ⟨andere Lesart:⟩ nur

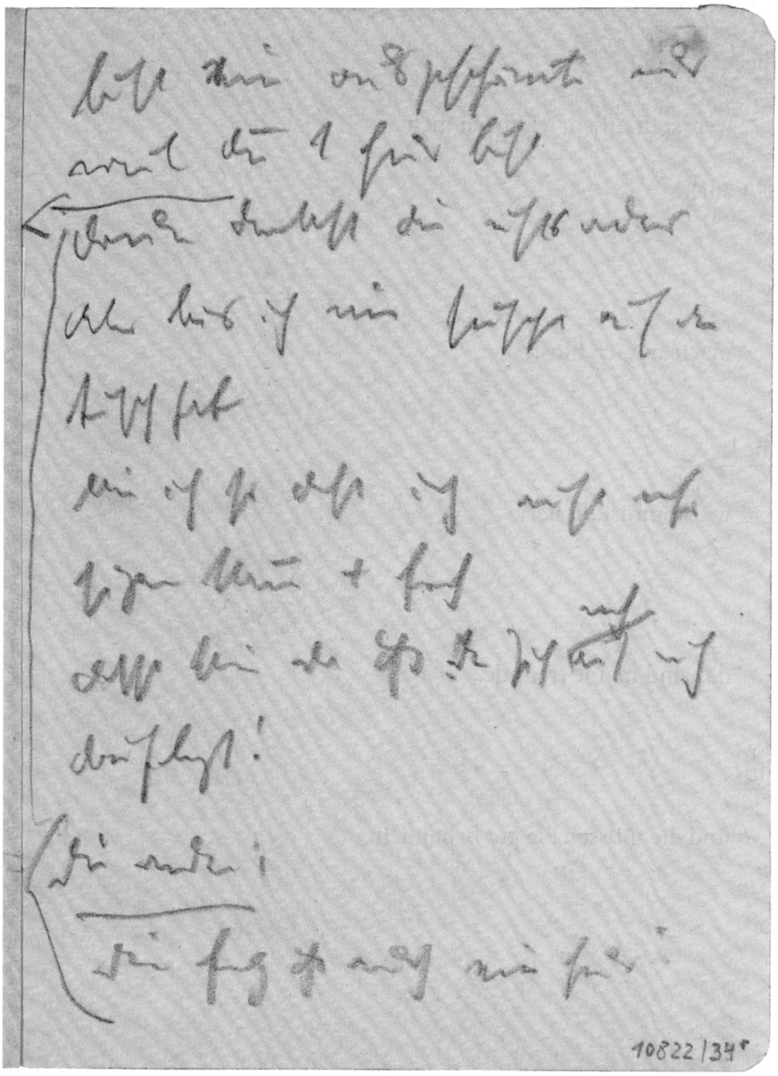
10822/34r

⟨34r.11 ←⟩ ⟨Kaumann⟩ die k.:

wer ist draußen, ich mach nicht

auf!

k

mach auf, ich bins!

die k

wie kommst du her?

k

das sind meine freunde.

⟨Büsching⟩ ⟨Fatzer⟩ [b]*f*

⟨→ 36r.1⟩ und die müssen Sie gut behandeln

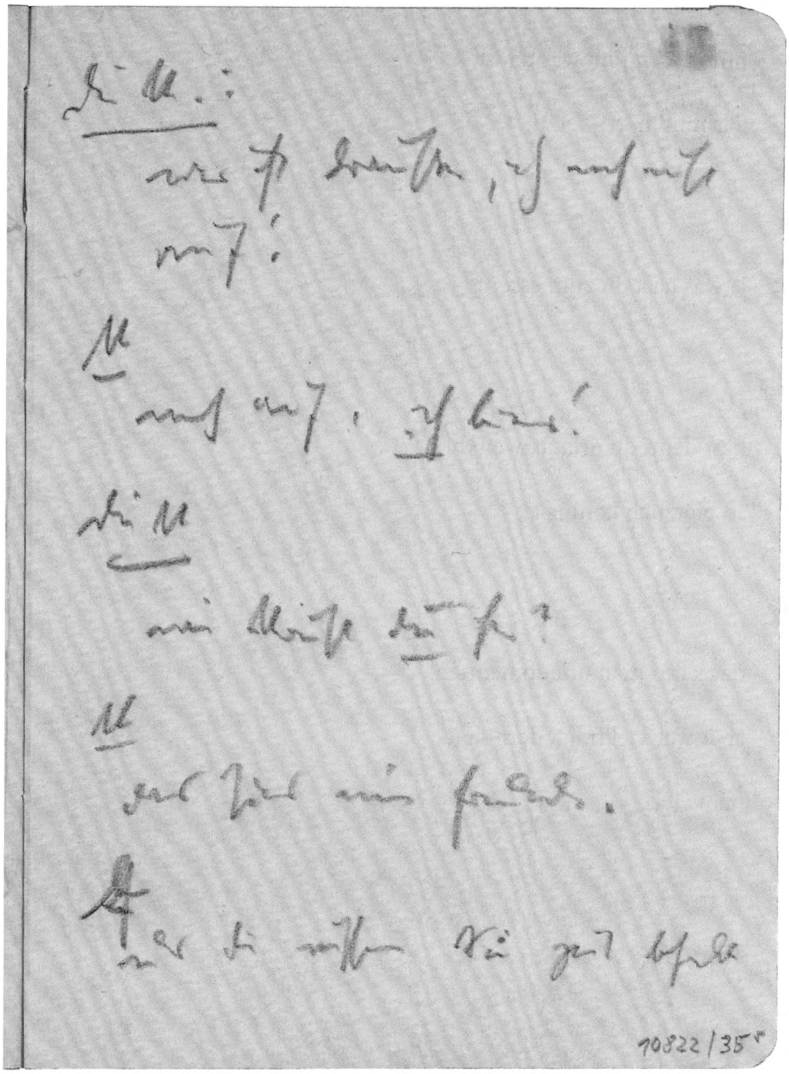

NB 23, 35r

⟨35r.11 ←⟩ mit 1 essen und was da ist,
⟨einem⟩
das muß her[!] *j*etzt!

⟨Kaumann⟩ k

ja was hast du zum essen?

die k

hast denn du urlaub, weil du
so plötzlich kommst?

⟨Fatzer⟩ f

das kann man urlaub nennen.
aber wer viel fragt, dem sagt
⟨→ 37r.1⟩ man viel.

6 denn du] ⟨andere Lesart:⟩ du denn

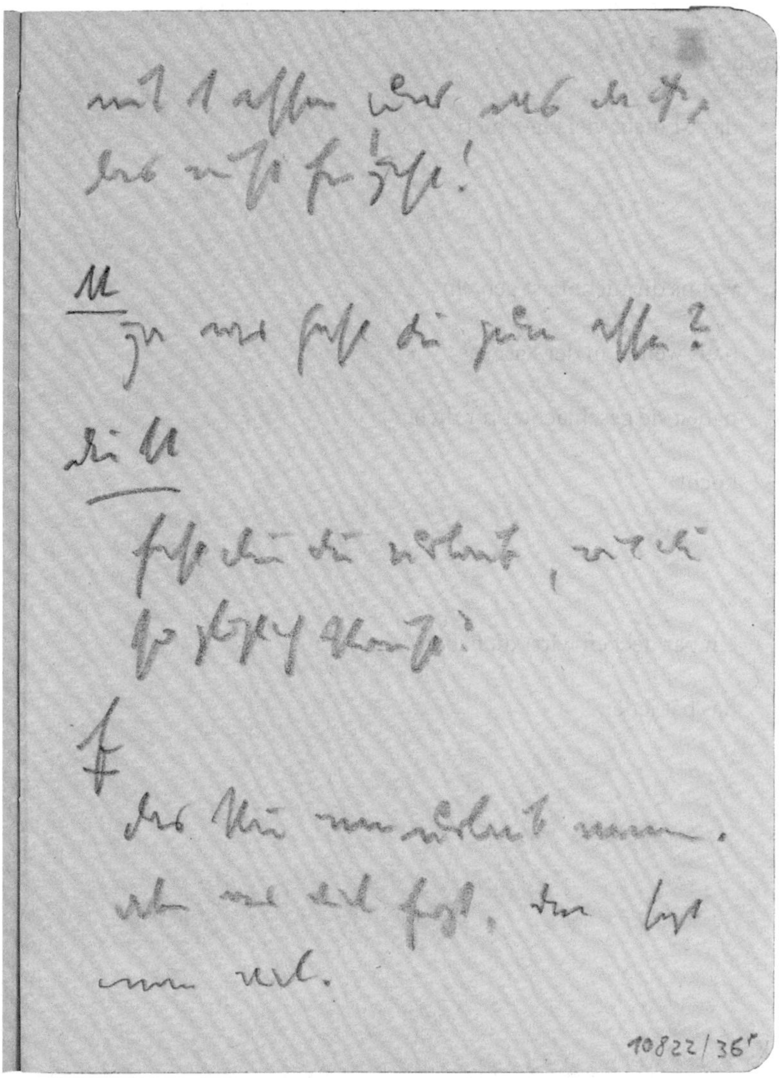
10822/36r

⟨36r.11 ←⟩ koch:

das ist nicht viel platz hier!

⟨Büsching⟩ b

wenns dir nicht past geh ein
haus weiter. in der kaserne
haben sie geschlachtet für dich,
koch!

⟨Fatzer⟩ f:

ein par decken wirst du haben
⟨→ 38r.1⟩ das hat jeder.

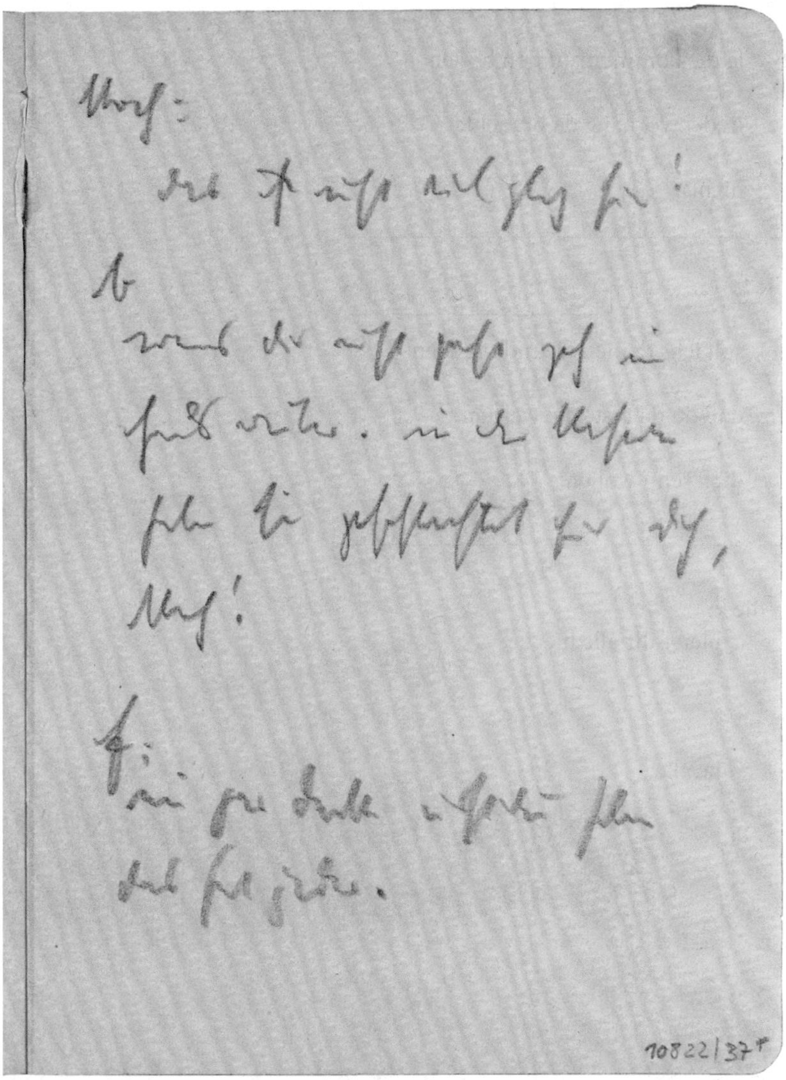

NB 23, 37r

⟨37r.10 ←⟩ ⟨Büsching⟩ b ja die kommen auf den boden.

~~in~~ den vorhang da brauchts

nicht.

⟨Kaumann⟩ ⟨→ 38r.12⟩ die k. ×

soll ichs deinen freunden sagen

daß du da bist? die werden

⟨→ 39r.1⟩ dich sehn wollen!

⟨38r.5 ←⟩ × die k:

bleibt ihr alle hier?

⟨Fatzer⟩ f.

ja. alle.

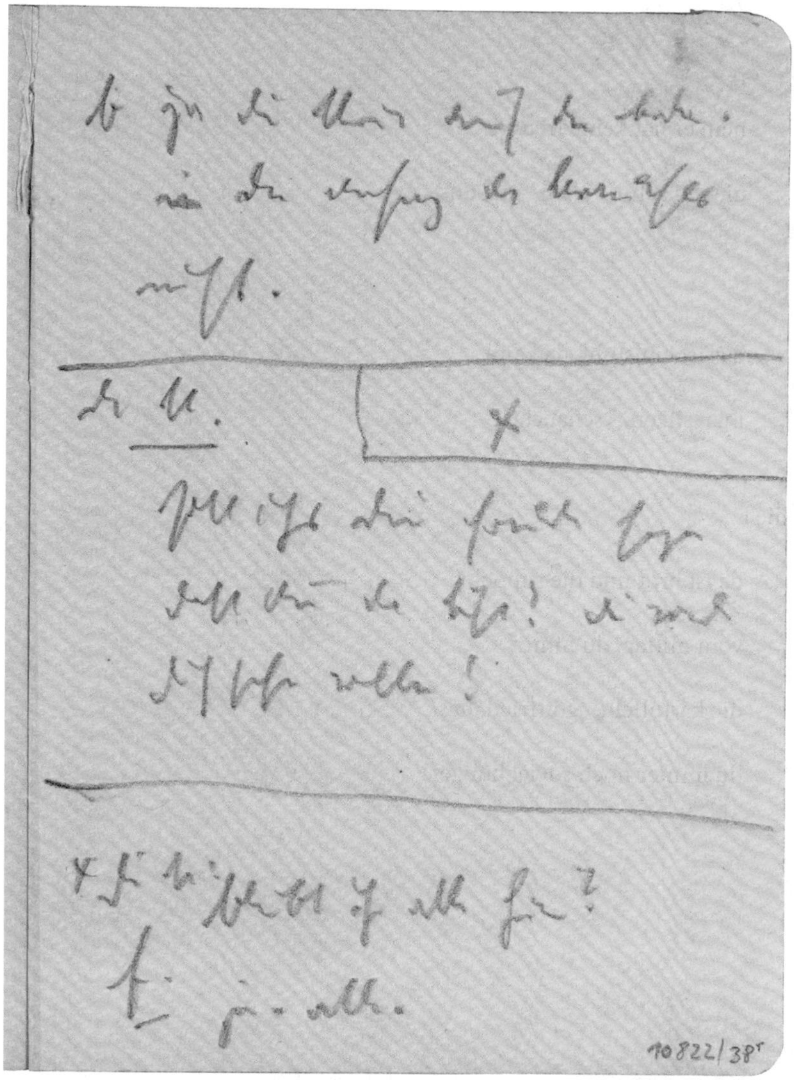

NB 23, 38r

⟨38r.9 ←⟩ f:
⟨Fatzer⟩

nein er hat keine freunde

die ihn sehn wollen nur uns.

⟨Büsching⟩ b

das ist ein stuhl. da kann

man sitzen. <schauckelt>

⟨Kaumann⟩ die k.

da ist brot und die suppe

vom mittag. du nimm

die kartoffeln, ¿gottfried, hast

⟨→ 40r.1⟩ du immer noch soviel hunger?

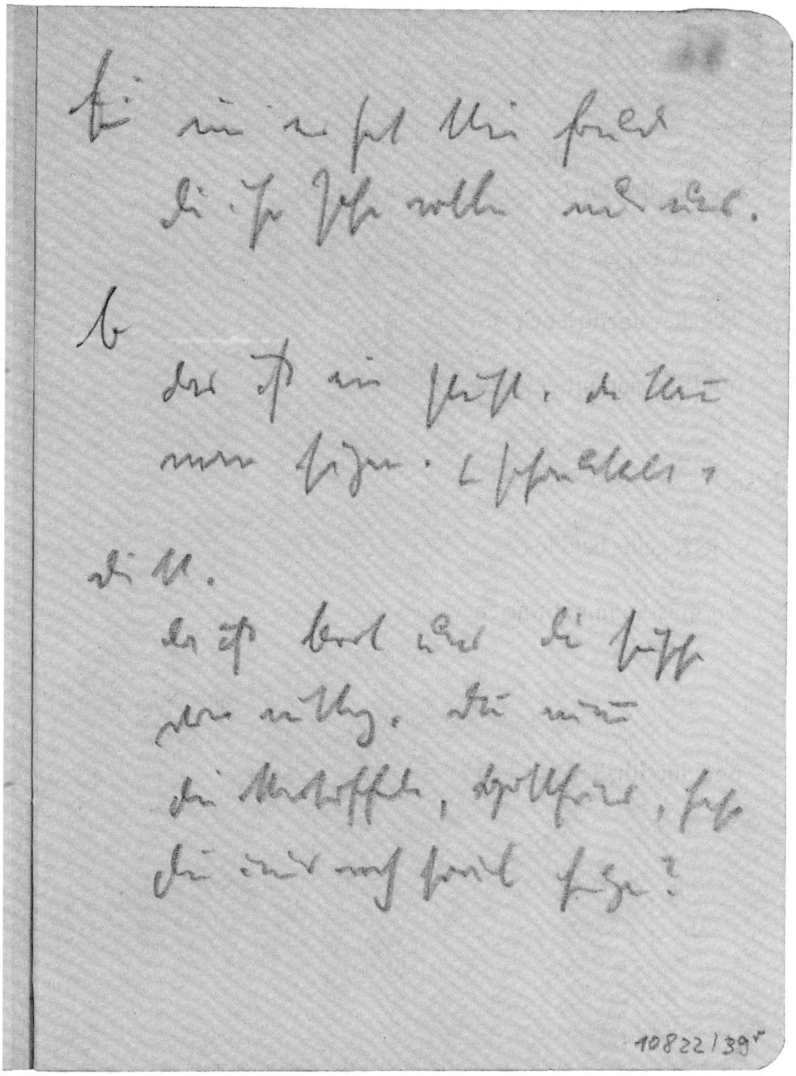

NB 23, 39r

⟨39r.11←⟩ <sie essen>

fatzer:

wie ich [im]*durch* den waggon ge[sesse]*gang*en
bin hab ich gesehen
daß alles unzufrieden ist
[und]*das* hat mir gefallen.

⟨Büsching⟩ [b]*ko*ch

ja jetzt gehts bald los
wir müssen nur abwarten.

b

⟨→41r.1⟩ und durchhalten <lachen>

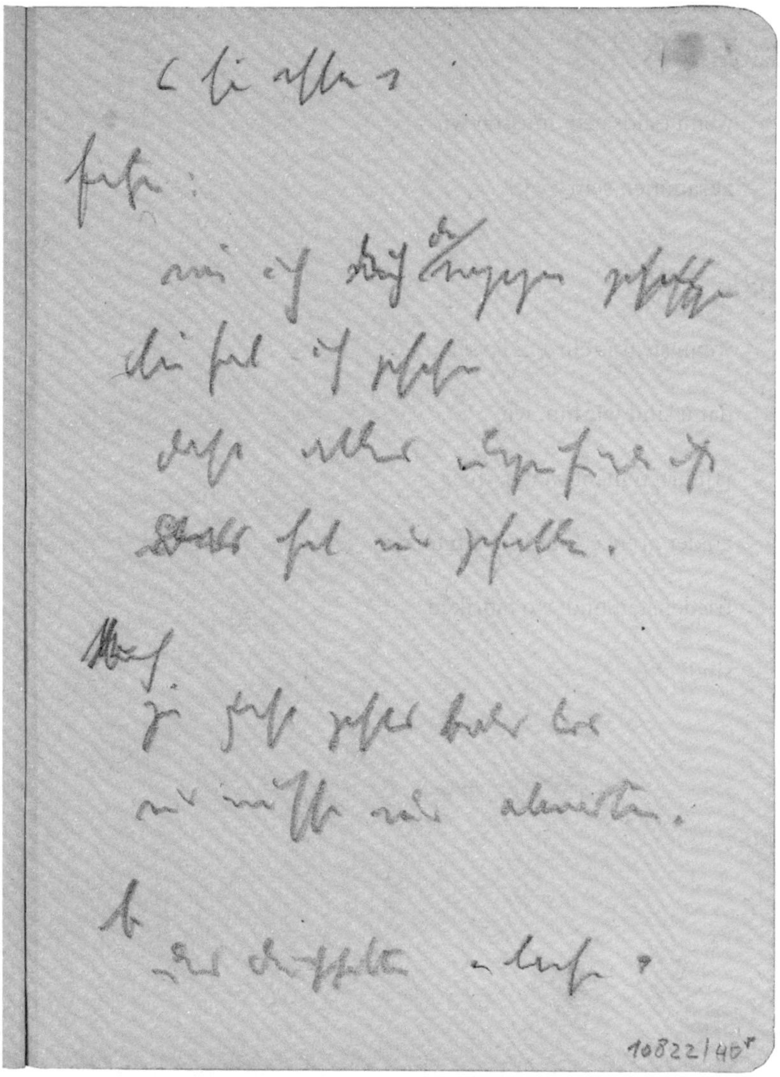

NB 23, 40r

⟨40r.12 ←⟩ fatzer:

wenn es los geht müssen wir
zusammen sein.

koch:

wenn sie uns einzeln fassen
dann sind wir hin. wir
[¿]*d*ürfen nicht weiter hier
an der grenze / sind sie am unzu-
friedensten und: wo fabriken
⟨→ 42r.1⟩ sind!

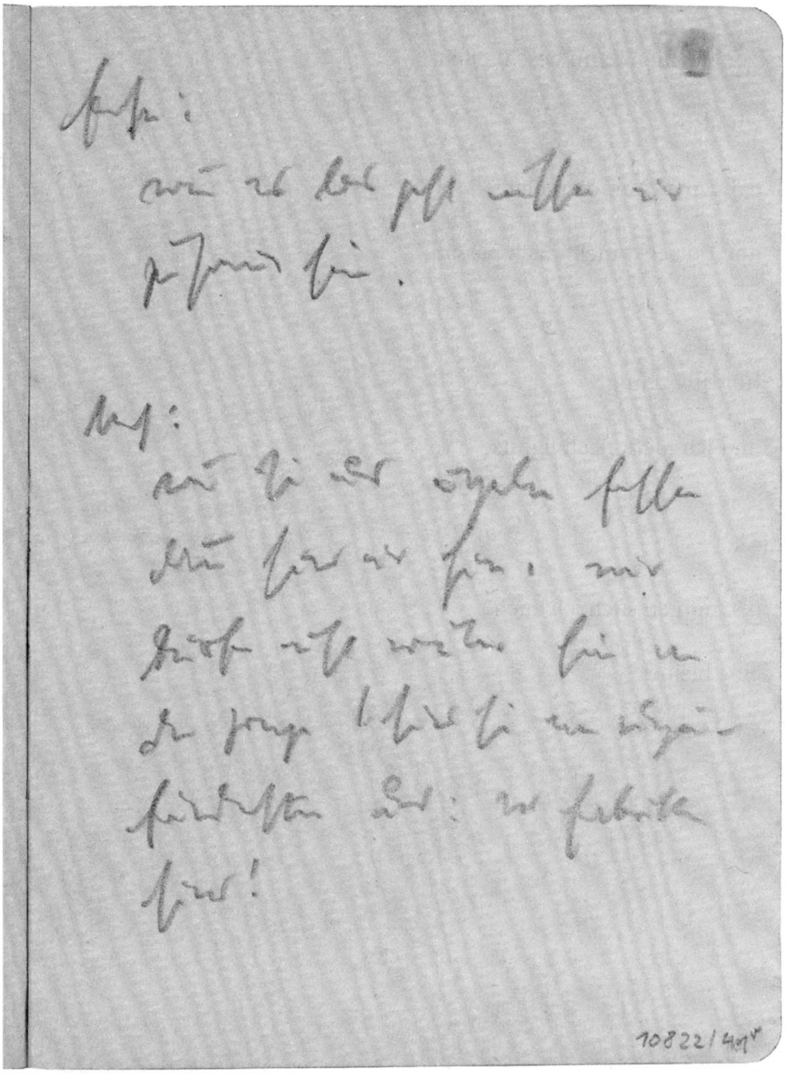

NB 23, 41r

⟨41r.10←⟩ fatzer ja, hier. dann beschließen
wir also
daß wir beisammen bleiben
und du gehst nicht nach passau
koch
[und]*büs*ching
und ich nicht nach lignitz.

⟨Kaumann⟩ die k:
bis morgen such ich euch
⟨→43r.1⟩ eine bleibe.

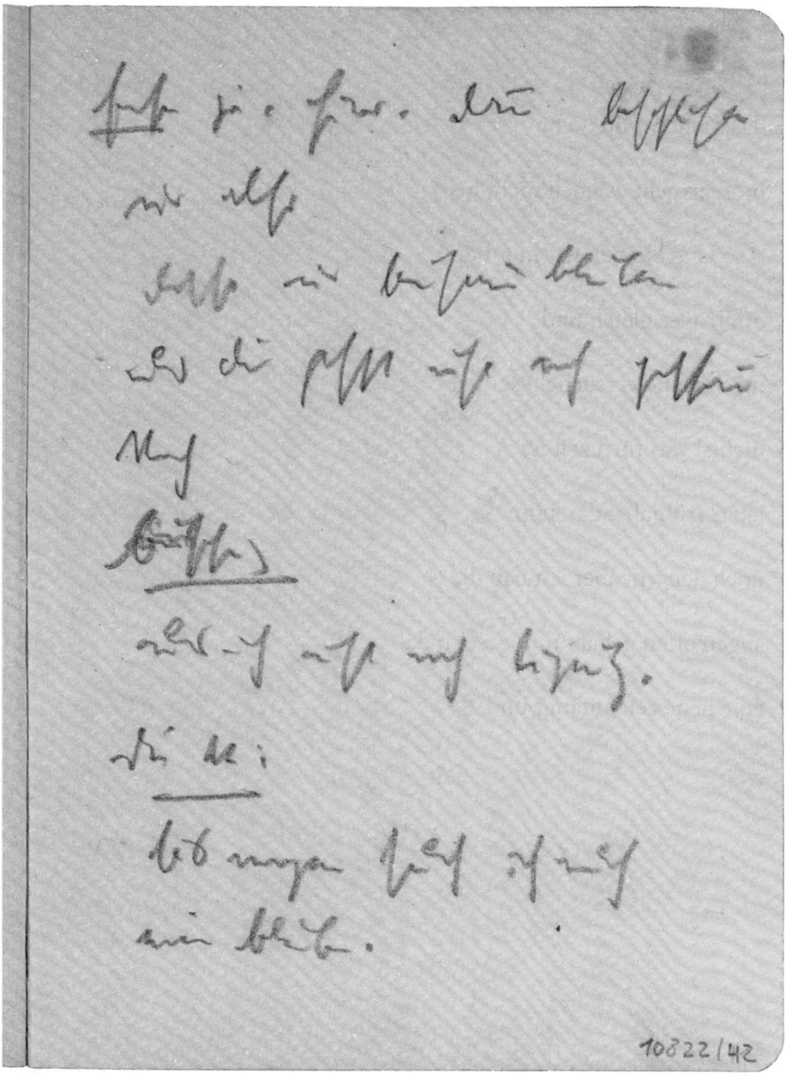

NB 23, 42r

⟨42r.10←⟩ f
⟨Fatzer⟩

das brauchst du nicht.
morgen geht es noch nicht los
+ so lang bleiben wir hier bei
dir, friß es gleich und
mach keine versuche! es nützt
⟨eine⟩ nichts! was für 1 zeit ist
jetzt? frühjahr! das kann
noch dauern. aber ich hab die
augen offen gehabt und gesehn daß
⟨→44r.1⟩ eine neue zeit anfängt und

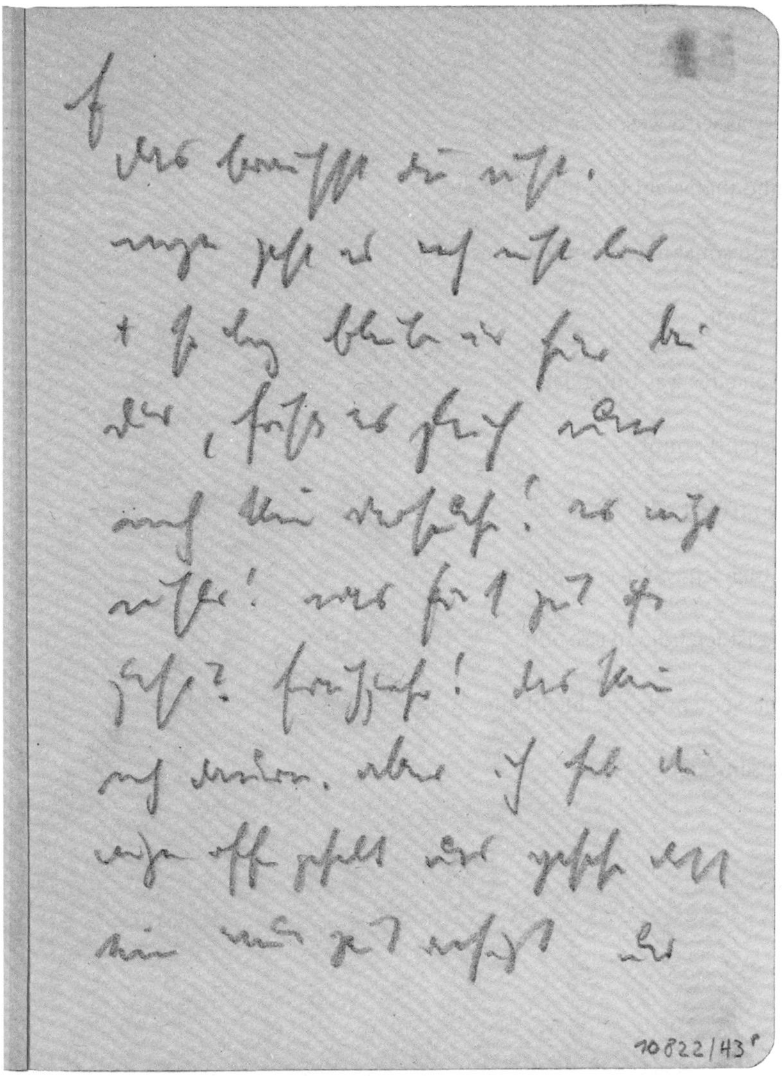

NB 23, 43r

⟨43r.11 ←⟩ mit dem volk
etwas wird was noch nie war
und man sieht leut hingehen die
man sonst nie gesehn hat, das
kommt
weil alles was unten ist,
heraufkommt
wo früher
1 mensch war + ein anderer
da ist jetzt die masse, ein
massemensch + es bleibt alles
⟨→ 45r.1⟩ zusammen

3 hingehen] ⟨andere Lesart:⟩ herumgehen

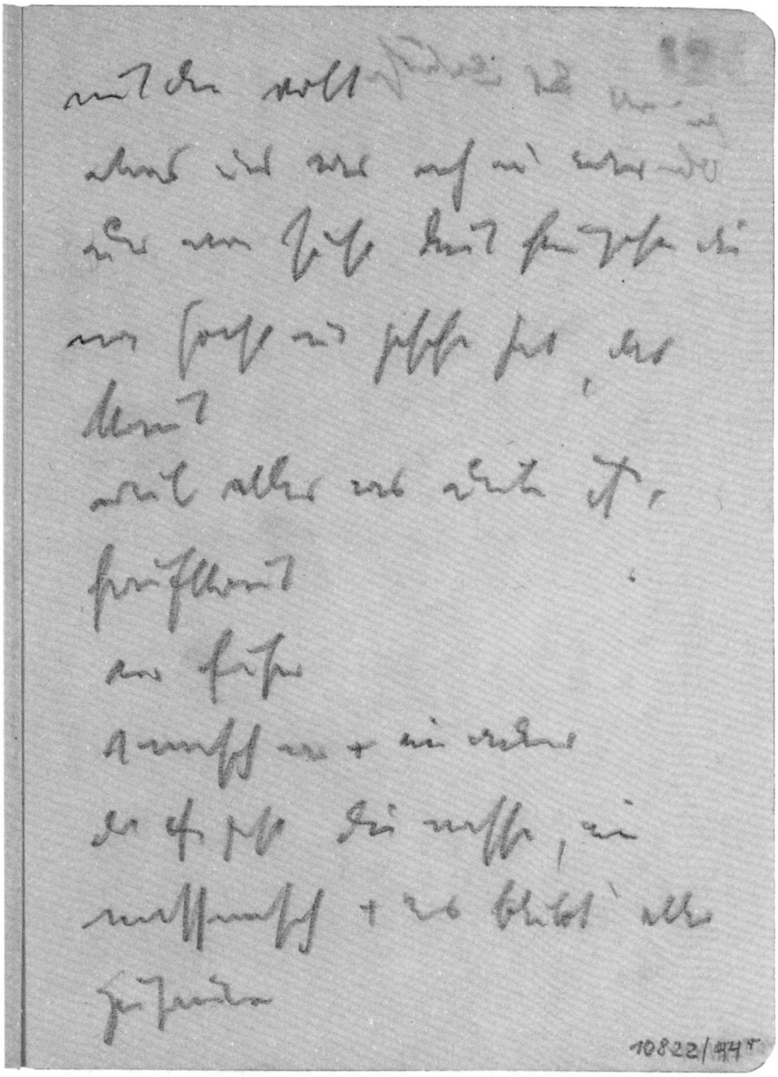

NB 23, 44r

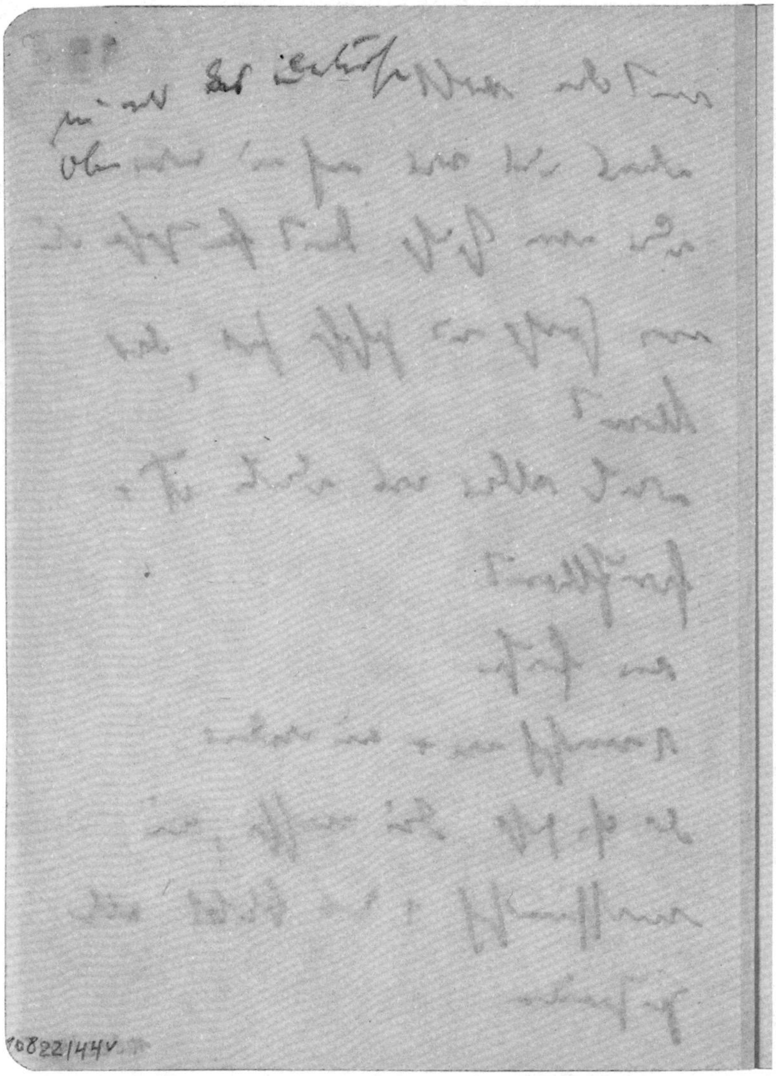

NB 23, 44v

nie war [es]*das* unterste

oben

⟨nachgetragene Ergänzung wohl zu 44r.12⟩

⟨44r.12←⟩ + geht nicht mehr in die häuser
+ haben genug essen für dich
kaumann und für dich geht es
richtig koch weil du diese leiden-
schaft hast, daß es richtig gehn
soll.
und das ist nicht
⟨einen⟩ weil es 1 gott gibt [sonde]*den* gibt
es nicht sondern
weil der mensch vordringt du
der kenntnis
⟨→46r.1⟩ daß zuerst das essen kommt.

⟨Z. 7–12 teilweise Durchschlag der Tinte von 46r.7–11⟩

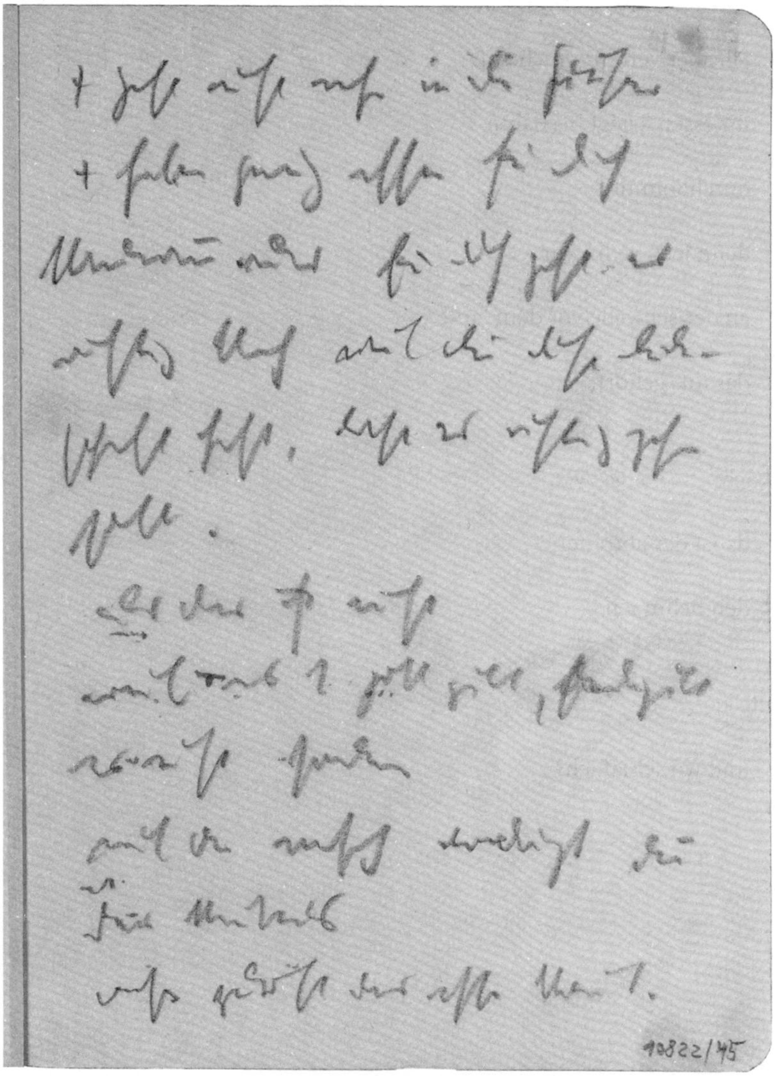

NB 23, 45r

⟨45r.12 ←⟩ ich aber verbürg mich daß
ihr essen kriegt bis dahin +
durchkommt
denn jetzt stehn wir
an der schwelle vor dem land
das uns gehört.

koch
da ~~ist~~ der abtreifer
den nehm ich.

⟨Kaumann⟩ die k.
⟨→ 47r.1⟩ und wo schlaf ich?

⟨Z. 7–11 schwarze Tinte⟩

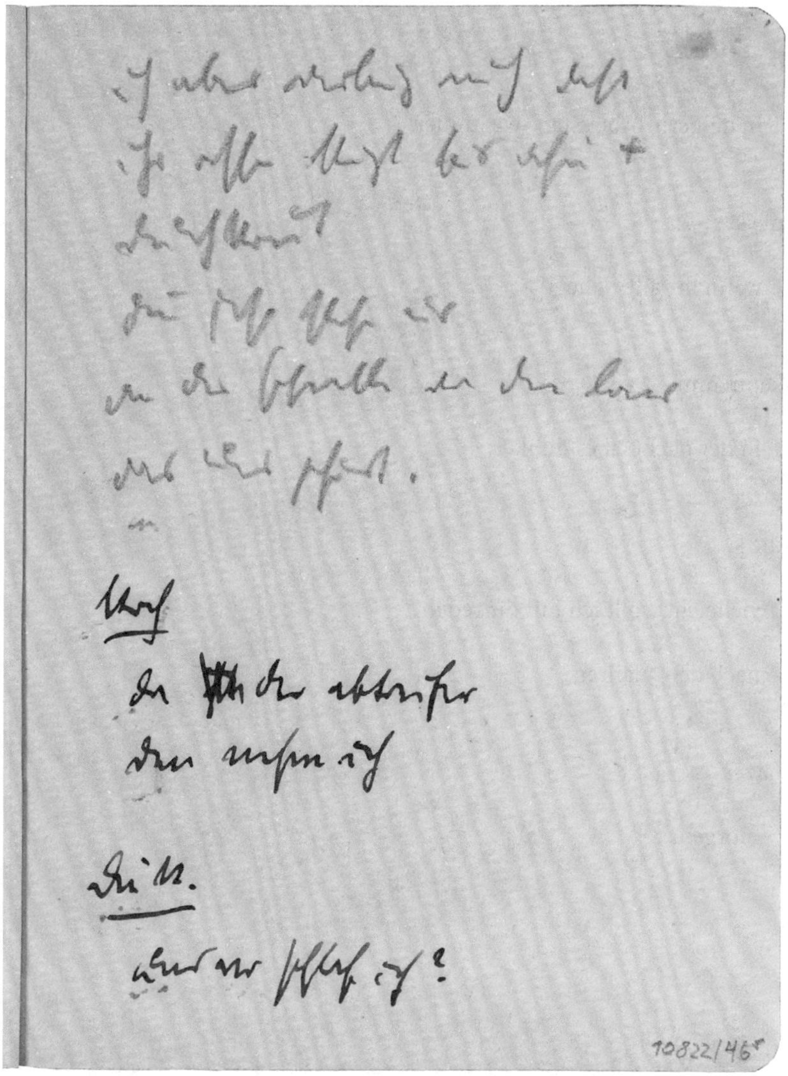
10822/46r

⟨46^{r}.11 ←⟩ b
⟨Büsching⟩

in deine[m]*r* bettstatt wie immer.

⟨Kaumann⟩ die k

wenn ihr alle daliegt? –

kaumann

in der nacht ist es dunkel

die k.

vielleicht wollt ich mit dir reden

nach den 3 jahren

fatzer

⟨→ 48^{r}.1⟩ morgen.

⟨ganze Seite schwarze Tinte⟩

3 die k] ⟨danach Durchschlag der Tinte von 48^{r}.3⟩

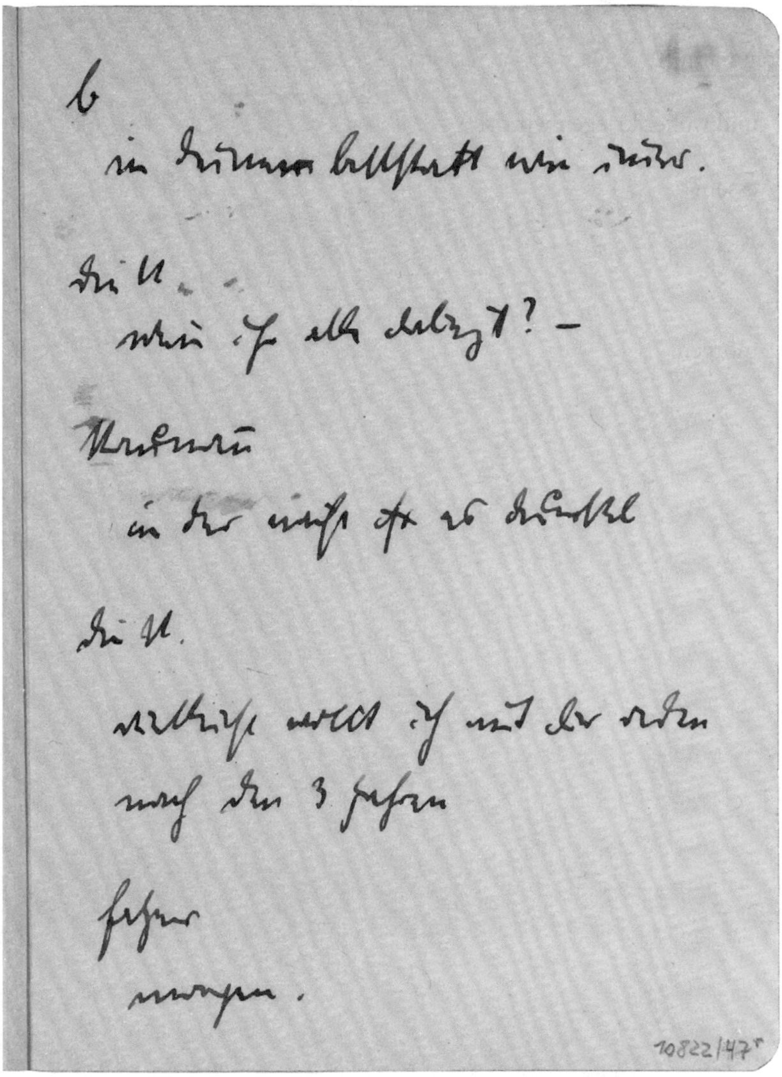

NB 23, 47r

⟨47r.11←⟩ kaumann

und woher kriegen wir das

essen?

⟨Fatzer⟩ f

⟨→49r.1⟩ morgen.

⟨ganze Seite schwarze Tinte; ursprünglich nachfolgendes Blatt herausgerissen: →BBA 110/17⟩

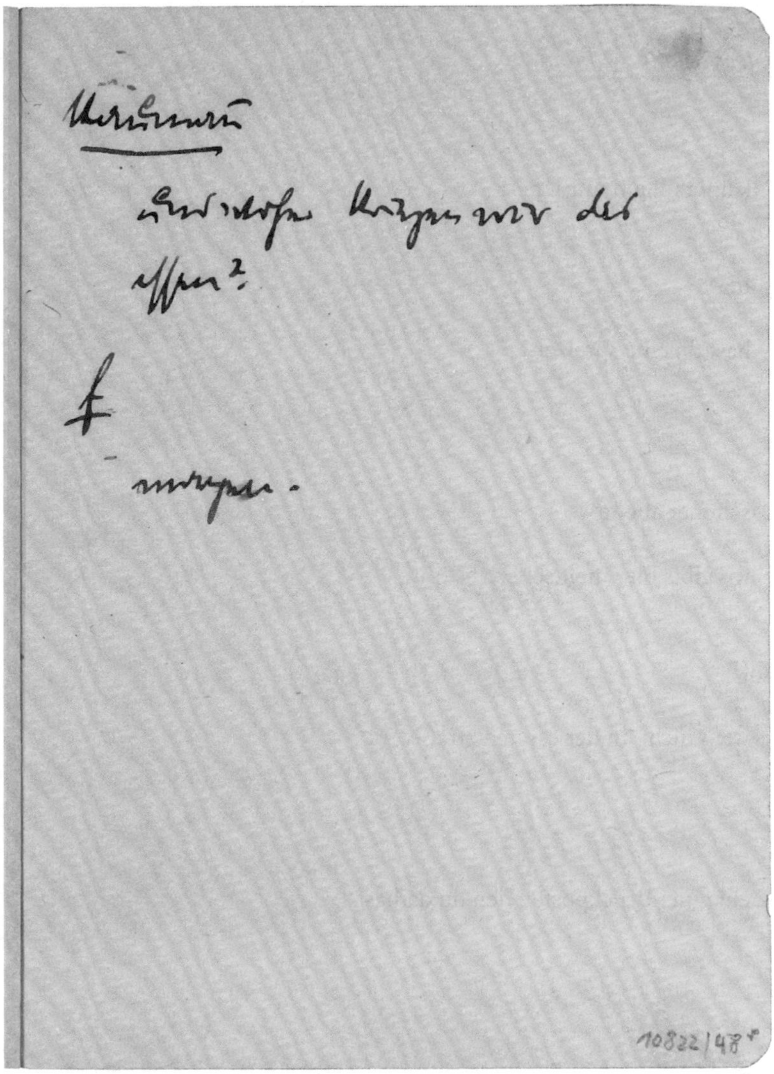

NB 23, 48^{r}

⟨48r.5←⟩ *fatzer schafft 3 brot.*

⟨Fatzer⟩ f

kamerad! gib mir feuer!

soldat

hast du eine spreizen?

f

schöner abend!

wo gibts hier mentscher?

⟨Soldat⟩ sol

weiß nicht. in der essener straße.

f

⟨→ 50r.1⟩ ein guter druckposten den du da hast

⟨ursprünglich vorangehendes Blatt herausgerissen: → BBA 110/17; Z. 1⟩ fatzer schafft brot. ⟨und Unterstreichungen zusammen mit den Tinteneintragungen 32r.1, 57r.1 und 64r.1 mit schwarzer Tinte nachgetragen⟩

7 schöner] ⟨andere Lesart:⟩ schönen

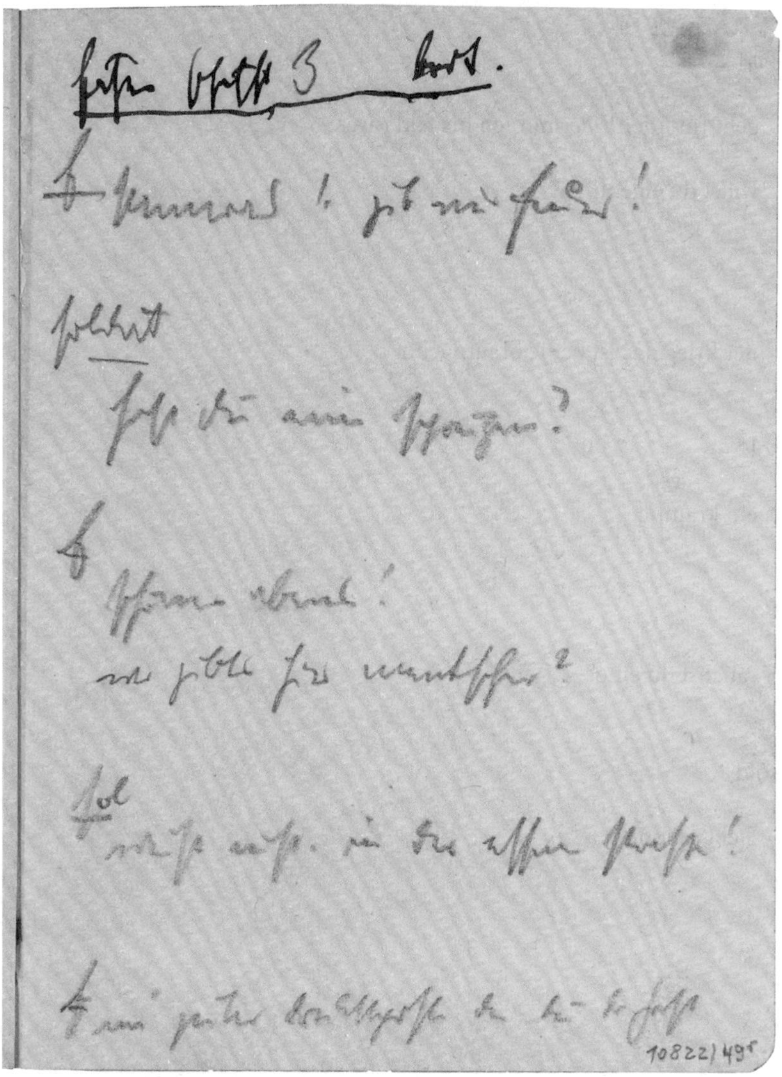

NB 23, 49r

⟨49r.12←⟩ ⟨Soldat⟩ sold

geht [morgen]*über*morgen ins feld / was

willst du eigentlich?

⟨Fatzer⟩ f

der krieg das ist keine brautnacht.

sold

ein krampf

f

rauchst du eine?

sold

⟨→51r.1⟩ zieht schon.

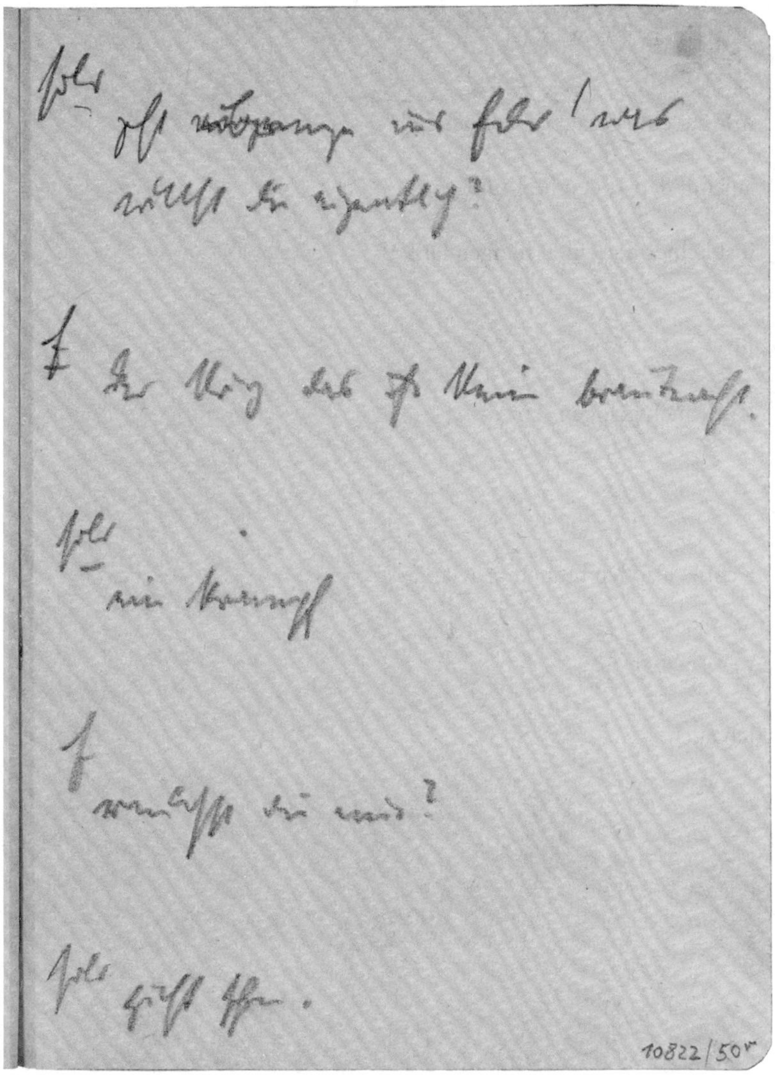

NB 23, 50r

⟨50r.11 ←⟩ f
⟨Fatzer⟩

mir hat eine gesagt du kennst dich
aus mit den zügen hier und
bist keiner der einen hängen läßt.

⟨Soldat⟩ sold

kann auch gelogen sein

f

richtig. also ich brauch proviant.

sold

⟨→ 52r.1⟩ ich auch.

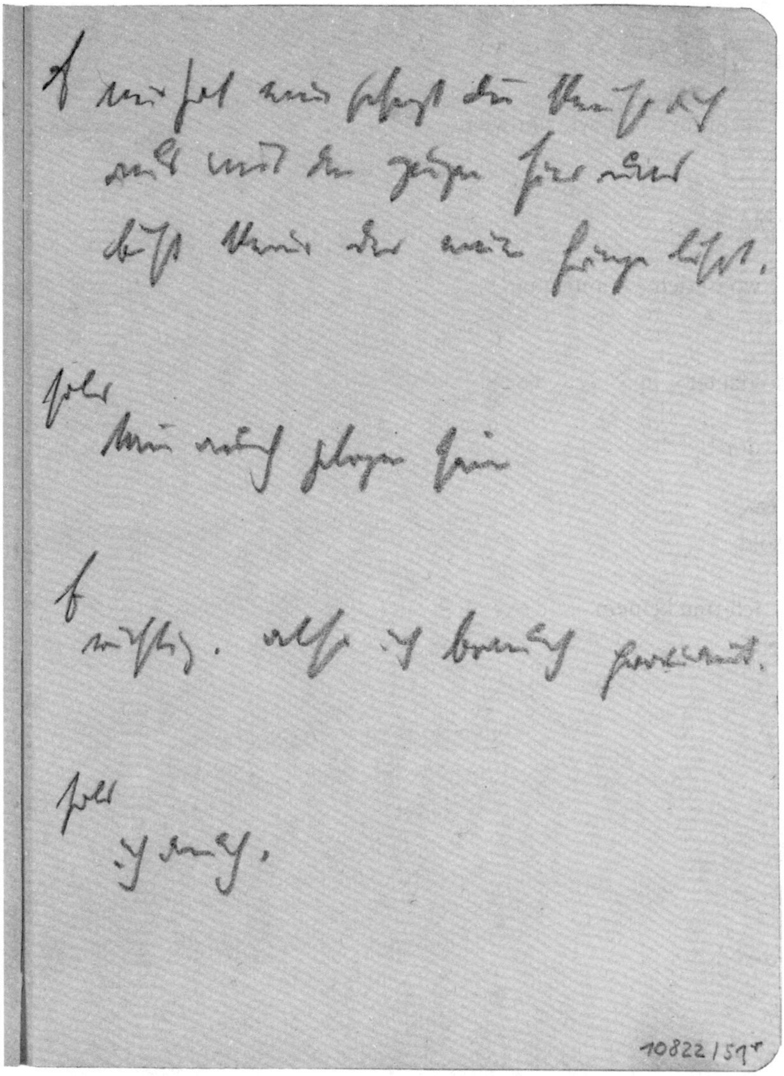

NB 23, 51r

⟨51r.10←⟩ ⟨Fatzer⟩ f

nicht für mich. wir sind vier.

⟨Soldat⟩ sold

wo ist deine kompagnie?

f <deutet>

dort!

sold

⟨→53r.1⟩ ich trau keinem.

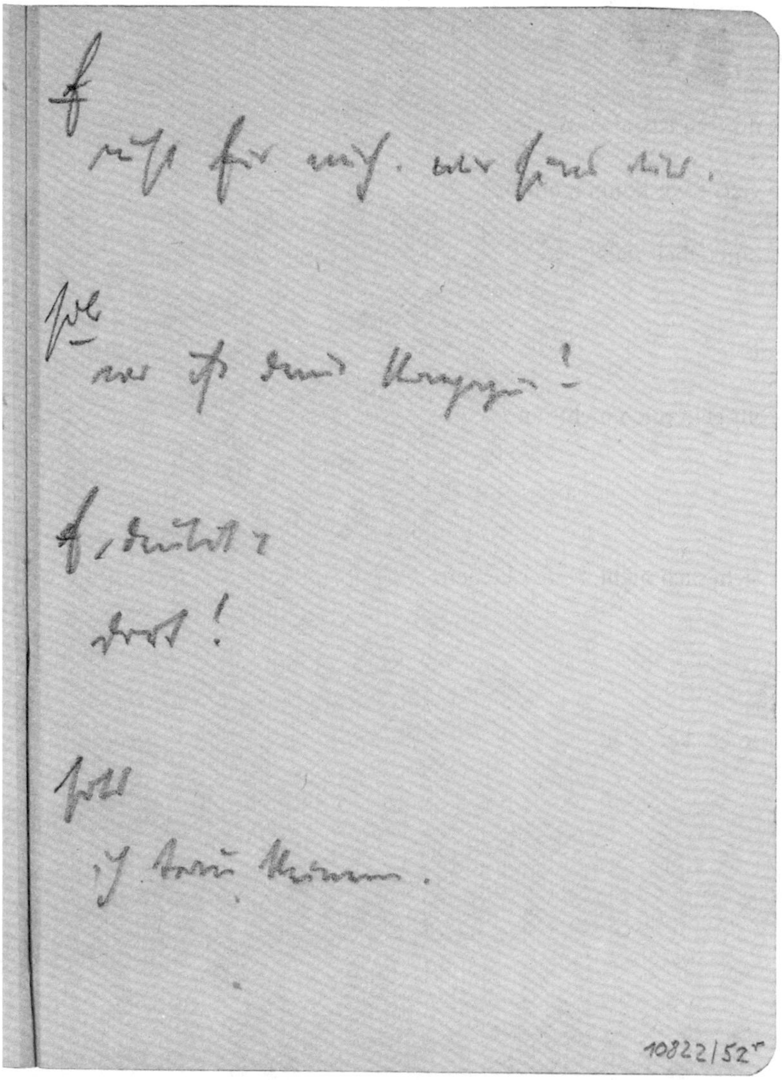

NB 23, 52r

⟨52r.8 ←⟩ ⟨Fatzer⟩ f

dir trau ich. also wir sind

vier. + wir können nur bei

dunkelheit raus.

⟨Soldat⟩ sold

ihr geht mich nichts an

f

sicherlich nicht. keiner keinen.

sold

⟨→ 54r.1⟩ so ists kamerad

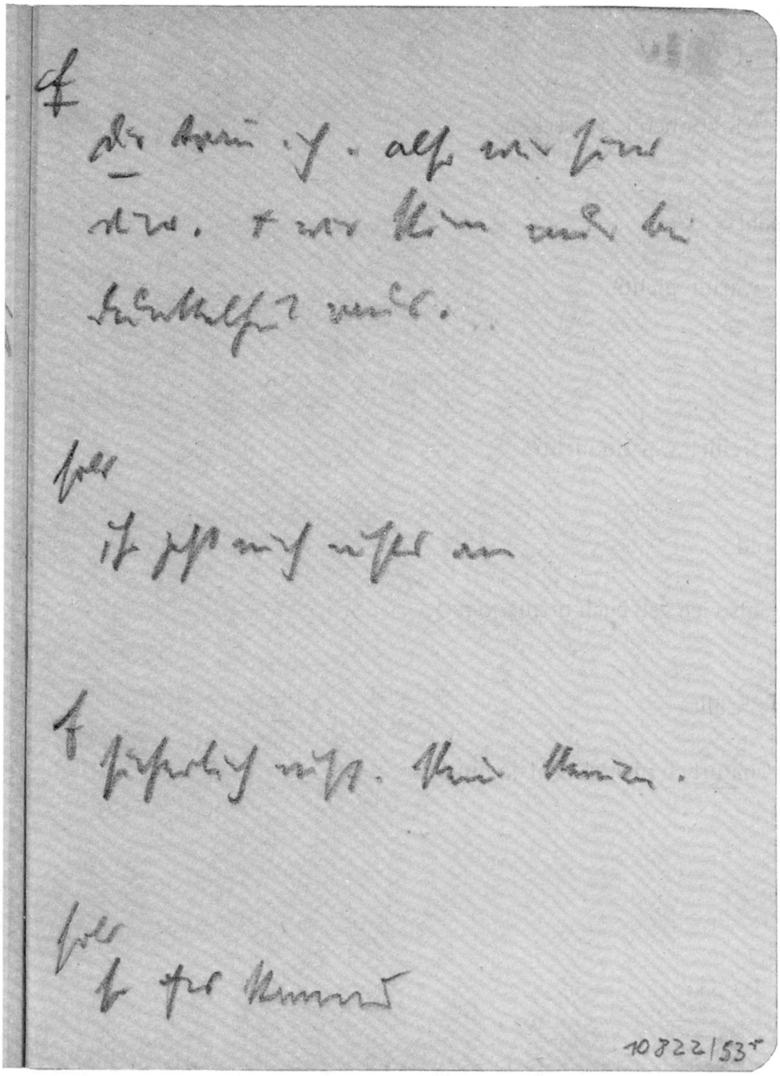

NB 23, 53r

⟨53r.10←⟩ f
⟨Fatzer⟩

wir können ja verrecken.

⟨Soldat⟩ sold

warum nicht?

f

freilich warum nicht?!

sold.

also ich geb euch nichts. ~~verst¿~~

f <brüllt>

⟨→55r.1⟩ natürlich nichts! – [als]*sch*meckt

9 <brüllt>] ⟨wohl nachgetragen⟩

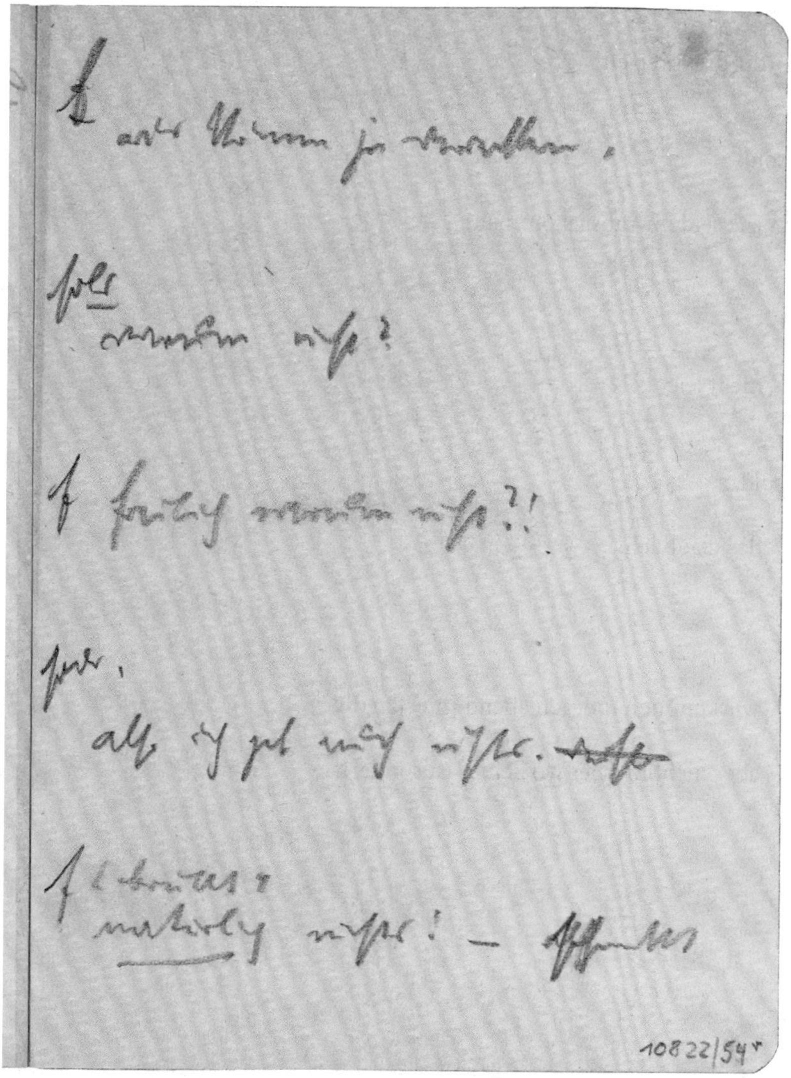

NB 23, 54r

⟨54r.10←⟩ dir die spreizen?

⟨Soldat⟩ sold.

wie seid ihr rausgekommen?

⟨Fatzer⟩ f.

nicht leicht.

sold.

das glaub ich.

f

wir kommen morgen abend [hier]*zu* dir.

⟨→56r.1⟩ aber nicht hierher wo keiner ist sondern

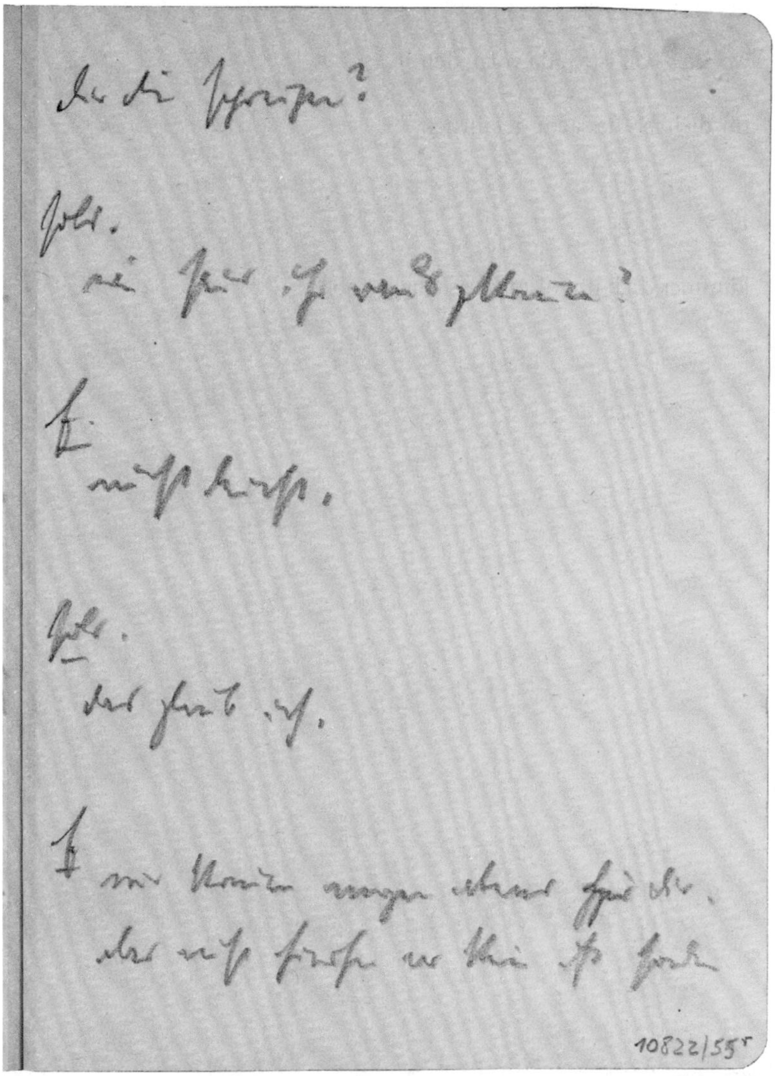

NB 23, 55r

⟨55r.10 ←⟩ wo alles voll ist[.], da vorn. denn

für dich ist die sache gefährlich.

⟨Soldat⟩ sold.

⟨→ 57r.1⟩ kümmer dich um d[ie]*ei*ne sachen! <ab>

⟨Z. 1 teilweise Durchschlag der Tinte von 57r.1⟩

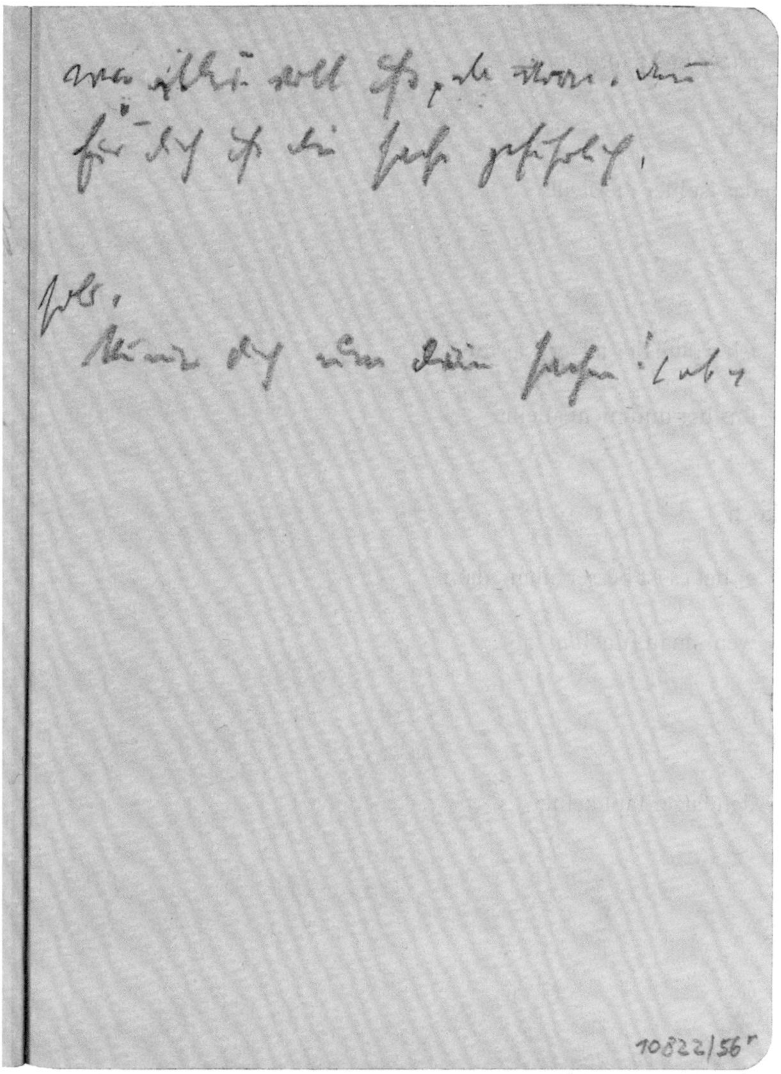

NB 23, 56r

⟨56r.4←⟩ *fatzer ist 4 abgehalten*

koch

das ist hier die stelle

⟨Büsching⟩ b

ich wollte der fatzer wär mit
uns her und nicht allein.

koch

~~er hat~~ es ist besser allein. damit
wenn man [uns]*ihn* faßt.

b

⟨→ 58r.1⟩ den fatzer faßt keiner.

⟨Z. 1⟩ fatzer ist abgehalten ⟨und Unterstreichungen zusammen mit den Tinteneintragungen 32r.1, 49r.1 und 64r.1 mit schwarzer Tinte nachgetragen⟩

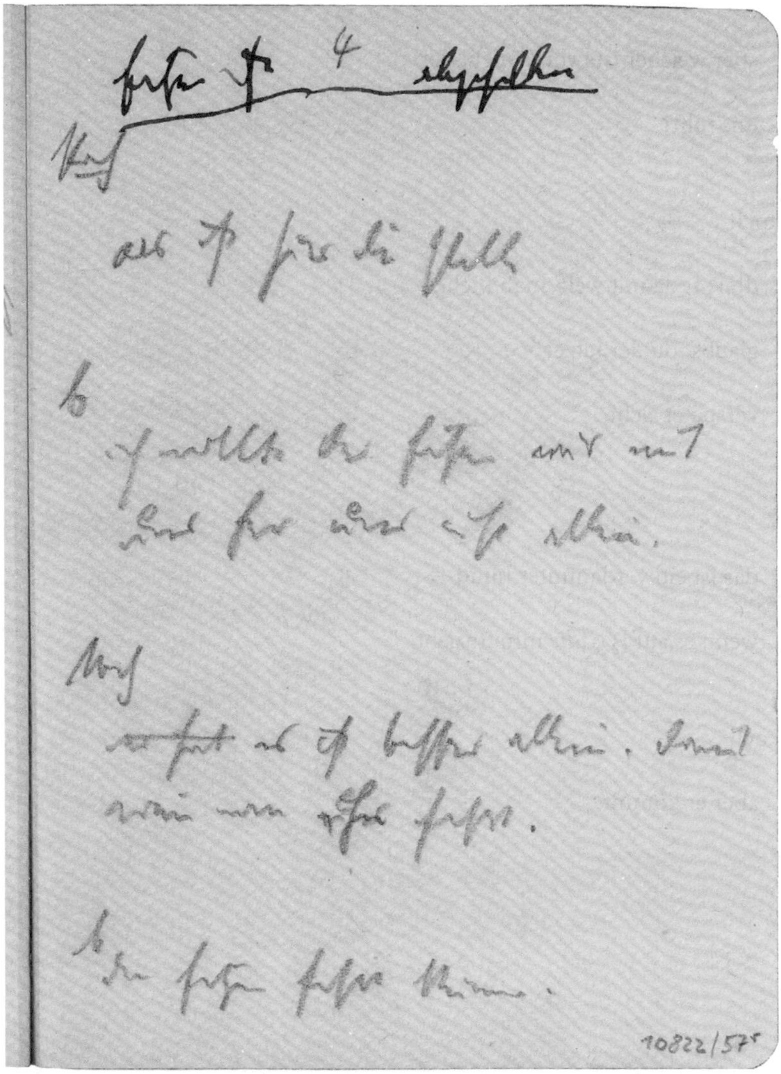

NB 23, 57r

⟨57r.11←⟩ aber welcher ists von denen, der
uns hilft?

koch
d[er]*as* ~~da mit~~ weiß man nicht.
glaubst du der fatzer
verspätet sich?

⟨Büsching⟩ b
das ist ein verdammter hund
wenn es auf [¿¿¿]*die* minute geht!

koch
⟨→59r.1⟩ aber er kommt.

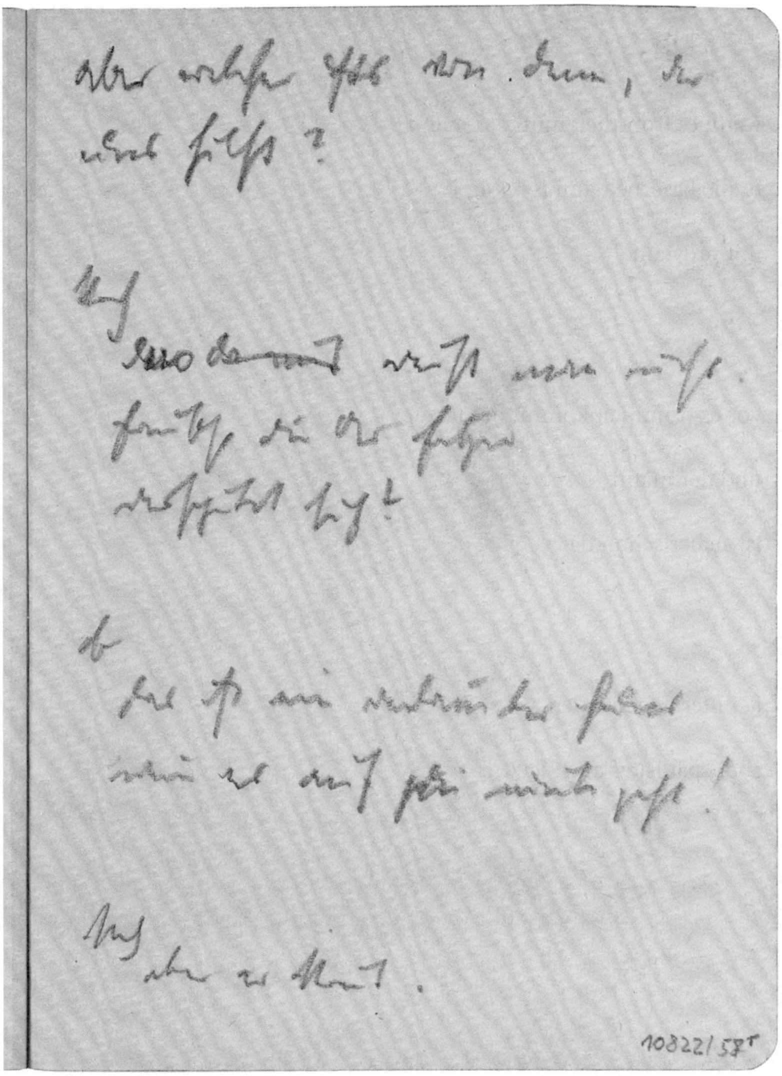

⟨58r.11 ←⟩ b
⟨Büsching⟩

wenn es trommelt muß der mann
in die kaserne dann ist essig
mit proviant.

⟨Koch⟩ k

vor es trommelt kommt der fatzer
und der mann
ist sicher schon da

b

ja unter denen ist er.
⟨→ 60r.1⟩ aber spät ist es auch jetzt.

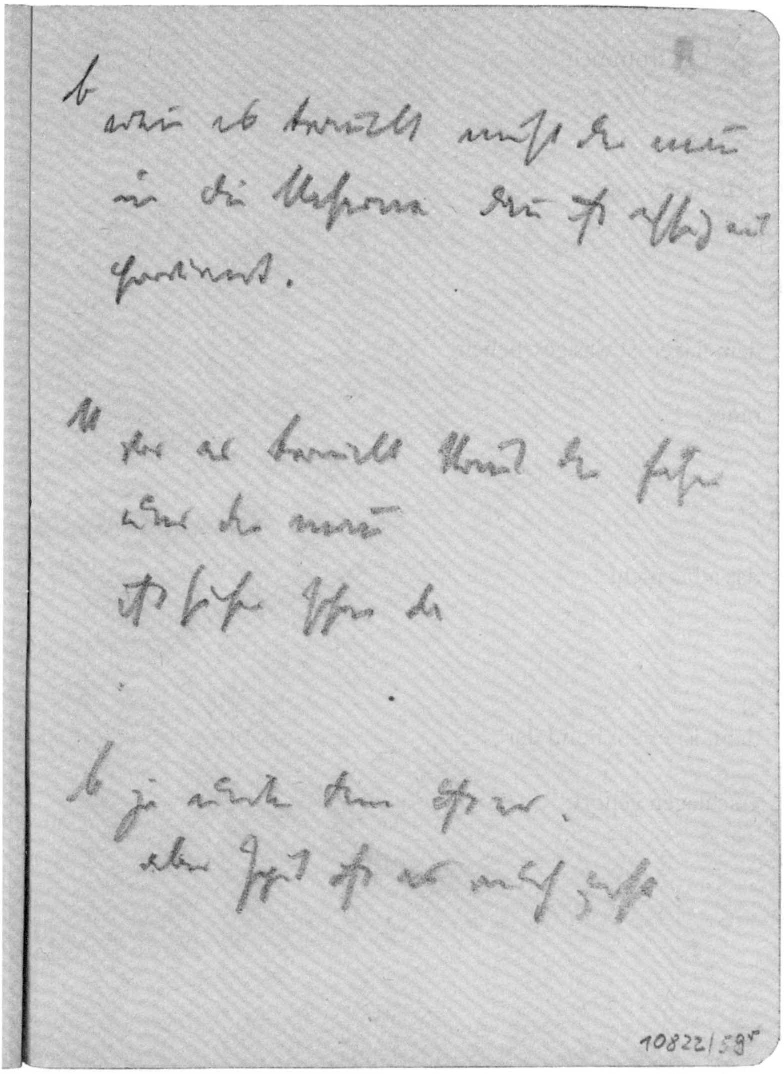

NB 23, 59r

⟨59r.11 ←⟩ es trommelt

⟨Büsching⟩ b

jetzt ist es essig

⟨Koch⟩ k

dem fatzer ist was geschehen
muß.

b

das gibts nicht.

k

dann ist er ein hund der
⟨→ 61r.1⟩ erschlagen gehört.

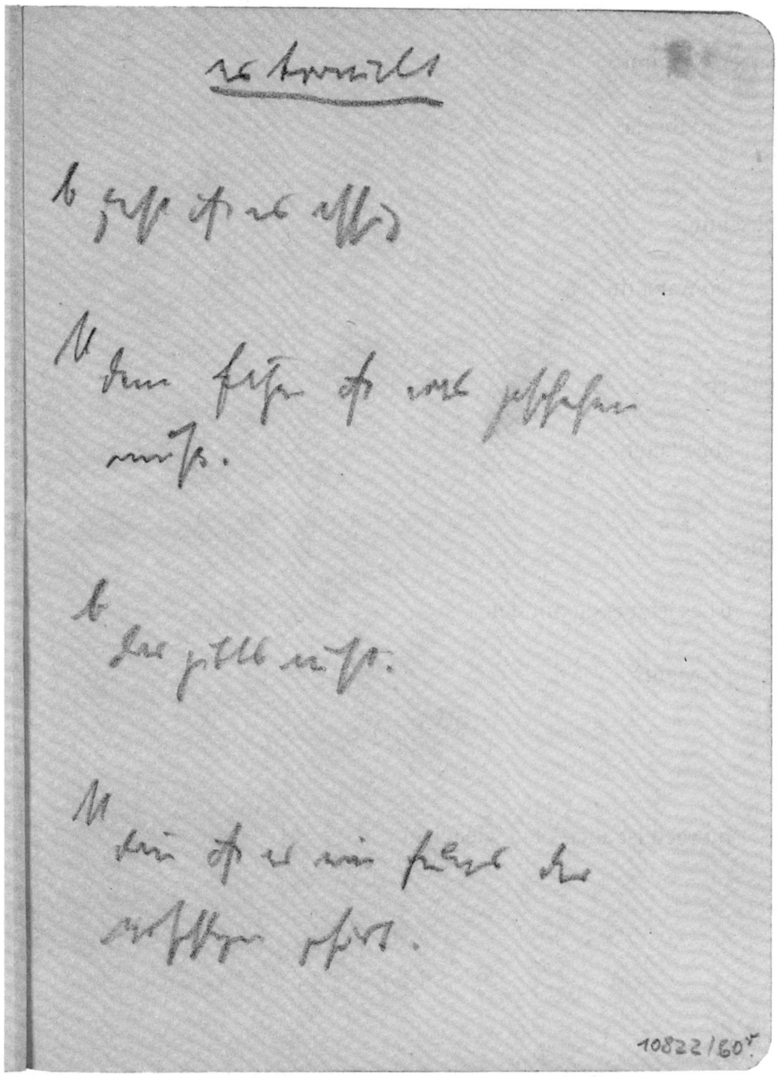

NB 23, 60ʳ

⟨60r.11 ←⟩ fatzer <kommt>

seid ihr da?

büsching:

wo warst du?

fatzer:

abgehalten.

koch:

ist es jetzt essig mit dem
proviant?

⟨Fatzer⟩ f

⟨→ 62r.1⟩ morgen ist auch 1 tag. vielleicht

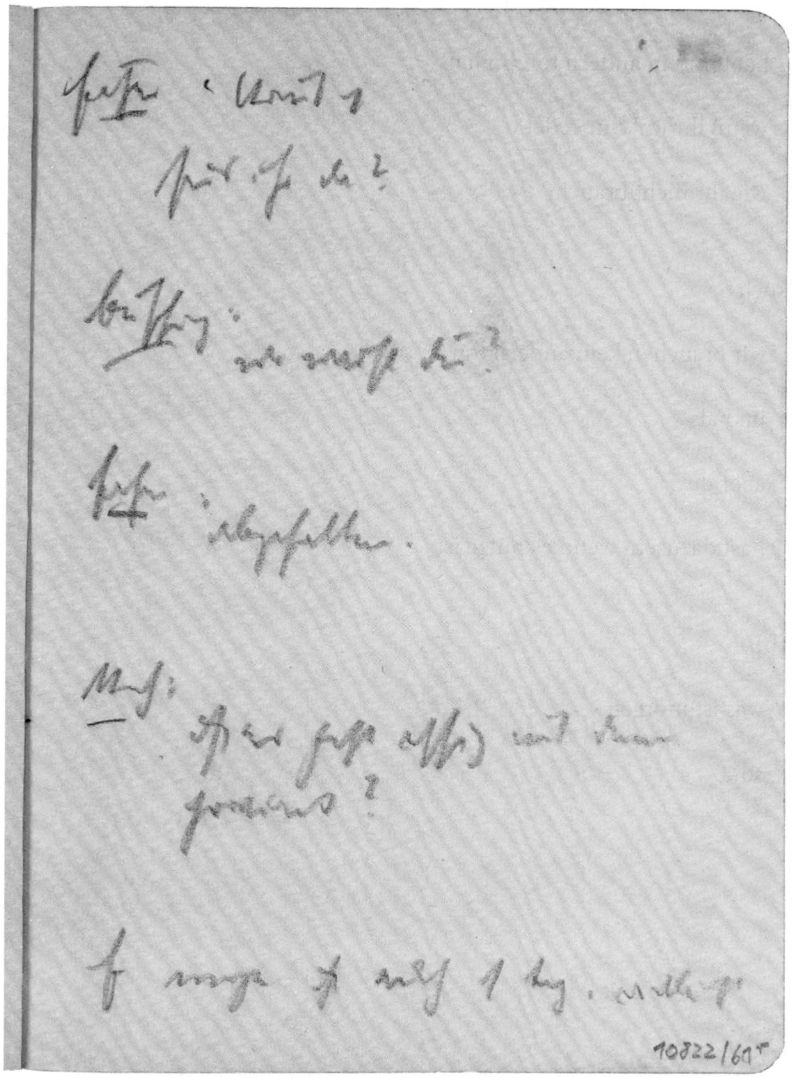

NB 23, 61r

⟨61r.11←⟩ habt ihr ein andern ton im hals
wenn ihr mit mir redet
wie ihr nicht braucht

koch
wir brauchen kein andern ton
im hals
aber du
hast dazusein wenn es nütze ist.

⟨Büsching⟩ ⟨Fatzer⟩ [b]*f.*
~~was ist morgen~~
⟨→63r.1⟩ so?

2 wenn] ⟨andere Lesart:⟩ wie
3 wie] ⟨andere Lesart:⟩ wenn
8 nütze] ⟨andere Lesart:⟩ nötig

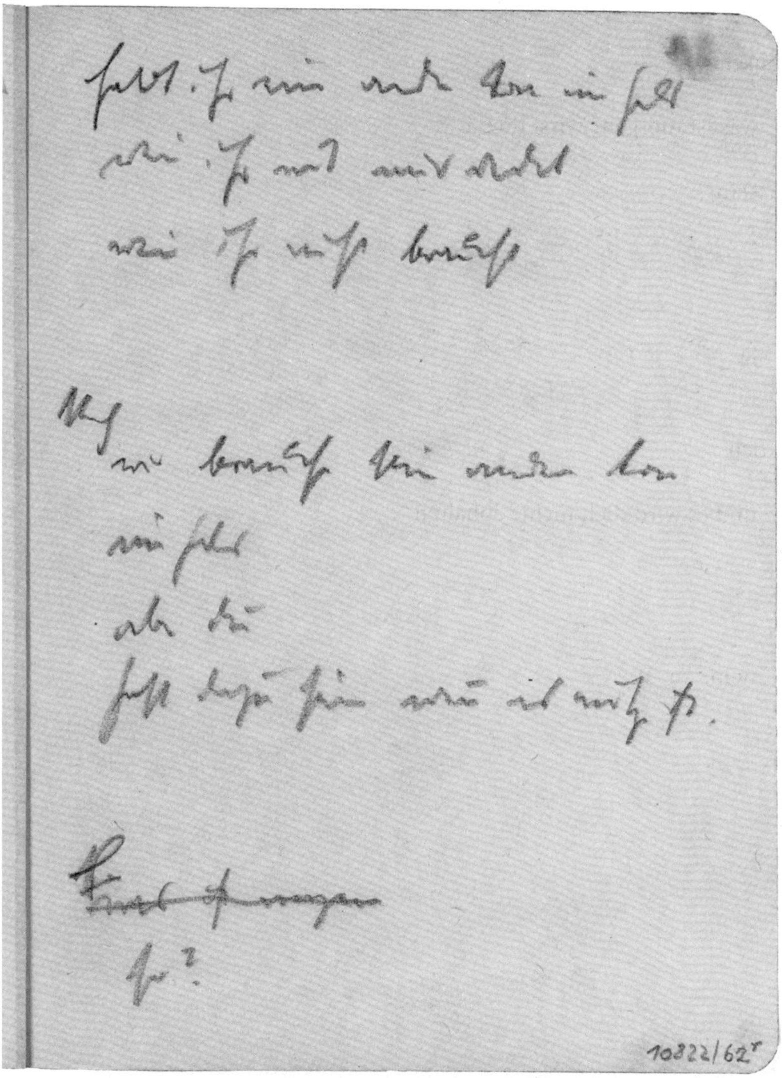

10822/62r

NB 23, 62r

⟨62r.11←⟩ büsching

was ist morgen? wirst du da

sein?

⟨Fatzer⟩ f.

ja

koch

und es wird dich nichts abhalten?

f.

⟨→64r.1⟩ nein.

⟨Z. 1 teilweise Durchschlag der Tinte von 64r.1⟩

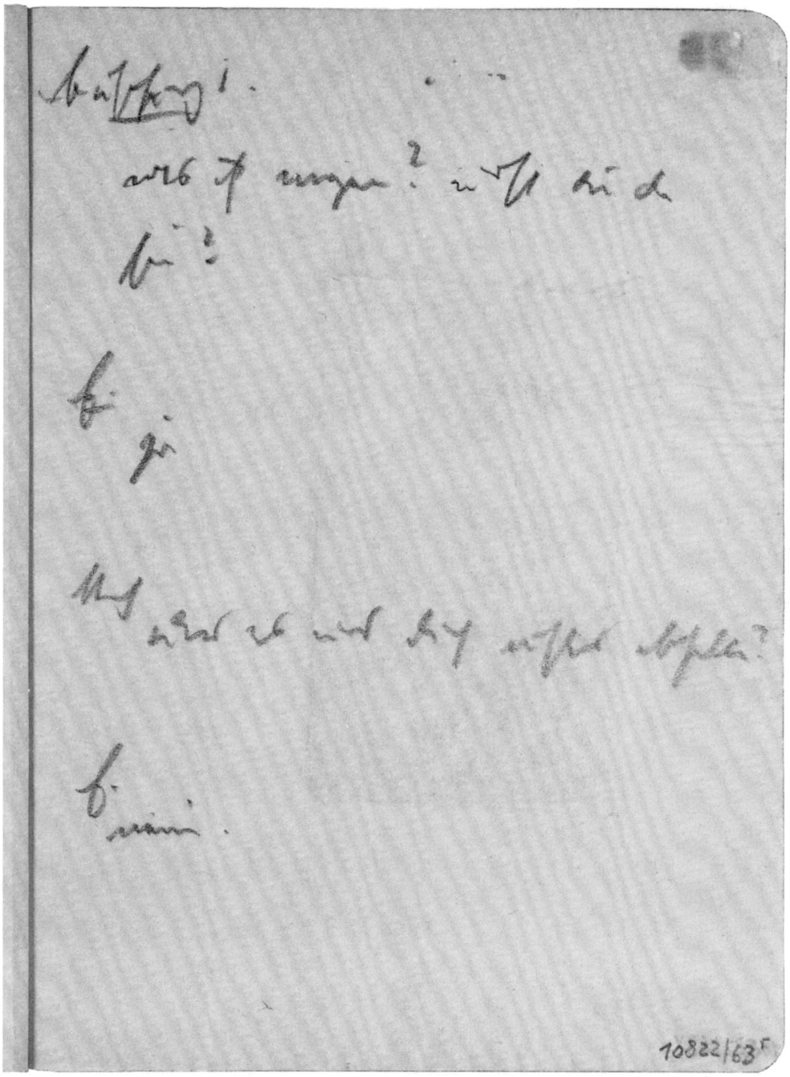

NB 23, 63r

NB 23, 63v

⟨eingeklebte Fotografie⟩

⟨63r.9 ←⟩ *der 2. 5 abend*

koch:

wo ist der fatzer?

⟨Büsching⟩ b.

er stand neben mir.

er hat gesagt er muß

austreten.

—

b. jetzt sind schon viele

⟨→ 65r.1⟩ vorübergegangen.

⟨Z. 1⟩ der 2. abend ⟨und Unterstreichung zusammen mit den Tinteneintragungen 32r.1, 49r.1 und 57r.1 mit schwarzer Tinte nachgetragen⟩

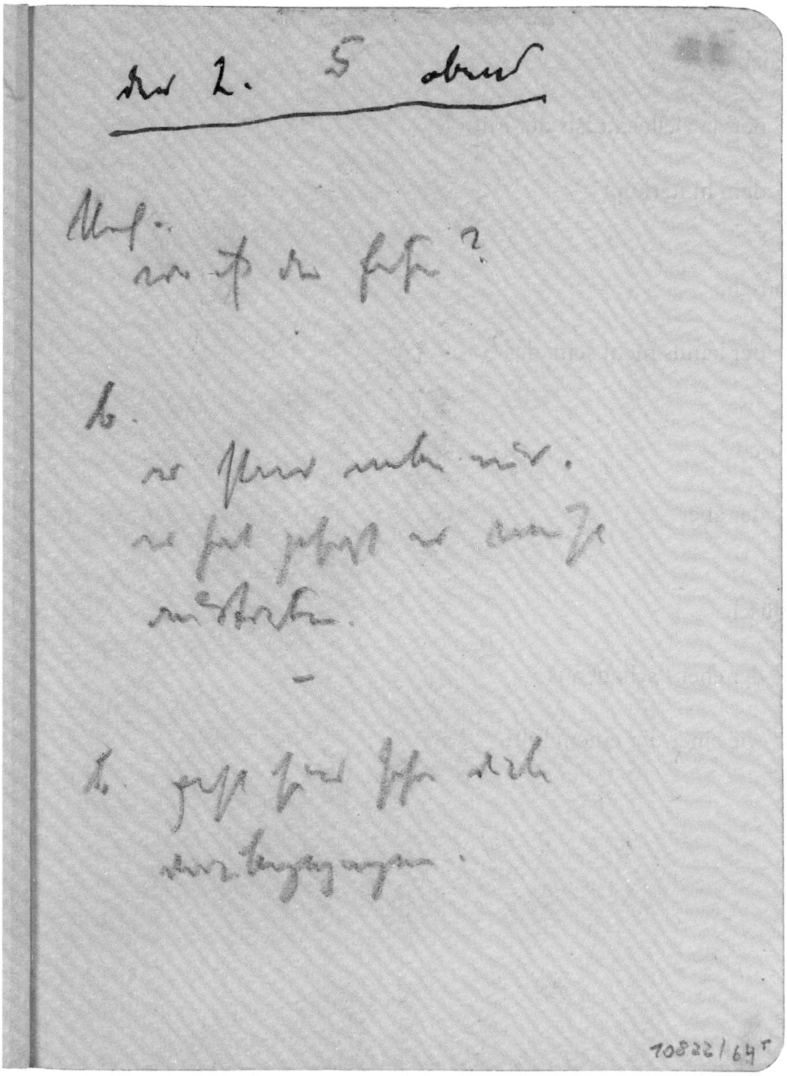

NB 23, 64^r

⟨64r.10 ←⟩ koch:

der da vielleicht ists der mit
dem hinterkopf?

⟨Büsching⟩ büsch.

der kanns nicht sein. ~~das~~

koch

der aber

büsch.

der eher / schaut aus
⟨→ 66r.1⟩ wie einer der einem hilft.

3 hinterkopf?] ⟨andere Lesart:⟩ hinterkopf!

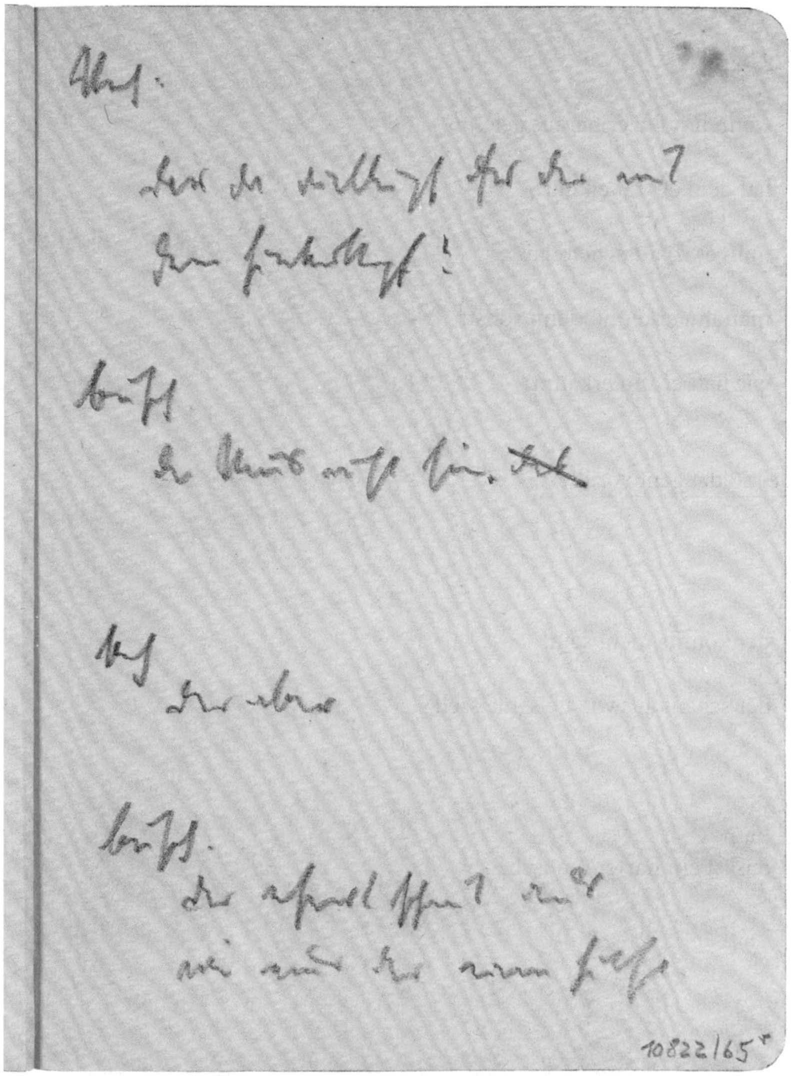

NB 23, 65r

⟨65r.10←⟩ koch

wenn ihn fatzer heraus gelesen
hat dem er trauen darf
muß er so aussehen daß
man ihn erkennt. denn sonst:
wie hätt er ihn erkannt?

der soldat geht vorüber

⟨Büsching⟩ b

der könnts nicht sein!
der schaut aus wie 1 eisenkessel!

⟨Koch⟩ k

ja.
⟨→67r.1⟩ das ist ein harter mensch.

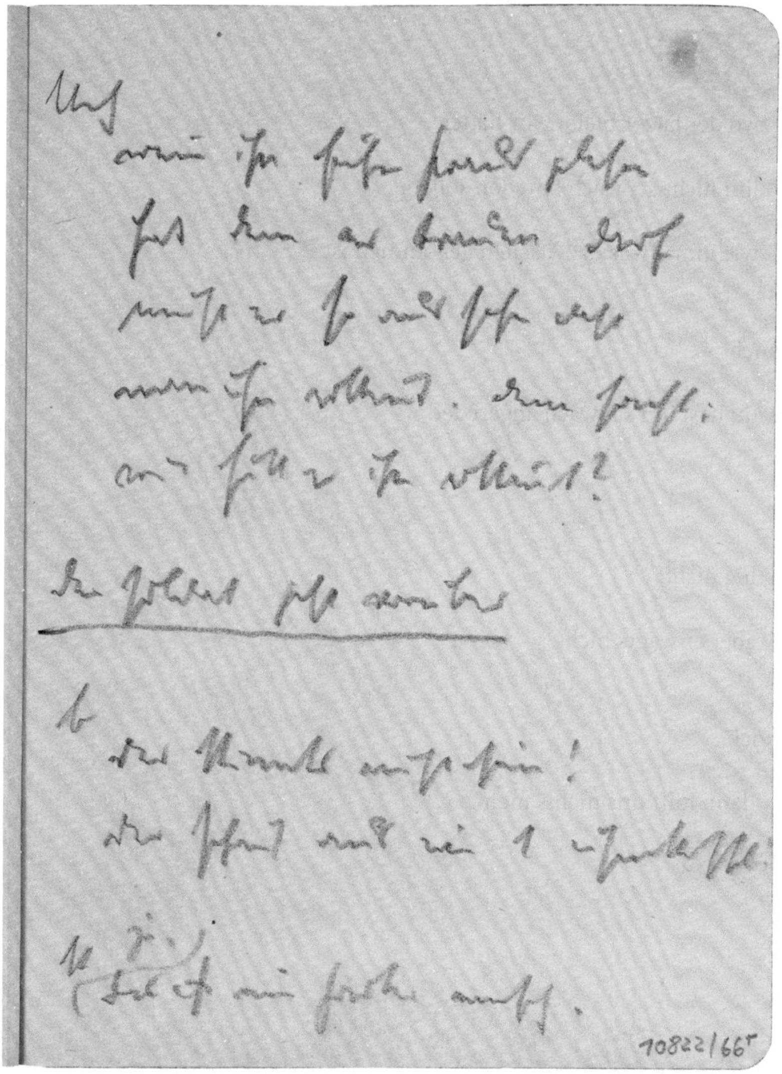

NB 23, 66r

⟨66r.13←⟩ ⟨Büsching⟩ b

wo der fatzer bleibt? ihr hättet
ihn nicht schwach anreden sollen
wie ihm etwas dazwischen gekommen ist

koch

du hast ihn schwach angeredet.

b

lüg nicht!
aber er wagts nicht.

koch

⟨→68r.1⟩ dann hilft uns nichts mehr.

2 bleibt?] ⟨andere Lesart:⟩ bleibt!

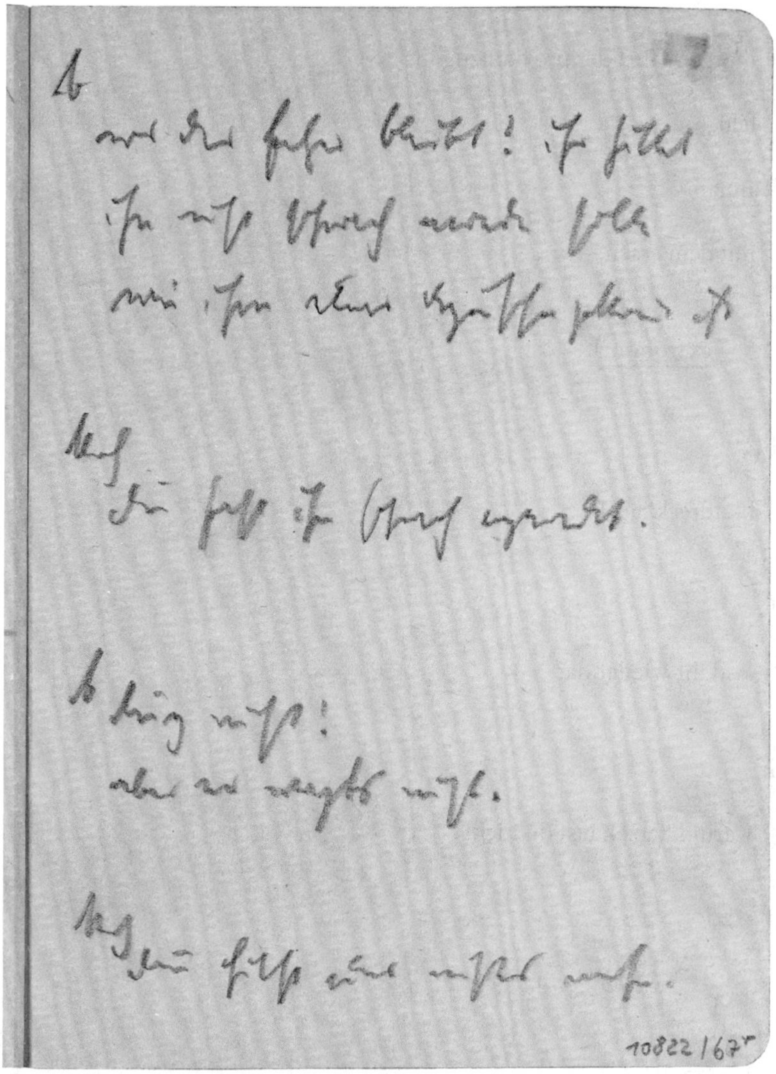

10822/67r

NB 23, 67r

⟨67r.11 ←⟩ morgen fährt der proviantzug ins

feld.

kauman:

mit dem essen.

es trommelt

⟨Büsching⟩ b

blutdreck! aus!

⟨Fatzer⟩ f

seid ihr wieder da?

k

⟨→ 69r.1⟩ warum, fatzer, bist du nicht

10 k] ⟨wohl Koch, vielleicht Kaumann⟩

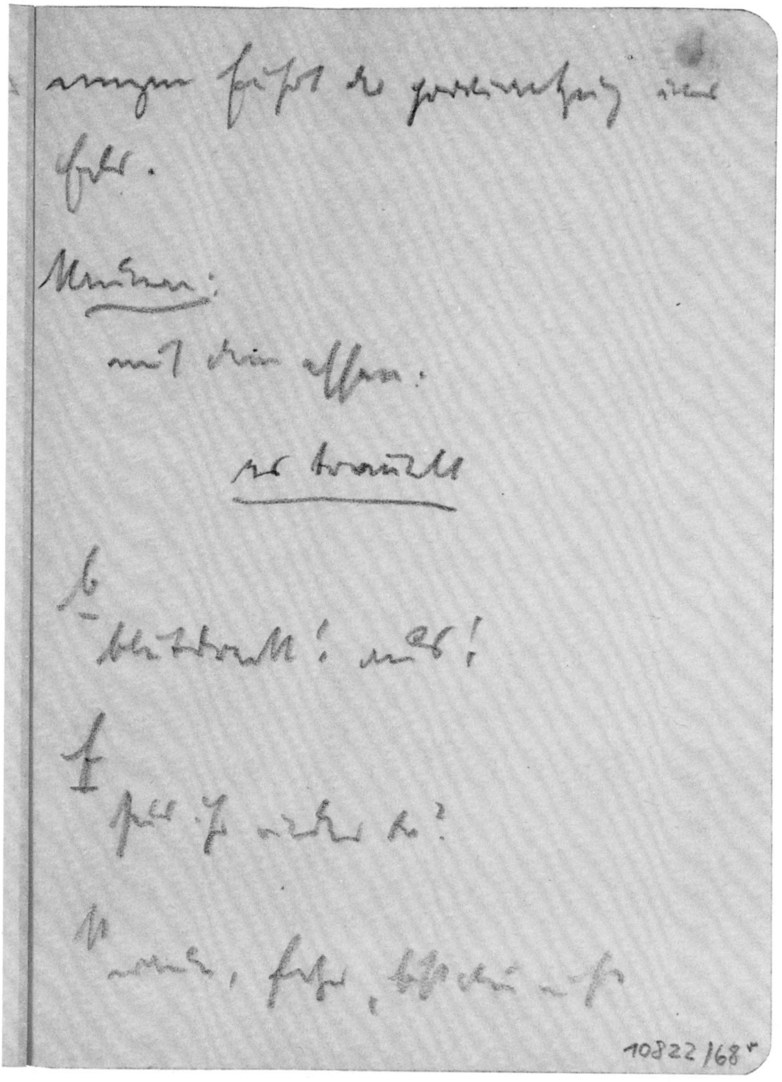

⟨68r.11 ←⟩ gekommen?

⟨Fatzer⟩ f. <lacht>

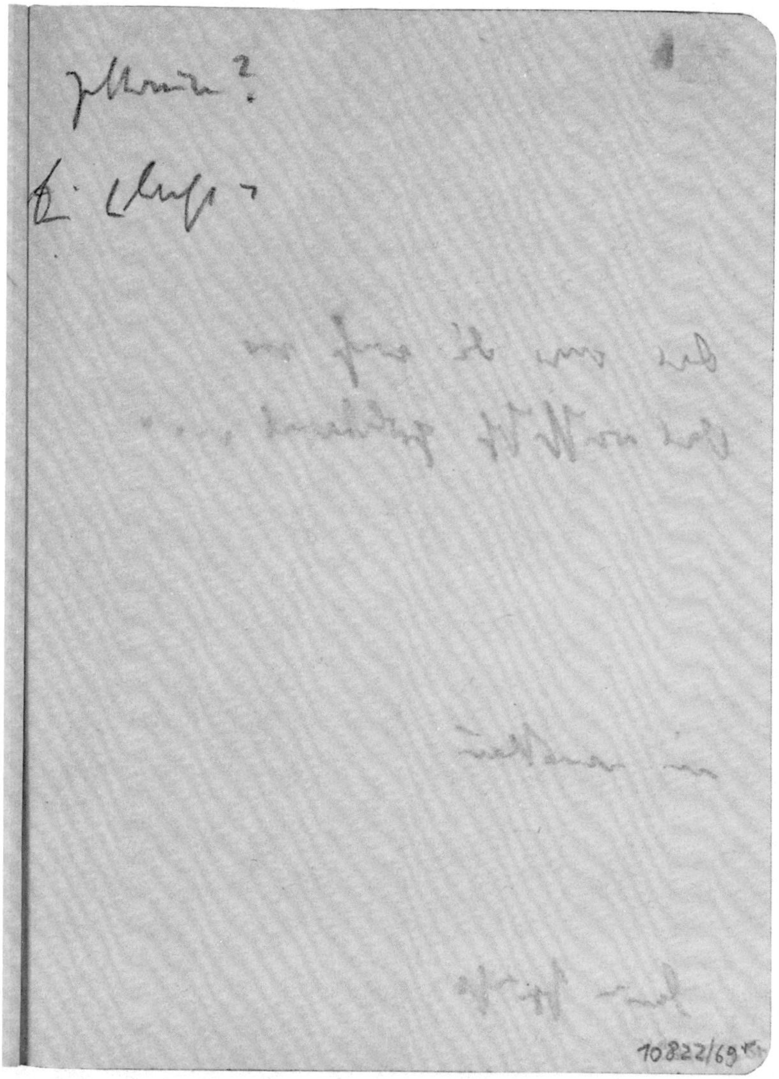

NB 23, 69r

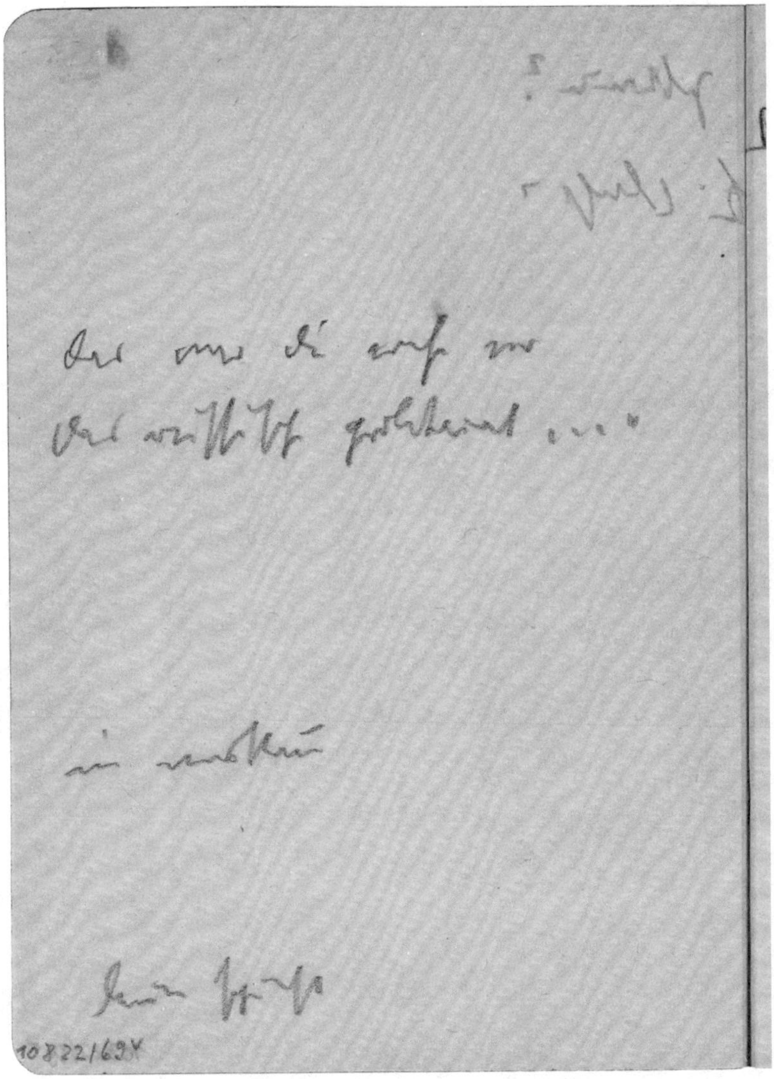

NB 23, 69v

das war die woche vor

das russische proletariat....

in moskau

lenin spricht

1 vor] ⟨andere Lesart:⟩ wo

6

⟨→70r.14⟩ ☒

fatzer hat ı zeitung und spricht

über new jork.

koch:

was hat es genützt? jetzt
laufen wir wie ratten in dieser
höhle herum, die keinen proviant
haben. so werden sie uns noch
herausziehen. wir können uns
nicht halten gegen alle.

büsching:

⟨→71r.1⟩ so nicht.

⟨70r.2←⟩ ☒

⟨Z. 3–4 hinter Z. 13 umgestellt⟩

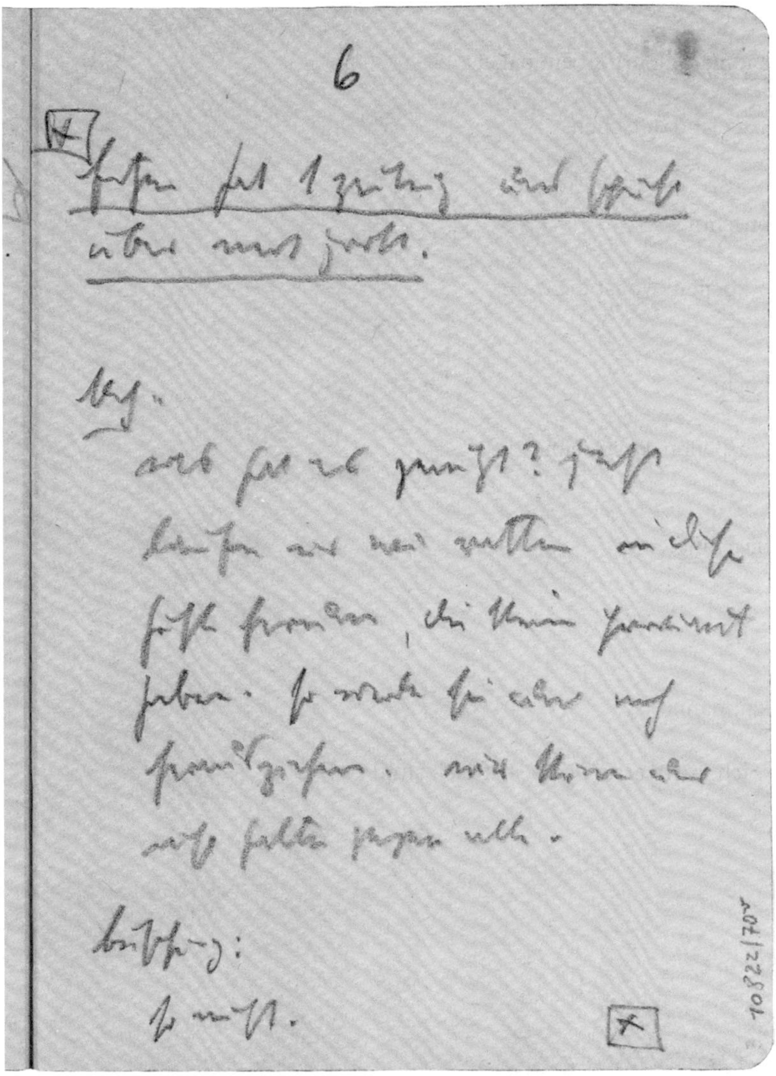

NB 23, 70r

⟨70r.13←⟩ kaumann: <bringt ein paket>

da sind dotschen.

büsching:

kochen! wo ist die frau?

koch:

arbeiten. koch selber!

büsching:

her!

kaumann:

⟨→72r.1⟩ ich ~~wart~~ versuche ob sie frisch sind!

10 ich ~~wart~~] h ⟨versehentlich mitgestrichen⟩

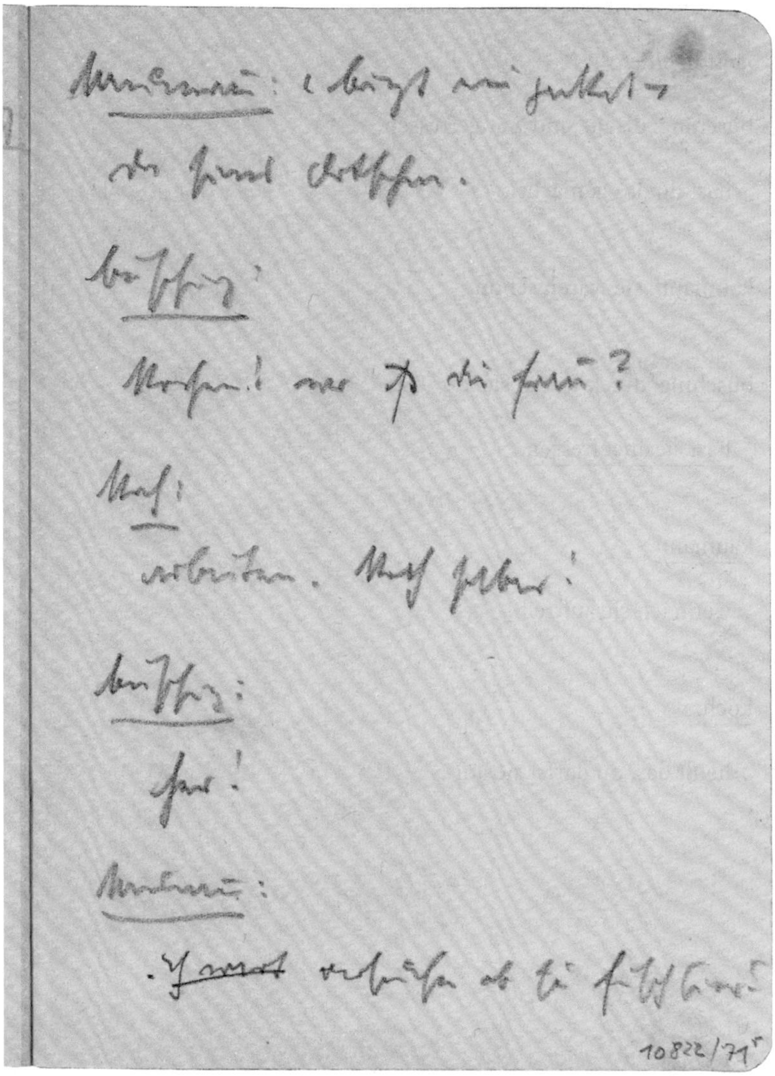

NB 23, 71r

⟨71r.10←⟩ <beißt in eine>

büsching: d[ie]*a* sind 2 angefressen.
hast du das gemacht?

kaumann: sie waren schon.

büsching: dreck waren sie. du
hast sie angefressen.

kauman:
wenn ich sie auftreib!

koch:
⟨→73r.1⟩ heißt das, du darfst sie auf-

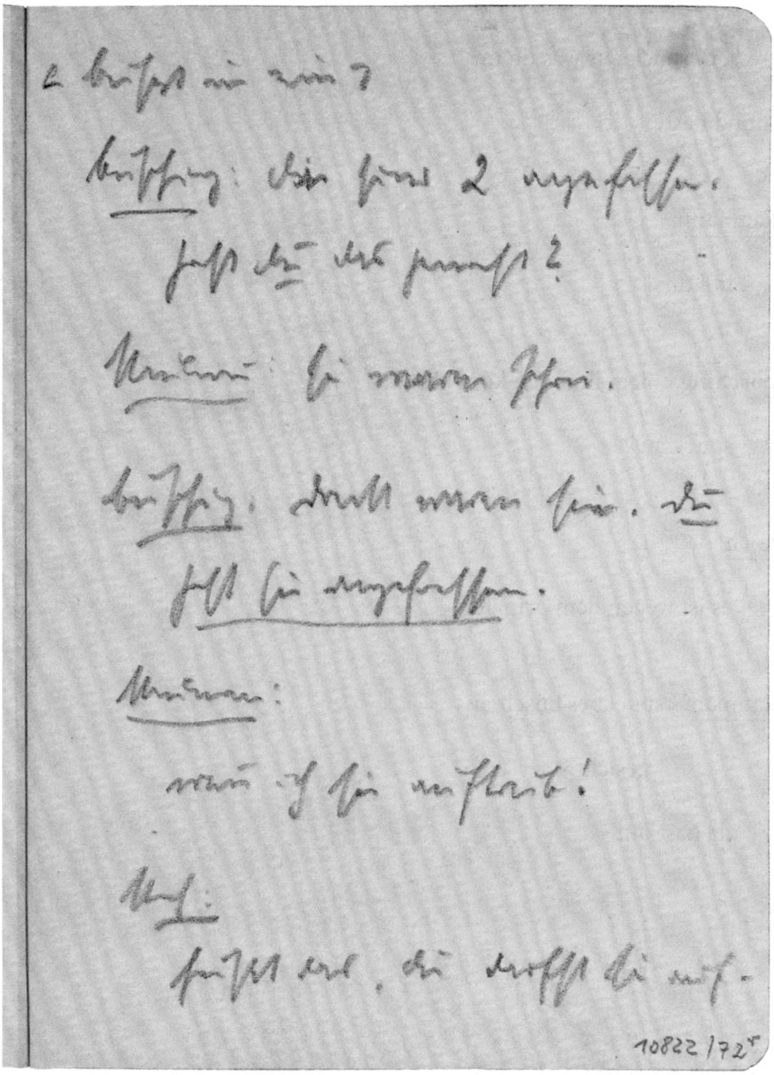

NB 23, 72r

⟨72r.10←⟩ fressen! spuck aus was du im

mund hast!

kaumann:

hol dirs!

büsching <biegt ihm den kopf hinter>

spuck aus!

koch:

es ist wegen dem prinzip!

⟨Büsching⟩ kauman: <spuckt es büsch. ins
gesicht>

⟨→74r.1⟩ da hast du!

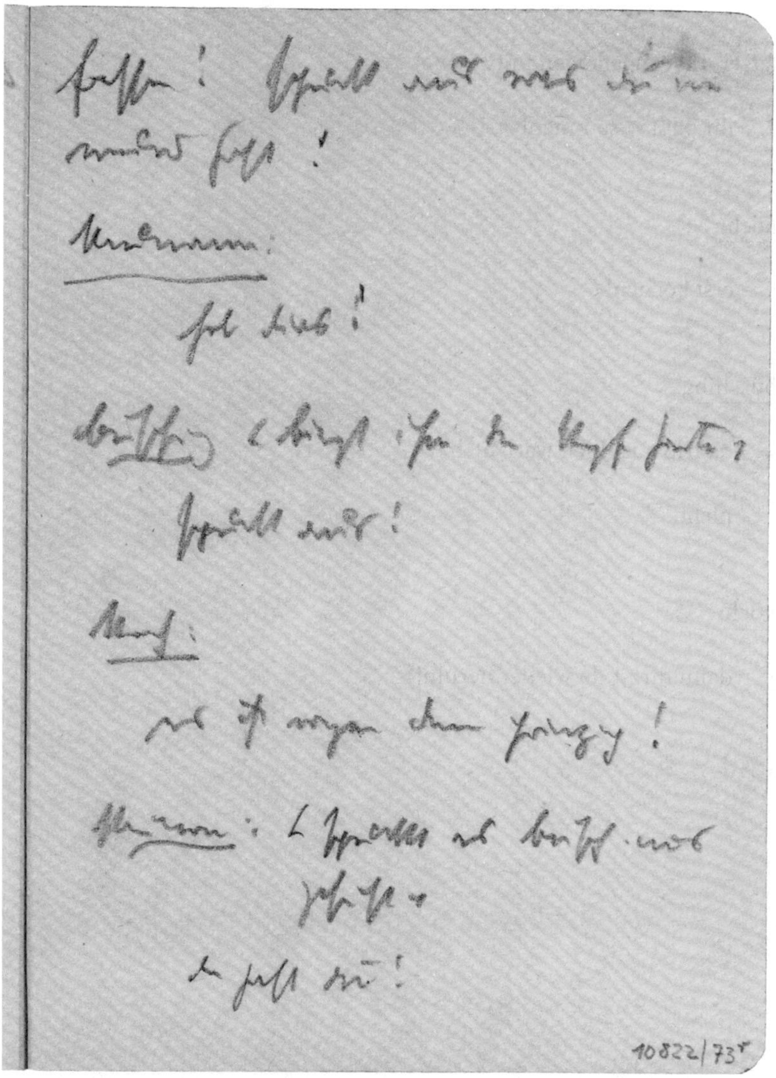

NB 23, 73r

⟨73r.11←⟩ fatzer <hat angefangen mit essen>

ihr paßt zusammen!

koch:

erst kochen!

büsching:

da friß auch! ich wart auch
nicht!

koch:

⟨→75r.1⟩ dann furzst du wieder herum!

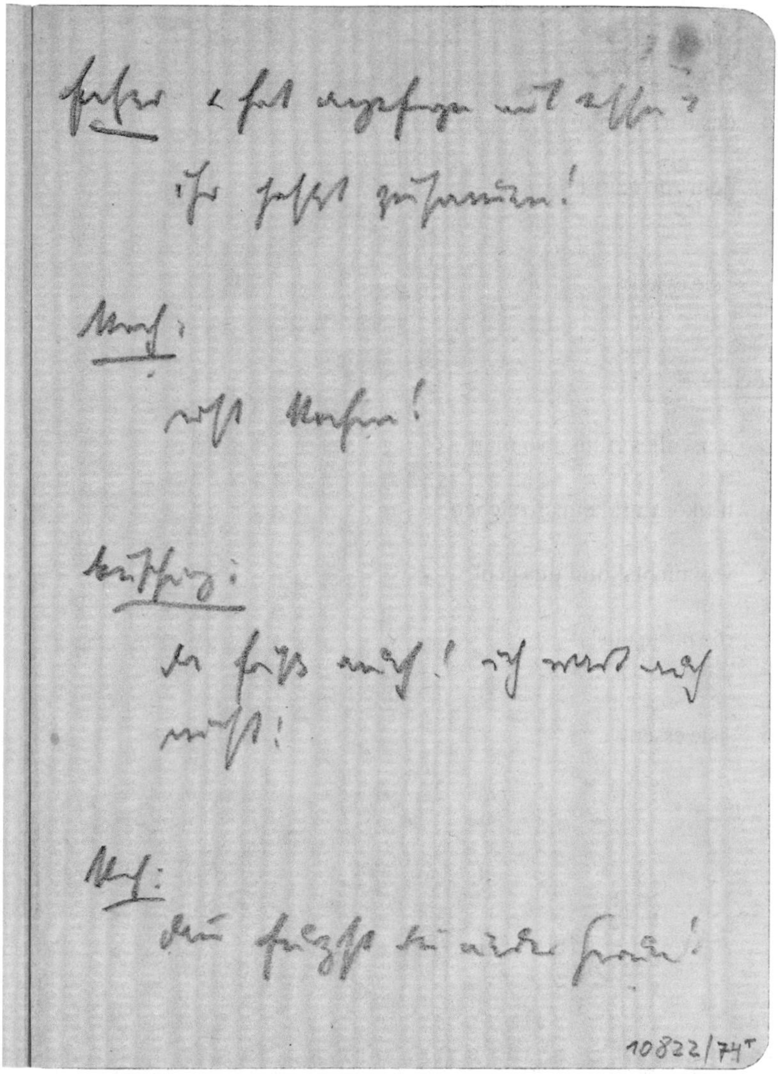

NB 23, 74r

⟨74r.9←⟩ fatzer:

das darf man nicht. wegen
dem „prinzip“!

<sie essen>

koch:

es ist alles ruhig, wo man
hinkommt! kein anzeichen,
von nichts! und uns geht
die puste aus!

⟨→76r.1⟩ <sie essen>

⟨→79r.2⟩ ⊖

7 hinkommt] h ⟨verdeutlicht⟩

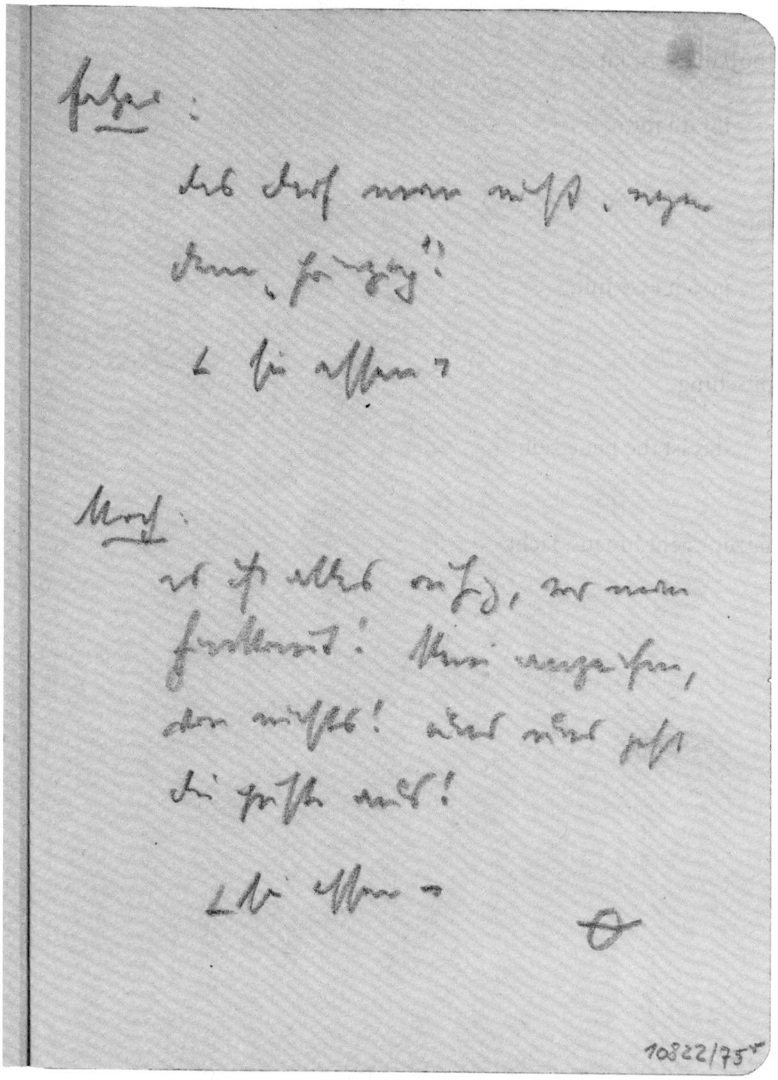

⟨75r.10←⟩ [bü]*koch* <zu fatzer>

iẞt du mit?

fatzer

ja, ich esse mit.

büsching

das ist die neue zeit.

⟨→77r.1⟩ fatzer <geht hinaus, lacht>

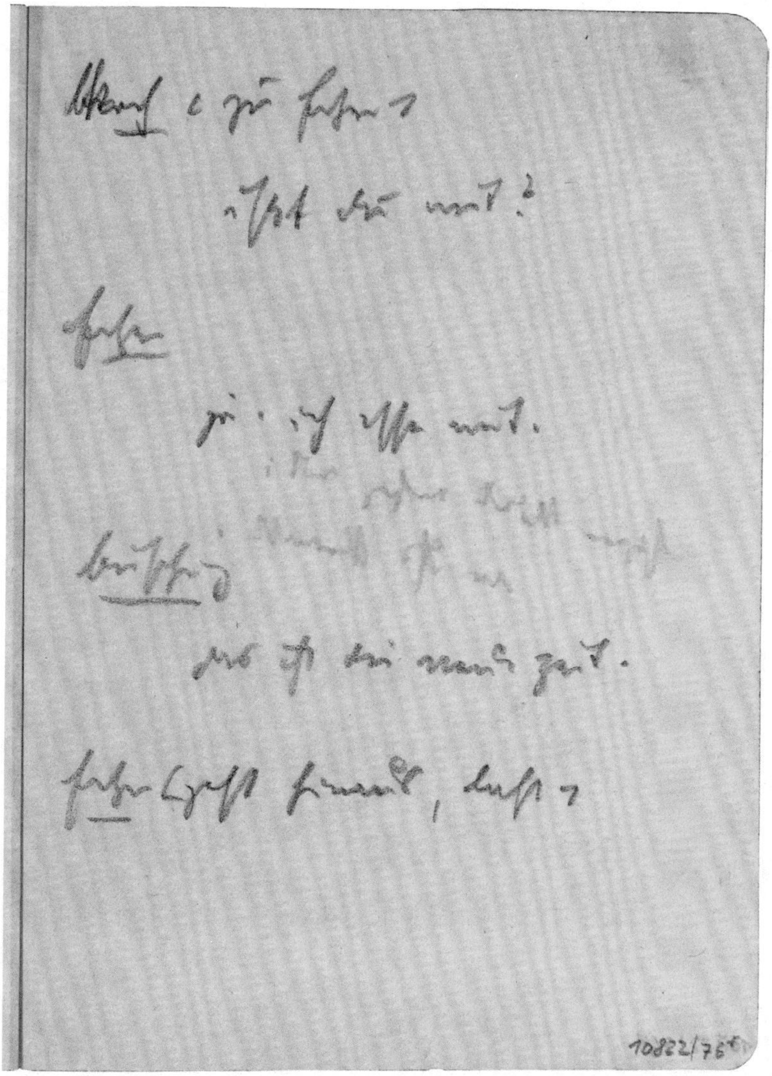

NB 23, 76r

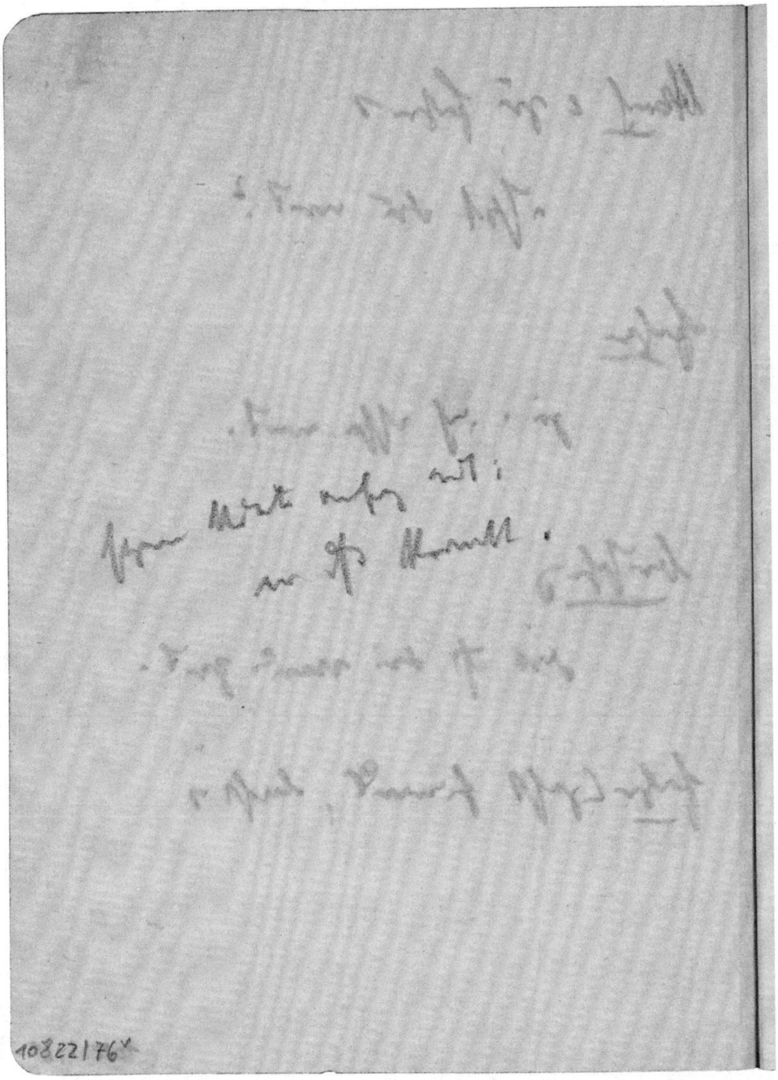

NB 23, 76v

szene könnte anfang mit:

er ist krank.

⟨76r.7←⟩ koch <plötzlich>

es ~~sind~~ ist einer unter uns,
der ißt und tut nichts.
den kennen wir noch nicht.
aber es ist eine zeit wo
wir alle kennen müssen.
denn es weiß niemand
ob wir morgen noch auf der
welt sind! deshalb wollen
wir ihn ausprobieren und
⟨→78r.1⟩ drum frage ich euch: seid ihr

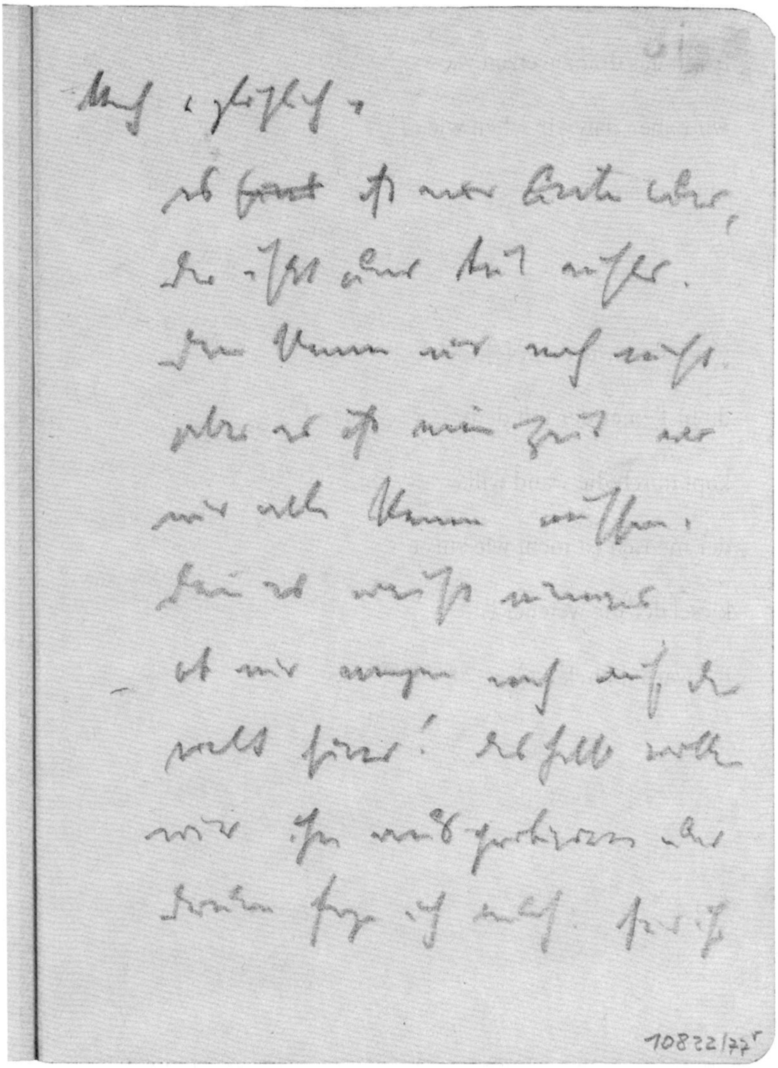

NB 23, 77r

⟨77r.11 ←⟩ bereit das dranzusetzen was
wir haben daß wir sehen wie es
mit ihm steht?

⟨Büsching⟩ b

~~was haben wir denn [¿]*noch*?~~
du bist einer der mit dem
kopf durch die wand will.
der mensch ist nicht wie ein
kiesel der nie weicher ist.
⟨→ 83r.1⟩ ich warn dich, koch!

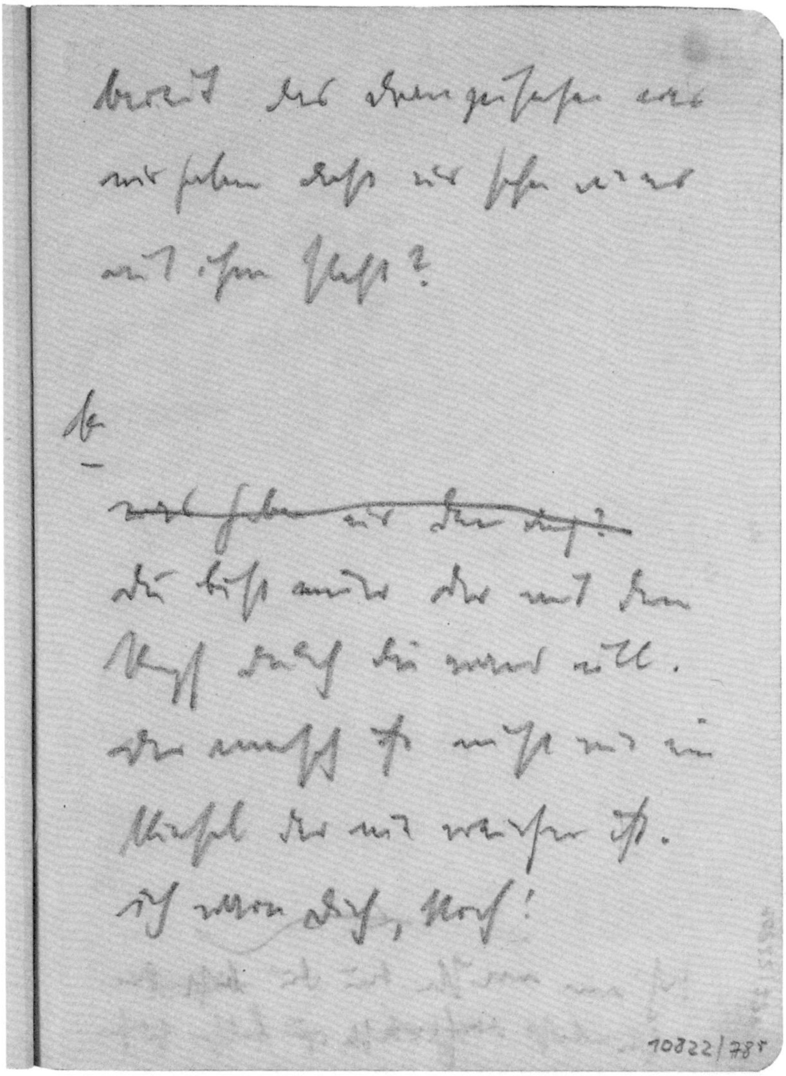

NB 23, 78r

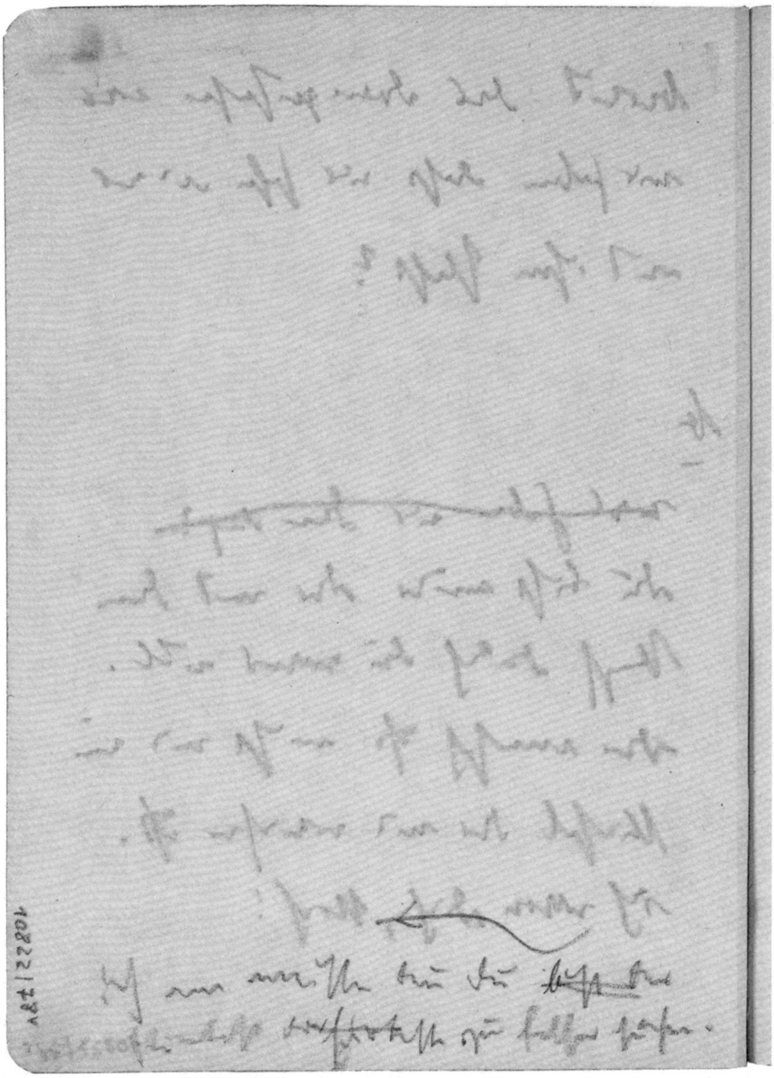

NB 23, 78v

ich am meisten denn du ~~bist der~~ ⟨→79r.13⟩

könntest dir ~~härteste~~[.]zu fressen suchen. ⟨→82r.2⟩

2-3 du *[...]* suchen.] ⟨Eintragungsfolge: 1.⟩ du bist der härteste. ⟨2.⟩ du könntest dir zu fressen suchen.

⟨75r.11 ←⟩ ⊖

⟨Kaumann⟩ die k

eßt ihr alle? braucht ihr
kein löffel mehr oder
zwei löffel? bist du
zufrieden <zu k> brauchst
du nichts sonst? Aber wenn
du nicht sprichst will ich
sprechen und wenn du nie
allein bist will ichs vor
ihnen sagen die sich da an-
⟨78v.2 ←⟩ ⟨Fatzer⟩ fressen. <zu f.> aber dich haß

5 löffel] ⟨zweites⟩ l ⟨verdeutlicht⟩

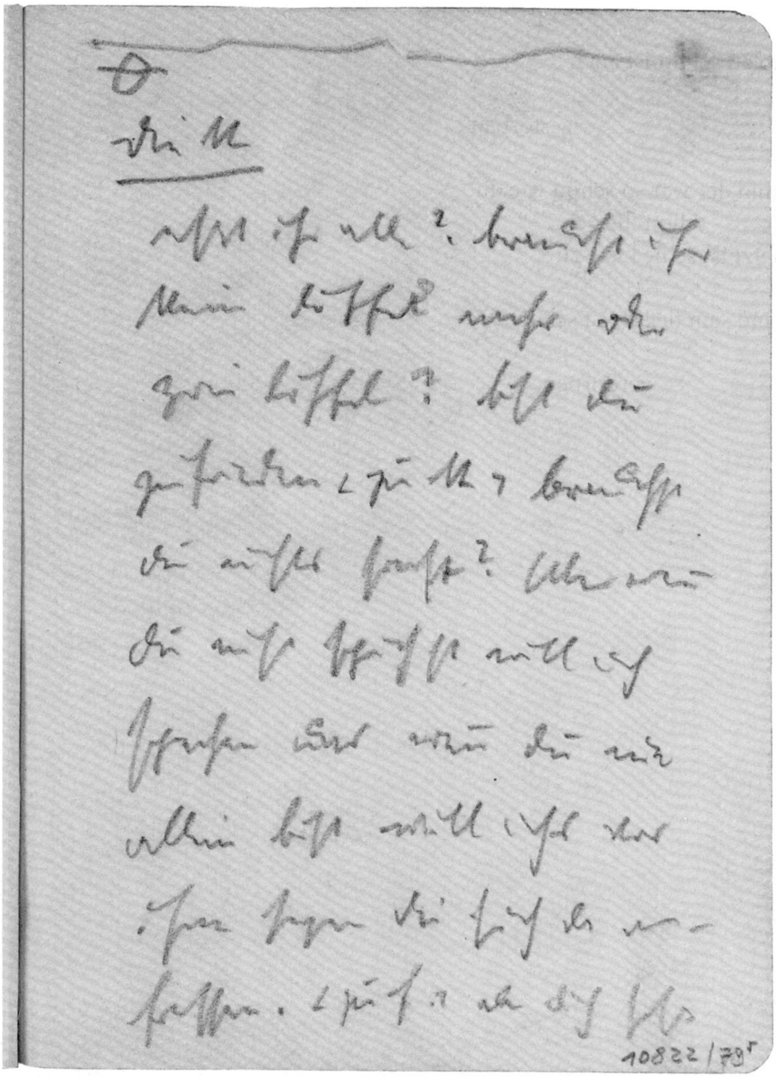

NB 23, 79r

jolan schütt ist auch

gestorben

und der war so schön wie du
schon die
jetzt ist seine kiste zu

und sein fleisch ist schon

verdorben.

⟨am Bundsteg Bindungsverstärkung angeklebt; zusammen mit Bl. 81 in Blattmitte nach vorne gefaltet; Bl. 80r und 81r vor den umgebenden Eintragungen beschrieben⟩

1 jolan schütt] ⟨andere Lesart:⟩ johan schmitt

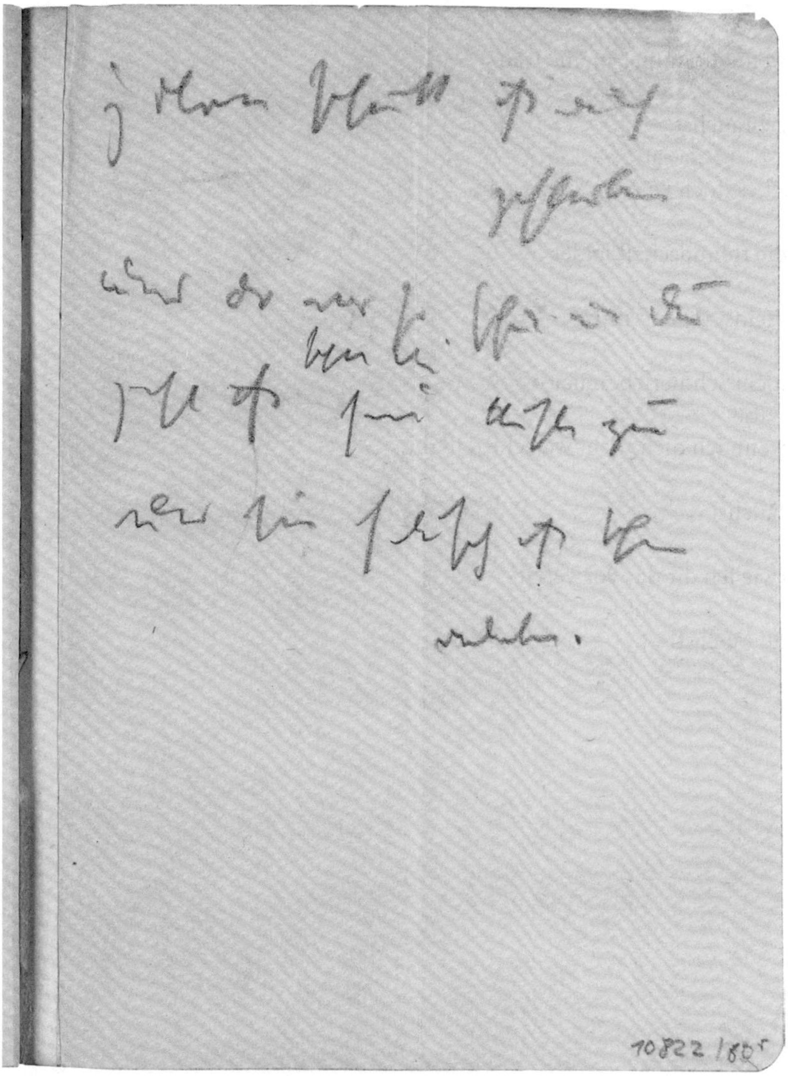

wenn du immer meine frau

gebrauchst
da ein
ist es doch kein wunder wenn

die freundschaft leidet

meinst du daß mir das

nicht schmerz bereitet
daß
wenn ich dich nicht watsche daß du

rauchst

(wie ich dir das vorwerf +

du rauchst! –)

⟨zusammen mit Bl. 80 in Blattmitte nach vorne gefaltet; Bl. 80r und 81r vor den umgebenden Eintragungen beschrieben⟩

11 wie] ⟨andere Lesart:⟩ wenn

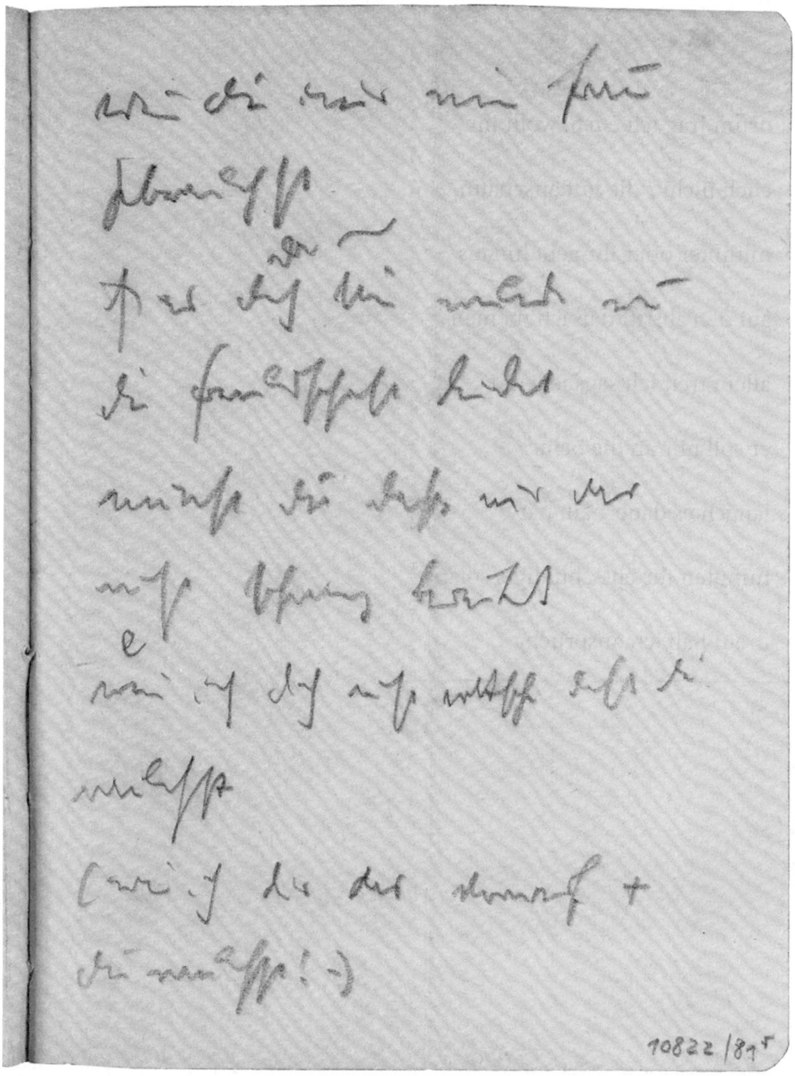

NB 23, 81r

⊖

⟨78ᵛ.3 ←⟩ drum frag ich euch: wollt ihr
euch nicht / die luft anschaun
mitunter oder ihr geht hinaus
den
auf den abtritt daß ich meinen
allein treff ich sags jedem:
er soll mir an die beine
langen es dauert ein par
minuten ihr entschuldigts solang
drauf hab ich anspruch.

⟨→ 93ʳ.1⟩

⟨Z. 1 Zuweisungszeichen zu 79ʳ–78ᵛ, überschreibt Wellenlinie⟩

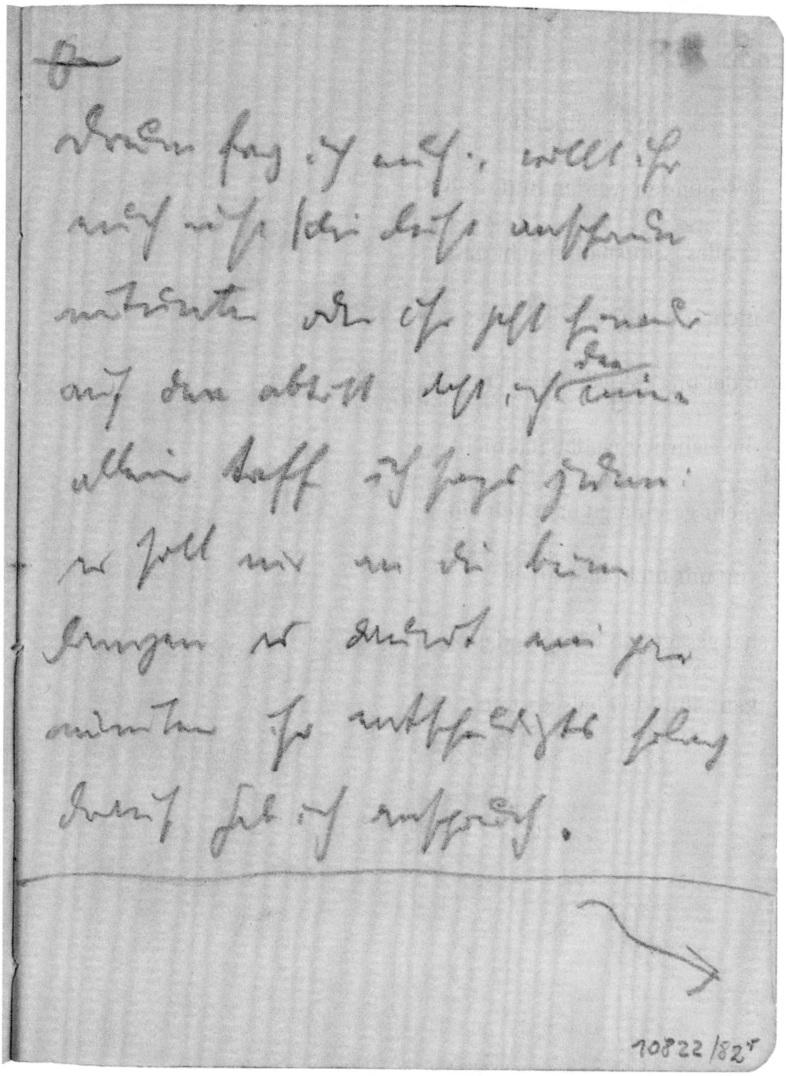

NB 23, 82r

⟨78r.10←⟩ koch:

aber du bist einer der
geschunden werden muß weil
er alles [¿]*a*ushält! macht das
nicht mit mir, ihr, daß ihr
redet und es bedeutet nichts.
die wahrheit ist daß ich nicht
mehr geschlafen habe seit einer
von uns nicht da war. er
hat gesagt: ich komme. das
⟨→84r.1⟩ kann ihm den hals kosten.

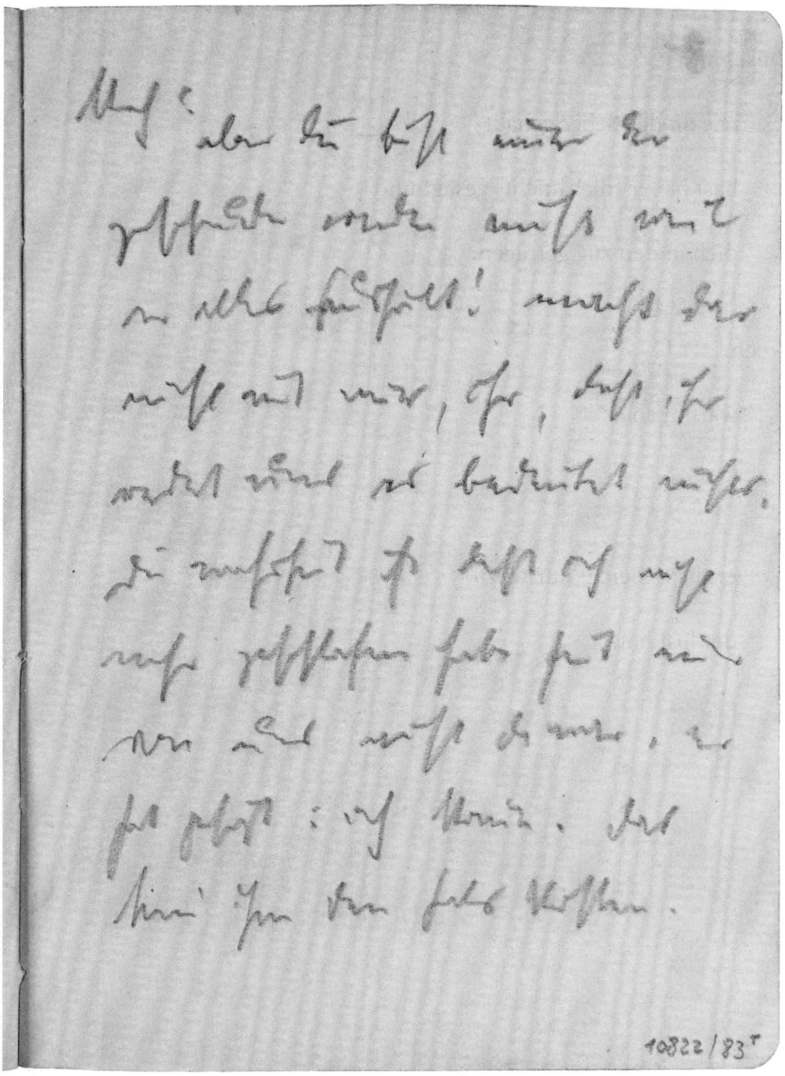

NB 23, 83r

⟨83r.11 ←⟩ büsching:

wie du das fieber gehabt
hast hat er [dich]*ni*chts gesagt und
dich in den zug getragen.

koch:

warum aber?

⟨Büsching⟩ b.

er tut vielleicht nur wozu
⟨→ 85r.1⟩ der lust hat.

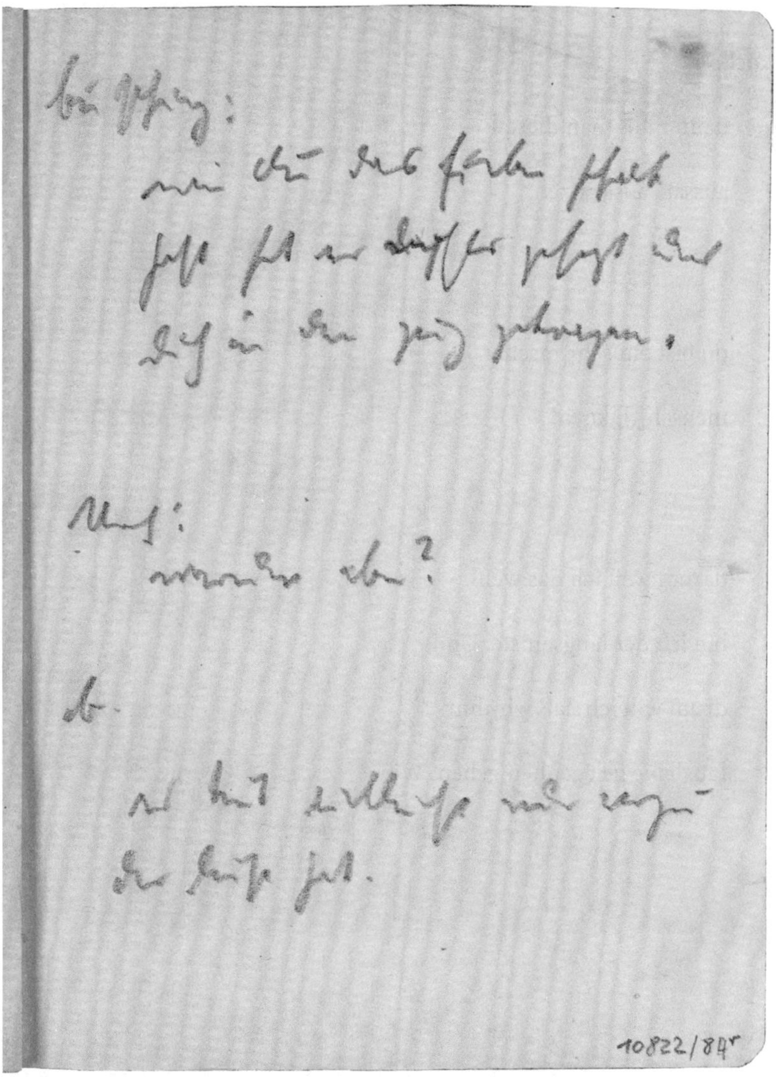
10822/84r

⟨84r.9←⟩ koch:

dann muß man diesen
aussatz auskratzen.

⟨Büsching⟩ b.

du bist ein sehr rascher
mensch[.], koch!

⟨Koch⟩ k

darum weil ich das weiß
bin ich der langsamste. Und
drum will ich daß wir ihm
⟨→86r.1⟩ [aus]*ein*e gelegenheit geben. Wir

10 ihm] ⟨danach nicht signifikanter Strich⟩

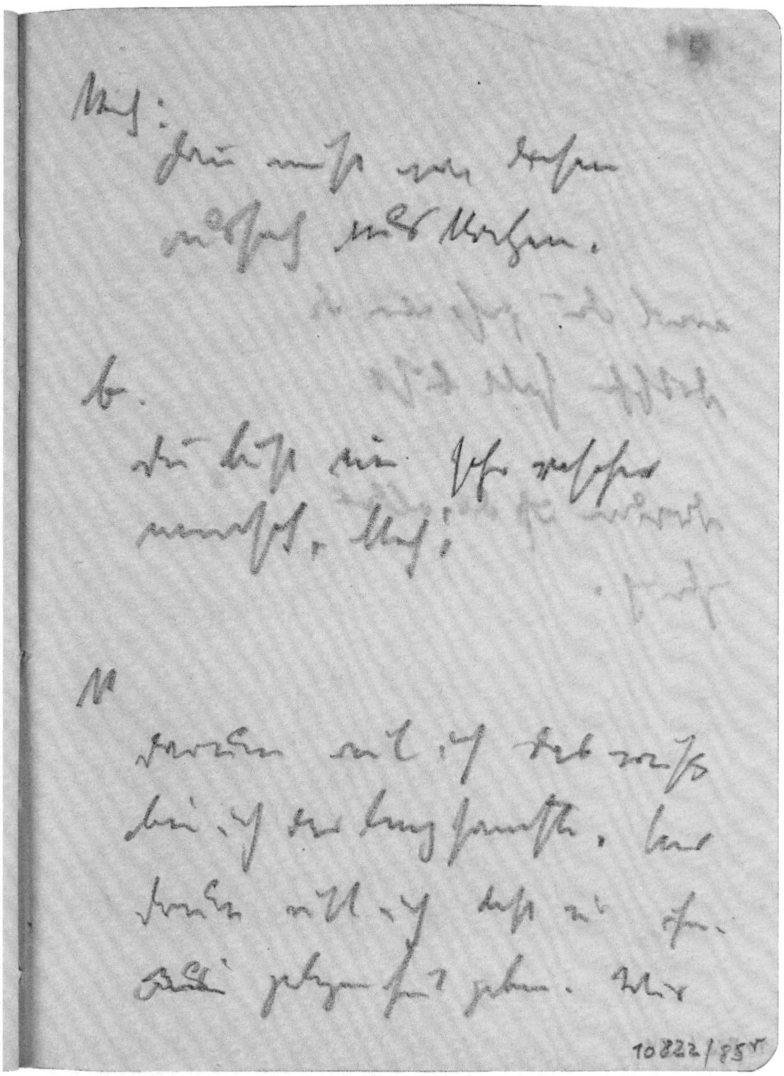

NB 23, 85r

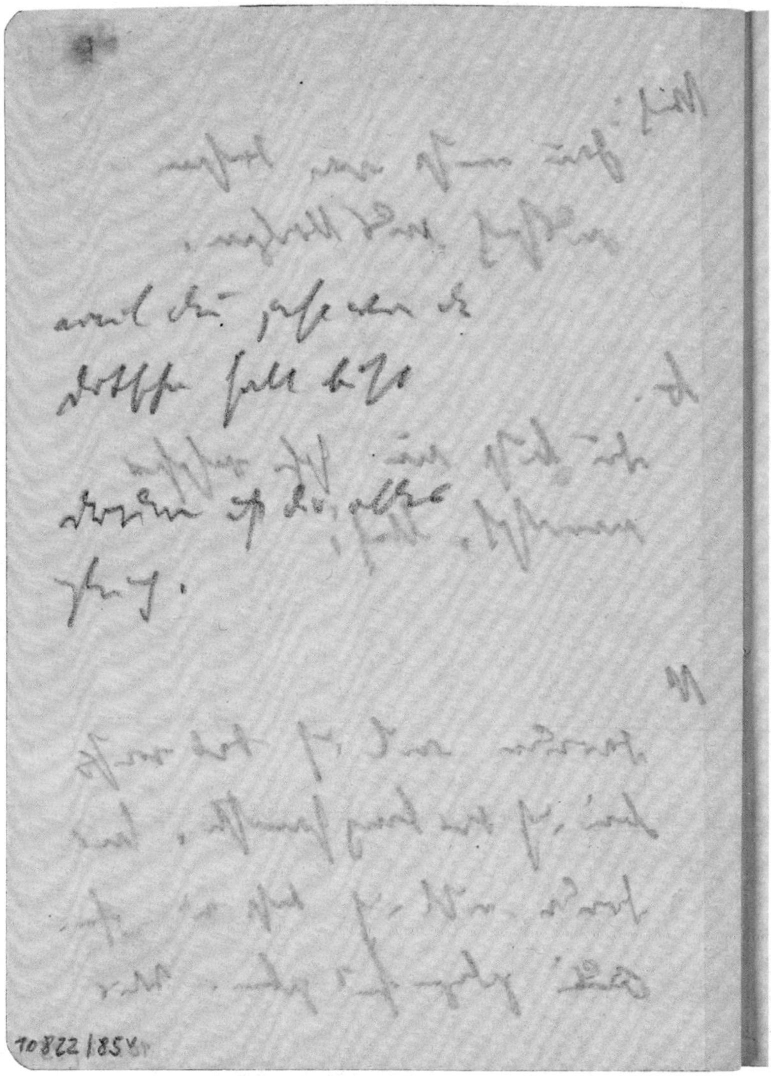

NB 23, 85v

weil du jetzt von den

dotschen satt bist

drum ist dir alles

gleich.

⟨Eintragung weicht Durchscheinen des Bleistifts von Bl. 85r aus⟩

⟨85r.11←⟩ wollen ihm unsre pässe geben
und das geld das wir noch
haben dann wird er sehen
daß wir vertrauen zu ihm haben
und es nicht enttäuschen.

⟨Büsching⟩ b

das sehe ich nicht
das wird ihm nichts bedeuten.

⟨Koch⟩ k

du kennst meinen plan nicht ~~und~~
⟨→87r.1⟩ ich aber weiß wie er ist.

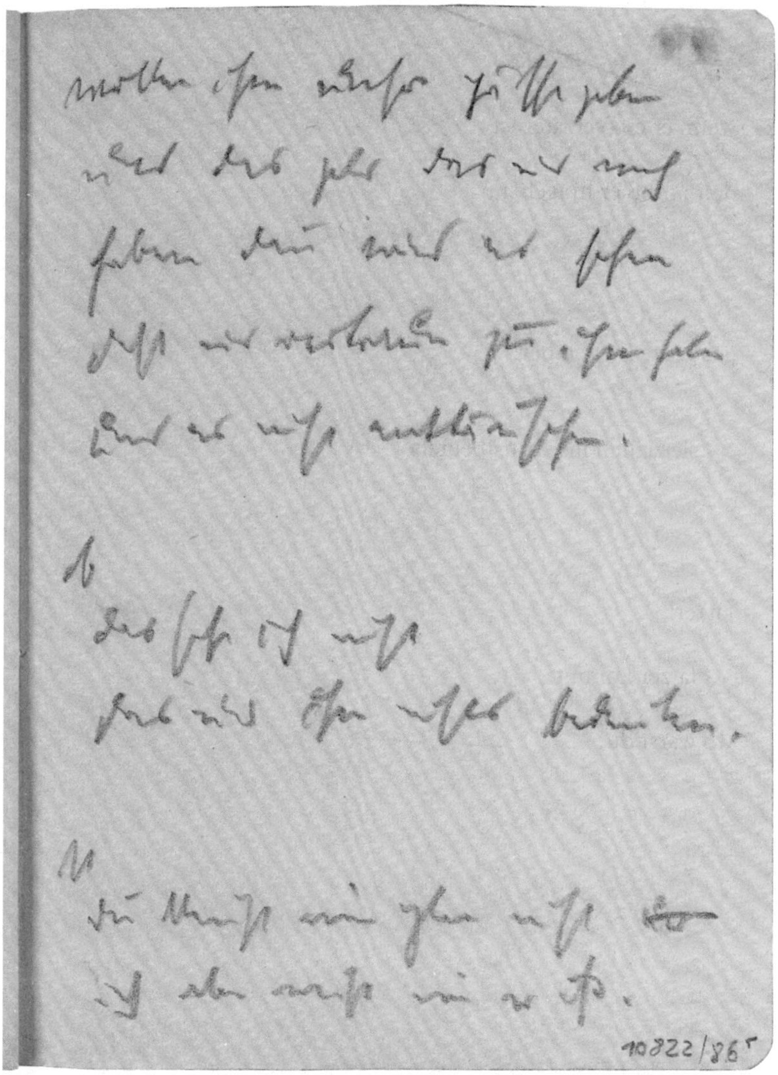

NB 23, 86r

⟨86^{r}.11 ←⟩ ⟨Büsching⟩ b.

wenn er ein verräter ist

dann muß er hingehen.

⟨Koch⟩ k

gebt eure sachen her!

<sie ziehen ihre brustbeutel>

k

fatzer!

<fatzer kommt>

⟨→ 87^{v}.1⟩ wo warst du? ⟶

⟨am oberen Rand außen Durchscheinen des Pfeils von 87^{v}.1; Z. 10 zusammen mit 87^{v} und 94^{r}.7 nachgetragen⟩

7 k] ⟨wohl Koch, vielleicht Kaumann⟩

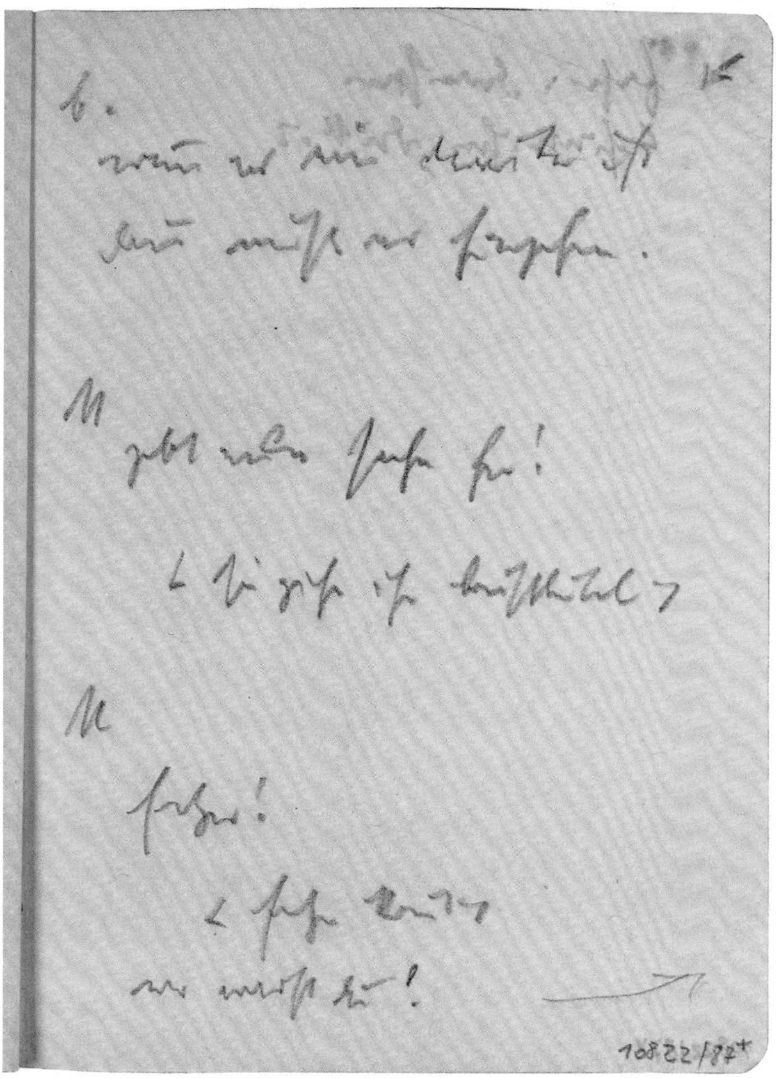

NB 23, 87r

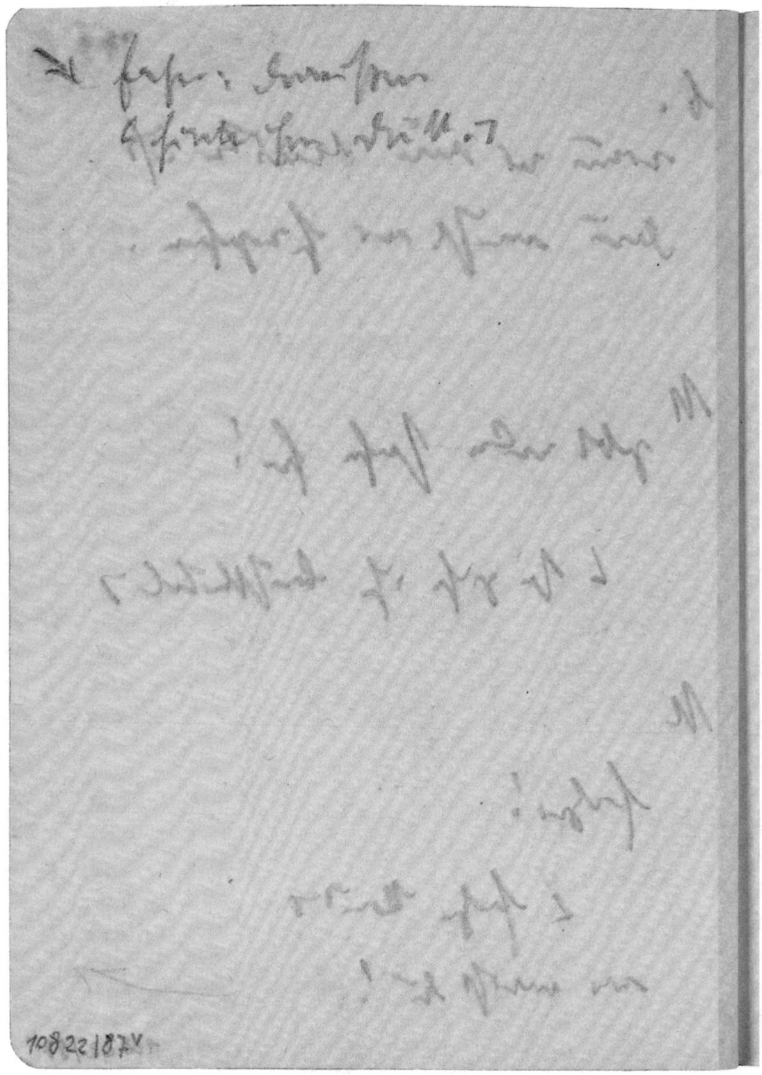

NB 23, 87v

↘ fatzer: draußen ⟨87r.10 ←⟩

<hinter ihm die k.> ⟨Kaumann⟩ ⟨→ 88r.1⟩

⟨zusammen mit 87r.10 und 94r.7 nachgetragen⟩

⟨87ᵛ.2 ←⟩
⟨Koch⟩

k.

wir wissen nicht was aus
uns wird, weil wir nichts
mehr zu fressen haben. da
haben wir unsre ~~pässe~~ brustbeutel ausgeleert und
du sollst es aufheben, denn
einer ist sicherer als vier
und du warst immer der
sicherste.

⟨→ 89ʳ.1⟩

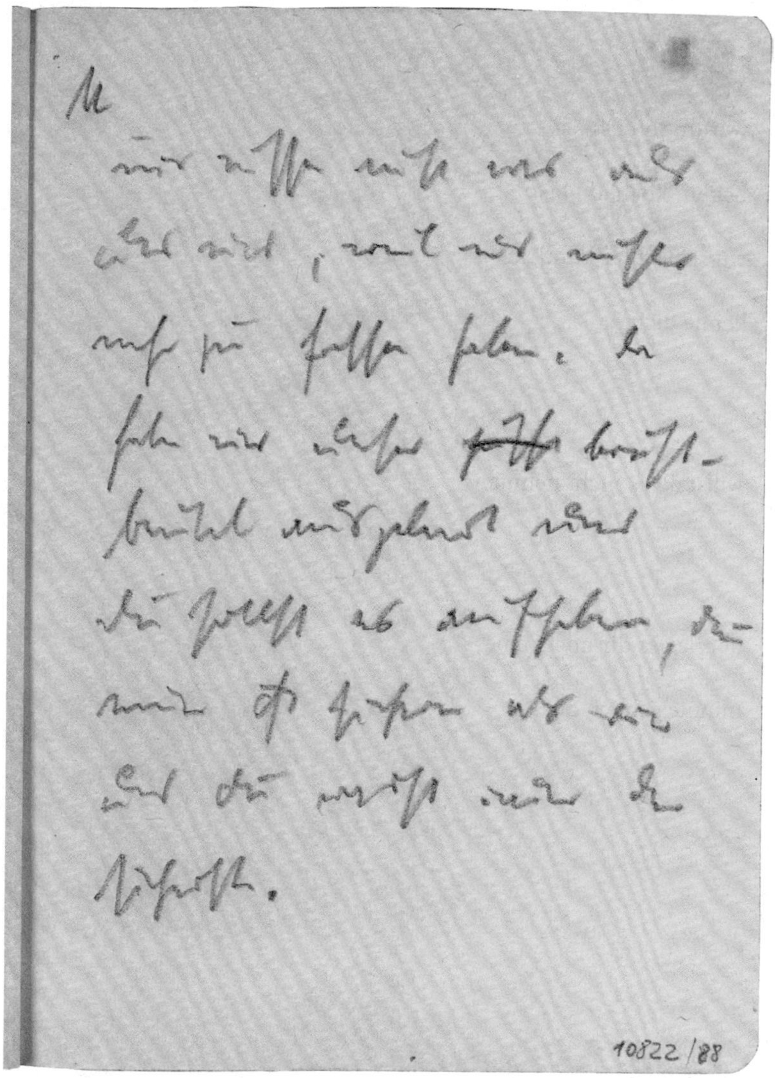

NB 23, 88r

⟨88r.10←⟩ f
⟨Fatzer⟩

~~warum soll ich das~~

~~haben~~? koch, du bist

ein schlechter hund, ich

kenne dich.

⟨Koch⟩ k

willst du es ⟨also⟩ nicht nehmen?

f

überleg es dir noch, eine

⟨→ 90r.1⟩ minute geb ich dir.

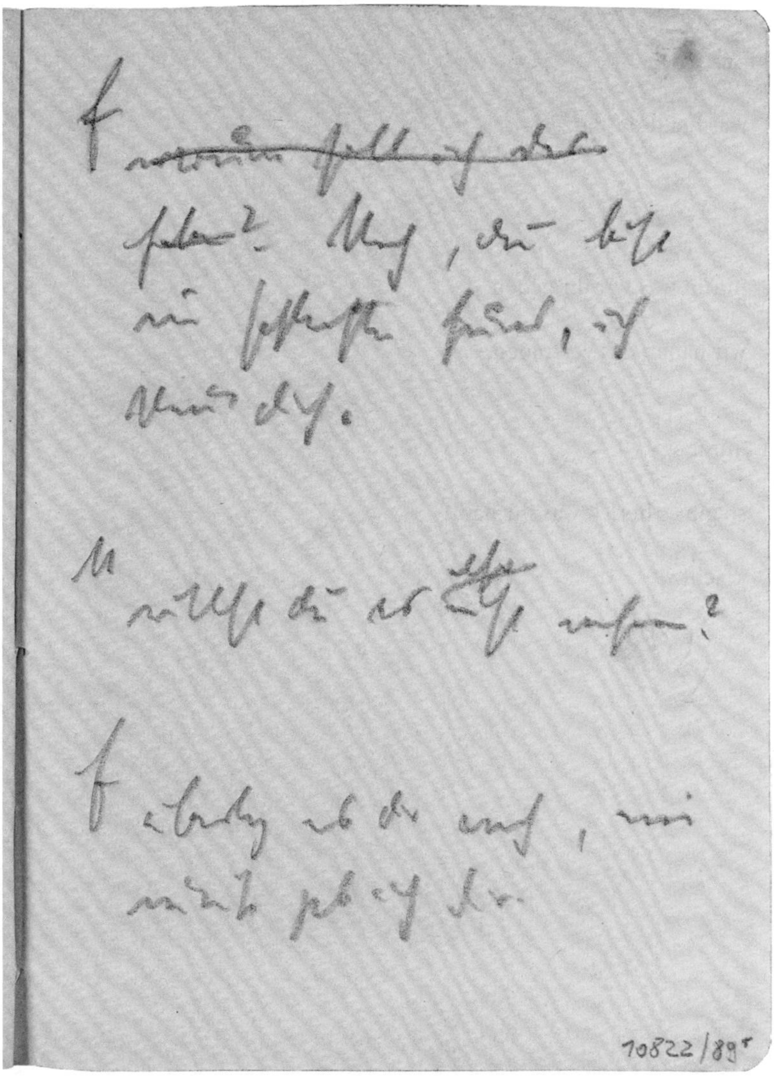
10822/89r

⟨89r.11 ←⟩
⟨Büsching⟩ büsch

was heißt das fatzer?

⟨Koch⟩ k

nimm was wir dir geben.

wir haben das vertrauen.

⟨Fatzer⟩ f <nimt es>

so gib es her[.], was ihr habt!

<lacht>

⟨Z. 4–8 Durchschlag der Tinte von 91r.4–10⟩

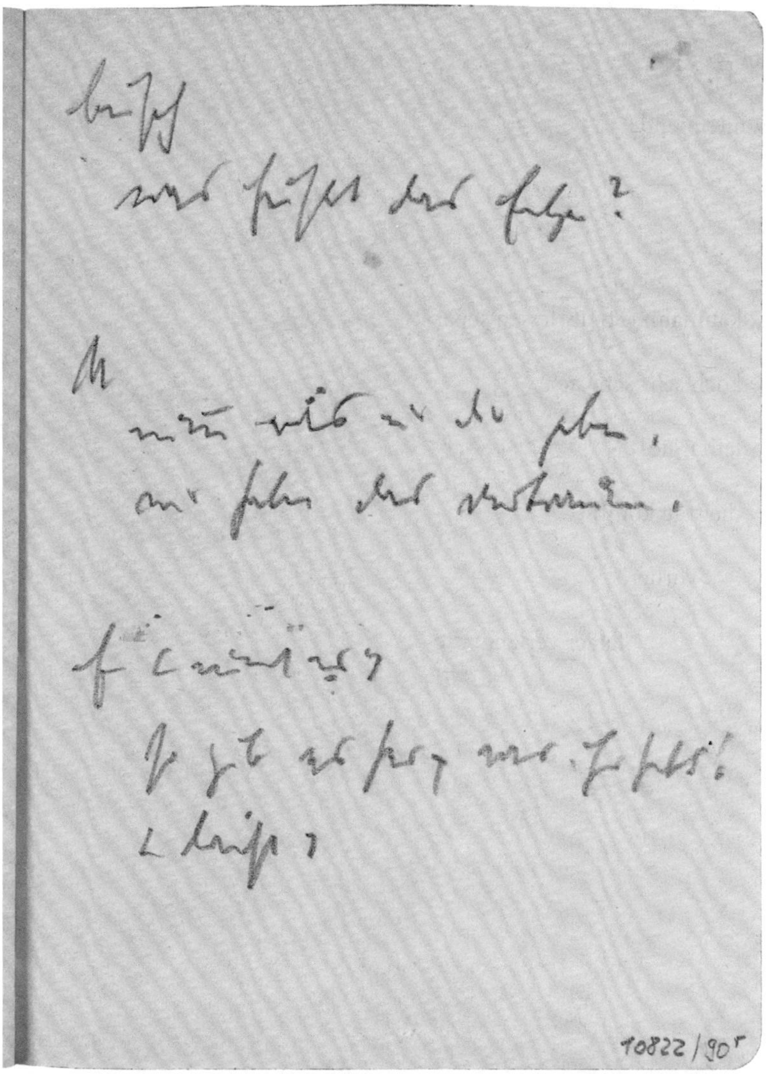

NB 23, 90r

7

zunehmender

hunger!

hat
kaumann *ge*fr[ißt]*essen* separat

koch sehr schwach

lethargie

die frau kommt

vorher:

fatzer verlangt die

⟨→ 92r.1⟩ frau..

⟨Z. 2–11 schwarze Tinte, breitere Feder; → 12r.9, 17, 13r.17–19, 92r⟩

4–5 hat *[…]* separat] ⟨Eintragungsfolge: 1.⟩ kaumann frißt separat ⟨2.⟩ kaumann hat separat gefressen

11 frau..] ⟨erster Punkt vielleicht gestrichen⟩

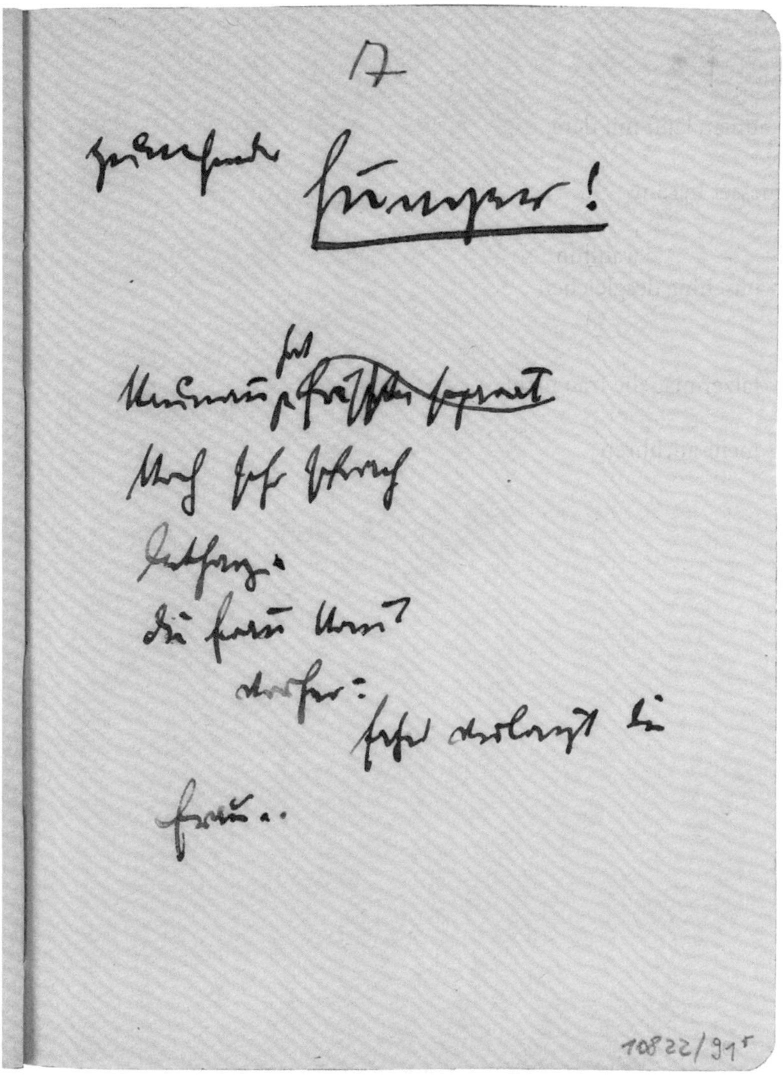

NB 23, 91r

⟨91r.11←⟩ 8

kauman läuft mit dem

messer herum

daraufhin

büsching desgleichen

fatzer mag die frau nicht

mehr anrühren

⟨ganze Seite schwarze Tinte, breitere Feder;
→12r.9, 17 13r.17-19, 91r⟩

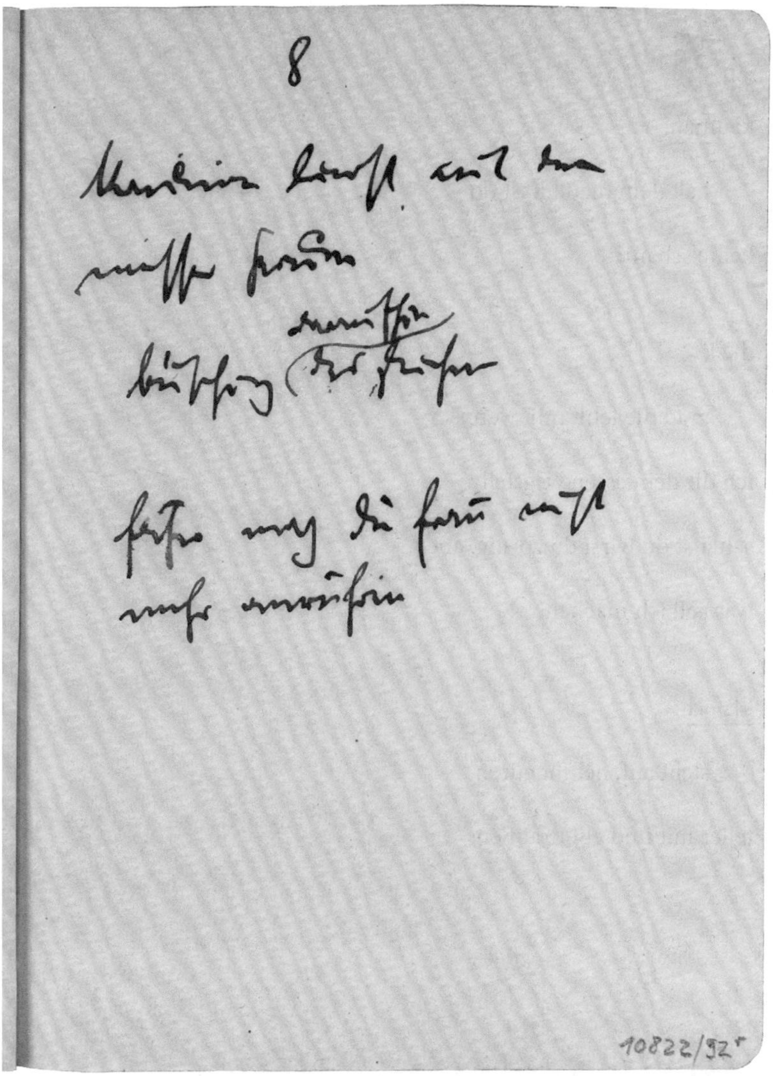

NB 23, 92r

⟨82r.14←⟩ ⊖ →

kauman:

halt dein maul! hast du
keine scham?

⟨Kaumann⟩ die k:

grad die fehlt mir. wenn
ich dir dein essen wegstell
~~schläfst du~~ wirst du zornig. aber
was soll ich machen?

k[:]*och*:

steht auf, nehmt euren
⟨→94r.1⟩ teller mit und eßt draußen.

10 k[:]*och*:] ⟨Unterstreichung bei Änderung von⟩ k⟨aumann⟩: ⟨zu⟩ koch: ⟨verdeutlicht⟩

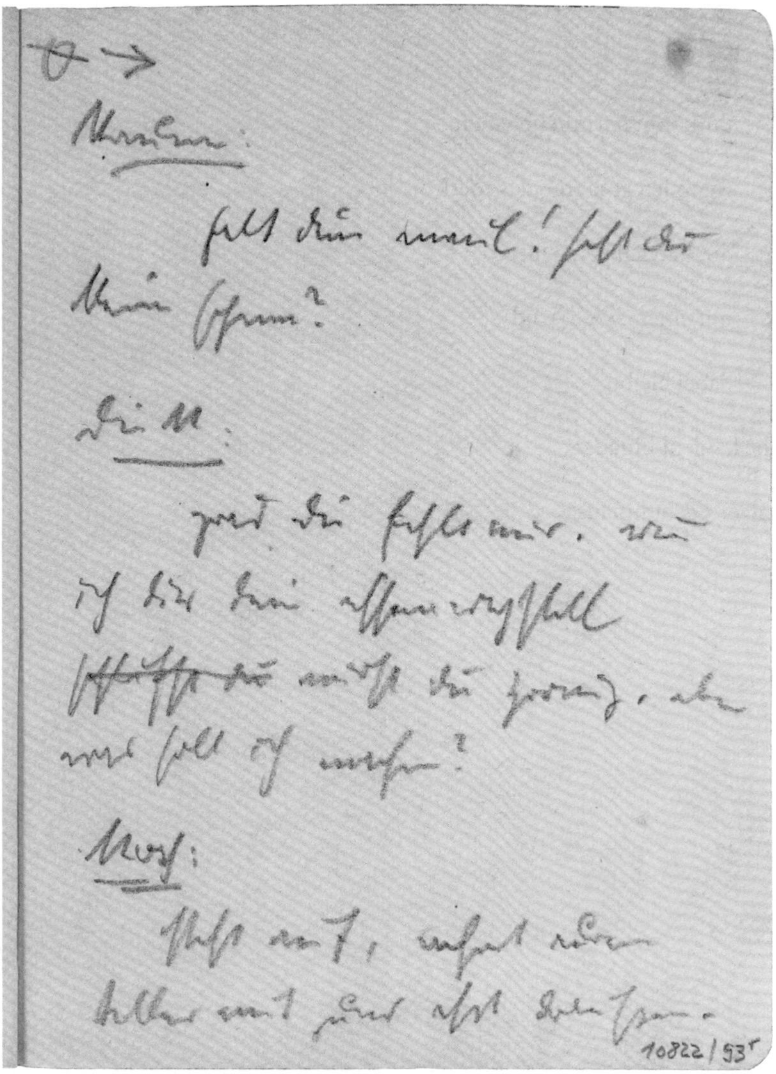

10822/93r

NB 23, 93r

⟨93^{r}.12←⟩ ⟨Kaumann⟩ k

ihr könnt herinnenbleiben.

wenn ich gras freß das merk

dir, hab ich keine lust

mit einem weib! Und

dabei bleibts.

die k <geht hinaus>

fatzer <geht hinaus>

⟨Bl. 95 unbeschrieben⟩

7 die k *[…]* hinaus>] ⟨zusammen mit 87^{r}.10–87^{v} nachgetragen⟩

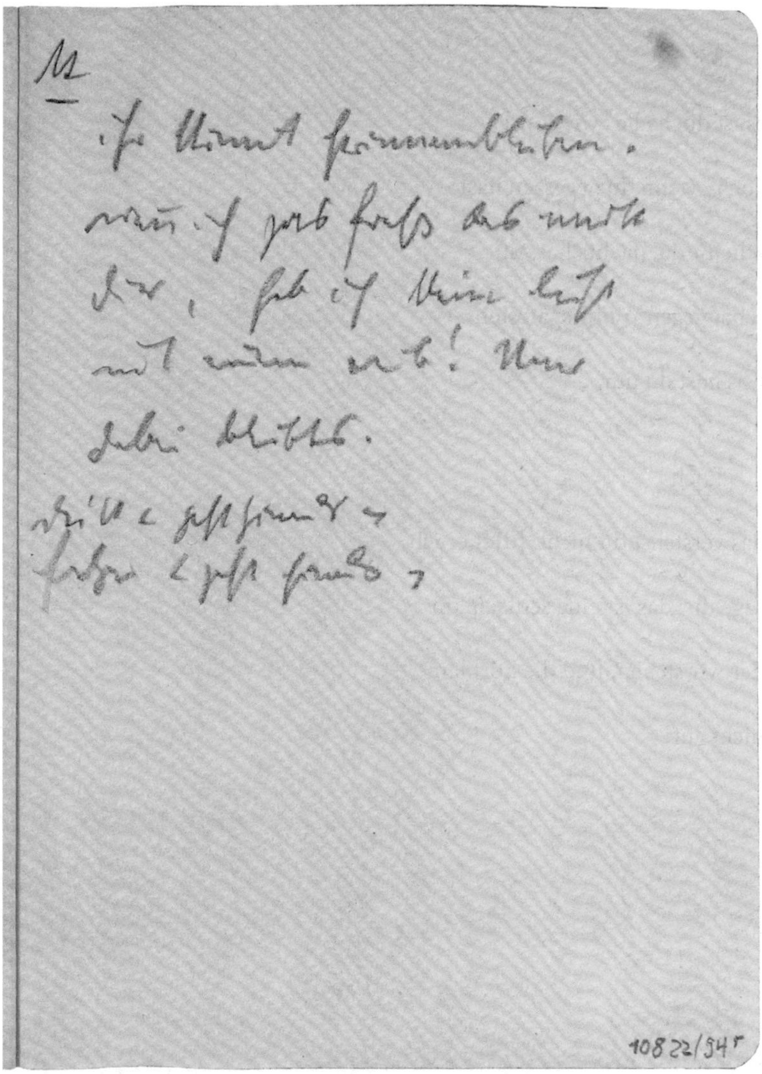

NB 23, 94r

⟨Büsching⟩ b.

es ist doch alles wie sonst
koch wenn du gegessen hast
scheißt du, nachts hast du
schaf gegen 11 uhr spätestens
was hast du nur.

koch

das verstehst du nicht. [d]*a*ber ich
sage dir: das ist eine schlacht, in
der wir stehen, und die hört lang
nicht auf!

⟨Bl. 95 unbeschrieben⟩

8 aber] ⟨andere Lesart:⟩ Aber

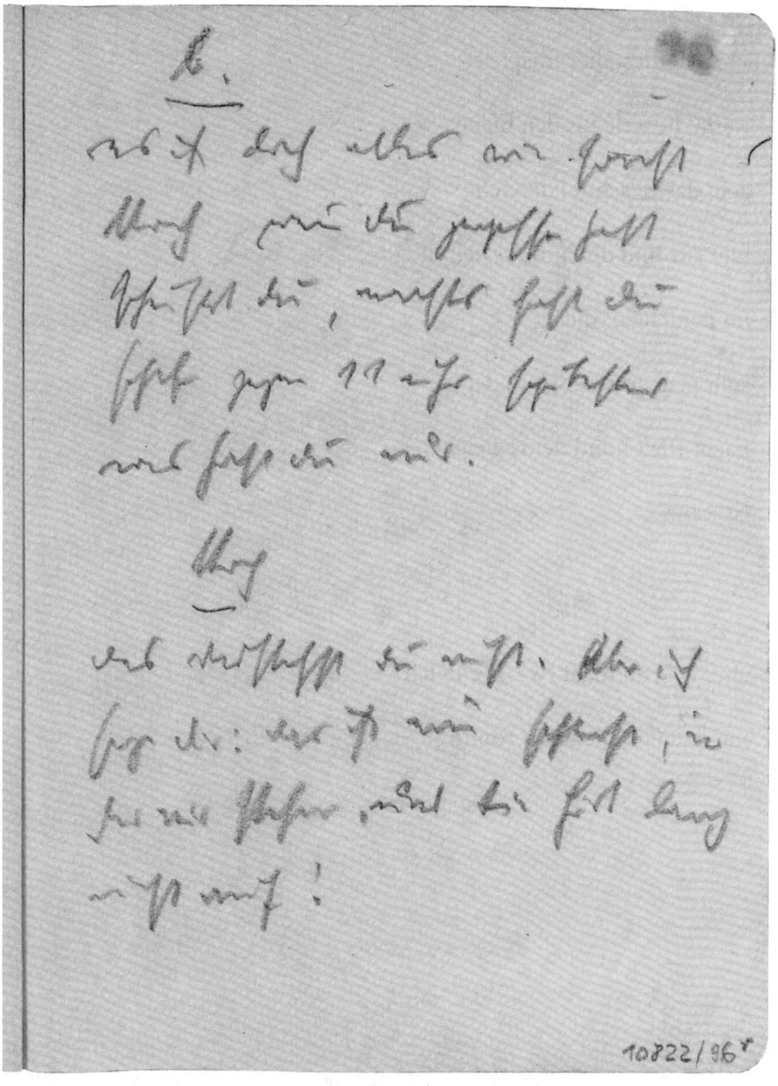

NB 23, 96r

koch: daß du so herumspielst
wenn die welt aus den fugen
geht das ist schuld daß ich
hier sitz und dir [im]*das* fleisch
im maul neid! dich
sollt man erschießen in der
⟨einen⟩ nacht wie 1 hund dems gleich
ist wenn.....

×

⟨Koch⟩ k

aber ich ruh nicht [was]*wenn* ich
⟨→ 97^{v}.1⟩ merk daß es nicht in ordnung

1 herumspielst] ⟨andere Lesart:⟩ herumschielst
10–12 k *[...]* ordnung] ⟨zusammen mit 97^{v}.1–4 erst nach 98^{r}.2–6 eingetragen⟩

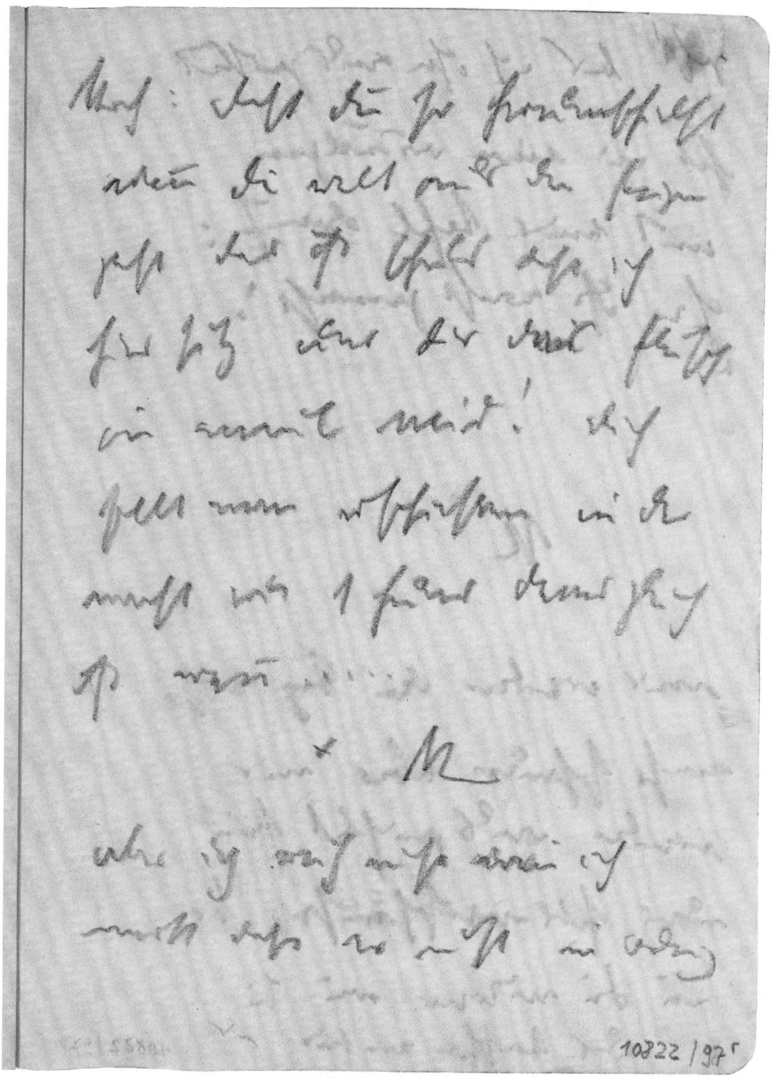

NB 23, 97r

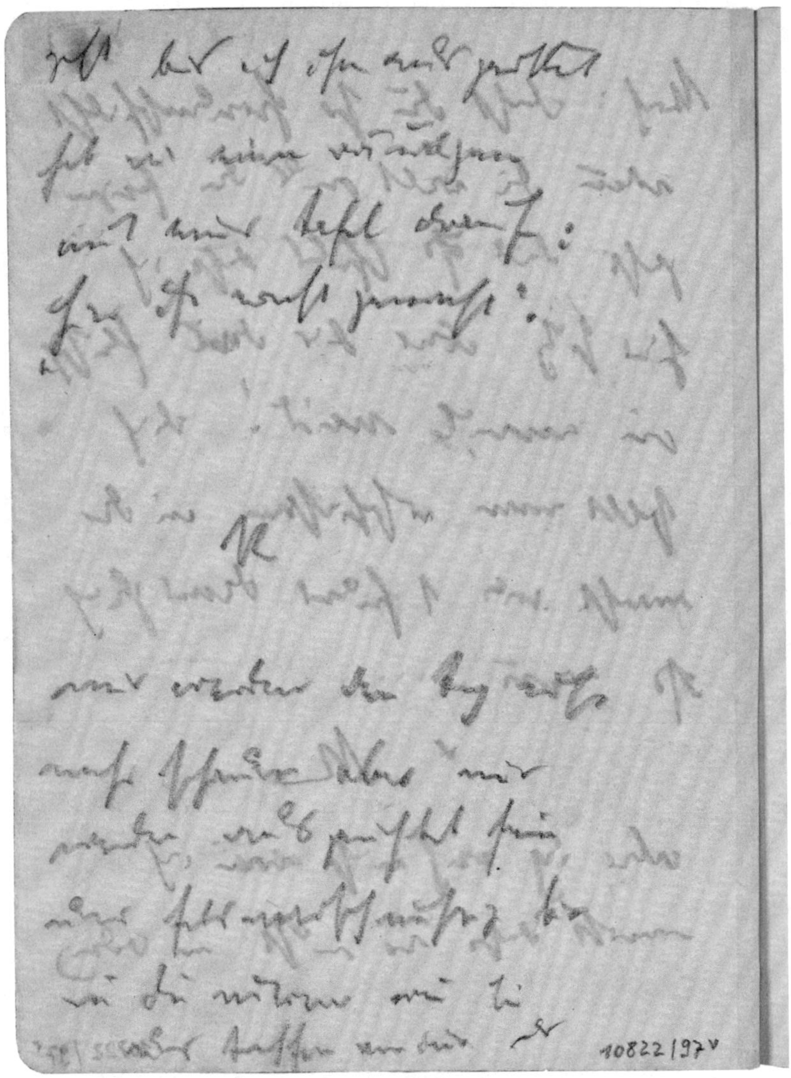

NB 23, 97v

geht bis ich ihn ausgerottet ⟨97r.12 ←⟩
hab wie einen räudigen
mit einer tafel drauf:
„hier ist ernst gemacht".

k ⟨Koch⟩
wir werden den tag nicht
mehr schauen aber wir
werden ausgerüstet sein
und feldmarschmäßig bis
in die nieren wenn sie
uns treffen. vor wir ¿¿¿ ⟨→ 98r.9⟩

⟨ganze Seite erst nach 98r.2-6 eingetragen⟩
11 vor wir ¿¿¿] ⟨zusammen mit 98r.9-11 als Variante zu Z. 10-11⟩ wenn sie uns treffen. ⟨nachgetragen⟩
11 ¿¿¿] ⟨mögliche Lesarten:⟩ aus- ⟨,⟩ da

ist koch/ein fanatiker er wird krank wenn er die gleichgültigkeit des büsching riecht.

⟨97v.11 ←⟩ gefunden werden. dafür freß

ich rotz und ~~red mit dir.~~

schlaf nicht.

⟨Z. 2–6 vor den umgebenden Eintragungen notiert; Z. 1–7 Rahmen vielleicht nachgetragen⟩

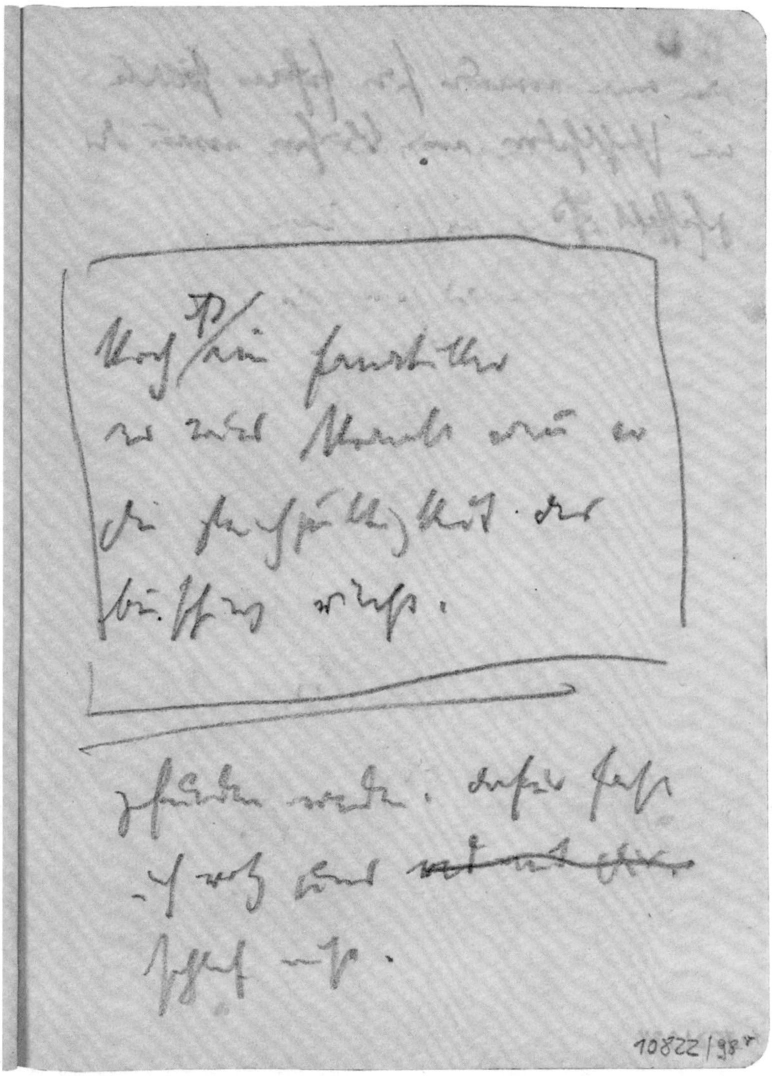

NB 23, 98r

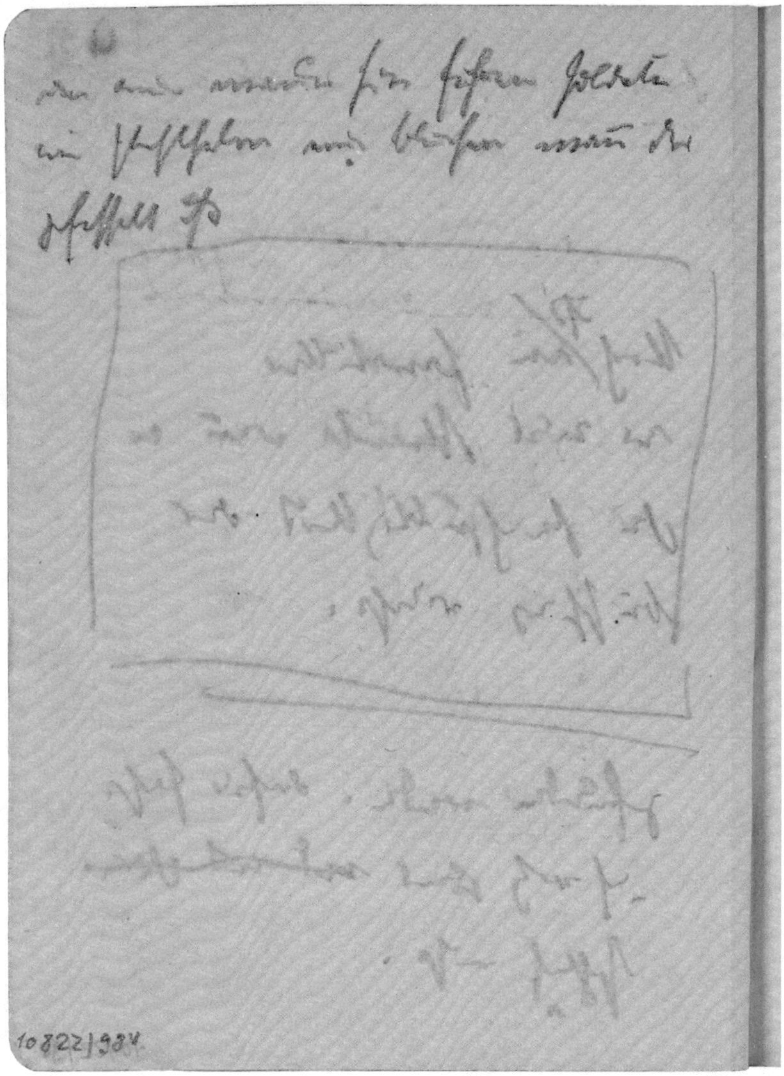

NB 23, 98v

an einer mauer hin führen soldaten

im stahlhelm einen bleichen mann der

gefesselt ist

das volk in mülheim

kasernenstube nächtlich

„noch lag deutschland in
tiefer knechtung aber schon
in den kasernenstuben erhob
sich die stimme der vernunft
aus dem mund des einfachen
volkes“.

⟨zumindest Z. 1-2 bereits vor 96r-98v eingetragen; Z. 3-8 zu Z. 2 nachgetragen⟩

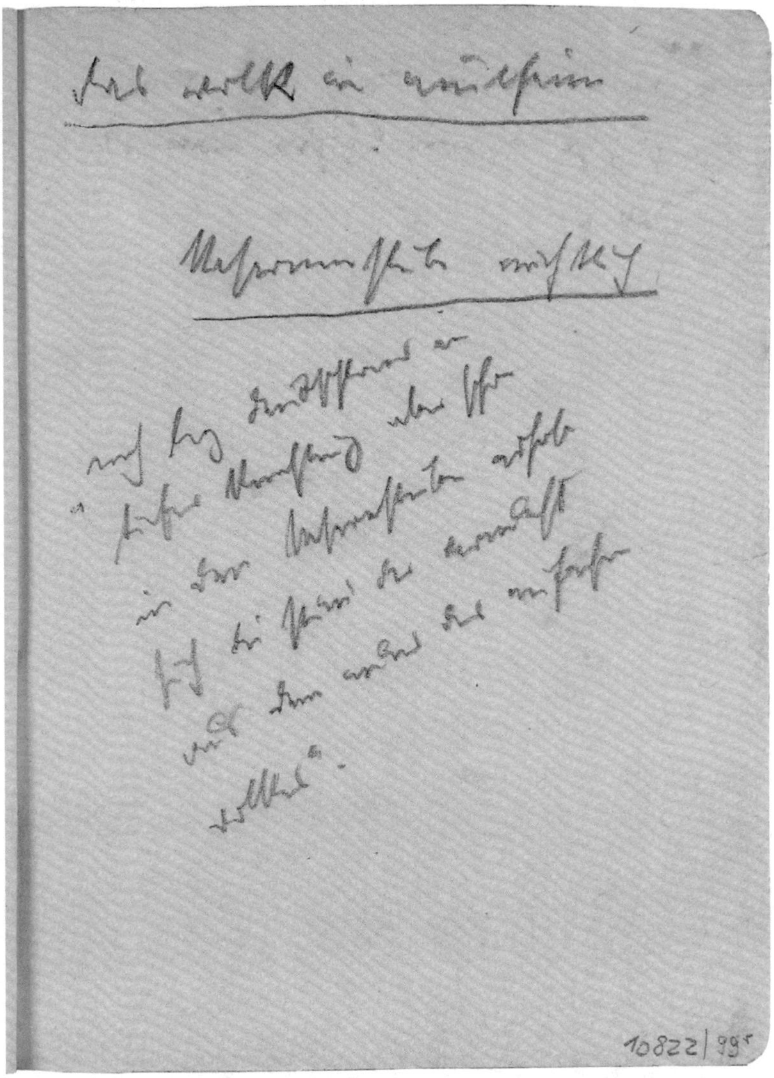

NB 23, 99r

7

⟨auf Umschlag aufgeklebtes Blatt, am Bundsteg Bindungsverstärkung mit Klebstreifen angeklebt; Rotstift⟩

NB 23, 100r

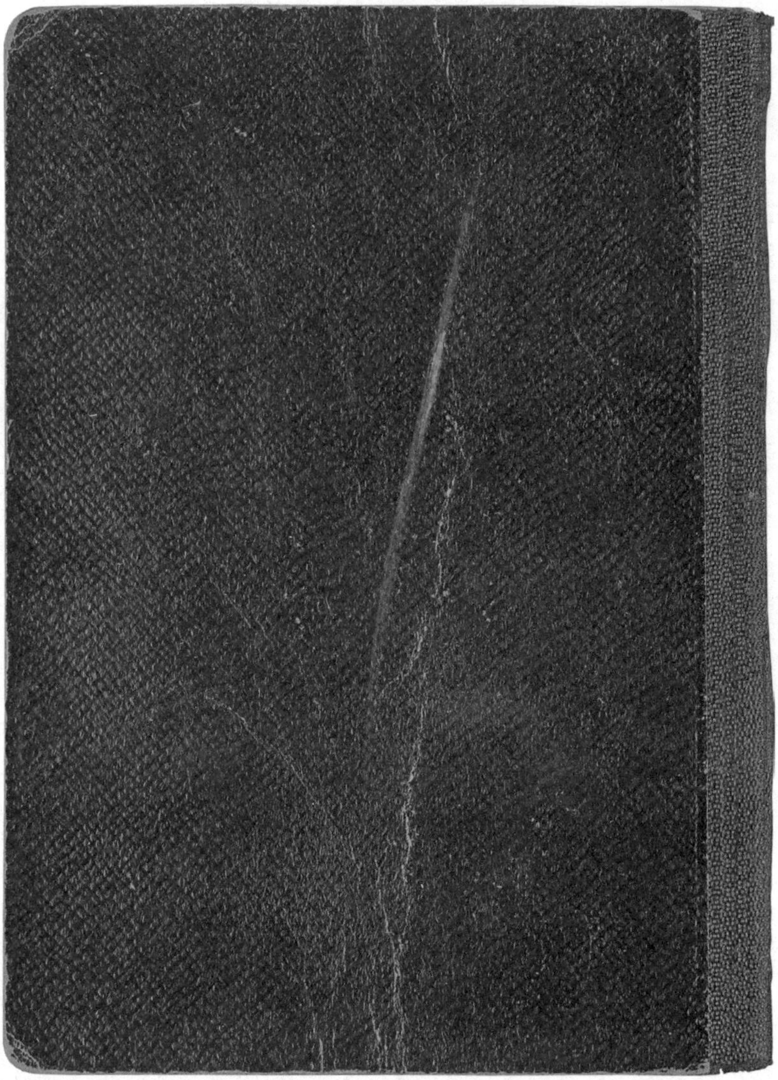

NB 23, 100ᵛ

⟨Umschlag⟩

Fatzer-Montagebogen 1

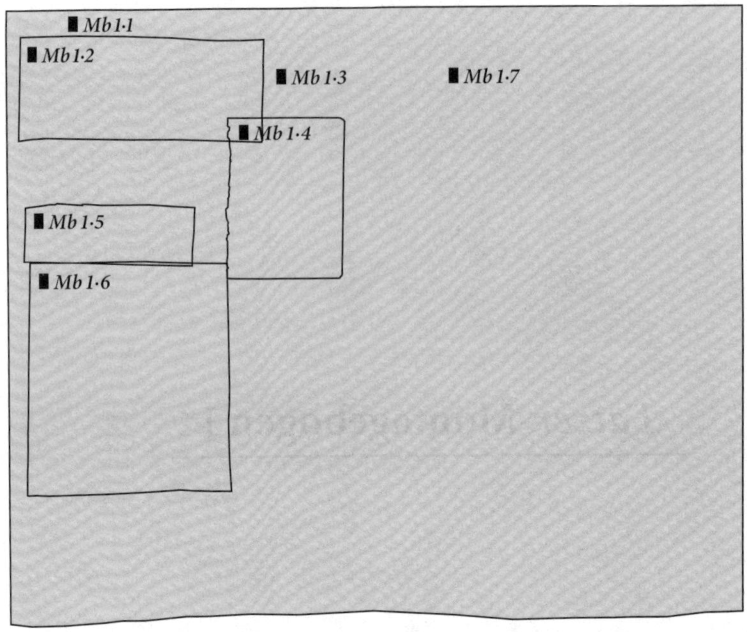

⟨BBA 110/9; auf 24 % der Originalgröße verkleinert⟩

aber als alles geschehen war, war da
Unordnung. Und ein Zimmer
welches völlig zerstört war und darinnen
4 tote Männer ~~xxxxxxxxxxxxxxx~~ und
ein Name! und eine tür auf der stand
Unverständliches.
Ihr aber seht jetzt
das Ganze. Was vorging wir
haben es ~~wieder~~ aufgestellt
in der Zeit nach genauer
Folge an den genauen Orten und
mit den genauen Worten die
gefallen sind . und was immer ihr sehen werdet ~~was wir sahn~~, was wir sahn:
Unordnung. Und ein Zimmer
welches völlig zerstört ~~war~~ und darinnen
4 tote Männer und
ein Name. Und aufgebaut haben wir es damit
ihr entscheiden sollt,
was eigentlich los war denn
wir waren uneinig.

SCHAU

WÄHREND AUF DEN TAFELN DIE KRIEGSGERÄTE GEZEIGT WERDEN ALS DA SIND SCHLACHTSCHIFFE FLUGZEUGE KANONEN USW BEKLAGEN DIE DREI LAUT SCHREIEND IHR GESCHICK

KOCH
wer von euch ist mein freund und gräbt mich
ein in den boden? dass mich nicht mehr
trifft aber da ist kein platz mehr wo ich
hinkriechen kann denn sie schiessen zehn
meter unter den erdboden

BÜ
alles was da ist muss
hin sein wo eine stadt steht die muss
hin sein und sollen keine steiner liegen sondern
wo sie war soll ein loch sein und
in das meer muss man hineinschiessen

KOCH
schiesst doch nicht mehr der mensch kann
nicht schwimmen über das wasser im meer
und den schwimmer erschiessen noch ihre
ihre schlachtschiffe der mensch kann
nicht in der luft fliegen von selber aber den tod
muss er mit hinaufnehmen ~~xxx~~ wo soll man da hinfliehen überall
ist der mensch!

BÜ
der mensch ist der feind und muss aufhörn

KOCH
unsere zufluchtstätte ist ein tank aus dem
wir herausschiessen wenn er in ein loch fällt
fragt keiner nach uns wir sind
verloren wir müssen
hin sein uns fangen sie warum
sind wir da geboren wann
war die luft voll von eisen?

BÜ
wozu frisst du dein fressen wo
doch dort ein baum steht der noch halb ist
der muss doch auch hin sein

ALLE DREI
schlachtschiffe flugzeuge und kanonen
sind gegen uns gerichtet
die mine und das gelbkreuzgas
zu unserer vernichtung dass wir
vertilgt werden vom erdboden
alles läuft gegen uns arbeitet und
hält nicht an
unsere mutter ist ein tank und
kann uns nicht schützen
wir müssen
kaputt gehen

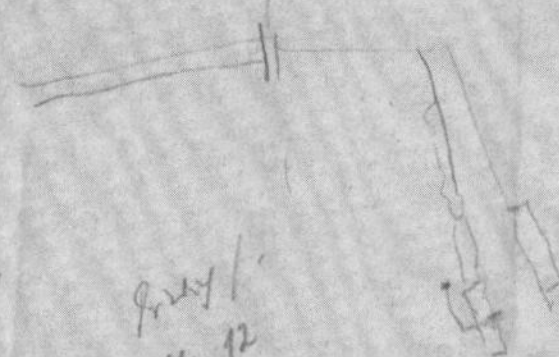

■ *Mb 1·1* 2 chöre:

■ *Mb 1·2*
aber als alles geschehen war,war da
Unordnung. Und ein Zimmer
welches völlig zerstört war und darinnen
4 tote Männer ~~und ohne Namen~~ und
~~k~~ein Name! und eine tür auf der stand
Unverständliches.
Ihr aber seht jetzt
das Ganze. Was [alles] vorging wir
haben es ~~wieder~~ aufgestellt
in der Zeit nach genaue[n]*r*
Folge an den genauen Orten und
mit den genauen Worten die
gefallen sind . und was immer ihr sehen werdet / [am Schluss werdet ihr sehn,] ~~wird sein~~ was wir sahn:
Un~~d~~ordnung. Und ein Zimmer
welches völlig zerstört [war]*ist* und darinnen
4 tote Männer und
ein Name. Und aufgebaut haben wir es damit
⟨→ *Mb 1·3*, 1⟩ ihr entscheiden sollt ×
was eigentlich los war denn
wir waren uneinig.

■ *Mb 1·3*
⟨*Mb 1·2*, 20 ←⟩
durch das sprechen der wörter +

das anhören der chöre

⟨auf ca. 70 % der Originalgröße verkleinert; unter *Mb 1·2* nicht signifikanter Strich mit Bleistift auf Trägerpapier⟩

Mb 1·1 2 chöre:] ⟨Rotstift auf Trägerpapier⟩

Mb 1·2, 5 ~~k~~ein] k ⟨doppelt mit Blaustift gestrichen⟩

Mb 1·2, 8 alles] ⟨und Einweisungsbogen mit brauner Tinte von Hauptmann⟩

Mb 1·2, 10 ~~wieder~~] ⟨Streichung mit brauner Tinte von Hauptmann⟩

Mb 1·2, 14–15 am *[…]* sahn:] ⟨Eintragungen mit brauner Tinte von Hauptmann; Eintragungsfolge: 1.⟩ gefallen *[…]* sahn: ⟨2. Verstrennung durch Schrägstrich nach⟩ werdet ⟨3. neuer Vers, erster Entwurf:⟩ am Schluss wird sein was wir sahn: ⟨4. neuer Vers, zweiter Entwurf:⟩ am Schluss werdet ihr sehn, was wir sahn:

Mb 1·2, 16 Un~~d~~ordnung] d ⟨mit brauner Tinte von Hauptmann gestrichen⟩

Mb 1·2, 17 ist] ⟨mit brauner Tinte von Hauptmann⟩

Mb 1·2, 20 ×] ⟨Bleistift⟩

Mb 1·3 durch *[…]* chöre] ⟨Bleistift auf Trägerpapier⟩

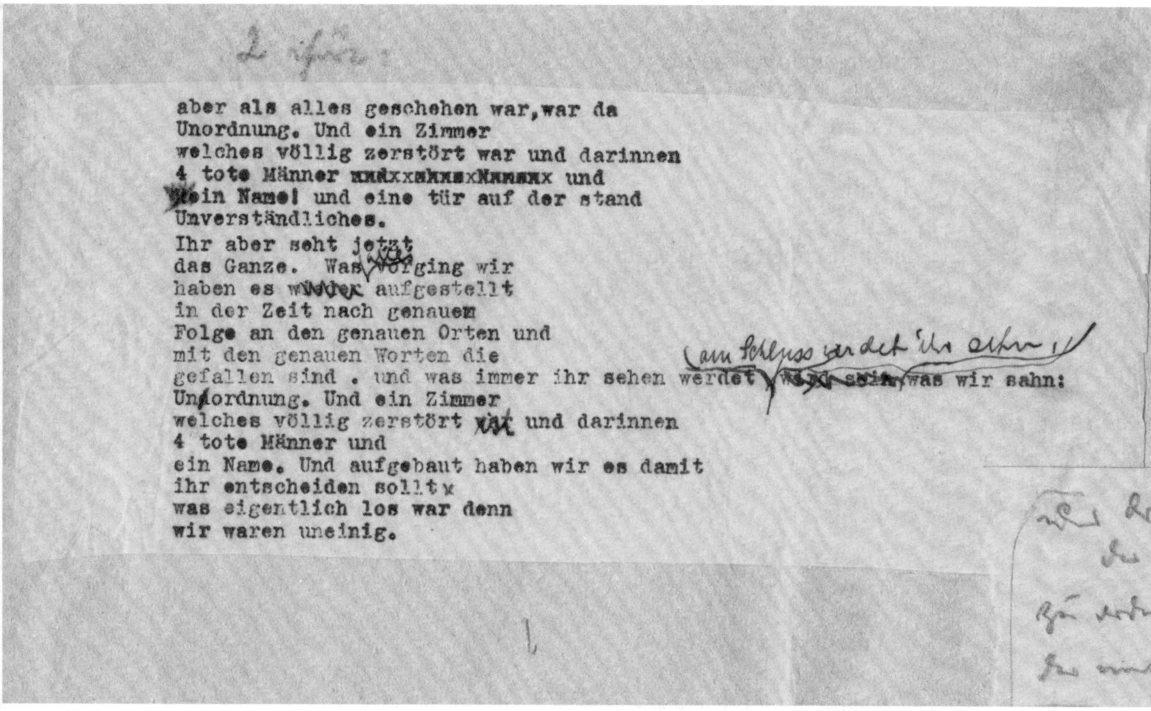

aber als alles geschehen war,war da
Unordnung. Und ein Zimmer
welches völlig zerstört war und darinnen
4 tote Männer und
ein Name! und eine tür auf der stand
Unverständliches.
Ihr aber seht jetzt
das Ganze. Was vorging wir
haben es aufgestellt
in der Zeit nach genauem
Folge an den genauen Orten und
mit den genauen Worten die
gefallen sind . und was immer ihr sehen werdet was wir sahn:
Unordnung. Und ein Zimmer
welches völlig zerstört und darinnen
4 tote Männer und
ein Name. Und aufgebaut haben wir es damit
ihr entscheiden sollt
was eigentlich los war denn
wir waren uneinig.

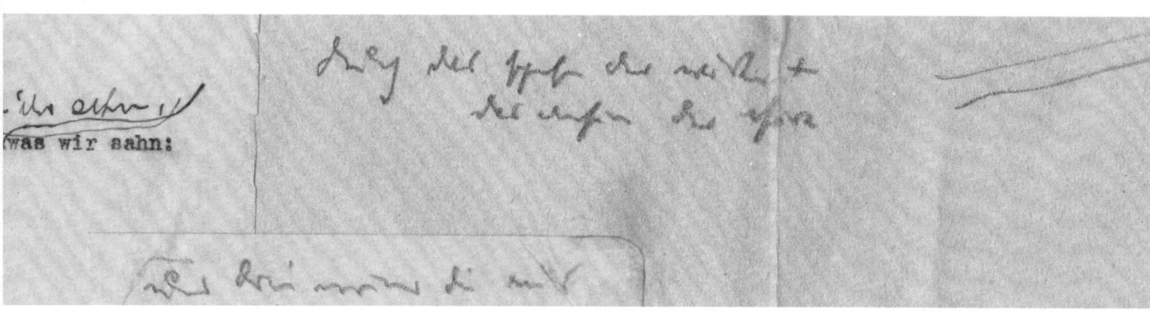

was wir sahn:

Mb 1·1–Mb 1·3

■ *Mb 1·4*

und drei männer die aus
der tür gingen
zu ordnen
der menschheit große gegenstände.

und darinnen 1 toter mann
noch
welcher nicht tot war + vor ihm
eine tür auf der stand:
verständliches

⟨Originalgröße; ganze Seite Bleistift⟩

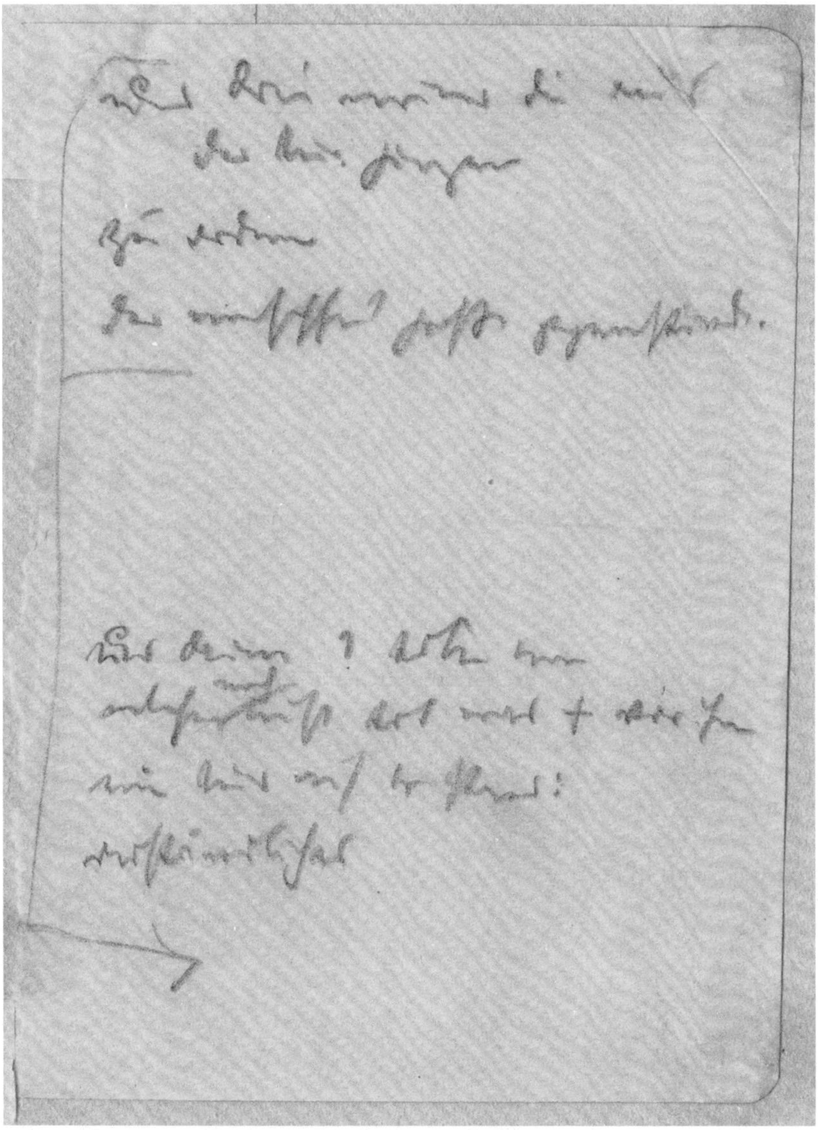

▮*Mb 1·5* SCHAU

WÄHREND AUF DEN TAFELN DIE KRIEGSGERÄTE GEZEIGT
WERDEN ALS DA SIND SCHLACHTSCHIFFE FLUGZEUGE KANONEN
USW BEKLAGEN DIE DREI LAUT SCHREIEND IHR GESCHICK

KOCH
wer von euch ist ein freund und grabt mich
ein in den boden? dass mich nicht mehr
trifft aber da ist kein platz mehr wo ich
hinkriechen kann denn sie schiessen zehn
meter unter den erdboden

▮*Mb 1·6* ⟨Büsching⟩ BÜ
alles was da ist muss
hin sein wo eine stadt steh t die muss
hin sein und sollen keine steiner liegen sondern
wo sie war soll ein loch sein und
in das meer muss man hineinschiessen

KOCH
schiesst doch nicht mehr der mensch kann
nicht schwimmen über das wasser im meer
und den schwimmer erschiessen noch ~~ihr~~e
ihre schlachtschiffe der mensch kann
nicht in d[ie]*er* luft fliegen von selber aber den tod
muss er mit hinaufnehmen ~~und~~ wo soll man da hinfliehen überall
⟨→ *Mb 1·6*, 15⟩ ist der mensch!

⟨auf ca. 82 % der Originalgröße verkleinert; *Mb 1·6*, 2–4 Unterstreichung mit Rotstift⟩

SCHAU

WÄHREND AUF DEN TAFELN DIE KRIEGSGERÄTE GEZEIGT
WERDEN ALS DA SIND SCHLACHTSCHIFFE FLUGZEUGE KANONEN
USW BEKLAGEN DIE DREI LAUT SCHREIEND IHR GESCHICK

KOCH
wer von euch ist äein freund und grabt mich
ein in den boden? dass mich nicht mehr
trifft aber da ist kein platz mehr wo ich
hinkriechen kann denn sie schiessen zehn
meter unter den erdboden

BÜ
alles was da ist muss
hin sein wo eine stadtvsteh t die muss
hin sein und sollen keine steiner liegen sondern
wo sie war soll ein loch sein und
in das meer muss man hineinschiessen

KOCH
schiesst doch nicht mehr der mensch kann
nicht schwimmen über das wasser im meer
und den schwimmer erschiessen noch ???e
ihre schlachtschiffe der mensch kann
nicht in der luft fliegen von selber aber den tod
muss er mit hinaufnehmen xxx wo soll man da hinfliehen überall
ist der mensch!

⟨*Mb 1·6*, 14←⟩ ⟨Büsching⟩

BÜ
der mensch ist der feind und muss aufhörn

KOCH
unsere zufluchtstätte ist ein tank aus dem
wir herausschiessen wenn er in ein loch fällt
fragt keiner nach uns wir sind
verloren wir müssen
hin sein uns fangen sie warum
sind wir da geboren wann
war die luft voll von eisen?

BÜ
wozu frisst du dein fressen wo
doch dort ein baum steht der noch halb ist
der muss doch auch hin sein

ALLE DREI

schlachtschiffe flugzeuge und kanonen
sind gegen uns gerichtet
d[as]*ie* mine und das gelbkreuzgas
zu unserer vernichtung dass wir
vertilgt werden vom erdboden
alles läuft gegen uns arbeitet und
hält nicht an
unsere mutter ist ein tannk und
kann uns nicht schützen
wir müssen
kaputt gehen

⟨auf ca. 82 % der Originalgröße verkleinert; auf dem Trägerpapier unter *Mb 1·6* Papierrest und Klebspur eines zuerst aufgeklebten, dann abgerissenen Blatts⟩

BÜ
der mensch ist der feind und muss aufhörn

KOCH
unsere zufluchtstätte ist ein tank aus dem
wir herausschiessen wenn er in ein loch fällt
fragt keiner nach uns wir sind
verloren wir müssen
hin sein uns fangen sie warum
sind wir da geboren wann
war die luft voll von eisen?

BÜ
wozu frisst du dein fressen wo
doch dort ein baum steht der noch halb ist
der muss doch auch hin sein

ALLE DREI

schlachtschiffe flugzeuge und kanonen
sind gegen uns gerichtet
das mine und das gelbkreuzgas
zu unserer vernichtung dass wir
vertilgt werden vom erdboden
alles läuft gegen uns arbeitet und
hält nicht an
unsere mutter ist ein tannk und
kann uns nicht schützen
wir müssen
kaputt gehen

Mb 1·6, 15–40

■ *Mb 1·7*

⟨Friedrichstraße⟩ Friedrich / ¿

Ziegelstr. 12

Luisen[¿]schule

⟨Zimmer⟩ *Zimm* 39

8^{h}

⟨Originalgröße; Bleistift⟩
4 39] 9 ⟨verdeutlicht⟩

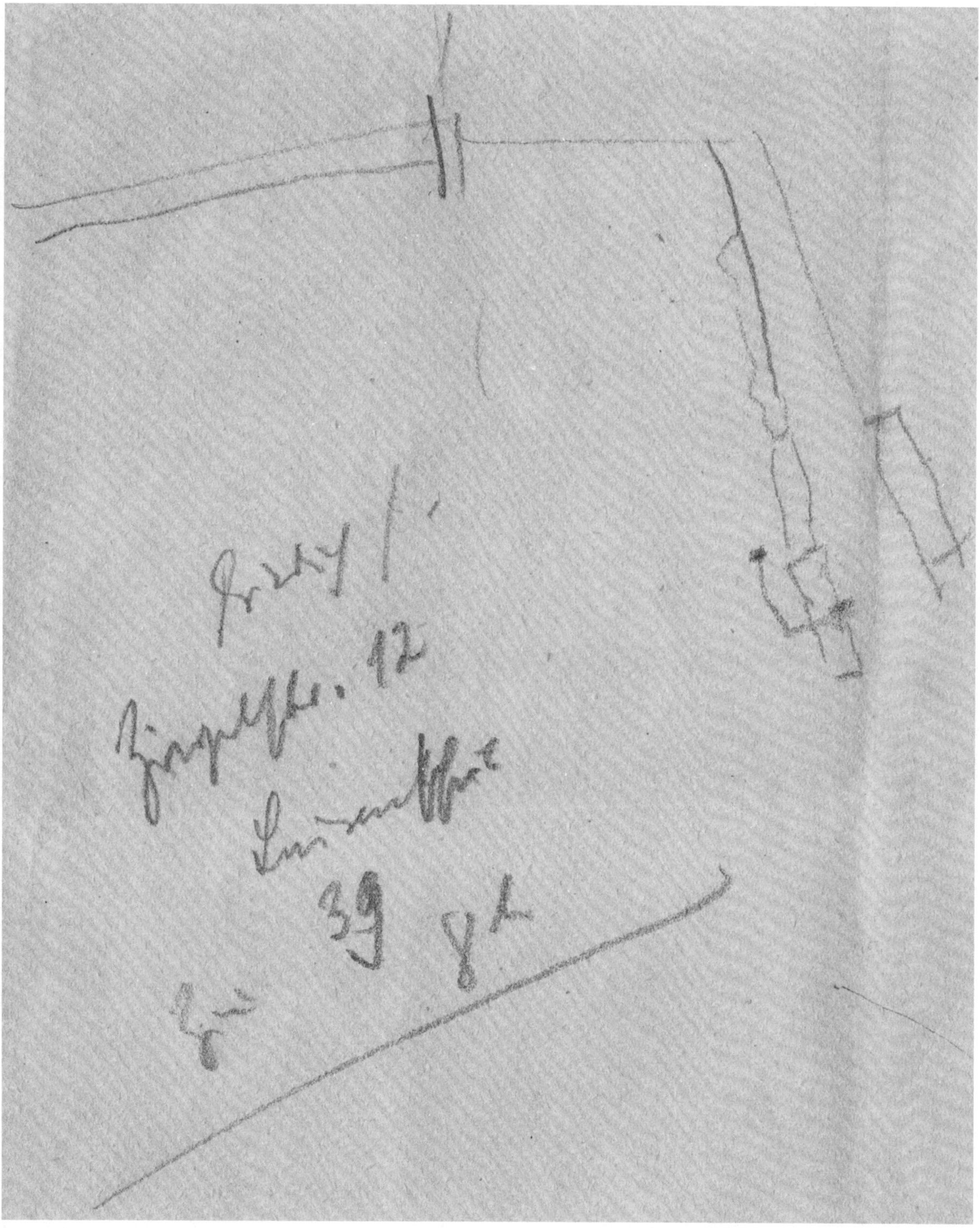

Mb 1·7

Fatzer-Montagebogen 2

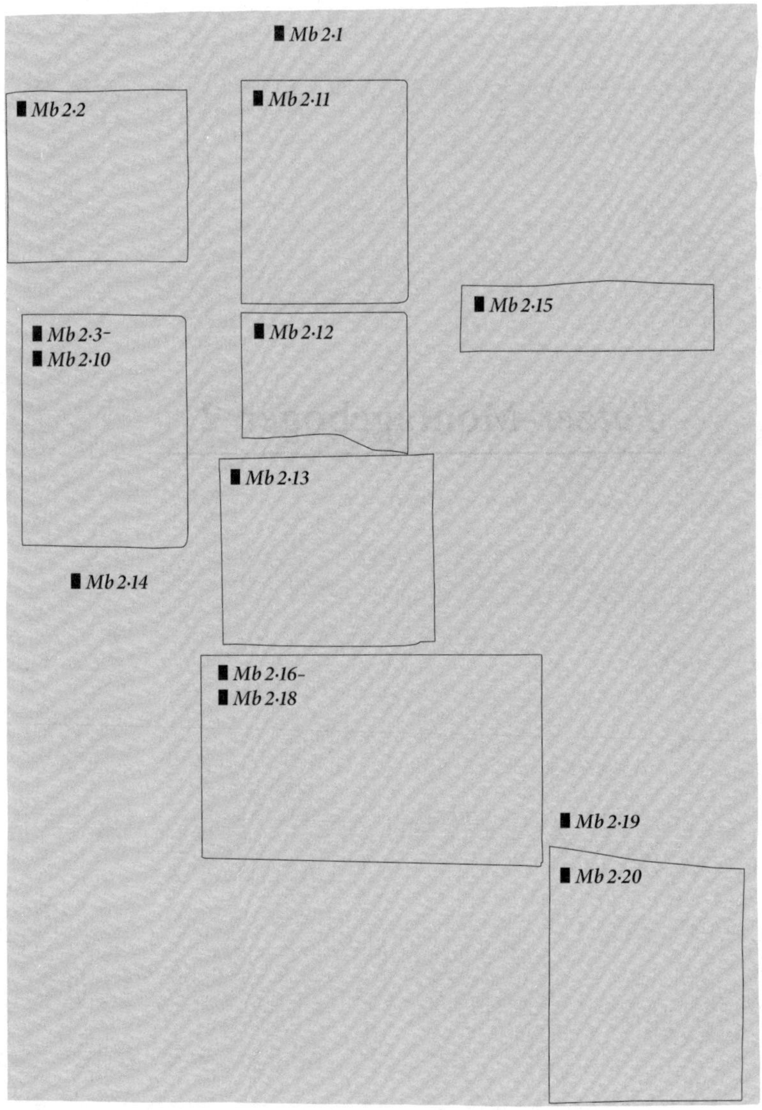

⟨BBA 111/44–61; auf 32 % der Originalgröße verkleinert⟩

2

MÜLHEIM

1
schreiend beklagt sich die frau des leeb
über leebs abwesenheit

2
auftauchen der 4 und
begrüssung

3
die weiber loben die heimkehrer

4
die beratung

5
das essen und fatzers erste rede

6
die einquartierung

111/45

3

[illegible]

111/54

[illegible]

111/55

keiner hält die drei an auseinanderzugehen, fatzer sagt

FATZER
von uns allen bin ich
~~der fähigste~~ durch gehirn und physis am fähigsten
durchzukommen als einzelner aber ich
bin für zusammenbleiben.

111/60

1

[illegible]

111/46

[illegible]

UND DER STÄRKSTE IST DER DER ZURÜCKKEHRT

kaumann:

geht jetzt weg denn ich muss
noch etwas reden mit ihr die zeit betreffend
wo ich wieder weg bin denn vor morgen
muss ich weiter mit denen da

[illegible]

111/56

4

[illegible]

111/57

[illegible]

ist das dein stuhl? der ist gross genug
mir reicht die kiste da zum schlafen
wo ist das wasser?

fatzer:

wenn ich morgen weggeh euer essen holen
denn ihr wollt doch fressen
wenn ihr au h nicht hier seid
muss ich einen anzug haben wie
~~die leute in diesem~~ jeder andere hast du den?

kaumann:

er muss in dem schrank sein

therese:

das ist er

fatzer

den kann ich brauchen darin muss ich aussehn
wie einer von ihnen

therese

werdet ihr denn [illegible]
alle bleiben?

111/61

111/44

Mb 2

■ *Mb 2·1* 2

■ *Mb 2·2* MÜLHEIM

1
schreiend beklagt sich die frau des leeb
über leebs abwesenheit

2
auftauchen der 4 und
begrüssung

3
die weiber loben die heimkehrer

4
die beratung

5
das essen und fatzers erste rede

6
die einquartierung

⟨Originalgröße; *Mb 2·1* Rotstift⟩

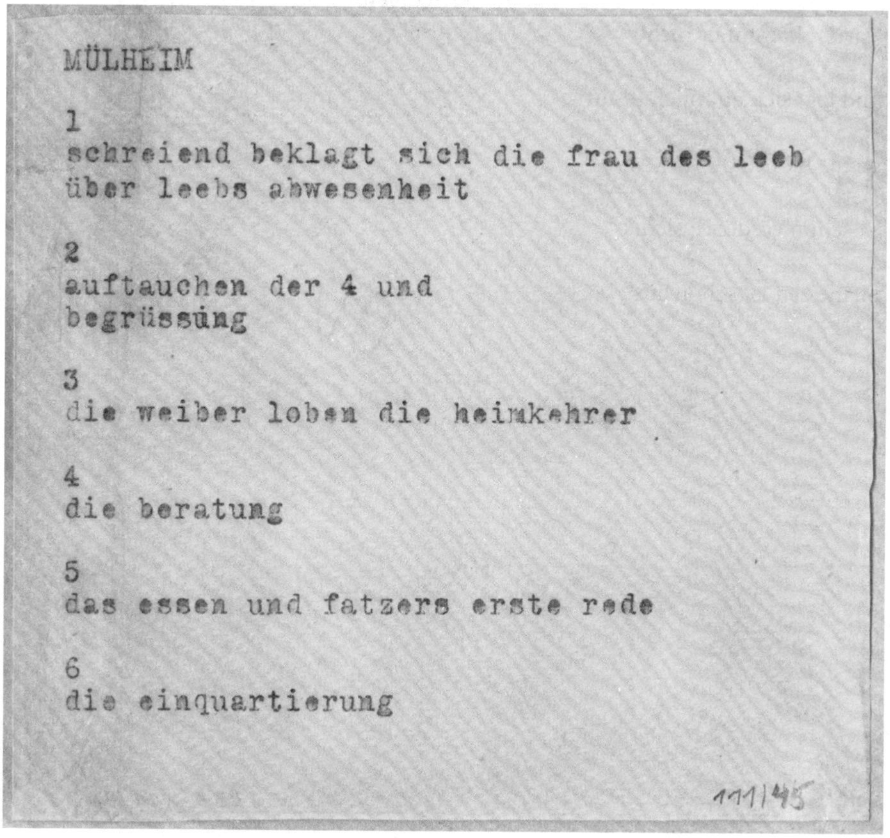

MÜLHEIM

1
schreiend beklagt sich die frau des leeb
über leebs abwesenheit

2
auftauchen der 4 und
begrüssüng

3
die weiber loben die heimkehrer

4
die beratung

5
das essen und fatzers erste rede

6
die einquartierung

111/45

■ *Mb 2·3* 2 1

2 frauen bei der frau des kaumann

⟨Kaumann⟩ k

<schreit>

wo sind sie

heut habe ich beschlos-

3 jahre

sen mein fleisch /

sind zu viele jahre!

zu befriedigen.

warum kommt er nicht

und legt sich ~~auf~~ mich drauf?

meine blöße

ist schon verdorrt, sicher

⟨→ *Mb 2·4*, 2⟩ meine zeit ist schon aus!

⟨Originalgröße; überwiegend schwarze Tinte; Z. 1⟩ 1
⟨Rotstift, Z. 6, 8, 10 und Einfügungslinie Bleistift⟩

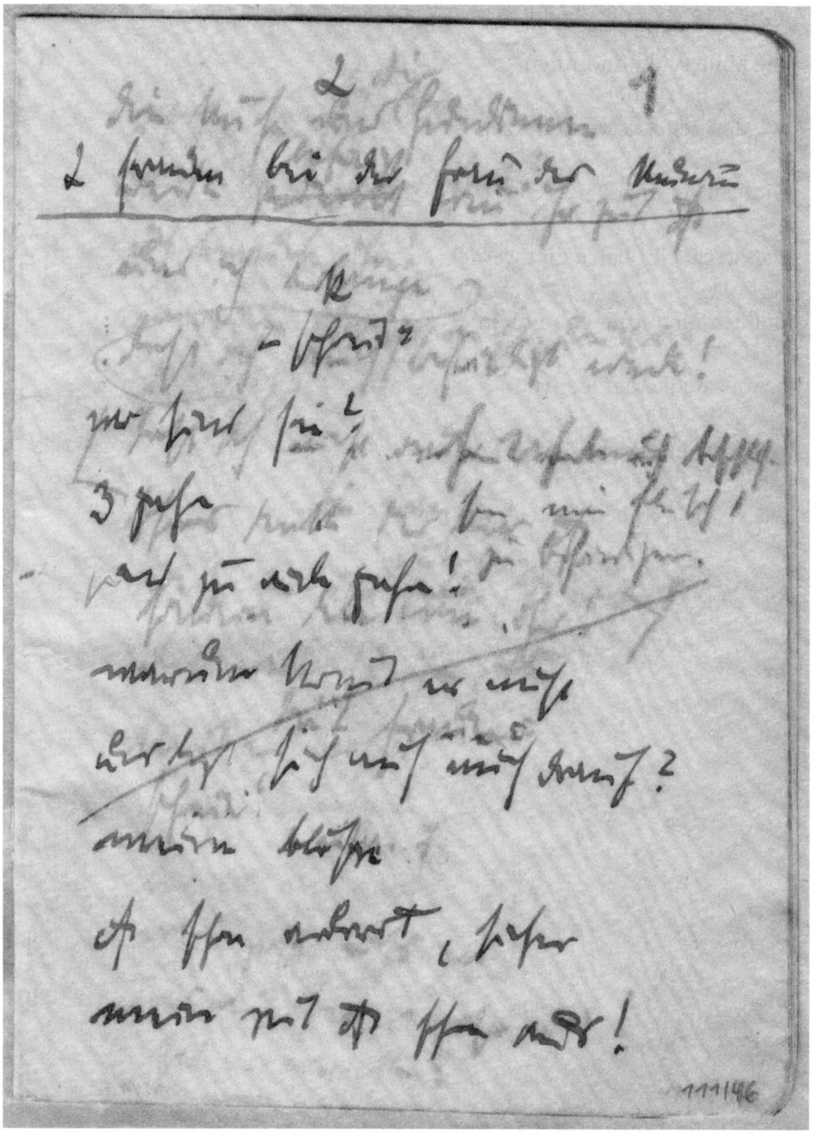

Mb 2·3

■ *Mb 2·4*

⟨*Mb 2·3*, 16 ←⟩

die
die kühe und hündinnen
befriedigt
werden ~~gedeckt~~ wenn ihr zeit ist

und ich verlange

daß ich auch / befriedigt werde!

<daß ich nicht immer an mein

schoos denke der leer ist

sondern lebe wie ihr!>

die 2 frauen:

schreie!

⟨*NB 22*, 2r.3 ←⟩ <usw.>

⟨Originalgröße; schwarze Tinte; Z. 1⟩ die ⟨und Einweisungsbogen, Z. 5–6 Umstellungsbogen Bleistift⟩

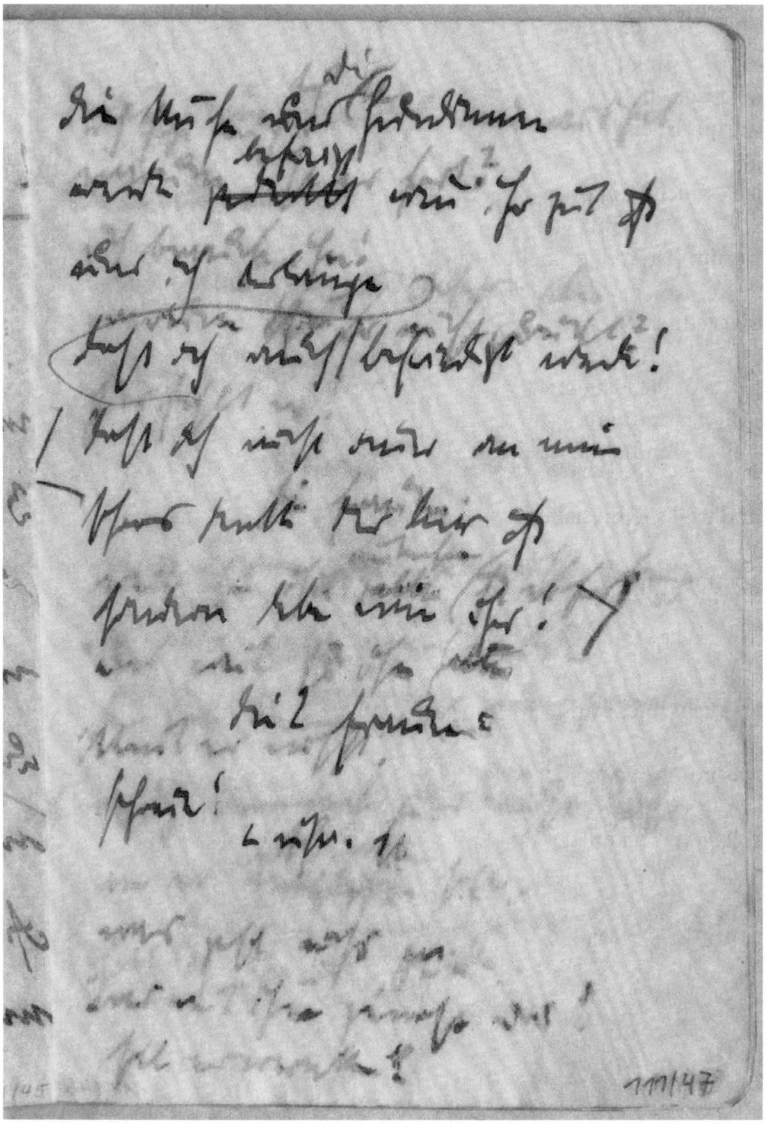

Mb 2·4

■ *Mb 2·5*
⟨Therese Kaumann⟩
⟨→ *NB 22*, 2r.5⟩

th k
ich frage euch
warum ist er fort?

ich brauche ihn!
mt
warum [ist]*kom* er nicht zurück?

hier fehlt er!

die frauen:
mitnahmen
weil sie ihn ~~halten~~ ist er fort

und weil sie ihn halten

kommt er nicht.

th k

was geht michs an

was mit ihm gemacht wird[!].

⟨→ *Mb 2·6*, 1⟩ soll er verrecken[!].

⟨Originalgröße; überwiegend schwarze Tinte⟩
2 ich frage euch] ⟨Bleistift⟩
5 mt] ⟨Gemenationsstrich,⟩ t ⟨und Einweisungsbogen zusammen mit der Überschreibung in Z. 6⟩ [ist]*kom* ⟨eingetragen⟩

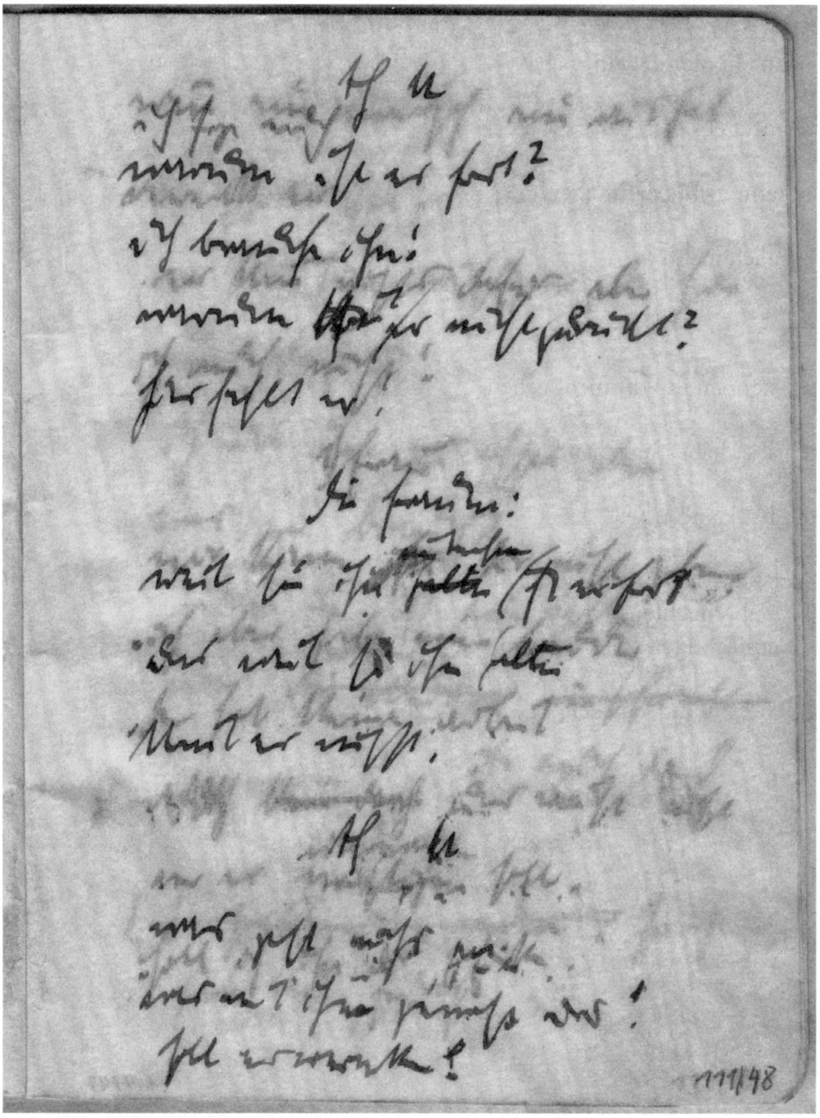

Mb 2·5

■ *Mb 2·6* ⟨*Mb 2·5*, 16 ←⟩

wenn ein mensch ein ais hat

verreckt er

er kann nichts dafür aber

ich auch nicht!

⟨*erste*⟩ *1)* frau

wir können ihn dir nicht geben.

ich aber habe einen bruder

der hat keine arbeit

~~auch~~ ~~kein dach~~ und weiß nicht
übernachten
wo er ~~nächtigen~~ soll.

⟨→ *Mb 2·7*, 1⟩ soll ich ihn dir schicken.

⟨Originalgröße; schwarze Tinte⟩

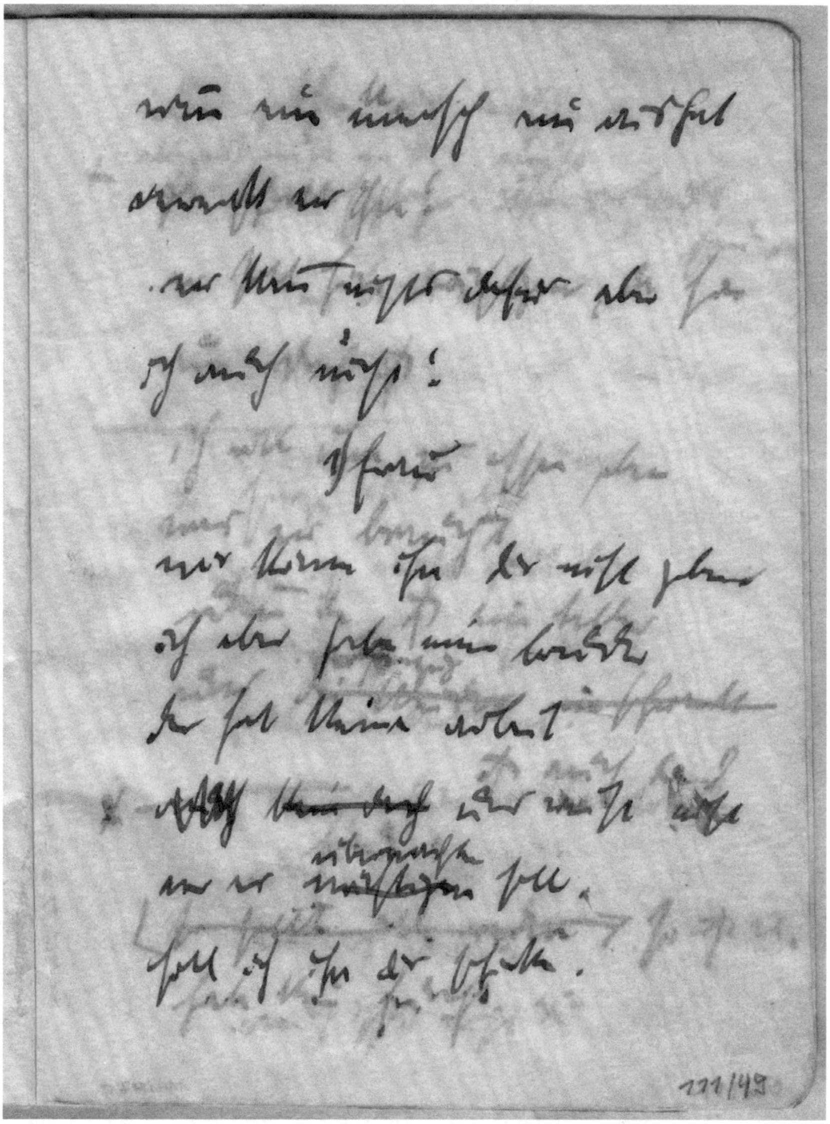
111/49

■ *Mb 2·7*
⟨*Mb 2·6*, 12 ←⟩
⟨Therese Kaumann⟩

th. k.

ja schick ihn!

er soll hier nächtigen, da hier

ein dach ist

ich will ihm zu essen geben

was er braucht

[un]*denn* da ist ein teller

~~der~~ [1]/anzug
und ~~die kleider~~ ~~im schrank~~

ist auch da!

⟨→ *Mb 2·8*, 7⟩ × ——

frauen:

<~~so sollten alle reden~~> so ist es.

⟨→ *Mb 2·8*, 1⟩ habe keine furcht

⟨Originalgröße; überwiegend schwarze Tinte⟩

14 <~~so~~ *[…]* es.] ⟨Klammern, Streichung und⟩ so ist es. ⟨Bleistift⟩

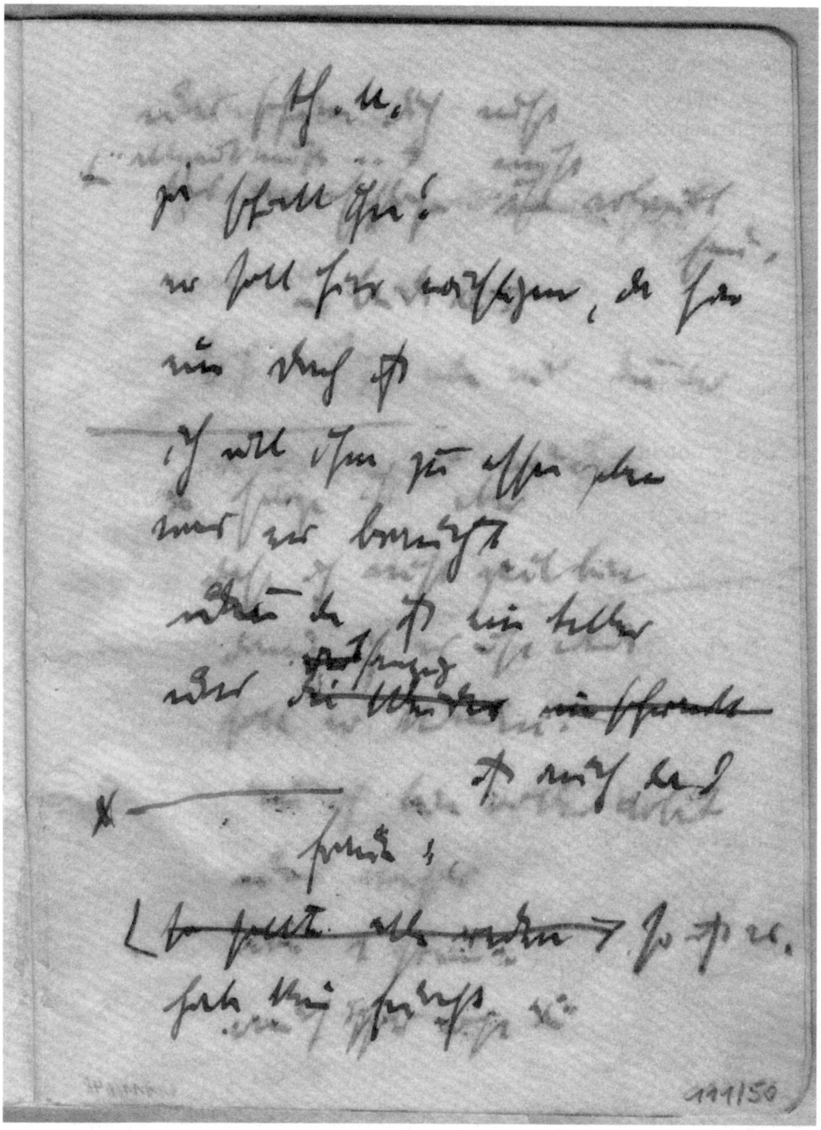

Mb 2·7

■ *Mb 2·8*
⟨*Mb 2·7*, 15←⟩

und schäm dich nicht
<allezeit muß . .> muß
das menschliche ~~ist~~ erlaubt

sein.

<beide ab>

⟨*Mb 2·7*, 12←⟩ × sage ihm aber

daß ich nicht geil bin

damit ich es nicht werde

soll er kommen.

denn ich bin voller arbeit

und nachts

wie 1 stein.

⟨→ *Mb 2·9*, 1⟩ auch ists nicht die

⟨Originalgröße; schwarze Tinte⟩

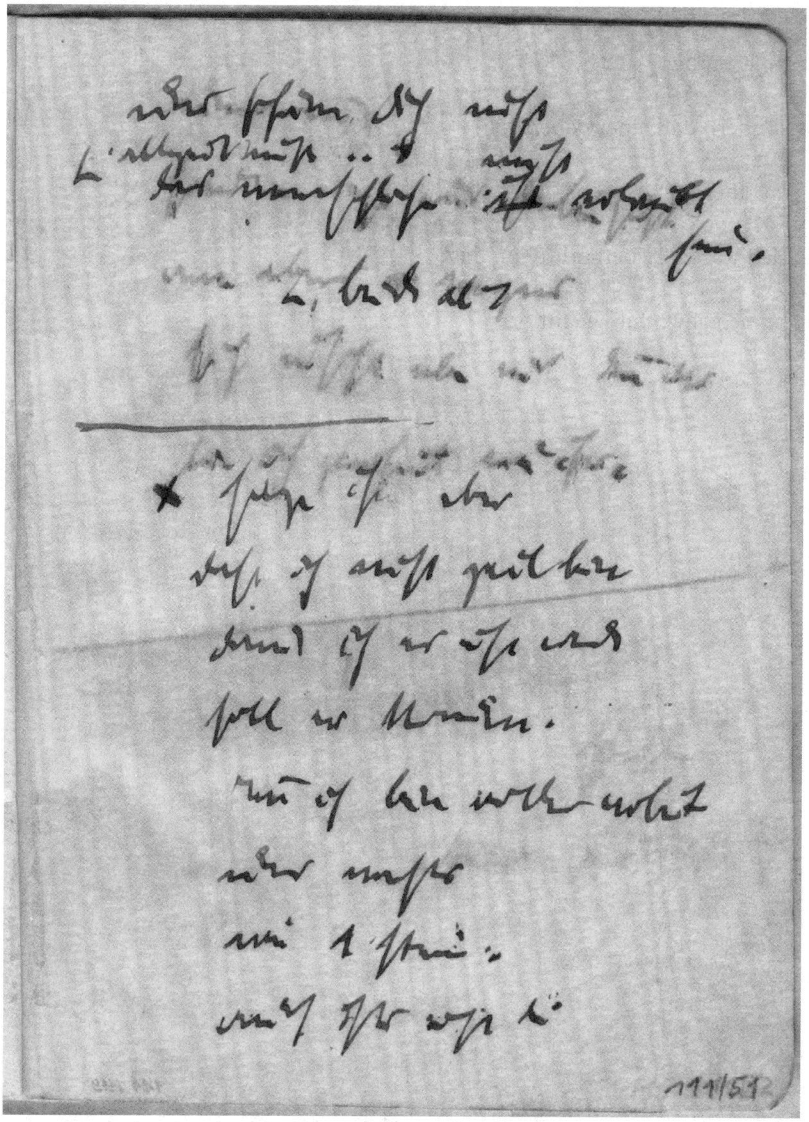

Mb 2·8

■ *Mb 2·9*
⟨*Mb 2·8*, 14 ←⟩

umarmung
sondern daß einer dabeisitzt
am abend + morgens
sich wäscht neben mir denn das
bin ich gewohnt wie ihr.

⟨*Mb 2·7*, 12 ←⟩ ×

⟨Originalgröße; schwarze Tinte⟩

1 umarmung] ⟨danach Durchschlag der Tinte von *Mb 2·8*, 2⟩

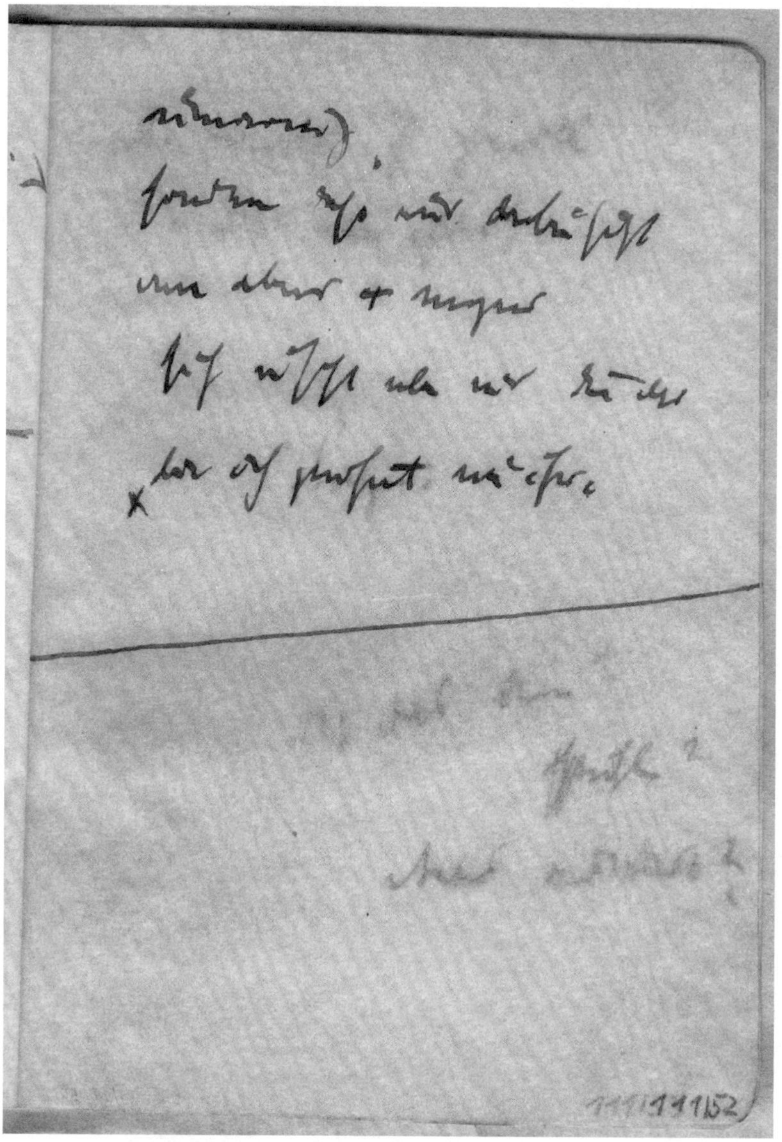

Mb 2·9

■ *Mb 2·10* 2

eure heimkehr ist ehrenvoll

– und wenn ehrlos?

fatzer:

ist das denn 1

stuhl?

– etwas verändert?

⟨Originalgröße; überwiegend schwarze Tinte⟩

1 2] ⟨Rotstift⟩

4 fatzer] f ⟨verdeutlicht⟩

6 stuhl] st ⟨verdeutlicht⟩

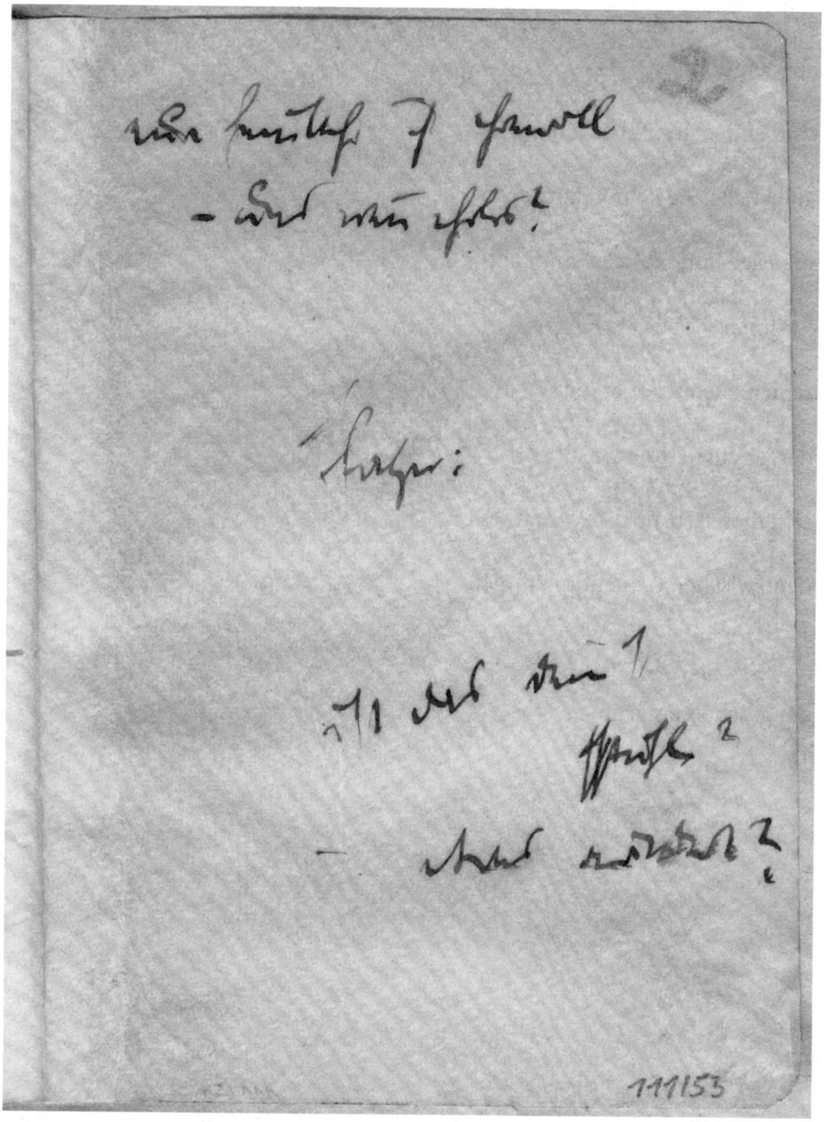

Mb 2·10

▮ *Mb 2·11* 3

aber entflohn
sind einige ihrer ehernen zeit
glückliche! sie kehren zurück
niedrige hütte die sie empfängt
ist ihnen schön
seinen alten teller erkennt
der gerettete esser
seht diesem bruder des mannes
den zwischen tannen im vorigen
mond
⟨→ *Mb 2·12*, 1⟩ ein geschoß eingrub

⟨Originalgröße; schwarze Tinte; Z. 10–12 Durchschlag der Tinte von der unteren Blatthälfte von BBA 111/55; → *Mb 2·12*⟩

1 3] ⟨Rotstift⟩

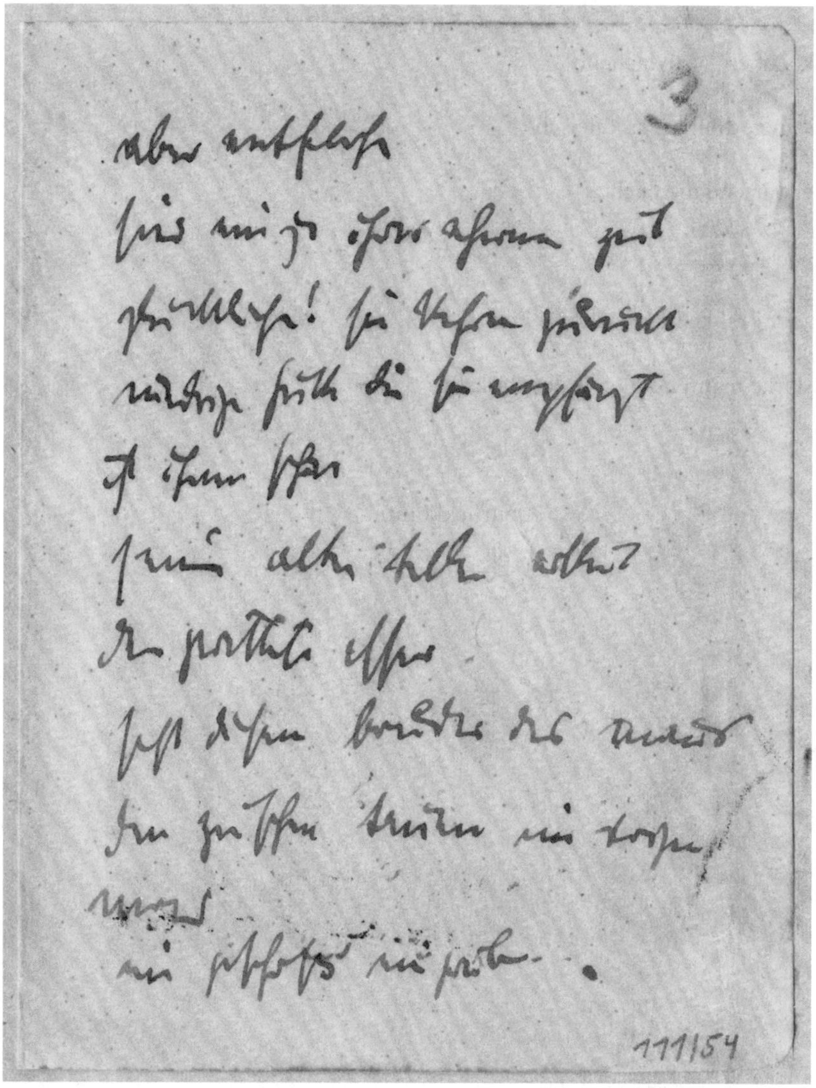

Mb 2·11

■ *Mb 2·12*
⟨*Mb 2·11*, 12←⟩

kocht ein weib lachend
sein gewöhntes rindfleisch
erwartend die nacht

———

„der kranke mann stirbt + der
starke mann ficht“ + der stärkste
ist der der
zurückkommt

⟨Originalgröße; schwarze Tinte; Z. 1-4 Durchschlag der Tinte des ursprünglich nachfolgenden Blatts⟩

6-8 + der *[...]* zurückkommt] ⟨nachgetragen; ursprünglich nachfolgende Eintragung unter Z. 5-6⟩ „der kranke *[...]* ficht“ ⟨später abgeschnitten⟩

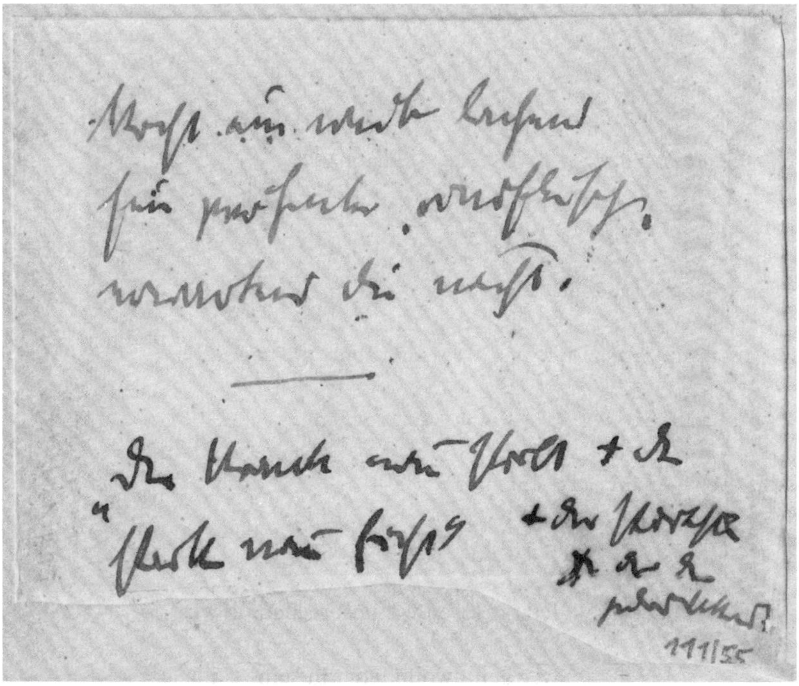

Mb 2·12

■ *Mb 2·13* UND DER STÄRKSTE IST DER DER ZURÜCKKEHRT

kaumann:

geht jetzt weg denn ich muss

noch etwas reden mit ihr die zeit betreffend

wo ich wieder weg bin denn vor morgen

muss ich weiter mit denen da

koch:

Jetzt müssen wir besprechen ob wir

weg gehn wolln jeder in seine stadt

oder bleiben in dieser.

⟨Büsching⟩ busch.:

weg gehn.

■ *Mb 2·14* ich verdien meinen unterhalt ¿

darum /

⟨Originalgröße; *Mb 2·13*, 7–12 schwarze Tinte;
Mb 2·14 Bleistift auf Trägerpapier⟩

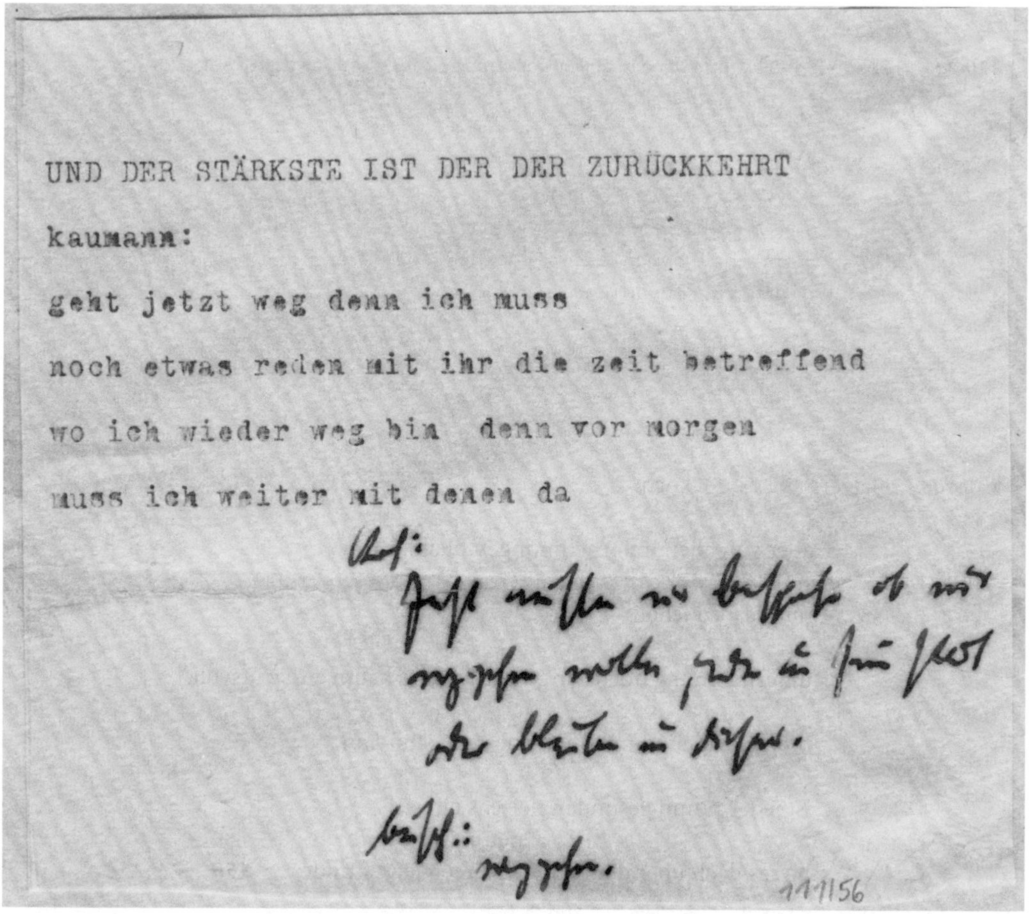
UND DER STÄRKSTE IST DER DER ZURÜCKKEHRT

kaumann:

geht jetzt weg denn ich muss

noch etwas reden mit ihr die zeit betreffend

wo ich wieder weg bin denn vor morgen

muss ich weiter mit denen da

111156

111146

wo ich wieder

muss ich weit

Mb 2·13–Mb 2·14

▮*Mb 2·15* keiner hält die drei an auseinanderzuegehen,fatzer sagt

FATZER

von uns allen bin ich
~~der fähigste~~ durch gehirn und physis am fähigsten
durchzukommen als einzelner aber ich
bin für zusammenbleiben.

▮*Mb 2·16* ~~fatzer:~~ koch: 4

aber von allen unternehmungen bleibt
nur das: zu leben
unternehmung höchster gefährlichkeit, kaum aussichtsvoll,
möglich allein durch raub aber von stund an:
ist jedes pfund gesunden fleischs ein sieg
[neu]*frisch*
dieses dach über dem kopf zu bauen jede stunde
und unser einziger triumpf, vielleicht gar nie erlebbar:
am rand dieser [¿]*j*ahre
noch da zu sein.

1

⟨*Mb 2·15* auf ca. 94 %, *Mb 2·16* auf 70 % der Originalgröße verkleinert; *Mb 2·16* überwiegend schwarze Tinte, Z. 1 Streichung von⟩ fatzer: ⟨,⟩ koch: ⟨und⟩ 4 ⟨Rotstift; Z. 12⟩ 1 ⟨Bleistift⟩

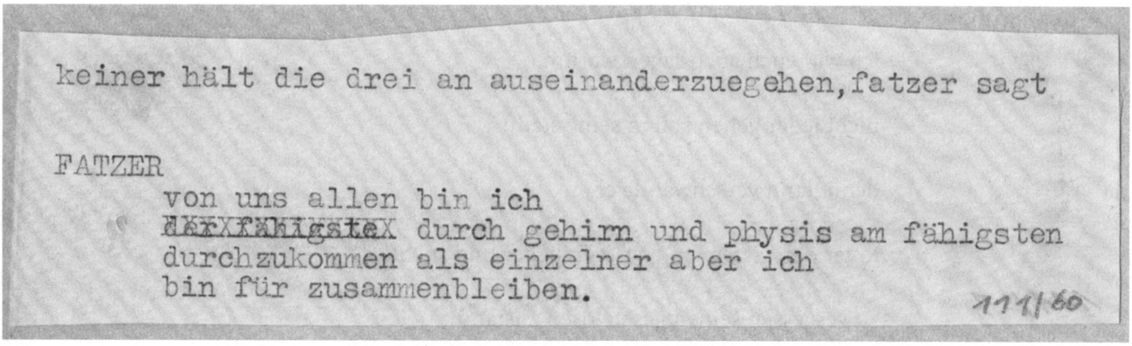

keiner hält die drei an auseinanderzuegehen, fatzer sagt

FATZER
von uns allen bin ich
~~der fähigste~~ durch gehirn und physis am fähigsten
durchzukommen als einzelner aber ich
bin für zusammenbleiben.

111/60

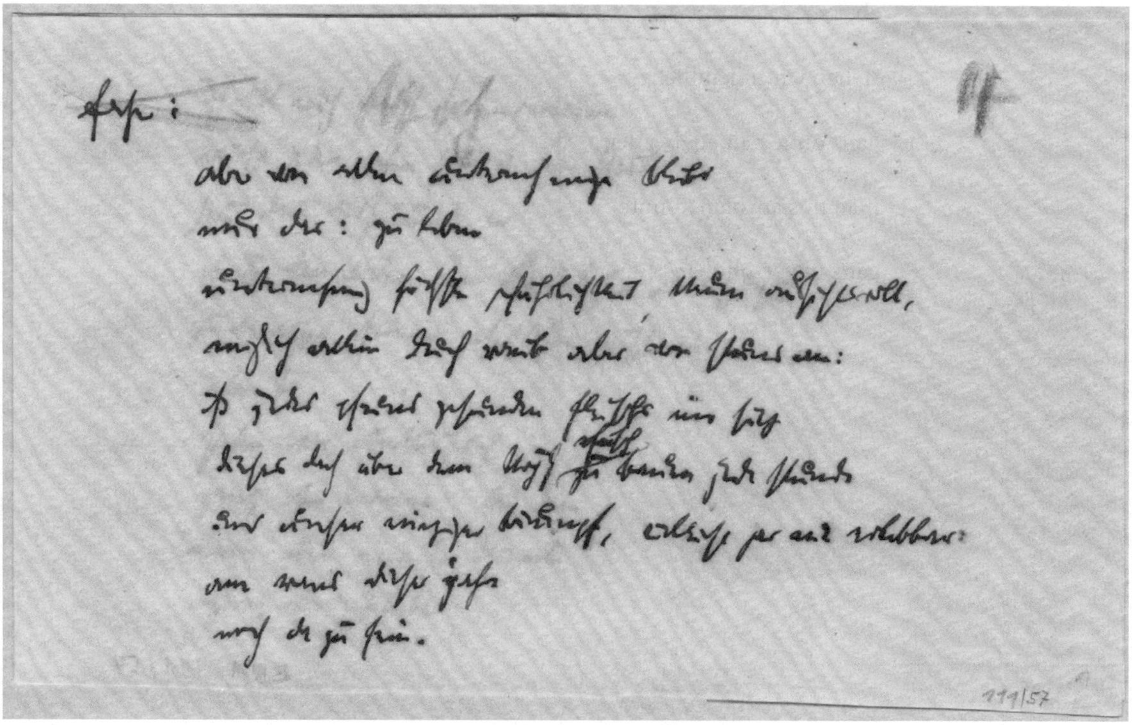

■ *Mb 2·17* ich will euch auch sagen warum
nicht jeder gehen soll in seine stadt:
denn dann verschwände er
unter den vielen ein [¿¿¿]*heim*licher und suchte
zu vergessen seinen gesetzlosen zustand
aber so
stehen wir unkäuflich
ganz ohne namen, bei dem
man uns anrufen könnte
⟨→ *Mb 2·18*, 1⟩ ganz unversöhnbar

2

⟨auf ca. 70 % der Originalgröße verkleinert; überwiegend schwarze Tinte; Z. 11⟩ 2 ⟨Bleistift⟩

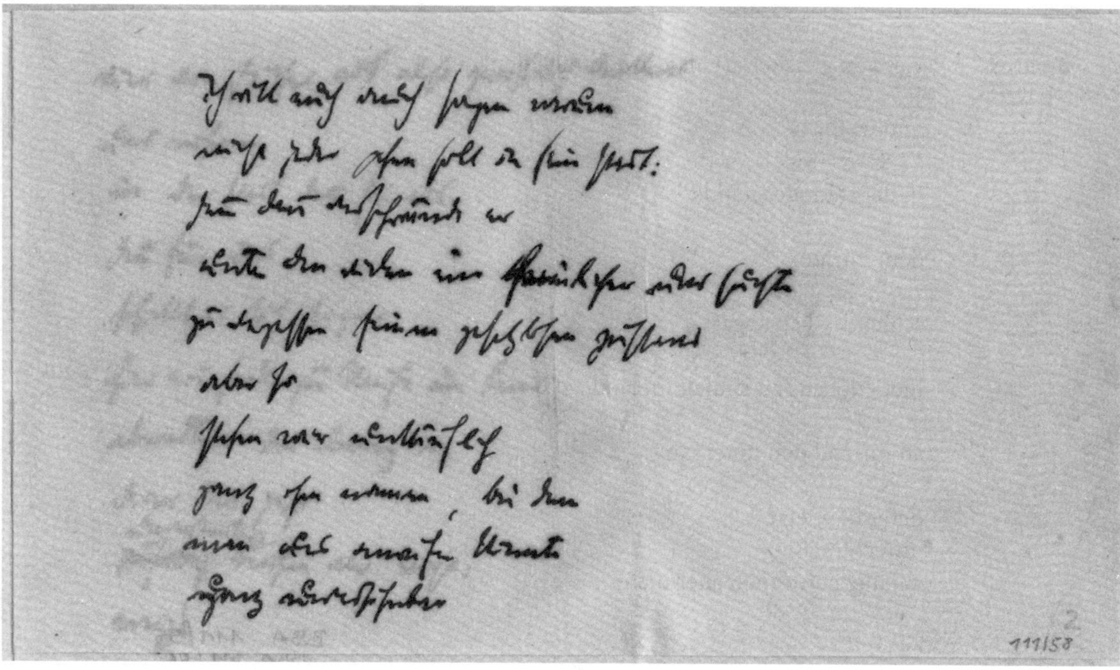

Mb 2·17

■ *Mb 2·18*
⟨*Mb 2·17,* 10 ←⟩

vier von gleicher art also gewöhnlich denkend

und wohnen

in der stadt des feinds

denn für uns

schickt es sich sogar

hier ein haus zu kaufen im land

abwartend den untergang

derer dies jetzt
unrechtmäßig
~~zufällig~~ bewohnen aber nicht:

ewig.

3

⟨auf ca. 70 % der Originalgröße verkleinert; überwiegend schwarze Tinte; Z. 12⟩ 3 ⟨Bleistift⟩

aber den Spitzel erst also persönlich dulden

und wohnen

in der Stadt des Feindes

Tür für Tür

schellt er sich hinein

für ein [illegible] zu [illegible] ein Brot

abwarten die [illegible]

dann darf nicht

~~[illegible]~~ unwahrscheinlich brauchen aber nicht:

ewig!

111/59

■ *Mb 2·19* invasion: was ist das für 1 kiste

drin hebe ich meine kohlen auf

■ *Mb 2·20* ist das dein stuhl? der ist gross genug

mir reicht die kiste da zum schlafen

wo ist das wasser?

fatzer:

wenn ich morgen weggeh euer essen holen
denn ihr wollt doch fressen
wenn ihr au h nicht hier seid
muß ich einen anzug haben wie
~~die guten in diese~~ jeder andere hast du den?

kaumann:

er muss in dem schrank sein

therese:

das ist er

fatzer

den kann ich brauchen darin muss ich aussehn

wie einer von ihnen

therese

werdet ihr denn

wielang?

alle bleiben?

kurze zeit!

⟨Originalgröße; *Mb 2·19* Bleistift auf Trägerpapier; Zuweisungsbogen *Mb 2·19*–*Mb 2·20* Bleistift; *Mb 2·20*, 19, 21 schwarze Tinte⟩

Mb 2·20, 1–21 ist *[…]* zeit!] ⟨Eintragungsfolge: 1. Z. 1–3⟩ ist *[…]* wasser? ⟨2. Blatt später erneut in Maschine eingespannt, Z. 4–18, 20⟩ fatzer: *[…]* bleiben? ⟨mit neuem Farbband getippt, 3. Z. 19, 21⟩ wielang? \ kurze zeit!

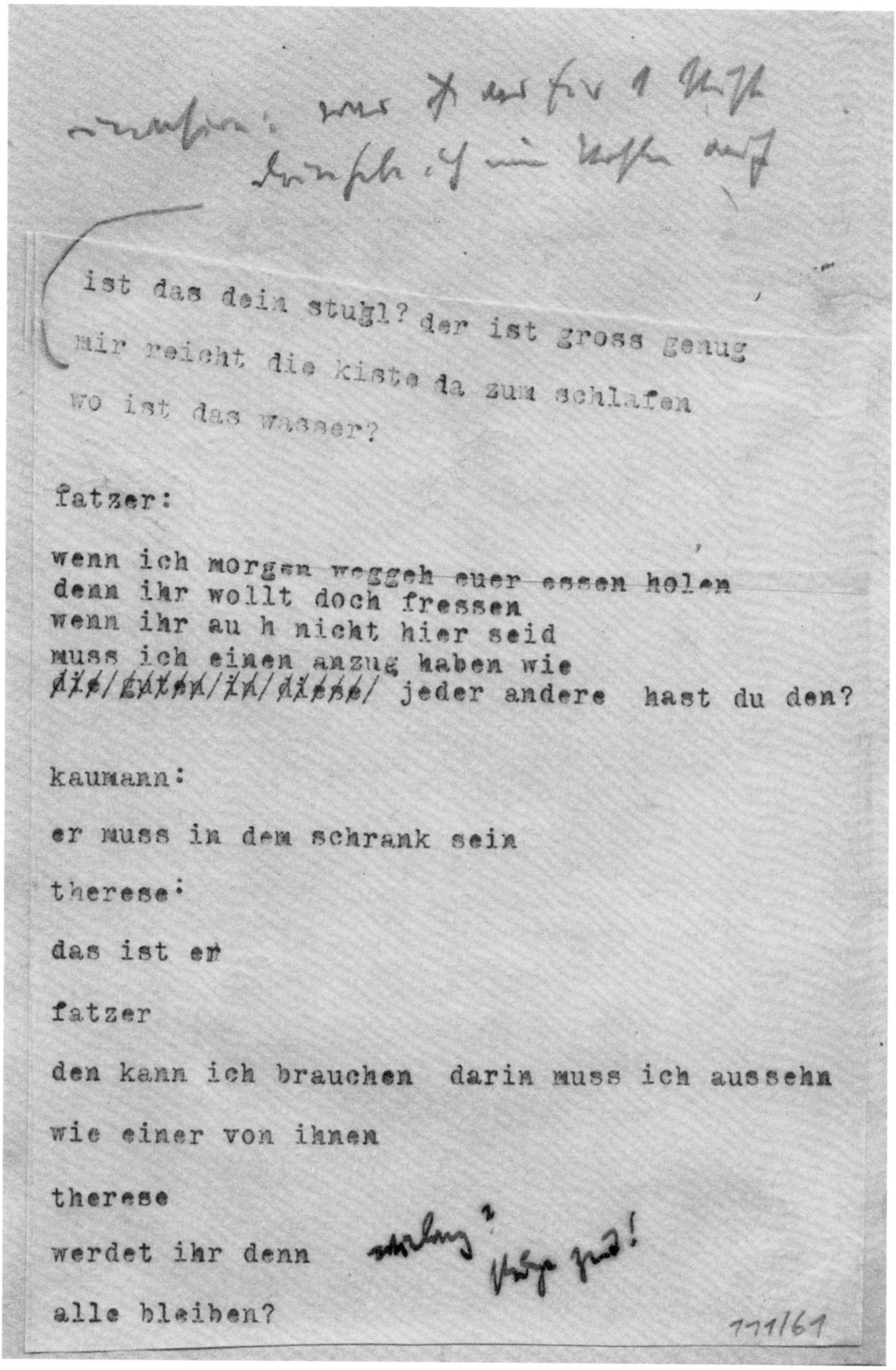

ist das dein stuhl? der ist gross genug
mir reicht die kiste da zum schlafen
wo ist das wasser?

fatzer:

wenn ich morgen ~~weggeh euer essen holen~~
denn ihr wollt doch fressen
wenn ihr au h nicht hier seid
muss ich einen anzug haben wie
jeder andere hast du den?

kaumann:

er muss in dem schrank sein

therese:

das ist er

fatzer

den kann ich brauchen darin muss ich aussehn
wie einer von ihnen

therese

werdet ihr denn
alle bleiben?

Mb 2.19–Mb 2.20

Fatzer-Montagebogen 3

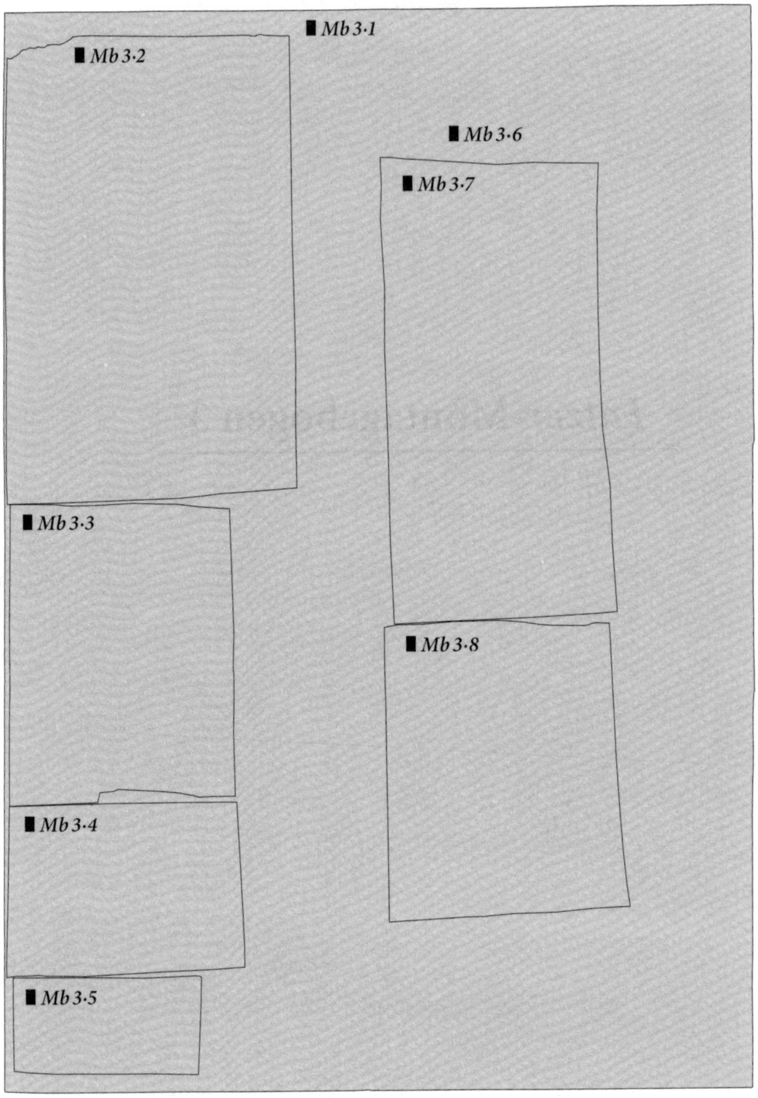

⟨BBA 109/10; auf 32 % verkleinert; am oberen Rand
Textverlust durch Papierschaden⟩

HINTEREINANDER VERSUCHEN DIE HEIMKEHRER SICH PROVIANT ZU VERSCHAFFEN. FATZERBRINGT DIE VERSUCHE ZUM SCHRITERN

a

KOCH
das hier ist die stelle
hier muss er vorbeikommen
der uns hilft den
der fatzer gefunden hat
und auch die zeit ists gleich

BÜSCHING
wenn nur der fatzer xxxxxschins
der ihn kennt zur rechten
zeit kommt das ist ein
verdammter hund wenns auf die minute geht

KOCH
der fatzer kommt

LEEB
wenn es zum zapfenstreich bläst
muss sein mann in der kaserne sein

KOCH
dann kommt also der fatzer
vor es zum zapfenstreich blast
und sein mann muss schon da sein

BÜSCHING
ja unter denen ist er
welcher mag es sein?

LEEB
der da! vielleicht ists der?

BÜSCHING
der könnt es sein was meint ihr? [illegible]
sieht umgänglich aus.

KOCH
zu umgänglich eine idee zu umgänglich wenn er
zwischen mund und nase etwas härter aussäh
könnt man nicht sagen er säh streberisch aus und
hatt er nicht was giebiges? so im schritt?
umgänglich ja - aber mit wem umgänglich-
ich sag euch je länger ich gerade den beschau
so weich wie der durchgeschwitzte kragen eines mörders:nein
der kanns nicht sein

BÜSCHING
und der?

KOCH
der sattelkopf? ja es könnt sein
dass er die montur ablegte damit man
ihn nicht kennt aberxginnbixihr schaut nur
wird er nicht auch seine haut ablegen damit man ihn
nicht kennt und muskel und flexen
damit man ihn nicht kennt
dieses wenig abstehende ohr hat etwas lasterhaftes
ich sage euch der stopft nicht vier mägen
die (dieweil die welt auf ihrer oberfläch von krieg zerfleischt ist)
unter der erd aufgespannt sind und auf fleisch warten
nein,der nicht

BÜSCHING
wir finden ihn nicht ohne den fatzer

KOCH
wenn ihn fatzer herausgelesen hat der
uns hilft muss er so aussehn
dass man ihn kennt denn sonst
wie hätt er ihn gekannt?

DER SOLDAT GEHT VORÜBER

BÜSCHING
der x b könnts nicht sein
der schaut aus wie ein eisenkessel
den würd ich nicht ansprechen

KOCH
ja das ist
ein harter mensch das sieht man

BÜSCHING
wenn jetzt der fatzer nicht kommt
ists umsonst heute

KOCH
je mehr man hinsieht desto weniger
erscheint ein mensch als mensch keiner von allen
die hier vorbeigingen erschien einem wie einer der
uns wenns not tut beisteht

DERZAPFENSTREICH WIRD GEBLASEN

BÜSCHING
jetzt können wir heimgehen
dass der nicht kam ich verstehs nicht

FATZER KOMMT
seid ihr da?

BÜSCHING
wo warst du?

FATZER
ich war abgehalten

KOCH
warum fatzer bist du
nichtgekommen? wies ausgemacht war?

FATZER
ich hatte einen kleinen handel mit ein paar fleischern
die glaubten sie könnten mich
schwach anreden

BÜSCHING
dann ist jetzt aus wohl mit dem proviant?
für die nächsten wochen?

FAT
morgen ist auch ein tag vielleicht
habt ihr auch morgen einen andern ton
im hals wenn ihr mit mir redet
wenn ihr mich braucht

KOCH
wir brauchen keinen andern ton im hals aber du
hast da zu sein wenn es nötig ist

FTZ
so ich hab da zu sein

BÜSCHING
und was ist morgen? wirst du da da sein?

FTZ
ja

KOCHER
und es wird dich nichts abhalten?

FTZ
nein

KOCH
dann morgen

b

KOCH
wir müssen das fleisch haben
fang heut keinen streit an
denn wir könnten dir nicht beistehn
weil uns wie du xxxxxxxhaelber gesagt hast
keiner kennen darf xxx
wir dürfen nichts mehr versäumen
solches geschenktes fleisch
kommt nicht ein zweitesmal

FTZ
da kommen sie die mich gestern beleidigt haben
denen müssen wir/zeigen dass sie mit uns
nicht machen können

BÜSCHING
bleib da fatzer wir müssen
das fleisch haben

FTZ
das ist mir gleich ich muss
mit ihnen reden

FATZER GEHT AUF EINEN FLEISCHERGESELLEN LOS
DARAUFHIN STÜRZEN AUS DEM LADEN ANDERE UND
UMRINGEN IHN

DIE FLEISCHER
da ist er! der gestern/etwas auf den
kopf bekommen hat er braucht
heut wieder etwas

FTZ
gestern war ich nur einer aber heut
sind wir mehr holla büsching

EIN FLEISCHER
gebt ihm auf die fresse
wer ist das überhaupt?

SIE SCHLAGEN FATZER NIEDER

KOCH
bleibt stehen lasst euch
nichts anmerken tut als ob
wir ihn nicht kennen

FLEISCHER
hallo ihr da
gehört ihr auch zu dem?

KOCH
nein

FLEISCHER
ihr seid bei ihm gestanden
ihr müsst ihn kennen

KOCH
nein,wir kennen ihn nicht

DIE FLEISCHER IN DEN LADEN ZURÜCKGEHEND
das ist auch besser für euch

BÜSCHING
jetzt müssen wir ihn aufheben uxxxxxxxxxffen

KOCH
bleib!wir sind hergekommen um
fleisch zu holen

LEEB
dazu brauchen wir ihn aber

KOCH
er soll allein aufstehn

FATZER ERHEBT SICH BLUTBEDECKT UND GEHT TAUMELND WEG

KOCH
Fatzer!
hierher fatzer!

LEEB RUFT FATZER NACH
komm hierher

FATZER GEHT ALS HÖRTE ER NICHTS WEG

LEEB
wo läuft er hin? er hat
was abbekommen

KOCH
wenn er zu sich kommt
wird er herkommen denn wir
sind da und müssen
das fleisch haben

BÜSCHING
jetzt wird bald das signal kommen
wir hätten ihm
vielleicht helfen sollen: er ist der einzige der
uns was verschaffen kann
wie er am boden lag
sah ich ihn herschauen

DER ZAPFENSTREICH WIRD GEBLASEN

KOCH
so jetzt gehn wir [illegible]
ich sage euch das ist
nicht gut was ich voraussch

DIE DREI AB

Mb 3

■ *Mb 3·1* 3

■ *Mb 3·2* ZWEI ABENDE HINTEREINANDER VERSUCHEN DIE
HEIMKEHRER SICH PROVIANT ZU VERSCHAFFEN.
FATZER BRINGT DIE VERSUCHE ZUM SCHEITERN

a

KOCH
das hier ist die stelle
hier muss er vorbeikommen
der uns hilft den
der fatzer gefunden hat
und auch die zeit ists gleich

BÜSCHING
wenn nur der fatzer ~~zur rechten~~
der ihn kennt zur rechten
zeit kommt das ist ein
verdammter hund wenns auf die minute geht

KOCH
der fatzer kommt

LEEB
wenn es zum zapfenstreich bläst
muss sein mann in der kaserne sein

KOCH
dann kommt also der fatzer
vor es zum zapfenstreich blast
⟨→ *Mb 3·2*, 25⟩ und sein mann muss schon da sein

⟨auf ca. 80 % der Originalgröße verkleinert; *Mb 3·1*⟩ 3 ⟨, *Mb 3·2*, 1-3 Unterstreichung und *Mb 3·2*, 4⟩ a ⟨Rotstift⟩

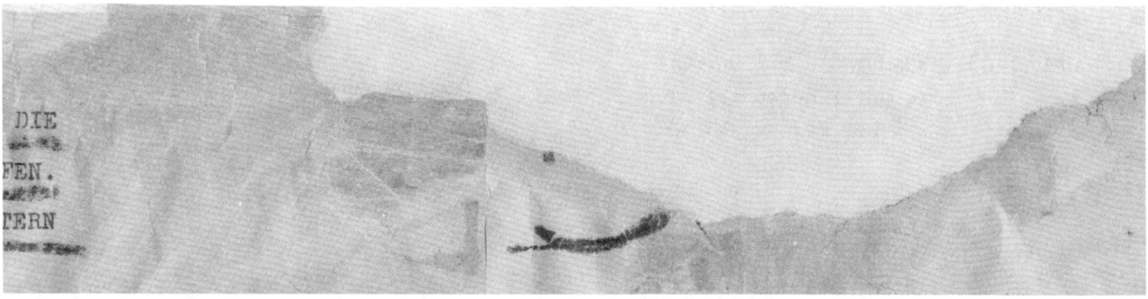

DIE

FEN.

TERN

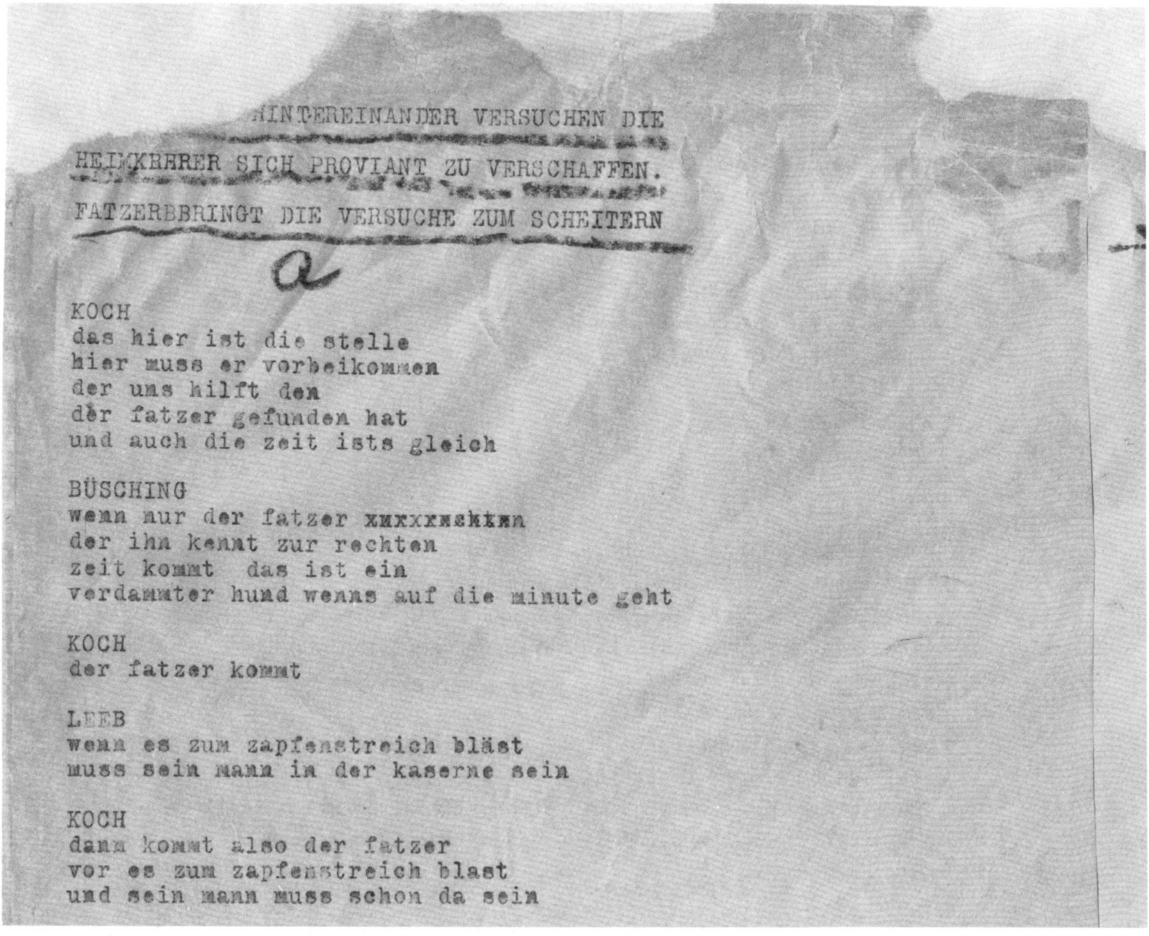

HINTEREINANDER VERSUCHEN DIE
HEIMKEHRER SICH PROVIANT ZU VERSCHAFFEN.
FATZERBBRINGT DIE VERSUCHE ZUM SCHEITERN

a

KOCH
das hier ist die stelle
hier muss er vorbeikommen
der uns hilft den
dèr fatzer gefunden hat
und auch die zeit ists gleich

BÜSCHING
wenn nur der fatzer xxxxxxschten
der ihn kennt zur rechten
zeit kommt das ist ein
verdammter hund wenns auf die minute geht

KOCH
der fatzer kommt

LEEB
wenn es zum zapfenstreich bläst
muss sein mann in der kaserne sein

KOCH
dann kommt also der fatzer
vor es zum zapfenstreich blast
und sein mann muss schon da sein

Mb 3·1–Mb 3·2, 24

⟨*Mb* 3·2, 24←⟩ BÜSCHING
ja unter denen ist er
welcher mag es sein?

LEEB
der da! vielleicht ists der?

BÜSCHING
der könnt es sein was meint ihr? der
sieht umgänglich aus.

KOCH
zu umgänglich eine idee zu umgänglich wenn er
zwischen mund und nase etwas härter aussäh
könnt man nicht sagen er säh streberisch aus und
hatt er nicht was gieriges? so im schritt?
umgänglich ja - aber mit wem umgänglich-
ich sag euch je länger ich gerade den beschau
so weich wie der durchgeschwitzte kragen eines mörders:nein
[n]*der* kanns nicht sein

BÜSCHING
und der?

KOCH
der sattelkopf? ja es könnt sein
dass er die montur ablegte damit man
ihn nicht kennt aber~~ glaubt ihr~~ schaut nur
wird er nicht auch seine haut ablegen damit man ihn
nicht kennt und muskel und flexen
damit man ihn nicht kennt
dieses wenig abstehende ohr hat etwas lasterhaftes
ich sage euch der stopft nicht vier mägen
die (dieweil die welt auf ihrer oberfläch von krieg zerfleischt ist)
unter der erd aufgespannt sind und auf fleisch warten
⟨→*Mb* 3·3, 1⟩ nein,der nicht

⟨auf ca. 80 % der Originalgröße verkleinert; Z. 31⟩
der ⟨schwarze Tinte⟩

BÜSCHING
ja unter denen ist er
welcher mag es sein?

LEEB
der da! vielleaht ists der?

BÜSCHING
dervkönnt es sein was meint ihr? *dw*
sieht umgänglich aus.

KOCH
zu umgänglich eine idee zu umgänglich wenn er
zwischen mund und nase etwas härter aussäh
könnt man nicht sagen er säh streberisch aus und
hatt er nicht was gieriges? so im schritt?
umgänglich ja - aber mit wem umgänglich-
ich sag euch je länger ich gerade den beschau
so weich wie der durchgeschwitzte kragen eines mörders:nein
der kanns nicht sein

BÜSCHING
und der?

KOCH
der sattelkopf? ja es könnt sein
dass er die montur ablegte damit man
ihn nicht kennt aberxgiauhtxihr schaut nur
wird er nicht auch seine haut ablegen damit man ihn
nicht kennt und muskel und flexen
damit man ihn nicht kennt
dieses wenig abstehende ohr hat etwas lasterhaftes
ich sage euch der stopft nicht vier mägen
die (dieweil die welt auf ihrer oberfläch von krieg zerfleischt ist)
unter der erd aufgespannt sind und auf fleisch warten
nein,der nicht

Mb 3·2, 25-55

■ *Mb 3·3*
⟨*Mb 3·2*, 55←⟩

BÜSCHING
wir finden ihn nicht ohne den fatzer

KOCH
wenn ihn fatzer herausgelesen hat der
uns hilft muss er so aussehn
dass man ihn kennt denn sonst
wie hätt er ihn gekannt?

DER SOLDAT GEHT VORÜBER

BÜSCHING
der z b könnts nicht sein
der schaut aus wie ein eisenkessel
den würd ich nicht ansprechen

KOCH
ja das ist
ein harter mensch das sieht man

BÜSCHING
wenn jetzt der fatzer nicht kommt
ists umsonst heute

KOCH
je mehr man hinsieht desto weniger
erscheint ein mensch als mensch keiner von allen
die hier vorbeigingen erschien einem wie einer der
uns wenns not tut beisteht

DER ZAPFENSTREICH WIRD GEBLASEN

[KOCH]*BÜSC*HING
jetzt können wir heimgehen
dass der nicht kam ich verstehs nicht

FATZER KOMMT
seid ihr da?

BÜSCHING
wo warst du?

FATZER
⟨→ *Mb 3·4*, 1⟩ ich war abgehalten

⟨auf ca. 80 % der Originalgröße verkleinert⟩

BÜSCHING
wir finden ihn nicht ohne den fatzer

KOCH
wenn ihn fatzer herausgelesen hat der
uns hilft muss er so aussehn
dass man ihn kennt denn sonst
wie hätt er ihn gekannt?

DER SOLDAT GEHT VORÜBER

BÜSCHING
der z b könnts nicht sein
der schaut aus wie ein eisenkessel
den würd ich nicht ansprechen

KOCH
ja das ist
ein harter mensch das sieht man

BÜSCHING
wenn jetzt der fatzer nicht kommt
ists umsonst heute

KOCH
je mehr man hinsieht desto weniger
erscheint ein mensch als mensch keiner von allen
die hier vorbeigingen erschien einem wie einer der
uns wenns not tut beisteht

DERCZAPFENSTREICH WIRD GEBLASEN

KÖCHHING
jetzt können wir heimgehen
dass der nicht kam ich verstehs nicht

FATZER KOMMT
seid ihr da?

BÜSCHING
wo warst du?

FATZER
ich war abgehalten

■ *Mb 3·4* KOCH
⟨*Mb 3·3*, 33 ←⟩ warum fatzer bist du
nicht gekommen? wies ausgemacht war?

FATZER
ich hatte einen kleinen handel mit ein paar fleischern
die glaubten sie könnten mich
schwach anreden

BÜSCHING
dann ist jetzt aus wohl mit dem proviant?
für die nächsten wochen?

⟨Fatzer⟩ FAT
morgen ist auch ein tag vielleicht
habt ihr auch morgen einen andern ton
im hals wenn ihr mit mir redet
wenn ihr mich braucht

KOCH
wir brauchen keinen andern ton im hals aber du
hast da zu sein wenn es nötig ist

⟨Fatzer⟩ FTZ
so ich hab da zu sein

■ *Mb 3·5* BÜSCHING
und was ist morgen? wirst du da da sein?

FTZ
ja

KOCH~~ER~~
und es wird dich nichts abhalten?

FTZ
nein

KOCH
dann morgen

⟨auf ca. 80 % der Originalgröße verkleinert⟩

KOCH
warum fatzer bist du
nicht gekommen? wies ausgemacht war?

FATZER
ich hatte einen kleinen handel mit ein paar fleischern
die glaubten sie könnten mich
schwach anreden

BÜSCHING
dann ist jetzt aus wohl mit dem proviant?
für die nächsten wochen?

FAT
morgen ist auch ein tag vielleicht
habt ihr auch morgen einen andern ton
im hals wenn ihr mit mir redet
wenn ihr mich braucht

KOCH
wir brauchen keinen andern ton im hals aber du
hast da zu sein wenn es nötig ist

FTZ
som ich hab da zu sein

BÜSCHING
und was ist morgen? wirst du da da sein?

FTZ
ja

KOCHEN
und es wird dich nichts abhalten?

FTZ
nein

KOCH
dann morgen

▮*Mb 3·6* b

▮*Mb 3·7* KOCH
wir müssen das fleisch haben
fang heut keinen streit an
denn wir [mü]*könnten* dir nicht beistehn
weil uns wie ~~du gesagt~~ hselber gesagt hast
keiner kennen darf ~~und~~
wir dürfen nichts mehr versäumen
solches geschenktes fleisch
kommt nicht ein zweitesmal

⟨Fatzer⟩ FTZ gestern
da kommen die die mich beleidigt haben
denen müssen wir/zeigen dass sie mit uns
nicht machen können

BÜSCHING
bleib da fatzer wir müssen
das fleisch haben

FTZ
das ist mir gleich ich muss
mit ihnen reden

[AU]*F*[*T*]*A*TZER GEHT AUF EINEN FLEISCHERGESELLEN LOS
DARAUFHIN STÜRZEN AUS DEM LADEN ANDERE UND
[SCHL]*UMRI*NGEN IHN

DIE FLEISCHER
da ist er! der gestern/etwas auf den
kopf bekommen hat er braucht
⟨→ *Mb 3·7*, 27⟩ heut wieder etwas

⟨auf ca. 80 % der Originalgröße verkleinert; *Mb 3·6* Rotstift⟩

Mb 3·7, 20 [AU]*F*[T]*A*TZER] ⟨Eintragungsfolge: 1.⟩ AU ⟨für⟩ AUF ⟨2.⟩ FT ⟨für⟩ FTZ ⟨3.⟩ FATZER

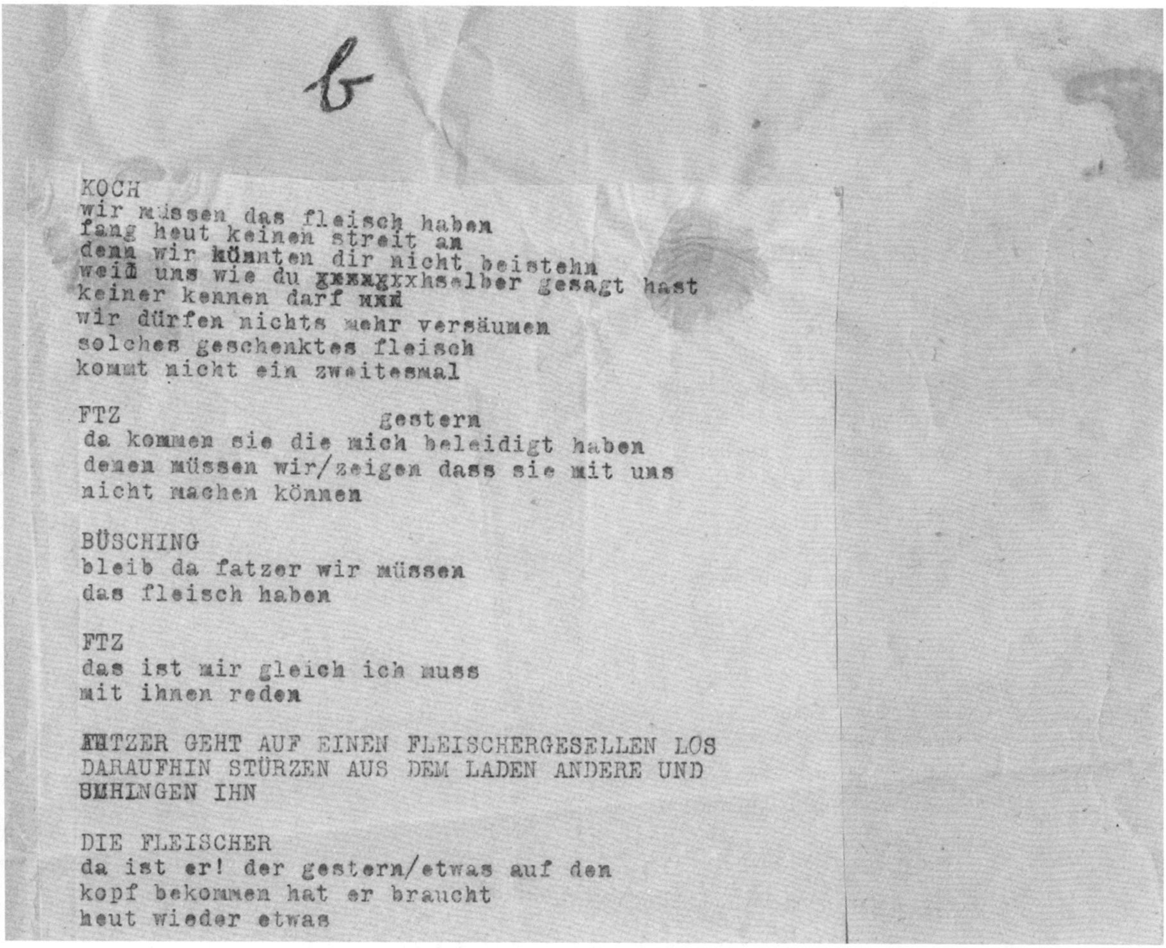
b

KOCH
wir müssen das fleisch haben
fang heut keinen streit an
denn wir können dir nicht beistehn
weiß uns wie du xxxxxxxxhselber gesagt hast
keiner kennen darf xxx
wir dürfen nichts mehr versäumen
solches geschenktes fleisch
kommt nicht ein zweitesmal

FTZ gestern
da kommen sie die mich beleidigt haben
denen müssen wir/zeigen dass sie mit uns
nicht machen können

BÜSCHING
bleib da fatzer wir müssen
das fleisch haben

FTZ
das ist mir gleich ich muss
mit ihnen reden

FATZER GEHT AUF EINEN FLEISCHERGESELLEN LOS
DARAUFHIN STÜRZEN AUS DEM LADEN ANDERE UND
UMRINGEN IHN

DIE FLEISCHER
da ist er! der gestern/etwas auf den
kopf bekommen hat er braucht
heut wieder etwas

⟨*Mb* 3·7, 26←⟩ FTZ
gestern war ich nur einer aber heut
sind wir mehr holla büsching

EIN FLEISCHER
gebt ihm eins auf die fresse
wer ist das überhaupt?
SIE SCHLAGEN FATZER [BEI]*NIE*DER

KOCH
bleibt stehen lasst euch
nichts anmerken tut als ob
wir ihn nicht kennen

FLEISCHER
hallo ihr da
gehört ihr auch zu dem?

KOCH
nein

FLEISCHER
ihr seid bei ihm gestanden
ihr müsst ihn kennen

[BÜS]*KOC*H
nein,wir kennen ihn nicht

DIE FLEISCHER IN DEN LADEN ZURÜCKGEHEND
das ist auch besser für euch

BÜSCHING
jetzt müssen wir ihn aufheben ~~und wegschaffen~~

KOCH
bleib!wir sind hergekommen um
⟨→*Mb* 3·8, 1⟩ fleisch zu holen

⟨auf ca. 80 % der Originalgröße verkleinert⟩

FTZ
gestern war ich nur einer aber heut
sind wir mehr holla büsching

EIN FLEISCHER
gebt ihm auf die fresse
wer ist das überhaupt?

SIE SCHLAGEN FATZER NIEDER

KOCH
bleibt stehen lasst euch
nichts anmerken tut als ob
wir ihn nicht kennen

FLEISCHER
hallo ihr da
gehört ihr auch zu dem?

KOCH
nein

FLEISCHER
ihr seid bei ihm gestanden
ihr müsst ihn kennen

KOCH
nein,wir kennen ihn nicht

DIE FLEISCHER IN DEN LADEN ZURÜCKGEHEND
das ist auch besser für euch

BÜSCHING
jetzt müssen wir ihn aufheben ~~undxmxgxxhxfxmx~~

KOCH
bleib!wir sind hergekommen um
fleisch zu holen

■ *Mb 3·8*
⟨*Mb 3·7*, 54 ←⟩

LEEB
dazu brauchen wir ihn aber

KOCH
er soll allein aufstehn

FATZER ERHEBT SICH BLUTBEDECKT UND GEHT TAUMELND WEG

KOCH
Fatzer!
hierher fatzer!

LEEB RUFT FATZER NACH
komm hierher

FATZER GEHT ALS HÖRTE ER NICHTS WEG

LEEB
wo läuft er hin? er hat
was abbekommen

KOCH
wenn er zu sich kommt
wird er herkommen denn wir
sind da und müssen
das fleisch haben

BÜSCHING
jetzt wird bald das signal kommen
wir hätten ihm
vielleicht helfen sollen: er ist der einzige der
uns was verschaffen konnt
wie er am boden lag
sah ich ihn herschauen

DER ZAPFENSTREICH WIRD GEBLASEN

KOCH
so jetzt gehn wir sagt nichts mehr über das.
wir müssen drüber schlafen, aber
ich sage euch das~~s~~ ist
nicht gut was ich vorausseh

DIE DREI AB

⟨auf ca. 80 % der Originalgröße verkleinert; Z. 28–29 Ergänzung⟩ sagt *[…]* aber ⟨und Zuweisungsstriche, Z. 30 Streichung des 2.⟩ s ⟨von⟩ dass ⟨schwarze Tinte⟩

LEEB
dazu brauchen wir ihn aber

KOCH
er soll allein aufstehn

FATZER ERHEBT SICH BLUTBEDECKT UND GEHT TAUMELND WEG

KOCH
Fatzer!
hierher fatzer!

LEEB RUFT FATZER NACH
komm hierher

FATZER GEHT ALS HÖRTE ER NICHTS WEG

LEEB
wo läuft er hin? er hat
was abbekommen

KOCH
wenn er zu sich kommt
wird er herkommen denn wir
sind da und müssen
das fleisch haben

BÜSCHING
jetzt wird bald das signal kommen
wir hätten ihm
vielleicht helfen sollen: er ist der einzige der
uns was verschaffen konnt
wie er am boden lag
sah ich ihn herschauen

DER ZAPFENSTREICH WIRD GEBLASEN

KOCH
so jetzt gehn wir [illegible]
wir müssen drüber schlafen. aber
ich sage euch das ist
nicht gut was ich voraussehe

DIE DREI AB

Fatzer-Montagebogen 4

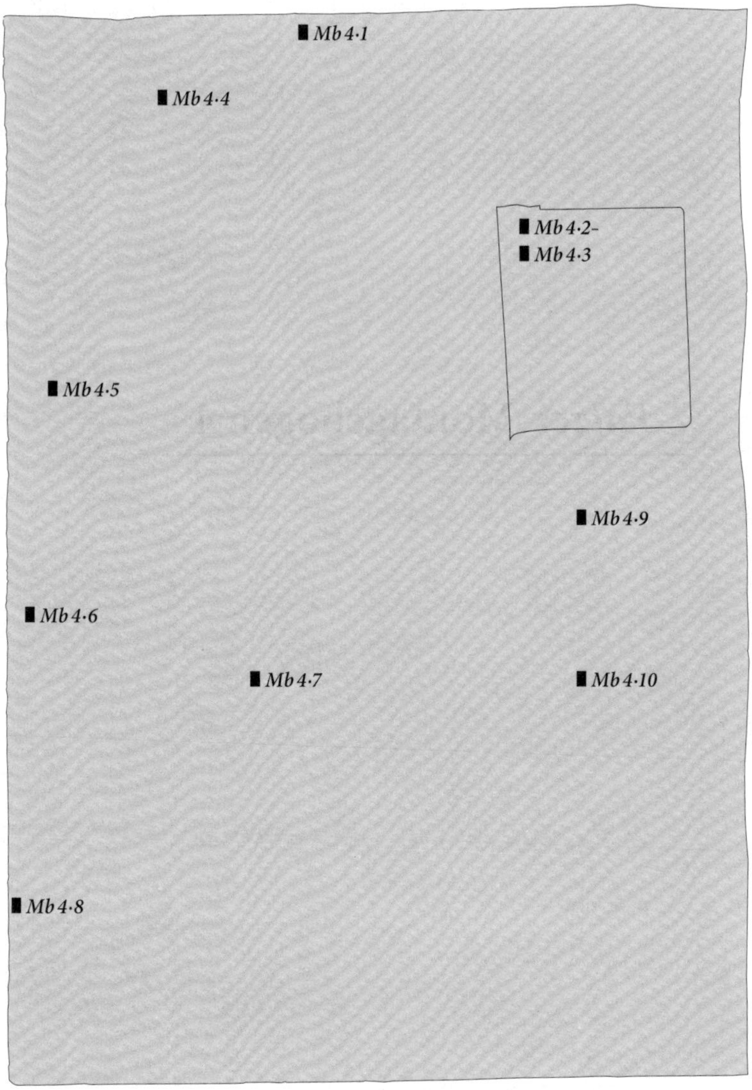

⟨BBA 109/1; auf 32 % der Originalgröße verkleinert⟩

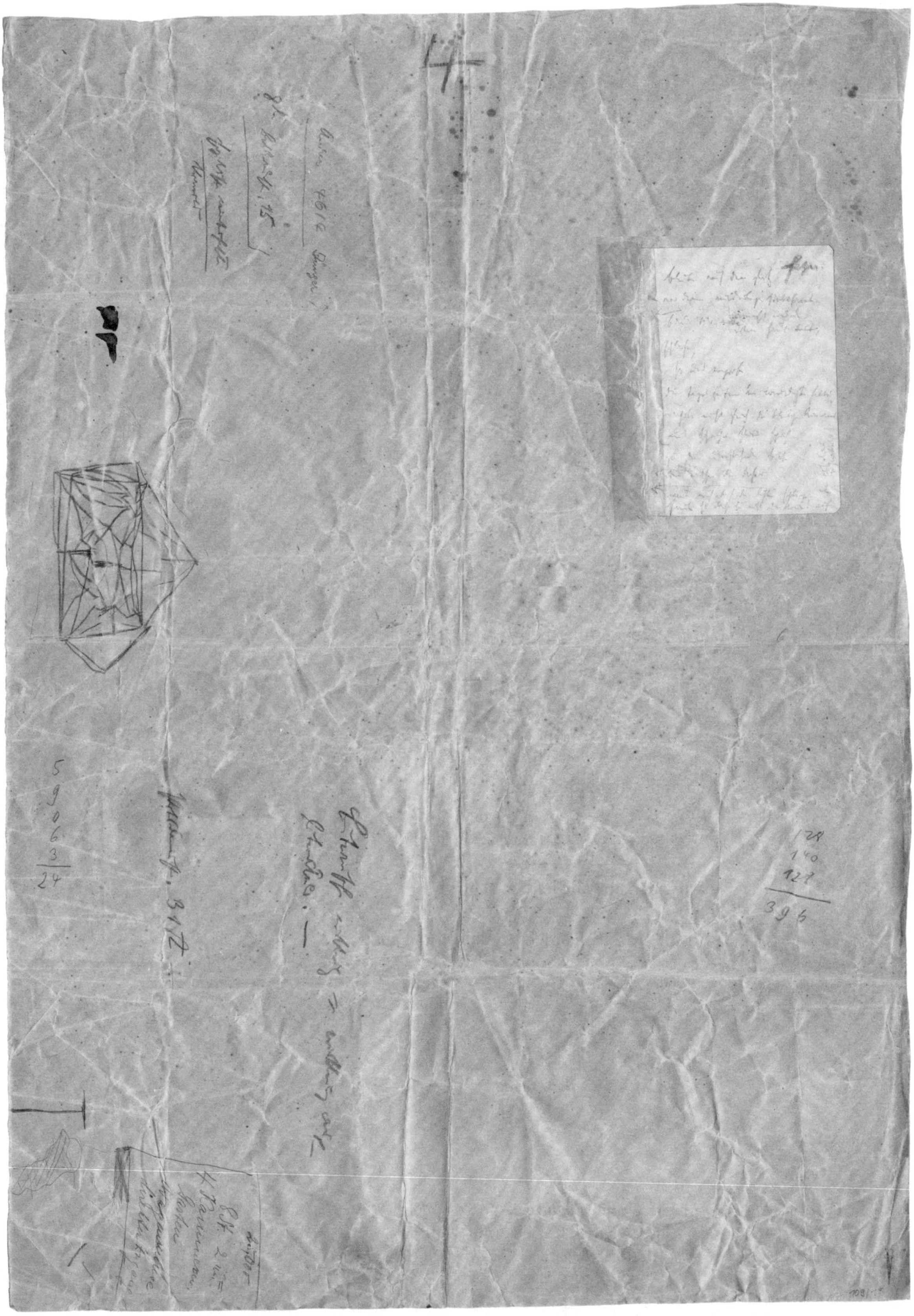

Mb 4

▮ *Mb 4·1* 4

▮ *Mb 4·2* fatzer:

bleibe auf dem platz

wo deine niederlagen ~~stattfanden~~
gemacht wurden

⟨→ *Mb 4·2*, 15⟩ × baue dir ~~ein~~
*d*ein haus ~~dort~~,

schlafe,

iß und erprobe

die tageszeiten in erniedrigter haltung

wechsle nicht gleich die blutige leinwand

mit schwacher stimme sprich

zu den umstehenden bitte
ruhig

⟨→ *Mb 4·3*, 1⟩ um wasser die lacher

⟨*Mb 4·2*, 5 ←⟩ ×←

warte noch ab / die letzten schläge

sammle sie daß sie nicht umkommen! auf

dem ort deines
zusammenbruchs /

⟨Originalgröße; überwiegend Bleistift; *Mb 4·1* und *Mb 4·2*, 1 Rotstift; *Mb 4·2* am linken Rand Klebestreifen, Durchschlag der Tinte wohl des ursprünglich nachfolgenden Blatts⟩

Mb 4·2, 5–7 baue *[…]* ~~dort~~,] ⟨Eintragungsfolge: 1.⟩ baue dir ~~ein~~ ein haus dort, ⟨und Abgrenzungsstrich über⟩ ~~ein~~ ⟨2. Einfügung von Z. 16–18 ⟩ warte *[…]* zusammenbruchs ⟨mit⟩ × ⟨und Änderung von Z. 6:⟩ baue dir dein haus,

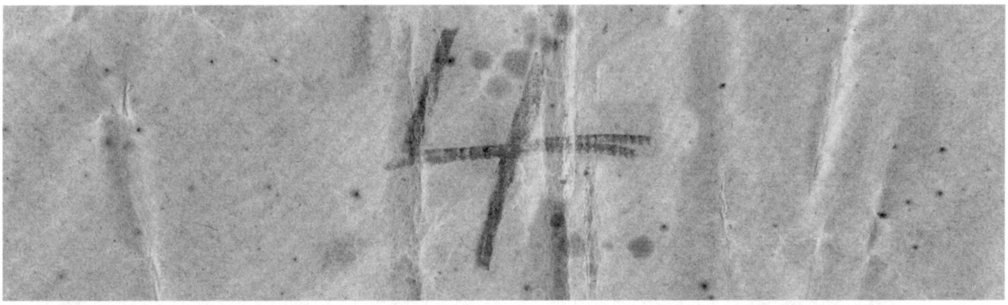

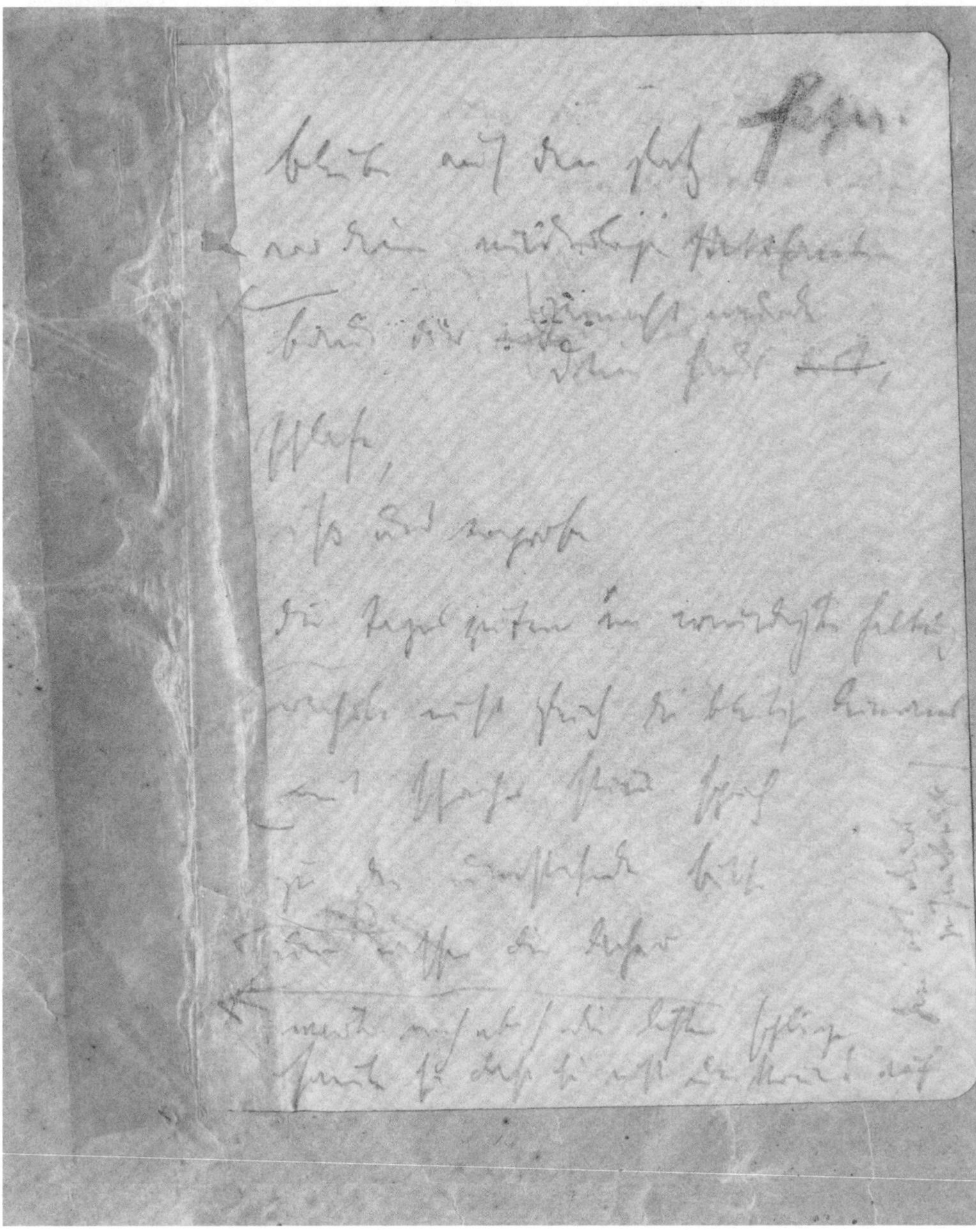

Mb 4·1-Mb 4·2

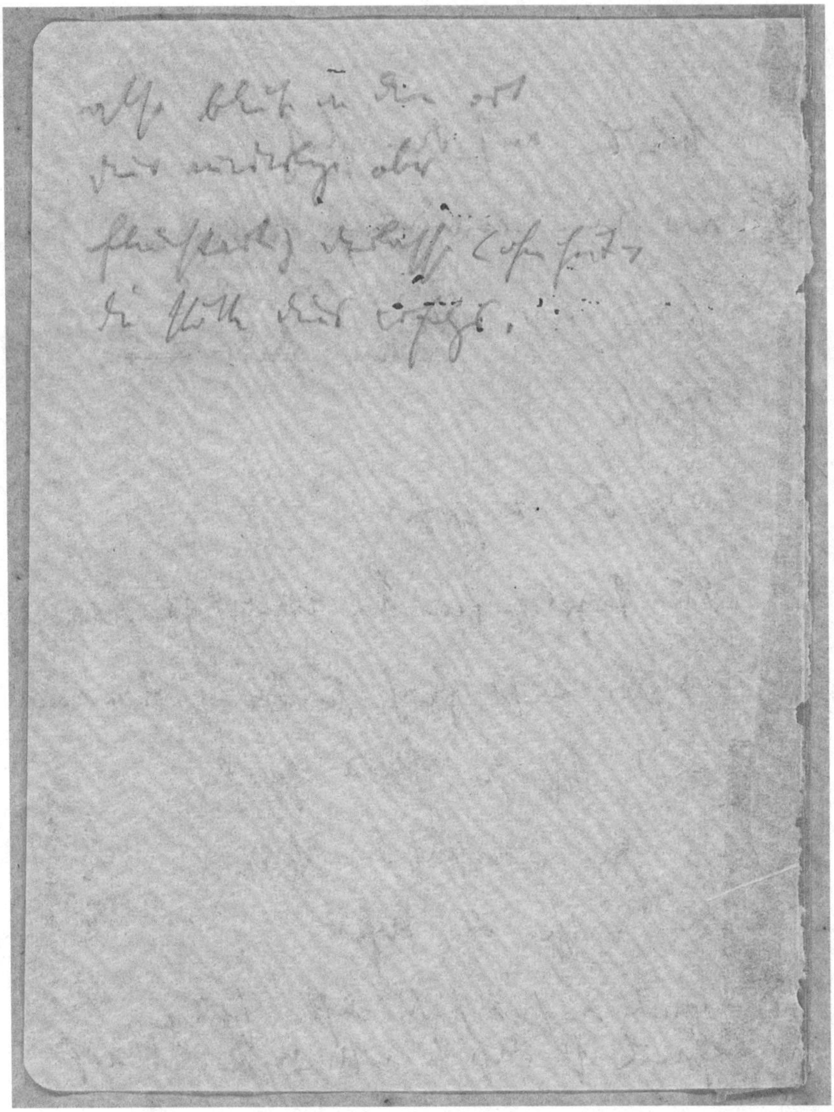

Mb 4·3

also bleibe an dem ort ■ *Mb 4·3* ⟨*Mb 4·2*, 14←⟩

deiner niederlage aber

fluchtartig verlasse <ohne hut>

die stätte deines erfolgs.

⟨Originalgröße; Bleistift⟩

■ *Mb 4.4*

⟨Sozialistische⟩
⟨Hermann Kranold⟩

⟨Ernst Jünger⟩

Andreas 4614 [j]Jünger

8h bellevuestr. 15/

sozialist. monatshefte

kranold

⟨Originalgröße; Bleistift; darunter schwarze Tintenflecken⟩

Mb 4·4

■ *Mb 4·5*

■ *Mb 4·6*

5

9

0

6

3
———
24

⟨Originalgröße; Bleistift⟩

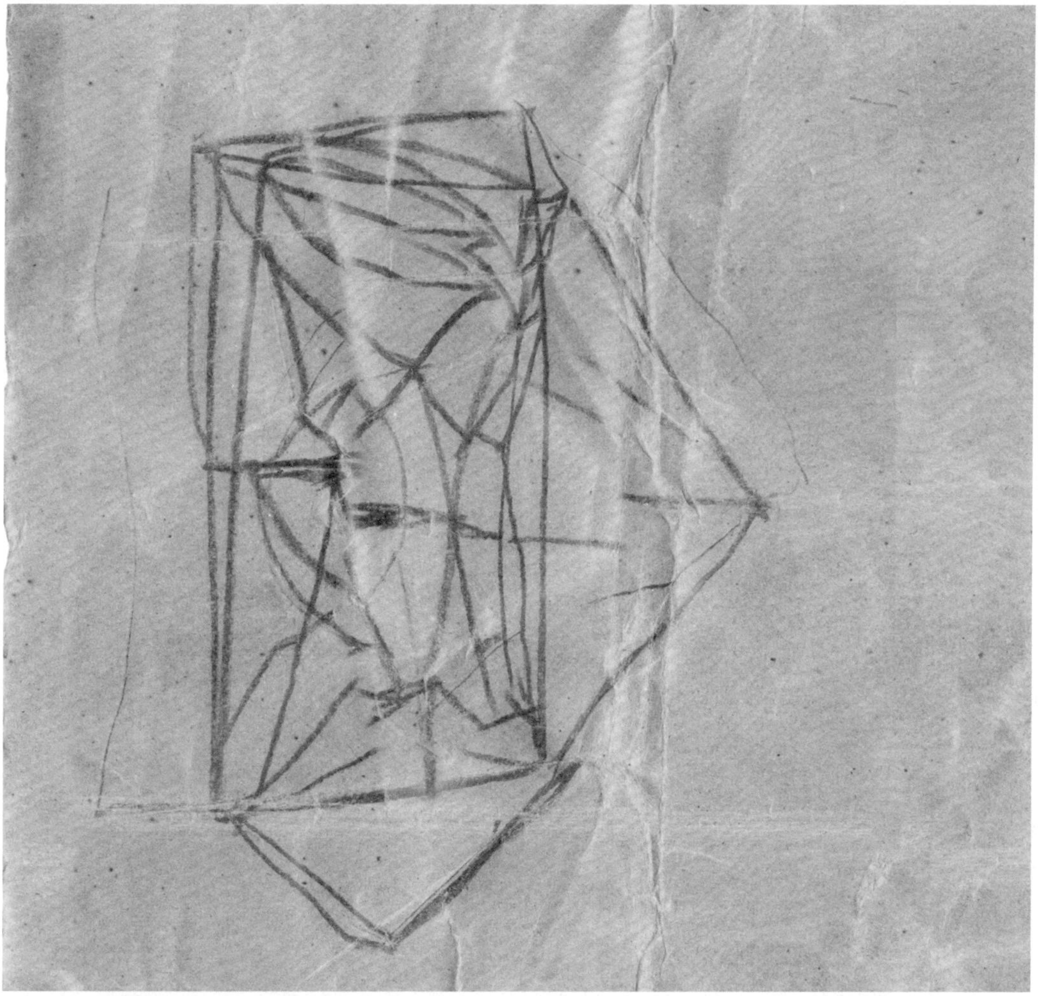

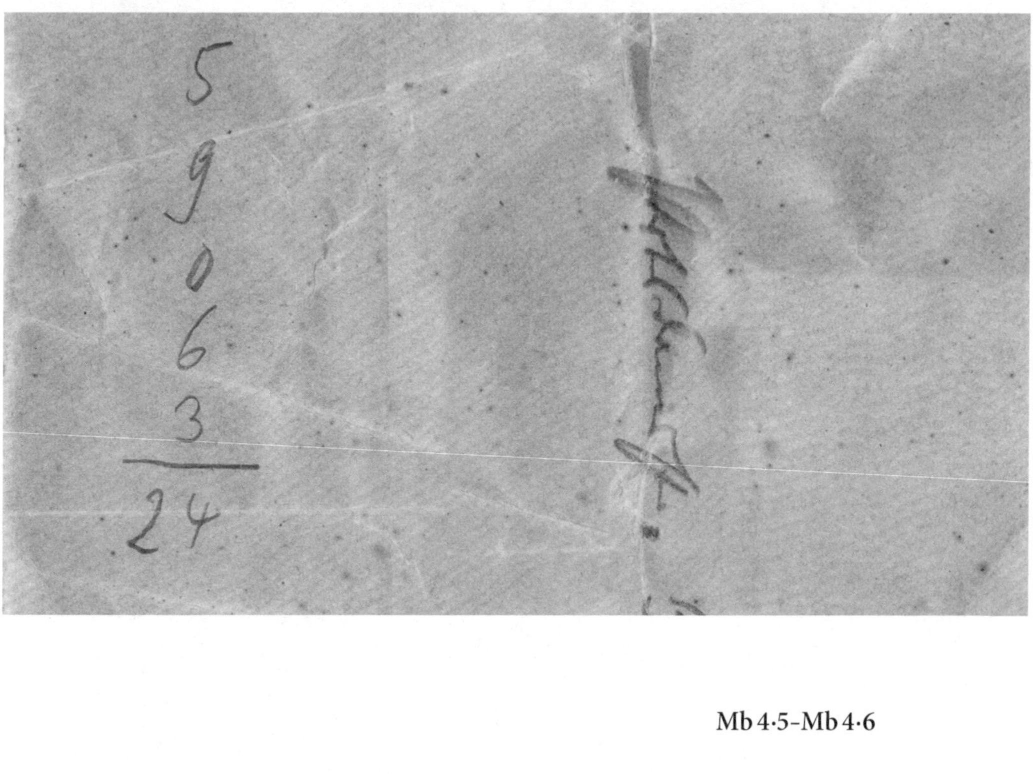

Mb 4·5–Mb 4·6

Literarische wirkung = wirkung auf
literatur. –

Potsdamerstr. 31 ¿

■ *Mb 4.7*

⟨Originalgröße; Bleistift⟩
2 auf] ⟨f-Balken verrutscht⟩

Mb 4·7

▮ *Mb 4·8*
⟨8 Stuben 2 Küchen⟩

2[.]5,000
8 St. 2 Kü.
4 Kammern.
Garten
Wagenremise
direkter Zugang

▮ *Mb 4·9*

6

▮ *Mb 4·10*

128
140
128
———
396

⟨Originalgröße; Bleistift; *Mb 4·7* von Helene Weigel eingetragen⟩

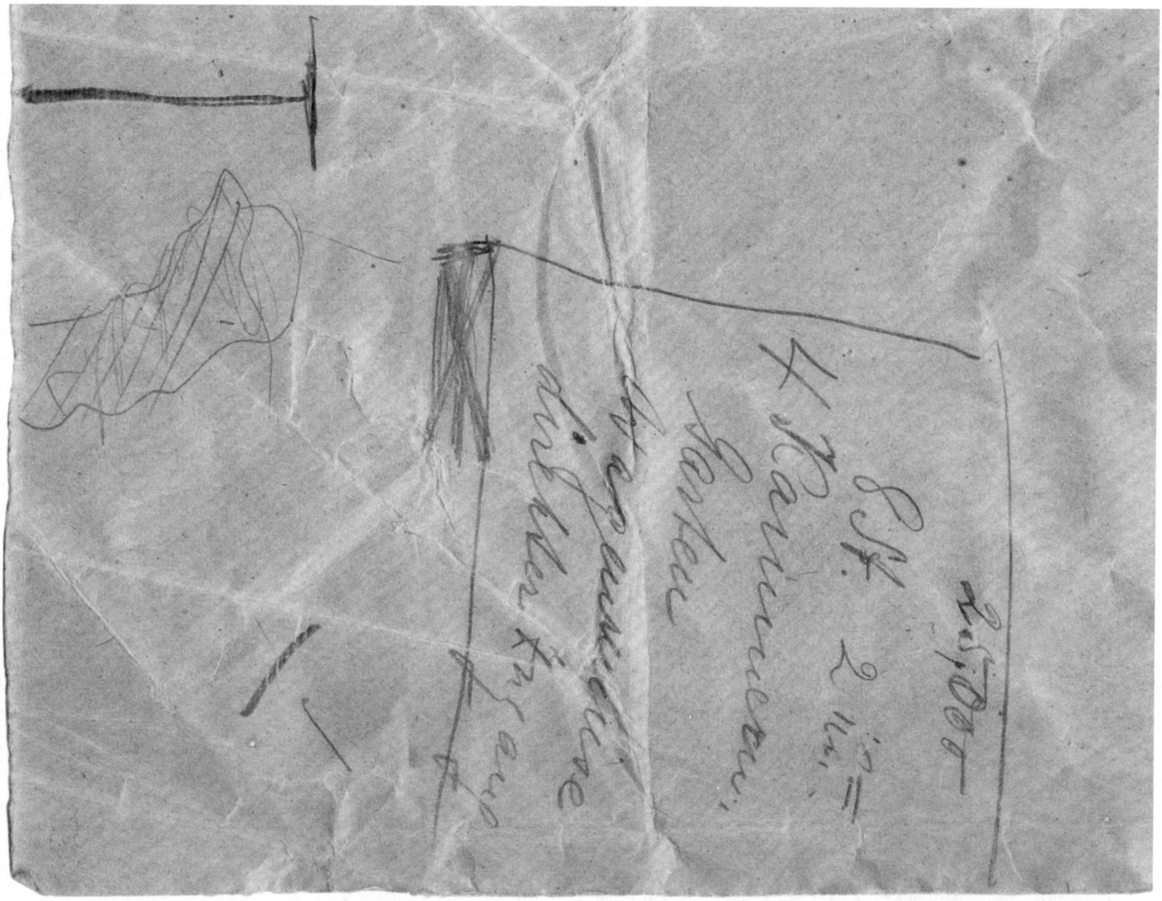

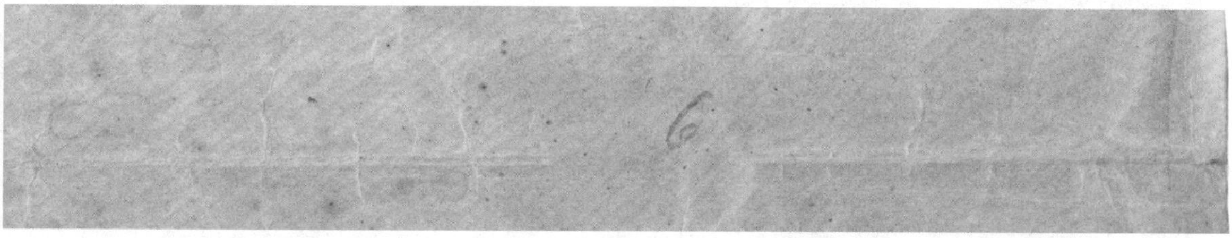

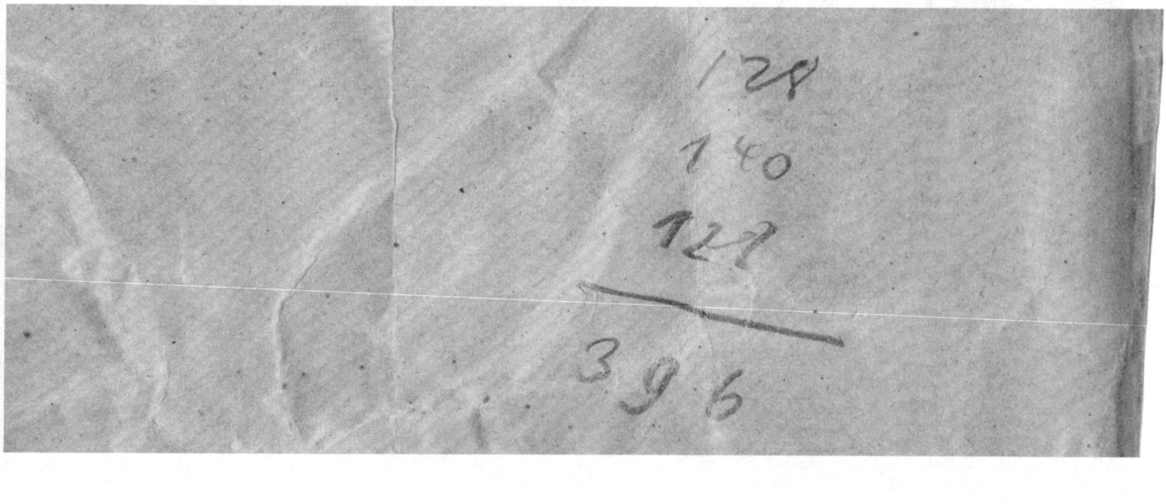

Mb 4·8–Mb 4·10

Rauh
Doppelt animalisch geleimtes
ZEICHENPAPIER
No. 308
in Rollen
MARKE:
50 Meter
lang
SCHOELLERSHAMMER
Extrafestes superfeines Zeichenpapier „Schoellershammer"

Mb 4·11–Mb 4·12

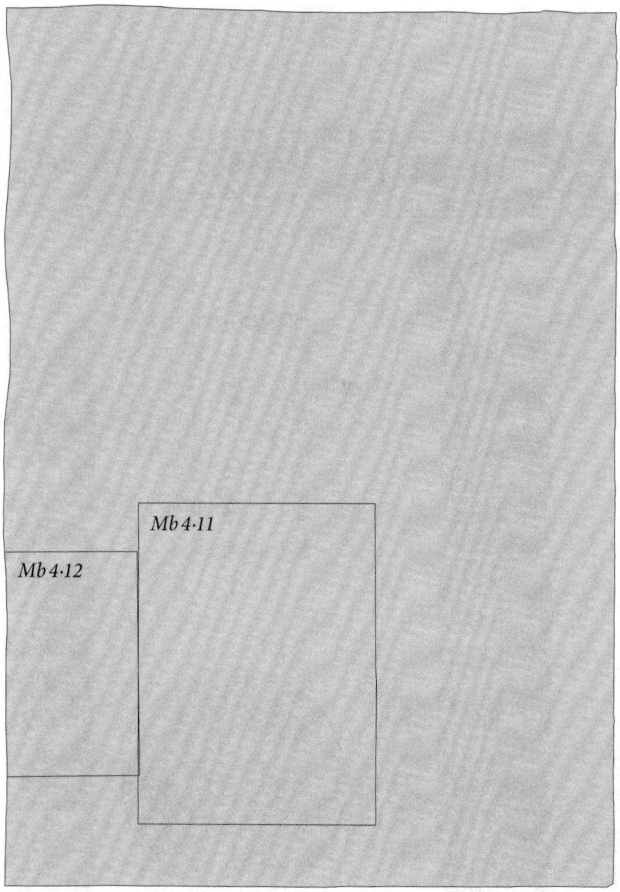

⟨auf 32 % der Originalgröße verkleinert⟩

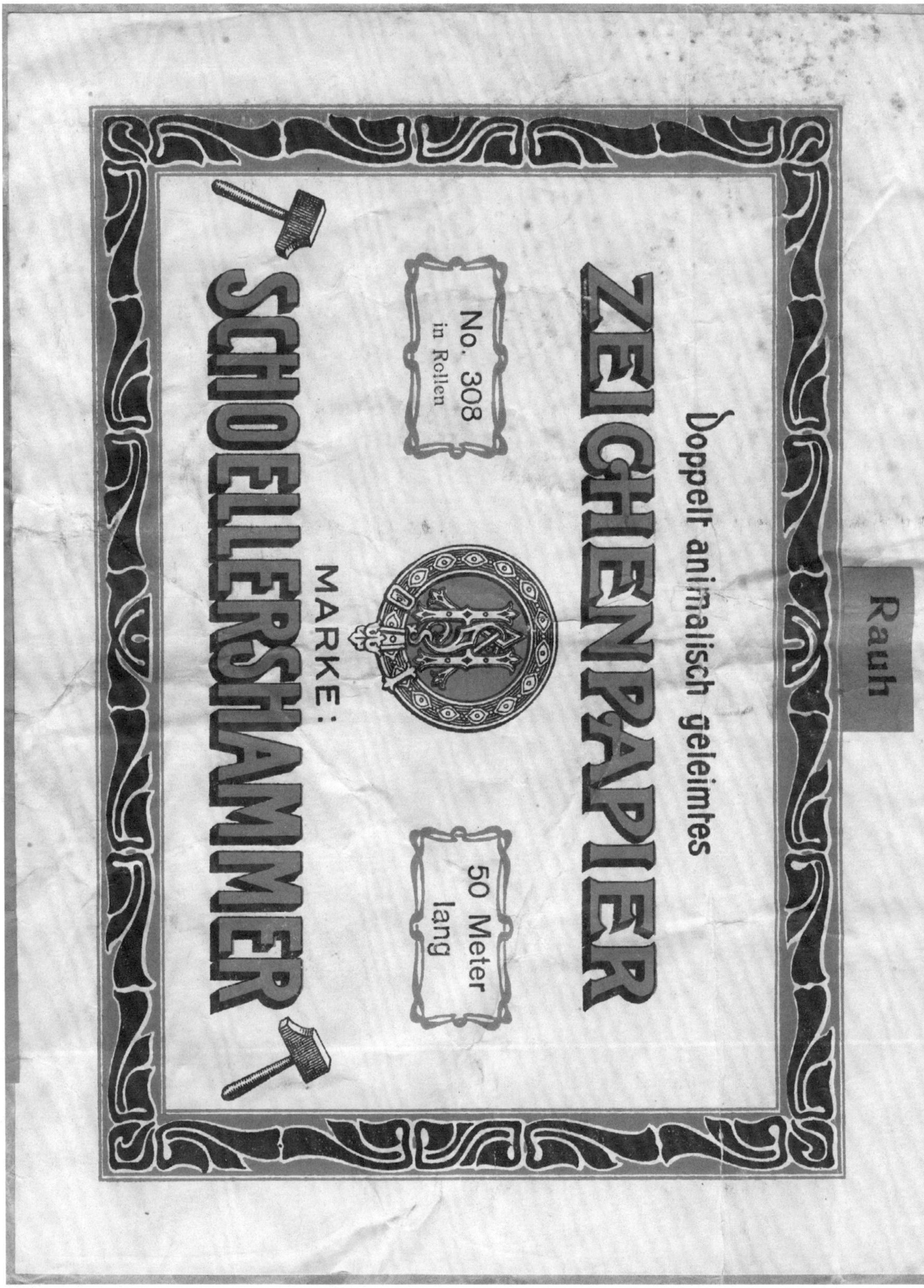
Rauh
Doppelt animalisch geleimtes
ZEICHENPAPIER
No. 308
in Rollen
50 Meter
lang
MARKE:
SCHOELLERSHAMMER

Mb 4·11

⟨auf ca. 80% der Originalgröße verkleinert⟩

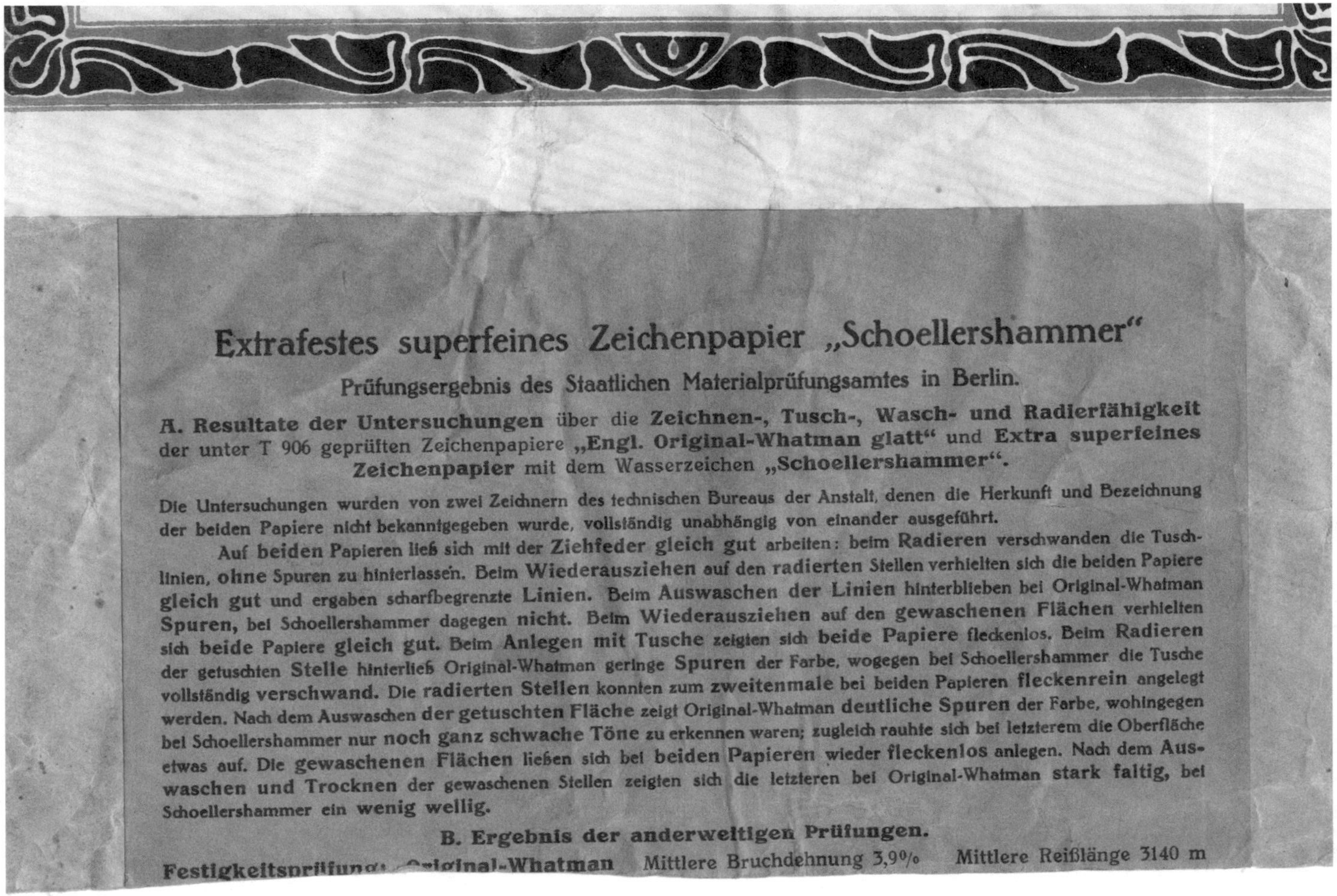

Extrafestes superfeines Zeichenpapier „Schoellershammer"

Prüfungsergebnis des Staatlichen Materialprüfungsamtes in Berlin.

A. Resultate der Untersuchungen über die **Zeichnen-, Tusch-, Wasch- und Radierfähigkeit** der unter T 906 geprüften Zeichenpapiere **„Engl. Original-Whatman glatt"** und **Extra superfeines Zeichenpapier** mit dem Wasserzeichen **„Schoellershammer"**.

Die Untersuchungen wurden von zwei Zeichnern des technischen Bureaus der Anstalt, denen die Herkunft und Bezeichnung der beiden Papiere nicht bekanntgegeben wurde, vollständig unabhängig von einander ausgeführt.

Auf beiden Papieren ließ sich mit der **Ziehfeder gleich gut** arbeiten: beim **Radieren** verschwanden die Tuschlinien, **ohne** Spuren zu hinterlassen. Beim **Wiederausziehen** auf den **radierten** Stellen verhielten sich die beiden Papiere **gleich gut** und ergaben scharfbegrenzte **Linien**. Beim **Auswaschen der Linien** hinterblieben bei Original-Whatman **Spuren**, bei Schoellershammer dagegen **nicht**. Beim **Wiederausziehen** auf den **gewaschenen Flächen** verhielten sich **beide** Papiere **gleich gut**. Beim **Anlegen mit Tusche** zeigten sich **beide Papiere** fleckenlos. Beim **Radieren** der getuschten **Stelle** hinterließ Original-Whatman geringe **Spuren** der Farbe, wogegen bei Schoellershammer die Tusche vollständig **verschwand**. Die radierten **Stellen** konnten zum **zweitenmale** bei beiden Papieren **fleckenrein** angelegt werden. Nach dem Auswaschen **der getuschten Fläche** zeigt Original-Whatman **deutliche Spuren** der Farbe, wohingegen bei Schoellershammer nur **noch ganz schwache Töne** zu erkennen waren; zugleich rauhte sich bei letzterem die Oberfläche etwas auf. Die **gewaschenen Flächen** ließen sich bei **beiden** Papieren wieder **fleckenlos** anlegen. Nach dem **Auswaschen und Trocknen** der gewaschenen Stellen zeigten sich die letzteren bei Original-Whatman **stark faltig**, bei Schoellershammer ein **wenig wellig**.

B. Ergebnis der anderweitigen Prüfungen.

Festigkeitsprüfung: Original-Whatman Mittlere Bruchdehnung 3,9% Mittlere Reißlänge 3140 m

Mb 4·12

■ *Mb 4·12*

⟨Originalgröße⟩

Anhang

Zur Edition

Reproduktionen

Kern der vorliegenden Edition ist die digitale Reproduktion der Notizbücher Bertolt Brechts. Sie ist ihr Ausgangs- und Zielpunkt. Die Aufnahmen sind im Hinblick auf Originaltreue und Lesbarkeit editorisch bearbeitet: Die Seiten werden freigestellt, ausgeschnitten, in Helligkeit und Kontrast optimiert, bei Bedarf begradigt. Das Format der Ausgabe erlaubt eine Wiedergabe der meisten Blätter in Originalgröße. Jede rechte Seite (Blattvorderseite, recto) des Originals steht auch in der Ausgabe rechts, jede linke (Blattrückseite, verso) links. Die zugehörige Transkription findet sich jeweils auf der gegenüberliegenden Seite. Bei Zitaten und Verweisen wird auf die archivische Foliierung der Dokumente verwiesen; sie ist unter jeder Reproduktion angegeben. Im Bundsteg der Transkriptionsseiten ist ein Zeilenzähler beigefügt. In dieser pragmatischen Lokalisierungshilfe sind auch nichtgraphemische Eintragungen (Trennstriche, Pfeile etc.) mitgezählt, soweit sie im horizontalen Zeilenraster erfaßt werden können.

Transkription

Die Transkription wurde anhand der Originale erstellt. Alte Archivkopien und neue Scans wurden herangezogen, wo sie mehr Informationen als die Originale liefern oder die Entzifferung erleichtern; die im BBA vorhandene Arbeitstranskription von Herta Ramthun diente zur Kontrolle. Grundprinzip der Wiedergabe ist Einfachheit; Graphisches wird mimetisch, Sprachliches typographisch (in gemäßigter Differenzierung) umgesetzt. Beabsichtigt ist eine räumlich getreue Entsprechung der Umschrift zur Vorlage, wobei wechselnde Form, Größe und Abstände der handschriftlichen Zeichen nicht nachgebildet werden. Zeitliche Verhältnisse der Niederschrift (Schichten) werden nicht markiert. Auf die Unterscheidung sicherer von unsicherer Entzifferung wird verzichtet; die Transkription ist insgesamt ein Lesevorschlag, der im Kontinuum von ganz sicherer bis ganz hypothetischer Lesung bei jedem Graphen anders zu verorten ist. Grundsätzlich sollte die Umschrift das von Brecht Notierte nicht festschreiben, sondern erschließen. Der Blick des Lesers soll zur Reproduktion als der eigentlichen Referenz gehen, statt sich bei der Umschrift zu beruhigen. Ein Lese- und Zitiertext wird nicht konstituiert.

Eine *typographische Markierung* von Graphen bleibt erforderlich, wo Problemstellen zu bezeichnen oder zu entflechten sind. Für unlesbare Zeichen wird das in den Vorlagen nirgends vorkommende umgekehrte Fragezeichen ›¿‹ verwendet. Bei Überschreibungen wird das Schriftbild analytisch ›entzerrt‹: Das, was sich im Original überlagert, wird hintereinander wiedergegeben. Überschriebenes steht in eckigen Klammern, Überschreibendes sowie Einfügungen, die durch ihre Position nicht klar als solche erkennbar sind, kursiv: ›d[as]*ie* Werk*e*

Brechts‹. Für getilgte Graphen, die dennoch lesbar geblieben sind oder mit technischen Mitteln wieder lesbar gemacht werden können, und für durch Abriß fehlende, aber rekonstruierbare Graphen steht Tonwert Grau statt Schwarz.

Streichungen werden einheitlich mit horizontalen Strichen wiedergegeben; nur wo sie in der Vorlage auffällig von Standardstreichungen abweichen, sind sie nachgebildet. Auch gestrichene Satzzeichen werden typographisch standardisiert: ›~~:~~‹, ›~~;~~‹, ›~~!~~‹, ›~~?~~‹, ›~~„~~‹, ›~~“~~‹. Einzig die Streichung von horizontalen (z. B. Trenn- oder Gedanken-)Strichen wird der Deutlichkeit halber mimetisch wiedergegeben, z. B. ›+‹ oder ›+‹. *Nicht-konventionelle Zeichen*, die eine spezielle Funktion haben oder haben könnten, werden ebenso wie Einweisungs- und Umstellungslinien, Pfeile etc. möglichst nachgebildet.

Bei den *Schriften* der Vorlagen wird im Falle Brechts zwischen deutscher und lateinischer Schrift differenziert. Für erstere steht die ›Minion‹ (gleichzeitig Grundschrift der gesamten Edition), für letztere die serifenlose ›Myriad‹. Eintragungen von fremder Hand werden durch ›Helvetica‹, stenographische Eintragungen in beiden Fällen durch eine ›englaufende, kleinere Schriftvariante‹ gekennzeichnet. Auf die weniger relevante Differenzierung lateinischer von deutscher Schrift bei fremder Hand wird verzichtet. Zur Wiedergabe von Maschinenschriftlichem wurde ›Prestige‹ gewählt, da sie den Vorlagen sehr weitgehend entspricht. Nur die dort meist einheitlich durch einen Strich mittlerer Länge wiedergegebenen Trenn- bzw. Bindestriche (›-‹) und Gedankenstriche (›–‹) werden in der Umschrift differenziert. Streichungen (oft Übertippungen mit ›/‹, ›x‹, ›m‹ etc.) werden wie bei den Handschriften mit horizontalem Strich vereinheitlicht.

Bei Einträgen mit *Tinte* und *Kopierstift* ist generell eine zeitbedingte Farbveränderung anzunehmen. Ihre Spezifizierung in »grünschwarz«, »blauschwarz«, »grauviolett« etc. basiert auf dem sinnlichen Eindruck während der editorischen Arbeit und ist nur je notizbuchintern differenzierend gemeint.

Marginalien

In den räumlich und durch kleinere Schrift vom Transkriptionstext abgegrenzten Marginalien am äußeren Seitenrand finden sich Angaben wie die Auflösung von Abkürzungen oder die Ergänzung von Namen, die das Textverständnis erleichtern, sowie Hinweise auf Schreibzusammenhänge, die die jeweilige Einzelseite überschreiten.

Fußnoten

Materielle Informationen zur Vorlage sowie Erläuterungen und Problematisierungen der Transkription bleiben den Fußnoten überlassen: Schreibmittel und -gerät, alternative Entzifferungen, genetische Informationen, die über das Evidente und Unumgängliche hinausgehen, und punktuelle Besonderheiten. Herausgebertext steht hier und in der Marginalspalte in stumpfen Spitzklammern (›〈‹, ›〉‹); Auslassungen durch den Herausgeber werden durch drei Punkte in eckigen Klammern ›*[…]*‹ markiert.

Anhang

Im Anhang jedes Bandes werden nach den allgemeinen editorischen Informationen die einzelnen Notizbücher philologisch beschrieben und inhaltlich erläutert.

Dokumentenbeschreibung

Zur schnellen Orientierung wird der Detailbeschreibung jedes Dokuments eine Kurzcharakteristik vorangestellt: Stellung im Produktionskontext, thematische Schwerpunkte und Besonderheiten, Verhältnis zu anderen Notizbüchern. Es folgt eine formalisierte Analyse des Dokuments: Lokalisierung, Format (Breite × Höhe), Umfang, materielle Beschreibung (Papier, Umschlag, Schreibmittel), Besonderheiten. Informationen über den aktuellen Archivkontext – grosso modo der relative Standort des Dokuments in Brechts Wohnung zum Zeitpunkt seines Todes – und, falls rekonstruierbar, auch die Kontexte, in denen das Notizbuch als Dokument zuvor stand, können Hinweise auf Überlieferungs- und Produktionskontexte geben. Aus dem Lagenschema gehen die Bindung und der ursprüngliche Ort fehlender Seiten hervor. In pragmatisch vereinfachter Typographie ist hier auch die Seitenbelegung wiedergegeben, so daß es zugleich als Inhaltsverzeichnis verwendbar ist.

Erläuterungen

Die Stellenerläuterungen haben neben der selbstverständlichen Funktion, Verständnishilfen und Deutungshinweise zu geben, vor allem die Aufgabe, die einzelnen Notate in Brechts Produktion zu verorten und Verweise auf das Werk zu koordinieren. Ein Anspruch auf Vollständigkeit ist dabei aus bestandsimmanenten Gründen nicht zu stellen: Brechts Produktion verläuft meist nicht zielgerichtet in klar abgrenzbaren Arbeitsprojekten und Werkgrenzen, genetische Zusammenhänge sind oft nicht eindeutig rekonstruierbar. Trotz des Umfangs von Brechts Nachlaß fehlt es an absolut oder relativ exakt (genug) datierbaren Dokumenten. Der Netzstruktur von Brechts Produktion kann nur ein vernetzender, aber nicht linear festschreibender Kommentar entsprechen.

Notizbücher enthalten Notate, Aufzeichnungen, Eintragungen, Konzepte, Entwürfe, keine ›Texte‹ im eigentlichen Sinn. Viele ihrer Elemente lassen sich nicht ohne weiteres und oft auch gar nicht auf eine Druckzeile bringen und linear zitieren. Will man sich dennoch auf sie beziehen, ist ein Zitiertext zu konstituieren. Die Erläuterungen folgen hier zwei Modellen, je nachdem, ob es vordringlich um die möglichst adäquate Verschriftlichung des ›Gemeinten‹ oder um die Wiedergabe der faktisch vorfindlichen Graphen geht. Ersteres führt zu typographischer Vereinheitlichung (Verzicht auf die Unterscheidung deutscher oder lateinischer Schrift, eigener oder fremder Hand, Wiedergabe von Verschreibungen, topographische Exaktheit etc.). Diese Zitierweise findet sich bei der Integration von Zitaten in den Herausgebertext, bei denen die Vorgabe der Druckzeile nicht gesprengt und das Ziel flüssiger Lesbarkeit erreicht werden soll, sowie im Register, wo es um die Bestimmung der Zugehörigkeit einer Stelle zu einem Text oder Werk geht. In den eingerückten Zitaten der Erläuterungen dagegen, wo es um die Dokumentierung eines einmaligen Schriftbildes geht, bemüht sich die vorliegende Ausgabe um möglichst originalnahe Zitierweise. Quellenangaben stehen in der Marginalspalte; auf parallele oder ergänzende Texte wird mit → (›vgl.‹, ›siehe auch‹) verwiesen.

Brecht füllte seine Notizbücher teils unterwegs, teils am (Schreib-)Tisch; Größe der Schrift und Unregelmäßigkeiten im Duktus deuten auf ersteres, kleinere Schrift und gleichmäßiges Schriftbild auf letzteres. Dies läßt sich oft nicht klar voneinander abgrenzen und wird nur in besonderen Fällen erwähnt.

Im Rahmen der editorischen Arbeit werden neben den Notizbüchern auch andere Dokumente aus Brechts Nachlaß restauriert und neu signiert; diese sind an den fünfstelligen (statt drei- oder vierstelligen) Mappen-Nummern erkennbar (10 000ff.). Ein Teil dieser Dokumente findet sich in der elektronischen Edition (*EE*). Zitate aus Brechts Briefen und (Arbeits-)Journalen werden nur mit der BBA-Signatur und dem Datum nachgewiesen, sind damit aber in jeder Brecht-Ausgabe leicht zu finden.

Zeittafel

In der Zeittafel sind neben Brechts Aufenthaltsorten und dem Beginn wichtiger Bekanntschaften vor allem seine Publikationen sowie alles genau Datierbare berücksichtigt. Das chronologische Raster bildet damit ein Komplement zu den Einzelerläuterungen. Während diese sich weitgehend auf Notizbücher, Nachlaßpapiere und Arbeitsmaterial beziehen, orientiert sich die Zeittafel vor allem an den Drucken zu Lebzeiten, Rundfunksendungen, Inszenierungen etc.: an Brechts publizierter Arbeit. Die hier mögliche Exaktheit der Datierung steht in Spannung zu den meist undatierten und nur indirekt oder ungefähr datierbaren Notizbucheintragungen. Wo immer möglich werden Querbezüge zu diesen oder den Erläuterungen hergestellt. (K) Das können nur Hinweise auf Berührungspunkte, nicht implizite Datierungen der Notate sein. Die Quellen der jeweiligen Datierung sind in der kumulierenden Zeittafel der *EE* nachgewiesen.

Literaturverzeichnis

Im Literaturverzeichnis aufgenommen ist nur die in den vorangehenden Erläuterungen und in *EE F* zitierte Literatur, also keineswegs alle konsultierten oder relevanten Publikationen. Zweck des Verzeichnisses ist die Auflösung der verwendeten Kurztitel, keine Bibliographie zu Brechts Notizbüchern.

Register

Das Register erschließt die Notizbuch-Eintragungen und zugehörigen Erläuterungen. Allgemein gilt: Zahlen werden bei ihrem Platz im Alphabet (also ›2‹ bei ›zwei‹ und nicht nach ›1‹), Umlaute bei ihrer aufgelösten Form eingeordnet (›über‹ bei ›ueb-‹ und nicht bei ›ub-‹). Erläuterungen des Herausgebers stehen in stumpfen Spitzklammern, Auslassungen werden durch ›…‹ wiedergegeben.

Der erste Teil enthält Brechts Werke und Dokumente, differenziert nach Sammel- und Einzeltitel (bzw. Incipit). Unter ›Sammeltitel‹ mit aufgeführt sind auch Arbeitstitel und Vorhaben (wie *Berichtigungen* oder *Kritische Blätter*) und von Brecht verwendete Gattungsnamen (wie *Epische Dramen* oder *Lehrstücke*), unter ›Einzeltitel‹ auch Gespräche, gemeinsam mit anderen Verfaßtes oder Verantwortetes und Unsicheres. Die teilweise variierende Orthographie Brechts wurde stillschweigend vereinheitlicht, um einen Text nicht an mehreren Orten verzeichnen zu müssen. Zur leichteren Kenntlichkeit sind Titel *kursiviert*; bei Titelkorrekturen sind alle Varianten aufgeführt (z. B. *NB 24,* 11r.1: *Fatzer, Kolonne, Feld, Zug*), ansonsten – von begründeten Ausnahmen abgesehen – nur die letzte Korrekturschicht; binnenstrukturierende Numerierungen, Streichungen und Unterstreichungen werden nicht berücksichtigt. Es geht hier nicht um diplomatische Treue, sondern um die gemeinten Titel und Texte.

Im zweiten Teil des Registers werden zunächst alle Institute, Organe und Organisationen, die nicht einzelnen Individuen zuzuordnen sind, verzeichnet; auch die Namen von Vereinigungen, an denen Brecht teilnahm (z. B. *Gruppe 1925*) oder die er gemeinsam mit anderen projektierte (z. B. *Marxistischer Klub* oder *Die I. S. S. Truppe*), finden sich hier. Die Titel von Periodika sind *kursiviert*. Sodann folgen die Namen und Werke anderer Personen; auch anonyme Texte und Gemeinschaftswerke sind aufgenommen, Schriften über Brecht nur, wenn ihr Verfasser persönlich mit ihm bekannt war.

Elektronische Edition (EE)

Die elektronische Edition (→ http://www.brecht-notizbuecher.de) ist Fundament und Ergänzung der Buchausgabe. Zusätzlich werden hier alle Reproduktionen in Farbe und, dem aufgeschlagenen Notizbuch entsprechend, als Doppelseite wiedergegeben. Im Anhang zu jedem Notizbuch findet sich nach der Dokumentenbeschreibung und den Erläuterungen der Buchausgabe eine Konkordanz der alten und der neuen BBA-Signaturen. Ein Forum (*EE F*) bietet Raum für Problematisierungen, auch bisheriger Editionen, und philologische Detailinformationen. Es ergänzt die Stellenerläuterungen, ist für Änderungen offen und kumulativ angelegt. Gleiches gilt für die Zeittafel-, Corrigenda- und Register-Dateien.

Zusätzlich zu den Notizbüchern werden im zweiten Teil der *EE* andere zur Kommentierung relevante Dokumente, insbesondere aus Brechts Nachlaß, erfaßt – nach gleichen Kriterien wie die Notizbücher, allerdings ohne extensive Kommentierung. Die aufgenommenen Dokumente werden nach ihrer Archiv-Signatur angeordnet (BBA 10 000 ff.). Auch nicht aus dem BBA stammende, aber als Quellen oder Erläuterungen wichtige Zusatzdokumente haben hier ihren Ort (*EE Z*). Eine Einführung in die Gesamtedition (*EE G*) begründet und erläutert die editorischen Prinzipien historisch, systematisch und exemplarisch.

Diakritische Zeichen

Minion	Brecht, deutsche Schrift
Myriad	Brecht, lateinische Schrift
Minion petit	Brecht, Stenographie
Helvetica	fremde Hand
Helvetica petit	fremde Hand, Stenographie
Prestige	Schreibmaschine
¿¿¿	nicht entzifferte Graphen
[abcde]	überschriebene Graphen
kursiv	überschreibende oder eingefügte Graphen
grau	rekonstruierte Graphen
12r.3 ←	Textanschluß siehe oben Blatt.Zeile
→ 45v.6	Textanschluß siehe unten Blatt.Zeile
]	Lemmaklammer
⟨abcde⟩	Herausgebertext
[…]	Auslassung durch Herausgeber
*	Verweis auf Quellenangabe
→	›vgl.‹, ›siehe auch‹
←	Fortsetzung von (im Lagenschema)
\	einfacher Zeilenumbruch in der Vorlage
\\	ein- oder mehrfache Leerzeilen in der Vorlage
|	Seitenumbruch in der Vorlage
„ab“, "cd"	Anführungszeichen in der Vorlage
»ab«, ›cd‹	Anführungszeichen durch Herausgeber
kursiv	standardisierte Titel
12345	Versalziffern für Archivdokumente und Kurztitel
12345	Mediävalziffern für alle übrigen Zahlen

Danksagung

Die Herausgeber danken für Informationen, Mitarbeit und Unterstützung herzlich Dr. Karl Grob (Zürich), Christiane Grüner (Berlin), Gerhard Hochhuth (Berlin), Uta Kohl (Chur), Ulla Marx (Berlin), Andrea Ribbschlaeger (Berlin), Dr. Erich Ruff (Gröbenzell), Dr. Peter Staengle (Heidelberg) und Sabine Wolf (Berlin). Besonderer Dank gebührt den Mitarbeitern des Bertolt-Brecht-Archivs (Berlin) Julia Hartung, Julia Hussels, Anett Schubotz, Helgrid Streidt, Iliane Thiemann und Sophie Werner für ihre tägliche Hilfe sowie Dr. Karl Grob (Zürich) für die Fotografien. Am meisten aber verdankt die vorliegende Ausgabe dem steten Interesse und der tatkräftigen Unterstützung von Dr. Erdmut Wizisla (Berlin) und Prof. Dr. Roland Reuß (Heidelberg).

Notizbuch 21

Beschreibung

Datierung

Juli, August 1927 (bis 31^{r}) und Dezember 1928 bis April 1929 (ab 31^{v}); indirekte Datierungen: Anfang Juli 1927 (→ zu 3^{r}–5^{r} [8]), Ende Juli bis August 1927 (→ zu 8^{r}–55^{r} [5]), August 1927 (→ zu 26^{r}), Mitte, Ende Dezember 1928 (→ zu 35^{v}–37^{r}), April 1929 (→ zu 57^{r})

Kurzcharakteristik

Das in zwei Arbeitsphasen verwendete Notizbuch enthält vor allem Entwürfe für das Theaterstück *Fatzer*. Während der ersten Phase (im Sommer in Augsburg) notierte Brecht zudem Verse für die *Ratschläge einer älteren Fohse an eine jüngere*, die er als *Lehrstück №2* in die Sammlung *Augsburger Sonette* aufnahm, für das Songspiel *Mahagonny* und das Gedicht *Rosa*. Auch finden sich ein kleiner Entwurf zur Debatte um die Gründung der Piscator-Bühne in Berlin und ein längerer, wohl autobiografischer Prosaentwurf. Die zweite Arbeitsphase (im Winter in Berlin) beginnt mit dem Gedichtentwurf *Das Rätsel* und Stichworten zu einem Aufruf für den französischen Schriftsteller Henri Guilbeaux sowie einer Liste mit möglichen Unterzeichnern. Nach weiteren *Fatzer*-Eintragungen folgen zuletzt Entwürfe für eine Verfilmung von Elisabeth Hauptmanns Theaterstück *Happy End* und für das Libretto zu Paul Hindemiths Oper *Lehrstück*.

Standort, Signatur

Archiv der Akademie der Künste, Berlin, BBA 10820

Format, Umfang

10,4 cm × 14,4 cm (wie *NB 22*); 69 von 102 Blättern (Umschlag mitgezählt)

Umschlag, Bindung

Pappe, innen aufgeklebtes Blatt und im Bundsteg mit weißem Klebstreifen befestigter Karton zur Bindungsverstärkung (→ 22^{r}, 60^{v}); außen mit schwarzem Kunstleder (Efalin) bezogen; Fadenheftung

Papier

dünnes, durchscheinendes, braun-gelbliches Papier; abgerundete Ecken; Rotschnitt (wie *NB 22*)

Schreibmittel

schwarze Tinte, daneben Bleistift, Rotstift, Blaustift

Archivkontext

BBA 10819: *NB 20* von 1926
BBA 10821: *NB 22* von 1928

Verwendungskontext

NB 21 gehört zu einer Reihe äußerlich gleichartiger schwarzer Efalinhefte (*NB 18–25*), die Brecht zwischen 1926 und 1930 verwendete und dreimal numerierte, zuletzt frühestens Anfang 1930 von »1« bis »9« (→ *Übersicht Efalinhefte*). *NB 21* bezifferte Brecht, abweichend von der Reihenfolge der Verwendung, zunächst zwischen Ende 1928 und Anfang 1930 mit »2«, dann frühestens Anfang 1930 mit »3«.

Schutzumschlag

Das Notizbuch war wohl während der Benutzung in einen separaten schwarzen, mit Pappe verstärkten Lederumschlag (BBA 10363/95; → *NBA* 5, *Abb.* 1, 2, 657f.)

eingelegt bzw. eingesteckt (→ *NBA* 7, 456). Dieser diente als Umschlag für die Efalinhefte *NB 18-25*.

Verfärbung Auf einigen Blättern finden sich am oberen Rand rechteckige Vergilbungen oder kleine Flecken. Beides stammt von den 1956-57 im BBA mit Klebstreifen angebrachten Signaturzetteln. Im Rahmen der Restaurierung 2006 wurden diese Signaturen abgelöst und das ganze Notizbuch neu foliiert (am unteren Rand außen).

Besonderheiten

- von den aus der 4. Lage herausgerissenen 19 Bl. sind 6 Bl. im *Fatzer*-Material überliefert; sie wurden an der Innenseite in einem Arbeitsgang zugeschnitten: BBA 109/52, 58, 61, 60, 56, 59 (→ zu 60^r)
- bei der Restaurierung 2006 wurden die 35 herausgerissenen Blätter mit Japanpapier rekonstruiert (→ Lagenschema, 2., 4. und 5. Lage).
- häufig Abdruck bzw. Durchschlag der Tinte des jeweils vorangehenden oder folgenden Blatts
- Blätter mit Eselsohren: 55-58, 60
- Blätter mit Faltspuren: 2, 9, 60
- vorderer und hinterer Umschlag: vertikale Biegespuren

Lagenschema und Seitenbelegung

Lage 1

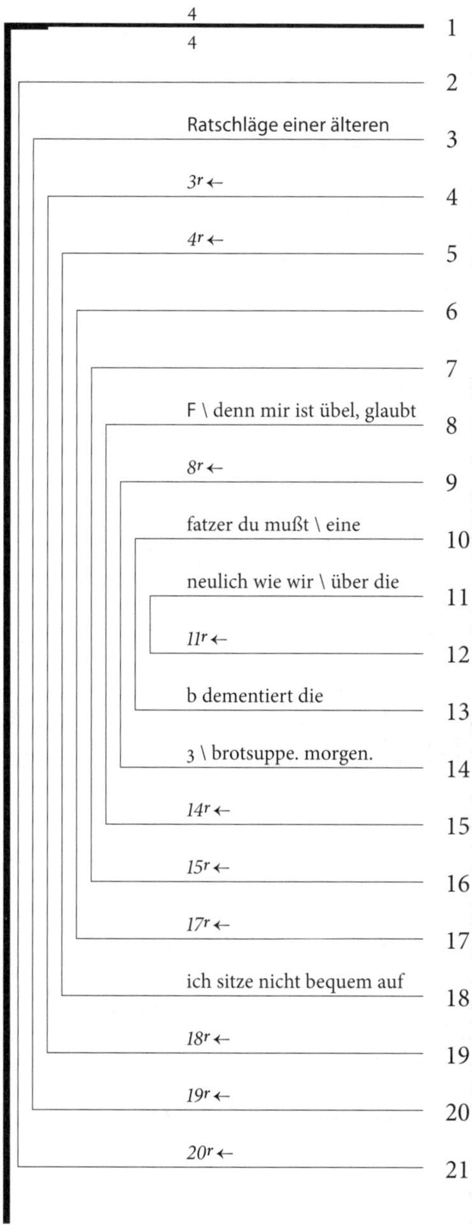
4
4
1
2
Ratschläge einer älteren
3
3r ←
4
4r ←
5
6
7
F \ denn mir ist übel, glaubt
8
8r ←
9
fatzer du mußt \ eine
10
neulich wie wir \ über die
11
11r ←
12
b dementiert die
13
3 \ brotsuppe. morgen.
14
14r ←
15
15r ←
16
17r ←
17
ich sitze nicht bequem auf
18
18r ←
19
19r ←
20
20r ←
21

Lage 2

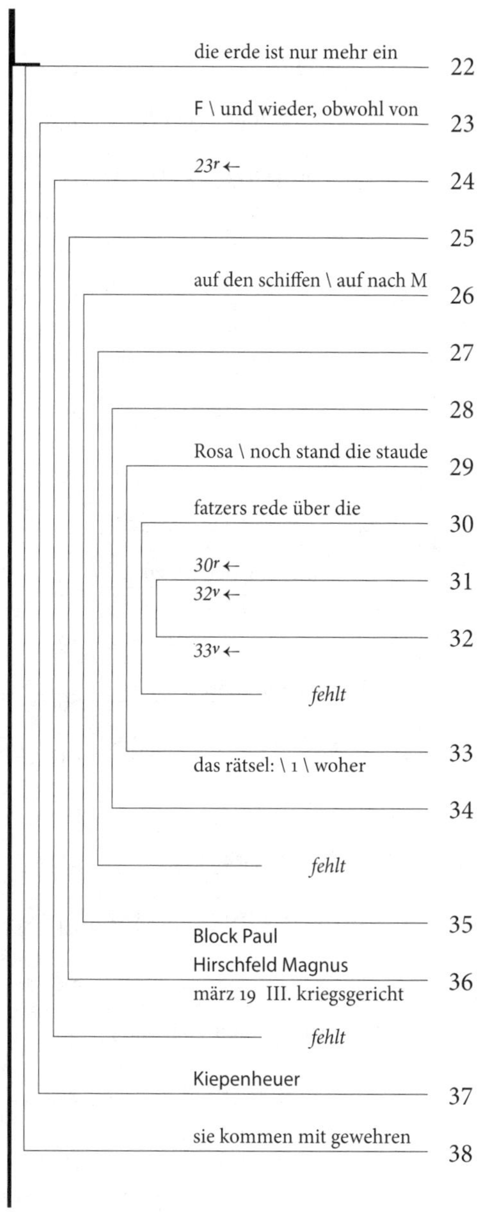
die erde ist nur mehr ein
22
F \ und wieder, obwohl von
23
23r ←
24
25
auf den schiffen \ auf nach M
26
27
28
Rosa \ noch stand die staude
29
fatzers rede über die
30
30r ←
31
32v ←
32
33v ←
fehlt
33
das rätsel: \ 1 \ woher
34
fehlt
35
Block Paul
Hirschfeld Magnus
märz 19 III. kriegsgericht
36
fehlt
Kiepenheuer
37
sie kommen mit gewehren
38

Lage 3

1) bindung	39
ftz + th \ ftz: wie lebst du?	40
er zwingt sie zuzugeben daß	41
41^{r} ←	42
42^{r} ←	43
43^{r} ←	44
44^{r} ←	45
46^{r} ←	46
	47
1 \ die gevögelte läuft zu	48
	49
4 \ enthält bisher 3	50
K \ es ist auch ungebührlich	51
51^{r} ←	52
ftz \ viele meinen die	53
1) \ rede fatzers: denn dieser	54
54^{r} ←	55
ein mann sucht – im auftrag	56
H E \ „das ist ein ganz	57
	58

Lage 4

3000 · 12 = 36 000 : 8	59
fehlt	
fehlt	
fehlt	
fehlt	
fehlt	
fehlt	
fehlt	
fehlt	
fehlt	
fehlt	
fehlt	
fehlt	
fehlt	
fehlt	
fehlt	
fehlt	
fehlt	
fehlt	
fehlt	

Lage 5

ich möchte gern 1 kunst 60

fehlt

sie glitt zurück, sie dachte 61

H E \ „die katze die das 62

privat h¿¿¿¿ \ wenn ihr mich 63

fehlt

fehlt

2 männer singen das lob des 64
die methode der

welcher von uns stirbt – was 65

fehlt

lob der oberfläche \ der 66

fehlt

fehlt

fehlt

fehlt

k¿¿ 67

fehlt

⟨*Striche*⟩ 68
¿te

fehlt

fehlt

fehlt

7964 \ … \ 4 69

Erläuterungen

1r 4 Die Ziffer notierte Brecht auf drei der vier Umschlagseiten.* Das vorliegende Notizbuch gehört zu einer Reihe äußerlich gleichartiger schwarzer Efalinhefte,* die Brecht zwischen 1926 und 1930 verwendete und nachträglich mit Rotstift numerierte. 1r, 1v, 69r *NB 18-25*

1v 4 Im oberen Blattdrittel hatte Brecht im Juli 1927 in Augsburg wohl seine Heimatadresse in Augsburg, Bleichstraße 2, vielleicht auch seine Adresse in Berlin-Wilmersdorf, Spichernstraße 16 eingetragen. Die Ziffer »2« trug er wohl zwischen Dezember 1928 und Anfang 1930 nach. Später, frühestens Anfang 1930, überschrieb er sie mit »4« (→ *Übersicht Efalinhefte*). Zuletzt wurden – wie in *NB 18, 20, 22* und *23* – das vordere und – wie in *NB 18* und *20* – das hintere* auf den Umschlag geklebte Blatt teilweise herausgerissen.* 69r → zu *NB 25*, 1v

3r–5r **Ratschläge einer älteren Hure** *[...]* **gemacht** Entwurf dreier Strophen für das Gedicht *Lehrstück № 2. Ratschläge einer älteren Fohse an eine jüngere*, das in *Die Augsburger Sonette* aufgenommen wurde. Dabei handelt es sich um eine unvollständig überlieferte Sammlung von Gedichten meist in Sonettform und mit pornographischer Thematik, die vorwiegend in Augsburg entstanden sind. Zu dem Projekt gehören Handschriften, Typoskripte, zwei Bürstenabzüge und vier Abschriften.* Zur Geschichte der Sammlung: → *EE F*

(1) *Münsterer 1966*, 133f., erinnert sich im Rückblick teilweise ungenau:

> Meiner Erinnerung nach fällt auch die Absicht, eine Reihe von Gedichten mehr intimen Charakters außerhalb der *Hauspostille* in einem eigenen Büchlein als *Meine Achillesverse* zusammenzufassen, noch in den Sommer 1919. Später sind daraus, wohl im Hinblick auf Aretino und auf den Verlagsort, die *Augsburger Sonette* geworden, obwohl sie vielfach berlinerisches Leben wiedergaben und nicht durchweg Sonettform aufweisen. Der Druck dieser Sammlung ist bekanntlich 1927 nach dem Satz des ersten Bogens abgebrochen worden, das Manuskript ist verschollen, und es erscheint kaum mehr möglich, den Bestand des Werkes mit einiger Sicherheit zu rekonstruieren.

(2) Mitte, Ende Juni 1925 berichtete Brecht Helene Weigel aus Augsburg (undatierter Brief; zit. nach Abschrift):

> hier habe ich mit viel nikotin wenige sonette hergestellt die langeweile ist entsetzlich und dabei hält mich katastrofaler geldmangel von allem ab BBA E 12/82

(3) Während Brechts Aufenthalt in Baden bei Wien im Juli 1925 entstanden drei Entwürfe für Sonette, von denen sich zwei auch in den beiden Abschriften

BBA 6/23 | BBA 152/43 | BBA 2212/35 | BBA 152/42 | BBA 2212/36

Münsterers (→ 12, 19) finden: *Sonett**, *Kuh beim Fressen** (→ *Sonett № 5*)* und *Ein Mann bringt sich zu Bett** (→ *Sonett № 6*)*.

(4) Im Mai 1926 taucht die Idee einer privaten Sonett-Sammlung auf (Tagebuch Hauptmann, 8. Juni 1926):

TbH (*NBA* 5, 737)

Wir kommen sogar auf den Gedanken, *irgend* einer reichen Frau ein Bändchen Sonette, nur für ~~Sie~~ sie, zu verkaufen. Helcia Täubler denkt an eine Frau Hirsch in Frankfurt. Aber das wird dann auch fallen gelassen.

(5) Im Juli, August 1926 enstand der Entwurf *Dem Weib gleich das um ins gelobte Land* ...*, später, schon im Hinblick auf eine Sonett-Sammlung, für *Sonett Nummer 3** verwendet. In den Bürstenabzügen und Abschriften der *Augsburger Sonette* (→ 11-14, 16, 19-21) ist es allerdings nicht überliefert. Ende Juli 1926 hielt Brecht fest, er habe die bisherigen Sonette »aus purer langeweile«* geschrieben.

NB 18, 21r-23r | BBA 507/83 | → zu *NB 21*, 18r-21r

Abb. 1 Brecht (Foto: Elisabeth Hauptmann; BBA FA 1/102)

(6) Bezogen auf ihren Aufenthalt in Augsburg zwischen Anfang August und 21. September 1926 schrieb Hauptmann rückblickend in einem Brief an Münsterer (16. August 1964):

BSB Ana 479; → EHA 491

im Sommer 26, als die A⟨*ugsburger*⟩ S⟨*onette*⟩ schon fast alle geschrieben waren, gab Brecht eines Mittags vor, er habe keinen rechten Eindruck von ihnen, ich möge sie ihm doch einmal vorlesen (was ein echter Brecht war).Das war in Augsburg. Wir einigten uns dann, dass <u>er</u> sie <u>mir</u> vorlas. Ich bestand aber darauf, dass ich ihn dabei fotografierte. – Daran erinnerte ich mich die ganzen Jahre sehr deutlich. Da ich aber viele meiner Sachen durch die Emigration verloren habe, glaubte ich die Fotos auch verloren. Meine sind auch fort, aber bei Brechts Sachen fand ich noch einige.

→ *Abb. 1*

Bereits im Monat zuvor hatte sie Münsterer geschrieben (Brief vom 12. Juli 1964):

BSB Ana 479; → EHA 491

Ich war in den zwanziger Jahren ~~dann~~ sehr oft in Augsburg, oft wochen-, ja monatelang, immer von Berlin aus. Brecht war ja zu keiner Zeit seines Lebens ohne Augsburg denkbar.

(7) Im November, Dezember 1926 arbeitete Brecht an *Sonett über einen guten/durchschnittlichen Beischlaf**, *Sonett über das Böse** (für *Sonett № 1* der *Augsburger Sonette* verwendet)* und einem weiteren Sonett, von dem nur vier Verse überliefert sind*. BBA 152/19, 20; → zu *NB 19*, 32^{r}-37^{v} | BBA 152/17, 20; → zu *NB 19*, 34^{v}-35^{v} | BBA 2212/32 | *NB 19*, 36^{r}

(8) Vielleicht schon am 2., wohl aber vor dem 11. Juli 1927 (→ Zeittafel) schrieb Brecht *Sonett**, überliefert in einem Hauptmann diktierten Typoskript. Davon BBA 2058/2 erstellte sie eine Maschinenabschrift für Fritz Eisner, die sie nach 1945, vielleicht 1951 für die zu dieser Zeit geplante Publikation (→ 20) zurückerhielt:

> Von Fritz Eisner, London, bekommen. Er hatte es von mir bekommen in Walchensee, wo ich bei ihnen ein paar Wochen im Sommer 1927 verbrachte. EHA 128/1 (alt)

Das Sonett ist leicht verändert unter dem Titel *Sonett № 1. Zur Erinnerung an Josef Klein …** im ersten Bürstenabzug überliefert (→ 11). Wohl ebenfalls vor BBA 152/1 dem 11. Juli entstanden, teilweise unter Mitwirkung von Hauptmann, zumindest auch die Entwürfe für *Lehrstück № 2. Ratschläge einer älteren Fohse an eine jüngere* (siehe unten, a-e).

(9) Anfang, Mitte August 1927 berichtete Brecht aus Augsburg (Brecht an Weigel, undatiert; zit. nach Abschrift):

> außerdem wie immer wenn un~~eb~~*be*schäftigt und verwaist pornografische sonette BBA E 12/103; → zu 8^{r}-55^{r}(6)

(10) Am 10. August 1927 schrieb Hauptmann aus Brechts Wohnung in Augsburg (→ 6) an den Dramaturgen der Städtischen Bühnen in Essen, Hannes Küpper:

> Brecht lässt auch Sachen von sich jetzt hier bei Lampart & Co (⟨*Richard*⟩ Schatz) drucken,seine "gemeinen Sonette und Lehrstücke" BBA Z 31/56

(11) Wohl im September 1927 wurde mit der Drucklegung der *Augsburger Sonette* bei Lampart in Augsburg begonnen. Von der bibliophil gesetzten Sammlung (großzügiges Layout, zudem weitgehend Kleinschreibung, Verzicht auf Satzzeichen usw.) wurden wohl zwei Bürstenabzüge auf Einzelblättern erstellt. Im ersten* war die Zusammensetzung der Sammlung und die Zählung BBA 152/1, 4-6, GGA 428 der Gedichte noch provisorisch. Sie wurde im zweiten Abzug* teilweise geän- BBA 4/1, 152/2-3 dert: Nachweislich tauschte Brecht zu einem frühen Zeitpunkt das Eingangssonett aus: Statt *Sonett № 1. Zur Erinnerung an Josef Klein …** (→ 8) ließ er *Sonett* BBA 152/1 *№ 1. Über Mangel an Bösem* noch nach dem Muster des ersten Bürstenabzugs

BBA 2212/32 drucken (das Sonett ist nur in der Abschrift Münsterers* überliefert, die dem ersten Abzug folgt). Überdies wurde zumindest ein Sonett im zweiten Abzug neu gezählt: Aus *№ 10* wurde *№ 9*. In beiden Bürstenabzügen nahm Brecht noch
BBA 4/1, 152/5-6, 1-2 Änderungen vor.*

Zu den Drucken der Augsburger Presse teilt das *Literarische Beiblatt der Zeitschrift des Deutschen Vereins für Buchwesen und Schrifttum* (Nr. 5/6, Juli-Dezember 1926, 16) mit:

> Als Erzeugnisse der *Augsburger Presse* des Verlags *Lampart & Co.* in Augsburg sind zwei Werke zu nennen, die auf jeden Bildschmuck verzichten und lediglich durch ihre typographische Gestaltung wirken wollen: *Das Passional* von Hugo ⟨*wohl Hanns Otto*⟩ *Münsterer* und *Zwanzig Gedichte* von Gustav *Böhm*. Die Drucke der Augsburger Presse wollen reine Liebhaberdrucke sein, wie ihre Herstellung selbst eine Liebhaberei des Verlags ist. Hugo Münsterers Dichtung, die in tiefempfundenen Strophen die Leidensgeschichte Christi erzählt, ist in Schwabacher Typen des 17. Jahrhunderts nach Anordnung von Karl Maria *Heckel* von Georg Butzelmaier gesetzt und gedruckt. Den Titel zeichnete Richard Schatz. Der vornehme Halbpergamenteinband und die durchweg solide, jedem Prunk abholde Gestaltung des Buches, berühren sehr sympathisch. Nicht minder sorgfältig gemacht ist das zweite Werk der Augsburger Presse, in Fleischmannschen Lettern gedruckt, das eine Reihe von Gedichten enthält, die Gustav Böhm zum Verfasser hat, der zarte Empfindungen in dichterischer Form zu gestalten wußte.

Im *Adreßbuch Augsburg 1928* sind »Theodor Lampart, Firma (Inhaber: August Heider), Buchdruckerei und Verlag« und »Lampart & Co (Inhaber: Richard Schatz), Buchhandlung und Antiquariat« unter der gleichen Adresse (Annastraße D 260) verzeichnet. In welcher Zusammenstellung, unter welchem Titel und ob die Sammlung überhaupt vollständig gedruckt und vielleicht sogar als Liebhaber- oder Privatdruck ausgeliefert wurde, läßt sich nicht feststellen. Brecht selbst ging später (→ 20) im Gegensatz zu Münsterer (→ 21) von einer erfolgten Drucklegung aus (→ auch 17, 18).

(12) Während der Drucklegung bekam Münsterer zehn Blätter des ersten Bürstenabzugs, schon mit dem ausgetauschen Eingangsgedicht, zur Abschrift geliehen (→ 14, 19-21).

(13) Ende September, Anfang Oktober 1927 legten Brecht und Rudolf Schlichter
GGA 428; → *Abb. 2* ihrem Brief an George Grosz das *Sonett № 7. Über eine alte Fohse** bei (1. Bürstenabzug; oberere Blatthälfte abgerissen; Brief undatiert):

BBA Z 50/83-84 DIE GLAUBENSHIRTEN BERTOLDUS BRECHT UND RUDOLFUS SCHLICHTER AN DEN PAPST GEORG I

[...] wir schicken DIR auch DEINES beifalls gewiss ein gar artiges sonettlein neuer machart und beten zu marx DEINE angeschwollenen

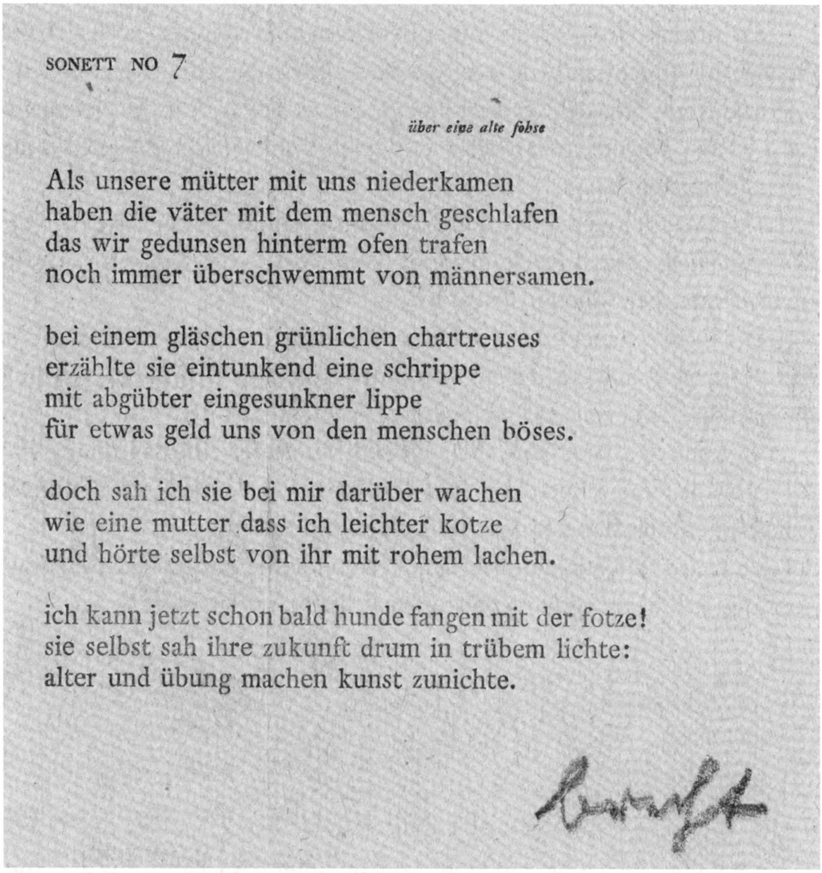

SONETT NO 7

über eine alte fohse

Als unsere mütter mit uns niederkamen
haben die väter mit dem mensch geschlafen
das wir gedunsen hinterm ofen trafen
noch immer überschwemmt von männersamen.

bei einem gläschen grünlichen chartreuses
erzählte sie eintunkend eine schrippe
mit abgübter eingesunkner lippe
für etwas geld uns von den menschen böses.

doch sah ich sie bei mir darüber wachen
wie eine mutter dass ich leichter kotze
und hörte selbst von ihr mit rohem lachen.

ich kann jetzt schon bald hunde fangen mit der fotze!
sie selbst sah ihre zukunft drum in trübem lichte:
alter und übung machen kunst zunichte.

Abb. 2 *Sonett № 7. Über eine alte Fohse* (Ausschnitt; GGA 428)

```
politischen geschäfte möchten DIR die muse nicht geraubt haben
nach wie vor die wahre kunst zu geniessen.
```

(14) Wohl bald darauf erstellte Münsterer eine vierteilige Sammlung *Bertolt Brecht. Unveröffentlichte Gedichte.** Den *Augsburger Sonetten* (→ 12) vorangestellt ist darin das Zwischentitelblatt: BBA 2212/1-53

```
        III
```
BBA 2212/31

```
Aus den Sonetten (Privatdruck)
```

(15) Im Mai, Juni 1928 notierte Brecht ein Konzept für eine Gemeinschaftsveranstaltung mit Alfred Döblin, George Grosz, Rudolf Schlichter und Kurt Weill:

ich lese pornografie *NB 24*, 63r.8

(16) Im Sommer 1934 trug Walter Benjamin in Svendborg, wo er sich mehrere Wochen bei Brecht aufhielt, drei Gedichte in ein Notizbuch ein: *Sonett № 10. Über die Notwendigkeit der Schminke, Lehrstück № 2. Ratschläge einer älteren Fohse an eine jüngere* und *Sonett № 14. Von der inneren Leere.** Seine Vorlage war der erste Bürstenabzug (→ 11).

WBA MS 674, 22v–24r

(17) Im April, Mai 1937 wird die Gedichtsammlung in der Liste *Biographien / Bibliographien. Bertolt Brecht* genannt (*Das Wort,* Nr. 4–5, April-Mai 1937, 159): »›Die Augsburger Sonette‹, Privatdruck.«

(18) Um 1940 taucht der Titel erneut in dem Typoskript *Bertolt Brecht Veröffentlichungen** auf, das der in *Das Wort* veröffentlichten Liste (→ 17) folgt, sie aber um drei Titel von 1938/39 ergänzt.

BBA 1432/1

(19) Wohl zwischen 1946 und 1953 ließ Münsterer eine Sammlung von Einzelblättern zu einem Buch binden: »Bert Brecht \ Gedichte. Aus Zeitungen und Zeitschriften, aus Manuskripten und aus der Erinnerung gemeinsamer Jugend.«* Bei den Gedichten standardisierte er Orthographie und Zeichensetzung. Dem Abschnitt mit den *Augsburger Sonetten* stellte er ein Titelblatt voran:

BBA Z 24/28

BBA Z 24/58

Aus einem Sonettband "Meine Achillesferse".
Das Buch war vorgesehen als zweites Werk der Augsburger Presse bei Lampart u. Co. als Privatdruck. Die Ausgabe ist wahrscheinlich nie über die folgenden Gedichte, die Abschriften der Korrekturfahne darstellen, hinausgekommen.

Im Inhaltsverzeichnis stehen die Sonette unter dem Titel »Aus den Sonetten. (Achillesverse)«*.

BBA Z 24/75

(20) Vermutlich im November 1951 bat Brecht Münsterer um den Privatdruck (→ 11) *Die Augsburger Sonette* (Brief nicht überliefert), wohl für ein Publikationsprojekt. Münsterer schickte ihm am 1. Dezember 1951 einen Durchschlag seiner Abschrift vom September 1927 (→ 14) und schrieb dazu:

BBA 726/31

Eine Auffindung der Augsburger Sonette ist mire nicht geglückt. Meine Abschriften stammen von einem halbausgedruckten Bogen, den ich seinerzeit auf einen Tag geliehen bekam. Ich habe alles, was auf diesem Bogen stand, abgeschrieben, die anderen Teile habe ich nie gesehen und die in Frage kommenden Personen leugnen, das Manuskript zu haben. Auch der Probeabzug des Bogens ist nicht mehr vorhanden. Hoffentlich findet sich doch noch bei einem Deiner Freunde eine vollständige Abschrift.

Wohl für dieses Publikationsprojekt erstellte Brecht eine neue Fassung von mindestens einem Sonett (handschriftliche Eintragungen in der vorletzten Strophe mit Bleistift, in der letzten mit Kugelschreiber):

Nr. 9 EHA 128/1 (alt)

Über die Notwendigkeit
der Schminke

Die Frauen, welche ihren Schoos verstecken
Vor aller Aug wie einen faulen Fisch
Und zeigen ihr Gesicht entblösst am Tisch
Das ihre Herren öffentlich belecken

Dass ihnen Wäsche, Rock und Pelz nicht fehle
Wurd abgetreten zwar, was drin verpackt
Doch fändet ihr kein Wort darüber im Kontrakt:
Ihr Leib stand nicht zu Markte, nur die Seele!

laut (?)
Wie anders jene, die mit dick bemaltem Munde
Und stummem Auge aus dem Fenster winkt
Jedwedem, der vorüberkommt und sei es einem Hunde -

Wie wenig lag doch ihr Gesicht zu Tage
Wie [C]*h*öflich war sie doch, von der ich *einstens* sage:
Sie muss gestorben sein: sie ist nicht mehr geschminkt!

Grundlage dafür war der zweite Bürstenabzug*, auf dem Brecht die 2. Strophe mit Bleistift gestrichen hat. Wohl im Zusammenhang damit änderte er auch die Klein- zur Großschreibung auf dem zweiten Bürstenabzug von № 2. *Von Vorbildern**. BBA 152/2 BBA 4/1

(21) Am 12. April 1953 fragte Walter Nubel bei Münsterer nach Abschriften von Brecht-Gedichten:

Ich beschäftige mich mit BERTOLT BRECHT und bereite zunächst eine beschreibende Internationale Bibliographie vor, deren Grundlage meine eigene in den späten zwanziger Jahren in Berlin begonnene (und heute wohl umfangreichste private) Brechtsammlung ist. *[...]* Ich hoffe sehr, dass auch Sie sich bereitfinden können, mir zu helfen und zu raten. *[...]* BSB Ana 479
Augsburger Sonette
Kennen oder besitzen Sie diesen Privatdruck? Brecht hat kein Exemplar und interessiert sich auch nicht dafür. Gibt an, es existiere keines mehr. Feuchtwanger kennt es nicht.

Münsterer antwortete am 16. April 1953:

Die "Augsburger Sonette" sind in einem meiner Aufsätze über Brecht unter dem Titel "Meine Aachillesverse" erwähnt. Gedruckt sind die Sonette nie, doch war das Werk als Privatdruck bei Lampart u.Co, BSB Ana 479

Augsburg in Satz. Gesetzt wurde ein Bogen der die Stücke I, II, V, VI, VII, X, XI, XII, XIV u. XV enthielt, wahrscheinlich die Hälfte des Ganzen. Diesen Bogen hatte ich vom Setzer für einen Tag zur Einsicht bekommen und habe ihn abgeschrieben, ich habe die Abschriften selbst noch, ein zweites Exemplar gab ich vor einem Jahr an H. Brecht, der die Sonette selbst nicht mehr besitzt. Der Druck ist nie weitergekommen, der von mir gesehene Bogen dürfte überhaupt der einzige Abzug gewesen sein. Abschriften könnte ich Ihnen von diesen Sachen nur dann zukommen lassen, wenn Herr Brecht dazu ausdrücklich seine Erlaubnis gibt.

(22) Am 29. August 1953 erlaubte Brecht die Versendung der Abschriften:

BBA 1340/107

Lieber Münsterer,

mir schreibt Walter Nubel aus U.S.A, Du könntest ihm die Abschrift eines Satzbogens der "Augsburger Sonette" schicken. Ich bin gern einverstanden, da ich die Abschrift, die Du mir schicktest, nicht zur Hand habe. *[...]* Er hat eine nahezu komplette Sammlung meiner Arbeiten, wie ich sie ja seit langem nicht mehr habe. Bei der rapiden Entwicklung unserer Physik in der Richtung auf Zerstörungsmittel ist es vielleicht nicht schlecht, an verschiedenen Punkten der Erdoberfläche das eine oder andere, was Mühe gekostet hat, zu haben.

Mit herzlichem Gruß Dein

b

(23) In einem undatierten und ungezeichneten, 1958/59 entstandenen »Bericht über die Gespräche mit Helene Weigel, Elisabeth Hauptmann, Benno Slupianek über die Editions-Pläne Brecht und Anlage der Ausgabe Brecht, Gedichte« heißt es:

EHA 500

Der Zyklus Augsburger Son[n]*e*tte besteht aus 12 Sonetten. Nur 6 Sonette werden in unserer Ausgabe gebracht. Hierfür werden wir einen juristisch stichhaltigen Vermerk ausarbeiten (sittengefährdendes Schrifttum!). Es wurde beschlossen, daß sämtliche 12 Sonette in einem Separatdruck herzust*e*llen sind. Dieser Separatdruck wird nur an die Subskriben[d]*te*n der Gesamtausgabe "Gedichte" geliefert, jedoch auch nicht über den Buchhandel, sondern nur auf schriftliche Bestellung der Subskribenten beim Verlag. Der Separatdruck erhält einen Umschlag, auf dem ebenfalls juristisch stichhaltig vermerkt wird, daß Nachdrucke jeglicher Art absolut verboten sind und strafrechtlich verfolgt würden. Die Auslieferung erfolgt in einem geschlossenen Umschlag.

Der 1960 erschienene Band enthält unter dem Titel *Aus den »Augsburger Sonetten«* in der Tat sieben Sonette (*Brecht: Gedichte* 2 [1960], 149-155). Nur vier davon gehören tatsächlich zur Sammlung (*Sonett № 1. Zur Erinnerung an Josef Klein …, № 2. Von Vorbildern, № 9. Über die Notwendigkeit der Schminke, № 12. Vom Liebhaber*), die anderen jedoch zu den Sonetten, die in den 1930er Jahren im Austausch mit Margarete Steffin entstanden. Der geplante Separatdruck kam nicht zustande.

(24) Am 8. August 1964 schrieb Münsterer an Hauptmann:

Was ist eigentlich mit den stark erotischen Gedichten, ich meine z.B. die besonders aretinischen in den Augsburger Sonetten wie etwa die Fohsenbelehrung. In eine allgemeine "Volksausgabe" ist ihre Aufnahme kaum zu empfehlen, ja kaum zu verantworten. Ich denke immer an einen zu subskribierenden teueren Supplementband, gleiche Ausstattung aber ganz kleine numerierte Auflage. Es würde da doch auch wieder eine der vielen Seiten Brechts - richtiger gesagt etwas von der ganzen Fülle Brechts - gezeigt werden können. Die Frage ist freilich etwas heikel. EHA 491

Hauptmann antwortete am 16. August 1964:

Ja, die stark stark erotischen Gedichte,z.B. die Augsburger Sonette. Es wurde schon einmal Ihr Vorschlag, einen Subskritionsband herauszugeben, erwogen, der schon seines Preises wegen nicht so verbreitet sein würde. Ich bin überzeugt, dass die Interessierten sich handschriftliche Abschriften machen würden, Fotokopien usw. Man müsste wahrscheinlich einen geeigneten Zeitpunkt abwarten. EHA 491

Zur Entstehung von *Lehrstück № 2*, zu dem die Entwürfe im vorliegenden Notizbuch gehören:

(a) Wohl zwischen Ende Juni und 10. Juli 1927 (→ 8) entstanden in Augsburg ein oder mehrere Entwürfe, die nicht erhalten geblieben sind.

(b) Zur Ergänzung oder Ersetzung notierte Brecht im vorliegenden Notizbuch eine mit »7« bezifferte vierversige Strophe unter dem Titel *Ratschläge einer älteren Hure an eine jüngere.** 3r

(c) Auf Grundlage dieser Entwürfe erstellte Brecht ein Typoskript mit Einzelversen und sieben meist sechsversigen Strophen (handschriftliche Eintragungen mit Bleistift; vereinfacht wiedergegeben):

und er sich um den schwanz ein handtuch wickeln muss BBA 152/50

so eine muss bei zeiten dran denken

ob ihr die gäule was fürs vögeln schenken

7

klug musst du sein wie pfaffen nur genauer
sie zahlen dir nicht das für dich bequeme
und [sein]*ihre* schwänze sind für dich probleme
genau wie pfeifen für den orgelbauer
jung ahnt man nicht was alles daran hängt
denn was ist eine fohse die nicht denkt

5

was seinem weib nicht frommt der fohse frommts
drum ~~und~~ musst du ihn hereinziehn auch am strick
seufz wenn er drinnen ist: ihrer ist dick
und wenns ihm kommt da[ss]*nn* ~~sag~~ ~~schnell~~ stöhne schnell: mir kommts.
denn bei den jungen grad wie bei den alten
du musst sie immerfort im aug behalten

6

→ 3r.4-11 sag ihm es macht dich geiler wenn der herr
dein ohr leckt lekct ers stöhn: ich bin so scharf
und glaubt ers stöhn: ich bitt dass ich mich strecken darf
und dann: entschuldigen sie ich bin so nass parterre!
dass~~x~~ ihr ein herz und eine seele schient
er zahlt dafür dass er doch gut bedi[n]ent

1

wenn ich dir sag wie man als fohse liebt
so hör mir zu mit fleiss und ohn verdruss
weil ich schon lang mit kunst ersetzen muss
was dir die jugend kurze zeit noch gibt
[und]*doch* wisse dass du [umso]*desto* jünger bleibst
~~desto~~ mechanisch~~er~~ du es ~~be~~treibst
je weniger

BBA 152/49 2

~~und~~ *auch* ~~s~~ist noch keinem einer abgegangen
bei fohsen welche nackt zigarren rauchen
und mit der fotze schläfrig fliegen fangen
~~bis ihre ludwige am bett auftauchen~~
dieweil die herrn sich drin den~~n~~ schwanz verstauchen
dafür gibt ~~k~~einer ~~seiner~~ ~~fohse~~ seinem weibe draht
doch eine fohse ist kein automat

3

~~und~~ und kost es was es wolle komm deäm schwein
~~doch komm ihm lieber~~ nicht mit sachlichkeit um gottes willen
der herr verliert mit dir nur seine zeit
~~d~~er kommt nicht mehr den schmier dir nur ans bein

4

mit faulheit ists bei ~~allen~~ *jedem* gleich verhunzt
⟨*Material für 2. Vers:*⟩ sowie bei ¿ faulpelz, der
daß er ~~und~~ wenn du *ihn* f*ickst* dass dir die fotze raucht
[nur]*stink*faul am arsch liegt und mehr demboh grunzt

4

mit faulheit ists bei jedem gleich verhunzt
riskier nur dass er dich zusammenstaucht
und er wenn du ihn fickst dass [r]*dir* die fotze raucht
stinkfaul am arsch l[e]*iegt* und mehr demboh grunzt

(d) Darauf notierte Brecht im vorliegenden Notizbuch vier Verse für die Schlußstrophe (»8 <schluß>«) und Material für die vorletzte (ebenfalls mit »7« beziffert).* Danach ließ er mehrere Seiten* für die Weiterarbeit frei. 4r-5r | 5r-7r

(e) Aus allen Entwürfen diktierte Brecht Hauptmann unter dem Titel *Ratschläge einer alten Fohse an eine jüngere* ein Gedicht mit 16 Strophen.* Das Typoskript wurde erstellt für ein aus mehreren Seiten bestehendes Konvolut. Es war wohl zunächst als Druckvorlage für *Die Augsburger Sonette* (→ 11) gedacht, worauf die Angaben »seite 27« und »~~son~~« für ›Sonett(e)‹ hindeuten (handschriftliche Eintragungen von Brecht und Hauptmann in mehreren Arbeitsgängen; vereinfacht wiedergegeben): BBA 152/45-48

seite 27 BBA 152/45

~~son~~ ratschläge einer [a]*ä*lt*er*en fohse an eine jüngere

1

wenn ich dir sag wie man als fohse liebt
so hör mir zu mit fleiss und ohn verdruss
weil ich schon lang durch kunst ersetzen muss
was dir die jugend [kurze]*einige* zeit noch gibt
  doch wisse dass du desto jünger bleibst
  je weniger mechanisch du es treibst.

2

es ist noch keinem einer abgegangen
bei fohsen welche nackt zigarren rauchen
und wenn die herren sich drin den schwanz verstauchen
mit ihrer fotze schläfrig fliegen fangen.
  dafür gibt einer seinem weibe draht
  doch eine fohse ist kein automat.

3

⟨*1. Entwurf:*⟩ es koste es was es wolle komm dem schwein
⟨*2. Entwurf:*⟩ *und* kost es was es *kost* komm *einem* schwein
um gottes willen nicht mit sachlichkeit!
der herr verliert mit dir nur seine zeit
er kommt nicht mehr. den schmier dir nur ans bein!
  der mensch ist so unsachlich wie ein christ
  was ist die fohse die nicht menschlich ist?

4

mit faulheit ists bei jedem gleich verhunzt
riskier nur dass er dich zusammenstaucht
und er wenn du ihn fickst dass dir die fotze raucht
stinkfaul am arsch liegt und: "mehr demboh" grunzt.
  und nennt der herr die beste arbeit schlecht
  halt deinen rand: der herr hat immer recht.

BBA 152/46

5

klug musst du sein wie pfaffen nur genauer
sie zahlen *dir* nicht das für dich bequeme!
und ihre schwänze sind für *dich* probleme
genau wie pfeifen für den orgelbauer.
  jung ahnt man nicht was alles daran hängt
  doch was ist eine fohse die nicht denkt?

6

was seinem weib nicht frommt der fohse frommts
drum - musst du ihn hereinziehn auch am strick -
seufz wenn er drinnen ist: "ihrer ist dick!"
und wenns ihm kommt dann stöhne schnell: "mir kommts!"
  denn bei den jungen grad wie bei den alten
  du musst sie immerfort im aug behalten.

7

→ 3r.3-11 sag ihm es macht dich geiler wenn der herr ~~dein o~~
dein ohr leckt. leckt ers stöhn:"ich bin so scharf!"
und glaubt ers stöhn: "ich bitt dass ich mich strecken darf!"
und dann: "entschuldigen sie ich bin so nass parterre."
  dass ihr ein herz und eine seele schient
  er zahlt dafür dass er dich gut bedient.

8

nicht ~~weniger~~ immer ist es schmackhaft ungesalzen
sich einen bärtigen schwanz ins maul zu stecken
und ihn als wär~~e~~ es lebertran zu lecken
doch oft ists saub~~e~~rer ihn dort zu umhalsen.
  und er verlangt nicht nur dass er geniesst
  sondern auch dass du selbst erregt aussiehst.

9 BBA 152/47

wenn du es je nicht schaffst dich aufgeregt zu stellen
halt deinen atem an als sitzt du auf dem topf
dann scheints als steige dir das blut zu kopf
bequemer ists als wie ein fisch zu schnellen.
  auch einen sanften mann kannst du empören
  denkst du an dinge die nicht hergehören.

10

vergiss nie dass es sich um liebe handelt
vergisst dus doch so fall nicht gleich aufs maul
und mache aus dem saulus einen paul
ein finger im [A]*a*rsch hat manchen schon [ver]*ge*wandelt.
  du hast noch nicht erlebt was ihrer harrt
  der fohsen ohne geistesgegenwart.

11

für unsereinen ist~~v~~es eine harte nuss
sieht sie dass ihre fotz zu weit wird ‹wie bei mir›
sodass ein mann garnichts mehr spürt bei ihr
und er sich um den schwanz ein handtuch wickeln muss.
  so eine muss beizeiten daran denken
  ob ihr die gäule was fürs vögeln schenken.

12

die bürgermädchen die auf gartentischen
die älteren brüder längst zusammenhaun
machen die fotze enger mit alaun
um sich für ewig einen mann zu fischen.
  wos angebracht ist richte dich nach denen
  und: was ist eine fohse ohne tränen?

13 BBA 152/48

sehr viele männer vögeln gern gesichter
das weib muss oben so wie unten nass|sein
bei *einem* solchen ~~männern~~ darf es für das weib kein spass sein
er selbst erscheint sich umso ausgepichter.
  vor diesen also heuchle ruhig qualen
  wos angebracht ist. denn auch diese zahlen.

14 auf e[s]*x*trabogen ⟨*am Blattende aufgeklebt*⟩

~~14~~ 15

die schlimmsten leute sind die klugen leute
ich hätt oft lieber doch mit einem hund geschlafen →4r.11-12
die klugen leute du sind unsere strafen
die graben sich ein das seh ich an mir heute
  ich selbst obgleich ich nie was ich tat gern getan →4r.13-5r.1
  ich tat doch keinem etwas kluges an.

~~15~~ 16

→4r.2-7 doch wisse dass ich selber mich verachte!
wenn du nachdem du lustlos unter männern lagst
einmal nicht ganz im dreck verrecken magst
so mach es anders als ich selbst es machte.
  wenn du einmal was kluges find~~t~~st dann tus
  hab ich es nicht geschafft vielleicht schaffst dus.

⟨*darunter aufgeklebtes Blatt:*⟩

14

der herr weiss selber selten was er will
du musst es wissen! tritt er in die kammer
⟨*1. Entwurf:*⟩ weisst du: ist er ein amboss, ist er ein hammer?
⟨*2. Entwurf:*⟩ weisst du: ist er ein amboss, ist's ein hammer?
⟨*3. Entwurf:*⟩ weisst du: ist er *heut* amboss, *oder* hammer?
werd ich gevögelt, hält [e]*E*r heute still?
  die menschen zu erkennen ~~das~~, ist die kunst
  das muss so spielend gehn wie einer brun[st]*zt*.

Die daraus erarbeitete Druckvorlage ist ebensowenig überliefert wie die entsprechenden Bürstenabzüge. Die für den Druck vorgesehene Fassung des Gedichts liegt nur in den Abschriften Münsterers (→14, 19) und Benjamins (→16) vor, die dem ersten, nicht erhalten gebliebenen Bürstenabzug folgen (zitiert nach erster Abschrift Münsterers):

BBA 2212/33-34 Lehrstück No 2.

ratschläge einer älteren fohse
an eine jüngere.

Wenn ich dir sag wie man als fohse liebt
so hör mir zu mit fleiss und ohn verdruss
weil ich schon lang durch kunst ersetzen muss
was dir die jugend einige zeit noch gibt
    doch wisse dass du desto jünger bleibst
    je weniger mechanisch du es treibst.

es ist noch keinem einer abgegangen
bei fohsen welche nackt zigarren rauchen
und wenn die herrn sich drin den schwanz verstauchen
mit ihrer fotze schläfrig fliegen fangen
    dafür gibt einer seinem weibe draht
    doch eine fohse ist kein automat.

und kost es was es kost komm einem schwein
um gottes willen nicht mit schicklichkeit!
der herr verliert mit dir nur seine zeit
er kommt nicht mehr, den schmier dir nur ans bein!

```
    der mensch ist so unsachlich wie ein christ
    was ist die fohse die nicht menschlich ist?

mit faulheit ists bei jedem gleich verhunzt
riskier nur dass er dich zusammenstaucht
und er wenn du ihn fickst dass dir die fotze raucht
stinkfaul am arsch liegt und: "mehr demboh" grunzt.
    und nennt der herr die beste arbeit schlecht
    halt deinen rand: der herr hat immer recht.

klug musst du sein wie pfaffen nur genauer
sie zahlen dir nicht das für dich bequeme!
und ihre schwänze sind für dich probleme
genau wie pfeifen für den orgelbauer
    jung ahnt man nicht was alles daran hängt
    doch was ist eine fohse die nicht denkt?

was seinem weib nicht frommt der fohse frommts
drum - musst du ihn hereinziehn auch am strick -
seufz wenn er drinnen ist: "ihrer ist dick!"
und wenn's ihm kommt dann stöhne schnell: "mir kommts!"
    denn bei den jungen grad wie bei den alten
    du musst sie immerfort im aug behalten.
```

Im zweiten Bürstenabzug war es wohl nicht mehr enthalten. In den Abschriften umfaßt das Gedicht sechs Strophen; die im vorliegenden Notizbuch notierten Entwürfe wurden nicht verwendet.

8r–55r F \ denn mir ist übel, *[...]* gleichtakt. Entwürfe für das Theaterstück *Fatzer/Untergang des Egoisten Johann Fatzer*, in einem Entwurf auch mit *Untergang des »Egoisten« Johann Fatzer** betitelt. 1929 wurde das Stück als *Johann Fazer* (→ 11), 1930 als *Johannes Fatzer* (→ 16) öffentlich angekündigt; Heinrich Fischer nannte später den Titel *Der Untergang des Individualisten Johannes Fatzer* (→ 8). Brecht arbeitete daran von 1925 bis 1930 (→ aber 21). Zur Geschichte des Projekts: *Gk 6·1*

(1) Wohl im Mai, Juni, vielleicht auch erst im September 1925 unterhielt sich Brecht mit Bernhard Reich in Berlin über seine Pläne für das Theater (*Reich 1966*, 11; zwischen dem 27. Juni und dem 10. September hielt Brecht sich nicht in Berlin auf, Reich emigrierte im September nach Moskau; → *Reich 1972*, 170). Dabei könnte schon von dem Dramenzyklus »einzug der menschheit in die grossen städte zu beginn des dritten jahrtausends« die Rede gewesen sein, der sich bei Brecht jedoch erst Ende Juli 1926 nachweisen läßt.* Reich zufolge sollte *Fatzer* das zweite Stück dieser Reihe sein: nach *Im Dickicht/Im Dickicht der Städte** und vor *Fleischhacker/Weizen**. Den geplanten Handlungsgang beschrieb Reich so: »Der kleine Mann möchte gern reich werden und sich in die Kooperation der Kapitalisten einschmuggeln. Dabei verunglückt er.« (*Reich 1970*, 293)* *Gk 1·3* → zu *NB 12*, 9r–57r.10 → zu *NB 16*, 7v–35v *Gk 1·1*

In diesen Kontext gehört vielleicht auch der von Elisabeth Hauptmann am
Gk 1·2 28. Februar 1926 notierte Stückplan *Historie vom Mann der nicht mehr mag.**
Wohl unabhängig davon hielt Brecht wohl am 7. August 1926 einen weiteren
Stückplan fest: »von 4 freunden zeigt einer die entsetzlichen spuren der moral
Gk 1·4 insanity⟨.⟩ sie suchen ihn zu retten und töten ihn, als es unmöglich ist.«*

(2) Frühestens im August 1926 entwickelte Brecht eine erste Gesamtkonzep-
Gk 2 tion* aus den zuvor formulierten Plänen. Von nun an plante er ein Stück, das
»in den jahren nach dem kriege in denen feindliche besatzungstruppen den gan-
Gk 2·5 zen Westen besetzt hielten«* spielen sollte: Hauptfiguren sind vier Kriegsheimkehrer, die sich mit einem Geschäft, Raubmord oder Schwarzhandel durch-
schlagen wollen. Das Stück, das nun erstmals nachweislich den Titel *Fatzer* trägt,
sollte mit der Verurteilung und Vernichtung Fatzers enden.

(3) Unabhängig von *Fatzer* entwarf Brecht im November 1926 ein Theater-
Gk 3 stück um drei Deserteure im Ersten Weltkrieg.* Es sollte vielleicht zu den geplanten Weltkriegsstücken der Reihe *Einzug der Menschheit in die großen Städte*
(→ 1) gehören.

(4) Vom 30. Mai bis 3. Juni 1927 hielt sich Brecht mit Kurt Weill und Carl
Koch in Essen und Mülheim zur Vorbereitung des *Ruhrepos* auf (→ *Zeittafel*).
→ *Gk 2·10* Vielleicht wurde die Wahl von Mülheim als Ort der Handlung* durch diese
Reise angeregt.

(5) Während seines Aufenthalts in Augsburg ab Ende Juli 1927 ging Brecht
Gk 2 zunächst noch von der Konzeption *»In den Jahren nach dem Kriege«** aus. In
BBA 111/20-21; → zu *NB 22*, 2r diese Phase fallen die Szene *Mühlhausen an der Ruhr …**, die Konzeptionen *Als
Gk 2·10* | *Gk 2·11* *alle wegwollen …** und *Fatzer Büsching Koch …** sowie die *Fatzer*-Eintragungen
8r–31r im ersten Teil des vorliegenden Notizbuchs*.

→ *Gk 3, Ek 19–Ek 22* (6) Im August 1927* verband Brecht die Nachkriegskonzeption (→ 2, 5) mit
der Kriegskonzeption (→ 3). An Helene Weigel schrieb Brecht in dieser Arbeitsphase aus Augsburg:

BBA E 12/103 ⟨*Brecht an Weigel, undatiert, wohl Anfang August 1927; zit. nach Abschrift:*⟩ ich arbeite
am fatzer sehr langsam aber nicht schlecht außerdem wie immer wenn
→ zu 3r–5r un~~eb~~*be*schäftigt und verwaist pornografische sonette ich werde
wenn ich nicht ganz toll im fatzer stecke zudeinen letzten proben
da sein.

BBA E 12/105 ⟨*Brecht an Weigel, 14. September 1927:*⟩ ich komme mit fatzer gut vorwärts in der absolu-
ten langeweile hier!

Im September äußerte sich Brecht zu dem Projekt auch gegenüber Hermann
Borchardt, der daraufhin schrieb (Borchardt an Brecht, 18. September 1927):

,Fatzer' ist ein guter Name: | dahinter steckt allerhand. BBA 654/6-7

(7) Wohl Anfang September 1927 erstellte Brecht erstmals einen vollständigen Strukturplan*, von dem er sich aber bei der anschließenden Ausarbeitung in zwei Notizbüchern* teilweise wieder entfernte. Diese Arbeitsphase dauerte mindestens bis November (Elisabeth Hauptmann an Hannes Küpper, undatiert, wohl Mitte November 1927): *Gk 5.1*; → *Gk 5.2* → *NB 23*, 3r–99r, *NB 24*, 2r–28r

`Brecht steckt mit Fleiss und Erfolg in Mahagonny und Fatzer` BBA Z 31/60

(8) Zwischen Ende 1927 und September 1928 arbeitete Brecht vor allem an anderen Projekten wie der *Dreigroschenoper* und nur wenig an *Fatzer*. Heinrich Fischer erinnert sich an einen Besuch bei Brecht in der Berliner Spichernstraße wohl Ende April 1928 (zit. nach *Fassmann 1958*, 63, dort ohne Quellenangabe):

»Als ich ihn *[...]* einmal in seiner Wohnung besuchte, hing neben der Tür eine surreale Landkarte, die mit Stecknadeln übersät war – es sah aus, als hätte er strategische Operationen markiert. ›Was ist das?‹ fragte ich. Mein neues ›Drama‹, erwiderte Brecht gelassen, ›der Untergang des Individualisten Johannes Fatzer. Sie glauben doch nicht im Ernst, daß man ein Stück heute noch am Schreibtisch verfassen kann! Das hier zeigt logisch und eindeutig, wie eine Seele, die sich gegen das Kollektiv wehrt, zugrunde gehen muß‹.«

(9) Im September, Oktober 1928 setzte Brecht die Arbeit in Augsburg mit einem konzeptionellen Neuansatz fort: Ausgehend von der selbstgestellten Aufgabe, »von der Bühne herunter zu philosophieren und zu reformieren«, verstand er *Fatzer* von nun an als »eine Art Lehrstück«* mit den beiden Ebenen Dokument und Kommentar.* Die neue Konzeption grenzte er nun als *Urfatzer* vom »ersten entwurf«* aus dem Herbst 1927 (→ 7) ab. Brieflich teilte er mit: → zu *NB 22*, 1v.4 → *Gk 6* *NB 22*, 19r.5

⟨*Brecht an Weigel, undatiert, Ende September/Anfang Oktober 1928:*⟩ `hier ungeheure langeweile. ich muss noch etwa 14 tage bleiben. dann hoffe ich einen urfatzer zu haben. die frauenrolle drin wird dir gefallen.` BBA E 12/116

⟨*Brecht an Weigel, undatiert, Anfang, Mitte Oktober 1928:*⟩ `hier ist es langweilig bis zur verzweiflung und arbeit !! dieser fatzer ist ein harter bissen ich baue immer noch am rahmen herum` BBA 2742

⟨*Brecht an Ihering, Oktober 1928:*⟩
`der fatzer (der übrigens vor nächstem jahr nicht infrage kommt,) geht gut vorwärts` BBA Z 02/158

(10) Spätestens im Januar, Februar 1929 zeigte sich, daß sich die neue Konzeption (→ 9) nicht in einem herkömmlichen Theaterstück umsetzen ließ. Nach einer Phase des Experimentierens ›zerschmiß‹ Brecht »das ganze stück«, setzte

Gk 6·6 die Arbeit aber in anderer Form »zur ›selbstverständigung‹«* fort, ohne den

Gk 6·9 Anspruch, es »fertig machen«* zu müssen.

(11) Im Mai 1929 erwog Erwin Piscator für die Zweite Piscator-Bühne (Eröffnung am 6. September im Theater am Nollendorfplatz) eine Aufführung von *Fatzer*, den er wohl nur vom Hörensagen kannte (*Die junge Volksbühne* 1, Nr. 4; → *Piscator 1929a*, 250 f.):

→ zu 26r Es kommen in Frage an **Opera** resp. **Singspielen:** »Happy end« und »Mahagonny« von Brecht und Weill *[...]*.

Dazu kommt schließlich die pädagogisch-philosophische Literatur, die von der Seite

→ zu *NB 25*, 32r.1-3 Brechts her im Entstehen begriffen ist, so »Aus nichts wird nichts« und der »Johann Fazer«.

(12) Am 28. Juli 1929 läßt sich die Verwendung des Begriffs ›Kommentar‹

→ zu 64r–66r (→ 9) erstmals datieren: Bei der Uraufführung von *Lehrstück** liest ein Sprecher

→ zu *NB 22*, 1v.4 »sätze aus einem kommentar«*, nämlich aus *Fatzer. Todeskapitel* (→ 20).

(13) Wohl im Oktober 1929 entwarf Brecht ein Gedicht oder Chorlied, von dem ein unbetiteltes, Hauptmann diktiertes und handschriftlich bearbeitetes

BBA 111/35-37 Typoskript* überliefert ist. Hauptmann datierte es auf »20.10.29«, strich die Datierung aber wieder. Bald darauf erstellte sie eine Reinschrift mit dem Titel

BBA 111/38-39 *Fatzer, komm,** die später wohl als Vorlage für den Druck im 1. Heft der *Versuche* verwendet wurde (→ 15, 18).

(14) Anfang 1930 konzipierte Brecht eine neue Form der Publikation: »heraus-

NB 25, 51r.1-2, *NB 25*, 52r.2 gabe in heften, auch unfertiges«; dafür sah er auch »fatzer rundgang« (→ 18) vor.*

Wohl in diesem Zusammenhang nahm er auch eine Bestandsaufnahme der

Mb 1–4 bisher vorliegenden *Fatzer*-Entwürfe vor: Er erstellte u.a. die Montagebögen*

Gk 7·3 und überarbeitete den Beginn des Stücks durch die Einführung eines Prologs*

BBA 110/46; → BBA 109/36 oder der Zwischenszene *1 Kriegssitzung**. In dieser Arbeitsphase dürften auch

→ zu *NB 22*, 3r–73r die Maschinenabschriften von Elisabeth Hauptmann* und die ihr diktierte Zu-

→ zu 30r–31r sammenstellung *1) Chöre und Reden** entstanden sein.

Ein letztes Mal änderte Brecht jetzt die Gesamtkonzeption: Koch wurde zum

→ *Gk 7* gleichrangigen Gegenspieler Fatzers aufgebaut und zu Keuner umbenannt.*

(15) Im April, Mai 1930 bereitete Brecht den Druck des 3. Versuchs *Fatzer 3* und *Fatzer, komm* für das 1. Heft der *Versuche* (→ 14, 18) vor. Auf das wohl als Druckvorlage verwendete Typoskript *Fatzer, komm* (→ 13) ergänzte er mit Bezug auf den 1. Versuch *Der Flug der Lindberghs*:

BBA 111/38 Das Ganze in den kleinen ~~Bu~~ Lettern wie die Erläuterungen zum Lindberghflug!

Dieser Hinweis an den Setzer deutet auf eine Zuordnung zum *Fatzerkommentar* hin; Brecht strich ihn jedoch wieder, und das Chorlied wurde wie *Fatzer 3* in großen Lettern gedruckt.

(16) Am 2. Juni 1930 berichtete das *Wiesbadener Tageblatt*:

> **Theater und Literatur.** Bert *Brecht* arbeitet zurzeit an zwei neuen Bühnenwerken, dem Schauspiel »Johannes Fatzer« und der Komödie »Aus nichts wird nichts«. Ferner schreibt er neben der Operbearbeitung des »Schweik« an einem neuen Opernlibretto »Der Brotladen« zu der Musik von Kurt Weill. BBA 474/98

Am 4. Juni wiederholten der *Mainzer Anzeiger** und die *Münchner Neuesten Nachrichten** die Meldung. BBA 474/134 BBA 474/134

(17) Am 10. Juni 1930 kündigte der *Berliner Börsen-Courier* das Erscheinen des 1. Hefts der *Versuche* (→15) an.

(18) Mitte Juni 1930 erschienen im 1. Heft mit einer Vorbemerkung von Brecht (*Brecht: Versuche* 1):

> ⟨*1:*⟩ Der dritte Versuch »*Fatzer, 3*« Seite 23
> ist der 3. Abschnitt des Stückes »*Untergang des Egoisten Fatzer*«. Abschnitt 1 und 2 werden später in diesen Heften erscheinen.
>
> ⟨*23-28:*⟩ FATZER 3
> RUNDGANG DES FATZER DURCH DIE STADT MÜHLHEIM
>
> ⟨*29-33:*⟩ FATZER, 3
> FATZERS ZWEITE ABWEICHUNG.
> ZWEI ABENDE HINTEREINANDER VERSUCHEN DIE HEIMKEHRER
> SICH PROVIANT ZU VERSCHAFFEN
> FATZER BRINGT DIE VERSUCHE ZUM SCHEITERN
>
> ⟨*34-35:*⟩ FATZER, KOMM

(19) Wohl 1930 nannte Brecht *Fatzer* in einer Liste mit Stückprojekten (von Hauptmann nach 1956 auf der BBA-Kopie des Blatts mit »Chancen« überschrieben):

Maß für maß		BBA 220/13
Dan Drew	¿ leicht	
Panama		
Moabiter Pferdehandel		→ zu *NB 22*, 69^{r}-73^{r}
Brotladen		→ zu *NB 25*, 55^{r}-58^{r}
Denke V	unaufführbar	
Gelegenheitskauf		→ zu *NB 25*, 7^{r}-8^{r}
Die Ware liebe		→ zu *NB 24*, 40^{r}
Happy End		→ zu 57^{r}, 62^{r}
fatzer V	unaufführbar	

(20) Im Dezember 1930 wies Brecht im Erstdruck von *Das Badener Lehrstück vom Einverständnis* auf »Fatzerkommentar, Sterbekapitel« (→ 12) hin in einer Anmerkung zu Szene *VII. Die Verlesung der Kommentartexte* (*Brecht: Versuche* 2, 136).*

→ zu 64r–66r

(21) Wohl im Herbst 1931 unterstrich Brecht mit Rotstift einzelne Formulierungen auf einem Ausriß aus *Die Weltbühne* vom 15. September 1931 (Nr. 37, 402–408; Eintragung von »fatzer« oben und »Gestalt« am Rand von Seite 405 durch Brecht):

BBA 112/4v

Die neue literarische Saison von Gottfried Benn
Gesprochen vor dem berliner Sender am 28. August 1931
[...]

BBA 112/8r

fatzer

[...]
Ist der Mensch in seinem Wesen, in seiner substantiellen Anlage, im letzten Grundriß seines Ich naturalistisch, materialistisch, als wirtschaftlich begründet, wirtschaftlich geprägt, nur von Hunger und Kleidung in der Struktur bestimmt oder ist er das große unwillkürliche Wesen, wie Goethe sagte, der Unsichtbare, der Unerrechenbare, der trotz aller sozialen und psychologischen Analyse Unauflösbare, der auch durch diese Epoche materialistischer Geschichtsphilosophie und atomisierender Biologie seinen schicksalhaften Weg: eng angehalten an die Erde, aber doch über die Erde geht? *[...]* *Gestalt*

BBA 112/8v

Auch wer nicht weniger radikal als die patentierten Sozialliteraten das nahezu Unfaßbare, fast Vernichtende unsrer jetzigen Wirtschaftslage, vielleicht unsres Wirtschaftssystem empfindet, muß sich meiner Meinung nach doch zu der Erkenntnis halten, daß der Mensch in allen Wirtschaftssystemen das tragische Wesen bleibt, das gespaltene Ich, dessen Abgründe sich nicht durch Streußelkuchen und Wollwesten auffüllen lassen, dessen Dissonanzen nicht sich auflösen im Rhythmus einer Internationale, der das Wesen bleibt, das leidet; das Hunderttausende von Jahren ein Haarkleid trug und in dem nicht weniger tief und schmerzhaft um sein Menschentum kämpfte als heute in Buckskin und Cheviot. *[...]*

BBA 112/10v

Es müßte weiter gehn dies große Gehirn: ganz gestimmt auf die Fuge des neuen sich ankündigenden Weltgefühls: der Mensch nicht mehr der dicke hochgekämpfte Affe der Darwinischen Aera, sondern ursprünglich und primär in seinen Elementen als metaphysisches Wesen angelegt, nicht der Zuchtstier, nicht der Sieghafte, sondern der von Anfang an Seiende, der tragisch Seiende, dabei immer der Mächtige über den Tieren und der Bebauer der Natur.

Aus diesem neuen Menschheitsgefühl wird die kommende Saison sich bilden, die vielleicht nicht in diesem Winter anbricht und, soweit ich sehe, noch gar nicht in der literarischen Literatur. Aber die Forschung führt unsern Blick immer weiter zurück auf Menschengeschlechter, die vor Millionen Jahren auf der Erde wohnten, Geschlechter, die einmal mehr Fisch waren, einmal mehr Beuteltier, einmal mehr Affe, aber immer Menschen: Wohnraum schaffend, Handwerk schaffend, Götter schaffend, hunderttausendjährige Kulturzusammenhänge schaffend, die wieder vergingen in Katastrophen unter noch ungestirnten Himmel und in vor-

mondalter Zeit. Von diesem Blick aus, glaube ich, wird sich das neue Menschheitsgefühl entwickeln, von diesem Blick aus wird der Individualismus abgebaut werden, der psychologische und intellektualistische unsrer Tage, nicht durch das Gekräusel von Literaten und nicht durch soziale Theorien.
Der uralte Mensch, der ewige Mensch! Das Menschengeschlecht! Unsterblichkeit innerhalb eines schöpferischen Systems, das selber wieder Erweiterungen und Verwandlungen unausdenkbar unterworfen ist. Welch langes Epos! Luna, die Busch und Tal füllte, ist der vierte Mond, in den wir sehn! Nicht Entwicklung: Unaufhörlichkeit wird das Menschheitsgefühl des kommenden Jahrhunderts sein, – warten Sie in Ruhe ab, daß es sich nähert, eines Tages, wahrscheinlich außerhalb der literarischen Saison, werden Sie es sehn.

(22) Am 25. Februar 1939 hielt Brecht im *Journal* fest (vereinfacht wiedergegeben):

"LEBEN DES GALILEI" ist technisch ein grosser rückschritt, wie FRAU CARRARS GEWEHRE" allzu opportunistisch. man müsste das stück vollständig neu schreiben wenn man diese "brise, die von neuen küsten kommt", diese rosige morgenröte der wissenschaft haben will. *[...]* aber die arbeit, eine lustige arbeit, könnte nur in einem praktikum gemacht werden, im kontakt mit einer bühne. es wäre zuerst das FATZER-fragment und das BROTLADENfragment zu studieren. diese beiden fragmente sind der höchste standard technisch. BBA 275/14

(23) Am 10. Juli 1951 erwog Brecht, mit dem Theaterstück *Büsching* formal an *Fatzer* anzuknüpfen (*Journal*):

AHRENSHOOP. studiere den garbestoff. garbe hat uns in drei sitzungen sein leben erzählt und nun habe ich vor mir die notate. es wäre der stücktypus der historien, d h es würde von keiner grundidee ausgegangen. in frage käme der fatzervers; heft 1 der VERSUCHE ⟨→ *18*⟩ habe ich mitgenommen. BBA 2072/29

(24) Ende der 1950er Jahre hielt Brecht auf einem in ein Notizbuch geklebten Blatt fest (vereinfacht wiedergegeben):

tragische karaktere *NB 51*, 9v–10r

THERSITES
der vertrauensseelige, der sich verwandelt in den misstrauischen.
1 das getäuschte zu grosse vertrauen 2 triumpf des misstrauens und 3 untergang durch unfähigkeit zu vertrauen

FATZER
der führer, welcher erpresst
er geht zum feind über und muss erschlagenw erden

→ *Gk 2·6*, *Gk 2·10*

Bei handschriftlichen *Fatzer*-Dokumenten läßt sich oft nicht entscheiden, ob ein Zeilenwechsel auch einen Versumbruch bedeutet. Die konstituierten Texte folgen daher dem Zeilenfall der Vorlage. Nur wo Brecht Versumbrüche mit »/« in der Zeile markiert hat, werden diese umgesetzt. Zu den Eintragungen im einzelnen siehe die anschließenden Erläuterungen.

8^{r}–12^{r} F \ denn mir ist übel, *[...]* dunklen. Entwürfe für *Fatzer*, wohl für die Anfangsszenen. Brecht hatte die Arbeit an dem Theaterstück Ende Juli 1927 in Augsburg wiederaufgenommen. Dabei folgte er zunächst noch der Konzeption
Gk 2 *In den Jahren nach dem Kriege ...* *, so auch im ersten Teil des vorliegenden
8^{r}–31^{r} Notizbuchs*. Die Namen der Figuren änderte er in dieser Arbeitsphase noch
→ *Ek 13–Ek 15, Ek 19–Ek 21* | 11^{r}.7 häufig;* der Name Muck* taucht nur hier auf.

13^{r} b dementiert die nachrichten *[...]* habe. Hintergrund des Notats sind die Debatten um die Gründung der ersten Piscator-Bühne im Theater am Nollendorfplatz (Antrag für die Konzession: 23. Mai 1927; → *Jung 2007*, 203; Eröffnung: 3. September 1927 mit Ernst Tollers *Hoppla, wir leben*). Als Dramaturg war zunächst Wilhelm Herzog vorgesehen. Nach Querelen um seine Person kam es wohl Ende Juli 1927 zur Bildung eines dramaturgischen Kollektivs, für das auch Brecht vorgesehen war.

14^{r}–17^{r} 3 \ brotsuppe. morgen. *[...]* frau. Entwürfe für die 3. und wohl eine
15^{r}.4–16^{r}.5 weitere Szene. Letztere* formuliert den im November 1926 notierten Entwurf
NB 19, 25^{r}–26^{r}; → *Gk 3* *X kommt durch das Gehölz ...** neu; im anschließend an das vorliegende benutz-
NB 23, 70^{r}.3–4; → *Gk 5.3* ten Notizbuch fügte Brecht sie in die 6. Szene ein (September 1927).* Der spätere
Gk 6.4 Hinweis »das zeitungsblatt«* (Ende 1928) bezieht sich wohl ebenfalls auf den vorliegenden Entwurf.

Die moderne Großstadt beschäftigte Brecht spätestens ab September 1921 im
→ zu *NB 12*, 9^{r}–57^{r}.10 (1) Theaterstück *Im Dickicht**. 1925/26 sah er eine Stückreihe unter dem Titel *Einzug*
→ *Gk 1.3* *der Menschheit in die großen Städte** vor. Ähnliche Formulierungen wie in vor-
15^{r}.4–16^{r}.5 liegender Eintragung* finden sich u. a. in folgenden Entwürfen:

→ zu *NB 16*, 25^{v}–30^{r}.2 ⟨*»Sodom und Gomorrha/Mann aus Manhattan« (Sommer 1924):*⟩
BBA 214/74–75; *[...]* und ringsum
→ *BFA* 10, 331 f. Wuchsen aus faulendem Gras die hölzernen Hütten und
→ 15^{r}.11 Aus den Hütten von Holz Gebirge aus Stein.die waren
Städte geheissen, drin ging~~en~~
Das weisse Volk und sagte:auf dem Erdball
sei angebrochen eine neue Zeit.die genannt wird: die eiserne.
Aber die Städte
Brannten die Nächte hin
→ 16^{r}.1 Von der goldnen Elektrizität

⟨*»Eine Familie aus der Savannah« (1924-26),* → *»Fleischhacker/Weizen«; später am Rand markiert, vielleicht zur Verwendung für »Fatzers 1. Rede«:*⟩ → zu *NB 16*, 7v-35v (1-6) → zu *NB 22*, 10r
calvin AUF DEM ELEKTRISCHEN STUHL ÜBER DEN EINZUG DER MENSCHHEIT IN DIE GROSSEN STÄDTE ZU BEGINN DES DRITTEN JAHRTAUSENDS BBA 524/115; → *BFA* 10, 289

viele sagen die zeit sei alt
aber ich habe immer gedacht /gewusst/ es sei eine neue zeit
ich sage euch nicht von selber
wachsen seit 20 jahren häuser wie gebirge aus erz → 15r.11
viele ziehen mit jedem jahr in die städte als erwarteten sie etwas
und auf den lachenden kontinenten
spricht es sich herum das grosse gefürchtete meer
sei ein kleines wasser → 15r.8-9
[...]

⟨*»Fatzer«:*⟩
[...] Lust das ist BBA 109/76;
eine gute Sache das baut → *BFA* 10, 458
Häuser aus nichts die wie Gebirge aus Erz sind → 15r.11

⟨*»Der Flug der Lindberghs« (1930), in Brecht: Versuche 1, 8:*⟩
Viele sagen, die Zeit sei alt
Aber ich habe immer gewußt, es ist eine neue Zeit.
Ich sage euch, nicht von selber
Wachsen seit 20 Jahren Häuser wie Gebirge aus Erz → 15r.11
Viele ziehen mit jedem Jahr in die Städte, als erwarteten sie etwas.
Und auf den lachenden Kontinenten
Spricht es sich herum: das große gefürchtete Meer
Sei ein kleines Wasser. → 16r.1

18r-21r ich sitze nicht bequem *[...]* hält sie. Die Formulierung »ich verachte die unglücklichen zu stark«* verwendete Brecht modifiziert in *Das zehnte Sonett* (Entstehung: Sommer 1928; Erstdruck: *Das Stichwort. Zeitung des Theaters am Schiffbauerdamm*, April 1929): 18r.4-5

was ich nicht gern gesteh: gerade ich
verachte solche die im unglück sind. *NB 24*, 23r

Der Appetit* ist Mitte der 1920er Jahre u. a. auch in folgenden Entwürfen Thema: 18r.10-11

kochel ende juli ⟨*1926*⟩ *[...]* BBA 462/135;
das theater ist nichts wo keine appetitte sind würde ich mich entscheiden es mit der literatur zu versuchen so müsste ich aus dem spiel arbeit machen aus den exzessen ein laster *[...]* meine appetitte müssten geregelt werden so dass die wilden anfälle ausgemerzt und die interessen auf lange dauer ẕẕẕẕẕẕẕẕẕẕẕẕẕẕ ziehbar wären → *BFA* 26, 282

BBA 324/53; → *BFA* 26, 292

```
grosse appetitte gefielen mir sehr. es schien mir ein natürlicher
vorzug wenn leute viel und mit genuss essen konnten, überhaupt
viel wünschten aus den dingen viel herausholen konnten usw.. an
mir missfiel mir mein geringer appetit. freilich hatte auch ich
heftige wünsche, dies oder das zu besitzen, aber sie waren plötz-
lich und unregelmässig statt stetig und verlässlich wie sie mir
gefallen hätten. und vor allem: hatte ich was ich mir gewünscht
hatte, so war ich so bald satt; sodass ich geradezu unbehagen
spürte vor einem teller mit begehrten speissen, ich könnte ihn
nicht aufessen können, da mein magen zu klein war. die frage war
also: wie sollte ich grosse und stetige appetite bekommen?
```

→ *Gk* 2.9

23r–24r F \ und wieder, obwohl *[...]* vernichtet. Zwei Entwürfe für *Fatzer.**

→ zu *NB 15*, 16v–17v.4, zu *NB 16*, 31r.15–3; → *BFA* 2, 325

26r auf den schiffen *[...]* verreckt. Gedichtentwurf für *Mahagonny. Songspiel nach Texten von Bert Brecht, Musik von Kurt Weill,** wohl erst nach der Uraufführung am 17. Juli 1927 im Rahmen des Festivals Deutsche Kammermusik Baden-Baden eingetragen. Die Verse waren wohl gedacht als Ergänzung des dreistrophigen *Mahagonny-Songs** für die geplante Ausarbeitung des Songspiels zur Oper *Aufstieg und Fall der Stadt Mahagonny* (→ Weill an Universal Edition, 15. August 1927, in: *Weill/Universal Edition: Briefwechsel*, 71–73). Die Angabe »auf den schiffen« ist als szenische Anweisung zu verstehen.

Die Wendung »Auf nach Mahagonny« läßt sich erstmals in Brechts Brief an Helene Weigel von Mitte/Ende Dezember 1923 nachweisen (zit. nach Abschrift):

BBA E 12/70

```
        1
zweite hälfte dezember
starke langeweile
90% nikotin
10% grammophon
offensichtlicher mangel
an büchern
jahresende:
auf nach mahagonny
bevorzugt!

        2
h w
(zu deutsch:
            havary)
```

→ zu *NB 3*, 26r.7 | → zu *NB 18*, 79r

29r Rosa \ noch stand die staude *[...]* hoch. Ob sich der Gedichtentwurf auf Rosa Maria Amann*, Rosa Luxemburg* oder eine andere Person bezieht, läßt sich nicht feststellen.

30r–31r fatzers rede über die unbeurteilbarkeit *[...]* zuliebe. Entwurf für

*Fatzer,** wohl als letzte Eintragung der ersten Nutzungsphase des vorliegenden Notizbuchs (→ *Übersicht Efalinhefte*) im August 1927 in Augsburg notiert. Im September setzte Brecht hier nach einem Aufenthalt in Berlin die Arbeit am Stückprojekt in einem anderen Notizbuch* fort. → zu 8r–55r → zu *NB 23*, 1v

Konstituierter Text (die hier nicht wiedergegebenen Unterstreichungen mit Rotstift sind redaktionelle Markierungen Brechts für die Weiterarbeit):

fatzers rede über die unbeurteilbarkeit menschlicher handlungen

ganz unbeurteilbar
ist der mensch dem menschen.

so wie gegangen durch
ungeheuren magen
der feder knochen + haut durch
saft einschmilzt
sodaß du aus dem kot nicht
fisch noch apfel auskennst
so liegt in trübem brei des menschen
leben
ist es genossen vor dem aug der welt. |
nach was er griff der gierigen
elend zu stillen
gezogen ists aus luft + wasser und
nicht
daß er flog der vogel war grund
noch daß er schwamm im salzigen naß
der fisch
als er verschwand dem fleische zuliebe.

Brecht sah neben der vorliegenden auch sonst eigens betitelte Reden* vor: → zu 40r.4–9

- *Fatzers 3 Reden** — *Gk 2·3*
- *Fatzers 1. Rede \\ Aber ich hab die Augen offen gehabt…** — *NB 23*, 32r.1, 43r.9–46r.6
- *Fatzers 1. Rede \ Wenn ihr redet…** — *NB 22*, 10r
- *Fatzers erste Rede: Über die Solidarität** — *Gk 2·4*
- *Fatzers erste Rede** — *Mb 2·2*, 13
- *Fatzer 2. Rede \ Über die Natur** — *NB 23*, 4r
- Fatzers *(2.) Rede \ Vom Massemenschen** — → zu *NB 18*, 79r
- *Fatzers III. Rede \ Über die Freiheit** — *NB 23*, 13r.3–4
- *Rede Fatzers: Denn dieser Krieg geht gegen uns…** — 54r–55r
- *Fatzers Rede über die Dummheit der Arbeitenden** — BBA 110/20
- *Rede gegen den Sozialismus** — → zu *NB 24*, 26r.1–3
- *Rede Kochs über die Freiheiten der Frau + gegen den Besitz** — BBA 111/5; → zu *NB 22*, 34r–35r

- Kochs Rede *Dass einmal etwas nicht im Sand verläuft…* (von Hauptmann

BBA 109/80 datiert: »Augsburg 1927 Bess«*)

Gk 7.5 • *Rede des Keuner über Literarisierung**

BBA 112/67; • Drei Reden des Studierenden:*

→ *BFA* 10, 514 *Jährliche Rede mit den 3 ketzerischen Einwendungen gegen die Spielart*
Große Rede am Schluß der Lernzeit mit dem einen ketzerischen Einwand gegen den Kommentar
Monatliche Rede mit der Anwendung des Kommentars auf eine staatliche Frage

BBA 112/45; • *Jährliche Rede mit den 3 revolutionären Einwänden gegen den Kommentar**

→ *BFA* 10, 514 Die vorliegende Rede wird auch in der Zusammenstellung erwähnt, die Brecht Elisabeth Hauptmann wohl Anfang 1930 diktierte; die römischen Zahlen beziehen sich auf die zweite Bezifferung der Efalinhefte (→ *Übersicht Efalinhefte*):

BBA 112/32 1) Chöre und Reden
→ 30r-31r Über die Unbeurteilbarkeit menschlicher Handlungen II Mitte
→ *NB 24*, 27r.3-28r.5 Chor bittet den Menschen nicht ebim Wort zu nehmen I Mitte
→ *NB 24*, 26r.5-13 Chor über die veränderung der Situation durch ideen ebendort
→ *NB 23*, 5r-6r " spricht über die Gerechtigkeit III Anfang
→ *NB 23*, 7r-8r " warnt die Schrift mit der Unreinlihckeit auszur[d]adieren ebendort
→ *NB 23*, 4r Fatzers 2. Rede über die Natur ebendort

33v-31v das rätsel: *[…]* **nicht mehr.** Gedichtentwurf, bei umgedrehtem Notiz-

35v-37r buch wohl erst nach den folgenden Notaten* vom Dezember 1928 eingetragen.

35v-37r Block Paul *[…]* **Pfempfert** Stichworte zu einem Aufruf für den französischen Schriftsteller Henri Guilbeaux und Listen mit in Frage kommenden Unterzeichnern, ganz oder zumindest weitgehend Mitte, Ende Dezember 1928 als erste Eintragung der zweiten Nutzungsphase des vorliegenden Notizbuchs notiert (→ *Übersicht Efalinhefte*).

Zunächst beschrieb Brecht wohl das Blatt, das sich ursprünglich zwischen Bl. 36 und 37 befand (später herausgerissen, nicht überliefert), und trug sechs

37r Namen auf der folgenden Seite* ein: Kerr, Thomas Mann, Unruh, Toller, Zweig und Ludwig (bis auf Thomas Mann unterschrieben alle den publizierten Aufruf). Dann notierte er auf dieser und den vorangehenden Seiten in mehreren

36v.1-11 | 35v-36v Arbeitsgängen die Stichworte zum Aufruf* und die übrigen Namen*, da zu die-

38r sem Zeitpunkt die nachfolgende Seite* bereits beschrieben war.

Brecht trug die Namen anfangs mit Tinte und nach Berufsgruppen angeordnet

37r | 35v-36v ein (Kerr bis Ludwig*, Block bis Tucholsky*), später ergänzte er teils mit Tinte, teils mit Bleistift weitere Namen. Wohl zuletzt markierte er einige Namen mit Kreuzen.

- Journalisten: Paul Block (Redakteur beim *Berliner Tageblatt*), Theodor Wolff (Chefredakteur des *Berliner Tageblatts*), Georg Bernhard (Chefredakteur der *Vossischen Zeitung*), Emil Faktor (Chefredakteur des *Berliner Börsen-Couriers*), Richard Lewinsohn (Leiter der Wirtschaftsredaktion bei der *Vossischen Zeitung*, Autor der *Weltbühne*), Herbert Ihering (Theater- und Filmkritiker beim *Berliner Börsen-Courier*), Bernhard Diebold (Redakteur der *Frankfurter Zeitung*)
- Publizisten bzw. Herausgeber: Alfred Flechtheim (Galerist, Begründer der Kulturzeitschrift *Der Querschnitt. Magazin für Kunst, Literatur und Boxsport*), Hermann von Wedderkop (Herausgeber von *Der Querschnitt*), Franz Pfemfert (Herausgeber von *Die Aktion*)
- Berliner Theaterdirektoren: Erwin Piscator (Leiter der Piscator-Bühne im Theater am Nollendorfplatz), Max Reinhardt (Leiter des Großen Schauspielhauses und des Theaters am Kurfürstendamm), Leopold Jessner (Generalintendant der Schauspielbühnen des Staatstheaters)
- Musiker: Paul Hindemith (Professor für Komposition an der Berliner Hochschule für Musik), Kurt Weill, Richard Strauss, Oskar Fried (Dirigent, Komponist), Otto Klemperer (Leiter der Berliner Krolloper), Erich Kleiber (Generalmusikdirektor der Berliner Staatsoper), Bruno Walter (Leiter des Leipziger Gewandhausorchesters), Fritz Krauss (Opernsänger), Ernst Krenek (Komponist)
- Maler: George Grosz, Max Liebermann, Emil Orlik, Hans Baluschek, Rudolf Schlichter, Max Pechstein, Renée Sintenis, Otto Dix
- Schriftsteller: Julius Meier-Graefe, Max Osborn, Heinrich Zille, Käthe Kollwitz, Kurt Tucholsky, Alfred Kubin, Alfred Kerr, Lion Feuchtwanger, Alfons Paquet, Fritz von Unruh, Emil Julius Gumbel, Ernst Toller, René Schickele, Stefan Zweig, Emil Ludwig, Gerhart Hauptmann, Harry Graf Kessler, Carl Sternheim, Alfred Döblin, Ludwig Bäumer, Georg Kaiser, Theodor Däubler, Johannes R. Becher, Arthur Holitscher
- Verleger: Gustav Kiepenheuer, Samuel Fischer, Ernst Rowohlt
- Wissenschaftler: Magnus Hirschfeld (Sexualwissenschaftler), Alfred Weber (Nationalökonom, Soziologe), Robert René Kuczynski (Ökonom), Franz Oppenheimer (Nationalökonom, Soziologe), wohl Wichard von Moellendorff (Ingenieur, Wirtschaftstheoretiker)
- Politiker, Funktionäre: Joseph Wirth (Zentrum), Gustav Radbruch (SPD), Hellmut von Gerlach (Vorsitzender der Deutschen Liga für Menschenrechte), Paul Löbe (SPD), Ludwig Quidde (DDP), Tony Sender (SPD)

Mit Einstein ist wohl an beiden Stellen* der Physiker Albert Einstein gemeint, 35v.13, 36v.16
vielleicht aber auch an der ersten Stelle (Kontext Musik) der Musikkritiker Alfred, an der zweiten (Kontext Literatur) der Schriftsteller Carl Einstein. Der

35v.11 Name Wechsler* bezieht sich vielleicht auf den Leiter der Praesens-Filmgesellschaft Lazar Wechsler, der 1931 an der Produktion von *Kuhle Wampe* beteiligt
35v.10, 11, 15 war. Drei Namen konnten nicht identifiziert werden.*

Der Aufruf erschien am 8. März 1929 im *Berliner Börsen-Courier* unter dem Titel *Eine Aktion für Henri Guilbeaux* und in der Abendausgabe des *Berliner Tageblatts* (zitiert nach letzterem):

> **Für Henri Guilbeaux.**
> Wir erhalten folgende Zuschrift: Zehn Jahre sind es her, seit der weit über Frankreichs Grenzen bekannte Schriftsteller Henri Guilbeaux, im Kriege Herausgeber der schon
> → 36v.1–4 damals gegen den Krieg gerichteten Zeitschrift »Demain« (Genf) vom dritten Kriegsgericht zu Paris (März 1919) wegen Hochverrats zum Tode verurteilt wurde.
> Wir wollen nicht in das französische Prozessverfahren eingreifen ⟨→ *unten den Brief von Ludwig an Toller vom 31. Dezember 1928*⟩. Aber wir sehen Guilbeaux, der in Berlin lebt, aus der Nähe. Wir wissen, dass dieser Mann, der im Krieg für den Frieden gekämpft hat und in der Zeit nach dem Kriege glaubte, der von ihm als richtig erkannten Idee dienen zu müssen, kein Verbrecher ist. Seit zehn Jahren lebt Henri Guilbeaux im Exil. Seit zehn
> → 36v.9 Jahren ist er, der in französischer Sprache denkt und schreibt, in fremden Ländern.
> → 36v.10–11 Wir glauben, daß die französischen Intellektuellen die ungewöhnliche Härte dieses Zustandes sehen und sich mit uns für seine Amnestierung einsetzen werden.
> Georg Bernhard, Bertolt Brecht, Alfred Döblin, Albert Einstein, Lion Feuchtwanger, Sigmund Freud, George Grosz, Alfred Kerr, Emil Ludwig, Heinrich Mann, Erwin Piscator, Ernst Toller, Fritz von Unruh, Theodor Wolff, Stefan Zweig. Diesem Aufruf schlossen sich Arnold Bennet⟨*t*⟩ und Bernard Shaw an.

In *Der Abend* (9. März 1929), *Prager Tagblatt* (10. März 1929) und der Paraphrase des Aufrufs *Amnestie für Henri Guilbeaux!* (*Die Rote Fahne*, 14. März 1929) werden als weitere Unterzeichner Gerhart Hauptmann, Arthur Holitscher und Herbert Ihering genannt. Alle außer Heinrich Mann, Arnold Bennett und Bernard Shaw finden sich schon im vorliegenden Notizbuch.

Die Datierung der vorliegenden Eintragungen auf Mitte, Ende Dezember 1928 ergibt sich aus einem Brief Emil Ludwigs an Ernst Toller, der Brechts Entwurf des Aufrufs an Ludwig geschickt hatte (31. Dezember 1928):

> ETA 184 Fuer Guilbeaux bin ich wiederholt oeffentlich eingetreten und waere natuerlich auch diesmal sehr gern dabei. Lassen Sie mich aber betonen, dass Ihrem Aufruf ein Satz fehlt, der jede Einmischung in einen franzoesischen Prozess als uns fernliegend bezeichnet. Ohne diesen Satz koennen wir auch von loyalen Leuten Ohrfeigen kriegen, die wir dann wieder zurueckgeben muessen. Mich jedenfalls bitte ich nur zu unterschreiben, wenn Sie und Ihre Freunde meine Anregung fuer richtig halten.

Toller antwortete Ludwig am 4. Januar 1929 (→ *Toller 2018*, Bd. 1, 790):

der Satz, [wie] *den* Sie ~~ihn~~ wünschten, war im Aufruf vorgesehen. Ich wundere mich, dass er in der endgültigen Fassung sich nicht befand. Ich habe sofort Brecht antelefoniert und mit ihm vereinbart, dass er wieder aufgenommen wird. ETA 184

Brechts Autorschaft geht auch aus seinem Brief an Gerhart Hauptmann vom 27. Juli 1929 hervor:

sehr geehrter herr doktor Hauptmann, BBA E 12/219
ich bin Ihnen sehr verpflichtet für Ihre liebenswürdige unterzeichnung meines aufrufes für Henry Guilbeaux *[...]*.

Guilbeaux gab zwischen Januar 1916 und Oktober 1918 in Genf die pazifistische Monatsschrift *Demain. Pages et documents** heraus. Am 21. Februar 1919 (nicht erst im »märz 19«*) wurde er vom 3^e^ Conseil de guerre in Abwesenheit zum Tode verurteilt. Durch die Protektion Lenins*, den er auf der zweiten Kientaler Konferenz sozialistischer Kriegsgegner (24. bis 30. April 1916) kennengelernt hatte, konnte er Ende Februar 1919 nach Moskau emigrieren (*Guilbeaux 1923*, 131, 150), wo er bis zu seiner Ausreise nach Berlin Ende Juli 1924 lebte.

→ 36v.3-4
36v.1
→ zu *NB 18*, 38r.11-39r.1, *NB 24*, 60r-61r

Wann genau Guilbeaux Brecht kennenlernte, läßt sich nicht feststellen, frühestens jedoch in der Zeit nach Brechts Umzug nach Berlin (September 1924). Am 4. Dezember 1926 wies Brecht in seinem Beitrag für die Umfrage *Die besten Bücher des Jahres 1926* der Zeitschrift *Das Tage-Buch* auf Guilbeaux hin:

Ich habe mit Gewinn *Gilbeaux' »Lenin«* ⟨*Guilbeaux 1923*⟩ gelesen, das leicht verständlich, spannend und sachlich ist und eine gute Vorstellung von diesem Phänomen vermittelt.

Im Februar 1929 stellte Guilbeaux ein Theaterstück mit dem Titel *Lenin* auf Basis seiner mit diesem geführten Gespräche zusammen. Brecht sollte es aus dem Französischen übersetzen. Obwohl er Guilbeaux im September 1929 schrieb, das Stück sei fast fertig übersetzt, sind von dem Projekt keine Dokumente überliefert (→ *Krabiel 2015*, 189-93).

38r sie kommen mit gewehren zurück *[...]* **kommt.** Zwei Konzepte für *Fatzer*, die Arbeit an dem Theaterstück im vorangehenden Notizbuch* fortsetzend.* *NB 22*, 62r
→ zu 8r-55r (9), *Gk 6*

Das erste Konzept bezieht sich auf den dortigen Entwurf *Letzte Szene**, in der die in Mülheim versteckten Männer, nachdem Fatzer sie verraten hat, von Soldaten umstellt sind. Aus dem Fenster schreien dort zunächst Fatzer, dann Büsching; zuletzt wird geschossen.* *NB 22*, 46r-52r
NB 22, 46r.5-8, *NB 22*, 51r.1, *NB 22*, 52r.1-2

50r Das zweite Konzept sah Brecht für die unten* rekapitulierte 4. Szene vor. Von der Fleischbeschaffung durch Koch ist nur hier die Rede; in den überlieferten Entwürfen führte Brecht nur Fatzers gescheiterte Versuche der Fleischbeschaf-
→ *Mb 3* fung aus* (→ *Brecht: Versuche* 1, 23–33).

→ *NB 22*, 58r.4, *Ek 33* Den Namen Leeb hatte Brecht kurz zuvor für Kaumann eingeführt.*

Gk 6 | → 50r, *NB 22*, **39r 1) bindung** Brecht sah die Bindung oder Fesselung Fatzers im Rahmen der
36r.11–12, 59r.1–4 hier maßgeblichen Gesamtkonzeption* an zwei verschiedenen Stellen vor: auf*
→ zu *NB 22*, 34r–35r oder gegen* seinen eigenen Wunsch nach seinem gescheiterten Versuch der
→ *NB 22*, 46r–47r.6 Fleischbeschaffung und gegen seinen Willen vor seiner Verurteilung*.

40r.1–3 ftz + th \ ftz: wie lebst du? \ th: schlecht lebe ich. Der Entwurf greift
NB 22, 55r.4–5 Formulierungen aus *Und er lag dort 3 Tage …** auf.

40r.4–9 III phasen *[…]* abschlagen[>]*)* Konzept für das Theaterstück *Fatzer*,
→ zu 30r–31r bezogen auf Fatzer und Therese. Längere Reden* Fatzers über sich selbst finden sich im überlieferten Material häufiger:

- 8r–9r *Denn mir ist übel …**
- BBA 109/44; → *BFA* 10, 476 *Seit 2 Jahren liegend …**
- BBA 109/90; → *BFA* 10, 489 *Allen Menschen zugleich gehört die Luft …**
- BBA 110/26; → *BFA* 10, 440 *Mich lähmt das Morgen …**
- BBA 110/49; → *BFA* 10, 496 *Ich weiß nicht, ob ich mein Stück Fleisch herausschnitt …**
- BBA 111/19; → *BFA* 10, 465 *Ich bin ihnen wie ein Fuß …**

41r–46r Verhör und Liebesgespräch führte Brecht in den nachfolgenden Eintragungen* teilweise aus.

44r.9 **41r–46r er zwingt sie zuzugeben *[…]* treibt usw.** Zwei durch einen Strich* getrennte, aber zusammengehörende Entwürfe für das Theaterstück *Fatzer*. Den im ersten Entwurf nachträglich eingeklammerten Satz »*[*in der natur ist
43r.8–9 | 43r.7 dies geschäft eben dringend.*]*«* ordnete Brecht mit der Ziffer »1«* dem zwei-
45r.13 ten* zu.

48r 1 \ die gevögelte läuft zu ihrem *[…]* muß!> Den Geschlechtsakt hatte Brecht schon im Rahmen der früheren Gesamtkonzeption (»erster entwurf«,
Gk 5 | *NB 24*, 20v.1–2 | *Gk 6* Herbst 1927)* als Vergewaltigung* bezeichnet, in der hier maßgeblichen*
→ *NB 22*, 23r.4, 55r.12, 59r.4 (Ende 1928) zudem als Vögeln, Schwängern und Verführen* sowie als Sexver-
→ zu *NB 22*, 34r–35r brechen, Überfall und Beischlaf*.

50r 4 \ enthält bisher 3 handlungen *[…]* fleisch¿ Rekapitulation von bereits konzipierten Handlungsschritten, hier alle der 4. Szene zugeordnet: Fatzers
→ zu 39r | → zu 41r–45r Bitte um Fesselung,* die Verführung Therese Kaumanns durch Fatzer* und die
→ 38r.6–7 Fleischbeschaffung wohl durch Koch*.

51r–53r K \ es ist auch ungebührlich *[…]* betrachtete. Entwürfe für *Fatzer*, die
→ *Gk 6* erstmals eine erzählerische bzw. reflektierende Stilebene* in der Art der späteren
→ 64r *Geschichten vom Herrn Keuner* bzw. der Figur des Denkenden* im *Fatzerkom-*

*mentar** ins Spiel bringen (→ »der gebildete«*, »[der]*ein* nachdenklicher«*). Der Denkende taucht bald darauf auch im Kontext von *Lehrstück* auf.*

→ zu *NB 21*, 1v.4 | 52r.5 | 53r.4
→ 64r.2

54r–55r 1) \ rede fatzers: *[...]* **gleichtakt.** Entwurf einer Rede* für die 1. Szene. Die Formulierung »die geordnete masse der menschheit«* hängt zusammen mit dem im Sommer 1926 im Kontext des Stückprojekts *Rosa Luxemburg** und einer Bearbeitung von *Trommeln in der Nacht** entwickelten Konzept des Massemenschen, das auch für *Fatzer** grundlegend ist.

→ zu 30r–31r
55r.7
→ zu *NB 18*, 79r
NB 18, 88r.4
→ *NB 22*, 28r.6–9, *NB 23*, 44r.11

Brecht diskutierte mit Asja Lacis während ihres Aufenthalts in Berlin (November 1928 bis Januar 1930) die Frage, ob die Geordnetheit der Masse für den politischen Kampf entscheidend sei. Dies geht hervor aus einem katechismusartigen Dialog zwischen fragender Lehre (L) und antwortender Masse (M), der im *Fatzer*-Material überliefert ist:

M
wer aber wendet gewalt an?
L
⟨*1. Entwurf:*⟩ die grosse unteilbare und unvernichtbare masse wendet gewalt an
⟨*2. Entwurf; handschriftliche Ergänzung und Änderung mit Rotstift:*⟩ Ihr, die grosse unteilbare und unzerstörbare masse
⟨*mit Bleistift:*⟩ <lacis: nur der organisierte teil!?>

BBA 109/89

56r ein mann sucht – im auftrag *[...]* <**Komintern**> Nicht ausgeführtes Erzähl- oder Stückprojekt. Auf die 1919 auf Initiative Lenins gegründete Kommunistische Internationale hatte sich Brecht wohl schon in dem Gedicht *Dreihundert ermordete Kulis berichten an eine Internationale* bezogen (in: *Der Knüppel*, Heft 1, Januar 1927). Im Frühjahr 1928 notierte er sich die Berliner Adresse der Zeitschrift *Internationale Pressekorrespondenz* (*Inprekorr*), des wichtigsten Organs der Komintern in Westeuropa.*

→ *NB 24*, 47r

57r HE \ „das ist ein ganz *[...]* **verkommenen.“** Entwürfe für eine Verfilmung von Elisabeth Hauptmanns Theaterstück *Happy End*,* das im April 1929 fertig vorlag (Hauptmann an Brecht, 16. April 1929):

→ 62r

Ich habe ein Theaterstück unter dem Titel "Happy End" geschrieben, das unter dem Autoren-Pseudonym Dorothy Lane erscheinen wird und zur Aufführung am "Theater am Schiffbauerdamm" in Berlin angenommen ist ⟨*Premiere: 2. September 1929; Songs von Bertolt Brecht, Musik von Kurt Weill*⟩. Das Werk erscheint im Bühnenvertrieb Felix Bloch Erben ⟨*Vertragsschluß am 11. Mai 1929*⟩.

EHA 1921
BBA 586/22-26

Im zeitlichen Umfeld notierte Brecht in zwei Arbeitsgängen die vorliegenden Zwischentitel und konzeptionellen Hinweise für den geplanten Stummfilm.

Eine Anregung dafür war vielleicht eine Umfrage der *Vossischen Zeitung* vom 31. März 1929:

Warum schreiben Sie keine Filme?
Die »*Vossische Zeitung*« *[...]* hat sich an eine Reihe der besten und bekanntesten jüngeren Schriftsteller Deutschlands mit der Frage gewandt, wie sie zum Film ständen.
Es stellt sich nämlich immer mehr heraus, daß die Hauptschuld an der Unzahl künstlerisch schlechter oder minderwertiger Filme *lediglich das Manuskript* trägt. Darstellungskunst, Regiearbeit, Photographie und Aufnahmetechnik stehen bereits auf einer sehr beachtlichen künstlerischen Höhe. Man zeigt heute kaum mehr einen Film, der schlecht photographiert ist. Doch bleibt dies alles ein Leerlauf, solange der Inhalt des Filmes selbst belanglos ist. *[...]*
In den Antworten der Schriftsteller und Dichter auf unsere Umfrage werden die verschiedensten Motive für die mehr oder minder passive Haltung gegenüber dem Film angegeben. Die meisten der Gründe sind leider nur allzu berechtigt. Trotzdem muß unserer Meinung nach eine produktive Zusammenarbeit zwischen Schriftstellern und Film-Industrie so schnell als möglich in die Wege geleitet werden. *[...]*

Brechts Antwort, die bei weitem knappste von allen, erschien unter dem nicht von ihm stammenden Titel *Kurz und gut*:

Die Filmindustrie ist zu doof und muß zuerst *bankerott* gehen.

Von den vorliegenden Eintragungen unabhängig schloß Brecht wohl 1933 einen Vertrag mit der Pariser Produktionsfirma Hakim Frères über eine Verfilmung
BBA 685/76 von *Happy End*, wie aus Brechts Anfrage vom 24. Juni 1956 an Raphael Hakim* und aus Hauptmanns Hinweis von Anfang der 1970er Jahre (*Gersch 1975a*, 188, 354) hervorgeht. Auch dieses Vorhaben wurde nicht realisiert.

60r ich möchte gern 1 kunst *[...]* ernst sein. Poetologische Überlegung, wohl nicht an die Entwürfe zu *Fatzer* auf den ursprünglich vorangehenden Seiten anknüpfend. Von den 19 wohl einzeln herausgerissenen Blättern sind die folgenden erhalten geblieben (vereinfacht wiedergegeben; Anordnung hier nach Tintendurchschlägen und inhaltlicher Plausibilität):

BBA 109/52 ⟨*1*⟩
sieh diese eingegrabenen
sich kaum noch regend
nicht zu unterscheiden vom boden
dieser wandelnde moder dem
bei jedem schritt der kalk
[¿¿]*aus* den augenhöhlen fällt!

—

ich habe euch aus kot gefischt
wie einer seine zähne fischt der

sonst nicht fressen kann [¿]*und*
muß sie wieder einsetzen!

⟨2; *auf der ursprünglich gegenüberliegenden Seite zur ersten Eintragung von BBA 109/52 notiert:*⟩
euer finger mit dem ihr BBA 109/58
auf das unrecht der welt zeigt ist
schon faul: ein schwarzer finger!
und euer klagender arm
fällt *schon* aus dem gelenk! <der schulter>

⟨3⟩
fatzer gegen Mechanik BBA 109/61
kaumann:
was sagt der von menschlich?
ich kenn es.
wir haben gebrüllt: aufhörn und
hört auf menschlich mit uns zu
sein wir verrecken!

⟨4⟩
fatzer BBA 109/60
sich überhaupt nicht an naturalistische szene halten, etwa:
nacheinander ohne überleitung, einfach auf + abtretend, sprechen die drei jeder mit f.
oder: <in 5)
wie ein sowjet! aufgeregte gruppen fortwährende beratungen, tagt tag + nacht. neue beschlüsse. umwerfend. immerfort neue situation.
eingeleitet durch:
schrecklich verändert erwacht

⟨5⟩
das ganze stück, da ja unmöglich, einfach zerschmeißen für experiment, ohne realität! BBA 109/56
zur „selbstverständigung"

⟨6⟩
zerstörung des zimmers BBA 109/59; → *Mb 1.2*
⟨„⟩ der zeit
<immerfort steht nur [übe]*eine*, wochen umfassende zeitangabe über der szene!>

Wohl schon Ende 1928 war Brecht die Konzeption von *Fatzer* mit ausschließlich »naturalistische⟨*n*⟩ szene⟨*n*⟩« fraglich geworden.* Im vorliegenden Notizbuch probierte er ab Bl. 50 daneben auch parabolische, psychologische und epische Spielformen aus.* Deren Kombination stellte sich dabei zunächst als »unmöglich« heraus, was jedoch nicht zum Abbruch, sondern zu einer experimentellen Weiterarbeit »zur „selbstverständigung"« führte. Dies zeigt das Konzept auf dem ursprünglich nachfolgenden Blatt: Es verbindet das Handlungselement »zerstö-

→ *NB 22*, 55r–57r
→ *Gk 6*

→ *Mb 1·2* rung des zimmers«, das Brecht später in einem Chorlied ausführte,* mit einer neuen dramaturgischen Ebene (»zerstörung der zeit«).

62r HE \ „die katze *[...]* ewig aus. Entwürfe für eine Verfilmung von Elisabeth
→ zu 57r Hauptmanns Theaterstück *Happy End*.*

63r.2-4 wenn ihr mich unter den boden *[...]* wollen. Die Eintragung greift eine Redensart auf, die Brecht wohl von seiner am 1. Mai 1920 gestorbenen Mutter her kannte. Er hatte sie schon in dem Gedicht *Auslassungen eines Märtyrers* (1918), im Theaterstück *Baal* (1919) und im *8. Psalm/Lied von meiner Mutter*
→ zu *NB 4*, 37v-38r (1920) verwendet.*

64r-66r 2 männer singen das lob *[...]* nicht auf Entwürfe für das ab Mitte März
→ zu *NB 19*, 29r.1-8, mit Paul Hindemith geplante und am 28. Juli 1929 in Baden-Baden uraufgeführte
NB 24, 59r *Lehrstück* (→ Hindemith an Schott-Verlag, 13. März 1929, in: *Hindemith/Schott* 1, 34).*

64r, 66r Loblieder wie die hier* konzipierten kommen im ausgeführten *Lehrstück* nicht vor. Sie tauchen erst in *Die Maßnahme. Lehrstück* (1930) und *Die Mutter. Schauspiel* (1933) auf (→ auch *Lieder Gedichte Chöre*; 1934). Die Figur bzw. der
64r.2 | 53r.4 Typus des Denkenden* erscheint bereits oben* im Kontext von *Fatzer*.

65r Der Entwurf *Welcher von uns stirbt – was gibt der auf?...**, dessen Fortsetzung auf dem ursprünglich nachfolgenden, nicht überlieferten Blatt stand, wurde wohl wörtlich bei der Uraufführung verlesen. Auf ihn bezieht sich auch der auf der gegenüberliegenden Seite nachgetragene Kommentar »die methode
64v der zunehmenden armut«*. Im Erstdruck der Partitur *Lehrstück* heißt es in
BBA 2196 Szene 5 *Belehrung* (*Hindemith: Lehrstück 1929*, 28-30)*:

> AUS DEM CHOR TRITT DER SPRECHER MIT EINEM BUCH ER BEGIBT SICH ZU DEM GESTÜRZTEN UND LIEST FOLGENDE SÄTZE:
>
> welcher von uns stirbt, was gibt der auf? der gibt doch nicht nur seinen tisch auf oder sein bett auf! wer von uns stirbt, der weiß auch: ich gebe auf was da vorhanden ist, mehr als ich habe, schenke ich weg. wer von uns stirbt, der gibt die straße auf, die er kennt und auch: die er nicht kennt. die reichtümer, die er hat und auch, die er nicht hat. die armut selbst. seine eigene hand.
>
> wie nun wird der einen stein heben, der nicht geübt ist? wie wird der einen großen stein heben? wie wird, der das aufgeben nicht geübt hat, seinen tisch aufgeben oder gar: alles aufgeben, was er hat und was er nicht hat! die straße, die er kennt und auch, die er nicht kennt. die reichtümer, die er hat und auch, die er nicht hat. die armut selbst. seine eigene hand.
>
> DER GESTÜRZTE SINGT:
>
> dann lerne ich was ich tat war falsch denn jetzt lerne ich, daß der mensch liegen soll und nicht sammeln höhe noch tiefe auch nicht geschwindigkeit
>
> DER SPRECHER FÄHRT FORT:
>
> → *Gk 6·8* als der denkende in einen großen sturm kam saß er in einem großen wagen und nahm viel platz ein⟨.⟩ das erste war daß er aus seinem wagen stieg das zweite war daß er seinen rock ablegte das dritte war daß er sich auf den boden legte⟨.⟩ so überwand er den sturm in seiner kleinsten größe⟨.⟩

Überarbeitet erschien das Libretto Ende 1930 unter dem Titel *Das Badener Lehrstück vom Einverständnis*. Der oben zitierte Text findet sich darin weitgehend unverändert in Szene *VII. Die Verlesung der Kommentartexte*. Den Szenentitel versah Brecht dabei mit dem Hinweis: »Fatzerkommentar, Sterbekapitel« (*Brecht: Lehrstück 1930*, 136)*. → zu *NB 22*, 1^{v}.4

69^{r} 7964 *[…]* 14.30 Die Berliner Telefon- und Terminnotizen trug Brecht zu verschiedenen Zeiten zwischen Dezember 1928 und April 1929 ein; die Bezifferung erfolgte frühestens Anfang 1930 (→ *Übersicht Efalinhefte*). Zuletzt wurde das auf den Umschlag geklebte Blatt teilweise herausgerissen.* → zu 1^{r}, 1^{v}

Den Politiker und Soziologen Fritz Sternberg hatte Brecht Anfang 1927 kennengelernt.* → zu *NB 24*, 73^{r}.2

Notizbuch 22

Beschreibung

Datierung

Oktober bis Dezember 1928; indirekte Datierungen: Ende September bis Ende Oktober 1928 (→ zu 1^{v}.1), 30. Oktober 1928 (→ zu 65^{r}), November 1928 (→ zu 82^{v})

Kurzcharakteristik

Das Notizbuch ordnete Brecht auf der Rückseite des vorderen Umschlags zunächst *Fatzer*, dann dem *Fatzerdokument* zu; es enthält tatsächlich vorwiegend Entwürfe zu diesem Stückprojekt. Auf den letzten Seiten finden sich zudem Notate für das *Lindbergh*-Projekt und für den Roman *Das Oberwasser*, Entwürfe zum Theaterstück *Moabiter Pferdehandel* sowie Stichworte zu einem Auftragswerk mit dem Arbeitstitel *Gedenktafeln, Grabschriften und Totenlieder* (zusammen mit Kurt Weill), aus dem dessen Kantate *Berliner Requiem* hervorging.

Standort, Signatur

Archiv der Akademie der Künste, Berlin, BBA 10821

Format, Umfang

10,4 cm × 14,4 cm (wie *NB 21*); 83 von 102 Blättern (inklusive Umschlag)

Umschlag, Bindung

Pappe, innen aufgeklebtes Blatt und im Bundsteg mit weißem Klebstreifen befestigter Karton zur Bindungsverstärkung (→ 3^{v}, 64^{r}); außen mit schwarzem Kunstleder (Efalin) bezogen; Fadenheftung

Papier

dünnes, durchscheinendes, braun-gelbliches Papier; abgerundete Ecken; Rotschnitt (wie *NB 21*)

Schreibmittel

schwarze Tinte, daneben Bleistift, Rotstift

Archivkontext

BBA 10820: *NB 21* von 1927–29
BBA 10822: *NB 23* von 1927

Verwendungskontext

NB 22 gehört zu einer Reihe äußerlich gleichartiger schwarzer Efalinhefte (*NB 18-25*), die Brecht zwischen 1925 und 1930 verwendete und dreimal numerierte, zuletzt frühestens Anfang 1930 von »1« bis »9« (→ *Übersicht Efalinhefte*). *NB 22* bezifferte Brecht zwischen Ende 1928 und Anfang 1930, abweichend von der Reihenfolge der Verwendung, mit »5«.

Schutzumschlag

Das Notizbuch war wohl während der Benutzung in einen separaten schwarzen, mit Pappe verstärkten Lederumschlag (BBA 10363/95; → *NBA* 5, *Abb. 1*, 2, 657 f.) eingelegt bzw. eingesteckt (→ *NBA* 7, 456). Dieser diente als Umschlag für die Efalinhefte *NB 18-25*.

Verfärbung

Auf einigen Blättern finden sich am oberen Rand rechteckige Vergilbungen oder kleine Flecken. Beides stammt von den 1956-57 im BBA mit Klebstreifen angebrachten Signaturzetteln. Im Rahmen der Restaurierung 2006 wurden diese Signaturen abgelöst und das ganze Notizbuch neu foliiert (am unteren Rand außen).

Besonderheiten

- von den aus der 1. Lage herausgetrennten 9 Doppelblättern sind 2 im *Fatzer*-Material (BBA 109/55, 109/53-54) und 4 auf einem der Montagebögen (*Mb 2·3*–*Mb 2·10*) überliefert (→ *Lagenschema: Rekonstruktion von Lage 1*)
- häufig Abdruck bzw. Durchschlag der Tinte des jeweils vorangehenden oder folgenden Blatts
- Blatt mit Faltspuren: 2
- Blätter mit rötlichen Flecken: 2-4, 9-11
- vorderer und hinterer Umschlag: vertikale Biegespuren

Lagenschema und Seitenbelegung

Lage 1

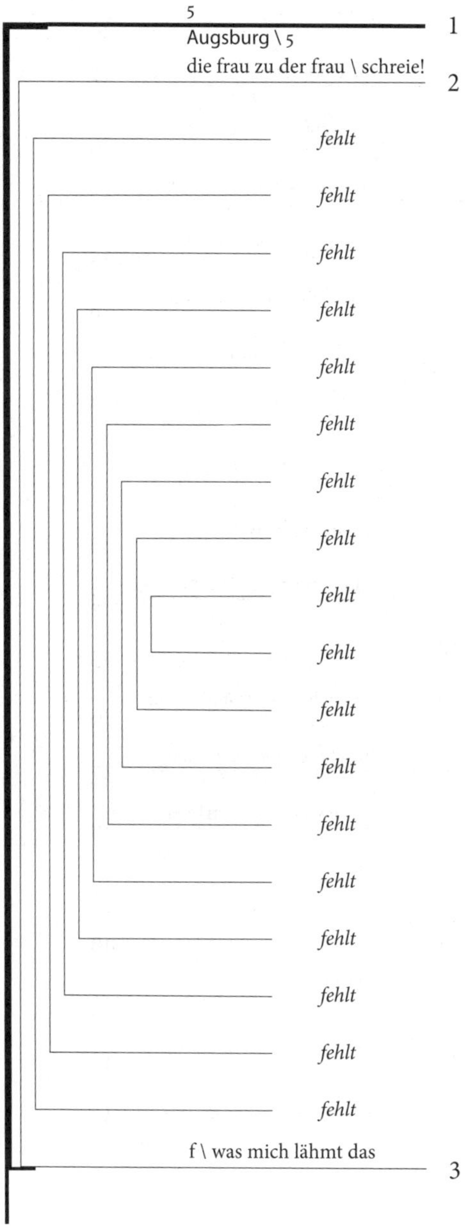

Rekonstruktion von Lage 1

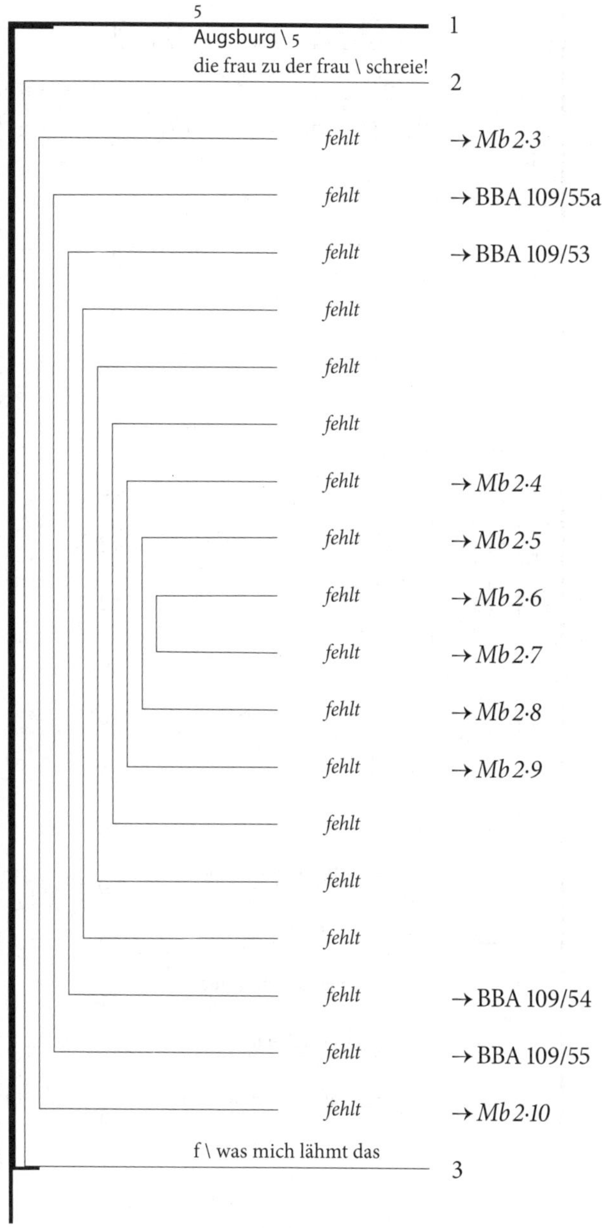

Lage 2

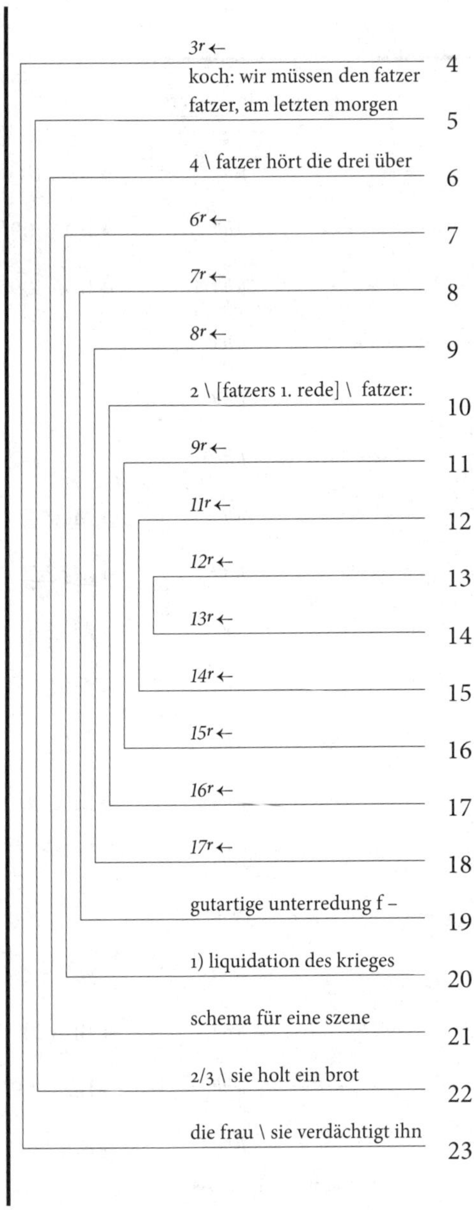
3r ←
koch: wir müssen den fatzer
4
fatzer, am letzten morgen
5
4 \ fatzer hört die drei über
6
6r ←
7
7r ←
8
8r ←
9
2 \ [fatzers 1. rede] \ fatzer:
10
9r ←
11
11r ←
12
12r ←
13
13r ←
14
14r ←
15
15r ←
16
16r ←
17
17r ←
18
gutartige unterredung f –
19
1) liquidation des krieges
20
schema für eine szene
21
2/3 \ sie holt ein brot
22
die frau \ sie verdächtigt ihn
23

Lage 3

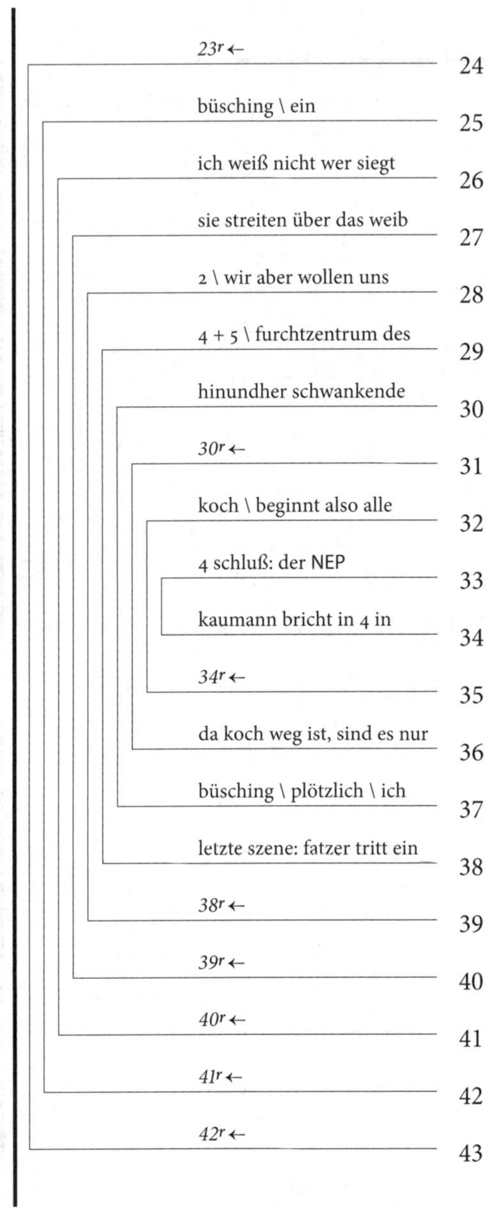
23r ←
24
büsching \ ein
25
ich weiß nicht wer siegt
26
sie streiten über das weib
27
2 \ wir aber wollen uns
28
4 + 5 \ furchtzentrum des
29
hinundher schwankende
30
30r ←
31
koch \ beginnt also alle
32
4 schluß: der NEP
33
kaumann bricht in 4 in
34
34r ←
35
da koch weg ist, sind es nur
36
büsching \ plötzlich \ ich
37
letzte szene: fatzer tritt ein
38
38r ←
39
39r ←
40
40r ←
41
41r ←
42
42r ←
43

Lage 4

43r ←	44
44r ←	45
45r ←	46
46r ←	47
47r ←	48
48r ←	49
49r ←	50
50r ←	51
51r ←	52
52r ←	53
	54
jetzt will ich sehn was das III \ … und er lag dort 3 tage.	55
55r ←	56
56r ←	57
gefahren für die 4:	58
nach dem fleischexperiment	59
steig ein hier ist das \ flugzeug	60
jetzt haben sie in den städten	61
59r ←	62
	63

Lage 5

die genußraten des	64
einem mann wird von	65
Das Oberwasser	66
66r ←	67
kapitel: die folgen	68
Der Moabiter Pferdehandel	69
Herr Friedrich Wilhelm	70
der große krach im 2. akt	71
1 szene des letzten aktes:	72
72r ←	73
	74
über den winter	75
75r ←	76
76r ←	77
	78
	79
	80
	81
Zu Potsdam unter den	82
fehlt	
5	83

Erläuterungen

1r 5 Die Ziffer notierte Brecht auf drei der vier Umschlagseiten.* Das vorliegende Notizbuch gehört zu einer Reihe äußerlich gleichartiger schwarzer Efalinhefte*, die Brecht zwischen 1926 und 1930 verwendete und nachträglich mit Rotstift numerierte. 1r, 1v.3, 83r NB 18–25

1v **Augsburg** *[...]* ***das* fatzer*dokument*** Vermutliche Eintragungsfolge: Als erstes im vorliegenden Notizbuch trug Brecht während seines Aufenthalts in Augsburg von Ende September bis Ende Oktober 1928 seine Augsburger, darüber vielleicht auch seine Berliner Adresse und darunter wohl seinen Namen ein. Vermutlich im selben Arbeitsgang notierte er den Stücktitel »fatzer« an ähnlicher Position wie in einem vorangehenden Notizbuch*. Bald darauf folgten die Ergänzung »*das* fatzer*dokument*« sowie die doppelte Unterstreichung. Zwischen Ende 1928 und Anfang 1930 ergänzte Brecht die Ziffer »5« (→ *Übersicht Efalinhefte*). Zu einem späteren Zeitpunkt wurden – wie in *NB 18, 20, 21* und *23* – die Namens- bzw. Adreßangabe teilweise herausgerissen.* NB 23, 1v.4 → zu NB 25, 1v

Wie das im Jahr zuvor (September 1927) verwendete *NB 23* ordnete Brecht auch das vorliegende Notizbuch von Beginn an *Fatzer** zu; es enthält tatsächlich vor allem Entwürfe zu diesem Projekt. Sie stehen in Zusammenhang mit einer Neukonzeption, die Brecht nach längerer Unterbrechung der Arbeit an dem Theaterstück entwickelte.* Davor hatte er vor allem an der *Dreigroschenoper* (Premiere: 31. August 1928) gearbeitet und dafür vermutlich das nicht überlieferte *NB ⟨1928⟩* verwendet (→ *Übersicht Efalinhefte*).* → zu NB 21, 8r–55r Gk 6 → zu NB 21, 8r–55r (8)

Die neue Konzeption hängt zusammen mit Brechts Neuorientierung, die er im Oktober 1928 öffentlich machte (Antwort auf eine »Rundfrage bei Künstlern und Artisten« nach Zukunftsplänen, in: *General-Anzeiger*, Dortmund, 10. Oktober 1928):

> Die Bühne ist heute der Lehrstuhl für das breite Publikum. Leider wird es in diesem Sinn viel zuwenig ausgenutzt. Mit meinem letzten Werk ⟨»*Die Dreigroschenoper*«⟩ glaube ich genug in der Richtung des Song getan zu haben, um mich nun an die Bewältigung der Aufgabe, die ich mir in erster Linie gestellt habe, machen zu können. Sie besteht darin, eine Art Lehrstücke zu geben und von der Bühne herunter zu philosophieren und zu reformieren. Allerdings stelle ich mir diese Aufgabe äußerst schwierig vor, da das Drama an lebendiger Anschaulichkeit ja nichts verlieren darf.

Im vorliegenden Notizbuch entwickelte Brecht vor allem die »Anschaulichkeit« der Handlung weiter. Die neue Ebene des Belehrend-Philosophischen deutet sich mit der Ergänzung des Begriffs ›Dokument‹ zu *Fatzer* an, der einen Gegenbegriff wie ›Bearbeitung‹, ›Deutung‹, ›Kommentar‹ usw. erfordert: »zum

Gk 6.7; → Gk 6.9, zu NB 30, 6r fatzerdokument gehört das fatzerkommentar«*. Nicht dem ›Dokument‹ zuzuordnende Entwürfe entstanden ab Herbst 1928, so z. B. *III \ … Und er lag dort* 55r–57r | NB 21, 53r *3 Tage…** und *Viele meinen die Eigenschaften des Menschen sind ewig…**. Genau datieren läßt sich die Verwendung des Begriffs ›Kommentar‹ erstmals bei der Uraufführung von *Lehrstück* am 28. Juli 1929: »der SPRECHER *[…]* liest sätze BBA C 4375 b R; aus einem kommentar« (*Brecht: Lehrstück 1929a*).*

→ zu NB 21, 64r–66r **2r die frau zu der frau** *[…]* **? therese kaumann ?** Erster überlieferter Entwurf für *Fatzer* nach mehrmonatiger Arbeit an anderen Projekten (insbesondere an → zu NB 24, 64v–68r der *Dreigroschenoper**). Auf den im vorliegenden Notizbuch ursprünglich nach-Mb 2.3–Mb 2.9 folgenden Blättern* führte Brecht die Szene aus. Wörtliche Übernahmen deuten darauf hin, daß er dabei von folgendem wohl schon Ende Juli 1927 entstandenen Entwurf ausging (vereinfacht wiedergegeben):

BBA 111/20 Mühlhausen a. d. Ruhr 1

Ein Weib[:] zu einem andern:
der krieg war 48 monat lang
und jetzt sind *noch* drei rum~~[u], aber dein mann~~
~~kommt nicht mehr.~~ und alle
züge sind da mit den übriggebliebenen
aber dein mann
ist nicht drunter. ~~eine witwe~~ denke ruhig:
er ist hin aber wie lang
willst dus noch machen mit der hand?
schlecht essen und kalt schlafen? drum
zieh ein frisches hemd an und geh mit
mein bruder hat zeit ~~diese~~ heute abend
und kein dach überm kopf heute nacht
rede mit ihm!
Weib des Büsching:
halt dein maul. wenn die züge da sind
kommt er in 1 wagen und wenn er hereintritt
BBA 111/21 will er sein*e* ~~rindfleisch~~ suppe am tisch 2
das Weib:
[der soll seine]*die sollen ihre* suppe essen wo sie sitzen
[wenn e¿]*warum* [ist er]*sind* sie fort + nicht da? ~~wenn einer~~
~~ein ais hat~~
~~verreckt er~~
W. d. B.
weil sie ihn geholt haben [+]*ist er fort + weil sie ihn* festhalten ist er nicht da.
Das Weib
wenn 1 ein ais hat im genick verreckt er!
dafür kann er nichts, aber ich auch nicht.
wenn du 1 [¿¿]*im* bett hast
macht es dir nichts wenn er seine suppe frißt
auf dem abtritt!

W. d. b

aber bei mir ist er am tisch + das bett
ist [¿]*l*eer.

Dieser Entwurf von Ende Juli 1927 folgt noch der Konzeption *In den Jahren nach dem Kriege …**. Bald darauf, im August 1927, paßte Brecht die Szene der neuen Konzeption an, nach der die Handlung im Ersten Weltkrieg spielt.* *Gk 2* → *NB 23*, 32r-34r; *Gk 5*

Die Arbeit an der Neuformulierung der Szene im vorliegenden Notizbuch (Oktober 1928) unterbrach Brecht wohl bereits nach der vorliegenden Seite und ließ zwei Blätter für die Weiterarbeit frei. Danach trug er Entwürfe für andere Szenen ein: Überliefert sind Eintragungen zur 4. und 5. Szene*. Vor und hinter diesen Eintragungen führte er dann die 2. Szene aus, wobei er ein Blatt* überblätterte; die vorliegende Replik* fügte er in den Dialog ein*. Den bei der Ausarbeitung der Szene erstmals verwendeten Namen Therese Kaumann markierte Brecht hier mit Fragezeichen*; im Jahr zuvor trug die Figur noch den Vornamen Rosa*. BBA 109/53; → zu 29r BBA 109/55a 2r.1-5 | → *Mb 2·4*, 10-12 2r.6 | *NB 24*, 20v.1

Anfang 1930 trennte er einen Großteil der 1. Lage aus dem vorliegenden Notizbuch heraus, um die Doppelblätter teilweise für die Erstellung der Montagebögen* zu verwenden; der andere Teil, darunter die Blätter mit den Eintragungen zur 4. und 5. Szene, ist im *Fatzer*-Material separat überliefert oder nicht erhalten geblieben (→ *Notizbuch 22, Beschreibung: Rekonstruktion von Lage 1*). *Mb 2·3–MB 2·10*

Konstituierter Text der ursprünglich im vorliegenden Notizbuch eingetragenen Szene:

2 *Mb 2·3*

2 frauen bei der frau des kaumann

⟨*Frau des*⟩ k⟨*aumann:*⟩
<schreit>
wo sind sie⟨*?*⟩
3 jahre
sind zu viele jahre!
heut habe ich beschlossen mein fleisch
zu befriedigen.
warum kommt er nicht
und legt sich auf mich drauf?
meine blöße
ist schon verdorrt, sicher
meine zeit ist schon aus!
die kühe und die hündinnen *Mb 2·4*
werden befriedigt wenn ihr⟨*e*⟩ zeit ist
und ich verlange daß ich auch
befriedigt werde!
<daß ich nicht immer an mein
schoos denke der leer ist

sondern lebe wie ihr!>
die 2 frauen:
schreie!
NB 22, 2r.3-5 wenn du ausgeschrien hast
ist es
wie vorher!
Mb 2·5 th⟨*erese*⟩ k⟨*aumann:*⟩
ich frage euch
warum ist er fort?
ich brauche ihn!
warum kommt er nicht zurück?
hier fehlt er!
die frauen:
weil sie ihn mitnahmen ist er fort
und weil sie ihn halten
kommt er nicht.
th⟨*erese*⟩ k⟨*aumann:*⟩
was geht michs an
was mit ihm gemacht wird.
soll er verrecken.
Mb 2·6 wenn ein mensch ein ais ⟨*Geschwür*⟩ hat
verreckt er
er kann nichts dafür aber
ich auch nicht!
1) ⟨*erste*⟩ frau⟨:⟩
wir können ihn dir nicht geben.
ich aber habe einen bruder
der hat keine arbeit
und weiß nicht
wo er übernachten soll.
soll ich ihn dir schicken.
Mb 2·7, 1-11 th⟨*erese*⟩ k⟨*aumann:*⟩
ja schick ihn!
er soll hier nächtigen, da hier
ein dach ist
ich will ihm zu essen geben
was er braucht
denn da ist ein teller
und 1 anzug ist auch da!
Mb 2·8, 7-14 sage ihm aber
daß ich nicht geil bin
damit ich es nicht werde
soll er kommen.
denn ich bin voller arbeit
und nachts
wie 1 stein.
auch ists nicht die
Mb 2·9 umarmung

sondern daß einer dabeisitzt
am abend + morgens
sich wäscht neben mir denn das
bin ich gewohnt wie ihr.
frauen: *Mb 2·7*, 13–15
so ist es.
habe keine furcht
und schäm dich nicht *Mb 2·8*, 1–5
⟨*1. Entwurf:*⟩ das menschliche ist erlaubt
⟨*2. Entwurf:*⟩ das menschliche muß erlaubt sein.
⟨*3. Entwurf:*⟩ <allezeit muß das menschliche erlaubt sein.>
<beide ab>

3r–73r f \ mich lähmt das morgen *[…]* **wahr!“** Von Elisabeth Hauptmann in einem Arbeitszusammenhang mit den *Fatzer*-Eintragungen in *NB 23** abgetippte Entwürfe. Diese Maschinenabschriften entstanden Anfang 1930 im Rahmen der letzten Gesamtkonzeption* und erfassen auch die Eintragungen zum *Moabiter Pferdehandel.** Abschriften der übrigen Notate* sind nicht überliefert.

→ zu *NB 23*, 5r–48r
Gk 7
69r–73r | 1v–2r, 60r–61r, 64r–68r, 75r–77r

Bei der Abschrift unterliefen Hauptmann einige Lesefehler. Unsicher Entziffertes markierte sie mit Fragezeichen, Unentziffertes mit Auslassungszeichen oder Fragezeichen. Teilweise redigierte sie die Entwürfe, z. B. durch die Ausschreibung von Abkürzungen, Einfügung von Versumbrüchen oder Ergänzung von Szenentiteln.*

→ *EE F*

Zu den Eintragungen im einzelnen siehe die anschließenden Erläuterungen.

3r–4r f \ mich lähmt das morgen *[…]* **verstehen.** Entwurf für eine Rede Fatzers, nicht mit den Eintragungen auf dem ursprünglich vorangehenden Blatt* zusammenhängend, teilweise aber mit der ein Jahr zuvor entworfenen *1. Rede** und dem Entwurf unten *Fatzers 1. Rede \ Wenn ihr redet …**. Konstituierter Text:

Mb 2·10; → zu 2r
NB 23, 32r.1, 43r.9–46r.6
10r; → zu *NB 21*, 30r–31r

f⟨*atzer:*⟩
mich lähmt das morgen und
dies unverbindliche heut! so sitzend
zwischen noch nicht + schon nicht mehr
glaub ich nicht was ich denk
sicher ists ein irrtum, schon morgen
klar! warum also
heut reden? was
nützt dies bootbauen bei vertrocknendem fluß? wenn ich euch essen
seh, seh ich hinter euch andre verdauen
euch unähnlich;
aber mich seh ich nicht essen
ich hör eure stim-
men nicht vor dem geräusch vieler

schritte solcher die ich nicht kenn.
aus euren runden mäulern fallen
große viereckige worte, woher sind sie?
mir scheint ich bin vorläufig
aber was
läuft nach?

er versucht daß sie ihn verstehen.

6r-18r **4v koch: wir müssen den fatzer** *[…]* **nicht gleich.** Ergänzung zur 4. Szene*,
4v.2-1 | 4v.7-10 mit dem oberen Pfeil zunächst falsch*, dann mit dem unteren* und dem auf
5r.11-10 der gegenüberliegenden Seite* korrekt zwischen Regieanweisung und Szenen-
6r.4-5 beginn* zugeordnet.

5r fatzer, am letzten morgen am kanal *[…]* **unordnung!** Entwurf für eine der
→ *Gk 5.5* (VII), *Gk 7.4* (10) letzten Szenen, wohl *Spaziergang**.

6r-18r 4 \ fatzer hört die drei *[…]* **abgebrochen.** Entwurf für die 4. Szene; konstituierter Text:

6r.1-4 4

fatzer hört die drei über sich reden und sieht hinter ihnen eine große menge reden.

4v koch:
wir müssen den fatzer zur
red stellen. warum
ist er nicht gekommen?
büsching:
daß er nicht kommt das sieht ihm
nicht gleich.
fatzer: zu sich
ja was der mensch tut das sieht ihm
nicht gleich.
6r.5-13 büsching:
der fatzer ist
unser bester mann. was er sagt
das hält er.
kaumann:
der ist klug der findet
immer noch was zum fressen⟨,⟩ aus
einer kanalröhre
zieht der noch eine kuh!
7r koch:
ohne den fatzer
wären wir nicht hier. der fand seinen
weg durch stacheldraht und sogar

durch menschen! der muß
uns durch helfen!

therese:

ja, traut ihm nicht! mir scheint er
anders! ihr seid dumm aber der
ist ichsüchtig, den kenn ich! der wird euch
noch verraten!

Alle drei lachen

büsching: 8r

daß der uns verrät
das ist zum lachen!

koch:

daß er ichsüchtig ist das ist
gut! er hat ein großes ich das
reicht
für uns 4 aus und für uns 4
ist er ichsüchtig! der
kann uns helfen!

fatzer:

jetzt reden sie wieder
über mich + ich
zuhörend werde so 9r
wie sie mich brauchen.
oder auch nicht!

fatzer tritt zu ihnen

koch:

fatzer, du bist gestern
nicht gekommen wo wir unser
fressen kriegen sollten. warum nicht?

fatzer:

ja, warum nicht?
denk einmal nach, koch!
warum 11r
ist der fatzer nicht gekommen?

koch:

wir wissens nicht fatzer!

fatzer:

du, das ist schad!
vorgestern nämlich
war ich da, wißt ihr noch, ich
lag
vor euch am boden, hatte die
augen zu und
wartete.

büsching: 12r

er meint sicher
wir hätten ihm helfen sollen, ich

wollt es auch, ich sagte dir gleich koch,
wir helfen ihm!
koch:
meinst du das?
f⟨*atzer*⟩:
denk nach!
koch:
jetzt versteh ich dich nicht.
wir standen und wollten
fleisch holen. wir sagten:
uns darf keiner kennen. wenn
13r einer gekannt wird, dann
müssen die andern so tun als
kennten wir ihn nicht, damit
nicht Alle hin sind! da fängst
du einen streit an obwohl wir
beschlossen hatten jedem streit
auszuweichen. wir
sahen dich umfallen und wollten
hinzulaufen, da dachte ich
was wir beschlossen hatten und
hielt uns zurück aus klugheit! war das
nicht klug?
14r.1-3 fatzer:
sehr klug. nur vielleicht
ein wenig zu klug
BBA 110/55 standet ihr da und hattet eure muskeln in der hand?
solchen kann es nicht übel gehen.
so kluge leute brauchen niemand zum beistand.
höchstens könnt man sagen, euch fehlte es
(nur um ein geringes)
an impulsiver zuneigung
törichtem aufbrausen
vielleicht hättet ihr euch durch solche
unbeherrschtheit hineingeritten und
vielleicht wärt ihr auch wieder herausgekommen
vielleicht durch euren
von so viel zuneigung gerührten fatzer
aber das könnt ihr vielleicht auch nachholen
wenn auch ein kleiner schatten
bleibt. da man euch auf das, was nur natürlich ist,
⟨*die*⟩ nase stoßen muß.
kurz und gut: ich lad euch ein
teilzunehmen an meinem streit.
⟨*für zwei bis drei weitere Verse freigelassener Raum*⟩
etwas unvernunft bitte!

koch: 14r.4-10
und was soll jetzt
geschehen?
fatzer:
wollt ihrs wirklich wissen? jetzt
fordr ich euch auf ein zu
treten in diesen kampf den ich 15r
da hab und heute abend
zur gleichen stund an diese stell
zu kommen, wo ihr versagt habt. damit
wir
uns wieder in die augen schauen können und
daß ich die umleg die mich
umgelegt haben!
koch:
das verwundert mich. offen heraus:
wir dachten: du wolltest uns sagen
wie
wir fleisch kriegen könnten.
ich meinte: wir wollen fleisch
holen und nicht kämpfen.
fatzer: 16r
offen heraus: ich dachte wir
wollen kämpfen.
koch:
das ist merkwürdig. aber wenn du
darauf so bestehst, müssen wir
darüber abstimmen. wollt ihr
also
daß wir jetzt eintreten in diesen
kampf unseres kameraden, wobei
ihr überlegen müßt, obs klug ist, da
uns keiner kennen darf
fatzer:
oder wollt ihr euch anfressen?
ich geb euch zu bedenken 17r
daß nicht immer alles so nach plan geht
auf der welt. was immer klug
sein mag, das was menschlich ist,
muß auch eschen ⟨*verschrieben statt »essen«*⟩, essen ist gut
aber es fragt sich auch: wer
ißt?
koch:
wollt ihr also
fleisch haben oder kämpfen?
kaumann:
fleisch haben.

18r büsching:
zuerst fleisch.
koch:
fleisch also. fatzer wir haben
abgestimmt, also
wird der kampf abgebrochen.

8r.5-12 Die positive Bewertung von Fatzers Egoismus* ist in einem anderen Entwurf der 1. Szene zugeordnet und wird von Büsching statt von Koch geäußert:

BBA 111/17; →*BFA* 10, 464f.

```
1. [Zu]Szene
büsching:das ist das gute an dem fatzer dass er
          so viel appetit hat dass es
         für uns mitlangt.  und das erein solcher egoist ist
         dass es für uns noch mitlangt
```

10r 2 \ [fatzers 1. rede] ***[…]*** **wichtig.** Rede-Entwurf für die 2. Szene, teilweise mit der ein Jahr zuvor entworfenen *1. Rede** und dem Entwurf oben *Fatzer \ Mich lähmt das morgen…** zusammenhängend. Konstituierter Text:

NB 23, 32r.1, 43r.9-46r.6; 3r-4r

10r 2 [fatzers 1. rede]
fatzer:
wenn ihr redet hinter euch
reden immer andere!
und drum ist euer breitmäuliges
geschwätz
wichtig.
hinter euch sind viele im anmarsch
die gehen im gleichen trott und drum
ist euer plattfü⟨*ß*⟩iger trott
wichtig⟨,⟩ seht ihr.
alle sagen
die zeit sei alt aber ich
habe immer gewußt
es sei eine neue zeit
ich sage euch nicht von selber
wachsen seit 20 jahren häuser wie gebirge aus erz
viele ziehen mit jedem jahr in die städte als erwarteten sie etwas
und auf den lachenden kontinenten
spricht es sich herum das grosse gefürchtete meer
sei ein kleines wasser
ich sterbe heut aber ich habe die überzeugung
die grossen städte erwarten jetzt das dritte jahrtausend
es fängt an es ist nicht aufzuhalten heute schon
braucht es nur einen bürger und ein einziger mann
oder eine frau reicht aus

→ zu *NB 21*, 14r-17r, *NB 23*, 43r.10-11; BBA 524/115r

freilich sterben viele bei den umwälzungen
aber was ist es wenn einer von einem tisch erdrückt wird
wenn die städte sich zusammenschliessen
diese neue zeit dauert vielleicht nur vier jahre → *Gk 2·7*
sie ist die höchste die der menschheit geschenkt wird
auf allen kontinenten sieht man menschen die fremd sind
die unglücklichen sind nicht mehr geduldet dann
mensch sein ist eine große sache
DAS LEBEN WIRD FÜR ZU KURZ GELTEN
⟨*handschriftlich auf der Rückseite des Blatts fortgesetzt:*⟩
heute nacht und morgen und BBA 524/115v
auch die nächsten jahre noch
verderben viele.
sie müssen damit fertig werden
ich bitte daß sie sich beeilen
man muß ihnen nur sagen daß es
eine neue zeit gibt wenn sie
fort sind das tröstet sie
die städte sind besser als sie
das gibt ihnen vielleicht mut |
wir, dieser abschaum werden
aufhören
ich bin der erste der stirbt

19r gutartige unterredung f – koch: *[…]* **atmen.** Die Notate beziehen sich wohl auf die oben entworfene 4. Szene*, vielleicht aber auch auf die Gesamtkonzeption auf der folgenden Seite*. Die Freundschaft zwischen Fatzer und Koch wird nur hier und in dem Entwurf *Koch \ So wollen wir ihn also umbringen …** erwähnt. 6r–18r 20r.4; → *Gk 6·5* BBA 109/76; → *BFA* 10, 459

Mit dem »ersten entwurf« ist die umfangreiche Ausarbeitung des Stücks* vom Herbst 1927 gemeint. Dort findet sich Fatzers Äußerung, »er könne nicht allein leben«, bereits in ähnlichem Wortlaut (Szene *1 Kaumann: Ich mach was ihr macht …*)* und Szene *13 Mädchen: Der Teufel weiß …*)*. *NB 23*, *NB 24*, 2r–28r → *NB 23*, 11r.7 | → *NB 23*, 21r.11–12, 22r.3

20r 1) liquidation des krieges *[…]* **6) untergang** Neues Strukturkonzept für *Fatzer*, in den nachfolgenden Entwürfen* teilweise ausgeführt. 21r–37r

- zu 1) Die erste Szene wird in einer früheren Gesamtkonzeption *1) Das Loch** genannt, in der hier maßgeblichen *I \ 4 Soldaten brechen den Krieg ab** und *1) Liquidation des Krieges**. Im Rahmen der späteren Gesamtkonzeption von 1930 heißt sie *1 Fatzer, Keuner, Büsching und Leeb brechen den Krieg ab** und *Die Liquidierung des Weltkrieges durch Johann Fatzer (1. Abweichung)**. *Gk 5·1*; → *NB 23*, 10r.3–12 *Gk 6·2* *Gk 6·5* *Gk 7·4* BBA 109/43

  Dem anarchistischen Ansatz Fatzers stellte Brecht den revolutionären Kochs entgegen:

NB 30, 10r; → Gk 7·1 ihre odyssee beginnt mit ihrem durch den individualisten fatzer gegebenen irrtum, sie könnten, einzeln, den krieg abbrechen. *[...]* fatzer glaubt an den blindwütenden zufall „was da ist, ist übergebliebenes“[.], das chaos. koch ist es, der die notwendigkeit des krieges erkennt und den [ent]*be*schluß faßt ihn zu liquidieren.

Am 8. Januar 1942 formulierte Brecht den Gedanken einer revolutionären »liquidation des krieges« im *Journal* aus:

BBA 1999/29 → *BFA* 27, 46f. `die revolutionäre situation hat man erst, wenn z. b. nur noch die selbstinitiative des proletariats einen dem proletariat sympathischen krieg möglich macht oder wenn die liquidation eines verlorenen krieges nur vom proletariat aus erfolgen kann.`

- 21r–22r zu 2) Auf den Folgeseiten* notierte Brecht ein detailliertes Schema der Szene.
- zu 3) bis 5) In einer frühen Gesamtkonzeption von 1925/26 bezeichnete Brecht die Versuche als »aktionen«*, in der hier maßgeblichen auch als »versagen«*, in der späteren von 1930 dann als »Abweichung«*. [*Gk 2·4* (IX) | *Gk 6·2* (IV, V); *Gk 7·4* (4, 5)]
- zu 3) Die Szene sollte Fatzers ersten Gang durch Mülheim und seinen Versuch der Beschaffung von Brot bzw. Fleisch umfassen; das zeigen der frühere Entwurf *3 Fatzer schafft Brot** (September 1927), die im vorliegenden Notizbuch notierten Eintragungen* und die später publizierten Szenen *Fatzer, 3 \ Rundgang des Fatzer durch die Stadt Mühlheim* und *Fatzer, 3 \ Fatzers zweite Abweichung* (Juni 1930; *Brecht: Versuche 1*, 23–35)*. [*NB 23*, 49r–56r; 12r.12–18r, 61r.1; → *Mb 3*]
- zu 4) Die Heimarbeit sollte im Nähen von Hosen* bestehen, wie schon aus einem Szenen-Entwurf hervorgeht, den Brecht zuvor im vorliegenden Notizbuch notiert hatte. Das entsprechende Blatt* riß er später zusammen mit einem Großteil der 1. Lage heraus (→ *Notizbuch 22, Beschreibung: Rekonstruktion von Lage 1*). Einmal sah Brecht auch die Flachsspinnerei* als Heimarbeit vor. [→ *Gk 7·5*, BBA 520/6; BBA 109/53; → zu 29r; 59r.7–9]
- zu 5) In einem etwa zur selben Zeit entstandenen Konzept nannte Brecht die Szene »VIII fatzers grosses unternehmen – die expropiation der phönixwerke«*. Bei den Phönixwerken handelt es sich um eine Aktiengesellschaft für Bergbau und Hüttenbetrieb, deren Hauptsitz zu dieser Zeit in Dortmund war. Den Begriff ›Expropriation‹ übernahm Brecht wohl aus Gesprächen mit Korsch, Sternberg u. a.* In die politische Theorie eingeführt wurde er insbesondere durch Karl Marx. [*Gk 6·2*; → zu *NB 18*, 38r.11–39r.1, *NB 25*, 65r]
- zu 6) In der frühen Gesamtkonzeption von 1925/26 konzipierte Brecht den Untergang als Verurteilung und Totschlag Fatzers* bzw. als Vernichtung aller vier männlichen Hauptfiguren*, in der vorangehenden vom Herbst 1927 als Exekution bzw. Tod Fatzers*. Auf dem Montagebogen von Anfang 1930 stellte [*Gk 2·2*, *Gk 2·5*, *Gk 2·10*; *Gk 2·3*, *Gk 2·9*; *Gk 5·1*, *Gk 5·5*]

er zwei Varianten einander gegenüber: »4 tote Männer«* vs. »1 toter mann \ welcher noch nicht tot war«* – gemeint ist Fatzer, der seine »niederlagen« und seinen »zusammenbruch«* überlebt. *Mb 1·2, 4* *Mb 1·4, 7–9* *Mb 4·2–Mb 4·3*

Den Ausdruck »untergang« übernahm Brecht teilweise in den Titel des Theaterstücks: *Untergang des »Egoisten« Fatzer** bzw. *Untergang des Egoisten Johann Fatzer**. *Gk 6·1* *Gk 7·4*

21r schema für eine szene *[...]* **die reden** Ausgeführtes Konzept für die 2. Szene *Rückkehr**. Entwürfe für Teil »1) schreiendes weib« hatte Brecht bereits zuvor* entworfen, die Blätter dann herausgetrennt und auf Montagebogen 2* aufgeklebt. Darüber klebte Brecht dort ein ähnliches Konzept der 2. Szene*, das über ein Jahr später (Anfang 1930) entstand. 20r.2 → zu 2r.1–6 | *Mb 2·3–Mb 2·9* *Mb 2·2*

Reden hatte Brecht im vorliegenden Notizbuch bereits oben* entworfen, zwei weitere konzipierte er auf den folgenden Seiten*. 3r–4r, 10r 22r.5–9, 26r

22r 2/3 \ sie holt ein brot schmalz *[...]* **zimmer sind.** Zwei Ergänzungen zum vorangehenden Schema für die 2. Szene:* ein dort zwischen Teil 1 und 2 einzufügender Handlungsschritt und eine Erläuterung, die mit einem Pfeil Teil 4 zugeordnet ist. 21r

23r–24r.3 die frau \ sie verdächtigt *[...]* **verurteilung.** Dreiteiliges Konzept über das Verhältnis von Therese Kaumann zu Fatzer. Den ersten Teil (Verdächtigung) hatte Brecht teilweise bereits oben* und ein Jahr zuvor (Herbst 1927)* entworfen. Den zweiten Teil (Geschlechtsverkehr) führte er Anfang 1929, also ein, zwei Monate nach der vorliegenden Eintragung aus.* Das Ergebnis des dritten Teils (Prozeß), Fatzers Verurteilung zum Tode, beschrieb Brecht unten*. → 7r.7–11 | → *NB 23*, 79r.13–78v *NB 21*, 41r–46r 36r.1–2, 49r.5–8

Die in Anführungszeichen gesetzte Äußerung »›das schöne tier fatzer‹«* spielt an auf den Prolog von Frank Wedekinds Theaterstück *Erdgeist* (*Wedekind Werke* 3, 8): 24r.1

Was seht ihr in den Lust- und Trauerspielen?! –
Haustiere, die so wohlgesittet fühlen,
An blasser Pflanzenkost ihr Mütchen kühlen
Und schwelgen in behaglichem Geplärr,
Wie jene andern – unten im Parterre:
Der eine Held kann keinen Schnaps vertragen,
Der andre zweifelt, ob er richtig liebt,
Den dritten hört ihr an der Welt verzagen,
Fünf Akte lang hört ihr ihn sich beklagen,
Und niemand, der den Gnadenstoß ihm gibt. –
Das *wahre Tier*, das *wilde, schöne* Tier,
Das – meine Damen! – sehn Sie nur bei mir.

24r.5-6 ich hab geschlafen mit dem und jenem Mit Bleistift nachgetragener Entwurf zu dem darüber notierten Konzept, wohl für Therese Kaumanns Rede
23r.6 im »prozeß«* gegen Fatzer.
25r büsching \ ein kaltschnäutziger materialist *[...]* **meisten.** Brecht hatte die
Ek 14, Ek 24, Ek 25 Figur des Büsching zuvor schon mehrfach charakterisiert.*
→ zu 21r.10 **26r ich weiß nicht wer siegt** *[...]* **~~mensch~~** Entwurf für eine Rede Fatzers*. Bereits in einem frühen Entwurf der Szene *1 \ Nacht gegen Morgen* wohl vom August 1927 heißt es:

BBA 110/13; → zu *NB 19*, 13r–17r

[...] ich mache
keinen krieg mehr sondern ich gehe
jetzt heim gradewegs ich scheisse
auf die ordnung der welt   ich bin
verloren

27r sie streiten über das weib *[...]* **geht!** Entwürfe für die 4. Szene, oben mit
20r.4 | → zu 34r–35r 2. *Versuch: Heimarbeit** betitelt, bald darauf weiter ausgeführt*. Zusammen mit
29r.2 der 5. Szene bezeichnete Brecht sie als das »furchtzentrum des stücks«*.
28r 2 \ wir aber wollen uns *[...]* **~~massemensch.~~** Entwurf eines Chorlieds für
→ 20r.2 die 2. Szene *Rückkehr**. Das »neue tier« bildet einen Gegenbegriff zur auf Fatzer
24r.1 | → zu *NB 21*, 55r.6-10 bezogenen Formulierung »das schöne tier«*. Das Konzept des Massemenschen* hatte Brecht ab 1926 entwickelt und mit dem »Einzug der Menschheit in die
→ zu *NB 21*, 14r–17r, *Gk 1* großen Städte«* verknüpft.
29r 4 + 5 \ furchtzentrum des stücks. *[...]* **sexus.** Das Konzept bezieht sich auf die 4. und 5. Szene der oben notierten Gesamtkonzeption: 2. *Versuch: Heimarbeit*
→ 20r.4-5, *Gk 6·5* und 3. *Versuch: Exprobrierung.** Brecht hatte die Szenen zuvor bereits in mindestens zwei Arbeitsgängen teilweise entworfen. Überliefert sind die folgenden, nicht direkt nacheinander beschriebenen Blätter (→ *Notizbuch 22, Beschreibung:*
BBA 109/54 *Rekonstruktion von Lage 1*); der Hinweis »usw.«* bezieht sich auf einen bereits
→ *EE F* zuvor festgehaltenen Dialogentwurf*:

BBA 109/53

4 <doppelszene> am schluß
weigert sich f aufgebunden zu werden.

5
büsching: als er zu fressen bekam vor 2 wochen hatte er einen plan sodaß sich sein fressen lohnte.
gib ihm wieder was und er wird /
uns wieder helfen!
[sie arbeiten an den hosen]

koch: gerade das / macht mich
krank, büsching / von all dem
was er uns <usw.> BBA 109/54

er macht also den
vorschlag ihn mit dem
fleisch zu versuchen.

f <fängt plötzlich an>
gerade heut
hätte ich lust meinen strick
los zu werden.

diese szene 5 BBA 109/55
fängt an mit der aushorchung
von 2 arbeitern die therese k.
mitbringt. alle arbeiten.
sie sind sehr von hunger geschwächt. dann kommt die k.
mit lebensmitteln.
fatzer ißt nichts

Die Arbeit an den Szenen hatte Brecht oben* begonnen und setzte sie unten* fort. Mit »ihr bester kamerad« ist Koch gemeint.* 27r | 30r-37r →36r.1-2

30r–31r hinundher schwankende entschlüsse. *[…]* **tätigkeit.** Konzept für die 4. und 5. Szene, mit den vorangehenden und nachfolgenden Eintragungen* zusammenhängend. Die Bildung einer »art sowjet« griff Brecht im anschließend verwendeten Notizbuch wieder auf und trennte das Blatt dort später zusammen mit anderen heraus.* 20r.4-5, 29r, 32r-37r BBA 109/60; →zu *NB 21*, 60r

Die »dewise« Kochs* verwendete Brecht in ähnlichem Wortlaut für verschiedene Sachverhalte: zuvor schon in *Im Dickicht der Städte** (Psychologie der Liebe) und später wieder in *Leben des Galilei** (Durchsetzung wissenschaftlicher Erkenntnis) sowie in einem Gespräch über Erwin Strittmatters *Katzgraben** (Darstellung einer Figur auf der Bühne). 30r.7-9 →*BFA* 1, 402 →*BFA* 5, 33 →*BFA* 25, 433

32r koch \ beginnt also *[…]* **zu verwenden.** Konzept für die 4. und 5. Szene, mit den vorangehenden und nachfolgenden Eintragungen zusammenhängend.* →29r-31r, 33r-37r

33r 4 schluß: \ der NEP Stichwort für das Ende der 4. Szene*, mit den vorangehenden und nachfolgenden Eintragungen zusammenhängend.* Die NEP (Nowaja Ekonomitscheskaja Politika, deutsch: Neue ökonomische Politik), die begrenzt auch marktwirtschaftliche Organisationsformen und Privatbesitz erlaubte, war als Richtlinie der bolschewistischen Wirtschaftspolitik auf dem X. Parteitag der KPdSU (8.–16. März 1921) eingeführt worden. Ein Jahr vor der vorliegenden Eintragung hatte der XV. Parteitag (2.–19. Dezember 1927) eine →20r.4 →29r-32r, 34r-37r

Abkehr von dieser Politik zugunsten von Kollektivierung des Eigentums und zentralisierter Planwirtschaft beschlossen. Auf die Sowjetunion hatte sich Brecht →30r.4 schon oben bezogen.*

34r-35r kaumann \ bricht in 4 *[...]* **zur beratung.** Konzept für die 4. Szene, →29r-33r, 36r-37r mit den vorangehenden und nachfolgenden Eintragungen zusammenhängend.* Brecht führte es weiter aus in mehreren wohl bald darauf entstandenen Konzepten:

BBA 111/5 1) der besitzer verlangt die anerkennung seines besitzrechtes
→32r.6-7, 34r.1-3, 58r.4 die frau verlangt dass alle ~~[4]3~~ 3 die wohnung verlassen der
→55r.12-56r.2, 57r mann beschränkt sich darauf dass fatzer die wohnung verlassen
müsse × ⟨→ *unten, über 4)*⟩

[2)]3 die 2 erklären sich mit fatzer solidarisch und beschliessen
→27r, 34r.10 evtl die wohnung zu verlassen/ es regnet sie hören den regen

[3)]2 ftz bietet sein talent an
FTZ
seit ich machte das~~s~~ ihr
→23r.4, 55r.12, 59r.4 mein verbrechen nennt habe ich
einen klareren kopf und bin
stärker es ist als ob
der in bedrängter zeit für nachkommen sorgt
von der natur mitbekäme die kunst
für sie zu sorgen drum biet ich euch an
was ich mir ausgedacht hab
für unsere lage

→34r.6-8 × rede kochs über die freiheiten
der frau + gegen den besitz. ⟨→ *oben, zu 1)*⟩

---

4) die 2 unterwerfen sich und erklären ftz müsse bekommen was ftz
brauche aber ftz müsse hergeben was sie brauchten erneuter
beschluss aller 3 gegen das besitzrecht gegen die freiheit der
→30r.5-6 frau für terror
→20r.4, 59r.7-9 einführung der mehrheitsbeschlüsse und aufnahme eigener produktion
fatzer bekommt einen verweis + 1 verwarnung.
erklärung gegen d. familiengründung.

BBA 111/9 therese k.
auf ihr verlangen nach sexueller befriedigung erhält sie von koch
den bescheid sie sei bis auf weiteres frei
"denn durch die umständ
wurd uns dein dach mehr als dein bett dein lager
ist wichtiger als durch dich weil drauf
nicht regen fällt und blick der menschen fällt
und können wir dir dein lager nicht zahlen durch umarmungen
geschwächt durch hunger oder weil wir zu viele sind

müssen wir doch wenn eine mahlzeit mit fleisch
oder wenn deine~~s~~ leibeswärm und ⟨*vertippt statt »uns«*⟩ zwingt auch noch
zu dir kommen deswegen
und drum
~~müssen wir durch unsere nei~~
können wir auch nicht
dem weib ans fleisch greifen und erhoffen
dass es uns das brot bäckt sondern müssen
anrufen deine vernunft ob stark ob schwach

sie beschliessen das weib sei frei aber keiner von ihnen dürfe etwas mit ihr machen wichtiger sei die einigkeit da diese lebensnotwendig⟨.⟩ die mit ihren tellern herausgehenden hält der mann auf mit der aussage er habe keine lust mit einem weib zu schlafen solang er solches fressen fresse darauf die obige rede kochs

fatzer nimmt sie wahrscheinlich als rache dafür dass sie ihn angebunden haben "nehmt an ein weib musst mich losbinden und wie sollt ichs zahlen? diese eröffnung verquickt er mit dem angebot eines plans der"ihnen essen verschaffen würd für wochen" sie beraten und beschliessen mit stimmenmehrheit den plan anzuhören als ideologie geben sie an dass "das weib frei sei und für ihr eigentum halte was sie brauchten nämlich diese unterkunft und man / nur durch bewältigung ihres fleischs diesen glauben aus ihr brächte der mann aber müsse bekommen was er brauche
→ 55r.10-11
→ 30r.6

folgt fatzers vorschlag der heimarbeit
→ 20r.4, 59r.7-9

fatzers überfall auf therese wird vom chor erzählt
BBA 111/10; → 23r.4, 55r.12, 59r.4, zu *NB 21*, 48r; BBA 111/42; → *BFA* 10, 456

übrigens fügt f seinem vorschlag heimarbeit zu leisten also sich auf lange belagerung einzurichten noch die anregung hinzu das weib (das er eben genommen hat) dazu zu verwenden ("das sagst du weil du von ihr satt bist") arbeiter anzulocken "teils um die bewohner dieses hauses das wir von jetzt geraume zeit bewohnen werden an fremde gesichter zu gewöhnen sie werden sagen die gehn zur kaumann sie hurt teils um von diesen zu erfahren wie unzufrieden die fabriken sind und ihre unzufriedenhet zu stärken wovon viel abhängt"
→ 59r.4-7

dies alles also in <u>einer</u> scene die beginnt mit fatzers auftreten nach seinem ersten ausbleiben und seinem vorschlag ihm bei seinem kampf mit den fleischern zu helfen und unterbrochen wird durch die erzählung des chors der also den beischlaf in dem moment erzählt in dem er unten stattfindet
→ 6r-18r
→ 23r.4, 55r.12, 59r.4; BBA 111/42; → *BFA* 10, 456

DRITTER TEIL ⟨*der 4. Szene*⟩
BBA 111/11

in der bedrängnis durch kaumann der sie fatzers sex verbrechen wegen aus dem haus weisst erfolgt die geburt jener these von der aufhebung des besitzbegriffs und die verhängung des terrors durch koch
→ 23r.4, 55r.12, 59r.4
→ 57r

BBA 111/23

```
zu den bisherigen entwürfen tritt jetzt: verankerung der ganzen
weibersache in der wohnungsfrage.   die 4 erkennen dass jeder
streit um das weib ihnen das dach überm kopf wegziehen muss
```

Zur Problematik von Sexualität, Familie und Besitz notierte Brecht ein Jahr später (Herbst 1929) unter dem Titel *Zu Fatzer \ Sex-Stück* einen Kommentar zu Friedrich Engels' *Der Ursprung der Familie, des Privateigenthums und des Staats* (1884).* NB 27, 15r

36r da koch weg ist, sind es nur mehr 3 *[...]* **zu binden** Entwürfe für die 4. oder 5. Szene, mit den vorangehenden und nachfolgenden Eintragungen zusammenhängend* und die Überlegungen zur Rolle Therese Kaumanns nach dem Weggang Kochs fortsetzend.* Die Figurenrede ist wohl Büsching, vielleicht auch Kaumann zuzuordnen. Neben Koch ist auch Fatzer in der Szene als abwesend zu denken, wie die Änderung von »diese lück am tisch« zu »diese 2 lücken am tisch«* zeigt. Die Bitte Fatzers, ihn zu binden,* trug Brecht wohl im Zusammenhang mit der Konzeptänderung unten* nach.

→ 29r–35r, 37r | → 23r.6–24r.3, 29r.5–6 | 36r.3–4 | → zu NB 21, 39r | 59r.1–2

37r büsching \ plötzlich \ ich sag dir, *[...]* **hin sein.** Der Entwurf knüpft an den oben* von Therese Kaumann, Büsching und Koch diskutierten Verdacht an, Fatzer werde sie verraten (4. Szene). In einem ein Jahr zuvor (Herbst 1927) entstandenen Entwurf wird der Verdacht von Büsching und Koch geäußert.*

7r.7–8r.12 | NB 23, 86r.9–87r.3

38r–53r letzte szene: *[...]* **ich bin der fatzer! \ usw.** Entwurf für die 6. Szene *Untergang**. Die Forderung nach Einverständnis* taucht bereits im Kontext von *Klamauk/Galgei** (April 1920) und *Im Dickicht** (September 1921) auf. 1929/30 wird sie für *Das Badener Lehrstück vom Einverständnis* und *Die Maßnahme* zentral. Im *Fatzer*-Material ist der Entwurf für einen Chor überliefert, in dem die Forderung aufgegriffen wird:

→ 20r.6 | → 49r.2–3 | → NB 4, 22v.7–23r.13 | → NB 12, 16v.1–4

BBA 112/23

```
wir aber raten euch: seid
einverstanden  denn so geschieht es
wie ihr hier saht und nicht anders
flüchtet nicht  wer
gegen den strom schwimmt demm
fliesst das wasser ins maul und
erstickt ihn
```

→ zu 1v.4, *Gk 6*

In einem Entwurf für den *Fatzer*-Kommentar* (1930) formulierte Brecht die Forderung als Lehre:

NB 30, 7r.8–12

> wo kommt die wahrheit vor?
> die wahrheit kommt vor in der lehre vom einverständnis, d. i. in der lehre von der richtigen haltung. bei dem einnehmen der richtigen haltung wird die wahrheit, d. h. das rechte erkennen der zusammenhänge zu tage treten.

Der Zusatz »usw.«* verweist vielleicht auf eine bereits vorliegende, aber nicht überlieferte Fortsetzung der Szene. 53^{r}.4

54^{v} jetzt will ich sehn was das für leute sind Wohl Ergänzung oder alternative Formulierung zum Entwurf auf der gegenüberliegenden Seite (zwischen »dachte jetzt« und »aus ihrem haus zu bringen die ihr lästig waren«)*. 55^{r}.13, 56^{r}.1-2

55^{r}-57^{r} III \ ... und er lag dort 3 tage. *[...]* **- sagte sie>** Prosa-Entwurf im Bibelton, vielleicht für das 3. Kapitel des Fatzerkommentars (»geschlechtskapitel«).* Bereits im Jahr zuvor (Juli 1927), im Rahmen der damals noch maßgeblichen Gesamtkonzeption *»In den Jahren nach dem Kriege«**, hatte Brecht einmal mit diesem Ton experimentiert (vereinfacht wiedergegeben): *Gk 6.8*; → zu 1^{v}.4 *Gk 2*; → zu *NB 21*, 8^{r}–55^{r} (5)

2.Szene. BBA 109/62

HAUS IN MÜLHEIM

es wohnte aber ein weib zu Mülheim an der ruhr nahean der grenze
des feindes und ihr mann war im feld. da nun der krieg aus war
hörte sie nichts von ihm und sagte: sieh,jetzt kommen nachhaus
alle die fortgezogen sind und es ist freude in jedem haus in der
stadt denn die männer sind heimgekehrt ein jeglicher zu seinem
weibe. aber mein mann ist nicht heimgekommen mit den männern.
~~und~~ *darum ist* mein haus ~~ist~~ leer. und da sie noch nicht ausge-
sprochen hatte und bekümmert war klopfte es an ihre tür und siehe
es standen vier draussen vor ihrer tür und ihr mann war unter den
vieren. und sie traten ein alle und blieben daselbst die nacht
also dass sie nicht zusammen schlief mit ihrem Mann denn es war
kein platz in dem hause der einzeln war

58^{r} gefahren für die 4: *[...]* **freiheitsdurst des ftz** Rekapitulation der Gefährdungen der vier männlichen Hauptfiguren, nachträglich der 4. Szene zugeordnet, die Brecht ab der vorliegenden Eintragung neu konzipierte. Die Änderung »[k]*l*eeb« deutet darauf hin, daß die Umbenennung von Kaumann zu Leeb wohl an der vorliegenden Stelle oder kurz davor erfolgte.* →*Ek 32*

59^{r}-62^{r} nach dem fleischexperiment *[...]* **zur vernunft!** Notate zur Neukonzeption der 4. Szene. Die vorangehende Szene hatte Brecht bereits zuvor* als »fleischexperiment« konzipiert. Fatzers Bitte um Fesselung, die die 4. Szene stark verändert, trug Brecht oben* wohl im Zusammenhang mit vorliegender Eintragung nach. → *Gk 6.2* (III, IV), zu 20^{r} (3) 36^{r}.11-12

Die Verführung, die er bereits im vorangehenden Prosa-Entwurf* angedeutet hatte, erwähnte er im zeitlichen Umfeld auch in dem Konzept *Therese K.**. In einem anderen Notizbuch führte er die Szene bald darauf aus.* → 55^{r}.10-12 BBA 111/9-10; → zu 34^{r}-35^{r} → *NB 21*, 40^{r}-46^{r}

Die Anwerbung von »proleten«* sollte im Konzept *Therese K.* als Freier durch die Frau, in der vorliegenden Eintragung hingegen als Heimarbeiter durch die 59^{r}.5

Gefährten erfolgen. Als Heimarbeit sah Brecht nur hier die Flachsspinnerei vor,
→ zu 20r (4) sonst aber das Nähen von Hosen.*

Die Arbeit am *Fatzer*-Projekt setzte Brecht wohl bald darauf in einem anderen Notizbuch* fort. *NB 21*, 38r–55r

60r–61r steig ein hier ist das \ flugzeug *[…]* **von uns** Drei wohl zusammengehörende Entwürfe für das *Lindbergh*-Projekt, schon vor den umgebenden Notaten eingetragen. Im November 1928 hatte die Zeitschrift *Die Musik* berichtet (155):

> Der *Frankfurter Rundfunk* hat *Bert Brecht* den Auftrag erteilt, für ihn eine Kantate zu verfassen. Sie wird den Titel »Gedenktafeln, Grabschriften und Totenlieder« führen und behandelt den Tod der französischen Flieger Nungesser und Coli sowie anderer bekannter Sportleute. Die Musik, die für vier Sänger und kleines Orchester eingerichtet wird, ist zugleich bei *Kurt Weill* bestellt worden.

Aus dem Auftrag entwickelten sich neben dem Hörspiel *Lindberghflug* (Musik: Weill, Hindemith) auch die Kantate *Berliner Requiem** (Weill) und die Oper *Lehrstück** (Hindemith). In der auf »Freitag, den 8. Februar 1929« datierten Korrekturfahne* für die Erstpublikation von *Lindbergh* im Monatsmagazin *Uhu* waren die vorliegenden Verse nicht enthalten; im Druck, der ansonsten der Fahne entspricht, wurden sie dagegen teilweise verwendet (April 1929, Heft 7):

→ zu 82v

→ zu *NB 21*, 64r–66r | BBA 1937/1

> LINDBERGH
> EIN RADIO-HÖRSPIEL
> FÜR DIE FESTWOCHE IN BADEN-BADEN
> MIT EINER MUSIK VON KURT WEILL
>
> AUFFORDERUNG
> hier ist der apparat
> steig ein
> drüben in europa erwartet man dich
> der ruhm winkt dir.

64r <u>die genußraten des kapitalismus</u> sind die des marxismus Der ungewöhnliche Begriff Genußrate im Sinne einer regelmäßigen Rente aus unveräußerlichem Vermögen war nur im juristischen Kontext des 19. Jahrhunderts gebräuchlich. Dagegen handelt es sich in der vorliegenden Eintragung wohl um eine Analogiebildung zum Begriff der Profitrate, der für die marxistische Theorie zentral ist.

65r einem mann wird von feinden *[…]* **1. Morgenblatt** Das Notat geht wohl auf einen Bericht und (ungenauen) Hinweis Harry Graf Kesslers zurück, den Brecht am 30. Oktober 1928 bei Erwin Piscator in Berlin kennengelernt hatte.

Kessler erzählte Brecht neben »d'Annunzio Anekdoten« (*Kessler: Tagebuch* 9, 220) vielleicht auch von der Novemberrevolution 1918 und dem Augenzeugenbericht, den er am 7. Oktober 1928 in der *Frankfurter Zeitung* veröffentlicht hatte, allerdings nicht im *Ersten*, sondern im *Zweiten Morgenblatt*. Die von Brecht notierte Szene läßt sich in keiner der beiden Ausgaben nachweisen.

66r-68r Das Oberwasser *[...]* **folgen unnatürlichen sprechens.** Konzept für einen u. a. Goethes *Aus meinem Leben*, *Wilhelm Meister* und *Faust* parodierenden Roman. Den Titel hatte Brecht auf einem wohl 1922/23 entstandenen Konzept nachgetragen, worauf er sich in der vorliegenden Eintragung bezieht:

Angebot + Nachfrage / Roman — BBA 440/147

1) das bittere Wissen, alles fressen zu müssen wenn man nichts besseres hat <George – Marie>
2) Wer Zeit hat kann warten, wer nicht, nicht.
3) Zeiten billigen einkaufs
4) das vorbestimmte endziel + die bewußt vergeblichen anstrengungen, auszukommen
5) Genie + Talent <2. teil>
6) die ingenieure
7) Wege die abbiegen <der enttäuschende 5. Akt, ~~fü~~ – das tempo!!!
8) die Unberechenbaren
9) die Berechenbaren
10) <schlußkapitel> die [¿]Schrecken der harmonie

Die Oberfläch-lichen

Das Oberwasser / Roman

69r-73r Der Moabiter Pferdehandel *[...]* **nicht alles wahr!"** Entwürfe für ein Theaterstück, an dem Brecht 1928/29 arbeitete.* Der zuletzt notierte Dialog* findet sich auch am Ende des Konzepts *Der wertbeständige Oskar*...: → zu *NB 25*, 10r | 72r.13-73r

```
einmütigkeit uber den ~~zeit~~ satz: in den zeitungen steht auch
nicht i immer die wahrheit.
```

BBA 10252/74

Brecht zählte das Theaterstück um 1930 zusammen mit *Geld ist teuer*, *Liebe und Geschäfte der Kleinbürger* und *Der Brotladen* zu den epischen Dramen* und erwähnte es in einer Übersicht mit Stückprojekten*. BBA 10328/104 → zu *NB 21*, 8r–55r (19)

75r-77r über den winter *[...]* **sommer schon unerträglich?** Gedichtentwurf; konstituierter Text:

über den winter — 75r.1-4
frühjahr sommer + herbst – wie ich euch sagte ⟨–⟩
sind den städten ein nichts aber der winter
ist merkbar.

76r.7-77r 1
denn der winter
lange von dichtern „der sanfte“ geheißen
ist der schreckliche wieder geworden
jetzt wie in der stunde des anfangs
im ⟨*freigelasser Raum für zu ergänzendes Adjektiv*⟩ zeitalter
war nicht der sommer schon unerträglich?

76r.1-3 2
plötzlich beteiligt sich auch noch der
gleichgültige himmel an der vernichtung
und kommt mit kälte.

75r.9-11 3
die masse nach ihrer täglichen peinigung
findet zurückkehrend die höhlen dunkel

76r.4-6 4
und von jetzt ab
teilen hunger + kälte sich
in der Armen besitztum!

75r.6-8 5
als ob nicht der mensch ausreichte
den menschen
auszurotten!

82v Zu Potsdam unter den \ Budapest \ toter soldat Die Stichworte trug Brecht wohl im Zusammenhang mit dem Auftrag des Südwestdeutschen Rundfunks für eine Kantate mit dem Titel *Gedenktafeln, Grabschriften und Totenlieder** im November 1928 ein. Aus dem Auftrag entwickelte sich u.a. Kurt Weills »Kleine Kantate« *Das Berliner Requiem* nach Texten von Brecht (→ *Grosch 1996*). → zu 60r–61r

Das erste Stichwort bezieht sich auf das Gedicht *Zu Potsdam unter den Eichen* (entstanden im Mai, Juni 1927), das in allen Fassungen außer der Rundfunkfassung des *Berliner Requiems* (Ursendung: SWR Frankfurt, 22. Mai 1929) enthalten war.

Das zweite verweist vielleicht auf das im Mai 1926 entstandene Gedicht *Achttausend arme Leute kommen vor die Stadt*, das zur Publikation in *Der Knüppel* vorgesehen war;* eine Druckvorlage ist nicht überliefert. Das Gedicht wurde von Weill nicht vertont. Der Erstpublikation im Jahr 1960 stellte Elisabeth Hauptmann dem Gedicht folgende Bemerkung voran (*Brecht: Gedichte* 2, 165f.): → *TbH* (*NBA* 5, 737)

»Auf der Strecke Salgotarjan, vor Budapest, liegen jetzt über 8000 arbeitslose Bergarbeiter mit Frauen und Kindern auf offenem Felde. Die ersten zwei Tage ihres Kampfes verbrachten sie ohne Nahrung. Fetzen dienten ihnen notdürftig zur Bekleidung. Sie sehen wie Skelette aus. Sie haben sich gelobt, wenn sie kein Brot und keine Arbeit bekommen sollten, nach Budapest zu ziehen, auch wenn es Blut kosten sollte, sie haben nichts mehr zu verlieren. In der Umgebung von Budapest wurde Militär zusammengezogen. Es ergingen strenge Befehle, im Falle der geringsten Ruhestörung von den Waffen Gebrauch zu machen.«

Das letzte Stichwort bezieht sich wohl auf *Legende vom toten Soldaten* (1917/18), auf *Gedicht vom Unbekannten Soldaten unter dem Triumphbogen* (13. März 1926)* *TbH* (*NBA* 5, 729) oder auf *Zweites Gedicht vom Unbekannten Soldaten unter dem Triumphbogen* (Frühjahr 1928)*. Die *Legende* taucht nur in einer, die letzten beiden Gedichte in allen Fassungen des *Berliner Requiems* auf. → zu *NB 24*, 30r–33r

83r 5 Die Ziffer notierte Brecht zwischen Dezember 1928 und Anfang 1930 auf drei der vier Umschlagseiten (→ *Übersicht Efalinhefte*).* 1r, 1v.3, 83r

Notizbuch 23

Beschreibung

September 1927; Datierung: »sept. 27« (1v.4-5) *Datierung*

Das Notizbuch, das Brecht auf der Rückseite des vorderen Umschlags *Fatzer* zuordnete, verwendete er fast ausschließlich für dieses Stückprojekt. Davon unabhängig notierte er nur die beiden Gedichtentwürfe *Jolan Schütt ist auch gestorben …* und *Wenn du immer meine Frau gebrauchst …* *Kurzcharakteristik*

Archiv der Akademie der Künste, Berlin, BBA 10822 *Standort, Signatur*

10,4 cm × 14,2 cm (wie *NB 24, NB 25*); 100 von 102 Blättern (Umschlag mitgezählt) *Format, Umfang*

Pappe, innen aufgeklebtes Blatt und im Bundsteg mit weißem Klebstreifen befestigter Karton zur Bindungsverstärkung (→ 20v, 80r); außen mit schwarzem Kunstleder (Efalin) bezogen; Fadenheftung *Umschlag, Bindung*

dünnes, durchscheinendes, braun-gelbliches Papier; abgerundete Ecken; Rotschnitt (wie *NB 24, NB 25*) *Papier*

Bleistift, daneben schwarze Tinte, Rotstift *Schreibmittel*

BBA 10819: *NB 20* von 1926 *Archivkontext*
BBA 10821: *NB 22* von 1928

NB 23 gehört zu einer Reihe äußerlich gleichartiger schwarzer Efalinhefte (*NB 18-25*), die Brecht zwischen 1925 und 1930 verwendete und dreimal numerierte, zuletzt frühestens Anfang 1930 von »1« bis »9« (→ *Übersicht Efalinhefte*). *NB 23* bezifferte Brecht, abweichend von der Reihenfolge der Verwendung, zunächst zwischen Ende 1928 und Anfang 1930 mit »3«, dann frühestens Anfang 1930 mit »7«. *Verwendungskontext*

Das Notizbuch war wohl während der Benutzung in einen separaten schwarzen, mit Pappe verstärkten Lederumschlag (BBA 10363/95; → *NBA* 5, *Abb. 1*, 2, 657 f.) eingelegt bzw. eingesteckt (→ *NBA* 7, 456). Dieser diente als Umschlag für die Efalinhefte *NB 18-25*. *Schutzumschlag*

Auf einigen Blättern finden sich am oberen Rand rechteckige Vergilbungen oder kleine Flecken. Beides stammt von den 1956-57 im BBA mit Klebstreifen angebrachten Signaturzetteln. Im Rahmen der Restaurierung 2006 wurden diese Signaturen abgelöst und das ganze Notizbuch neu foliiert (am unteren Rand außen). *Verfärbung*

Besonderheiten

- häufig Abdruck bzw. Durchschlag der Tinte des jeweils vorangehenden oder folgenden Blatts
- Blätter mit Eselsohren: 2, 3, 22
- Blätter mit Faltspuren: 2, 9, 21-29, 80-81
- vorderer und hinterer Umschlag: vertikale Biegespuren
- eingeklebte Fotografie: 63^{v}

Lagenschema und Seitenbelegung

Lage 1

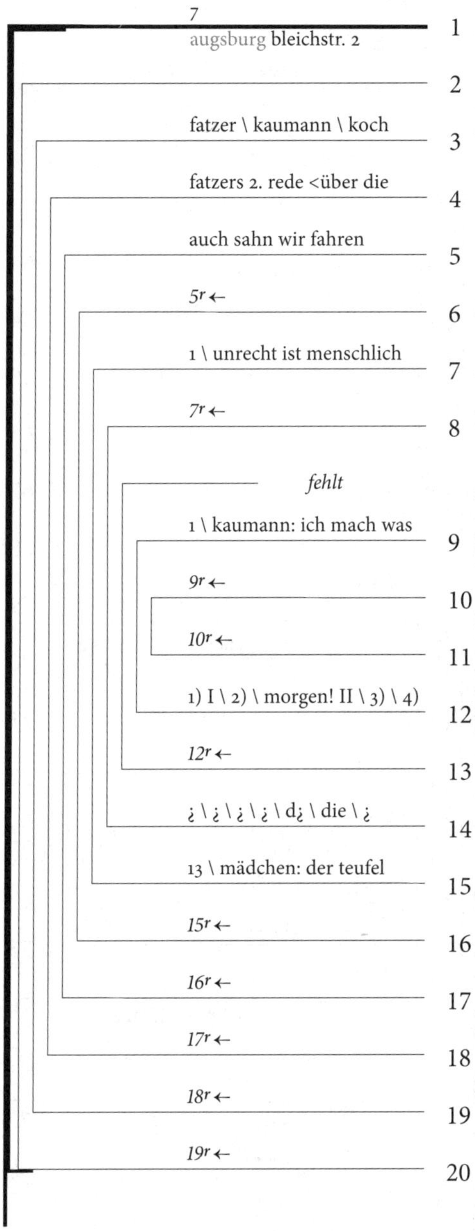
7
augsburg bleichstr. 2
1
2
fatzer \ kaumann \ koch
3
fatzers 2. rede <über die
4
auch sahn wir fahren
5
5r ←
6
1 \ unrecht ist menschlich
7
7r ←
8
fehlt
1 \ kaumann: ich mach was
9
9r ←
10
10r ←
11
1) I \ 2) \ morgen! II \ 3) \ 4)
12
12r ←
13
¿ \ ¿ \ ¿ \ ¿ \ d¿ \ die \ ¿
14
13 \ mädchen: der teufel
15
15r ←
16
16r ←
17
17r ←
18
18r ←
19
19r ←
20

Lage 2

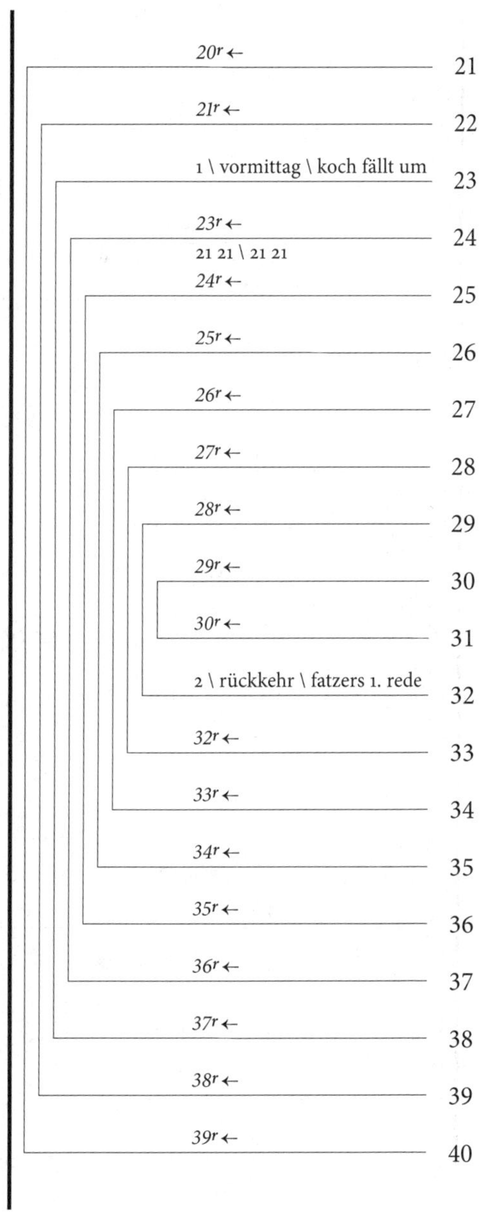
20r ←
21
21r ←
22
1 \ vormittag \ koch fällt um
23
23r ←
21 21 \ 21 21
24
24r ←
25
25r ←
26
26r ←
27
27r ←
28
28r ←
29
29r ←
30
30r ←
31
2 \ rückkehr \ fatzers 1. rede
32
32r ←
33
33r ←
34
34r ←
35
35r ←
36
36r ←
37
37r ←
38
38r ←
39
39r ←
40

Lage 3

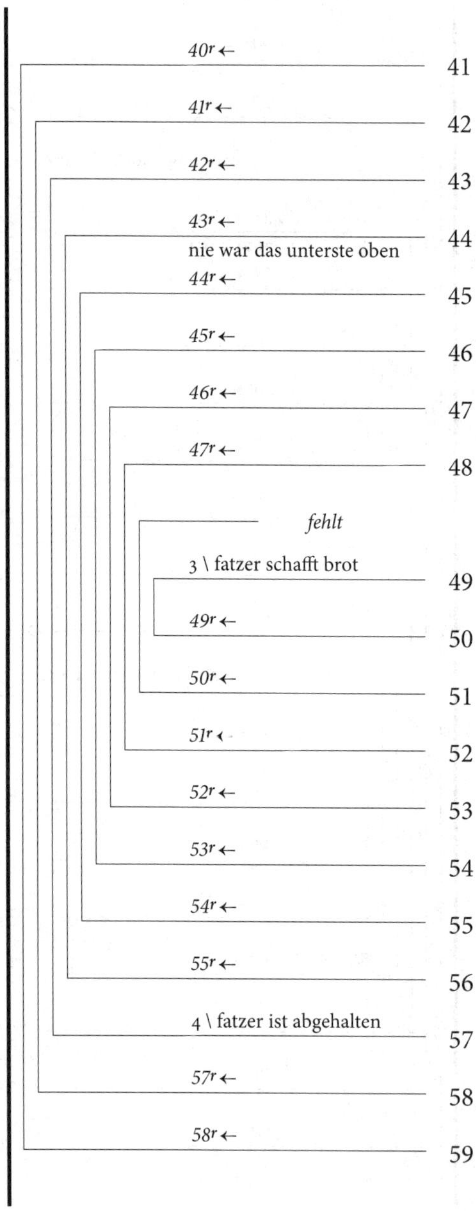

40r ←
41
41r ←
42
42r ←
43
43r ←
nie war das unterste oben
44
44r ←
45
45r ←
46
46r ←
47
47r ←
48
fehlt
3 \ fatzer schafft brot
49
49r ←
50
50r ←
51
51r ←
52
52r ←
53
53r ←
54
54r ←
55
55r ←
56
4 \ fatzer ist abgehalten
57
57r ←
58
58r ←
59

Lage 4

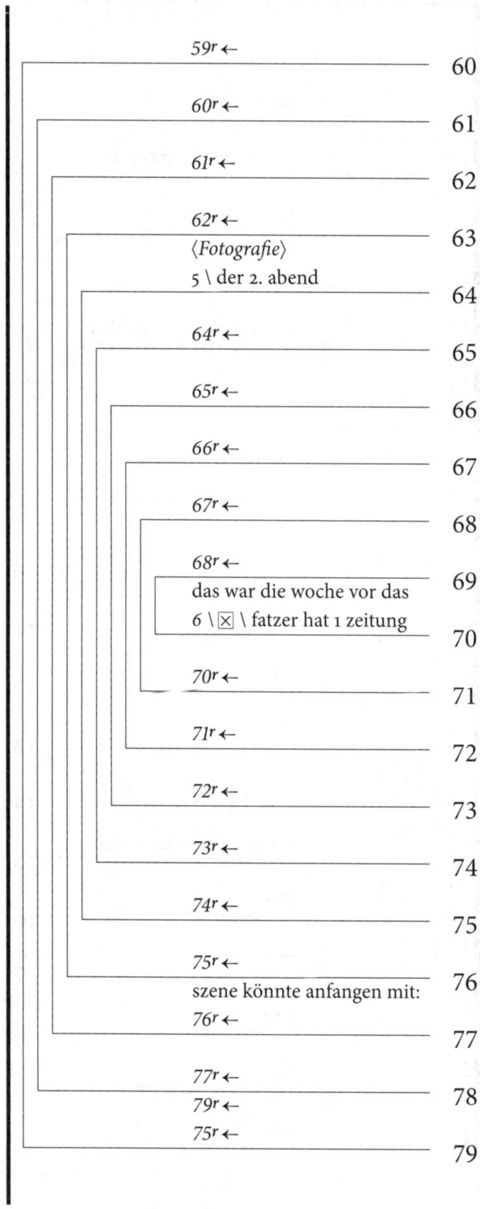

59r ←
60
60r ←
61
61r ←
62
62r ←
⟨Fotografie⟩
63
5 \ der 2. abend
64
64r ←
65
65r ←
66
66r ←
67
67r ←
68
68r ←
das war die woche vor das
69
6 \ ☒ \ fatzer hat 1 zeitung
70
70r ←
71
71r ←
72
72r ←
73
73r ←
74
74r ←
75
75r ←
szene könnte anfangen mit:
76
76r ←
77
77r ←
79r ←
78
75r ←
79

Lage 5

jolan schütt ist auch gestorben 80

wenn du immer meine frau 81

78v ← 82

78r ← 83

83r ← 84

84r ← 85

weil du jetzt von den

85r ← 86

86r ← 87

87r ←

87v ← 88

88r ← 89

89r ← 90

7 \ zunehmender hunger! 91

8 \ kaumann läuft mit dem 92

82r ← 93

93r ← 94

95

b. \ es ist doch alles wie 96

koch: daß du so herumspielst 97

97r ←

koch ist ein fanatiker 98

an einer mauer hin führen

das volk in mülheim 99

7 100

Erläuterungen

1r 7 Die Ziffer notierte Brecht auf drei der vier Umschlagseiten.* Das vorliegende Notizbuch gehört zu einer Reihe äußerlich gleichartiger schwarzer Efalinhefte,* die Brecht zwischen 1926 und 1930 verwendete und nachträglich mit Rotstift numerierte. 1r, 1v.3, 100r NB 18-25

1v augsburg **bleichstr. 2 *[...]* sept. 27 \ ¿** Vermutliche Eintragungsfolge: Als erstes trug Brecht im September 1927 in Augsburg wohl seinen Namen, darunter seine Augsburger und Berliner Adresse ein.* Vermutlich im selben Arbeitsgang notierte er den Stücktitel »fatzer« sowie Monat und Jahr der Eintragung. Die Ziffer »3« trug er wohl zwischen Dezember 1928 und Anfang 1930 ein. Später, frühestens Anfang 1930, überschrieb er sie mit »7« (→ *Übersicht Efalinhefte*). Zuletzt wurden – wie in *NB 18, 20, 21* und *22* – die Namens- bzw. Adreßangabe teilweise herausgerissen.* → *NB 18*, 20, 21, 22 → zu *NB 25*, 1v

Während seines Aufenthalts in Augsburg ab Ende Juli 1927 widmete sich Brecht intensiv dem Theaterstück *Fatzer**. Mitte August unterbrach er die Arbeit einige Zeit wegen eines Aufenthalts in Berlin (→ Borchardt an Grosz, 20. August 1927, in *Borchardt/Grosz 2019*, 38). Nach seiner Rückkehr Anfang September setzte er sie im vorliegenden Notizbuch, das er ausdrücklich für *Fatzer* anlegte, und dem nachfolgenden* fort. Ein Jahr später (Oktober 1928) bezeichnete er diese Eintragungen als »ersten entwurf«* . → zu *NB 21*, 8r–55r (5-6) *NB 24*, 2r-28r *NB 22*, 19r.5

3r **fatzer \ kaumann \ koch \ büsching *[...]* auge** Namen und Charakterisierungen der männlichen Hauptfiguren des Theaterstücks *Fatzer*; der Name Kaumann, der hier zum ersten Mal auftaucht, ersetzt Büsching bzw. Mellermann.* → *Ek 13-Ek 24*

Die literarische Figur Josef Schwejk war im deutschen Sprachraum ab 1912 durch Jaroslav Hašeks Erzählband *Der brave Soldat Schwejk und andere merkwürdige Geschichten* bekannt geworden. 1926/27 folgte der vierteilige Roman *Die Abenteuer des braven Soldaten Schwejk während des Weltkrieges* (→ *Brecht-Bibliothek* 1698-1700). Die Figur beschäftigte Brecht auch später noch: bei der Mitarbeit an einer Bühnenfassung* des Romans für die Piscator-Bühne* (Ende 1927, Anfang 1928), im Musical *Schweyk** (Mai 1943) und im Theaterstück *Schweyk/Schweyk im zweiten Weltkrieg* (Juni 1943 bis 1955). BBA 511/1-85 | → zu *NB 21*, 13r, zu *NB 25*, 47r.1-48r.9 BBA 140/12-21

4r **fatzers 2. rede \ <über die natur> *[...]* undicht** Eigens betitelte Reden sah Brecht für das Theaterstück *Fatzer* häufig vor,* eine Rede über die »natur« des Menschen hingegen nur hier. → zu *NB 21*, 30r-31r

5r.3-48r **auch sahn wir fahren *[...]* morgen.** Von einigen der Entwürfe* sind Maschinenabschriften überliefert, die Elisabeth Hauptmann in einem Arbeitszusammenhang mit Abschriften von Entwürfen für *Fatzer* und *Der Moabiter* 5r-6r, 7r-8r, 15r-22r, 32r-48r

→ zu *NB 22*, 3r–73r *Pferdehandel* in *NB 22* Anfang 1930 erstellte.* Die von ihr dabei getippten Vermerke »Heft 3«* und »Heft 3 Mitte«* verweisen auf das vorliegende Notizbuch (→ *Übersicht Efalinhefte*).

BBA 110/41; → 38r.1-3 | BBA 110/42; → 44r.2

→ zu *Mb 1·1* **5r–8r ~~auch sahen wir~~** *[…]* **fatzerchor 7** Die beiden Chorlieder* nahm Brecht etwa zweieinhalb Jahre später in die diktierte Übersicht *1) Chöre und Reden* (Anfang 1930) auf:

BBA 112/32; → zu *NB 21*, 30r–31r

```
Chor [...]
  "  spricht über die Gerechtigkeit [...]
  "  warnt die Schrift mit der Unreinlihckeit auszur[d]adieren
```

→ 5r–6r
→ 7r–8r

Auf dem ursprünglich auf Bl. 8 folgenden Blatt findet sich folgende Eintragung (»6« mit Rotstift nachgetragen):

BBA 109/7

7
denn fatzer jetzt~~s~~ gilts nicht mehr
seinen hals zu wagen für große
taten / sondern
unser essen zu schaffen täglich –
etwas zu ~~sagen~~ finden am d[onners]*iens*tag
und es aussuchen am mittwoch
6

9r–11r.4 1 \ kaumann: ich mach was ihr macht. *[…]* **hat** Erster Entwurf für

Gk 5·1 die 1. Szene *Das Loch* der nun maßgeblichen neuen Gesamtkonzeption*. Dazu notierte Brecht im zeitlichen Umfeld der vorliegenden Eintragung auf dem etwa zwei Monate zuvor (Juli 1927) entstandenen Typoskript 2. *Szene \ Haus in Mülheim** (vereinfacht wiedergegeben):

→ zu *NB 22*, 55r–57r

BBA 109/62

⟨*1. Entwurf:*⟩
wenn ich was bin
dann führ ich euch herauf aus
diesem loch (→ 10r.4, 12)
⟨*2. Entwurf:*⟩
I.
f⟨*atzer*⟩:
wenn ich was bin und der bin
der eben fatzer heißt
dann bring ich euch auch aus
diesem loch heraus

23r–31r Die Arbeit an der Szene setzte er im vorliegenden Notizbuch unten* fort.

11r.5-7 und da ist etwas was ich nicht gern *[...]* allein. Brecht verwendete den Entwurf teilweise wörtlich unten in Szene *13 Mädchen: Der Teufel weiß warum ...**. → 21r.11-12

12r-13r 1) I \ 2) morgen! *[...]* anderes. Gesamtkonzeption für zunächst 14 Szenen, später zu neun zusammengefaßt.* Zeitliche Abfolge der Eintragungen: → *Gk 5.2, Gk 5.5*

(1) Nach den Stichworten zu Szene »9)«* ergänzte Brecht einen Entwurf zu 12r.15-17
Szene »6)«* und wies ihn dieser mit »×«* zu. Erst danach setzte er die Arbeit auf 12r.20-22 | 12r.11
der Folgeseite fort.

(2) In Zusammenhang mit der Ausführung der 13. Szene* kam der Nachtrag 17r.3-10
»glocken kanonen: revolution« mit den beiden Unterführungszeichen* hinzu. 13r.11, 13, 15

(3) Das Stichwort »morgen!« zitiert den Schluß der unten notierten 2. Szene,* 12r.3; → 48r.5
das Stichwort »lacht« den Schluß der 5. Szene;* sie können also erst danach ein- 12r.8; → 69r.2
getragen worden sein.

(4) Mit breiterer Feder trug Brecht dann den mit »5a)« bezeichneten Entwurf* und die Stichworte »wasser – morgen!«* zu Szene »9)« nach. Diese Eintra- 12r.9, 13r.17-19 | 12r.17
gungen ergänzte er wohl im zeitlichen Zusammenhang mit den Konzepten der 7. und 8. Szene*, für die er diese Feder ebenfalls verwendete. 91r.2-92r

(5) Während der Weiterarbeit in *NB 24* wechselte Brecht die Zählung der Szenen von arabischen* zu römischen* Ziffern. In diesem Zusammenhang trug *NB 24*, 20r | *NB 24*, 26r.5
er auch die Trennstriche mit Bleistift ein.

Die vorliegende Eintragung entstand auf Grundlage des folgenden, kurz zuvor erstellten Konzepts (Abschrift von Elisabeth Hauptmann, Ergänzungen von Brecht):

1) das loch BBA 109/67; → *Gk 5.1*
2) die höhle ⟨*die Wohnung in Mülheim*⟩
3) fressen
4) raubzug
5) 2. raubzug
6) verantwortung darauf: die brustbeutel
3 szenen: essen, die frau des kaumann
7) essen das koch bringt frisst fatzer issest du mit? ja ich esse mit
8) nocheinmal legen die 5 ⟨*wohl Verlesung statt* »3«⟩ von hunger bezwungen die hand für f. ins feuer
9) fatzer ist "krank" sie lügen und verlieren ihre höhle
f kommt zurück er hat die pässe verschmissen er kündigt den
~~10)~~ spaziergang an sie fressen (er isst nichts-hat von dem unverdienten geld gekauft) sie singen zum grammofon und er tanzt und am schluss sagt er wieder seinen spaziergang an
10) der spaziergang
11) die verurteilung

12) fatzer empfängt den brief er nimmt eine fose mit weil er
    angst hat
13) die exekution

möglichst viel zeit dazwischen!

15r-70r.1 Die meisten der nachfolgend notierten Szenen* entsprechen weitgehend dem
12r.3, 8 vorliegenden Konzept, was auch die bei »2)« und »5)«* nachgetragenen Stich-
91r | 94r.7-8, 86r.10-87v worte belegen. Ab der 7. Szene* und in den Ergänzungen zur 6. Szene* wich
Brecht zunehmend von ihm ab.

- 71r.1-2, 76r.2, 76r.7-77r.4, 87r.8-10 zu »6)«: Die Stichworte werden unten in der 6. Szene modifiziert verwendet.* Der Satz »einer ist unter uns den wir nicht kennen« spielt an auf Mk 14,18: »Und als sie zu Tische sassen, und assen, sprach Jesus: Wahrlich, ich sage euch: Einer unter euch, der mit mir isst, wird mich verraten.«
- zu »10)«: Die wohl als Beginn von Fatzers Rede *Über die Freiheit* gedachte Formulierung zitiert das zweite Chorlied aus Sophokles' *Antigone* (V. 331 f.; *Sophokles: Antigone*, 18): »Vieles Gewaltige lebt, und nichts \ ist gewaltiger als der Mensch.« Ein der »brustbeutelgeschichte« ähnliches Konzept hatte Brecht bereits zwei Monate zuvor (Juli 1927) formuliert: Sie »geben ihm ihr
Gk 2·9 letztes geld«*. Bald darauf nahm er sie im oben zitierten Strukturkonzept auf
BBA 109/67 (6) | 87r.4-90r.8 (»darauf: die brustbeutel«)*; und führte sie unten* in der 6. Szene aus.
- zu »13)«: Hintergrund der nachgetragenen Szenenanweisung »glocken kanonen: revolution« ist die Feier eines Sieges durch die Deutschen, die Fatzer als
→ 17r Zeichen des Ausbruchs der Revolution mißdeutet.*

14r [¿]¿ *[…]* ¿ Das herausgerissene Blatt ist nicht überliefert. Wie die umgebenden Eintragungen bezogen sich wohl auch die darauf notierten auf *Fatzer*.

15r-22r 13 mädchen: der teufel weiß warum *[…]* **<beide ab>** Ausführung der
→ zu 13r.13 oben konzipierten Szene *13 Brief**. Konstituierter Text des Anfangs der Szene:

15r 13

mädchen:

der teufel weiß warum ich dich
mir hierherein setz
und's gern seh wenn du meine
supp ausschlappst
und zu mir im bett bist wie einer
der dabei raucht
so einer wie du war mancher
letzter anblick

16r fatzer:

ich hab solche die kleben an
mir wie dreck am hund. was
sie an mir hält weiß ich nicht.

wenn sie kommen
bin ich nicht da.
mädchen:
fürchtest du sie, kleiner?
fatzer:
gar nicht. laß die tür zu!
mädchen hat die tür geöffnet: 17r
horch das geschieße
und läuten! da ist was los!
fatzer steht auf
mach auf! schießts?
das ist
was ich gesagt hab,
das sind wir, die schießen!
Johann fatzer
jetzt kommen sie + ich
stell mich!

Den gestrichenen Vergleich von Gesichtern mit Eisenkesseln* verwendete Brecht ähnlich unten in Szene 5 *Der 2. Abend** und im Juni 1930 in der gedruckten Szene *Fatzer, 3 \ Fatzers zweite Abweichung* (in: *Brecht: Versuche* 1, 30)*. 16r.8-9 → 66r.10 → *BFA* 10, 507

Fatzers Äußerung »ich bin nicht gern allein«* hatte Brecht ähnlich bereits oben* wohl für die 1. Szene notiert; sie findet sich ein Jahr später (Oktober 1928) auch im Konzept für eine andere Szene*. 21r.11-12; → 22r.2-3 11r.5-7 → *NB 22*, 19r.6-7

23r-31r 1 vormittag \ koch fällt um ***[...]*** **rindviecher!** Entwürfe für die 1. Szene, zu der Brecht bereits oben* einen Dialog notiert hatte. In den vorliegenden Eintragungen ging er aus von dem Entwurf *Fatzers Stimme aus dem Tank...* In diesem werden nur drei männliche Hauptfiguren namentlich genannt,* es sind aber vier vorausgesetzt: 9r-11r.4 → *Ek 22*

FTZ BBA 110/9; → *BFA* 10, 451
unter dem halben baum rauch ich → 30r.2
unsern tabak auf

KOCH FÄLLT UM → 23r.2

BÜ
steh auf du hund!der sergeant → 23r.11-12
wenn du nicht wiederkommst d~~ann~~
~~zerreisst~~ und er sie[g]*h*t dich nicht
dann zerreissst dich der sergeant schmitt
und an einen pfahl wirst du gebunden koch!

KOCH
ach fatzer ich kann
nicht mehr krieg führen

→ *Mb 1·5–Mb 1·6* SCHAU

WÄHREND AUF DEN TAFELN DIE KRIEGSGERÄTE GEZEIGT
WERDEN ALS DA SIND SCHLACHTSCHIFFE FLUGZEUGE KANONEN
USW BEKLAGEN DIE DREI LAUT SCHREIEND IHR GESCHICK *[...]*

BBA 110/10; → *BFA* 10, 453

ALLE DREI

schlachtschiffe flugzeuge und kanonen
sind gegen uns gerichtet
d[as]*ie* mine und das gelbkreuzgas
zu unserer vernichtung dass wir
vertilgt werden vom erdboden
alles läuft gegen uns arbeitet und
hält nicht an
→ 29r.7 unsere mutter ist ein tannk und
kann uns nicht schützen
wir müssen
kaputt gehen

FTZ
~~so~~ ich
→ 26r.2–7 mache ~~jetzt~~ keinen krieg mehr
es ist gut dass ich
hier her gekommen bin zu einer
stelle der welt wo ich
nachdenken konnte 3 minuten lang
jetzt
können wir weggehn

BÜ
da wirst du erschossen schmitt
der erschiesst dich

FTZ
ich glaube nicht mehr
an schmitt da er ja
sicher ~~erse~~ gestorben ist
→ 24r.12–26r.5 wir aber brechen jetzt diesen krieg ab und
verlassen diese schlacht
vier mann an einem mittwoch
im dritten jahr des kriegs
in einem tank verloren
aus den augen der unsern nachdem wir
BBA 112/26; → *BFA* 10, 453f. auf einem flecken mit eisen geschoren
halt gemacht für 3 minuten
dies tun wir
zu entgehen der vernichtung

fatzer daheraus
bringst du uns nicht

Teile der Szene schnitt Brecht aus dem Typoskript (Original) aus und klebte die Ausschnitte auf einen der Montagebögen.* *Mb1·5–Mb1·6*

32^{r}–48^{r} 2 rückkehr. fatzers 1. rede. *[…]* **morgen.** Entwurf der 2. Szene.* → zu 12^{r}.3

Vom Gespräch der Frauen vor dem Auftauchen der vier Männer ist ein einige Wochen zuvor, wohl Ende Juli 1927, entstandener Entwurf überliefert,* der noch der Gesamtkonzeption *In den Jahren nach dem Kriege…** folgt. Ein Jahr später, im Oktober 1928, paßte Brecht die Handlung noch einmal der dann maßgeblichen Gesamtkonzeption an* und führte Fatzers *1. Rede** neu aus.* BBA 111/20–21; → zu *NB 22*, 2^{r}.1–5, *Ek17* | *Gk2* | *Mb2·3–Mb2·9* | *NB 23*, 43^{r}.9–46^{r} | → zu *NB 22*, 3^{r}–4^{r} | 44^{r}.11

Das Konzept des Massemenschen* hatte Brecht 1926 im Kontext des Stückprojekts *Rosa Luxemburg/Die letzten Wochen der Rosa Luxemburg* und *Trommeln in der Nacht** entwickelt. Er formulierte es später u. a. für *Fatzer* weiter aus.* *NB 18*, 79^{r}, 88^{r}.4 | *NB 21*, 55^{r}.6–10, *NB 22*, 28^{r}

49^{r}–56^{r} 3 fatzer schafft brot. *[…]* **sachen! <ab>** Entwurf der 3. Szene. In einer kurz zuvor erstellten Gesamtkonzeption trägt sie den Titel *3) Fressen**; im Rahmen der ein Jahr später maßgeblichen heißt sie *III Fatzer geht auf Beute aus** bzw. *3) Orientierung und 1. Versuch**. Den Handlungsgang beschrieb Brecht in einem ebenfalls im Herbst 1928 getippten Entwurf *Der Untergang des »Egoisten« Fatzer**. *Gk5·1*; → zu 12^{r}–13^{r} | *Gk6·2* | *Gk6·5* | *Gk6·1*

In der letzten Gesamtkonzeption von Anfang 1930 heißt die Szene *3 Fatzers Gang durch Mühlheim**; im Juni 1930 erschien sie schließlich unter dem Titel *Fatzer, 3 \ Rundgang des Fatzer durch die Stadt Mühlheim* in Heft 1 der *Versuche*.* *Gk7·4* | → *BFA* 10, 499–505

57^{r}–69^{r} 4 fatzer ist abgehalten *[…]* **f. <lacht>** Entwurf der 4. und 5. Szene.* → zu 12^{r}–13^{r}

Kurz zuvor (August 1927) hatte Brecht sie bereits einmal begonnen und gleich wieder abgebrochen:

BBA 110/22; → *Gk4·1*, *Ek19*

4

abend strassenecke

drei warten auf fatzer

die chance geht vorüber

fatzer: es ist etwas dazwischen gekommen
mellermann: und morgen?
fatzer: ich bin da
kiaul: kommt etwas dazwischen?
fatzer: nein

BBA 110/21

5

nächster abend gleiche ecke

drei warten auf fatzer

die chance geht vorüber

fatzer
mellermann:

63v Auf der dem Beginn der 5. Szene gegenüberliegenden Seite* klebte Brecht ein zugeschnittenes Foto ein. Wen es zeigt und wo es aufgenommen wurde, ist nicht bekannt. Den Ausschnitt eines weiteren, in der gleichen Situation entstandenen Fotos derselben Person klebte Brecht neben den Entwurf der Rede Kochs *Dass einmal etwas nicht im Sand verläuft…** (Herbst 1927). Die Bildunterschrift wurde von »Bess« (Elisabeth Hauptmann) mit Bleistift eingetragen.

BBA 109/80; → *Abb.* 3, *BFA* 10, 459 f.

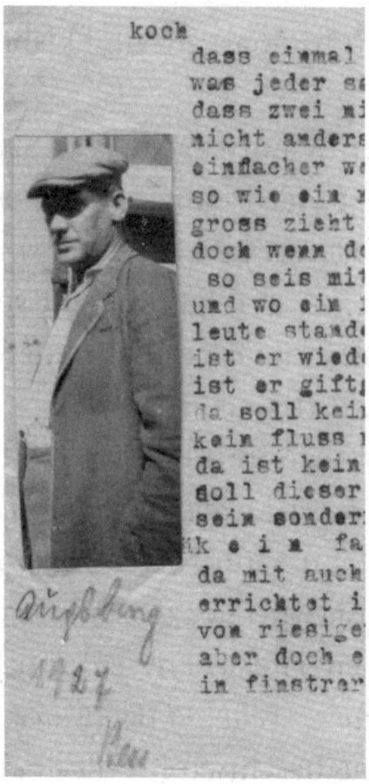

Abb. 3 BBA 109/80 (Ausschnitt)

Wohl bald nach vorliegender Eintragung führte Brecht den Anfang der Szene weiter aus. Das auf das Typoskript geklebte Foto des Boxers Paul Samson-Körner* hatte er aus dem *Uhu* (Nr. 1, 1925) ausgeschnitten:

→ *Abb.* 4; → *Tb H* (*NBA* 5, 725–728)

BBA 109/75 [6]5

→ 64r.2-3 koch

    wo ist der fatzer?

Büsching

    der

⟨*wohl freigelassener Raum für noch zu ergänzenden Text:*⟩

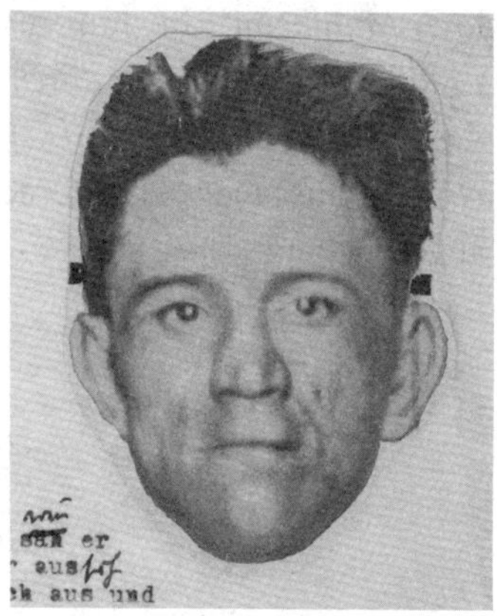

Abb. 4 BBA 109/75 (Ausschnitt)

büsching

    der könnt es sein was meint ihr? der.
    sieht ~~freundlich aus~~ umgänglich aus

koch

    ⟨*1. Entwurf:*⟩ zu umgänglich eine idee zu umgänglich sah er
    zwischen mund und nass nur etwas härter aus

→ *Abb.* 4 ⟨*2. Entwurf:*⟩ zu umgänglich eine idee zu umgänglich wenn er
    zwischen mund und nass nur etwas härter aussah
    könnt man nicht sagen dr säh streberisch aus und
    hat er nicht was gieriges? so im schritt? umgänglich ja
    aber mit wem umgänglich? ich sag euch je länger ich gerade
    den beschau

so weich und harmlos wie
der durchgeschwitzte kragen eines mörders: nein
der kanns nicht sein
büsching
und der?
koch
der zifilitiker? ja es könnt sein
dass er die montur ablegte
damit man ihn nicht kennt aber glaubt ihr
das ist ein soldat? s ist eher einer ⟨*am linken Rand:*⟩
der für den krieg ist + der frisst ein gebiß
seinen kalbsbraten im waremn bett wie 1 fallreep
dieses wenig abstehende ohr hat etwas lasterhaftes
ich sage euch: der besteht bei einer hur auf einer bettflasche.
der stopft nicht vier mägen die dieweil die welt
auf ihrer oberfläch vom krieg zerfleischt ist
unter der erd aufgespannt sind und auf fleisch warte[h]*n*

\+ aber schau nur genauer hin: würd er nicht
auch seine haut ablegen damit man ihn
nicht kennt! und muskeln und bänder ~~und~~
damit man ihn nicht kennt!

je mehr man hinsieht desto weniger
erscheint ein mensch als mensch. keiner von allen
⟨*1. Entwurf:*⟩ liest man auf seiner stirnhaut die niederschrift
⟨*2. Entwurf:*⟩ wenn man auf seiner stirnhaut die niederschrift liest
seines mühseligen lebens,<schwäche und rohheit>
erscheint einem ~~als~~ solcher der uns wenns nottut
beisteht. wie einer

Zwischen Herbst 1928 und Ende 1929, nach der Umbenennung von Kaumann in Leeb,* führte Brecht die Szene in einem weiteren Typoskript aus. Anfang 1930 schnitt er es zu und klebte die Ausschnitte auf einen der Montagebögen*. → zu *NB 22*, 58r *Mb 3·2-Mb 3·8*

Im Juni 1930 erschien die Szene unter dem Titel *Fatzer, 3 \ Fatzers zweite Abweichung. Zwei Abende hintereinander versuchen die Heimkehrer sich Proviant zu verschaffen. Fatzer bringt die Versuche zum Scheitern* in Heft 1 der *Versuche.** → *BFA* 10, 499-505

69v das war die woche vor das russische *[...]* spricht Stichworte wohl zur Oktoberrevolution 1917 in Rußland, in der das Proletariat die Macht ergriff. Brecht trug die Notate wohl als Ergänzung zur 6. Szene nach, die nun offenbar mit einem epischen Element (Projektion, Erzähler o.ä.) beginnen sollte.* → zu 70r–94r Mit dem Marxismus, der Person Lenins und der russischen Oktoberrevolution beschäftigte Brecht sich ab Sommer 1926.* → zu *NB 18*, 38r.11–39r.1, *NB 21*, 35v–37r

70r–94r 6 \ ☒ \ fatzer hat 1 zeitung *[...]* <geht hinaus> Entwurf für die 6. Szene.* Eintragungsfolge: → zu 12r–13r (1)

70r–75r.10, 76r (1) Zuerst notierte Brecht einen Entwurf,* der zu diesem Zeitpunkt vielleicht
als vollständige Szene gedacht war. Die Regieanweisung »fatzer hat 1 zeitung und
70r.3-4 spricht über new jork.«* verweist auf den kurz zuvor, im August 1927, notierten
→ zu *NB 21*, 15r.4–16r.5 Entwurf *Fatzer <bringt eine Zeitung>*,* der an dieser Stelle eingefügt werden
70r.6 sollte (→ unten: konstituierter Text). Kochs Äußerung »was hat es genützt?«*
77r–79r bezieht sich hier also noch auf New York (→ 5). Danach ließ Brecht drei* Blätter
für Ergänzungen frei.

(2) Spätestens jetzt notierte Brecht zwei von *Fatzer* unabhängige Reimge-
80r–81r dichte*.

77r–78r, 83r–90r (3) Dann führte er die 6. Szene weiter aus,* vielleicht weil er die im Strukturkonzept oben ergänzten Stichworte anfangs (→ 1) übersehen hatte: »die drei
12r.21-22; → 77r.1-4 | 82r plötzlich: einer ist unter uns den wir nicht kennen.«* Ein Blatt* ließ er dabei frei,
vielleicht für die Fortsetzung der Reimgedichte. Wann genau Brecht die Ergän-
76v zung »szene könnte anfang⟨*en*⟩ mit: er ⟨*Fatzer*⟩ ist krank.«* sowie den Satz »weil
85v du jetzt von den \ dotschen satt bist \ darum ist dir alles \ gleich.«* nachtrug und
welcher Figur dieser zugedacht war, ist unklar.

91r–92r (4) Nach Eintragung der Konzepte für die 7. und 8. Szene* erweiterte Brecht
79r–78v, 82r, 93r–94r | 87r.10–87v die Szene auf den freigebliebenen Blättern* und ergänzte eine Passage* im be-
reits vorliegenden Text. Dadurch spielt Therese Kaumann nun schon in der
→ 12r.13 6. Szene und nicht erst, wie im Strukturkonzept oben geplant, in der 7.* eine ent-
scheidende Rolle. Dabei entstehende Unstimmigkeiten korrigierte Brecht nicht:
76r, 94r Fatzers zweimaligen Abgang in der 6. Szene* sowie den Widerspruch zwischen
91r.10-11 Fatzers sexuellem Verlangen in der 7.* und seiner angedeuteten Befriedigung
→ 94r.7-8, 86r.10–87v bereits in der 6.*

→ zu 98v–99r | (5) Zuletzt arbeitete Brecht den Anfang der Szene um, wohl in Zusammen-
70r.2-3; → 70r.14 hang mit den später konzipierten Volksszenen*. Er stellte die Regieanweisung*
69v um und ergänzte auf der gegenüberliegenden Seite einige Stichworte* wohl zur
Oktoberrevolution 1917 in Rußland, auf die Kochs Äußerung »was hat es ge-
70r.6 nützt?«* sich nun bezieht (statt auf New York; → 1).

Konstituierter Text:

70r.1 6

76v szene könnte anfang⟨*en*⟩ mit: er ⟨*Fatzer*⟩ ist krank.

69v das war die woche vor das russische proletariat ⟨*»die Macht ergriff« o. ä.*⟩

in Moskau

lenin spricht

koch: 70r.5-13

was hat es genützt? jetzt
laufen wir wie ratten in dieser
höhle herum, die keinen proviant
haben. so werden sie uns noch
herausziehen. wir können uns
nicht halten gegen alle.

büsching:

so nicht.

fatzer hat 1 zeitung und spricht über new jork. 70r.3-4

hier ist das bild *NB 21*, 15r.5-16r.5
von unserer stadt new york
denn wir haben gebaut
über einem kleinen wasser, dem
atlantischen weiher, eine neue
stadt mit namen new york
häuser wie gebirge aus erz
und die goldene elektrizität
erhellt sie die nächte hin
dies hat gemacht
unser geschlecht oder eines
das ihm ähnlich ist.

kaumann: <bringt ein paket> 71r

da sind dotschen.

büsching:

kochen! wo ist die frau?

koch:

arbeiten. koch selber!

büsching:

her!

kaumann:

ich versuche ob sie frisch sind!

<beißt in eine> 72r

büsching:

da sind 2 angefressen.
hast du das gemacht?

kaumann:

sie waren schon.

büsching:

dreck waren sie. du
hast sie angefressen.

kaumann:

wenn ich sie auftreib!

koch:

heißt das, du darfst sie auf-
fressen! spuck aus was du im 73r
mund hast!

kaumann:
hol dirs!
büsching <biegt ihm den kopf hinter>
spuck aus!
koch:
es ist wegen dem prinzip!
kaumann: <spuckt es büsching ins gesicht>
da hast du!
74r fatzer <hat angefangen mit essen>
ihr paßt zusammen!
koch:
erst kochen!
büsching:
da friß auch! ich wart auch
nicht!
koch:
dann furzst du wieder herum!
75r fatzer:
das darf man nicht. wegen
dem »prinzip«!
<sie essen>
koch:
es ist alles ruhig, wo man
hinkommt! kein anzeichen,
von nichts! und uns geht
die puste aus!
<sie essen>
79r die kaumann
eßt ihr alle? braucht ihr
kein löffel mehr oder
zwei löffel? bist du
zufrieden <zu kaumann> brauchst
du nichts sonst? Aber wenn
du nicht sprichst will ich
sprechen und wenn du nie
allein bist will ichs vor
ihnen sagen die sich da anfressen. <zu fatzer> aber dich haß
78v ich am meisten denn du
könntest dir zu fressen suchen.
82r drum frag ich euch: wollt ihr
euch nicht
die luft anschauen
mitunter oder ihr geht hinaus
auf den abtritt daß ich den meinen
allein treff⟨?⟩ ich sags jedem:
er soll mir an die beine
langen es dauert ein par

minuten ihr entschuldigts solang
drauf hab ich anspruch.
kaumann: 93r
halt dein maul! hast du
keine scham?
die kaumann:
grad die fehlt mir. wenn
ich dir dein essen wegstell
wirst du zornig. aber
was soll ich machen?
koch:
steht auf, nehmt euren
teller mit und eßt draußen.
kaumann 94r
ihr könnt herinnenbleiben.
wenn ich gras freß das merk
dir, hab ich keine lust
mit einem weib! Und
dabei bleibts.
die kaumann <geht hinaus>
fatzer <geht hinaus>
koch <plötzlich> 77r
es ist einer unter uns,
der ißt und tut nichts.
den kennen wir noch nicht.
aber es ist eine zeit wo
wir alle kennen müssen.
denn es weiß niemand
ob wir morgen noch auf der
welt sind! deshalb wollen
wir ihn ausprobieren und
drum frage ich euch: seid ihr
bereit das dranzusetzen was 78r
wir haben daß wir sehen wie es
mit ihm steht?
büsching
du bist einer der mit dem
kopf durch die wand will.
der mensch ist nicht wie ein
kiesel der nie weicher ist.
ich warn dich, koch!
koch: 83r
aber du bist einer der
geschunden werden muß weil
er alles aushält! macht das
nicht mit mir, ihr, daß ihr
redet und es bedeutet nichts.
die wahrheit ist daß ich nicht

mehr geschlafen habe seit einer
von uns nicht da war. er
hat gesagt: ich komme. das
kann ihm den hals kosten.
84r büsching:
wie du das fieber gehabt
hast hat er nichts gesagt und
dich in den zug getragen.
koch:
warum aber?
büsching
er tut vielleicht nur wozu
der lust hat.
85r koch:
dann muß man diesen
aussatz auskratzen.
büsching
du bist ein sehr rascher
mensch, koch!
koch
darum weil ich das weiß
bin ich der langsamste. Und
drum will ich daß wir ihm
eine gelegenheit geben. Wir
86r wollen ihm unsre pässe geben
und das geld das wir noch
haben dann wird er sehen
daß wir vertrauen zu ihm haben
und es nicht enttäuschen.
büsching
das sehe ich nicht
das wird ihm nichts bedeuten.
koch
du kennst meinen plan nicht
ich aber weiß wie er ist.
87r büsching
wenn er ein verräter ist
dann muß er hingehen.
koch
gebt eure sachen her!
<sie ziehen ihre brustbeutel>
koch
fatzer!
<fatzer kommt>
wo warst du?
87v fatzer:
draußen
<hinter ihm die kaumann>

koch 88r
wir wissen nicht was aus
uns wird, weil wir nichts
mehr zu fressen haben. da
haben wir unsre brust-
beutel ausgeleert und
du sollst es aufheben, denn
einer ist sicherer als vier
und du warst immer der
sicherste.
fatzer 89r
koch, du bist
ein schlechter hund, ich
kenne dich.
koch
willst du es also nicht nehmen?
fatzer
überleg es dir noch, eine
minute geb ich dir.
büsching 90r
was heißt das fatzer?
koch
nimm was wir dir geben.
wir haben das vertrauen.
fatzer <nimmt es>
so gib es her, was ihr habt!
<lacht>

Etwa ein Jahr nach der vorliegenden Eintragung, im Herbst 1928, sollte Fatzer nicht mehr durch Pässe und Geld* (→ »brustbeutelgeschichte«*) auf die Probe gestellt werden: »sie geben die *[...]* erbeuteten rationen in seine hände«*, »er ⟨*Koch*⟩ macht also den vorschlag ihn mit dem fleisch zu versuchen«* und »koch: laßt uns ihm hinstellen das ganze essen«*. → 87r.4-90r | 13r.4-6 BBA 109/66; → *Gk 6·2* BBA 109/54; → zu *NB 22*, 29r BBA 111/25; → *BFA* 10, 455

80r–81r jolan schütt ist auch gestorben *[...]* rauchst! –) Zwei Gedichtentwürfe, von den umgebenden *Fatzer*-Eintragungen unabhängig; darauf deutet auch eine gemeinsame Faltspur beider Blätter nach innen hin.

91r 7 \ zunehmender hunger! *[...]* frau.. Konzept für die 7. Szene. Schon kurz vor der oben formulierten Gesamtkonzeption* hatte Brecht auf einem später herausgerissenen Blatt einen Entwurf für diese Szene notiert.* → 12r–13r → zu 5r–8r

92r 8 \ kauman läuft mit dem messer *[...]* anrühren Konzept für die 8. Szene.* Fatzers Überdruß an der Frau nach dem vollzogenen Geschlechtsakt findet sich schon in einem 1926/27 erstellten Typoskript.* → 12r.13 BBA 112/3; → *Gk 2·6*, *Ek 11*

96r–99r b. \ es ist doch alles wie sonst *[...]* volkes“. Dialogentwürfe und Figurencharakteristik* sowie neue Konzepte*, die eine Erweiterung oder Änderung 96r–98r | 98v–99r

Gk 5.3 | 99^{r}.1 der Gesamtkonzeption* belegen. Unter dem Titel *Das Volk in Mülheim** konzi-
pierte Brecht zwei neue Szenen, die er bald darauf in einem anderen Notizbuch
NB 24, 2^{v} als *Zwischenszenen: das Volk** modifizierend ausführte: die Regieanweisung
98^{v}; → *NB 24*, 3^{r}-10^{r} *An einer Mauer hin …* in *A Soldaten führen einen Gefesselten**, das Szenenkon-
zept *Kasernenstube nächtlich* (mit der nachgetragenen Einführung durch einen
99^{r}.2-8; → *NB 24*, 11^{r}-17^{r} Erzähler o. ä.) in *B Zug**.

Eintragungsfolge: Zuerst trug Brecht zwei Titel auf dem letzten Blatt des vor-
99^{r}.1-2 liegenden Notizbuchs ein.* Dann begann er mit einer ersten Ausarbeitung der
99^{r}.3-8, 98^{v} | 98^{r}.2-6 beiden *Zwischenszenen**. Darauf folgte die Charakterisierung Kochs.* Zuletzt
96^{r}-97^{v}, 98^{r}.9-11 trug Brecht die nicht zu den *Zwischenszenen* gehörenden Dialogentwürfe ein.*

100^{r} 7 Die Ziffer notierte Brecht frühestens 1930 (→ *Übersicht Efalinhefte*) auf
1^{r}, 1^{v}.3, 100^{r} drei der vier Umschlagseiten.*

Fatzer-Montagebögen

Anfang 1930 erstellte Brecht vier große Bögen aus Packpapier, auf die er Blätter unterschiedlicher Provenienz aus dem *Fatzer*-Material aufklebte: Teile von Typoskripten, aus Notizbüchern herausgetrennte Blätter und von Hand beschriebene Einzelblätter. Er schnitt dafür vier verschiedenartige Trägerpapiere zu: wohl zuerst das für *Mb 1* und dann in einem Arbeitsgang die drei ungefähr gleich großen Papiere für *Mb 2* bis *Mb 4*. Nur *Mb 1* verwendete er im Querformat, die drei übrigen im Hochformat. Die Beklebung begann er mit *Mb 1.2* und brach sie bei *Mb 4.2* ab. Dabei ergänzte er einzelne handschriftliche Notate und bezifferte zuletzt *Mb 2* bis *Mb 4* mit Rotstift. Zu einem späteren Zeitpunkt nutzte er die zusammengefalteten Bögen für von *Fatzer* unabhängige Notizen.

Die Montagebögen entstanden im Rahmen einer neuen Gesamtkonzeption* und im Zusammenhang mit einer neuen Form der Publikation (*Versuche*-Reihe)*. Brecht sammelte dafür verschiedene Blätter aus den Jahren 1927 bis 1930*, die allerdings im Hinblick auf Figurenzahl und -namen, Handlungszeit und andere Handlungselemente teilweise miteinander unvereinbar sind.

Gk 7.3
→ zu *NB 21*, 8r–55r (14)
→ *Gk 2-Gk 7*

Auf den Montagebögen finden sich Vergilbungen oder kleinere Flecken: Sie stammen von dem Klebstoff, den Brecht Anfang 1930 verwendete, bzw. den Klebstreifen, mit denen 1956-57 im BBA Signaturzettel angebracht und Papierschäden ausgebessert wurden. Bei der Restaurierung 2006 wurden die Klebstreifen und Signaturzettel entfernt, Klebe- und Papierschäden ausgebessert sowie die Trägerpapiere und bei *Mb 2* auch die aufgeklebten Papiere neu foliiert.

Beschreibung Montagebogen 1

Datierung Erstellung des Montagebogens, Eintragungen mit Rotstift und *Mb 1·3*: Anfang 1930; *Mb 1·7*: zwischen Anfang 1930 und 1932 (→ zu *Mb 4·4, Mb 4·8*)

Datierung der aufgeklebten Blätter:

- *Mb 1·2*: Anfang 1930; wohl kurz vor *Mb 1·4* entstanden
- *Mb 1·4*: Anfang 1930; wohl kurz nach *Mb 1·2* entstanden; das Blatt stammt aus der 5. Lage von *NB 25* (→ *Übersicht Efalinhefte*)
- *Mb 1·5–Mb 1·6*: August 1927 (→ *Ek 22*)

Kurzcharakteristik Der Montagebogen enthält Entwürfe für einen Prolog mit zwei Chören und für die 1. Szene (Desertion). Die zuletzt eingetragene Adresse steht in keinem Zusammenhang mit *Fatzer*.

Standort, Signatur Archiv der Akademie der Künste, Berlin, BBA 110/1

Umfang Trägerpapier mit 4 aufgeklebten Einzelblättern

Formate, Papiere

- Trägerpapier: 67,2 × 53,5–54,5 cm; braunes Packpapier, Vorderseite rauh, Rückseite glatt; am unteren Rand zugeschnitten; von Brecht einmal horizontal (längs) und zweimal vertikal (quer) gefaltet
- *Mb 1·2*: 22,4–5 × 8,9–9,2 cm; transparentes Papier, an allen vier Seiten zugeschnitten
- *Mb 1·4*: 10,4 × 14,2 cm; transparentes Papier mit Rotschnitt, Rißspur am linken Rand; aus *NB 25*, 5. Lage
- *Mb 1·5*: 15,5–6 × 4,9–5; transparentes Papier, an allen vier Seiten zugeschnitten
- *Mb 1·6*: 18,2–8 × 20,0–5 cm; transparentes Papier, an allen vier Seiten zugeschnitten

Archivkontext Mappe BBA 109 trägt den archivischen Titel »Fatzer Mappe A«

BBA 109/90: Typoskript *Fatzer auf dem Spaziergang durch den er seine Genossen gefaehrdet* (→ *BFA* 10, 489)

Mappe BBA 110 trägt den archivischen Titel »Fatzer Mappe B«

BBA 110/2-4: Signaturen bei Umsignierung entfallen

BBA 110/5-7: drei aus einem Efalinheft (wohl *NB 19*) herausgerissene Blätter mit dem Gedichtentwurf *In einem Tank euren Augen verloren …* (→ *BFA* 10, 450)

Besonderheiten

- am unteren Rand eine Rost- und drei Druckspuren einer Büroklammer, die den gefalteten Bogen zusammenhielt
- auf der Rückseite Diagonalstrich mit Bleistift (Länge 5,5 cm), nicht signifikant
- von dem nur in Teilen (*Mb 1·5–Mb 1·6*) aufgeklebten Entwurf der 1. Szene ist ein vollständiger Durchschlag überliefert: BBA 110/9-10, 112/26

- unter *Mb 1·6* Papierrest und Klebspur eines zuerst aufgeklebten, dann abgerissenen Blatts wohl in der Art des vorangehenden Typoskripts; Blatt nicht überliefert

Beschreibung Montagebogen 2

Erstellung des Montagebogens, Eintragungen mit Rot- und Bleistift: Anfang 1930 *Datierung*

Datierung der aufgeklebten Blätter:
- *Mb 2·2*: Anfang 1930 in Zusammenhang mit der Erstellung des Montagebogens entstanden
- *Mb 2·3–Mb 2·10*: Oktober 1928; die Blätter stammen aus der 1. Lage von *NB 22* (→ *Notizbuch 22, Beschreibung*)
- *Mb 2·11–Mb 2·12*: 1928, wohl zwischen Januar und September; die Blätter stammen aus dem nicht überlieferten *NB ⟨1928⟩* (→ *Übersicht Efalinhefte*)
- *Mb 2·13*: 1928, wohl September, Oktober; im Anschluß an *Mb 2·12* und vor Umbenennung von Kaumann zu Leeb (→ zu *NB 22*, 58r) entstanden
- *Mb 2·15*: wohl zwischen Herbst 1929 und Anfang 1930; die verwendete Schreibmaschine war wohl erst ab Herbst 1929 in Benutzung (→ zu *NB 21*, 8r–55r [13]: Datierung »20. 10. 29« auf BBA 111/35: *Verlass deinen Posten …*
- *Mb 2·16–Mb 2·18*: zwischen 1928 und 1930
- *Mb 2·20*: wohl Ende 1928, nach Umbenennung von Rosa zu Therese Kaumann (→ zu *NB 22*, 2r)

Der Montagebogen enthält Entwürfe für die 2. Szene (Auftauchen und Einquartierung der Deserteure in Mülheim). Er weist als einziger der Montagebögen einen Strukturplan auf. *Kurzcharakteristik*

Archiv der Akademie der Künste, Berlin, BBA 111/44-61 *Standort, Signatur*

Trägerpapier mit 6 aufgeklebten Einzelblättern und 2 Konvoluten, insgesamt 17 Blätter *Umfang*

- Trägerpapier: 48,2–5 × 68,5 cm; braunes Packpapier, Vorderseite rauh, Rückseite glatt, am rechten Rand zugeschnitten; von Brecht je einmal vertikal (längs) und horizontal (quer) gefaltet; Rückseite leer *Formate, Papiere*
- *Mb 2·2*: 11,8 × 10,6 cm; transparentes Papier
- *Mb 2·3–10*: 10,4 × 14,4 cm; transparentes Papier mit Rotschnitt, Konvolut aus 4 Doppelblättern, aus *NB 22*, 1. Lage
- *Mb 2·11*: 10,5 × 13,9 cm; transparentes Papier mit Rotschnitt, Rißspur am linken Rand; aus *NB ⟨1928⟩*

- *Mb 2·12*: 10,5 × 7,7–9 cm; transparentes Papier mit Rotschnitt, Rißspur am linken Rand, am unteren Rand zugeschnitten; aus *NB ⟨1928⟩*
- *Mb 2·13*: 13,5 × 11,5–7 cm; transparentes Papier, an allen vier Rändern zugeschnitten
- *Mb 2·15*: 16,1–17 × 4,0–7 cm; festeres Papier, an allen vier Rändern zugeschnitten
- *Mb 2·16–Mb 2·18*: Konvolut aus drei festeren Papieren gleicher Art, wohl in einem Arbeitsgang zugeschnitten und mit Bleistift von »1« bis »3« gezählt:
  Mb 2·16: 21,7 × 12,6–13,2 cm; oberes Drittel eines Blattes, am unteren Rand abgeschnitten
  Mb 2·17: 21,7 × 12,1–2 cm; unteres Drittel eines Blattes, am oberen Rand abgeschnitten
  Mb 2·18: 21,7 × 12,8–9 cm; oberes Drittel eines Blattes, am unteren Rand abgeschnitten
- *Mb 2·20*: 12,1–3 × 14,2–15,9 cm; transparentes Papier, an allen vier Rändern zugeschnitten

Archivkontext Mappe BBA 111 trägt den archivischen Titel »Fatzer Mappe C«
BBA 111/42: Typoskript *Und er ergreift ihre Brust unterm Hemd …*
BBA 111/43: Typoskript *Aus dem Geschlechtskapitel*
BBA 111/62: ausgeschnittene Fotografie aus einer Illustrierten oder Zeitung (letztes Blatt in der Mappe)

Beschreibung Montagebogen 3

Datierung Erstellung des Montagebogens und Eintragungen mit Rotstift: Anfang 1930

Datierung der aufgeklebten Blätter:
- *Mb 3·2–Mb 3·5, Mb 3·7–Mb 3·8*: zwischen November 1928 und Anfang 1930; nach der Umbenennung von Kaumann zu Leeb im November 1928 (→ zu *NB 22*, 58r) und vor der Umbenennung von Koch zu Keuner Anfang 1930 (→ *Gk 7*, zu *NB 29*, 30r–32r) entstanden

Kurzcharakteristik Der Entwurf, Anfang 1930 in »a« und »b« unterteilt, entspricht bereits weitgehend den beiden in Heft 1 der *Versuche* (Juni 1930) veröffentlichten Abschnitten von *Fatzer 3*: *Rundgang des Fatzer durch die Stadt Mühlheim* und *Fatzers zweite Abweichung*

Standort, Signatur Archiv der Akademie der Künste, Berlin, BBA 109/10

Umfang Trägerpapier mit 6 aufgeklebten Blättern

- Trägerpapier: 48,1–6 × 64,4–67,9 cm; braunes Packpapier, wohl am rechten, vielleicht auch oberen Rand zugeschnitten; am oberen Rand Textverlust durch Papierschaden; von Brecht einmal vertikal (längs) und zweimal horizontal (quer) gefaltet; Rückseite leer *Formate, Papiere*
- *Mb 3·2–Mb 3·7* gleichartige, transparente, an allen vier Rändern zugeschnittene Papiere eines ursprünglich aus mehreren Blättern bestehenden Typoskripts:
  Mb 3·2: 18,5–19 × 28–30 cm
  Mb 3·3: 14,3–8 × 17,5–18,8 cm
  Mb 3·4: 15,0–5 × 10,5–8 cm
  Mb 3·5: 12,1–4 × 6 cm
  Mb 3·7: 13,9–14,5 × 28–29,3 cm
  Mb 3·7: 14,5–15,6 × 18,5–17,9 cm

Mappe BBA 109 trägt den archivischen Titel »Fatzer Mappe A« *Archivkontext*
BBA 109/8r: Typoskript *Untergang des »Egoisten« Fatze*r (*Gk 2·5*)
BBA 109/8v: handschriftlicher Entwurf *Ich dachte: Ihr braucht kein Fleisch …*
BBA 109/9, 11–13: Signaturen bei Umsignierung entfallen
BBA 109/14: Typoskript *FTZDOK \ Der Zweck wofür eine Arbeit gemacht wird …* (→ zu *NB 22*, 1v.4)

Beschreibung Montagebogen 4

Erstellung des Montagebogens, Eintragungen mit Rotstift: Anfang 1930; *Mb 4·4–Mb 4·10*: zwischen Anfang 1930 und 1932 (→ zu *Mb 4·4, Mb 4·8*) *Datierung*

Datierung des Einzelblatts:
- *Mb 4·2–4·3*: Anfang 1930; das Blatt stammt aus der 5. Lage von *NB 25* (→ *Übersicht Efalinhefte*)

Das auf den Montagebogen aufgeklebte Notizbuchblatt enthält einen Anfang 1930 entstandenen Gegenentwurf zum Chorlied *Fatzer, komm* (erster Entwurf: Oktober 1929; Erstdruck: *Versuche*, Heft 1, Juni 1930). Die Eintragungen mit Bleistift stehen in keinem Zusammenhang mit *Fatzer*. *Kurzcharakteristik*

Archiv der Akademie der Künste, Berlin, BBA 109/1 *Standort, Signatur*

Trägerpapier mit einem aufgeklebten Einzelblatt *Umfang*

- Trägerpapier: 48,5–49,5 × 68,4–5 cm; braunes, festes Packpapier mit 2 Etiketten der Marke Schoellershammer, ursprünglich zur Verpackung einer Rolle Zeichenpapier verwendet; am oberen, linken und rechten Rand zugeschnitten; von Brecht wohl einmal vertikal (längs) und zweimal horizontal (quer) gefaltet, weitere Faltspuren; Rückseite unbeschrieben *Formate, Papiere*

- *Mb 4·2–4·3*: 10,5-7 × 14,2 cm, transparentes Papier mit Rotschnitt, Rißspur am linken Rand, aus *NB 25*, 5. Lage; mit Streifen aus Transparentpapier aufgeklebt
- *Mb 4·10–Mb 4·11*: 19,2 × 25,1 cm und 10,5-7 × 17,5 cm; zweiteiliges Etikett, bei der Zuschneidung des Trägerpapiers unten abgeschnitten

Archivkontext BBA 108/48: Abschrift des Gedichts *Dreihundert ermordete Kulis berichten an eine Internationale* aus *Der Knüppel,* Januar 1927

Mappe BBA 109 trägt den archivischen Titel »Fatzer Mappe A«

BBA 109/2–3: Signaturen bei Umsignierung entfallen

BBA 109/4: *Lieber Herr Hardt, ich habe über die Radiosendung des Lindberghfluges etwas nachgedacht…* (Brecht an Ernst Hardt, undatiert, wohl Mitte, Ende Juli 1929)

BBA 109/5: handschriftlicher Entwurf *Das eingreifende Denken als Szene \ Die Literaten*

Besonderheiten
- Trägerpapier stark zerknittert
- auf der Vorderseite am rechten Rand vertikaler Strich mit Rotstift, dem Brecht bei der Zuschneidung folgte und den er dabei teilweise abschnitt

Erläuterungen

Mb 1 Zunächst klebte Brecht die beiden Typoskripte: das Chorlied *Aber als alles geschehen war…** (kurz zuvor Anfang 1930 entstanden) und den Szenen-Entwurf *Während auf den Schautafeln die Kriegsgeräte gezeigt werden…** (August 1927) auf das Trägerpapier und ließ dazwischen Platz für Ergänzungen. Dann klebte er den in *NB 25* notierten Gegenentwurf *Und darinnen 1 toter Mann…** zu dem Chorlied und ergänzte den Vers »durch das sprechen der wörter + das anhören der chöre«*. Unabhängig von *Fatzer* trug er zu einem späteren Zeitpunkt eine Adresse mit Lageskizze ein.* *Mb 1·2* *Mb 1·5–Mb 1·6* *Mb 1·4* *Mb 1·3* *Mb 1·8*

Zu den Eintragungen im einzelnen siehe die anschließenden Erläuterungen.

Mb 1·1 **2 chöre:** Zwei Chöre erwog Brecht wohl erstmals Ende 1928 im Zusammenhang mit der Ausführung des Konzepts *Fatzers Überfall auf Therese wird vom Chor erzählt**: BBA 111/10; → zu *NB 22*, 34r–35r

`und er ergreift ihre brust unterm hemd die liebliche` *[…]* BBA 111/42; → *BFA* 10, 456

```
vielleicht gegenchöre
der rechte empört sich der linke schildert einfach unaufhaltsam
```

Anfang 1930, im direkten zeitlichen Umfeld der Montagebögen, konzipierte Brecht den Beginn des Theaterstücks mit zwei Chören:

beginn: der chor referiert den 4jährigen krieg *[…]* *NB 25*, 36r.1–2, 39r
2.
gegenkor befiehlt rationalisierung äußerste einsparung!

Wenig später notierte er in demselben Notizbuch zwei Entwürfe, die er wohl als letztes auf die Montagebögen aufklebte.* *Mb 1·4, Mb 4·2–Mb 4·3*

Mb 1·2 `aber als alles geschehen` *[…]* `uneinig.` Entwurf für ein das Ende des Theaterstücks vorwegnehmendes Chorlied. Brecht formulierte hier zum ersten und einzigen Mal den Ausgang der Handlung in sich ausschließenden Varianten* und übertrug die Deutung des Geschehens den Sprechern und Zuhörern.* Während er das Chorlied hier vor der 1. Szene plazierte, sah er es im Entwurf *Der Sündefall…* aus dem zeitlichen Umfeld erst danach vor: → zu *NB 22*, 20r (zu 6) → *Gk 7·3*

```
Wenn nach der 1. Szene der Chor den Untergang voraussagt wegen der
Trennung von der Masse,zeigt er das Schlussbild.
```
BBA 109/45; → *Gk 7·2*

Mb 1·4 **und drei männer** *[…]* **verständliches** Brecht notierte den Entwurf in *NB 25* als Variante zum Chorlied *Aber als alles geschehen war…* Konstituierte Texte:

⟨*Mb 1·2*⟩
aber als alles geschehen war, war da
Unordnung. Und ein Zimmer
welches völlig zerstört war und darinnen
4 tote Männer und
ein Name! und eine tür auf der stand
Unverständliches.

⟨*Mb 1·4*⟩

und darinnen 1 toter mann
welcher noch nicht tot war + vor ihm
eine tür auf der stand:
verständliches
und drei männer die aus der tür gingen
zu ordnen
der menschheit große gegenstände.

→ *Gk 4*
BBA 110/9-10, 112/26; → zu *NB 23*, 23r-31r, *BFA* 10, 450–454

Mb 1·5–Mb 1·6 WÄHREND AUF DEN *[…]* kaputt gehen Teile eines im August 1927* entstandenen Entwurfs für die Anfangsszene, von dem auch ein vollständiger Durchschlag* überliefert ist. Der Szenen-Entwurf führt folgenden kurz zuvor entstandenen Dialog zwischen Koch und Büsching aus (dabei handelt es sich wohl um die Maschinenabschrift eines handschriftlichen Entwurfs, bei welcher der für den Anfang gedachte Nachtrag »wer von euch ist mein freund *[…]* aber da .....« nicht als solcher erkannt wurde):

BBA 110/16; → *Mb 1·5*, 8-10
KOCH da ist kein platz mehr wo ich hinkriechen kann
denn sie schiessen 10 meter unter den erdboden
→ *Mb 1·6*, 1-6
BÜ alles was da ist muss hin sein
wo eine stadt steht die muss hin sein
und sollen keine steiner liegen sondern wo sie war
soll ein loch sein und in das meer muss man hineinschiessen
→ *Mb 1·6*, 17-24
KOCH unsere zuflichtstätte ist ein tank aus dem wir
herausschiessen wenn er in ein loch fällt
frägt keiner nach uns wir sind verloren wir müssen
hin sein uns fangen sie warum sind wir heut geboren
wann war die luft voll eisen und gift?
→ *Mb 1·6*, 25-28
BÜ wozu fresst ihr eu[re]*er* ~~menage~~ fressen
wo doch dort ein baum steht der noch halb ist
und muss doch alles abrasiert sein
→ *Mb 1·6*, 8-13
KOCH der mensch kann nicht schwimme n über das ~~meer~~wasser im meer
und den schwimmer erschiessen noch
ihre schlachtschiffe der mensch kann nicht in die luft
von selber aber den tod muss er mithinaufnehmen
und wo soll man da hinfliehen überall
→ *Mb 1·5*, 5-8
KOCH wer von euch ist mein freund und grabt mich
ein in den boden? dass mich nicht mehr trifft
aber da .....
→ *Mb 1·6*, 13-14
KOCH wo soll man hinfliehen überall ist der mensch
→ *Mb 1·6*, 15-16
BÜ der mensch ist der feind und muss aufhören

Mb 1·7 **Friedrich** *[…]* **Zimm 39 \ 8h** Adresse und Wegskizze mit Startpunkt in der Friedrichstraße bzw. dem dortigen Bahnhof (auf der Skizze links oben), über die Spree bzw. die Weidendammer Brücke, dann rechts in die Ziegelstraße, wohl für ein Treffen oder eine Veranstaltung in Zimmer 39 des Luisen-Oberlyzeums, Ziegelstraße 12, Berlin-Mitte.

Mb 2 Im Zusammenhang mit der Auswahl der aufzuklebenden Blätter erstellte Brecht Anfang 1930 einen Strukturplan der 2. Szene*. Dann klebte er die Blätter *Mb 2·2* auf das Trägerpapier und ergänzte zwei Notate mit Bleistift*. Zuletzt folgten die *Mb 2·14, Mb 2·19* Eintragungen mit Rotstift, die dem Strukturplan nicht mehr in jedem Punkt entsprechen.

Zu den Eintragungen im einzelnen siehe die anschließenden Erläuterungen.

Mb 2·2 `MÜLHEIM` *[...]* `einquartierung` Die konzipierten Handlungsschritte entsprechen den auf das Trägerpapier geklebten Blättern (ohne Eintragungen mit Rotstift):

1 → *2 Frauen bei der Frau des Kaumann ...** *Mb 2·1–Mb 2·9*

2–3 → *Eure Heimkehr ist ehrenvoll ...** *Mb 2·10–Mb 2·12, 3*

4 → *„Der kranke Mann stirbt + der starke Mann ficht“ ...** *Mb 2·12, 5–Mb 2·15*

5 → *Fatzer: aber von allen Unternehmungen ...** *Mb 2·16–Mb 2·18*

6 → *Ist das dein Stuhl? ...** *Mb 2·20–Mb 2·19*

Bei Erstellung des vorliegenden Strukturplans ging Brecht offenbar von der Anwesenheit mehrerer Frauen in den ersten drei Handlungsschritten aus. Tatsächlich sind der zweite und dritte in der bisher maßgeblichen Gesamtkonzeption aber nur mit Therese Kaumann bzw. Leeb allein sinnvoll, da die vier Deserteure dorthin von Dritten unbemerkt zurückkehren. Entweder konzipierte Brecht die Szene hier bewußt neu, oder er ging von dem Szenen-Entwurf *2 Frauen bei der Frau des Kaumann ...** aus und übernahm den Plural fälschlich auch in die *Mb 2·3–Mb 2·9* Handlungsschritte *Auftauchen der 4 und Begrüßung* und *Die Weiber loben die Heimkehrer.*

Mb 2·3–Mb 2·10 **2 \ 1 \ <u>2 frauen</u>** *[...]* **etwas verändert?** Im Oktober 1928 in *NB 22* notierte Entwürfe (→ *Notizbuch 22, Beschreibung* und den konstituierten Text*). Anfang 1930 löste Brecht die Doppelblätter aus dem Notizbuch und *→ zu NB 22, 2r* klebte sie als Konvolut auf das Trägerpapier. Die Entwürfe entsprechen dem ersten und dritten Handlungsschritt des darüber aufgeklebten Strukturplans*. *Mb 2·2, 3–4, 9* Unter dem Konvolut ließ Brecht Platz für die Ausführung des zweiten Handlungsschritts*. Zuletzt trug er die Ziffern »1«* und, vom Strukturplan bereits *Mb 2·2, 6–7 | Mb 2·3, 1* abweichend, »2«* mit Rotstift ein. *Mb 2·10, 1*

Mb 2·11–Mb 2·12 **3 \ aber entflohn** *[...]* **zurückkommt** Zwei wohl unabhängig voneinander im nicht überlieferten Notizbuch *NB* ⟨*1928*⟩ eingetragene Entwürfe (→ *Übersicht Efalinhefte*). Das zweite Blatt* wurde in mehreren Arbeitsgängen *Mb 2·12* beschrieben: Zunächst trug Brecht die Verse »kocht ein weib lachend \ sein gewöhntes rindfleisch \ erwartend die nacht« und den Trennstrich ein. Dann folgten das Zitat »„der kranke mann stirbt + der starke mann ficht“« und weitere, vielleicht davon unabhängige Eintragungen. Diesen ausweichend ergänzte Brecht zuletzt »+ der stärkste ist der der zurückkommt«. Bei Erstellung des

Mb 2·11 Montagebogens schnitt er das Blatt zu und klebte es unter dem ersten* auf das Trägerpapier.

→ zu *NB 3*, 46r.1–47v.8 Das Zitat stammt aus Rudyard Kiplings* Roman *Das Licht erlosch* (*Kipling: Das Licht erlosch 1900,* Motto des 12. Kapitels, 162):

> Drei Freunde, die legten den vierten ins Grab,
> Den Moder im Munde, die Erd' im Gesicht;
> Zogen 'nauf nach dem Norden, nach dem Süden hinab –
> Der kranke Mann stirbt, und der starke Mann ficht.
>
> Drei Freunde, die sprachen vom toten Freund –
> Der kranke Mann stirbt, und der starke Mann ficht –
> Und sagten: »Wär' er doch mit uns hier vereint,
> Den Wind in den Augen und die Sonn' um Gesicht.«
> (Ballade)

Brecht verwendete das Zitat auch in den Theaterstücken *Im Dickicht* (1923) und *Die Ausnahme und die Regel* (1938) sowie leitmotivisch im *Dreigroschenroman* (1934). Die Ergänzung »+ der stärkste ist der der zurückkommt« findet sich aber

Mb 2·13, 1 nur hier. Brecht griff sie im nachfolgenden Typoskript wieder auf.*

***Mb 2·16–Mb 2·18* ~~fatzer:~~ koch: aber von allen *[…]* ewig. \ 3** Die Änderung des Sprechers im letzten Arbeitsgang (Rotstift) erfolgte wohl im Rahmen der

Gk 7 ab Anfang 1930 maßgeblichen Gesamtkonzeption*, die Koch als gleichrangigen Gegenspieler Fatzers vorsah.

Mb 3 Erste Entwürfe zur vorliegenden Szene hatte Brecht bereits im Au-

→ zu *NB 23*, 57r–69r gust 1927 formuliert.* Von dem hier aufgeklebten, wohl nach Diktat entstan-

BBA 109/37–41 denen Typoskript wurde eine Maschinenabschrift* erstellt, die die handschriftlichen Änderungen übernimmt. Sie diente wohl zur Vorbereitung der Publikation in Heft 1 der *Versuche* (Juni 1930). Im Druck sind die nachträglich mit »a« und »b« unterschiedenen Handlungsphasen mit »1« und »2« bezeichnet und zusätzlich mit *Fatzers zweite Abweichung* betitelt; Leeb wurde in Keuner umbenannt.

Mb 4 Brecht klebte zunächst das aus *NB 25*, 5. Lage, herausgerissene Blatt (kurz zuvor Anfang 1930 entstanden) auf das Trägerpapier. Links daneben und direkt darüber ließ er Raum für weitere Entwürfe, brach aber die Arbeit an der Erstellung des vorliegenden Montagebogens ab. Die Eintragungen mit Bleistift* *Mb 4·4–Mb 4·8* folgten unabhängig von *Fatzer* zu einem späteren Zeitpunkt.

Zu den Eintragungen im einzelnen siehe die anschließenden Erläuterungen.

Mb 4·2–Mb 4·3 **fatzer: \ bleibe auf dem platz** *[...]* **deines erfolgs.** Entwurf für ein Gedicht oder Chorlied. In Stil und Form entspricht es dem Ende Oktober 1929 entstandenen *Fatzer, komm**; inhaltlich ist es ein Gegenentwurf dazu (»bleibe auf dem platz *[...]*« statt »verlass deinen posten *[...]*«). Der Nachtrag → zu *NB 21*, 8r–55r (13, 15, 18) über dem ersten Vers »fatzer:« ist nicht der Name des Sprechers, sondern entweder eine Zuweisung zum Stückprojekt (vor der Einklebung eingetragen) oder der Titel des Entwurfs (nach der Einklebung eingetragen). Konstituierter Text:

bleibe auf dem platz
wo deine niederlagen gemacht wurden
warte noch ab
die letzten schläge
sammle sie daß sie nicht umkommen! auf
dem ort deines
zusammenbruchs
baue dir dein haus,
schlafe,
iß und erprobe
die tageszeiten in erniedrigter haltung
wechsle nicht gleich die blutige leinwand
mit schwacher stimme sprich
zu den umstehenden⟨,⟩ bitte
ruhig um wasser die lacher
also bleibe an dem ort
deiner niederlage aber
fluchtartig verlasse <ohne hut>
die stätte deines erfolgs.

Der 5. Vers bezieht sich auf Joh. 6,12: »Da sie aber satt waren, sprach er zu seinen Jüngern: Sammelt die übrigen Brocken, dass nichts umkomme.«

Mb 4·4 **Andreas 4614 Jünger** *[...]* **sozialist. monatshefte \ kranold** Drei vielleicht zusammenhängende Notate. Ernst Jünger wohnte von 1928 bis 1932 in der Stralauer Allee 36/1, Berlin-Friedrichshain, Telefonnummer: Andreas 4614. In der Bellevuestraße 15 war von 1924 bis 1934 der Vorläufige Reichswirtschaftsrat untergebracht; in dessen Plenarsaal fanden öffentliche Vorträge und Kundgebungen statt. Hermann Kranold veröffentlichte regelmäßig Artikel zu politischen Themen in *Sozialistische Monatshefte. Internationale Revue des Sozialismus.*

Mb 4.8 **25,000 – *[...]* direkter Zugang** Notizen von Helene Weigel für den Kauf eines Hauses, zwischen Anfang 1930 und Sommer 1932 eingetragen. Im August 1932 erwarb Brecht ein Haus in Utting am Ammersee für 11 400 Reichsmark; ein direkter Zusammenhang mit der vorliegenden Eintragung besteht nicht.

Übersicht Efalinhefte

Zwischen 1926 und 1930 verwendete Brecht neun gleichartige schwarze Efalinhefte, die wohl während der Benutzung in einen Lederumschlag* eingelegt bzw. eingesteckt waren. Über das Format und die Art des Papiers lassen sich vier Typen unterscheiden (von *NB ⟨1928⟩* sind nur wenige Einzelblätter überliefert)*:

→ *NBA* 5, 657 f.
→ *Mb 2·11, Mb 2·12*
→ zu *NB 22*, 1^{v}

- **Typ 1** 10,5 cm × 13,7 cm
  NB 18
  NB 19
  NB 20
- **Typ 2** 10,4 cm × 14,4 cm
  NB 21
  NB 22
- **Typ 3** 10,5 cm × 13,9 cm
  NB ⟨1928⟩
- **Typ 4** 10,5 cm × 14,2 cm
  NB 23
  NB 24
  NB 25

Brecht verwendete die Efalinhefte in diesen Zeiträumen:

- **1926**
  Juli bis August ***NB 18***
  August bis Oktober ***NB 20***
  November bis Dezember ***NB 19***
- **1927**
  Juli bis August ***NB 21*** (bis 31^{r})
  September ***NB 23***
- **1927/28**
  September, Oktober 1927 bis Mitte 1928 ***NB 24***
- **1928**
  vielleicht Anfang bis Herbst ***NB ⟨1928⟩***
  Oktober bis Dezember ***NB 22***
- **1928/29**
  Dezember 1928 bis April 1929 ***NB 21*** (ab 31^{v})
- **1929/30**
  Mai bis Juli 1929 ***NB 25*** (bis 40^{r})
  Anfang bis Mitte 1930 ***NB 25*** (ab 41^{r})

Brecht bezifferte die Efalinhefte dreimal, ohne dabei die zeitliche Folge ihrer Verwendung zu beachten. Bei der letzten Zählung orientierte er sich vielleicht am Format (Typ) der Hefte.

Die erste Bezifferung erfolgte wohl nach Ende der Nutzung von *NB 19*. Der Zeitraum der zweiten ergibt sich aus dem Ende der Nutzung von *NB 22* und der Maschinenabschriften von Elisabeth Hauptmann, die sie Anfang 1930 erstellte und bei denen sie auf die 2. Zählung zurückgriff.* Die dritte Zählung könnte bald darauf erfolgt sein, vielleicht noch während der Verwendung des letzten Efalinhefts *NB 25*:

1. Zählung	**2. Zählung**	**3. Zählung**
frühestens Ende 1926	zwischen Ende 1928 und Anfang 1930	frühestens Anfang 1930
1 *NB 18*		1 *NB 18*
2 *NB 19*		2 *NB 19*
3 *NB 20*		3 *NB 20*
	1 *NB 24*	4 *NB 21*
	2 *NB 21*	5 *NB 22*
	3 *NB 23*	⟨6⟩ *NB ⟨1928⟩*
	⟨4⟩ *NB ⟨1928⟩*	7 *NB 23*
	5 *NB 22*	8 *NB 24*
		9 *NB 25*

Fatzer-Gesamtkonzeptionen

Während der langjährigen Arbeit am *Fatzer*-Projekt änderte Brecht die Gesamtkonzeption immer wieder. Die folgende hypothetische Rekonstruktion ergibt sich aus der Kombination von materiellen (Chronologie der Efalinhefte, Schreibmittel, Papiertypen, Überlieferungszusammenhänge usw.) und hermeneutischen Indizien (Figuren, Ort, Zeit und Elemente der Handlung, Grad der Ausarbeitung usw.). Die konstituierten Texte geben den letzten Stand der Bearbeitung wieder und streben eine lineare Lesbarkeit an. Dafür sind sie hier weiter gehend vereinheitlicht als in den Erläuterungen.* → *EE F* zu *NB 21*, 8r–55r

Gk 1 1925–1926 *»Einzug der Menschheit in die großen Städte«, »moral insanity«*

Erste Konzeptionen für Theaterstücke, die zunächst voneinander unabhängig entstanden und später teilweise für *Fatzer* übernommen wurden, finden sich wohl schon im Sommer 1925. Der Regisseur Bernhard Reich erinnerte sich in den 1960er Jahren ungenau an Brechts Projekte dieses Jahres, über die sich beide wohl im Mai, Juni, vielleicht auch erst im September in Berlin unterhalten hatten.* → zu *NB 21*, 8r–55r (1) Reich zufolge verwendete Brecht schon zu dieser Zeit den Namen »Fatzer«. Im überlieferten Material kommt der Figurenname jedoch frühestens ein Jahr später vor,* der von Reich genannte Titel *Der Untergang des Egoisten Johann Fatzer* erst → *Gk 2·2* ab 1928/29*. Die Formel »einzug der menschheit in die grossen städte«* läßt sich → *Gk 6·1* | *Gk 1·3* bei Brecht erst Ende Juli 1926 nachweisen. Sie könnte Reich zufolge aber auch schon 1925 im Gespräch gewesen sein:

▮ ***Gk 1·1***

⟨*Reich 1966, 11:*⟩ Er wollte ein Drama über den »Untergang des Egoisten Johann Fatzer« schreiben, ein anderes über »John Schlachthacker«. *[...]* Er erzählte, daß er einen → zu *NB 16*, 7v–35v (4) Dramenzyklus schreiben wolle über den Einzug der Massen in die großen Städte. »Im Dickicht der Städte« sei das erste Stück, das zweite und dritte seien die Dramen über Fat- → zu *NB 12*, 9r–57r.10 zer und Schlachthacker.

⟨*Reich 1970, 287, 293:*⟩ In jener Zeit dachte Brecht an mehrere dramatische Projekte. Zum Beispiel wollte er ein Drama über einen »Herrn Fatzer« schreiben (Der Untergang des Egoisten Johann Fatzer) *[...]*. |
Das subjektiv gesehene Drama der Familie Garga ⟨*»Im Dickicht der Städte«*⟩ ist höchst zufällig; die Katastrophe hingegen ist durchaus unvermeidlich, wenn man das Drama aus dem sozialen Prozeß, von Brecht sinnbildhaft »Einzug der Massen in die großen → zu *NB 16*, 7v–35v (4, 7), *Gk 6·8* Städte« genannt, entwickelt.
Im »Fatzer« ist der Prozeß schon eine Strecke weiter: Der kleine Mann möchte gern reich werden und sich in die Kooperation der Kapitalisten einschmuggeln. Dabei verunglückt er.

In die Vorgeschichte des *Fatzer*-Projekts gehört vielleicht auch der Hinweis auf ein geplantes Stück in Elisabeth Hauptmanns Tagebuch vom 28. Februar 1926:

▮ *Gk 1·2*

TbH (*NBA* 5, 728)

Viel Pläne: Roman (Robinsonade i. d. Stadt)
Stück (Historie vom Mann der nicht mehr mag⟨)⟩

Ende Juli 1926 zog Brecht in Kochel am Walchensee eine Bilanz seiner bisherigen literarische Arbeit und seiner Ideen für zu schreibende Theaterstücke:*

→ zu *NB 16*, 7v–35v (7)

▮ *Gk 1·3*

BBA 462/135; → *BFA* 26, 282f.

was den stoff betrifft so habe ich genug um die vierzig zulässigen und nötigen stücke zu schreiben *[...]* als heroische landschaft habe ich die stadt   als gesichtspunkt die relativität   als situation den einzug der menschheit in die grossen städte zu beginn des dritten jahrtausends als inhalt die appetitte (zu gross oder zu klein) als training des publikums die sozialen riesenkämpfe   (die amerikanischen historien allein ergeben im minimum 8 stücke – der weltkrieg ebensoviel *[...]*)

Wohl am 7. August 1926 hielt Brecht Ideen für ein Theaterstück fest, die wohl auch zur Vorgeschichte des *Fatzer*-Projekts gehören:

▮ *Gk 1·4*

NB 20, 38r–39r.6

von 4 freunden zeigt einer die entsetzlichen spuren der moral insanity⟨.⟩ sie suchen ihn zu retten und töten ihn, als es unmöglich ist.
Joseph Menken
gestorben an moral insanity
am 7. august 1926.

auch ists nicht möglich, daß wir
in diesen städten die ein kind sind, noch
werden von gerechtigkeit zerfressen
der unveränderliche sumpf
überall gleich unter der sonn
seit jeder zeit bis in ewigkeit fort

Gk 2 Sommer 1926 bis Juli 1927 *»In den Jahren nach dem Kriege«*

Frühestens im August 1926 entwickelte Brecht aus den verschiedenen Stückplänen eine erste Gesamtkonzeption: Vier Soldaten kehren in den Jahren nach dem Ersten Weltkrieg nach Deutschland zurück und versuchen, sich in einer Stadt durchzuschlagen. Diese Konzeption verfolgte Brecht bis Juli 1927.

▮ *Gk 2·1*

Aus einem grossen Krieg kamen vier Männer. Die Stadt, in der sie auftauchten, war sehr gross. An dem Leben dieser Stadt wollten sie teilnehmen. Sie wollten aufstehen morgens um sieben Uhr und im Getriebe der Leute ein Geschäft aufmachen, am Mittag essen und am Abend für Geld einen Kampf anschauen. Sie glaubten, dass sie zu viert dies erreichen könnten. Aber ihr vierter Mann machte alles unmöglich. Obwohl er der stärkste von ihnen war, zeigte er sich von Anfang an als ganz unnütz. Er fragte sie nur danach, ⟨*Textabbruch*⟩ BBA 109/69; → *BFA* 10, 449 f.

▮ *Gk 2·2*

FATZER BBA 112/18

1919. Die vier wollen Fleisch. Raubmord etwa. Setzen sich bei dem einen fest, in der Wohnung seiner Mutter. Er wird Kommunist und die andern schlagen ihn tot, weil er ihnen ein Egoist ist, der in Wirklichkeit doch Kollektivist ist, sie halten ihn für einen Schädling und Aussichtslosen. Dem gegenüber Bilder aus Moskau, Schanghai usw.: Der Siegeszug des Kommunismus. Sie bekommen das Fleisch nicht. Die Moralischen halten Gericht ab über einen Aussätzigen → zu *NB 18*, 13r–18r.3

▮ *Gk 2·3*

FATZER

die 4 kommen aus dem krieg heimkehrend nur bis in das besetzte Gebiet. Hinter ihrem rücken in der heimat ist etwas neues aufgekommen. Sie gehen kaputt. BBA 109/64
fatzers 3 reden
sie sprechen sehr wenig   chöre (schrecklich verändert …) → *Gk 2·4*, *Gk 6·6*
seine initiative wird zerbrochen durch das Neue, das kommt

die stadt nicht hineinziehen. die besatzungssoldaten

▮ *Gk 2·4*

I vier aus dem krieg BBA 109/65
II kommen zur grenze
III zwei wollen heim, aber der dritte sagt sie sollen bleiben (er will vielleicht nicht weg, weil er die frau des vierten will, darum sollen die andern bleiben)   der flugzeugmotor   fatzers erste rede: über die solidarität
sie: das ist gefährlich. Besatzung⟨.⟩ er: solang er in einem haus liegt ist er schlimmer als dynamit. vor man ihn holt muss man einen käufer haben
IV flugplatz: die drei warten umsonst auf fatzer
V er macht anspruch auf die frau

VI der käufer flugplatz sie bringen den motor f⟨*atzer*⟩ kommt nicht der käufer geht weg sie müssen den motor heimbringen

VII fatzers vision er hat die frau

→ *Gk 2·3*, *Gk 6·6* VIII schrecklich verändert erwacht der plan der 3 sie geben sich in seine hände

IX 3 aktionen

■ *Gk 2·5*

BBA 109/81 FATZER

⟨*von Hauptmann gestrichen:*⟩ ~~er verkauft den motor und bringt sie um das geld~~

in den jahren nach dem kriege in denen feindliche besatzungstruppen den ganzen Westen besetzt hielten und überwachten

während der ganzen zeit liegt der motor im keller. er ist sehr schwer und kann nicht einfach fortgeschafft werden. seine besitzer können seinetwegen nicht einfach herausgeschmissen werden. Die Wohnungsinhaber als Mitwisser und Hehler gefährdet.

dass sie ihn brauchen macht sie ihm verächtlich.

sie schreiben ihm einen brief er redet mit ihnen

⟨*von Hauptmann mit Bleistift nachgetragen:*⟩
zum Schluss: Strick. will den, was sie wollen⟨,⟩ als er schon zum Tode verurteilt ist. Bringt dann Hure mit.

Strasse wartet, dass Haus geräumt wird.

■ *Gk 2·6*

BBA 112/3 die invasion

irgendwo steht ein flugzeugmotor. den können wir brauchen.

DAS BESCHAFFEN DES MOTORS

fatzer kümmert sich nicht mehr um den motor sie erinnern ihn dauernd daran: du hast gesagt .... die unverbindlichkeit der worte in inflationszeiten

er duldet keinen widerspruch⟨.⟩ muss auf alles seine hand legen⟨.⟩ nimmt die frau des einen die aufsässig ist die strasse

→ zu *NB 20*, 38r–39r.6 er möchte ganz gern wieder mitmachen, als er in gefahr kommt und sie ihn bedrohen aber er kann nicht moral insanity

als seine lage schwieriger wird hetzt er ihnen die besatzungstruppen auf den hals in deren schutz er sich begibt er studiert sie nachdem er längst ihren unwert und seinen wert erkannt hat⟨.⟩ experimentiert und bringt sie zum schluss in ein geschäft sie gehen mit leeren händen heraus er lacht

hat die frau über ehe er sie noch richtig hat sie hetzt gegen ihn

▮ *Gk 2·7*

der dritte akt ist angefüllt von fatzers visionen — BBA 111/19; → *BFA* 10, 465 f.

in seiner (2.) rede vom massemenschen schildert er diesen »geist« — → zu *NB 18*, 79r
[...]
diese zeit wird nur 4 jahre dauern.... — → zu *NB 22*, 10r

▮ *Gk 2·8*

sie merken seinen egoismus nicht solang er sich auf viere erstreckt — BBA 111/2; → *BFA* 10, 463 f.
dass er etwas braucht das stört sie nicht sie geben her was er braucht
aber er darf nicht verweigern was sie von ihm brauchen
das ist einer der sein pfund vergräbt – ein egoist

er tut nur das wozu er lust hat

das gesetzmässige macht ihm übel es kommt nicht mehr auf ihn an er ist kein rad

er kann viere mitnehmen (er kann nicht allein sein)

er kann etwas tun – dann muss er es tun – aber er kann es nicht müssen

▮ *Gk 2·9*

3 — *NB 21*, 14r
brotsuppe. morgen.
sie werden sich einzeln selber heraus hauen.
fatzer redet finster von kommender zeit.
es gebe auch anderes, andre wege. aber er rate ihnen nicht sie zu beschreiten. wenn jeder für sich selber sorge, essen sich alle satt.
solidarität. ihr unternehmen ein anfang.
nur bis zum verbrechen reicht seine lust aus — *NB 21*, 15r

fatzer <bringt eine zeitung> *[...]*

3 — *NB 21*, 16r
keiner will bleiben aber koch übernimmt die verantwortung.
beginn: jetzt sind 5 tage vergangen.....
die frau <3 x>⟨:⟩ braucht ihr brot? handtücher? Lacken?
als der mann sich beklagt, sagt ihm f⟨*atzer*⟩ er brauche die frau. — *NB 21*, 17r

F⟨*atzer*⟩ — *NB 21*, 23r
und wieder, obwohl von ihm⟨,⟩ F⟨*atzer,*⟩ durchschaut <vielleicht vorher, zu beginn, nicht mehr oder kaum mehr wenn es sich wiederholt> werden diese immer ausgebeuteten,

immer ihrer eigenen bestimmung entzogenen, auf dem marsch befindlichen in fremde dinge hineingezogen……

NB 21, 24r — die situation muß so halluzinativ sein wie gestellt, schon in der vision vorher geschaut, aufgebaut und ihre zustimmung mechanisch, schon von anbeginn ab vorgesehen, einstudiert!

→ *Gk 7·1* — sie haben nichts gelernt als ihre solidarität, diese ist es, die sie vernichtet.

▮ *Gk 2·10*

BBA 109/79 — als alle wegwollen, zeigt es sich, dass fatzer sie nicht weglassen will. sie machen aus, ihn in versuchung zu führen, geben ihm ihr letztes geld, mit dem sie heimfahren wollen. er will es zum wegtransportieren des motors verwenden. er bringt es durch. ihre beschwerde. sein gelächter.

seine verurteilung. er hängt sich auf. sie schneiden ihn ab. er wollte um keinen preis was sie wollten.
er bringt die hure fanny mit. feindschaft mit der frau.

er verwehrt zum schluss dem mann mit seiner frau zu schlafen.

fängt an alles zu begründen. hält ihnen alte beleidigungen vor. (ja, aber du hast das gemacht…… ja, aber gestern habe ich gesehen.⟨)⟩

nachdem er erschlagen wurde, kommt fanny ins leere zimmer. Komm heraus, du schönheit von Mülheim. die 2 frauen raufen sich um den toten mann. sein wert.

BBA 111/16 — koch des gerechten schwierigkeit, alle zusammenzuhalten. (Büsching: Schweijk in härterem Material. Will immer nach Passau.) Mellermann will alle draussen haben. einer ist gerecht, einer gleichgültig, einer subjektiv.

▮ *Gk 2·11*

BBA 109/71

fatzer büsching koch
monteur viehhändler
I er hilft ihnen
rat
II er rebelliert die 3 handlungen
die frau
die besatzung
III er wird vernichtet

Gk 3 November 1926 *Drei Deserteure im Ersten Weltkrieg*

Vielleicht für die geplanten Weltkriegsstücke in der Reihe *Einzug der Menschheit in die großen Städte** entwarf Brecht ein Theaterstück um drei Deserteure im Ersten Weltkrieg. Ein Zusammenhang mit der parallel verfolgten *Gk 2* besteht nicht, vielleicht aber mit dem Stückprojekt *Historie vom Mann der nicht mehr mag**. Aus den überlieferten Entwürfen ergibt sich die Konzeption von drei Szenen: → *Gk 1·3* → *Gk 1·2*

▮ *Gk 3·1*

1 — *NB 19*, 13r–17r

Nacht gegen Morgen
über ein zerschossenes gelände rollt ein tank *[…]*

⟨2⟩ — *NB 19*, 25r–26r

X kommt durch das gehölz
X⟨:⟩ da ist ein zeitungsblatt! *[…]*

⟨3⟩ — *NB 19*, 27r–31r

2 sitzen 1 geht
ka⟨*r*⟩l: jetzt gehe ich in das schwarze hinein. *[…]*

Gk 4 August 1927 *Zusammenführung der bisherigen Konzeptionen*

Im August 1927 verband Brecht die vorangehenden Konzeptionen für zwei verschiedene Theaterstücke zu einer: Aus *Gk 3* übernahm er Zeit und Art der Handlung (1917/18, Desertion), aus *Gk 2* die Anzahl sowie teilweise Charakteristik und Namen der männlichen Hauptfiguren; die Namen wechselten in dieser Arbeitsphase allerdings noch häufig. Aus den überlieferten Entwürfen ergibt sich die Konzeption von fünf Szenen:

▮ *Gk 4·1*

1 — BBA 111/8

ein tank rollt über das feld *[…]*

2 — BBA 111/15; → *BFA* 10, 387

[…] stube die frau des kiaul friede abend
herein vier grosse gestalten⟨:⟩ kiaul und die drei andern⟨,⟩ bleiben die ganze nacht⟨.⟩ die invasion

⟨*3 nicht überliefert*⟩

4 — BBA 110/22; → zu *NB 23*, 57r–63r

abend strassenecke
drei warten auf fatzer⟨.⟩ die chance geht vorüber *[…]*

5 — BBA 110/21; → zu *NB 23*, 64r–69r

nächster abend gleiche ecke
drei warten auf fatzer⟨.⟩ die chance geht vorüber *[…]*

Gk 5 Herbst 1927 *»Erster Entwurf«, »Zwischenszenen«*

Gk 5·1 | *Gk 5·2* | *Gk 5·3–Gk 5·4* | *NB 22*, 19r.5 | → zu *NB 21*, 8r–55r (7) | *Gk 5·5*; → *Gk 5·2*

Wohl Anfang September 1927 erstellte Brecht einen vollständigen Strukturplan*, den er bald darauf modifizierte*. An diesem orientierte er sich bei der Ausarbeitung in *NB 23* und *NB 24*,* die er rückblickend im Herbst 1928 als »ersten entwurf«* von *Fatzer* bezeichnete. Kurz vor dem Ende dieser Arbeitsphase* veränderte Brecht die Szenenzählung im zugrundegelegten Strukturplan*.

▮ *Gk 5·1*

BBA 109/67; → zu *NB 23*, 12r–13r (5)

1) das loch
2) die höhle
3) fressen
4) raubzug
5) 2. raubzug
6) verantwortung   darauf: die brustbeutel
   3 szenen: essen
   die frau des kaumann
7) essen das koch bringt frisst fatzer   issest du mit? ja ich esse mit
8) nocheinmal legen die 3 von hunger bezwungen die hand für f⟨*atzer*⟩ ins feuer
9) fatzer ist »krank«⟨.⟩ sie lügen und verlieren ihre höhle
   f⟨*atzer*⟩ kommt zurück   er hat die pässe verschmissen   er kündigt den spaziergang an   sie fressen (er isst nichts – hat von dem unverdienten geld gekauft)   sie singen zum gramofon und er tanzt und am schluss sagt er wieder seinen spaziergang an
10) der spaziergang
11) die verurteilung
12) f⟨*atzer*⟩ em⟨*p*⟩fängt den brief   er nimmt eine fohse mit weil er angst hat
13) die execution

möglichst viel zeit dazwischen!

▮ *Gk 5·2*

NB 23, 12r–13r; → *GK 5·5*

1)
2)
3)
4)
5)
6) ruhe / büsch⟨*ing*⟩ bringt essen / ißt du mit?
   fatzer hinaus / die drei plötzlich: einer ist unter uns den wir nicht kennen. <holen ihn herein⟨>⟩
7) frau
8) frau treppenhaus: der hausherr
9) nacht⟨:⟩ er hat sich eingeschlossen. sie öffnen <es ist alles wie einst> er erhängt sich eben.

10) morgen: er ist fort. der mann wirft sie hinaus. f⟨*atzer*⟩ mit essen. sie essen. fatzers III. rede: über die freiheit. ⟨»⟩vieles gewaltige lebt.⟨«⟩ brustbeutelgeschichte. spaziergang
11 spaziergang
12 urteil
13 brief
14 tod

▮ *Gk 5.3*

1 *NB 23, 23r–31r*
vormittag
koch fällt um
büsching: seine beine sind nichts mehr *[...]*

2 *NB 23, 32r–48r*
rückkehr. fatzers erste rede
frau: was eine frau ist *[...]*

3 *NB 23, 49r–56r*
fatzer schafft brot
f⟨*atzer:*⟩ kamerad! gib mir feuer! *[...]*

4 *NB 23, 57r–63r*
fatzer ist abgehalten
koch⟨:⟩ das ist hier die stelle *[...]*

5 *NB 23, 64r–69r*
der 2. abend
koch: wo ist der fatzer? *[...]*

6 *NB 23, 69v–94r*
szene könnte anfang⟨*en*⟩ mit: er ⟨*Fatzer*⟩ ist krank. *NB 23, 76v*
das war die woche vor das russische proletariat ⟨*»die Macht ergriff« o. ä.*⟩ *NB 23, 69v*
in Moskau
lenin spricht
koch: was hat es genützt? *[...]*

7 *NB 23, 91r*
zunehmender hunger!
kaumann hat separat gefressen
koch sehr schwach
lethargie
die frau kommt
vorher: fatzer verlangt die frau.

8 *NB 23, 92r*
kauman⟨*n*⟩ läuft mit dem messer herum
büsching daraufhin desgleichen
fatzer mag die frau nicht mehr anrühren

13 *NB 23, 15r–22r*
mädchen: der teufel weiß warum ich dich
mir hierherein setz *[...]*

⟨*nicht zugeordnete Zwischenszenen:*⟩
das volk in mülheim *NB 23, 99r*

kasernenstube nächtlich
„noch lag deutschland in tiefer knechtung aber schon in den kasernenstuben erhob sich die stimme der vernunft aus dem mund des einfachen volkes".

NB 23, 98v an einer mauer hin führen soldaten im stahlhelm einen bleichen mann der gefesselt ist

NB 24, 2v zwischenszenen: das volk
NB 24, 3r–9r A soldaten führen einen gefesselten
der mann⟨:⟩ wenn ihr mich jetzt zur obrigkeit führt *[…]*
NB 24, 10r im vorliegenden: verstärken die bitte zu warten, bis zum brüllen. *[…]*
NB 24, 11r–17r B zug
soldat: sie haben einen neuen plan jetzt oben *[…]*

▮ *Gk 5·4*

NB 24, 18r allgemeines
ganz am anfang: als man ihnen sagt, fatzer sei unzuverlässig, lachen sie schallend auch f⟨*atzer*⟩ könnte lachen wenn sie es ihm sagen.

NB 24, 19r 3–5 sehr verstärken: ihren unglauben, den tatsachen gegenüber.
kurve des glaubens:

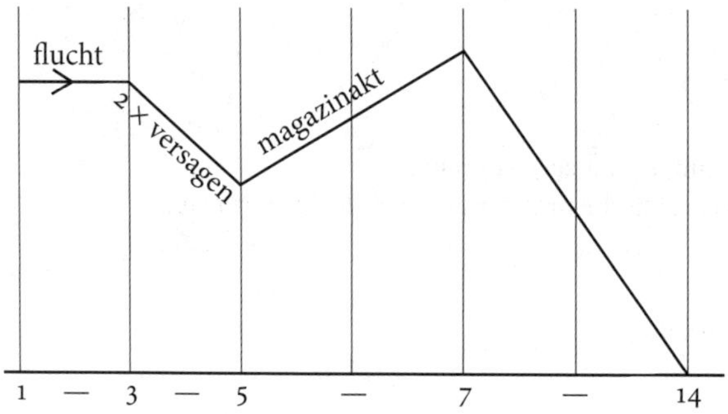

NB 24, 20r 2
4 f⟨*atzer*⟩ kommt nicht
5 die k⟨*aumann*⟩ sagt: er ist undicht. sie lachen. sie sagen es ihm. er sagt nichts.
6 er kommt nicht. lacht.

▮ *Gk 5·5*

NB 23, 12r–13r; → GK 5·2
I
II *[…]*
III *[…]*
fatzer + kaumann⟨.⟩ morgen⟨.⟩ er wäscht sich: es gibt noch anderes.
IV ruhe / büsch⟨*ing*⟩ bringt essen / ißt du mit?
fatzer hinaus / die drei plötzlich: einer ist unter uns den wir nicht kennen. <holen ihn herein⟨>⟩
frau
frau treppenhaus: der hausherr

V nacht⟨:⟩ er hat sich eingeschlossen. sie öffnen <es ist alles wie einst> er erhängt sich eben. wasser – morgen!
VI morgen: er ist fort. der mann wirft sie hinaus. f⟨*atzer*⟩ mit essen. sie essen. fatzers III. rede: über die freiheit. ⟨»⟩vieles gewaltige lebt.⟨«⟩ brustbeutelgeschichte. spaziergang
VII spaziergang
VIII urteil⟨.⟩ glocken kanonen: revolution
brief⟨.⟩ glocken kanonen: revolution
IX tod⟨.⟩ glocken kanonen: revolution

Gk 6 Herbst 1928 bis Ende 1929 *»Dokument« und »Kommentar«, »zur Selbstverständigung«*

Nach einer längeren Unterbrechung intensivierte Brecht die Arbeit an *Fatzer* im September 1928 wieder. In dieser Phase konzipierte er das Theaterstück neu als »eine Art Lehrstück«* und verfaßte eine wohl als Exposé* gedachte (unvollständige) Zusammenfassung der Handlung. Außerdem führte er ein neues dramaturgisches Element ein: neben der Bühnenhandlung (»das fatzerdokument«*) eine kommentierende Ebene. Zunächst wohl noch innerhalb des Bühnengeschehens geplant, sah Brecht »das fatzerkommentar«* spätestens im Juli 1929 als separate Schrift vor, die zumindest zeitweilig in Kapitel eingeteilt werden sollte.* Bereits Ende 1928 hatte er zudem begonnen, weitere Spielformen und Stilarten auszuprobieren.* Weil diese sich offenbar nicht miteinander kombinieren ließen, entwickelte er Anfang 1929 die Idee einer experimentellen Weiterarbeit »zur ›selbstverständigung‹«*.

→ zu *NB 22*, 1^{v}.4 | *Gk 6·1*
NB 22, 1^{v}.4
Gk 6·7
→ *Gk 6·8*, zu *NB 21*, 8^{r}–55^{r} (9–13)
→ *NB 22*, 55^{r}–57^{r}, zu *NB 21*, 51^{r}–60^{r}
Gk 6·6

▮ *Gk 6·1*
UNTERGANG DES »EGOISTEN« FATZER — BBA 109/68

in mühlheim an der ruhr trug sich in der aller moral entblössten zeit des ersten weltkrieges eine geschichte zwischen vier männern zu die mit dem völligen untergang aller vier endete aber inmitten von mord eidbruch und verkommenheit die blutigen spuren einer art neuen moral zeigte⟨.⟩ im dritten jahre des krieges verschwanden während eines tankangriffes vor verdun vier männer besatzung eines tanks wurden für tot gehalten und tauchten anfang 1918 in aller heimlichkeit in mühlheim auf wo einer von ihnen in einem kellergeschoss eine stube hatte⟨.⟩ von nun an unter der ständigen bedrohung stehend als desserteure gefasst und erschossen zu werden hatten sie es sehr schwer sich ihren lebensunterhalt zu verschaffen umso mehr als sie zu viert waren⟨.⟩ dennoch beschlossen sie sich nicht und auf keinen fall zu trennen da ihre einzige aussicht darin bestand dass ein allgemeiner aufstand des volkes den sinnlosen krieg beende und dessertion gutheisse⟨.⟩ zu viert hofften sie in diesem von ihnen erwarteten aufstand mithelfen zu können⟨.⟩ zwei wochen lang suchten sie nacht für nacht eine möglichkeit sich zu proviantieren und erst gegen ende der zweiten machte ihr findigster mann johann fatzer⟨,⟩

derselbe der ihnen dessertion angeraten und sie über französische kriegsgefangenschaft in die heimat oder doch nahe hin (denn ihre städte waren liegnitz passau und berlin) geführt hatte⟨,⟩ die bekanntschaft eines trainsoldaten der kameradschaftlich versprach ihnen aus einem lebensmittelwagon genügend proviant zu verschaffen⟨.⟩ in der folgenden nacht sollten die vier unter fatzers führung am güterbahnhof erscheinen⟨.⟩ aber obwohl sie alles genau besprochen hatten fiel dieses unternehmen von dem alles für sie abhing

→ BBA 109/70

ins wasser weil fatzer nicht rechtzeitig kam⟨.⟩ zur rede gestellt gebrauchte er ausflüchte und als sie in ihn drangen verweigerte er jede antwort mit dem bemerken er schulde keine antwort da er ein freier mann sei⟨.⟩ jedoch versprach er am nächsten abend zu kommen dem letzten möglichen termin da der lebensmittelzug tags darauf abfahren sollte⟨.⟩ aber auch an diesem abend war fatzer nicht zur stelle

BBA 109/73

⟨Variante zu »weil fatzer nicht rechtzeitig kam [...] war fatzer nicht zur stelle«, wohl in Zusammenhang mit Gk 6.3 entstanden und mit vorangehendem Entwurf zusammengeklebt:⟩

BBA 109/70; → BBA 109/68

weil fatzer sich am verabredungsort in einen streit mit einigen fleischergesellen verwickelte, in dessen verlauf er niedergeschlagen wurde und zwar vor den augen seiner freunde. nur die selbstbeherrschung dieser 3 verhinderte es, dass sie alle vier sofort festgenommen wurden: sie taten, als kennten sie fatzer nicht

▮ *Gk 6.2*

BBA 109/66

FATZER

I 4 soldaten brechen den krieg ab
II auftauchen in mülheim die invasion
III fatzer geht auf beute auf *⟨vertippt statt »aus«⟩*
IV fatzers erstes versagen beim proviantzug
V zweites versagen eingeleitet durch monolog fatzers
VI sie geben die in den nächsten tagen erbeuteten rationen in seine hände
er isst sie auf weil er sieht dass sie ihn beobachten
»wir wollen diesen tag den fleischsamstag heissen, denn 100 : 1 – wir kommen drauf zurück«
VII die frau. fatzer b⟨*e*⟩friedigt seinen natürlichen egoismus
VIII fatzers grosses unternehmen – die exprop⟨*r*⟩iation der phönixwerke
er ist wieder wie einst
blutsbrüderschaft
sie fallen über das fressen her, er überredet 11 soldaten die sie überraschen der schlüssel
er geht hinein riegelt sich selber ein hängt sich fast auf sie tragen ihn weg
IX oktober 17: nach einem halben jahr die erste authentische nachricht
verbrüderung die frau hetzt gegen fatzer sie lachen

▮ *Gk 6.3*

BBA 109/57r

⟨nachgetragen:⟩ Leute: meiner ist 42,
3. Invasion
4. Fatzer + Soldat
5. 1. Treffen.
Fatzers Streit: Wir kennen ihn nicht.
6. 2. Treffen. –

7.) Wir sind quitt.
ihr seht »mit Leichen braucht ⟨*nachgetragen:* »*dürft*«⟩ ihr das nicht machen⟨«⟩
Fesselung

▮ *Gk 6·4*

2 szene⟨*n:*⟩ stricke weggetan⟨.⟩ f⟨*atzer*⟩ bleibt liegen als sei er gefesselt — BBA 109/77;
sie wissen es, dass er in ihrer abwesenheit aufgestanden, weil er die frau vergewaltigt hat — → zu *NB 23*, 29r, *EE F*
während sie kaumann bändigen liegt er wie prometeus »gefesselt«

die prüfung   die provokation   der falsche friede⟨.⟩ nicht erledigt sondern zugeschüttet

das zeitungsblatt   fatzers vor ihren augen leicht entstehende⟨*r*⟩ plan

▮ *Gk 6·5*

1) liquidation des krieges — *NB 22*, 20r
2) rückkehr
3) orientierung + 1. versuch
4) 2. versuch: heimarbeit
5) 3. versuch: exprobrierung
6) untergang

[…]
4+5 furchtzentrum des stücks. — *NB 22*, 29r
während der hunger sie anfällt, geht das dach über ihren köpfen weg, verläßt sie ihr bester kamerad ⟨*Koch*⟩ und spaltet sie der sexus.
[…]
letzte szene: — *NB 22*, 38r–54r
fatzer tritt ein *[…]*

▮ *Gk 6·6*

fatzer — BBA 109/60
sich überhaupt nicht an naturalistische szene halten, etwa: — → zu *NB 27*, 27r
nacheinander ohne überleitung, einfach auf + abtretend, sprechen die drei jeder mit f⟨*atzer*⟩
oder: (in 5)
wie ein sowjet! aufgeregte gruppen fortwährende beratungen, tagt tag + nacht. neue beschlüsse. umwerfend. immerfort neue situation.
eingeleitet durch: schrecklich verändert erwacht — → *Gk 2·3*, *Gk 2·4*

das ganze stück, da ja unmöglich, einfach zerschmeißen für experiment, ohne realität! — BBA 109/56
zur »selbstverständigung«

zerstörung des zimmers — BBA 109/59
⟨*zerstörung*⟩ der zeit
<immerfort steht nur eine, wochen umfassende zeitangabe über der szene!>

■ *Gk 6·7*

BBA 112/57; → zu *NB 22*, 1v.4

DAS FATZERKOMMENTAR

zum fatzerdokument gehört das fatzerkommentar. das fatzerkommentar enthält zwei⟨l⟩erlei anleitungen für die spieler: solche die die darstellung und solche die den sinn und die anwendung des dokuments betreffen. das studium der anleitungen über den sinn ist zum verständnis der anleitungen für die darstellung und also auch für die darstellung nicht nötig während das studium dieser anleitungen für den sinn ohne das studium der ersteren und das spiel sogar gefährlich ist. es sollen also zuerst die anleitungen für das spiel gelesen werden und erst nachdem der studierende das dokument dargestellt hat soll das studium des sinns und der anwendung erfolgen. die darstellung soll von den studierenden nach jener der ersten künstler ihrer zeit nachgeahmt werden. diese darstellung durch die ersten künstler der zeit soll von den studierenden mündlich und schriftlich kritisiert aber in jedem fall solange nachgeahmt werden bis die kritik sie abgeändert hat. vorschläge für abänderungen von gesten oder tonfällen sollen schriftlich gemacht werden; sie dürfen die übungen selbst nicht beeinträchtigen. auf diese weise können auch die anweisungen des kommentars jederzeit geändert werden. sie sind voller fehler⟨~~n~~⟩ was unsere zeit und seine tugenden sind unverwertbar was andere zeiten betrifft.

■ *Gk 6·8*

BBA 111/43; → zu *NB 27*, 15r

aus dem geschlechtskapitel
der nachteil unersetzlich zu sein

BBA 112/58

DAS VIERTE KAPITEL

das vierte kapitel ist das der lähmenden gesichte. das kommen grosser veränderungen im geist der menschheit kündigt sich durch furcht an. an ihrer eigenen furcht oder der von andern erkennen die führenden das kommen grosser veränderungen. diese veränderungen sollen sie durchführen. in unserer zeit besteht eine grosse furcht vor dem überhandnehmen der städte und viele hängen gedanken nach dem zu entrinnen. die fü⟨*h*⟩renden aber wissen dass alle diese gedanken von übel sind und verwirklichen die grossen städte. (→ *Gk 1·1*) so ist es auch mit dem mechanischen und der kollektiven moral. die führenden erklären den sin⟨*n*⟩ des mechanischen und den nutzen der kollektiven moral. das schwimmen gegen den strom ist torheit aber es gehört weisheit dazu die richtung des stromes zu erkennen.
das vierte kapitel ist auch das der zertrümmerung der anschauungen durch die verhältnisse.

viele machen einen unterschied zwischen der vernunft und dem gefühl und stellen die vernunft unter das gefühl. zwischen der wahren vernunft und dem wahren gefühl ist kein unterschied, der zu einem kampf führt. der führende stellt das gefühl aber unter die vernunft indem er die vernunft nie ohne stoff benutzt den sie vernimmt.

BBA 111/33, → BBA 112/52, *BFA* 10, 518

F⟨*A*⟩TZ⟨*ER*⟩

TODESKAPITEL.

als der denkende in einen grossen sturm kam, sass er in einem grossen wagen und nahm viel platz ein. das erste war, dass er aus seinem wagen stieg. das zweite war, dass er seinen rock ablegte. das dritte war, dass er sich auf den boden legte. so überstand er den sturm in seiner kleinsten grösse.

▮ *Gk 6·9*

F⟨*A*⟩TZ⟨*ER*⟩DOK⟨*UMENT*⟩ BBA 520/7

der zweck wofür eine arbeit gemacht wird ist nicht mit jenem zweck identisch zu dem sie verwertet wird. so ist das fatzerdokument zunächst hauptsächlich zum lernen des schreibenden gemacht. wird es späterhin zum lehrgegenstand so wird durch diesen gegenstand von den schülern etwas völlig anderes gelernt als der schreibende lernte. ich der schreibende muss nichts fertig machen. es genügt dass ich mich unterrichte. ich leite lediglich die untersuchung und meine methode dabei ist es die der zuschauer untersuchen kann.

Gk 7 1930 *Von Koch zu Keuner*

Anfang 1930 baute Brecht die Figur Koch zum gleichrangigen Gegenspieler Fatzers aus und benannte sie in Keuner um.* Er erweiterte die weitgehend lineare, naturalistisch-tragische Dramaturgie* um eine weitere Zwischenszene (*1 Kriegssitzung*)* und um epische Elemente wie die Zitierung von »stellen« und die Verlesung von Texten*. Auf den zur Selbstverständigung erstellten Montagebögen konkretisierte Brecht zum ersten und einzigen Mal den Schluß des Theaterstücks*, allerdings in sich ausschließenden Varianten, und übertrug die Deutung des Geschehens den Schauspielern und Zuschauern.*

→ zu *NB 29*, 30r–32r
→ *Gk 6·6*, *Gk 7·1*
BBA 110/46, 109/36
→ *Gk 7·1*, *Gk 7·5*
→ zu *NB 22*, 20r (zu 6)
→ *Gk 7·3*, *Mb 1·1*–*Mb 1·4*

▮ *Gk 7·1*

fatzer *NB 30*, 10r

ihre odyssee beginnt mit ihrem durch den individualisten fatzer gegebenen irrtum, sie könnten, einzeln, den krieg abbrechen. hierdurch wo sie um zu leben sich von der masse scheiden verlieren sie ihr leben von vornherein. sie kommen nie mehr zur masse zurück.
daher:
immerfort versuche + beschlüsse zurückzukehren!

solche erkenntnisse nehmen den karakter von literatur an. sie zitieren die »stellen« späterhin, treffen veränderungen.

fatzer glaubt an den blindwütenden zufall⟨:⟩ »was da ist, ist übergebliebenes«, das chaos. koch ist es, der die notwendigkeit des krieges erkennt und den beschluß faßt ihn zu liquidieren.

der satz den sie auf den tank schrieben: »wir hören auf⟨«⟩, wird <literaturkarakter!> jetzt von koch verbessert in »wir hören den krieg auf« an die wand des zimmers geschrieben. *NB 30*, 11r

die tragik des schlußteils ist eine dialektische!
insofern als fatzers schädlichkeit <als typ> dadurch sichtbar wird als er alle andern 3 in privates verwickelt – indem er sie verlockt ihn zu vernichten vernichtet er sie – richtig wäre es, niemals den »anschluß an morgen« zu verlieren, nie zu vergessen was gewollt wird, alles andere als hindernis zu sehen nicht als hauptsächlich zu bewältigendes, was

dann ziel wird, richtig wäre es für sie abzuhauen + dem typ fatzer die beachtung zu versagen. sie gehen daran zu grund daß sie solidarität anwenden auf einen der sie nicht hat. für sie ist es selbstverständlich: nur alle zusammen heraus oder keiner. sie wollen ihn bis zuletzt mitnehmen ob er will oder nicht.

→ *Gk 2·9*

▮ *Gk 7·2*

BBA 109/45

F⟨*A*⟩TZ⟨*ER*⟩
Der Sündefall. Fatzers Erkenntnis: der Krieg ist sinnlos.
Jubel des Chors.
CHOR
Jetzt erkennen sie – einer wenigstens
erkennt: jetzt
ist vorüber die Zeit des Kriegs
der Unkenntnis.
Sprich weiter Fatzer!

Wenn nach der 1. Szene der Chor den Untergang voraussagt wegen der Trennung von der Masse, zeigt er das Schlussbild.

Falsches Verhalten erzeugt voraussehbaren Untergang.

Verzweiflung des Fatzer.
Fatzers anarchistische Folgerungen: es ist alles gleich.
Der Chor widerspricht wiederum und ruft Koch an⟨:⟩ er ernennt Koch zu einer Art Liquidationsverwalter und trägt ihm auf den Typus Fatzer zu liquidieren.

Gehe jetzt jeglicher in seine Stadt und
überlasset den Fatzer seinem Untergang und
verwandelt den Krieg in einen Bürgerkrieg
welches eure Aufgabe ist in jedem Krieg
der sein wird von jetzt bis zum
Ende aller Kriege.

▮ *Gk 7·3*

⟨*Prolog*⟩

Mb 1

2 chöre:
aber als alles geschehen war, war da
Unordnung. *[…]*
Ihr aber seht jetzt
das Ganze. *[…]*
Und aufgebaut haben wir es damit
ihr entscheiden sollt
durch das sprechen der wörter + das anhören der chöre
was eigentlich los war denn
wir waren uneinig.
[…]

⟨*1. An der Front*⟩
WÄHREND AUF DEN SCHAUTAFELN DIE KRIEGSGERÄTE GEZEIGT WERDEN ALS DA SIND SCHLACHTSCHIFFE FLUGZEUGE KANONEN USW BEKLAGEN DIE DREI LAUT SCHREIEND IHR GESCHICK

KOCH
wer von euch ist ein freund und grabt mich
ein in den boden? *[...]*

2. ⟨*Einquartierung*⟩ *Mb 2*
MÜLHEIM
1 schreiend beklagt sich die frau des leeb über leebs abwesenheit
2 auftauchen der 4 und begrüssung
3 die weiber loben die heimkehrer
4 die beratung
5 das essen und fatzers erste rede
6 die einquartierung *[...]*

3. ⟨*Versuche der Fleischbeschaffung*⟩ *Mb 3*
ZWEI ABENDE HINTEREINANDER VERSUCHEN DIE HEIMKEHRER SICH PROVIANT ZU VERSCHAFFEN. FATZER BRINGT DIE VERSUCHE ZUM SCHEITERN.
a
KOCH
das hier ist die stelle
hier muss er vorbeikommen *[...]*
b
KOCH
wir müssen das fleisch haben
fang heut keinen streit an *[...]*

4. ⟨*wohl letzte Szene oder Epilog*⟩ *Mb 4*
fatzer:
⟨*Chor:*⟩ bleibe auf dem platz → zu *NB 27*, 36r–37r
wo deine niederlagen gemacht wurden *[...]*

▮ *Gk 7.4*
UNTERGANG DES EGOISTEN JOHANN FATZER BBA 520/3; → BBA 520/2

1 Fatzer, Keuner, Büsching und Leeb brechen den Krieg ab
2 Die Heimkehr
3 Fatzers Gang durch Mühlheim
4 Fatzers erste Abweichung: der Beischlaf
5 Fatzers zweite Abweichung: der Kampf mit den Fleischern
6 Das Übereinkommen
7 Der Streit in der Kantine
8 Fatzer raubt Fleisch und mordet

9 Unter Siegesglocken
⟨*handschriftlich ergänzt:*⟩
Sie essen sein fleisch und loben ihn. er schweigt.
Sie verachten ihn und essen sein fleisch
10 FATZERS SPAZIERGANG
11 DAS URTEIL

■ ***Gk 7.5***

BBA 433/40

F⟨*A*⟩TZ⟨*ER*⟩
Keuner zurück: er hat drei gefunden.
chor berichtet von der russischen revolution
höre jetzt keuner: deine drei
reichen.
gestern noch verlangten wir fünf, aber jetzt

→ BBA 109/86, *BFA* 10, 480f.

nur arbeiter kommen in frage
da⟨*s*⟩ grosse gespräch mit dem opportunisten.
keuner liest den dreien das kommunistische manifest vor.
rede des keuner über literarisierung (beim hosen nähen):
sie müssen bücher lesen, dann kommt revolution!
FATZER:
keuner, du kannst nicht für
dich sorgen und willst
der ganzen welt helfen.
KEUNER:
so schlecht fatzer ist eben unsere lage, dass
weniger als die ganze welt uns nicht helfen kann.
also muss ein plan⟨,⟩ uns zu helfen
der ganzen welt helfen.
(keuner wird abgelehnt)
einer ist ein wilder kommunist
büsching ist revolutioniert
einbruch   fatzer verspottet ihn vor den soldaten
kommentar: vergrabung der lehre!!!
keuner bekämpft anarchismus, radikalismus und opportunismus

keuner auf büsching deutend: das ist ein dummkopf!!

verlesung des manifests. frau bringt arbeiter. keuners pazifistisches gespräch über den krieg.

■ ***Gk 7.6***

BBA 111/30; → *BFA* 18, 13f.

DIE VERGRABUNG DER LEHRE.
als herr keuner, der denkende, sich in einem saale vor vielen gegen die gewalt aussprach *[...]*

BBA 112/35; → *BFA* 10, 523

DIE VERGRABUNG DER LEHRE.
die strafe macht den verbrecher zum verbrecher *[...]*

Fatzer-Einzelkonzeptionen

Die folgende Übersicht der *Fatzer*-Einzelkonzeptionen (*Ek 1-Ek 45*) wertet eine Auswahl relevanter Dokumente aus dem *Fatzer*-Material im Hinblick auf die Namen der Figuren, ihre Charakterisierungen sowie Orte und Zeiten der Handlung aus. Wo sich die chronologische Abfolge der Entwürfe nicht zweifelsfrei feststellen läßt, sind sie nach inhaltlicher Plausibilität angeordnet.

Gk 1

1 *Reich 1966*, 11; → *Gk 1·1*
Figuren:
• der Egoist Johann Fatzer
Orte und Zeit:
• die großen Städte

2 *Reich 1970*, 287, 293; → *Gk 1·1*
Figuren:
• Herr Fatzer, der Egoist Johann Fatzer
Orte und Zeit:
• Nachkriegszeit

3 *Tb H*, 28. Februar 1926; → *Gk 1·2*
Figuren:
• der Mann der nicht mehr mag

4 BBA 462/135; → *Gk 1·3*
Orte und Zeit:
• die Stadt als heroische Landschaft; die großen Städte
• zu Beginn des dritten Jahrtausends, während des Ersten Weltkriegs

5 *NB 20*, 38r-39r.6; → *Gk 1·4*
Figuren:
• vier Freunde
Joseph Menken: moral insanity
Orte und Zeit:
• in diesen Städten, die ein Kind sind
• 7. August 1926 (wohl Tag der Eintragung)

Gk 2

6 BBA 109/69; → *Gk 2·1*
Figuren:
• vier Kriegsheimkehrer
der vierte Mann: der Stärkste, aber ganz unnütz
Orte und Zeit:
• eine sehr große Stadt
• 1919

7 BBA 112/18; → *Gk 2·2*
Figuren:
• vier Männer
Fatzer: der Kommunist und Kollektivist, für die anderen der Egoist, Schädling, Aussichtslose, Aussätzige
die Moralischen
• Fatzers Mutter
Orte und Zeit:
• 1919

8 BBA 109/64; → *Gk 2·3*
Figuren:
• vier Kriegsheimkehrer
Fatzer
Orte und Zeit:
• Stadt in der Besatzungszone
• 1919

9 BBA 109/65; → *Gk 2·4*
Figuren:
- vier Kriegsheimkehrer
  zwei wollen heim
  Fatzer: will bleiben
  der Mann der Frau, bei der sie unterkommen
- die Frau des vierten

Orte und Zeit:
- zwischen Front oder Kriegsgefangenschaft und Grenze; an der Grenze; Stadt mit Flughafen in der Besatzungszone
- 1919

10 BBA 109/81; → *Gk 2·5*
Figuren:
- Fatzer
- sie (die wohl drei anderen): für Fatzer verächtlich
- die Hure

Orte und Zeit:
- Stadt in der Besatzungszone
- in den Jahren nach dem Kriege

11 BBA 112/3; → *Gk 2·6*
Figuren:
- Fatzer: moral insanity
- sie (die wohl drei anderen)
- die Frau des einen: aufsässig

Orte und Zeit:
- Stadt in der Besatzungszone
- in Inflationszeiten (wohl ca. 1921–23)

12 BBA 111/2; → *Gk 2·8*
Figuren:
- Fatzer: Egoist; tut nur, wozu er Lust hat
- sie (die wohl drei anderen)

13 *NB 21*, 8r–24r; → *Gk 2·9*
Figuren:
- Fatzer
- Koch
- Muck
- Mellermann
- die Frau

Orte und Zeit:
- Stadt
- Nachkriegszeit

14 BBA 109/79, 111/16; → *Gk 2·10*
Figuren:
- Fatzer
- Koch: der Gerechte
- Büsching: gleichgültig, Schweijk in härterem Material, aus Passau
- Mellermann: subjektiv
- Mellermanns Frau
- die Hure Fanny

Orte und Zeit:
- Mülheim
- Nachkriegszeit

15 BBA 109/71; → *Gk 2·11*
Figuren:
- Fatzer: Monteur
- Koch: Viehhändler
- Büsching
- die Frau

Orte und Zeit:
- Stadt in der Besatzungszone
- Nachkriegszeit

16 BBA 109/62; → *BFA* 10, 454
Figuren:
- vier Männer (der Ehemann und drei weitere Kriegsheimkehrer)
- ein Weib (die Ehefrau)

Orte und Zeit:
- Mülheim an der Ruhr
- nach dem Krieg

17 BBA 111/20–21; → zu *NB 22*, 2r
Figuren:
- Büsching
- Weib des Büsching

Orte und Zeit:
- Mühlhausen (wohl irrtümlich statt Mülheim) an der Ruhr
- Anfang 1919

Gk 3

18 *NB 19*, 13r–31r; → *Gk 3·1*
Figuren:
- Karl X
- Y
- Schorsch Z

Orte und Zeit:
- Front und Hinterland der Front
- (November) 1917 oder 1918; (Fehldatierung, wohl Tag der Eintragung:) 12. November 1926

Gk 4

19 BBA 111/15, 110/22; → *Gk 4·1*
Figuren:
- Fatzer
- Mellermann
- Kiaul
- Frau des Kiaul

Orte und Zeit:
- Front; Kiauls Stadt
- 1917/18

20 BBA 110/14–13; → *BFA* 10, 392–395
Figuren:
- Fatzer
- Nauke
- Mellermann
- Schmitt

Orte und Zeit:
- Front
- 1917/18

21 BBA 109/49; → *BFA* 10, 395f.
Figuren:
- Fatzer
- Koch
- Mellermann
- Karl Büsching

Orte und Zeit:
- Front
- 1917/18

22 BBA 110/9–11, 112/26; → *Mb 1·5–Mb 1·6*
Figuren:
- Fatzer
- Koch
- Büsching

Orte und Zeit:
- Front
- 1917/18

Gk 5

23 BBA 109/67; → *Gk 5·1*
Figuren:
- Fatzer
- die 5 (wohl Verlesung statt »3«) Koch
- die Fose

Orte und Zeit:
- Front; Stadt
- 1917/18

24 *NB 23*
Figuren:
- Johann Fatzer
- Koch: gerecht, Auge, aus Passau; ein Fanatiker
- Büsching: passiv, aber gefährlich, aggressiver Schweyk, aus Lignitz; gleichgültig
- Gottfried Kaumann: Kesselschmied, stumm; aus Mülheim
- die Frau des Kaumann
- das Mädchen Marie

Orte und Zeit:
- Front; Stadt an der Grenze; Mülheim; (Zwischenszene:) Kasernenstube
- Frühjahr bis November 1917

25 *NB 24*, 2r–28r
Figuren:
- Fatzer: gegen den Sozialismus
- Büsching: fleischlich, holt überall Bestes heraus, heimtückisch
- Kaumann: Fresser, Pessimist
- Rosa Kaumann

Orte und Zeit:
- Mülheim; (Zwischenszene:) im Zug
- Frühjahr bis November 1917

Gk 6

26 BBA 109/68, 70, 73; → *Gk 6·1*

Figuren:

- Johann Fatzer: Egoist (wohl aus Berlin)
- Mann aus Passau (wohl Koch)
- Mann aus Liegnitz (wohl Büsching)
- Mann aus Mühlheim, in dessen Stube sie unterkommen

Orte und Zeit:

- Verdun; französische Kriegsgefangenschaft; Mühlheim an der Ruhr
- im dritten Jahr des Krieges; Anfang 1918

27 BBA 109/66; → *Gk 6·2*

Figuren:

- vier Soldaten: Blutsbrüderschaft Fatzer
- die Frau

Orte und Zeit:

- Front; Mülheim
- Frühjahr bis Oktober 1917

28 BBA 109/77r; → *Gk 6·4*

Figuren:

- Fatzer
- Kaumann
- Kaumanns Frau

Orte und Zeit:

- (wohl Mülheim)

BBA 109/77v

- Berlin (geändert in:) Ruhrort

29 *NB 22*, 1r–57r; → *Gk 6·5, Mb 2·3–Mb 2·10*

Figuren:

- Fatzer: das schöne Tier
- Koch: Freund Fatzers; ihr bester Kamerad; Revolutionär
- Büsching: kaltschnäuziger Materialist; hat Humor
- Kaumann: Besitztrieb
- Therese Kaumann: wird wie eine Hündin
- die Prostituierte

Orte und Zeit:

- Stadt im Ruhrgebiet
- 1917

30 BBA 109/63; → *BFA* 10, 463

Figuren:

- Johann Fatzer

Orte und Zeit:

- die Gegend: Ruhrort

31 BBA 111/25; → *BFA* 10, 457f.

Figuren:

- Fatzer
- Koch
- Büsching
- X

32 *NB 22*, 58r–62r

Figuren:

- Fatzer: Freiheitsdurst
- Leeb: Besitzkomplex
- die Frau, das Weib: gefährlich, wenn ungestillt

Orte und Zeit:

- (Stadt im Ruhrgebiet)
- (1917)

33 *NB 21*, 38r–55r

Figuren:

- Fatzer
- Koch: ergreift Fatzers Partei, errichtet den Terror
- Leeb
- Therese Leeb

Orte und Zeit:

- während des Ersten Weltkriegs

34 BBA 109/60, 61; → zu *NB 21*, 60r, *Gk 6·6*

Figuren:

- Fatzer: gegen Mechanik
- die drei Kaumann

Gk 7

35 BBA 109/10; → *Mb 3·2–Mb 3·8*

Figuren:

- Fatzer
- Koch
- Büsching
- Leeb

Orte und Zeit:

- Stadt
- während des Ersten Weltkriegs

36 *NB 30*, 10r–11r; → *Gk 7.1*
Figuren:
- Fatzer: der Individualist, glaubt an den Zufall, verwickelt die andern drei in Privates
- die andern drei: die Solidarischen
  Koch: erkennt die Notwendigkeit des Kriegs und faßt den Beschluß, ihn zu liquidieren

Orte und Zeit:
- Front; Stadt
- während des Ersten Weltkriegs

37 BBA 109/45; → *Gk 7.2*
Figuren:
- Fatzer: verzweifelt, anarchistisch
- Koch: eine Art Liquidationsverwalter

Orte und Zeit:
- Front; Stadt
- während des Ersten Weltkriegs

38 *NB 25*, 36r–39r
Figuren:
- Fatzer
- Koch

Orte und Zeit:
- im vierten Jahr des Kriegs

39 *NB 29*, 31r–32r
Figuren:
- Fatzer
- Koch
- Büsching
- Leeb: der Sargeant

Orte und Zeit:
- Front
- während des Ersten Weltkriegs

40 *NB 29*, 30r
Figuren:
- Fatzer
- Keuner

Orte und Zeit:
- Front
- während des Ersten Weltkriegs

41 *NB 25*, 63r–64r
Figuren:
- Keuner

Orte und Zeit:
- Front
- (1917/18)

42 BBA 111/45; → *Mb 2.2*, *Gk 7.3*
Figuren:
- die vier
  Fatzer
  Leeb
- die Frau des Leeb

Orte und Zeit:
- Mülheim

43 BBA 520/2, 3; → *Gk 7.4*
Figuren:
- Fatzer
- Keuner
- Büsching
- Leeb
- die Frau des Leeb

Orte und Zeit:
- Mülheim
- während des Ersten Weltkriegs

44 BBA 433/40; → *Gk 7.5*
Figuren:
- Fatzer (wohl: der Opportunist)
- Keuner: bekämpft Anarchismus, Radikalismus und Opportunismus; Pazifist
- Büsching: ist revolutioniert (wohl: der wilde Kommunist)
- Frau

Orte und Zeit:
- Stadt
- November 1917

45 BBA 520/5–6; → *BFA* 10, 492f.
Figuren:
- Fatzer
- Koch
- Frühhaupt: Maurer

Orte und Zeit:
- Stadt
- während des Ersten Weltkriegs

Zeittafel

1927

Januar Kipling-Übersetzung *Der Cholerakamp* in *Erzählerkunst. Almanach auf das Jahr 1927* (→ zu *NB 17*, 46r.27-26); Gedicht *Dreihundert ermordete Kulis berichten an eine Internationale* in *Der Knüppel* (→ zu *NB 21*, 56r); *Der Lebenslauf des Boxers Samson-Körner*, 4. Teil in *Die Arena* (→ Dezember 1926)

1. **Januar** Gedichte *Reden Sie nichts von Gefahr!...* und *Laßt eure Träume fahren...* in *Berliner Börsen-Courier*

2. **Januar** Aufsatz *Junges Drama und Rundfunk* in *Funkstunde. Zeitschrift der Berliner Rundfunkstelle*

3. **Januar** Teilnahme an Sitzung der *Gruppe 1925* (→ 8. November 1926)

9. **Januar** Erzählung *»Nordseekrabben« oder Die moderne Bauhaus-Wohnung* in *Münchner Neueste Nachrichten* (→ Mai 1926)

10. **Januar** Vertonung von *Erinnerung an die Marie A.* durch Franz Servatius Bruinier (→ 20./21. November 1925, 28. Februar 1927)

11. **Januar** Brecht bittet Hannes Küpper um ein Foto und eine Handschrift von *McNamara Song*, dem er als Juror eines Preisausschreibens der *Literarischen Welt* den ersten Preis zuerkennt (→ 4. Februar)

13. **Januar** in Düsseldorf

14. **Januar** in Oldenburg; Lesung von Auszügen aus *Leben Eduards des Zweiten von England* und *Hauspostille* am *Autorenabend* der *Vereinigung für Junge Kunst*

Mitte Januar Versuch, eine Ballade Upton Sinclairs für die Inszenierung seines Stücks *Singende Galgenvögel* zu übersetzen (Premiere: 1. März 1928)

Ende Januar Gründung des *Klubs für Filmdichtung*, Berlin mit Brecht als Gründungsmitglied

Februar autobiographischer Entwurf *Für alles, was als gut und schön bekannt war...*

4. **Februar** Artikel *Kurzer Bericht über 400 (vierhundert) junge Lyriker* (Obertitel: *Das Votum Brechts*) in *Die Literarische Welt* (→ 11. Januar)

Mitte/Ende Februar Artikelentwurf *Als ich neulich in einem ausgezeichnet redigierten Feuilleton...* zur Erwiderung auf kritische Reaktionen auf seinen *Kurzen Bericht...*

28. **Februar** 3. Abend des Berliner Kabaretts MA (Montag Abend) mit *Song vom Auto* in der Vertonung von Brecht und Bruinier (→ 10. Januar, 8. März)

Frühjahr Bekanntschaft mit Fritz Sternberg (→ zu *NB 24*, 73r.2)

März *Mann ist Mann* (→ zu *NB 16*, 1r-31r.12), *Bertolt Brechts Hauspostille* (→ zu *NB 15*, 36v.5) und *Im Dickicht der Städte* (→ zu *NB 12*, 9r-57r.10) im Propyläen-Verlag, Berlin; Bekanntschaft mit Kurt Weill während der Vorbereitung des Sendespiels *Mann ist Mann*

5. **März** Artikel *Zur Aufführung* ⟨von *Mann ist Mann*⟩ *im Rundfunk* in *Berliner Tageblatt*; Rundfunkbeitrag *Die Geschichte des Packers Galy Gay* in Funk-Stunde, Berlin (→ 18. März)

8. **März** Bruinier vertont mit Brecht *Seeräuber-Jenny* und *Barbara-Song* (→ 28. Februar, April)

9. **März** Probeaufnahme von *Seeräuber-Jenny* durch Carola Neher

16. **März** Erzählung *Barbara* in *Magdeburgische Zeitung*

18. **März** Sendespiel *Mann ist Mann* (→ zu *NB 16*, 1r-31r.12) in Funk-Stunde, Berlin, und Deutsche Welle (Regie: Alfred Braun), Brecht liest *Rede im Rundfunk/Vorrede zu »Mann ist Mann«* und den Zwischenspruch vor der 9. Szene (→ 5. März, 10. Juni)

19. **März** *Rede im Rundfunk* in *Berliner Börsen-Courier*

Mitte/Ende März Aufsatz *Tendenz der Volksbühne: Reine Kunst* (→ 31. März; zu *NB 25*, 74r-75r);

Auftrag der Deutschen Kammermusik Baden-Baden an Paul Hindemith, Darius Milhaud, Ernst Toch und Kurt Weill für eine Kurzoper; mit Weill Plan für das Songspiel *Mahagonny* (→ 2. Mai)

28. März Gedicht *Vom Geld* in *Simplicissimus*

31. März Artikel *Man sagt Piscator nach, er habe Tendenz gezeigt ...* (Teilabdruck von *Tendenz der Volksbühne: Reine Kunst*; → Mitte/Ende März) in *Berliner Börsen-Courier*

April Vertonung von *Surabaya-Johnny* durch Bruinier und Brecht (→ 8. März, 26. April)

Anfang April Plan einer musikdramatischen Arbeit (Arbeitstitel: *Ruhroper*, *Ruhrrevue*, *Ruhrepos*) von Brecht, Weill und Carl Koch (→ Mai); Balladen *Vom verliebten Schwein* (→ zu *NB 11*, 24r) und *Von der Hannah Cash* (→ zu *NB 9*, 26v–28v) in *Die neue Zeit*

3. April Erzählung *Der Vizewachtmeister* in *Magdeburgische Zeitung*

25. April Lesung eigener Werke in *Die Stunde der Lebenden*, Funk-Stunde, Berlin, und Deutsche Welle

26. April Vertonung von *Hannah Cash* für Klavier und Gesang durch Bruinier (→ April, 5. Mai)

29. April Widmung Döblins in *Manas. Epische Dichtung*: »29. 4. 27 \ Für Bert Brecht \ Was sollen alle Wege nach Rom! \ Ich bin in Rom. \ Ihr \ Alfred Döblin« (*Brecht-Bibliothek* 437)

Mai Exposé zu *Ruhrepos* (→ Anfang April, 30. Mai)

Anfang Mai Offener Brief *Bert Brechts Erwiderung* auf einen offenen Brief Hellmut Schliens in *Die neue Zeit*; Carola Neher nimmt *Surabaya-Johnny* (→ April) auf Schallplatte auf

2. Mai Weill schlägt der Universal-Edition das Songspiel *Mahagonny* vor (→ Mitte/Ende März, 18. Mai)

5. Mai Vertonung von *Hannah Cash* für Violine, Saxophon, Trompete und Schlagzeug durch Bruinier (→ 26. April)

12. Mai Sternbergs offener Brief an Brecht *Der Niedergang des Dramas. Brief an einen Dramatiker von Herrn X* in *Berliner Börsen-Courier* (→ 2. Juni)

16. Mai Artikel *Theatersituation 1917–1927* in *Der neue Weg*

18. Mai erste Hälfte der Partitur *Mahagonny. Songspiel* von Weill zum Satz eines Klavierauszugs an die Universal-Edition Wien (→ 2. Mai, 26. Mai)

26. Mai zweite Hälfte der Partitur *Mahagonny. Songspiel* an die Universal-Edition Wien (→ 18. Mai, 11. Juli)

30. Mai bis 3. Juni Brecht, Weill und Koch in Essen, Vertragsverhandlungen über *Ruhrepos* (→ Mai, 9. Juni), Hinreise nach Essen/Mülheim und Rückreise nach Berlin im Flugzeug (→ zu *NB 21*, 8r–55r)

30. Mai Vertragsverhandlungen; abends Gang durch einige Werke des Essener Industriegebiets

31. Mai Autofahrt durch das Ruhrgebiet

Juni *Ballade vom Stahlhelm* in *Der Knüppel*

1. Juni Besichtigung eines Bergwerks

2. Juni Rundflug über das Ruhrgebiet, Besuch der Krupp-Werke in Essen; offener Brief an Sternberg *Sollten wir nicht die Ästhetik liquidieren?* in *Berliner Börsen-Courier* (→ 12. Mai)

3. Juni Vertragsentwurf zwischen der Stadt Essen, Brecht, Weill und Koch über das *Ruhrepos*

9. Juni Unterzeichnung des Vertrags für *Ruhrepos* (→ 3. Juni, Mitte Juni)

10. Juni Hörspiel *Mann ist Mann* (→ 18. März, 30. Juni) im SWR, Frankfurt

11. Juni Beitrag *Bert Brecht lacht* in *Film-Kurier*

Mitte Juni Exposé *Ruhrepos* von Brecht, Weill und Koch (→ 9. Juni, 22. Juli)

25. Juni Erzählung *Der Blinde* in *Magdeburgische Zeitung*

26. Juni (circa) Abreise mit dem Auto über Berneck nach Augsburg (bis 29. September)

30. Juni Hörspiel *Mann ist Mann* im WDR, Köln (→ 10. Juni 1927, 11. Januar 1929) und im SWR, Frankfurt

Juli/August Ankündigung des Stücks *Weizen* (*Fleischhacker*) für die Spielzeit 1927/28 an der geplanten Piscator-Bühne (→ Anfang August; zu *NB 16*, 7v–35v); Verwendung von *NB 21* (3r–31r); Arbeit (bis Ende September, Anfang Oktober) an *Die Augsburger Sonette* (→ zu *NB 21*, 3r–5r) und *Fatzer* (→ Anfang Juli; zu *NB 21*, 8r–55r, *Gk 4*, *Ek 19–Ek 22*)

Juli Offener Brief *Das Schlimme am Theater ist, daß es immerfort Theater heißt…* in *Jahrbuch des Reußischen Theaters. Zum Jubiläum des Theaters 1902–1927*; Druck *Im Dickicht der Städte*, Propyläen-/Arcadia-Verlag, Berlin (→ zu *NB 12*, 9ʳ–57ʳ.10)
Anfang Juli Gedicht *Anleitung für die Oberen* in *Die neue Bücherschau*
Anfang bis circa 9. Juli mit Elisabeth Hauptmann am Walchensee zu Besuch bei Hugo Eisner; Entwürfe zu *Lehrstück № 2* und *Fatzer* (→ Juli/August, August)
2. Juli Enthauptung des Raubmörders Otto Klein in Augsburg; *Sonett № 1: Ich widme dies Sonett Herrn Josef Klein…/Dies sei gewidmet gern Herrn Josef Klein…*
9. Juli Fahrt nach Baden-Baden, Übernachtung im Hotel Gunzenbachhof
11. Juli Textbuch *Mahagonny. Songspiel*, Universal-Edition Wien/Leipzig (→ 26. Mai, 17. Juli; zu *NB 21*, 26ʳ)
14. bis 17. Juli Teilnahme am Festival Deutsche Kammermusik in Baden-Baden (→ zu *NB 24*, 59ʳ); Bekanntschaft mit Hans Curjel
17. Juli Premiere des Songspiels *Mahagonny* am Festival Deutsche Kammermusik Baden-Baden (→ 11. Juli, 26. Juli); Bekanntschaft mit Hanns Eisler
18. Juli Fahrt nach Augsburg, bald darauf wohl zwei Tage bei Jacob Geis in Buch am Ammersee
22. Juli (circa) anonymes Flugblatt *Essener Theater- und Kunstverhältnisse* gegen *Ruhrepos* und die ›Verjudung‹ der Kunst (→ Mitte Juni, 29. Juli)
26. Juli Teile des Songspiels *Mahagonny* mit Irene Eden, Lotte Lenja und Kurt Weill (→ 17. Juli, August)
29. Juli der Essener Kulturdezernent Hüttner bittet um Zurückstellung von *Ruhrepos* (→ 22. Juli 1927, 14. März 1928)
Ende Juli/Anfang August Augsburg; Lektüre: Engels, Marx, Pornographie

August Foto mit Erläuterung *Der Dichter Bert Brecht bei der Arbeit* in *Uhu*; Gedicht *The Ladies* in *Die Dame*; Plan einer Ausarbeitung des *Mahagonny*-Songspiels zur Oper (→ 26. Juli, September); Arbeit an *Fatzer* (→ Anfang Juli, September)
Anfang August Vorschlag an Erwin Piscator für ein politisches Theater mit dem Namen *R. K. T.* (Rotes Klub-Theater) (→ Juli/August, 19. August)
5. August Gedichte *Die Städte* in *Simplicissimus* und *Ballade vom Kriegerheim* (später: *Zu Potsdam unter den Eichen*) in *Der Knüppel*
17. August Erzählung *Die Antwort* in *Magdeburgische Zeitung*
19. August Berlin; Gespräch mit Hermann Borchardt über die Piscator-Bühne (→ Anfang August, 3. September)
27. August Erzählung *Barbara* in *Illustriertes Unterhaltungsblatt zum Dortmunder General-Anzeiger* und in *Der Tag* (Wien)

September Augsburg; Verwendung von *NB 23* und *NB 24*, 2ʳ–28ʳ: erster großer Entwurf von *Fatzer* (→ August, November; zu *NB 21*, 8ʳ–55ʳ, *Gk 5*, *Ek 23–Ek 25*); Beginn der Arbeit an der Oper *Aufstieg und Fall der Stadt Mahagonny* (→ August, Oktober; zu *NB 25*, 65ᵛ–66ʳ); Vertonung von *Vom Tod im Wald* durch Weill (→ 12. März 1918, 23. November 1927; zu *NB 15*, 14ᵛ.8–7); Drucklegung der *Augsburger Sonette* bei Lampart in Augsburg (→ zu *NB 21*, 3ʳ–5ʳ) als Privatdruck; Entwürfe *Das vorliegende Werk »Die Bluttat von Germersheim« von Hans Borchardt* und *Über Politik und Kunst. Einleitung zu Borchardts »Bluttat von Germersheim«*
3. September Artikel *Neuer Typus Mensch* in *Das Programm der Piscator-Bühne* (→ 19. August, Ende September/Anfang Oktober)
5. September Gedicht *Die Städte* in *Simplicissimus*
9. September Erzählung *Müllers natürliche Haltung* in *Ikarus*
Mitte September Rudolf Schlichter besucht Brecht in Augsburg
29. September Rückkehr aus Augsburg (→ 26. Juni) nach Berlin

Ende September/Anfang Oktober Sendung von *Sonett № 7. Über eine alte Fohse* an George Grosz; Beginn der Mitarbeit an der Piscator-Bühne im Theater am Nollendorfplatz (→ 3. September, 16. Oktober)

Oktober Offener Brief *Ich verstehe Sie gar nicht!...* in *25 Jahre Frankfurter Schauspielhaus* (→ zu *NB 24*, 72ʳ.1-2); Arbeit mit Weill an der Oper *Mahagonny* (→ September, November); häufige Besuche bei Carl Koch und Lotte Reiniger

6. **Oktober** Interview von Hans Tasiemka mit Brecht, Radio SFS Breslau (→ 26. Dezember)

14. **Oktober** Hörspielbearbeitung (mit Alfred Braun) *Macbeth* in Funk-Stunde, Berlin; Brecht liest *Vorrede zu »Macbeth«*

16. **Oktober** wohl Teilnahme an der Gründung des *Studios der Piscator-Bühne* (→ Ende September/Anfang Oktober)

18. **Oktober** Angebot des Sendespiels *Die Geschichte der Sintflut/Kölner Sintflut* an Ernst Hardt, Intendant des WDR Köln, zur Produktion und jährlichen Sendung an einem festen Termin

29. **Oktober** Artikel *Die Todfeinde des Sportes* im Programmheft für die *Nacht der Berliner Sportpresse*

November Arbeit an *Fatzer* (→ Juli/August 1927, Ende April 1928) und an *Aufstieg und Fall der Stadt Mahagonny* (→ Oktober 1927, Ende September 1928)

10. **November** Premiere von Alexej Tolstoj und Pawel Schtschegolew, *Rasputin, die Romanows, der Krieg und das Volk, das gegen sie aufstand*, Piscator-Bühne im Theater am Nollendorfplatz (Bearbeitung u. a. von Brecht)

12. **November** Uraufführung *Kalkutta, 4. Mai* von Lion Feuchtwanger und Brecht, Städtische Bühnen, Krefeld und Neues Schauspielhaus, Königsberg (→ 20. April 1928)

13. **November** Antwort auf die *Umfrage über die Umfrage. Welches Interview war Ihnen am liebsten?* mit dem Herausgeber-Titel *Bert Brecht: Ein begeistertes Plaidoyer* in *Das Kleine Journal*

22. **November** Scheidung von Marianne Zoff

23. **November** Uraufführung von Weills *Vom Tod im Wald* (Berliner Philharmoniker, Eugen Lang) (→ September)

27. **November** Artikel *Ein Theater, das ernsthaft den Versuch unternimmt, eines der neueren Stücke aufzuführen...* in *Frankfurter Zeitung*

Anfang Dezember Mitarbeit an der Bühnenbearbeitung von Jaroslav Hašeks Roman *Die Abenteuer des braven Soldaten Schwejk während des Weltkrieges* für die Piscator-Bühne (→ 23. Januar 1928; zu *NB 23*, 3ʳ); Arbeit in den UFA-Filmstudios in Neubabelsberg (bis circa 9. Dezember)

10. **Dezember** Premiere *Im Dickicht der Städte*, Hessisches Landestheater Darmstadt (Regie: Carl Ebert)

25. **Dezember** Artikel *Vorschläge für den Intendanten des Rundfunks* in *Berliner Börsen-Courier*

26. **Dezember** Interview von Tasiemka *Meinungen und Pläne: Bert Brecht* in *Neue Leipziger Zeitung* (→ 6. Oktober)

1928

Januar Artikel *Der Mann am Regiepult* in *Das Theater* (→ 21. Februar); Beitrag *Die Krise des Sports* in Willy Meisl, *Der Sport am Scheidewege*

5. **Januar** Berliner Premiere *Mann ist Mann*, Theater am Bülowplatz/Volksbühne (Regie: Erich Engel, Bühnenbild: Caspar Neher) (→ zu *NB 16*, 1ʳ–31ʳ.12)

8. **Januar** Gedicht *Von der Sparsamkeit der reichen Leute* in *Vossische Zeitung*

23. **Januar** Premiere *Die Abenteuer des braven Soldaten Schwejk* an der Berliner Piscator-Bühne (Bearbeitung: Brecht u. a.) (→ Anfang Dezember 1927)

Februar Beitrag *Der Fall Becher wäre fast nicht mehr nötig gewesen...* in *Der literarische Hochverrat von Joh. R. Becher*; Gedicht *700 Intellektuelle beten einen Öltank an* in *Prisma im Zenith* (→ 11. Februar 1929); Entwurf *Primat des Apparats*

8. **Februar** Erzählung *Die gottgewollte Unordnung der Dinge* in *Kasseler Post*

21. **Februar** Beitrag *Bert Brecht über den Regisseur* (*Der Mann am Regiepult*) in *Der Erzähler. Literarische Beilage der Augsburger Neuesten Nachrichten* (→ Januar)

26. **Februar** Beitrag *Um Ihnen eine einigermaßen erschöpfende Auskunft über das, was ich für Kitsch halte, zu geben...* (Antwort auf eine Umfrage) in *Münchner Neueste Nachrichten*

März Beginn der Arbeit an *Dreigroschenoper* (→ 26. April; *NB 24*, 64^r–68^r) unter dem Arbeitstitel *Gesindel*; Gedicht *Hätten Sie die Zeitungen aufmerksam gelesen …* in *Die neue Bücherschau*

6. **März** Gedicht *Über das Frühjahr* in *Uhu*

10. **März** Leipziger Premiere *Leben Eduards des Zweiten von England*, Altes Theater (Musik von Weill)

14. **März** Einstellung der Arbeit an *Ruhrepos* (→ 29. Juli 1927, Anfang Mai 1928)

5. **April** Erzählung *Eine kleine Versicherungsgeschichte* in *Die Bühne*

12. **April** Artikel *Der Mann Baal … und die Geburt dramatischer Gestalten* in *Kasseler Neueste Nachrichten*

14. **April** Premiere von Jean-Richard Blochs *Der letzte Kaiser* an der Piscator-Bühne; Treffen mit Bloch (→ zu *NB 24*, 62^r)

15. **April** Rundfunkgespräch *Die Not des Theaters* zwischen Alfred Kerr, Richard Weichert und Brecht, Deutsche Welle, SÜRAG und SWR (→ zu *NB 25*, 72^r–73^r)

20. **April** Hörspiel *Trommeln in der Nacht*, SWR, Frankfurt; Hörspiel *Kalkutta, 4. Mai* von Feuchtwanger und Brecht, Schlesische Funkstunde, Breslau (→ 12. November 1927, 12. Juni 1928)

26. **April** Vertrag mit Felix Bloch Erben, Berlin über den Bühnenvertrieb der *Dreigroschenoper* (→ März, 26. Mai)

27. **April** Verlängerung des Generalvertrags mit Ullstein bis zum 30. Juni 1931; Brecht erhält seinen ersten Steyr-Wagen (→ zu *NB 24*, 41^r)

Ende April Besuch Heinrich Fischers (→ zu *NB 21*, 8^r–55^r)

Mai Antwort auf eine Umfrage *Um die Kritik aus ihrem Schlemmertum herauszubringen …* in *Der Scheinwerfer*; wohl Plan einer Gemeinschaftsveranstaltung mit Döblin, Grosz, Schlichter und Weill (→ zu *NB 21*, 3^r–5^r, *NB 24*, 63^r)

Anfang Mai Absage von *Ruhrepos* durch Hüttner (→ 14. März)

9. **Mai** Beginn der Korrespondenz mit Ferdinand Reyher

10. **Mai** Abreise mit dem Auto nach St. Cyr (Südfrankreich), dort bis 13. Juni mit Helene Weigel, Hauptmann, Weill und Lenya; Treffen mit Koch in Marseille

26. **Mai** Ankunft Weills in St. Cyr, Arbeit an der *Dreigroschenoper* (→ 26. April, Juni) bis 4. Juni (Abreise Weills)

27. **Mai** Gedicht *Singende Steyrwagen* an die Zeitschrift *Uhu* (→ zu *NB 24*, 41^r)

Ende Mai Lektüre Aurelius Augustinus, *Bekenntnisse* (*Confessiones*), Entwürfe *Ich lese aus Mangel an Schundromanen die Bekenntnisse …*, *Zum Augustinus* und *Zu Augustinus*

Juni Bühnenmanuskript *The Beggar's Opera/ Die Luden-Oper*, Berlin: Felix Bloch Erben (→ 26. Mai, 10. August)

7. **Juni** Beitrag *Erstes Theatererlebnis* in *Altonaer Nachrichten* (→ 24. Dezember)

12. **Juni** Berliner Premiere *Kalkutta, 4. Mai*, Staatliches Schauspielhaus, Berlin (→ 20. April; Regie: Engel, Bühnenbild: Neher, Musik: Eisler; Brecht sieht das Stück Anfang Juli)

13. **Juni** Abreise aus St. Cyr (→ 10. Mai) nach Genf

14. **Juni** in Genf: Treffen mit Emil Hesse-Burri; Weiterreise nach Aarburg

15. **Juni** Weiterreise nach Augsburg

18. **Juni** Weiterreise nach Utting am Ammersee

Anfang Juli Berlin; Konsultation bei Dr. Heinrich Gottron (→ zu *NB 24*, 62^v); Bekanntschaft mit Bernard von Brentano (→ zu *NB 24*, 79^r)

13. **Juli** Antwort auf eine Umfrage zu Stefan George *Dieser Schriftsteller gehört zu den Erscheinungen, die wegen ihrer Isoliertheit …* in *Die Literarische Welt*; Reise über Homburg (Besuch bei Sternberg) und Heidelberg nach Augsburg und Utting am Ammersee (bis 7. August)

14. **Juli** Besuch der Premiere *Im Dickicht der Städte*, Stadttheater Heidelberg

24. **Juli** Beitrag *Für das Programmheft zur Heidelberger Aufführung*

27. **Juli bis 5. August** mit Weigel in Utting

August Beitrag *Deutschland braucht für seine Zukunft nichts anderes als andere Länder …*

in *Deutschlands Köpfe der Gegenwart über Deutschlands Zukunft*

6. / 7. **August** Reise über Augsburg nach Berlin

10. **August** Probenbeginn *Dreigroschenoper* (→ Juni, 31. August); Bekanntschaft mit Carola Neher (→ zu *NB 24*, 69^{r}–70^{r})

20. **August** Schallplatten-Aufnahme von Weills Vertonung von *Seeräuber-Jenny* und *Barbara-Song* mit Carola Neher, Arthur Schröder und der Dreigroschenband

30. **August** Artikel *Verstümmelte Filme* in *Berliner Börsen-Courier*

31. **August** *Die Dreigroschenoper*, Theater am Schiffbauerdamm, Berlin (Übersetzung: Hauptmann, Bearbeitung: Brecht, Regie: Engel, Bühnenbild: Neher, Musik: Weill) (→ 10. August, Oktober; zu *NB 24*, 64^{r}–68^{r}), Koch macht Filmaufnahmen (nicht überliefert; → 24. September)

Anfang September Teilabdruck *The Beggars Opera* in *Das Stichwort. Zeitung des Theaters am Schiffbauerdamm*

8. **September** *Einführung* (zur *Dreigroschenoper*) in *Programmblätter der Volksbühne*

15. **September** Song *Erst kommt das Fressen …* (aus der *Dreigroschenoper*) in *Das Tage-Buch*

Mitte September Weill schließt die Partitur der *Dreigroschenoper* ab

24. **September** Plan eines Klavierauszugs der *Dreigroschenoper* mit 50 Fotos aus den Filmaufnahmen der Premiere von Koch (→ 31. August), vom Verlag abgelehnt

Ende September Zusage zur Mitwirkung an einer Verfilmung der *Dreigroschenoper* (→ 21. Mai 1930); Abreise nach Augsburg und Kochel am See (bis Ende Oktober); dort Wiederaufnahme der Arbeit an *Fatzer* (→ November 1927; zu *NB 21*, 8^{r}–55^{r}, *Gk 6*, *Ek 26*–*Ek 34*)

Oktober Libretto *Die Dreigroschenoper (The Beggar's Opera)*, Wien, Leipzig: Universal-Edition (→ 31. August 1928, 9. Januar 1929); *Die Songs der Dreigroschenoper*, Potsdam: Kiepenheuer; Verwendung von *NB 22* (bis Dezember)

1. **Oktober** Antwort »Sie werden lachen: die Bibel« auf die Umfrage *Welches Buch hat Ihnen in Ihrem Leben den stärksten Eindruck gemacht?* in *Die Dame*

10. **Oktober** Antwort auf die Umfrage *Zukunftspläne* in *General-Anzeiger* (Dortmund), darin erste nachweisbare Verwendung des Begriffs ›Lehrstück‹ (→ zu *NB 22*, 1^{v}, *Gk 6*); Ausstellung eines Staatsangehörigkeitsausweises für Bayern

13. **Oktober** Rundfunksendung *Die neue Zeit* (Fabrikreportage u. a. mit zwei Gedichten von Brecht), SWR, Frankfurt

15. **Oktober** Artikel *Auf dem Eisbrecher Krassin* in *La Revue Mondiale*

16. **Oktober** Uraufführung des Songs *Berlin im Licht* von Brecht und Weill bei der Aktionswoche der Elektroindustrie ›Berlin im Licht‹ (13.–16. Oktober) durch Paul Graetz an der Kroll-Oper, Berlin; Rundfunksendung *Die Ballade als dramatisches Spiel* (mit Songs u. a. von Brecht) im Sender Breslau

30. **Oktober** Rückkehr aus Augsburg nach Berlin (→ Ende September); abends bei Piscator, der einen Empfang für Aleksis Granowski gibt; dort Bekanntschaft mit Harry Graf Kessler (→ zu *NB 22*, 65^{r})

November Beitrag *Es ist möglich, daß es nicht soll, aber es ist sicher, daß es hat …* zur Umfrage *Soll das Drama eine Tendenz haben?* in *Der Scheinwerfer*; Auftrag des SWR Frankfurt an Brecht und Weill für eine Kantate (*Gedenktafeln, Grabschriften und Totenlieder*; → *Berliner Requiem*, *Lindberghflug*, *Lehrstück*) (→ 29. Dezember; zu *NB 22*, 60^{r}–61^{r}); Bekanntschaft mit Karl Korsch bei dessen *Vorlesungen über den wissenschaftlichen Sozialismus* in den Akademischen Bierhallen, Berlin

1. **November** Abmeldung der Atelierwohnung Spichernstraße 16, Berlin-Wilmersdorf (→ 15. Februar 1925), Anmeldung in der Hardenbergstraße 1 A, Berlin-Charlottenburg

9. **November** Antwort *Nachdruck verboten!* auf die Umfrage *Der neunte November 1918* in *Der Filmkurier*

11. **November** Erstdruck der Oper *Aufstieg und Fall der Stadt Mahagonny* (→ November 1927, April 1929)

13. **November** erstes Gespräch mit Sternberg und Piscator: über den Film *Die große Liebe/Revolutionshochzeit* u. a. (→ zu *NB 24*, 73^{r}.2)

18. **November** zweites Gespräch mit Sternberg und Piscator: über *Trommeln in der Nacht* u. a.
20. **November** Polemik *Kleiner Brief an einen Kahn* in *Die Weltbühne* (geschrieben im Oktober)
24. **November** drittes Gespräch mit Sternberg und Piscator: über *Trommeln in der Nacht* u. a.; Antwort auf eine Umfrage zu Georg Kaisers 50. Geburtstag *Schon seit geraumer Zeit lösen Geburtstagsfeiern berühmter Leute gemischte Gefühle aus …* in *Berliner Börsen-Courier* (→ zu *NB 3*, 16^{v}.6–19^{v}.7, *NB 24*, 48^{r})
27. **November** Premiere von Shakespeares *Macbeth*, Volksbühne am Bülowplatz (Regie Leo Reuß, Mitarbeit Brechts am Text)

Dezember (circa) Antwort auf eine Umfrage zu Hermann Sudermanns Tod *Ich habe allerhand über Hermann Sudermann gehört …* in *Das Prisma*; Weill bittet Brecht um ein Libretto, daraufhin Beginn der Arbeit an *Lindbergh/Der Lindberghflug* (→ 8. Februar 1928)
3. **Dezember** Antwort *Man braucht nur die Zeitungen zu lesen …* auf die Umfrage *Was halten Sie von der Eifersucht?* und Teile der *Ballade von der Kindesmörderin Marie Farrar* in *Uhu* (→ *NB 14*, 60^{r}–62^{r}, zu *NB 24*, 69^{r}–70^{r})
8. **Dezember** Antwort *1. Der Roman »Ulysses« von James Joyce …* auf die Umfrage *Die besten Autoren über die besten Bücher des Jahres* in *Das Tage-Buch*
9. **Dezember** Erzählung *Die Bestie* von der *Berliner Illustrirten Zeitschrift* preisgekrönt und veröffentlicht
16. **Dezember** wohl erste Begegnung mit Hindemith (→ zu *NB 16*, 29^{r}.2–8, *NB 24*, 59^{r}) und Heinrich Burkard (→ zu *NB 24*, 74^{v})
Mitte/Ende Dezember Verwendung von *NB 21*, 31^{v} bis 69^{r} (bis April 1929); Entwurf eines Aufrufs für Henri Guilbeaux mit Liste möglicher Unterzeichner (→ Februar 1929; *NB 21*, 35^{v}–37^{r})
21. **Dezember** Lesung (mit Alfred Döblin, Ilja Ehrenburg, Hermann Kesten, Ernst Toller u. a.) beim Verband der Studenten der UdSSR in Deutschland
24. **Dezember (circa)** Beitrag *Erstes Theatererlebnis* zum Thema *Das neue deutsche Drama* in *Der Deutsche Theaterdienst*
29. **Dezember** Weill beendet *Berliner Requiem* (→ November)
Ende Dezember Entwurf *Sylvester 1928*

1929

Januar (circa) Fabelentwurf für Hauptmanns Stück *Happy End* (→ 7. Februar)
8. **Januar** Rundfunksendung *Song. Wort und Ton der Zeit in einer Hörfolge* (mit Beiträgen von Brecht u. a.) in Schlesische Funkstunde, Breslau
9. **Januar** *Bert Brecht über seine Dreigroschenoper* in *Augsburger Neueste Nachrichten* (→ Oktober 1928, Februar 1929)
10. **Januar** in Düsseldorf
11. **Januar** in Köln; Rundfunkgespräch *Neue Dramatik* mit Herbert Ihering und Fritz Sternberg (Einleitung: Ernst Hardt) im WDR; danach Hörspiel *Mann ist Mann* von Ernst Hardt (→ 30. Juni 1927)
27. **Januar** Rundfunkgespräch mit Rolf Nürnberg und Willy Meisl *Abendunterhaltung: Über die Bedeutung des Sports* in Funkstunde, Berlin

Februar Beitrag *Ich verstehe nichts vom Operettengewerbe …* (zur *Dreigroschenoper*) im Sonderheft *Krisis der Operette* der Zeitschrift *Die Scene* (→ 9. Januar); Vereinbarung mit Guilbeaux (→ Mitte/Ende Dezember 1928, 8. März 1929) über die Übersetzung seines Theaterstücks *Lenin* ins Deutsche (→ zu *NB 21*, 35^{v}–37^{r})
1. **Februar** Artikel *Letzte Etappe: Ödipus* in *Berliner Börsen-Courier* (→ 4. Januar, 7. März; zu *NB 25*, 11^{r}–14^{r}, *NB 26*, 3^{r}–8^{r})
8. **Februar** Fertigstellung der Druckfahnen des Hörspiels *Lindbergh* (Titel hier noch: *Lindberghflug*) (→ Dezember 1927, Februar/März 1928; zu *NB 22*, 60^{r})
11. **Februar** Gedicht *700 Intellektuelle beten einen Öltank an* in *Simplicissimus* (→ Februar 1928)
16. **Februar** Rundfunksendung *Balladen von heute* mit Beiträgen u. a. von Brecht, Sender Berlin
17. **Februar** *Dialog über Schauspielkunst* in *Berliner Börsen-Courier* (→ zu *NB 25*, 43^{r}–46^{r}, 90^{r}–93^{r})
19. **Februar** Lesung im SWR Frankfurt

Februar/März Weill beginnt mit der Komposition von *Lindberghflug* (→ 8. Februar, 13. März)
März Antwort *Wie könnt ihr die Volksbühne retten?…* auf die Umfrage *Wie stehen Sie zu den Sonderabteilungen?* in *Die Junge Volksbühne*; Beginn der Arbeit an *Lehrstück* (→ zu *NB 21*, 64^{r}-66^{r}, *NB 24*, 59^{r}, *NB 25*, 18^{r}); Beginn der Zusammenarbeit mit Slatan Dudow

5. **März** einmalige Aufführung in geschlossener Veranstaltung von Peter Martin Lampel, *Giftgas über Berlin*, Theater am Schiffbauerdamm, Inszenierung von Brecht und der Gruppe Junger Schauspieler Berlin (→ 7. März)

6. **März** Beitrag zur Hörfolge *Tanz ums Geld*, WDR Köln

7. **März** Beitrag *Zum Aufführungsverbot von Peter Martin Lampels »Giftgas über Berlin«* in *Die Welt am Abend* (→ 5. März); Artikel *Letzte Etappe: Ödipus* in *Die Bühne* (→ 1. Februar)

8. **März** Aufruf *Eine Aktion für Henri Guilbeaux* (→ Mitte/Ende Dezember 1928, Februar 1929) in *Berliner Börsen-Courier* und *Berliner Tageblatt* (→ zu *NB 21*, 35^{v}-37^{r})

13. **März** Ankündigung des Hörspiels *Lindberghflug* bei der *Deutschen Kammermusik* 1929 in Baden-Baden in *Berliner Börsen-Courier* (→ Februar/März, April)

30. **März** Premiere *Pioniere in Ingolstadt* (2. Fassung) von Marieluise Fleißer, Theater am Schiffbauerdamm, Berlin (Regie: Geis und Brecht)

31. **März** Beitrag zur Umfrage *Warum schreiben Sie keine Filme?* in *Vossische Zeitung* (→ zu *NB 21*, 57^{r}); Beitrag *Über Stoffe und Form* zur Umfrage *Welche neuen Stoffgebiete können das Theater befruchten? Verlangen diese Stoffe eine neue Form des Dramas und des Spiels?* in *Berliner Börsen-Courier*

März/April Herbert Ihering, *Reinhardt, Jessner, Piscator oder Klassikertod?*, Berlin: Rowohlt (→ 28. April; zu *NB 24*, 73^{r}.1)

April Artikel *Das Lustspiel »Pioniere in Ingolstadt«…* und Gedicht *Das Zehnte Sonett* in *Das Stichwort* (→ zu *NB 24*, 23^{r}); Erstdruck *Lindbergh* in *Uhu* (→ 13. März; zu *NB 22*, 60^{r}-61^{r}, *NB 24*, 59^{r}); Entwürfe für eine Verfilmung von Hauptmanns *Happy End* (→ 16. April); Weill schließt die Partitur *Aufstieg und Fall der Stadt Mahagonny* ab (→ 11. November 1928)

6. **April** Willy Rosen spielt Harry Jackson's Tanz-Orchester *Erst trinken wir noch eins…* ein (→ zu *NB 25*, 78^{r})

10. **April** Heirat mit Helene Weigel

16. **April** Vereinbarung zwischen Hauptmann und Brecht über *Happy End* (→ 7. Februar, April/Mai; zu *NB 21*, 57^{r}, 62^{r})

28. **April** Rundfunkgespräch *Klassikertod?* mit Herbert Ihering (Einleitung und Moderation: Ernst Hardt) im WDR, Köln (→ März/April)

Siglen und Abkürzungen

Abb. Abbildung

AB Adreßbuch

BBA Bertolt-Brecht-Archiv, Akademie der Künste, Berlin

BFA Bertolt Brecht, *Werke. Große kommentierte Berliner und Frankfurter Ausgabe*, Frankfurt/Main 1988-2000

Bl. Blatt/Blätter

BSB Bayerische Staatsbibliothek, München

BV Bertolt-Brecht-Archiv. *Bestandsverzeichnis des literarischen Nachlasses*, Berlin und Weimar 1969-73

DLA Deutsches Literaturarchiv, Marbach

EE Elektronische Edition (http://www.brecht-notizbuecher.de)

EE F Elektronische Edition, Forum

EE G Elektronische Edition, Einführung in die Gesamtedition

EE Z Elektronische Edition, Zusatzdokumente

EEA Erich-Engel-Archiv, Akademie der Künste, Berlin

EHA Elisabeth-Hauptmann-Archiv, Akademie der Künste, Berlin

Ek *Fatzer*-Einzelkonzeption

ETA Ernst-Toller-Archiv, Akademie der Künste, Berlin

GGA George-Grosz-Archiv, Akademie der Künste, Berlin

Gk *Fatzer*-Gesamtkonzeption

GKA Archiv des Gustav Kiepenheuer Verlags und der Dieterich'schen Verlagsbuchhandlung. Sächsisches Staatsarchiv, Leipzig

GW Bertolt Brecht, *Gesammelte Werke. Werkausgabe Edition Suhrkamp*, Frankfurt/Main 1967-69

HIA Herbert-Ihering-Archiv, Akademie der Künste, Berlin

HWA Helene-Weigel-Archiv, Akademie der Künste, Berlin

Mb *Fatzer*-Montagebogen

NB Notizbuch

NBA Bertolt Brecht, *Notizbücher*, Berlin 2010 ff.

r recto

SBA Staats- und Stadtbibliothek, Augsburg

TbH Elisabeth Hauptmann, Tagebuch 1926, BBA und EHA

TbM Hanns Otto Münsterer, Aufzeichnungen, Bayerische Staatsbibliothek, München

TbN Caspar Neher, Tagebücher, Staats- und Stadtbibliothek, Augsburg

v verso

WBA Walter-Benjamin-Archiv, Akademie der Künste, Berlin

Z. Zeile

Literaturverzeichnis

Ackermann/Heißerer 2010
Gregor Ackermann, Dirk Heißerer, *Klub für Filmdichtung*, in: *Dreigroschenheft* 3 (2010), 44f.

Ackermann/Heißerer 2012
Gregor Ackermann, Dirk Heißerer, *Brechts »Aufruf für Henri Guilbeaux«*, in: *Dreigroschenheft* 1 (2012), 20-24

Adreßbuch Augsburg 19..
Einwohnerbuch der Stadt Augsburg mit Stadtplänen, bearbeitet und hg. im Auftrag des Stadtrates Augsburg von Hermann Montanus, Siegen in Westfalen: Montanus

Alberts/Krauss-Elka 1922
Komm nach Mahagonne. Afrikanischer Shimmy. Worte von O. A. Alberts, Musik von ⟨Leopold⟩ Krauss-Elka, Op. 50, Figaro-Verlag GmbH Wien

Aufricht 1966
Ernst Josef Aufricht, *Erzähle, damit Du Dein Recht erweist*, München: Propyläen

Aufricht 2018
Ernst Josef Aufricht, *Und der Haifisch, der hat Zähne. Aufzeichungen eines Theaterdirektors*, Berlin: Alexander

BFA
Bertolt Brecht, *Werke. Große kommentierte Berliner und Frankfurter Ausgabe*, hg. von Werner Hecht, Jan Knopf, Werner Mittenzwei, Klaus-Detlef Müller, 30 Bde. und Registerbd., Berlin, Weimar: Aufbau, Frankfurt/Main: Suhrkamp 1988-2000

Bibel 1924
Die Bibel oder die ganze Heilige Schrift des Alten und Neuen Testaments nach der deutschen Übersetzung D. Martin Luthers, durchgesehene Ausgabe, mit dem von der deutschen evangelischen Kirchenkonferenz genehmigten Text, Berlin: Deutsche und Ausländische Bibelgesellschaft ⟨*Brecht-Bibliothek* 2321; alle Zitate in den Erläuterungen nach dieser Ausgabe⟩

Blattner 2010
Evamarie Blattner, *Zur Freundschaft Bert Brechts mit Carl Koch und Lotte Reiniger*, in: *Dreigroschenheft* 3 (2010), 3-6

Borchardt Werke
Hermann Borchardt, *Werke*, hg. von Hermann Haarmann, Christoph Hesse und Lukas Laier, Göttingen: Wallstein
- Band 2: *Stücke* (2022)

Borchardt/Grosz 2019
Hermann Borchardt, George Grosz, *»Lass uns das Kriegsbeil begraben!«. Der Briefwechsel*, hg. von Hermann Haarmann und Christoph Hesse unter Mitwirkung von Lukas Laier, Göttingen: Wallstein ⟨*akte exil. neue folge*, Bd. 2⟩

Brecht: DGO 2004
Bertolt Brecht, *Die Dreigroschenoper. Der Erstdruck 1928*, hg. und kommentiert von Joachim Lucchesi, Frankfurt/Main: Suhrkamp ⟨Suhrkamp BasisBibliothek 48⟩

Brecht: Dickicht 1927
Bertolt Brecht, *Im Dickicht der Städte. Der Kampf zweier Männer in der Riesenstadt Chicago, Schauspiel von Bertolt Brecht*, Berlin: Propyläen

Brecht: Gedichte
Bertolt Brecht, *Gedichte*, 10 Bde., Frankfurt/Main: Suhrkamp 1960-1976
- Band 1: *1918-1929*, 1960
- Band 2: *1913-1929. Unveröffentlichte und nicht in Sammlungen enthaltene Gedichte, Gedichte und Lieder aus Stücken*, 1960

Brecht: Gesammelte Werke 2 (Malik)
Bertolt Brecht, *Gesammelte Werke*, Bd. 2, London ⟨und Prag⟩: Malik 1938
- 149-218: *Die Mutter*
- 219-250: *Anmerkungen zur »Mutter«*

Brecht: Hauspostille 1927
Bertolt Brechts Hauspostille. Mit Anleitungen, Gesangsnoten und einem Anhange, Berlin: Propyläen

Brecht: Hundert Gedichte 1951
Bertolt Brecht, *Hundert Gedichte. 1918-1950*, Berlin: Aufbau

Brecht: Interviews
Bertolt Brecht, *»Unsere Hoffnung heute ist die Krise«. Interviews 1926-56*, hg. von Noah Willumsen, Berlin: Suhrkamp 2023

Brecht: Lehrstück 1929a
Deutsche Kammermusik Baden-Baden 1929, *Lehrstück. Fragment. Text: Bertolt Brecht, Musik: Paul Hindemith*, Baden-Baden: Ernst Koelbin Hofbuchdruckerei ⟨unpaginierter Separatdruck zur Uraufführung am 28. Juli 1929; BBA C 4375 b R⟩
Brecht: Lehrstück 1929b
»Lehrstück mit Einzelstimmen, kleinerem und allgemeinem Chor, Liebhaberorchester, Blasmusik, Sprech- und Schauspielszenen und einer Filmeinlage von Brecht-Hindemith«, in: *Deutsche Kammermusik Baden Baden 1929, 25.–28. Juli*, veranstaltet von der Stadt Baden-Baden unter Mitwirkung des Deutschen Rundfunks ⟨Programmheft⟩, Herausgeber und Schriftleitung die künstlerische Leitung der »Deutschen Kammermusik Baden-Baden«, Berlin: Verlag »Musik und Theater« ⟨unpaginiert; Text nicht abgedruckt; [22]: *Zum »Lehrstück«*; Kopie: BBA C 6644; → *BFA* 24, 90⟩
Brecht: Lehrstück 1930
Bertolt Brecht, *Das Badener Lehrstück vom Einverständnis*, in: *Versuche*, Heft 2 (*Versuche* 4–7), 123–148 (*Versuch* 7), Berlin: Kiepenheuer ⟨Dezember 1930⟩
Brecht: Lieder Gedichte Chöre 1934
Bertolt Brecht, Hanns Eisler, *Lieder Gedichte Chöre*. Mit 32 Seiten Notenbeilage, Paris: Editions du Carrefour
Brecht: Lindberghflug 1929
»Lindberghflug von Brecht-Hindemith-Weill«, in: *Deutsche Kammermusik Baden Baden 1929, 25.–28. Juli* veranstaltet von der Stadt Baden-Baden unter Mitwirkung des Deutschen Rundfunks ⟨Programmheft⟩, Herausgeber und Schriftleitung die künstlerische Leitung der »Deutschen Kammermusik Baden-Baden« Berlin: Verlag »Musik und Theater« ⟨unpaginiert; Text: [7]–[15]; Kopie: BBA C 1163, 6644⟩
Brecht: Mahagonny 1927
Mahagonny. Songspiel nach Texten von Bert Brecht. Musik von Kurt Weill. Gesangstexte entnommen aus Brechts »Hauspostille«, Wien: Universal-Edition ⟨auch in *Hennenberg/Knopf 2006*, 11–19⟩
Brecht: Mahagonny 1929
Bertolt Brecht, *Aufstieg und Fall der Stadt Mahagonny. Oper in drei Akten. Text von Brecht, Musik von Kurt Weill*, Wien, Leipzig: Universal-Edition
Brecht: Mahagonny 2013
Bertolt Brecht, *Aufstieg und Fall der Stadt Mahagonny. Oper in drei Akten. Musik von Kurt Weill, Text von Bertolt Brecht. Textausgabe*, mit einem Kommentar von Joachim Lucchesi, Berlin: Suhrkamp ⟨Suhrkamp BasisBibliothek 63⟩
Brecht: Mann ist Mann 1926
Bert Brecht, *Mann ist Mann. Die Verwandlung des Packers Galy Gay in den Militärbaracken von Kilkoa im Jahre Neunzehnhundertfünfundzwanzig. Lustspiel*, Berlin: Arcadia ⟨Bühnenvertrieb⟩
Brecht: Mann ist Mann 1927
Bert Brecht, *Mann ist Mann. Die Verwandlung des Packers Galy Gay in den Militärbaracken von Kilkoa im Jahre Neunzehnhundertfünfundzwanzig. Lustspiel*, Berlin: Propyläen ⟨Buchvertrieb; undatiert, Auslieferung wohl Anfang 1927; text- und seitenidentisch mit *Brecht: Mann ist Mann 1926*⟩
Brecht: Versuche 1
Bertolt Brecht, *Versuche* 1–3, Redaktion: Elisabeth Hauptmann, Berlin: Gustav Kiepenheuer, Druck: Otto von Holten ⟨Juni⟩ 1930 ⟨nicht jeder enthaltene Text ist einem *Versuch* zugeordnet⟩
- 2–18 (1. *Versuch*): *Der Flug der Lindberghs, Erläuterungen*
- 19–22 (2. *Versuch*): *Geschichten vom Herrn Keuner*
- 23–28 (3. *Versuch*): *Fatzer 3. Rundgang des Fatzer durch die Stadt Mühlheim* (aus: *Untergang des Egoisten Johann Fatzer)*
- 29–33 (3. *Versuch*): *Fatzer, 3. Fatzers zweite Abweichung* (aus: *Untergang des Egoisten Johann Fatzer)*
- 34–35: *Fatzer, komm*

Brecht: Versuche 2
Bertolt Brecht, *Versuche* 4–7, Redaktion: Elisabeth Hauptmann, Berlin: Gustav Kiepenheuer ⟨Dezember⟩ 1930
- 46–106 (4. *Versuch*): *Aufstieg und Fall der Stadt Mahagonny. Oper*
- 107–115 (5. *Versuch*): *Anmerkungen zur Oper »Aufstieg und Fall der Stadt Mahagonny«*
- 116–122 (6. *Versuch*): *Aus dem Lesebuch für Städtebewohner*
- 123–146 (7. *Versuch*): *Das Badener Lehrstück vom Einverständnis*
- 147–148: *Anmerkung* ⟨zum *Badener Lehrstück*⟩

Brecht-Bibliothek
Die Bibliothek Bertolt Brechts. Ein kommentiertes Verzeichnis, hg. vom Bertolt-Brecht-Archiv, Akademie der Künste, bearbeitet von Erdmut Wizisla, Helgrid Streidt und Heidrun Loeper, Frankfurt/Main: Suhrkamp 2007 ⟨zitiert wird die laufende Nummer, nicht die Seite⟩
Brecht-Chronik 1997
Werner Hecht, *Brecht Chronik. 1898–1956*, Frankfurt/Main: Suhrkamp
Brecht-Chronik 2007
Werner Hecht, *Brecht Chronik. 1898–1956. Ergänzungen*, Frankfurt/Main: Suhrkamp
Brecht-Handbuch
Brecht-Handbuch in fünf Bänden, hg. von Jan Knopf, Stuttgart, Weimar: Metzler
- Band 1: *Gedichte*, 2001
- Band 3: *Prosa, Filme, Drehbücher*, 2002

Buchhandelsverzeichnis 19..
Wöchentliches Verzeichnis der erschienenen und vorbereiteten Neuigkeiten des deutschen Buchhandels, Monatsregister, bearbeitet von der Deutschen Bücherei, Leipzig: Börsenverein der Deutschen Buchhändler
Curjel 1967
»Brecht war musikalisch im Sinne eines Bänkelsängers.« Ein Interview mit dem Schweizer Opernregisseur Hans Curjel (von Bruno Schärer, aufgenommen wohl am 28. März 1967 im Radio Studio Zürich, gesendet in Schärers zehnteiligem Feature *Bertolt Brecht* am 14. und 28. April 1967 in Radio DRS 2), in: *Dreigroschenheft* 1 (2011), 9–15
Davidis 1997
Michael Davidis, *Bertolt Brecht und der Ullstein Verlag. Mit Anmerkungen zu einer Zeichnung von George Grosz*, in: *Buchhandelsgeschichte* 1997/3, B 146–B 152
Dümling 2017
Albrecht Dümling, *Von wem stammt »Die Seeräuber-Jenny«? Quellen, Rezeption und Reaktionen*, in: *Dreigroschenheft* 3 (2017), 13–28
Eisler-Handbuch
Manfred Grabs, *Hanns Eisler: Kompositionen – Schriften – Literatur. Ein Handbuch*, Leipzig: Deutscher Verlag für Musik 1984
Fassmann 1958
Kurt Fassmann, *Brecht. Eine Bildbiographie*, München: Kindler
Friedrichs 2015
Michael Friedrichs, *Brecht inszeniert (nicht) Karl Kraus: Recherche und Rekonstruktionsversuch*, in: *Dreigroschenheft* 4 (2015), 32–36
Gersch 1975a
Wolfgang Gersch, *Film bei Brecht. Bertolt Brechts praktische und theoretische Auseinandersetzung mit dem Film*, Berlin: Henschelverlag Kunst und Gesellschaft
Grosch 1996
Nils Grosch, *»Notiz« zum »Berliner Requiem«. Aspekte seiner Entstehung und Aufführung*, in: *Kurt Weill-Studien* 1, 55–71
Grosch 1999
Nils Grosch, *Die Musik der Neuen Sachlichkeit*, Stuttgart, Weimar: J. B. Metzler
Groth/Voigts 1976
Peter Groth /Manfred Voigts, *Die Entwicklung der Brechtschen Radiotheorie 1927–1932. Dargestellt unter Benutzung zweier unbekannter Aufsätze Brechts*, in: *Brecht-Jahrbuch 1976*, hg. von John Fuegi, Reinhold Grimm und Jost Hermand, Frankfurt/Main: Suhrkamp 9–42
Guilbeaux 1923
Henri Guilbeaux, *Wladimir Iljitsch Lenin. Ein treues Bild seines Wesens*, Übertragung ins Deutsche unter Mitwirkung von Rudolf Leonhard, Berlin: Die Schmiede
Guillemin 1926
Bernard Guillemin, *Was arbeiten Sie? Gespräch mit Bert Brecht*, in: *Die Literarische Welt* 2 (1926), Nr. 31 (30. Juli 1926) ⟨auch in *Brecht: Interviews*, 41–49⟩
Happ 2004
Alfred Happ, *Lotte Reiniger 1899–1981. Schöpferin einer neuen Silhouettenkunst*, Tübingen: Kulturamt der Stadt ⟨*Tübinger Kataloge* Nr. 67⟩
Heißerer 2008
Dirk Heißerer, *Brecht in Schondorf und Utting (1928–1932)*, in: *Dreigroschenheft* 1 (2008), 19–26
Hennenberg 1990
Fritz Hennenberg, *Bruinier und Brecht: Nachrichten über den ersten Brecht-Komponisten*, in: *Brecht Jahrbuch | Brecht Yearbook* 15 (1990), 1–43
Hennenberg/Knopf 2006
Brecht/Weill, »Mahagonny«, hg. von Fritz Hennenberg und Jan Knopf, Frankfurt/Main: Suhrkamp

Hillesheim 2016
Jürgen Hillesheim, *»So machten die's mit was aus Fleisch und Bein ...«. Ein spektakulärer Mordfall und ein Gedicht Bertolt Brechts. Mit einer Pressedokumentation des Falles Otto Klein aus den Jahren 1926/27*, Würzburg: Königshausen & Neumann (*Brecht – Werk und Kontext* 1)
Hindemith: Lehrstück 1929
Paul Hindemith, Bert Brecht, *Lehrstück. Partitur*, Mainz: B. Schott's Söhne ⟨Edition Schott Nr. 1500; BBA 2196⟩
Hindemith SW
Paul Hindemith, *Sämtliche Werke*, hg. von Kurt von Fischer, Ludwig Finscher und Giselher Schubert im Auftrag der Hindemith-Stiftung, Mainz: Schott 1975ff.
- Serie I: *Bühnenwerke*, Bd. 6: *Szenische Versuche*, hg. von Rudolf Stephan, 1982

Hindemith/Schott: Briefwechsel
Hindemith, Schott. Der Briefwechsel. 1919–1967, hg. von Susanne Schaal-Gotthardt, Luitgard Schader und Heinz-Jürgen Winkler. Eine Publikation des Hindemith Instituts Frankfurt im Auftrag der Fondation Hindemith, Blonay (Schweiz), 4 Bde., Mainz u. a.: Schott Music 2020
Jung 2007
Peter Jung, *Erwin Piscator. Das Politische Theater. Berlin 1929. Ein Kommentar*, Berlin: Nora
Kessler: Tagebuch
Harry Graf Kessler, *Das Tagebuch (1880–1937)*, Stuttgart: Cotta
- Band 9: *1926–1937*, hg. von Sabine Gruber, Roland Kamzelak und Ulrich Ott (2010)

Kipling: Das Licht erlosch 1900
Rudyard Kipling, *Das Licht erlosch*, aus dem Englischen neu übersetzt von Leopold Rosenzweig, Stuttgart, Leipzig: Deutsche Verlags-Anstalt ⟨*1900*⟩
Köhn 1977
Eckhardt Köhn, *Das »Ruhrepos«. Dokumentation eines gescheiterten Projekts*, in: *Brecht-Jahrbuch 1977*, hg. von John Fuegi u. a., Frankfurt/Main: Suhrkamp, 52–80
Köpnick 2018
Gloria Köpnick, *»Plötzlich in Oldenburg 1927«. Bertolt Brecht zu Gast bei der Vereinigung für junge Kunst*, in: *Dreigroschenheft* 4 (2018), 3–17
Koslowski 1928
Deutschlands Köpfe der Gegenwart über Deutschlands Zukunft, hg. von Friedrich Koslowski, mit einem Geleitwort von Graf Rüdiger von der Goltz, Berlin, Zürich: Eigenbrödler Verlag
Krabiel 1993
Klaus-Dieter Krabiel, *Brechts Lehrstücke. Entstehung und Entwicklung eines Spieltyps*, Stuttgart, Weimar: Metzler
Krabiel 2000
Klaus-Dieter Krabiel, *Bertolt Brechts »Aufruf für Henri Guilbeaux«. Ein unbekannter Text, ein vergessener Autor und eine denkwürdige Affäre*, in: *Études Germaniques*, Jg. 55, Nr. 4 (2000), 737–761
Krabiel 2015
Klaus-Dieter Krabiel, *Bertolt Brecht, Henri Guilbeaux: Spuren eines verschollenen Stückprojekts aus dem Jahr 1929*, in: *»Man muß versuchen, sich einzurichten in Deutschland!«. Brecht in den Zwanzigern*, hg. von Jürgen Hillesheim, Würzburg: Königshausen & Neumann, 185–201
Krabiel 2017
Klaus-Dieter Krabiel, *Neues vom »Surabaya-Johnny« – Brechts erste Textfassung aus dem Jahr 1926*, in: *Dreigroschenheft* 4 (2017), 3–8
Lacis 1925
Asja Lacis, *Jaunā vācu režija* ⟨Junge deutsche Regie⟩, in *Domas* 3 (1925), 197f. ⟨deutsche Übersetzung in: *Paškevica 2006*, 247⟩
Lacis 1969
Asja Lacis, *Städte und Menschen*. Erinnerungen, in: *Sinn und Form* 21 (1969), Heft 6, 1326–1357
Lacis 1976
Asja Lacis, *Revolutionär im Beruf. Berichte über proletarisches Theater, über Meyerhold, Brecht, Benjamin und Piscator*, hg. von Hildegard Brenner, 2., durchgesehene und erweiterte Auflage, München: Rogner & Bernhard ⟨1. Auflage 1971⟩
Lazis 1984
Anna Lazis ⟨= Asja Lacis⟩, *Krasnaja gvozdika. Vospominania* ⟨= Rote Nelke. Erinnerungen⟩, Riga: Liesma ⟨Teilübersetzung in *Wizisla 2004*, 55f.⟩
Leonhard 1997
Joachim-Felix Leonhard (Hg.), *Programmgeschichte des Hörfunks in der Weimarer Republik*, mit Beiträgen von Horst O. Halefeldt,

Theresia Wittenbrink und Renate Schumacher, München: dtv
Lucchesi 2004
Joachim Lucchesi, *Der Sang der Maschinen: Brechts und Weills »Ruhrepos«*, in: *Dreigroschenheft* 4 (2004), 24–31
Lucchesi/Shull 1988
Joachim Lucchesi, Ronald K. Shull, *Musik bei Brecht*, Frankfurt/Main: Suhrkamp
Münsterer 1966
Hanns Otto Münsterer, *Bert Brecht. Erinnerungen aus den Jahren 1917–1922. Mit Photos, Briefen und Faksimiles*, durchgesehene Auflage, Berlin, Weimar: Aufbau
Paškevica 2006
Beate Paškevica, *In der Stadt der Parolen. Asja Lacis, Walter Benjamin und Bertolt Brecht*, Essen: Klartext
Petersen 1981
Klaus Petersen, *Die »Gruppe 1925«. Geschichte und Soziologie einer Schriftstellervereinigung*, Heidelberg: Carl Winter Universitätsverlag
Piscator 1929a
Erwin Piscator, *Das politische Theater*. Berlin: Albert Schultz ⟨*Brecht-Bibliothek* 2064⟩
Piscator: Briefe
Erwin Piscator: *Die Briefe*, 6 Bände. hg. von Hermann Haarmann, Berlin: Bostelmann & Siebenhaar 2005ff.
- Band 1: *Berlin–Moskau (1909–1936)*, hg. von Peter Diezel

Reich 1966
Bernhard Reich, *Erinnerungen an Brecht*, in: *Studien zur Theorie und Praxis des sozialistischen Theaters* 3 (1966): Beilage zu *Theater der Zeit* 14, 21. Jahrgang (1.–15. August 1966), 1–19
Reich 1970
Bernhard Reich, *Im Wettlauf mit der Zeit. Erinnerungen aus fünf Jahrzehnten deutscher Theatergeschichte*, Berlin: Henschelverlag
Reich 1972
Bernhard Reich, *Vena, Berlin, Moskva, Berlin*, Moskau: Izdatel'stvor Iskusstvo
Schubert 2000
Giselher Schubert, *»Hindemiths Musik stört kaum«. Zu Hindemith und Brecht*, in: *Brecht und seine Komponisten*, hg. von Albrecht Riethmüller, Laaber: Laaber, 9–25
Sophokles: Antigone
Sophokles, *Antigone. Eine Tragödie*, übertragen von August Böckh, 31.–35. Tausend, Leipzig: Insel ⟨ca. 1936; *Brecht-Bibliothek* 2299⟩
Sternberg 1963
Fritz Sternberg, *Der Dichter und die Ratio. Erinnerungen an Bertolt Brecht*, Göttingen: Sachse & Pohl
Sternberg 2014
Fritz Sternberg, *Der Dichter und die Ratio. Erinnerungen an Bertolt Brecht*, hg. und kommentiert von Helga Grebing, Berlin: Suhrkamp
Tasiemka 1927
Hans Tasiemka, *Meinungen und Pläne: Bert Brecht*, in: *Neue Leipziger Zeitung*, 26. Dezember 1927 ⟨auch in: *Brecht-Interviews*, 50–57⟩
Toller 2018
Ernst Toller, *Briefe 1915–1939*. 2 Bde., hg. von Stefan Neuhaus u. a., Göttingen: Wallstein
Villwock 2009
Peter Villwock, *»Die Not des Theaters« und das Elend der Edition. Zum Rundfunk-Dreigespräch zwischen Brecht, Kerr und Weichert im April 1928 und zur Lage der Brecht-Forschung heute*, in: *Brecht Jahrbuch | Brecht Yearbook* 34, 101–149
Wedekind Werke
Frank Wedekind, *Gesammelte Werke*, 6 Bde., München, Leipzig: Georg Müller 1912–14 ⟨Band 5–6 aus dem Besitz von Margarete Steffin: *Brecht-Bibliothek* 974–975⟩
- Band 3, 1–97: *Erdgeist*

Wege 1988
Carl Wege, *Bertolt Brecht und Lion Feuchtwanger: »Kalkutta, 4 Mai«. Ein Stück Neue Sachlichkeit*, München: Fink ⟨*Literatur in der Gesellschaft*, Neue Folge 14; zugleich Dissertation Bremen 1986⟩
Weill: Berliner Requiem 1967
Kurt Weill, *Das Berliner Requiem. Kleine Kantate für Tenor, Bariton, Männerchor (oder drei Männerstimmen) und Blasorchester nach Texten von Bertolt Brecht*, hg. von David Drew, Klavierauszug von Karl Heinz Füssl, Wien: Universal Edition ⟨Nr. 9786; Erstdruck⟩
Weill: Briefe an die Familie
Kurt Weill, *Briefe an die Familie (1914–1950)*, hg. von Lys Symonette und Elmar Juchem, Stuttgart, Weimar: Metzler 2000

Weill: Dreigroschenoper 2000
Kurt Weill, *Dreigroschenoper. Ein Stück mit Musik in einem Vorspiel und acht Bildern nach dem Englischen des John Gay. Übersetzt von Elisabeth Hauptmann. Deutsche Bearbeitung von Bertolt Brecht. Musik von Kurt Weill*, hg. von Stephen Hinton und Edward Harsh, New York: Kurt Weill Foundation for Music Corp., Valley Forge: European American Music Corporation ⟨*The Kurt Weill Edition*, hg. von Edward Harsh, David Drew u. a., Series I, Volume 5⟩
Weill: Dreigroschenoper 2000a
Kurt Weill, *Dreigroschenoper. Ein Stück mit Musik in einem Vorspiel und acht Bildern nach dem Englischen des John Gay. Übersetzt von Elisabeth Hauptmann. Deutsche Bearbeitung von Bertolt Brecht. Musik von Kurt Weill. Critical Report*, hg. von Stephen Hinton und Edward Harsh, New York: Kurt Weill Foundation for Music Corp., Valley Forge: European American Music Corporation ⟨*The Kurt Weill Edition*, hg. von Edward Harsh, David Drew u. a., Series I, Volume 5⟩
Weill: Happy End 2020
Kurt Weill, *Happy End. Ein Stück mit Musik in drei Akten von Elisabeth Hauptmann (unter dem Pseudonym »Dorothy Lane«). Musik und Songtexte von Kurt Weill und Bertolt Brecht*, hg. von Stephen Hinton und Elmar Juchem, New York: Kurt Weill Foundation for Music Corp., Valley Forge: European American Music Corporation ⟨*The Kurt Weill Edition*, hg. von Edward Harsh, David Drew u. a., Series I, Volume 6⟩
Weill: Mahagonny 1929
Kurt Weill, *Aufstieg und Fall der Stadt Mahagonny. Oper in drei Akten. Text von Brecht. Musik von Kurt Weill*, Wien, Leipzig: Universal-Edition ⟨Nr. 9852; Erstdruck⟩
Weill: Mahagonny 2016
Kurt Weill, *Mahagonny. Ein Songspiel. Text von Bertolt Brecht*, hg. von Giselher Schubert, New York: Kurt Weill Foundation for Music Corp., Valley Forge: European American Music Corporation ⟨*The Kurt Weill Edition*, hg. von Edward Harsh, David Drew u. a., Series I, Volume 3⟩
Weill: Song-Album 1929
Kurt Weill, *Song-Album*, Wien, Leipzig: Universal-Edition ⟨Nr. 9787⟩
Weill Handbook 1987
David Drew, *Kurt Weill. A Handbook*, Berkeley, Los Angeles: University of California Press
Weill/Lenya: Briefwechsel
Sprich leise, wenn du Liebe sagst. Der Briefwechsel Kurt Weill – Lotte Lenya, hg. von Lys Symonette, Köln: Kiepenheuer und Witsch 1998
Weill/Universal Edition: Briefwechsel
Kurt Weill: Briefwechsel mit der Universal Edition, ausgewählt und hg. von Nils Grosch, Stuttgart, Weimar: J. B. Metzler 2002
Wittenbrink 2006
Schriftsteller vor dem Mikrophon. Autorenauftritte im Rundfunk der Weimarer Republik 1924–1932. Eine Dokumentation, zusammengestellt und bearbeitet von Theresia Wittenbrink, Berlin: Verlag für Berlin-Brandenburg (*Veröffenlichungen des Deutschen Rundfunkarchivs* 36)

Register

Brecht: Sammeltitel

Brecht: Einzeltitel

Institutionen

Personen und Werke

Lenin ⟨Wladimir Illjitsch Uljanow⟩ (1870-1924) *NB 21*: 35ᵛ-37ʳ, 56ʳ *NB 23*: 69ᵛ
Lewinsohn, Richard (1894-1968) *NB 21*: 35ᵛ.5
Liebermann, Max (1847-1935) *NB 21*: 36ᵛ.13
Löbe, Paul (1875-1967) *NB 21*: 37ʳ.14
Ludwig, Emil (1881-1948) *NB 21*: 37ʳ.14
Luxemburg, Rosa (1871-1919) *NB 21*: 29ʳ
Mann, Heinrich (1871-1950) *NB 21*: 35ᵛ-37ʳ
Mann, Thomas (1875-1955) *NB 21*: 37ʳ.4
Marx, Karl (1818-1883) *NB 22*: 20ʳ, 60ʳ-61ʳ *NB 23*: 69ᵛ
Meier-Graefe, Julius (1887-1935) *NB 21*: 36ᵛ.15
Münsterer, Hanns Otto (1900-1974) *NB 21*: 3ʳ-5ʳ
Bert Brecht Gedichte *NB 21*: 3ʳ-5ʳ
Bertolt Brecht. Unveröffentlichte Gedichte *NB 21*: 3ʳ-5ʳ
Das Passional *NB 21*: 3ʳ-5ʳ
Münsterer, Hugo ⟨→ Münsterer, Hanns Otto⟩
Moellendorff *NB 21*: 35ᵛ.11
Nubel, Walter *NB 21*: 3ʳ-5ʳ
Nungesser, Charles (1892-1927) *NB 22*: 60ʳ-61ʳ
Oppenheimer, Franz (1864-1943) *NB 21*: 37ʳ.12
Orlik, Emil (1870-1932) *NB 21*: 36ᵛ.13
Osborn, Max (1870-1946) *NB 21*: 36ᵛ.15
Paquet, Alfons (1881-1944) *NB 21*: 37ʳ.7
Pechstein, Max (1881-1955) *NB 21*: 36ᵛ.14
Pfemfert, Franz (1879-1954) *NB 21*: 37ʳ.24
Piscator, Erwin (1893-1966) *NB 21*: 8ʳ-55ʳ, 13ʳ, 35ᵛ.1
Quidde, Ludwig (1858-1941) *NB 21*: 37ʳ.23
Radbruch, Gustav (1878-1949) *NB 21*: 37ʳ.13
Reich, Bernhard (1894-1972) *NB 21*: 8ʳ-55ʳ *Gk 1·1*
Reinhardt, Max (1873-1943) *NB 21*: 35ᵛ.2
Rowohlt, Ernst (1887-1960) *NB 21*: 37ʳ.8
Samson-Körner, Paul (1887-1942) *NB 23*: 57ʳ-69ʳ
Schatz, Richard *NB 21*: 3ʳ-5ʳ
Schickele, René (1883-1940) *NB 21*: 37ʳ.10
Schlichter, Rudolf (1890-1955) *NB 21*: 3ʳ-5ʳ, 36ᵛ.14
Sender, Tony ⟨Sidonie Zippora⟩ (1888-1964) *NB 21*: 37ʳ.18
Shaw, George Bernard (1856-1950) *NB 21*: 35ᵛ-37ʳ
Sintenis, Renée (1888-1965) *NB 21*: 36ᵛ.14
Slupianek, Benno (1928-1991) *NB 21*: 3ʳ-5ʳ
Sophokles (ca. 496 - ca. 406 v. Chr.)
Antigone *NB 23*: 12ʳ-13ʳ
Steffin, Margarete (1908-1941) *NB 21*: 3ʳ-5ʳ
Sternberg, Fritz (1895-1963) *NB 21*: 69ʳ.10 *NB 22*: 20ʳ
Sternheim, Carl (1878-1942) *NB 21*: 37ʳ.19
Strauss, Richard (1864-1949) *NB 21*: 35ᵛ.7
Strittmatter, Erwin (1912-1994)
Katzgraben *NB 22*: 30ʳ-31ʳ
Täubler, Helcia *NB 21*: 3ʳ-5ʳ
Toller, Ernst (1893-1939) *NB 21*: 37ʳ.9
Hoppla, wir leben! *NB 21*: 13ʳ
Tucholsky, Kurt (1890-1935) *NB 21*: 36ᵛ.16
Unruh, Fritz von (1885-1970) *NB 21*: 37ʳ.7
Walter, Bruno (1876-1962) *NB 21*: 35ᵛ.12
Weber, Alfred (1868-1958) *NB 21*: 37ʳ.11
Wechsler, Lazar (1896-1981) *NB 21*: 35ᵛ.11
Wedderkop, Hermann von (1875-1956) *NB 21*: 35ᵛ.13
Wedekind, Frank ⟨oder: Benjamin Franklin⟩ (1864-1918)
Erdgeist *NB 22*: 23ʳ-24ʳ.3
Weigel, Helene (1900-1971) *NB 21*: 3ʳ-5ʳ, 8ʳ-55ʳ, 26ʳ *Mb 4·8*
Weill, Kurt (1900-1950) *NB 21*: 3ʳ-5ʳ, 8ʳ-55ʳ, 35ᵛ.6
Aufstieg und Fall der Stadt Mahagonny ⟨Oper⟩ *NB 21*: 26ʳ
Berliner Requiem *NB 22*: 60ʳ-61ʳ, 82ᵛ
Der Brotladen ⟨Opernprojekt⟩ *NB 21*: 8ʳ-55ʳ
Happy End *NB 21*: 57ʳ, 62ʳ
Lindberghflug *NB 21*: 8ʳ-55ʳ *NB 22*: 60ʳ-61ʳ
Mahagonny ⟨Songspiel⟩ *NB 21*: 8ʳ-55ʳ, 26ʳ
Wirth, Joseph (1879-1956) *NB 21*: 36ʳ.2
Wolff, Theodor (1868-1943) *NB 21*: 35ᵛ.12
Zille, Heinrich (1858-1929) *NB 21*: 36ᵛ.15
Zweig, Stefan (1881-1942) *NB 21*: 37ʳ.11

Editionsplan

Band 1	*Notizbücher* 1-3	(1918-20)
Band 2	*Notizbücher* 4-8	(1920)
Band 3	*Notizbücher* 9-12	(1921)
Band 4	*Notizbücher* 13-15	(1921-23)
Band 5	*Notizbücher* 16-20	(1924-26)
Band 6	*Notizbücher* 21-23	(1927-29)
Band 7	*Notizbücher* 24-25	(1927-30)
Band 8	*Notizbücher* 26-30	(1929-30)
Band 9	*Notizbücher* 31-35	(1931-37)
Band 10	*Notizbücher* 36-45	(1932-38)
Band 11	*Notizbücher* 46-49	(1940-49)
Band 12	*Notizbücher* 50-54	(1948-53)
Band 13	*Adreßbücher* 1-2	(1930-56)
Band 14	*Einzelblätter*	